Der Riss im Himmel   Band VIII

Aufbruch in eine neue Zeit

Die Reihe erscheint anläßlich der Ausstellungen:
Der Riss im Himmel. Clemens August und seine Epoche
(Bonn – Brühl – Jülich – Miel • 13. Mai bis 1. Oktober 2000).
Ein Gemeinschaftsprojekt von: Landschaftsverband Rheinland,
Bundesstadt Bonn, Stadt Brühl, Stadt Jülich, Stadt Köln,
Verwaltung Schloß Brühl, Förderverein Schloß Miel, Nordrhein-
Westfalen-Stiftung Naturschutz, Heimat- und Kulturpflege,
Rheinischer Verein für Denkmalpflege und Landschaftsschutz
Medienpartner: Kölner Stadt-Anzeiger und WDR

Der Riss im Himmel
Clemens August und seine Epoche

Herausgegeben von
Frank Günter Zehnder
und Werner Schäfke

Aufbruch in eine neue Zeit

Gewerbe, Staat und
Unternehmer
in den Rheinlanden
des 18. Jahrhunderts

Herausgegeben von
Dietrich Ebeling

Das Projekt »Der Riss im Himmel« wird unterstützt von:
Ministerium für Arbeit, Soziales und Stadtentwicklung,
Kultur und Sport des Landes Nordrhein-Westfalen,
Sparkassen-Stiftung zur Förderung Rheinischen Kulturguts,
Kreissparkasse Köln, Erzbistum Köln, HypoVereinsbank,
Bull GmbH, VAW Metawell GmbH,
Modeschule Düsseldorf, ADAC

Die Buchreihe erscheint
anläßlich der Ausstellungen:

Der Riss im Himmel.
Clemens August und seine Epoche
Schloß Augustusburg in Brühl –
StadtMuseum Bonn – Museum
Zitadelle Jülich – Schloß Miel,
13. Mai bis 1. Oktober 2000

Herausgeber: Frank Günter Zehnder
und Werner Schäfke
Bd. VIII: Dietrich Ebeling
Redaktion: Dietrich Ebeling und
Martin Schmidt unter Mitarbeit von
Alexandra Frank, Michèle Gordon
und Jürgen G. Nagel

Umschlagabbildungen:
Vorderseite: Nordniederländischer
Künstler, Die Produktion feiner
Wolltuche um die Mitte des
18. Jahrhunderts, Ausschnitt: Spulen/
Kettschären. Öl auf Leinwand, um
1760. Utrecht, Centraal Museum
Foto: Centraal Museum Utrecht
Unterlegung: Carlo Carlone,
Ausschnitt aus dem Deckengemälde
im Speise- oder Musiksaal von Schloß
Augustusburg, Brühl, um 1750;
Foto: Rheinisches Amt für Denkmal-
pflege, Pulheim
Rückseite: Schloß Augustusburg und
Kurfürst Clemens August aus einem
Gemälde von F. J. Winter in Schloß
Falkenlust. Fotos: Rüdiger Block, Hürth

© 2000 bei den Autoren und
DuMont Buchverlag, Köln
Alle Rechte vorbehalten

Die Deutsche Bibliothek –
CIP-Einheitsaufnahme
Der Riss im Himmel :
  Clemens August und seine Epoche ;
  [anlässlich der Ausstellung: Der Riss
  im Himmel. Clemens August und
  seine Epoche in Schloss Augustusburg
  in Brühl, 13. Mai – 1. Oktober 2000]/
  hrsg. von Frank Günter Zehnder
  und Werner Schäfke. – Köln : DuMont.
  Aufbruch in eine neue Zeit
  Gewerbe, Staat und Unternehmer in
  den Rheinlanden des 18. Jahrhunderts/
  hrsg. von Dietrich Ebeling.
  – Köln : DuMont, 2000
  (Der Riss im Himmel ; Bd. 8)
  ISBN 3-7701-5006-6

Produktion: Peter Dreesen,
Marcus Muraro
Gestaltung: Silvia Cardinal
Umschlaggestaltung: Silvia Cardinal
in Anlehnung an die visuelle Konzep-
tion des Projektes *Der Riss im Himmel*,
freundlicherweise zur Verfügung
gestellt von Rüdiger Block, Hürth

Reproduktion: Atelier 13, Kaarst
Druck und buchbinderische
Verarbeitung: B.o.s.s Druck und
Medien GmbH, Kleve

Printed in Germany
ISBN 3-7701-5006-6

»Über hohe Löhne klagen, heißt [...] nichts anderes, als über die notwendige Folge und Ursache höchster Prosperität des Landes zu jammern.«

(Adam Smith, »The wealth of nations«, 1776, deutsche Übersetzung »Der Wohlstand der Nationen«)

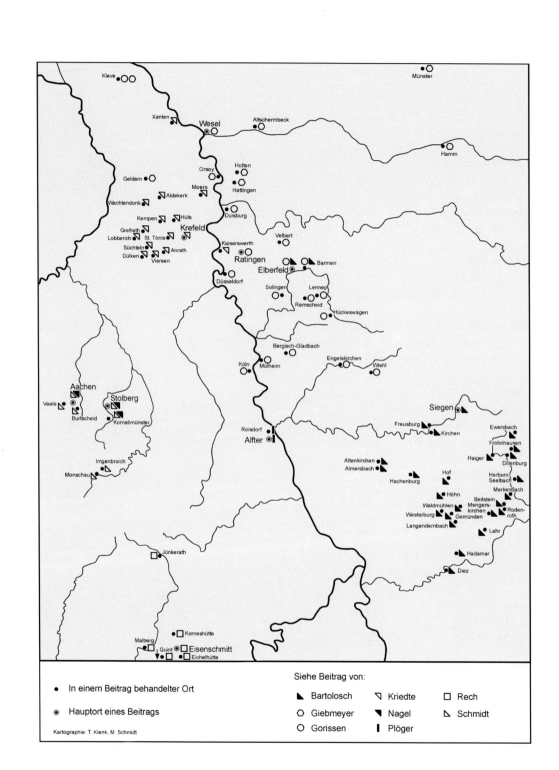

Inhaltsverzeichnis

Vorwort — 8

Dietrich Ebeling
Zunfthandwerk, Heimarbeit und Manufakturwesen
in den Rheinlanden während des 18. Jahrhunderts — 10

Claudia Schnurmann
Der Handel in den Rheinlanden im 18. Jahrhundert — 33

Stefan Gorißen
Gewerbe, Staat und Unternehmer auf dem rechten Rheinufer — 58

Peter Kriedte
»Denen Holländern nach und nach [...] abgelernt und abgejagt«.
Der Aufstieg des Krefelder Seidengewerbes im 18. Jahrhundert — 86

Thomas Bartolosch
Das Faktoreiwesen des Wuppertaler und des Siegerländer Textilgewerbes im Westerwald in der zweiten Hälfte des 18. Jahrhunderts — 105

Martin Schmidt
Tuchmanufakturen im Raum Aachen.
Frühneuzeitliche Werkbauten als Spiegel einer Betriebsform
zwischen Verlag und zentralisierter Produktion — 129

Jürgen G. Nagel
Standortkonkurrenz und regionaler Arbeitsmarkt. Der frühindustrielle
Gewerbestandort Stolberg zwischen Ancien Régime und freiem Markt — 165

Claus Rech
Eisenindustrie und dörflicher Standort. Das Gewerbedorf
Eisenschmitt in der Südeifel zur Zeit des Ancien Régime — 197

Angela Giebmeyer
Gewerbe und Militär in der Garnison- und
Festungsstadt Wesel im 18. Jahrhundert — 220

Rolf Plöger
Der Grundbesitz der Altgrafen zu Salm-Reifferscheidt-Dyck
in ihrer Herrschaft Alfter am Ende des 18. Jahrhunderts.
Eine historisch-geographische Auswertung eines Altkartenwerkes
unter Einsatz eines Geographischen Informationssystems — 261

Autorenverzeichnis — 286

Vorwort

Die Disziplin Wirtschaftsgeschichte, so konnte man in den letzten Jahren häufig lesen, befinde sich in einer Krise, und tatsächlich sind die Anzeichen für ein solches Urteil nicht zu übersehen. Dies ist um so erstaunlicher angesichts der Tatsache, daß die Gegenwart in einem kaum da gewesenen Maße durch die Ökonomie bestimmt wird. Die Folgen einer globalen Konkurrenz von Produktionsstandorten für die Auflösung von Volkswirtschaften und die geringer werdende Steuerungskraft nationalstaatlicher Politik sowie die Einflüsse einer neuen technologischen Revolution durch die digitale Technik auf die Arbeitsmärkte, die Lebensbedingungen und damit auch auf die sozialen Strukturen von der Familie bis zu den Institutionen des »organisierten Kapitalismus« sind mittlerweile deutlicher zu erkennen.

Als sich im Ergebnis der Industriellen Revolution des 19. Jahrhunderts in Deutschland die Strukturbrüche zu einer ›sozialen Frage‹ verdichteten, wirkte die Historische Schule nicht nur beeinflussend auf die unter dem Dach der Staatswissenschaften versammelten Disziplinen; führende Vertreter wie Gustav Schmoller nahmen auch aktiven Anteil an der Diskussion über die Gestaltung eines sozialen Konsenses, indem sie den Blick auf die Vergangenheit richteten. Ohne die überkommene ständisch-korporative Ordnung der vorindustriellen Zeit zu glorifizieren, ging es ihnen um die Zusammenhänge zwischen langfristigen wirtschaftlichen Prozessen und sozialer Ordnung. Neben die dynamische Wirkung freier Märkte wurde das ›ethische‹ Prinzip gestellt. Noch für die heutige wirtschafts- und sozialhistorische Forschung bilden die Arbeiten der Historischen Schule in vieler Hinsicht ein wichtiges Fundament, in materieller wie in konzeptioneller Hinsicht.

Dies gilt auch für viele der in diesem Band versammelten Beiträge, die sich mehrheitlich mit den bereits vor der Industriellen Revolution entstandenen rheinischen Gewerberegionen beschäftigen. Die Rheinlande gelten nicht zu Unrecht als eine der Wiegen des industriellen Zeitalters und haben deshalb in besonderem Maße die Aufmerksamkeit nicht nur der landesgeschichtlichen Forschung gefunden. Hier trafen am Ende des Ancien Régime vielfältige Formen gewerblicher Fabrikation zusammen, konkurrierten teilweise miteinander oder verschmolzen zu komplexen Betriebsformen. Bis zur französischen Herrschaft und teilweise darüber hinaus waren die Rheinlande nicht durch ein einheitliches Staatswesen sondern durch eine herrschaftliche Gemengelage geprägt. Diese Bedingungen bestimmen zentrale Fragen der einzelnen Beiträge. Sie richten sich u. a. auf die Rolle der frühindustriellen Unternehmer, ihr Verhältnis zu den jeweiligen Herrschaftsträgern oder den staatlichen Bürokratien, auf die aktive Rolle des Staates in der Gewerbepolitik und nicht zuletzt auf die Funktion wirtschaftlich-sozialer Organisationsformen wie der Zünfte und anderer Korporationen. In mancher Hinsicht werden dabei durch die Einbeziehung neuer Forschungsergebnisse ältere Thesen nicht nur in Frage gestellt, sondern auch neue Leitfragen entwickelt, die den Weg für die zukünftige Forschung weisen können. Ohne als Gebrauchsanweisung für die Lösung der Probleme der Gegenwart dienen zu können, soll mit diesem Buch mindestens zur Beschäftigung und Auseinandersetzung mit einer Epoche angeregt werden, die für viele Menschen einschneidende Veränderungen mit sich brachte.

Auch wenn die rheinische Wirtschaftsgeschichte keine Ausnahme von der Krise des Faches macht, so ist doch die Bereitschaft einer Reihe kompetenter Historiker, auch unter knapper Zeit einen Beitrag für diesen Band zu leisten, ein ermutigendes Zeichen. Nahezu alle Autoren haben sich dafür eine Weile von ihren laufenden Projekten und Arbeiten frei gemacht. Deshalb gilt mein erster Dank ihnen.

Wie bei jedem Buch gibt es eine Reihe von guten Geistern, ohne die aus Manuskripten kein Buch werden kann. In diesem Fall gilt mein Dank Martin Schmidt und Jürgen G. Nagel nicht nur als Mitautoren, sondern als denjenigen, die mir auch diesmal wieder viel Arbeit abgenommen haben. Gleiches gilt für Rita Glasner. Ganz besonders bedanke ich mich bei Michèle Gordon und Alexandra Frank für die Hilfe bei der redaktionellen Arbeit und bei der Beschaffung der Bildvorlagen. Frau Buchmann im Ausstellungssekretariat danke ich für das geduldige Eingehen auf manchen Sonderwunsch, Frau Cardinal vom DuMont Buchverlag für die professionelle Bearbeitung der Texte und Bilder.

Dietrich Ebeling

»SPERO INVIDIAM« (Ich hoffe, beneidet zu werden), Inschrift über dem Portal der Tuchmanufaktur von Johann Arnold von Clermont in Vaals, erbaut 1761–1764

Dietrich Ebeling

Zunfthandwerk, Heimarbeit und Manufakturwesen in den Rheinlanden während des 18. Jahrhunderts

Rahmenbedingungen

Die Forschung zur Industriegeschichte hat sich in der jüngeren Vergangenheit von der Vorstellung abgewandt, erst das durch wagemutige Unternehmer mit hohem Kapitaleinsatz und neuer Technik – insbesondere Produktionsmaschinen und Anwendung der Dampfkraft – begründete Fabriksystem und das von der liberalen Bürokratie starker Nationalstaaten durchgesetzte marktwirtschaftliche System habe den Durchbruch zu einer wachstumsorientierten Industriegesellschaft geschaffen. Die Industrielle Revolution des 19. Jahrhunderts wird inzwischen mehrheitlich als Endpunkt einer Entwicklung verstanden, die bereits in der Frühen Neuzeit mit der Ausbildung von Gewerberegionen begann, wo in Kombination verschiedener Produktionsformen die Voraussetzungen für die spätere Entwicklung geschaffen wurden.[1] Allgemein wird für diesen Prozeß, trotz unterschiedlicher Auffassungen über seinen Charakter und seinen Stellenwert für die Industrialisierung als ganzes, der Begriff ›Protoindustrialisierung‹ gebraucht.[2]

Gewerblich verdichtete Regionen entstanden in nahezu allen europäischen Ländern unter sehr unterschiedlichen Voraussetzungen und Bedingungen.[3] Ihre auffällige Konzentration in Nordwesteuropa hängt eng zusammen mit der im 16. Jahrhundert einsetzenden Verlagerung des Welthandels vom Mittelmeer zum Atlantik. Zwischen dem östlichen und westlichen Europa verstärkten sich die wirtschaftlichen Gegensätze. Vornehmlich über die Ostsee wurden vermehrt gewerbliche Rohstoffe aber auch große Mengen Getreide bezogen. Gleichzeitig entwickelte sich der Osten zu einem wichtigen Absatzmarkt für die Gewerbeprodukte des Westens, die u. a. über die Messen in Frankfurt a. M., Leipzig und Braunschweig vermittelt wurden. Grundlage dieser großräumigen Differenzierung war neben der handelsgeographischen Lage vor allem auch die im westlichen Europa schwächere grundherrschaftliche Bindung der Arbeitskräfte in der Landwirtschaft, die eine »Rustikalisierung der Industrie« (Werner Sombart)[4] möglich machte. Städte wie Köln und Aachen büßten ihr Gewerbemonopol ein. Etwa seit der Mitte des 17. Jahrhunderts gewann dieser Prozeß eine Dynamik, die sich in einem beschleunigten Bevölkerungswachstum und der Entstehung einer Konsumgesellschaft niederschlug. Indizien dafür waren u. a. ein rascherer Wechsel der Kleidermode, ein vermehrter Verbrauch von gewerblichen Gebrauchsgegenständen und Luxusartikeln sowie der Konsum von Genußmitteln wie etwa Zucker, Kaffee und Tabak.[5]

Die Gewerberegionen im Überblick

In den nördlichen Rheinlanden gab es drei große Gewerberegionen: Im heutigen Dreiländereck Belgien-Niederlande-Deutschland, am Niederrhein und im Bergischen Land.[6] Entsprechend der Rolle der Textilgewerbe als Leitsektor der frühen Industrialisierung nahm die Verarbeitung von Wolle, Flachs, Seide und teilweise auch Baumwolle den größten Teil der gewerblichen Arbeiterschaft in Anspruch.[7]

In der Region zwischen Verviers, Eupen, Aachen und Monschau dominierte die Feintuchherstellung. In Aachen und dem nahegelegenen Burtscheid kam die Nadelfabrikation hinzu. Während die Tuchherstellung in Köln in der Frühen Neuzeit praktisch verschwand, partizipierte

Aachen am gewerblichen Aufschwung der Region und konnte in Grenzen an das ältere Tuchgewerbe anknüpfen. Die Gewerbe in den neuen Standorten (Burtscheid, Vaals, Kornelimünster, Monschau, Imgenbroich, Stolberg) hatte vor dem 17. Jahrhundert keine oder lediglich lokale und regionale Bedeutung.[8]

Das niederrheinische Seidengewerbe profitierte sowohl vom Niedergang des Kölner Gewerbes als auch von der durch hohe Löhne und Lebenshaltungskosten ausgelösten Strukturkrise in den niederländischen Küstenstädten.[9] In Krefeld und seinem Umland verdrängte das Seidengewerbe mit seiner Nachfrage nach qualifizierten Webern teilweise das ältere Leinengewerbe.[10]

Östlich des Rheins bildete das Bergische Land mit dem Leinengewerbe im Wuppertal, wo 1780 7600 Webstühle in Betrieb waren, der Feintuchherstellung mit dem Zentrum Lennep, den Seidenmanufakturen in Mülheim a. Rh., später auch in Elberfeld und Kaiserswerth sowie den Kleineisengewerben eine weitere große Gewerberegion.[11] Bei einer Gesamtbevölkerung von etwa 261 000 Personen waren mehr als 40 000 alleine in den verschiedenen textilerzeugenden Sektoren tätig.[12] Von der rasch steigenden Nachfrage nach Arbeitskräften profitierten auch andere Regionen, wie z. B. der über ein Faktorensystem erschlossene Westerwälder Raum.[13]

Die gewerbliche Struktur der Eifel wurde im 18. Jahrhundert vor allem durch die Eisenerzeugung und -verarbeitung an verschiedenen Standorten, sowie durch den Bleibergbau (Bleialf, Call, Bleibuir, Mechernich, Kommern) bestimmt. Während die anderen Regionen trotz Übergangsproblemen den Anschluß an die Industrialisierung des 19. Jahrhunderts fanden, erlebten die Eisengewerbe der Eifel einen Niedergang, der u. a. durch die schlechte Verkehrsanbindung im Eisenbahnzeitalter bedingt war.[14]

Märkte

Die Absatzmärkte aller genannten Regionen lagen überwiegend außerhalb der Rheinlande.[15] Die bergischen Textil- und Metallgewerbe erstreckten sich über ganz Europa mit Schwerpunkten in Frankreich, Italien und Spanien. Seit der Mitte des 18. Jahrhunderts wurden sie immer weniger über die Messen als vielmehr im direkten Absatz erreicht.[16] Die Krefelder Seidenindustrie hatte ihre Exportmärkte 1740 vor allem in Holland, Schweden, Dänemark, Polen und Deutschland. Nach den Unabhängigkeitskriegen stieg auch der Export nach Nordamerika.[17] Gegen die Konkurrenz des Mülheimer Unternehmens der Familie Andreae insbesondere auf dem profitablen russischen Markt kämpften die von der Leyen mit harten Bandagen: Von Petersburg aus schrieb Conrad Isaak von der Leyen 1802/03:

«[…] Andrée wird so wahr ich Conrad heiße, aus dem Sattel geworfen, daß er sich gewiß wie einstens der Lindwurm im Sand krümmen soll.«[18]

Das Feintuchgewerbe in der Aachener Region und im Bergischen Land folgte dem im 16. Jahrhundert beginnenden Wandel der Nachfrage von schweren zu leichten Stoffen und trat erfolgreich in Konkurrenz zu den niederländischen Gewerbestandorten. 1647 beklagte Leiden, daß in Verviers, Eupen, Burtscheid und Dahlem, wo bisher nur grobe Wolle verarbeitet worden sei, nun Tücher aus spanischer Wolle hergestellt und als Leidener Tuche verkauft würden.[19] Die Spezialisierung auf bestimmte Modeartikel beförderten den raschen Erfolg einzelner Unternehmen.[20] Das Tuch aus der Aachener Region wurde über die großen Messen in Frankfurt/M. und Leipzig aber z. T. auch über kleinere Messen in das deutsche Reich und insbesondere nach Rußland geliefert.[21] Allein dieser Markt soll 5000 Arbeitskräften Beschäftigung gegeben haben.[22] Weitere Märkte waren die Niederlande, die Schweiz, Frankreich, Spanien und der Vordere Orient.[23]

Standortbedingungen

Trotz der unterschiedlichen Produktpalette weisen die genannten Regionen eine Reihe von Gemeinsamkeiten auf, die ihren Erfolg begründeten.[24] Grundlegend waren naturräumliche Vorteile wie Erzlagerstätten, große Waldgebiete, die Brennmaterial in Form von Holzkohle und Sekundärstoffe wie Pottasche lieferten, und eine gute Bodenqualität, wie sie etwa für die Flachserzeugung am Niederrhein nötig war. Das insgesamt feuchte Klima begünstigte die Textilherstellung. Wasser wurde in großer Menge verbraucht, in der Tuchherstellung etwa bei der Wollreinigung oder der Färberei, in der Leinenherstellung bei der Bleicherei. Durch das in der Eifel und im Bergischen Land gegebene Gefälle konnte die Antriebsenergie zahlreicher Wasserläufe für den Betrieb mechanischer Anlagen wie Schleifkotten, Hammerwerke und Walkmühlen, später auch zum Antrieb mechanischen Spinnereien genutzt werden.[25]

Die natürlichen Ressourcen verteilten sich innerhalb der Regionen nicht gleichmäßig und bestimmten in Kombination mit den lokalen Bedingungen die gewerblichen Standorte. So fand z. B. die Bleicherei von Leingarn und Leinwand im Wuppertal mit den ausgedehnten Wiesenflächen, hohen Niederschlagsmengen und einer hohen relativen Luftfeuchtigkeit ideale Bedingungen.[26] Die Tuchindustrie in Aachen und Burtscheid nutzte die dortigen heißen Quellen. In Monschau ersetzten nahegelegene Torfvorkommen die Holzkohle als Brennmaterial.[27] Betriebsverlagerungen innerhalb der Region resultierten in der Regel aus dem Bemühen, die Kombination verschiedener Standortfaktoren optimal zu nutzen bzw. der Übernutzung von Ressourcen in alten Standorten auszuweichen.[28] Die Erschöpfung von Ressourcen führte nicht zwangsläufig zum gewerblichen Niedergang: Als die Eisenerzvorkommen im Bergischen Land für eine gewinnbringende Förderung nicht mehr ausreichten, konzentrierte sich im Laufe des 18. Jahrhunderts die Eisenerzeugung auf das Siegerland. Über die ›bergische Eisenstraße‹ gelangte das Roheisen nach Remscheid, Lennep, Lüttringhausen und ins Wuppertal, wo sich die Kleineisenindustrie entwickelte.[29] Die in vielen Gebieten durch den extensiven Verbrauch von Holz ausgelöste ›Energiekrise‹ konnte in einigen Gebieten durch die Nutzung von Steinkohle wie etwa in Teilen der Aachener Region gemildert werden.[30]

Neben den natürlichen Ressourcen war die Anbindung über die Fernrouten an die großen Messeplätze und Handelszentren wichtig. Auch der Zustand des innerregionalen Straßen- und Wegenetzes spielte für den Austausch von Rohstoffen und Halbfertigprodukten eine wichtige Rolle.[31] Angesichts des geringen Mechanisierungsgrades war jedoch die Verfügung über ein hohes Arbeitskräftepotential bei möglichst niedrigen Lohnkosten der mit Abstand wichtigste Faktor für das Wachstum der Gewerberegionen. Insbesondere die Textilgewerbe benötigten für die arbeitsintensiven Prozesse (Spinnerei, Weberei, diverse Hilfstätigkeiten) viele Arbeitskräfte. Einfache Tätigkeiten, darunter auch die Spinnerei, konnten von Frauen, teilweise auch von Kindern erledigt werden. Die Expansion der Gewerbe fand folglich dort statt, wo es einen hohen Arbeitskräfteüberschuß gab. Im Bergischen Land, in der Eifel und im Westerwälder Raum erlaubten die Boden- und Klimaverhältnisse keinen intensiven Ackerbau und ließen der Bevölkerung Zeit für gewerbliche Nebentätigkeiten. Die im Limburger Land und in Teilen des Aachener Raums betriebene Viehwirtschaft bot ähnlich günstige Voraussetzungen. Die innerhalb der Familienwirtschaft organisierte Kombination verschiedener Einkommensarten machte es möglich, daß die ländlichen Heimarbeiter zu niedrigeren Löhnen als die städtischen Arbeitskräfte beschäftigt werden konnten. Infolge der zusätzlichen Erwerbsmöglichkeiten stieg die Bevölkerung in diesen Gegenden im 18. Jahrhunderts stark an. 1795 waren in den 25 Dörfern und 580 Weilern des Limburger Landes 30 000 Menschen in die Tuchproduktion integriert.[32] In der Umgebung von Verviers war etwa die Hälfte der Arbeitskräfte in der Tuchindustrie tätig, nur ein Fünftel in der Landwirtschaft.[33] Zu Beginn des 19. Jahrhunderts waren im späteren Regierungsbezirk Aachen nur noch 18,3% der Beschäftigten in der Landwirtschaft, aber bereits ein Viertel in den verschiedenen Gewerbesektoren, davon alleine 77% in der Tuchherstellung, beschäftigt.[34] Im Herzogtum Berg wuchs die Bevölkerung zwischen 1740/42 und 1792/93 um 36%. Mit einer Bevölkerungsdichte von 4842 Menschen pro Quadratmeile war dieses Territorium am Ende des 18. Jahrhunderts nach den Niederlanden und Flandern der am dichtesten besiedelte Raum.[35] Zum Vergleich: Im Erzstift Köln lag die Besiedlungsdichte zur gleichen Zeit lediglich bei 1333 Personen.

Im Fürstentum Moers betrug das im wesentlichen durch das Seidengewerbe ausgelöste Bevölkerungswachstum im gleichen Zeitraum 58%. Die Krefelder Unternehmer dehnten ihre Verlage auf die zuvor hauptsächlich durch die Leinwandherstellung bestimmten Ortschaften der Umgebung in der Grafschaft Moers und auf kurkölnisches Gebiet, in der zweiten Hälfte des 18. Jahrhunderts auch auf das Jülicher Land, auf Kleve und den preußischen Teil Gelderns aus.[36] Das Unternehmen von Friedrich und Heinrich von der Leyen beschäftigte Weber in Moers, Xanten, Goch, Geldern, Grefrath, Dülken, Viersen, Süchteln, Rheydt und Kempen. Auch Soldaten in Wesel arbeiteten für die von der Leyen. Die preußischen Behörden verlangten 1743 ohne Erfolg die Übersiedlung der ›ausländischen‹ Arbeitskräfte auf preußisches Territorium.[37] Gerade die Verbindung von landwirtschaftlicher und gewerblicher Tätigkeit war der entscheidende Vorteil dieser räumlichen Expansion. Die einfachere Stapelware wurde in der ländlichen Hausindustrie erzeugt, während die feineren und hochwertigeren Artikel von den höher qualifizierten und höher bezahlten städtischen Webern hergestellt wurden. Dieser Lohnkostenvorteil war auch einer der wesentlichsten Gründe für den Aufstieg des Krefelder Seidengewerbes und den Niedergang der holländischen Konkurrenz, die mit hohen Löhnen zu kämpfen hatte.[38]

Standortkonkurrenz

Zu gewerblichen Zentren entwickelten sich sehr rasch Ortschaften, die zuvor allenfalls Bedeutung im Rahmen der regionalen Wirtschaft gehabt hatten. Stadt und Herrlichkeit Krefeld hatten 1625 erst ca. 800 Einwohner, 1740 schon 4574, am Ende des 18. Jahrhunderts 7896 Einwohner. Dieses Wachstums speiste sich zum überwiegenden Teil aus dem Zuzug aus dem nahen Umland. Am Ende des Siebenjährigen Krieges war ein Viertel der Bevölkerung gewerblich tätig.[39] In Verviers, mit rund 10 000 Einwohnern am Ende des 18. Jahrhunderts der größte Standort der Tuchfabrikation, lebten bereits Mitte des 17. Jahrhunderts 80% der Bevölkerung von diesem Gewerbe.[40] In Eupen stieg die Einwohnerzahl zwischen 1695 und 1739 von ca. 4000 auf ca. 10 000.[41]

Unmittelbar vor den Toren Aachens gelegen, profitierte Burtscheid in verschiedener Hinsicht von den Einrichtungen der Reichsstadt. Die Bemühungen von Rat und Zünften zur Isolierung der Konkurrentin blieben weitgehend erfolglos. 1726 beklagten die Aachener Tuchscherer die Aktivitäten der Verleger, die aus Burtscheid »eine formale Kauff- und handelsstatt«, aus Aachen »ein Dorff« gemacht hätten.[42] Bis in die französische Zeit hinein stieg die Einwohnerzahl auf über 4000.

Köln und Aachen reagierten in unterschiedlicher Weise auf die Verdrängungskonkurrenz der neuen Gewerbezentren. Von der Ausgangslage waren die beiden Reichsstädte durch die höheren Lebenshaltungs- und Lohnkosten sowie die durch die Zünfte verteidigten Beschränkungen der Arbeitsmärkte und die Abwehr neuer Techniken benachteiligt.[43]

Während eine Reihe der Kölner Exportgewerbe, insbesondere die Textilgewerbe, im späten Mittelalter eine führende Stellung auf den damaligen europäischen Absatzmärkten einnahmen, stellten sie im 18. Jahrhundert keine erst zu nehmende Konkurrenz für die neuen Gewerbestandorte mehr dar.[44] Hingen am Ende des 14. Jahrhunderts von den 300 in Gang befindlichen

Webstühlen der Tuchmacher nicht weniger als 6000 Personen ab,[45] so verzeichnete die erste Bevölkerungserhebung in der französischen Zeit 1799 lediglich noch 10 Wollenweber.[46] Die Unternehmer, welche unter den liberalisierten Bedingungen neue Betriebe gegründet hatten, beklagten hohe Lebenshaltungs- und Mietkosten sowie einen Mangel an Facharbeitern.[47]

In der Herstellung von Seidengeweben hatte Köln im Mittelalter eine führende Rolle gespielt, wurde in der Frühen Neuzeit zunächst aber durch die Konkurrenz der oberitalienischen Städte und durch Antwerpen sowie durch das französische Seidenzentrum Lyon von den Märkten verdrängt.[48] Die durch niederländische Glaubensflüchtlinge und italienische Einwanderer während des 16. Jahrhunderts nach Köln getragenen Impulse hinsichtlich der Umstellung auf modische Artikel, auf neue Techniken und Färbeverfahren hatten zwar anfänglich zu einer Belebung des Gewerbes geführt. Sowohl der Gebrauch von neuen Spinnrädern wie auch die Verbindung von Spinnerei und Färberei durch einzelne dieser neuen Unternehmer stießen aber auf den Widerstand der Seidenmacherzunft.[49] Gegen Ende des 16. Jahrhunderts setzte sie sich gegen die Neuerer durch, von denen viele die Stadt daraufhin verließen.[50] Auch der Kampf gegen die Einführung der Bandmühle (halbmechanische Webstühle für die Bandweberei) konnte nur auf Kosten der Konkurrenzfähigkeit geführt werden. Die u. a. auch durch den Kölner Rat erwirkten Reichsmandate 1685 und 1719 wurde in den verschiedenen Territorien und Reichsstädten nicht einheitlich durchgesetzt.[51] In Brandenburg-Preußen wurde ihr Gebrauch sogar besonders gefördert, und auch im Herzogtum Berg wurden die Reichsmandate nicht beachtet.[52]

Um 1700 war auch die Blütezeit des Kölner Nadelgewerbes längst vorbei. Auf der Frankfurter Messe wurde wiederholt über die schlechte Qualität das Kölner Artikel gegenüber den Aachener geklagt. Kölner Kaufleute waren über mehrere Jahrhunderte als Verleger im sauerländisch-märkischen Metallgewerbe aufgetreten. Noch im letzten Viertel des 17. Jahrhunderts war Köln wichtigster Umschlagplatz für Iserlohner und Altenaer Draht- und Metallwaren. Bereits im 16. Jahrhundert begannen sich die bis dahin von Kölner Verlegern abhängigen Betriebe zur Herstellung von Vorprodukten zu verselbständigen und übernahmen auch die Herstellung der Endprodukte, wobei sie sich teilweise auf die qualifizierte Arbeitskraft von aus Köln abgeworbener Gesellen der Harnischmacherzunft stützten.[53] Das Iserlohner Nadlergewerbe profitierte von diesem Niedergang unmittelbar: Seit dem ausgehenden 17. Jahrhundert wurden Kölner Nadelmacher von Iserlohner Verlagskaufleuten abgeworben.[54]

Neue Gewerbe konnten sich in Köln nur außerhalb der durch die Zünfte beanspruchten Branchen etablieren. Lediglich die Tabakverarbeitung und die damit zusammenhängende Herstellung von Tabakspfeifen war aber ein arbeitsintensives Gewerbe. 1738 sollen über 500 Arbeiter, darunter aber wohl viele Frauen und Kinder, beschäftigt worden sein.[55]

Anders als Köln nahm Aachen am gewerblichen Aufschwung des 18. Jahrhunderts teil. Wenngleich die gewerbliche Bevölkerung nicht im gleichen Maße zunahm wie in den neuen Gewerbezentren des Umlandes, gibt es doch deutliche Hinweise auf einen Zustrom von Arbeitskräften, die insbesondere im Tuchgewerbe Beschäftigung fanden.[56]

Seit 1750 kam eine beträchtliche Zahl zumeist protestantischer Kaufleute und Fabrikanten in die Stadt und etablierte sich erfolgreich in der wirtschaftlichen Führungsschicht.[57] 1784 wurden bei einem Kapitalumschlag von 5 500 000 Livres 5000 Stück Tuch in Aachen hergestellt.[58] Einzelne Aachener Tuchverlage standen in der Zahl der Beschäftigten nicht hinter denen in den neuen Gewerbezentren zurück.[59]

Allerdings hatten sich auch die Aachener Zünfte lange gegen die Konkurrenz im Umland gewehrt. Neben der Verlagerung ganzer Handwerksbetriebe wurde insbesondere die Abwanderung von Gesellen nach Burtscheid unterdrückt.[60] Das Wachstum des dortigen Tuchgewerbes war jedoch nicht aufzuhalten, wie aus einer Beschwerde der Aachener Tuchscherer von 1726 hervorgeht, in der es hieß, daß »[…] zu Burtscheid die mehristen Kauffleuth alle zu unserem handtwerk nöthige praeparation, ja so gahr Pressen, rahmen und sonsten verfertigen lassen […].«[61]

Den bereits sich in der zweiten Hälfte des 17. Jahrhunderts abzeichnenden Standortverlust versuchte der Aachener Rat nicht nur mit Verboten entgegenzuwirken. 1664 erließ er ein Edikt, das »alle und jede der Römisch-katholischen Religion zugethane redliche Kauf- und Handelsleute, welche etwan von anderen Orten ihr domicilium zu transferiren Vorhabens sein mögen […]«, »[…] freundlich eingeladen […]« wurden, »[…] dafern sie Lust tragen würden, sich mit der Wohnung hiehin niederzuschlagen und das ius civium et incolatus zu begehren, ihnen selbiges umsonst oder gratis vergünstiget dabeneben das Ambacht offen- und drei Jahr lang Wacht- und Servis-Freiheit gelassen werden solle.«[62]

Burtscheider Fabrikanten ließen, wie im übrigen auch Eupener Unternehmen,[63] bei Aachener Handwerksbetrieben arbeiten: 1768 erklärte der Anwalt der Tuchschererzunft in einer Prozeßschrift, daß »[…] faßt die Halbscheidt selbiger (140) Meisteren sich vorlängst schon genöthigt gesehen, aus Mangel genugsamer Arbeit in der Stadt sich nach dem nest zustoßenden Flecken Burdscheid zu wenden, und die dasige Kaufmannschaft mit Arbeit zu bedienen.«[64]

Betriebsformen

Die Debatte über die Entwicklung der Betriebssysteme wurde lange Zeit geprägt durch das von Karl Bücher entwickelte Stufenmodell, welches eine zwingende Aufeinanderfolge von Handwerk, im Verlag organisiertem Heimgewerbe und zentralisierten Produktionsformen wie Manufaktur und der modernen Fabrik annahm.[65] Die neuen Forschungsergebnisse haben jedoch gezeigt, daß sich das städtische Exporthandwerk, die im Verlag organisierte ländliche Heimarbeit und zentralisierte Betriebsformen nicht nur nebeneinander bestanden sondern sich gegenseitig ergänzten und in manchen Regionen Bestandteile einer Betriebsform waren, für die in den zeitgenössischen Schriften häufig der Begriff ›Fabrique‹ verwendet wurde.[66] Für die Steigerung der Produktivität konnte Kapital für betriebliche Einrichtungen mindestens teilweise ersetzt werden durch die Erschließung von Humankapital, durch den wenig kapitalintensiven, aber unter bestimmten Bedingungen durchaus hinreichenden Einsatz ›konventioneller‹ Technik, durch Kredit und bei erhöhtem Bedarf an Sachkapital in Form von Maschinen, Gebäuden, Grundstücken und Anlagen durch staatliche Unterstützung.[67]

Die zünftige Handwerkswirtschaft

Grundlage der Funktionsfähigkeit des Zunftsystems war der Zunftzwang, der in den linksrheinischen französischen Departements formell erst mit einer Verordnung des Pariser Direktoriums vom 26. März 1798 aufgehoben wurde.[68] Abgesehen von der Steuerung des Zugangs zum Gewerbe, richtete sich die Zwangsmitgliedschaft in erster Linie auf die Durchsetzung von Ausbildungsnormen, die Beschränkung der Betriebsgröße, einheitliche Arbeitsverhältnisse und die Normierung der Produkte. Die kleinbetrieblich-arbeitsteilige Handwerkswirtschaft minimierte zusammen mit den zünftigen Zwangsnormen die unternehmerische Funktion, wie aus einem Schreiben des preußischen Gesandten aus dem Jahre 1781 an die Zentralregierung in Berlin über die Aachener Verhältnisse hervorgeht:

»Es kan also in Aachen, an seyne Bürger oder Fremde, wenn er des Vermögens ist, sich Wolle anzuschaffen, und die Tücher mit Vorteil an den Mann zu bringen Gelegenheit weiß, ein Fabriquen Entrepreneur oder Fabricant abgeben, wenn er auch sonsten über keine sonderliche Kentnis von dem interieur der Tuch Fabrique hat; […] daß auch Anfänger gegen die angesehnste Entrepenneurs Marckt halten können und nicht befürchten dürfen, von diesen verschlungen zu werden, weil jene mit diesen in Ansehung des Arbeits Lohns, es sey in weben, Bereiten und Färben der Tücher, gleiche Vorteile genießen, und der Vorzug so einer von den andern sich etwa würde rühmen können, einesteils auf den wohlfeilern Woll Einkauf und anderntteils auf den mehr oder weniger geschwinden Absatz der Waaren eingeschränckt bleibt. Mir ist ein Candidatus theologiae und einige andere Particuliers bekannt, welche nachdem sie sich eine superficielle Kenntniß von der Tuch Fabrique erworben, demnechst vor ihre Rechnung Tücher fabriciren lassen und dadurch die größten Entrepenneurs und Capitalisten geworden sind.«[69]

In einer Streitschrift gegen die Aachener Zunftverfassung nahm dagegen Johann Arnold v. Clermont den Begriff ›Fabrikant‹ für diejenigen in Anspruch, die, wie er selbst in Vaals, als Unternehmer in den neuen Gewerbeorten tätig waren: »Der Tuch-Kaufmann ist dort zu gleicher Zeit auch Fabrikant.« Im Aachener Sprachgebrauch würden diese Unternehmer dagegen Kaufleute, die Weber- und Scherermeister Fabrikaten genannt.[70]

Eine Tuchfabrik, »[…] wenn man nehmlich darunter eine Anstalt versteht, in welcher, unter Aufsicht und Direction ihres Besitzers, durch die von ihm angenommenen Arbeiter, deren Zahl er nach dem Bedürfniß bestimmt, Tücher verfertigt werden […]«, habe es in Aachen nicht gegeben.[71]

Clermonts Schrift entstand in engem Zusammenhang mit der öffentlichen Diskussion über die durch innerstädtische Konflikte (Aachener Mäkeleien) ausgelösten Bemühungen um eine Reform der wirtschaftlichen und politischen Verfassung.[72] Sie richtete sich auf einen freien Arbeitsmarkt, dem die Zunft auf zweierlei Weise im Wege stand: Zum einen suchte sie durch die Verhinderung der Vergabe von Aufträgen nach außerhalb den Arbeitsmarkt räumlich auf die Stadt zu beschränken; zum anderen war sie durch die Limitierung von Betriebsgrößen, Ausbildungs- und Einstellungsvorschriften bestrebt, die Kontrolle über diesen Arbeitsmarkt und seine Größe zu erhalten. Als Gegenmodell diente Clermont die neuen Gewerbezentren der Region:

»Rings umher in Burtscheid, Monjoie, Verviers, Vaals, und in dem ganzen Fabrikreichen Limburger Lande herrscht Freyheit; der Tuch-Kaufmann ist dort zu gleicher Zeit auch Fabrikant, das heißt: er kann so viele Webstühle in seinem Gebäude im Gange halten, als er will, so viele Scheerer auf seinem eigenen Winkel anstellen, als seine Geschäfte erfordern; kurz, er läßt seiner Industrie freyen Lauf, und wählt sich seine Arbeiter und die Zahl derselben nach Gutbefinden. In jener Kaiserlich freyen Reichstadt hingegen herrscht ein höchst nachtheiliger Zunftzwang, der aller Industrie die Flügel lähmt, und selbst dem besten Genie den Muth sich empor zu bringen benimmt, weil er sich nie einer verhältnißmäßigen größeren Erndte seines Fleißes erfreuen kann, sondern mit dem Trägen und Unwissenden gleichen Schritt zu halten gezwungen ist.«[73]

Von der Liberalisierung des Arbeitsmarktes in Aachen versprach Clermont sich einen ›erzieherischen‹ Einfluß auf die Arbeiterschaft: »[…] und so würde der gestattete Gebrauch fremder Arbeiter weiter nichts, als ein Schreck- und Besserungsmittel in Absicht der einheimischen schlechten seyn.«[74] Sein Urteil und seine Reformvorschläge wurden nicht nur von den in Aachen aktiven Unternehmern geteilt; sie wurden auch von prominenten Vertretern der Aufklärung aufgenommen und verbreitet[75] und haben in entscheidender Weise das spätere Geschichtsbild über das Zunftwesen des 18. Jahrhunderts geprägt.[76]

In wirtschaftlicher Hinsicht war die Zunft keineswegs autonom. Sie erhielt ihre Rechte von den politischen Organen der Stadt.[77] Städtische Beamte kontrollierten nicht nur die Qualität der verwendeten Rohstoffe und der fertigen Artikel, sondern überwachten auch die verschiedenen Produktionsabschnitte.[78] Dies garantierte den Kaufleuten einen einheitlichen Warenstandard.[79] Auf den Messen wurden die im Rahmen der Handwerkswirtschaft produzierten Artikel traditionell unter dem Siegel der Herkunftsstadt gehandelt. Erst der zunehmende Direktabsatz und die mit dem rascheren Wandel der Produktpalette und anderen Gründen zusammenhängende direkte Beeinflussung der Produktion durch die neuen Unternehmer machte diese Funktion der Stadt zunehmend entbehrlich. An deren Stelle trat die Qualitätsgarantie durch den Unternehmer.[80] Auch die Gewerbeaufsicht, lag nicht in den Händen der Zünfte sondern wurde durch Organe des Rates ausgeübt.[81]

In Aachen gelang es einzelnen Tuchverlegern durch die Mitgliedschaft in der Zunft, eigene Betriebe zu etablieren und diese zu kleinen Manufakturen auszubauen. Dies geschah vor allem in der Tuchappretur gegen den hartnäckigen Widerstand der Zunft in der ersten Hälfte des 18. Jahrhunderts mehrfach.[82] Einzelne Unternehmer beschäftigten bis zu 20 Gesellen in der Tuchscherei. Die kleinen Handwerksbetriebe gerieten in zunehmende Abhängigkeit von deren Aufträgen.[83] Im Laufe des 18. Jahrhunderts setzte sich in der Aachener Tuchscherei eine Praxis mit differenzierter Handhabung der Betriebsgrößen durch. Verleger, die das Zunftrecht erworben hatten und mit einem eigenen Betrieb produzierten, waren frei von Beschränkungen, wie der Rat 1777 vor dem Reichskammergericht erklärte; schon 1768 habe die Zunft dieses Prinzip mit der Überlegung akzeptiert, daß ein solcher Kaufmann-Unternehmer keine Konkurrenz für die verlegten Tuchscherermeister darstelle. Für den eigentlichen Handwerksbetrieb blieb die Beschränkung der Gesellenzahl bestehen, wie der Rat 1792 nochmals bestätigte.[84]

In der Weberei bestand dagegen keine Notwendigkeit zur Betriebsvergrößerung. Zwar wurde die Begrenzung auf vier Webstühle von Clermont und anderen bekämpft. Das Ziel war jedoch nicht der Großbetrieb sondern die Schaffung einer Konkurrenzlage unter den Tuchmachern und damit – aus der Sicht der Verlagsunternehmer – die Herstellung eines Angebotsverhältnisses auf dem innerstädtischen Arbeitsmarkt.[85]

Das Ausbildungsmonopol der Zunft blieb dagegen unbestritten. Die neuen Unternehmer bedienten sich im Gegenteil der Handwerkswirtschaft als Quelle für die von ihnen in den Manufakturen benötigten Arbeitskräfte und entlasteten sich von den Ausbildungskosten. Die Folge war ein ständiger Konkurrenzkampf zwischen den neuen Unternehmern und den kleinen Handwerksbetrieben insbesondere um die hochqualifizierten Arbeitskräfte.

Die Aachener Tuchmacherzunft (Wollenambacht), auf die sich die Angriffe Clermonts vornehmlich richteten, war, wie auch die anderen Zünfte, ein Bestandteil der städtischen Verfassung. Ihre Abschaffung wäre mit weitreichenden Folgen für die Verfassungskonstruktion verbunden gewesen. So begründete der Rat sein Vorgehen gegen die Gewerbekonkurrenz im Umland mit der »Aufrechterhaltung der Zünfte, welche das gemeine Wesen konstituieren.«[86] Dennoch wurden die durch die Standortkonkurrenz drohenden Folgen erkannt: »Das Fabrikwesen wird vernachlässigt, während die Nachbarstatten desselbe befördern. Dadurch entsteht Verarmung unter der Bevölkerung, Entwertung des Grundbesitzes und Ausfall der Einnahmen; die Fabrikanten, Tuch- und Nähnadelarbeiter wandern aus, Zuchtlosigkeit des Gesindels und Wolldiebstähle nehmen überhand.«[87]

Nach den Reformvorstellungen des preußischen Vertreters in der nach Aachen entsandten Reichskommission sollten die Zünfte lediglich die Aufgabe von Wahlkörperschaften haben. Dieses Konzept einer staatsbürgerlichen Gesellschaft wurde allerdings erst unter der französischen Herrschaft realisiert.[88]

Anders als in Aachen gelang es den neuen Unternehmern in Köln nicht im gleichen Maße, die Handwerkswirtschaft in ihre ›Fabriquen‹ zu integrieren. 1798 beklagte der Präsident des Kölner Handlungsvorstandes: »Das tyrannische Joch der Zünfte hinderte bisher das Aufkommen der

Manufakturen in unseren Mauern. Unsere Nachbarn in Aachen, Montjoie, Verviers, Burtscheid, Krefeld usw. hatten für diese Geschäfte eine glücklichere Verfassung und erreichten darin eine Höhe, welche vielleicht eine glückliche Zukunft auch für Köln entwickelt.«[89]

Der Kölner Rat war einer Erweiterung der Betriebsgrößen gegenüber durchaus aufgeschlossen: 1747 stellte er fest, daß dadurch die Jugend vor Bettelei und Müßiggang bewahrt werden könne. 1785 versprach er dem Kaiser gegenüber, daß fremde Unternehmer und das Fabrikwesen von ihm gefördert werden sollten.[90] Gegen die politisch einflußreichen großen Zünfte war er jedoch weitgehend machtlos. Ein Beispiel dafür liefert der Fall Andreae: 1687 übersiedelte der 22jährige Christoph Andreae von Frankfurt nach Köln und betrieb dort mit seinem späteren Schwager Daniel Noel die Herstellung von Seidenbändern im Rahmen des üblichen Verlagssystems. Schon 1692 gehörte er nach seiner Steuerleistung zu den wohlhabensten Bürgern.[91] Die Aufstellung der mechanisch angetriebenen Webstühle brachte ihn in Konflikt mit der Zunft, den er mit seiner Übersiedlung in das rechtsrheinische, zum Herzogtum Berg gehörende Mühlheim beendete. Mit ihm verließen weitere zehn Verleger die Stadt und zogen viele Arbeitskräfte nach. 1718 klagten die Kölner Bandweber, daß die bei ihnen ausgebildeten Lehrlinge und Gesellen nach Mülheim abwanderten. Sie selbst waren zur Übernahme von Arbeitsaufträgen durch Andreae gezwungen.[92]

Wie schwach die Position der Kölner Seidenbandweber gegenüber den Verlegern am Ende des 18. Jahrhundert war, macht ihr Protest gegen die Lieferung angeblich schlechter Seide durch die Verleger Herstatt und Heinius deutlich: Herstatt erklärte gegenüber dem Rat, daß er nur mit den einzelnen von ihm beschäftigten Webern Verträge habe, mit der Zunft habe er hingegen nichts zu schaffen.[93]

Die Manufakturen

Kern der ›Fabriquen‹ bildeten Betriebseinrichtungen, die als Vorläufer der späteren modernen Fabrik gelten können. Neben den größeren Anlagen wie der Clermontschen Tuchmanufaktur in Vaals, der Scheiblerschen Anlage ›Auf dem Burgau‹ in Monschau, der Lövenichschen ›Krone‹ in Burtscheid oder der Andreaeschen Seidenmanufaktur in Mülheim a.Rh. gab es eine große Zahl kleinerer solcher Einrichtungen, die teilweise in ehemaligen Wohnhäusern bzw. in deren Anbauten untergebracht waren oder die, wie beim ›Roten Haus‹ in Monschau, in ein repräsentatives Bürgerhaus integriert wurden. Die Größe der Anlagen und der Grad ihrer ausschließlich gewerblichen Nutzung korrespondierten mit dem Entwicklungsstand des Betriebssystems als auch mit den lokalen Gegebenheiten.[94] Im ersten Stadium wurden in den Textilmanufakturen vor allem die Appreturprozesse (Färben, Scheren etc.) konzentriert; später kamen Teile der Weberei hinzu.[95] Zucht- und Arbeitshäuser spielten als Manufakturen deshalb kaum eine Rolle, weil dort weder qualifizierte Arbeitskräfte zu finden waren noch die notwendige Kontrolle über den Fertigungsprozeß gewährleistet war.[96]

Die von Johann Arnold v. Clermont 1761–65 in Vaals errichtete Manufaktur galt als Musterbeispiel für unternehmerische Initiative und Erfolg. Noch 1790 wurde sie von Georg Forster »wegen ihres Umfanges und ihrer Zweckmäßigkeit« gelobt. Alleine die Färberei, schrieb er in den »Ansichten vom Niederrhein« habe mehr als 10 000 Taler gekostet.[97] In einem Brief an seinen Freund Samuel Thomas Sömmerring berichtete er beeindruckt von dem unternehmerischen Erfolg: »Es ist ein unermeßliches Geschäft, was diese Leute treiben, und jährlich wird für 6 000 000 Gulden Waare versandt!«[98]

Die nach einem Katasterplan von 1783 rekonstruierte Manufaktur von Dethier in Verviers umfaßte Räumlichkeiten für die Aufbewahrung der Farben, für das Garn und die Ketten, die Rohwolle sowie für die Trocknung der gewaschenen Wolle; weiterhin gab es Räume für die Schererei und ein Tuchlager; im Dachgeschoß konnten Rahmen zum Trocknen der Tuche im Winter aufgestellt werden.[99]

Die Seidenzwirnerei Peter von der Leyens war ein Manufakturbetrieb mit ca. 100 zentral beschäftigten Arbeitern.[100] 1780 beschäftigte die Firma von der Leyen 3400 Arbeiter an 815 Stühlen und Bandmühlen.[101]

Die Anlage von Andreae in Mülheim a.Rh. bestand aus der Färberei und einem darüber befindlichen großen Saal, in dem zehn Webstühle aufgestellt waren. Durch den Ankauf weiterer Häuser schuf Andreae Arbeitsstätten für weitere 30 Weber. Die Aufwendungen betrugen insgesamt 60 000 Gulden. 1766 waren 44 Stühle in Betrieb, und Andreae plante einen neuen Fabrikbau.[102] Die Beschäftigtenzahl des Unternehmens lag in der ersten Hälfte des 18. Jahrhunderts bei etwa 400 bis 600 Arbeitern. 1774 waren es 1000, 1784 1500 und 1804 2000 Arbeiter. 1723 lag das Stammkapital bei 30 000 Reichstalern, wobei das Stammhaus mit der Färberei und Klanderei mit 6000 Reichstalern veranschlagt wurde.[103]

Bereits durch seine kaufmännische und verlegerische Tätigkeit in Elberfeld zu Vermögen gekommen, konnte Johann Gottfried Brügelmann seine in der Nähe von Ratingen 1783 errichtete mechanische Baumwollspinnerei mit erheblichen Kapital ausstatten, das vor allem in den fünfstöckigen Bau und die Anschaffung von Maschinen (water-frame, mule-jenny) floß. Neben der nach dem englischen Vorbild ›Cromford‹ benannten Anlage richtete er 1789 in Pempelford bei Düsseldorf auf dem Grundbesitz der Familie Jacobi eine Türkischrotfärberei ein und machte sich damit von der Färberei im Wuppertal unabhängig. Wenngleich er die Baumwollspinnerei durch die Aufstellung eigener Webstühle, darunter auch bereits mechanisch angetriebener, ergänzte, blieb die Vergabe von Webaufträgen an Heimarbeiter ein wichtiger Bestandteil seines Unternehmens.[104]

Die Arbeitskräfte in den Manufakturen und in der Heimarbeit

Die für die qualifizierten Tätigkeiten in den Manufakturen benötigten Arbeitskräfte waren in der Wachstumsphase knapp. Anders als die von Frauen und Kindern auszuführenden Tätigkeiten erforderten insbesondere die Appreturprozesse in den Textilgewerben eine handwerkliche Ausbildung und große Erfahrung. In den in unmittelbarer Nähe zu Köln und Aachen gegründeten Betrieben wie in Mülheim a.Rh. und Burtscheid konnten sich die Unternehmen des zünftigen Ausbildungswesens als ständiger Quelle für ihren Arbeitskräftebedarf bedienen. Zusätzlich wurden Facharbeiter aus teilweise weit entfernten Gebieten angeworben: Die Krefelder von der Leyen rekrutierten Arbeiter aus Holland, Frankreich und Italien,[105] nach Lennep kamen u. a. Scherer aus Frankreich,[106] Andreae in Mülheim a.Rh. beschäftigte Arbeiter aus Italien, Frankreich, Sachsen und Hamburg,[107] und Scheibler in Monschau warb Scherer aus Süddeutschland an; Anfang der 1760er Jahre setzten sich fast zwei Drittel der Scherer in Monschau aus Zugezogenen zusammen.[108]

Innerhalb der einzelnen Gewerberegionen konkurrierten die Unternehmer heftig um die Facharbeiter. Ältere Unternehmen setzten sich gegen das ›Debauchieren‹ nicht immer erfolgreich zur Wehr: 1793/94 sollen 200 Arbeiter aus Krefeld von der Firma Preyers & Co. in Kaiserswerth abgeworben worden sein.[109] Die von der Leyen hielten auch in Zeiten von Absatzflauten ihren Kernarbeiterstamm durch die Reduzierung der Arbeitszeit und durch Produktion auf Lager. Bei Nahrungsmittelknappheit importierten sie auf eigene Kosten Getreide und verkauften es zum Selbstkostenpreis.[110]

Die Abwerbung von Fachkräften war für die Unternehmer immer auch mit der Gefahr des ›Verrats‹ von Betriebsgeheimnissen verbunden. Der Burtscheider Tuchfabrikant Bartholomäus von Lövenich stellte 1765 einen Handlungsbediensteten mit der vertraglichen Verpflichtung ein »[…] in allen stucken behutsam und verschwiegen zu sein;« er mußte zudem darauf verzichten, einen eigenen Betrieb »auf 30 stunden in der runde von Burtscheid« zu betreiben.[111] Die 1767 und 1798 erlassenen Ordnungen des Andreaeschen Betriebes in Mülheim a. Rh. enthielten strenge Vorschriften über Kündigungen. Die Konkurrenten sollten durch Bekanntmachung der Namen von Arbeitern, die dagegen verstoßen hatten, in den lokalen Zeitungen von deren Einstellung abgehalten werden.[112]

Die Facharbeiter nutzen ihre Position auf dem Arbeitsmarkt zur Durchsetzung von Lohnforderungen und günstigen Arbeitsverhältnissen aus und strebten, wie 1759 in der Aachener Region, zu diesem Zweck auch überörtliche Zusammenschlüsse an.[113] Die Gründung der ›Feinen Gewandschaft‹ in Monschau als ein Zusammenschluß der dortigen Feintuchunternehmer unter der Führung der Scheiblers ging auf einen Streik der Tuchscherer im Jahre 1742 zurück und diente zunächst ausschließlich der Bekämpfung ihrer Organisationsbestrebungen:

> »All die Weilen nachdem unsere Laaken Manufaktur hierselbst beginnt anzuwachsen und auf unseren Tuchschererwinkeln einige von unseren Knechten sich unterstehen, das nichtsnutzige reine und faulende, stinkende Knechts- und Winkelwesen zum Nachteil uns und unserer Nachkommen einzuführen trachten, achten wir vor hochnötig, solchen sehr schlimmen Folgerungen vorzubeugen, uns alle miteinander zu vereinbaren [...].«[114]

Bei erneuten Unruhen 1762 forderten die Scherer eine Beschränkung der Lehrlingszahl in den Betrieben, die ausschließliche Beschäftigung einheimischer Scherer und die Abschaffung von Entlassungsscheinen, mit denen die Unternehmer offenbar die Qualifikation wie auch das Wohlverhalten kontrollierten, sowie die Erhöhung des Tagelohns. Als Entlassung und Aussperrungen wirkungslos blieben, forderten die Unternehmer die Unterstützung durch die Regierung in Düsseldorf und drohten dabei offen mit der Verlagerung ihrer Betriebe. Mit massivem Militäreinsatz und teilweise drakonischen Strafen gegen die Initiatoren wurde der Streik daraufhin beendet.[115] Auch in anderen Gewerbezentren bemühten sich die Arbeiter weitgehend erfolglos um eine Reglementierung des Arbeitsmarktes.[116]

In der Weberei bezogen sich die Konflikte zwischen den lokalen Webern und den Unternehmern dagegen in der Regel um die Vergabe von Aufträgen an ländliche Heimarbeiter.[117] Bei längerfristigen Stockungen des Absatzes konnten die Heimarbeiter sich selbst überlassen bleiben, mußte nicht fixes Kapital unproduktiv bleiben. Auch die instabilen Absatzmärkte und die saisonalen Spitzen, die vor allem von Messeterminen bestimmt wurden, konnten ohne gravierende Nachteile für die Unternehmer durch das Verlagssystem abgefangen werden.[118]

> »Es wird in Eupen nicht ein Stück Tuch bey dem Fabrikant im Hause gewebet; und dieses erspart ihnen vieles und erleichtert ihr Geschäfte. Sie haben nicht nöthig ein Kapital in große Gebäude, und viele Werkzeuge zu stecken, und solche zu erhalten, auch brauchen sie die Aufsicht über diese Leute nicht, die sie oft zu hintergehen wissen, und unter solcher mehr betrügen, als wenn man ihnen die Produkte in gewisser Ordnung anvertrauet.«[119]

Die Vorteile überwogen offenbar auch die von den Unternehmern ständig beklagte Unterschlagung der teuren Rohwolle. Faktoren, in der Aachener Region Baasen genannt, entlasteten die Großverleger durch die Vorlage der Löhne für die Heimarbeiter: In dem Konflikt zwischen den Monschauer Verlagsunternehmern und den im Ort ansässigen Webern 1769 vermuteten letztere in ihrem Protestschreiben an die Regierung, daß die Unternehmer die auswärtigen Baasen, welche »meistentheils gesessene bauren seynd«, bei der Auftragsvergabe bevorzugten, weil diese »[...] bey den employrenden spinneren Credit haben und denen Fabricanten von einer meeßen zur anderen mit größeren Summen als man glauben Credit geben [...].«[120]

Unternehmer und Staat

Treibende Kräfte der geschilderten Entwicklungen und Veränderungen waren Männer, die sich vom Typus des Großhändlers und Verlegers der älteren Zeit deutlich unterschieden und für die die Bezeichnung Frühunternehmer angemessen erscheint.[121] Auch wenn viele von ihnen aus dem Handel kamen und sich auf Geschäftsreisen und auf Messen die für den unternehmerischen Erfolg notwendigen Kenntnisse über die Märkte verschafft hatten,[122] entwuchsen sie mit dem Aufbau ihrer ›Fabriquen‹ dem rein kaufmännischen Sektor und übernahmen durch die persönliche Leitung wichtiger Teile des Produktionsprozesses moderne Unternehmeraufgaben. Anders als der klassische Verleger investierten sie hohe Kapitalsummen in Anlagen und Maschinen und erprobten neue Produktionsverfahren. Die überwiegende Mehrzahl stammte aus dem Kreis der Protestanten. In Krefeld waren es mennonitische Glaubensflüchtlinge wie die von der Leyen, die in der zweiten Hälfte des 17. Jahrhunderts aus dem bergischen Radevormwald einwanderten.[123] In Monschau waren es aus Aachen stammende Protestanten, die das dortige Feintuchgewerbe begründeten,[124] bevor mit Johann Heinrich Scheibler ein Prototyp des Frühunternehmers die rasante Entwicklung der Monschauer Tuchindustrie einleitete. In der älteren Literatur wurde er in den Rang eines »Vorkämpfers der deutschen Industrie« erhoben.[125]

Johann Heinrich Scheibler stammte aus einer lutherischen Pfarrersfamilie aus dem bergischen Volberg.[126] Durch Familienbeziehungen kam er 1720 im Alter von 14 Jahren in die Lehre bei der ebenfalls lutherischen Familie Offermann in Imgenbroich bei Monschau.[127] Die Offermanns, eine wohlhabende Bauernfamilie, war in der ersten Hälfte des 19. Jahrhunderts zur Feintuchfabrikation übergegangen. 1724 heiratete er die sieben Jahre ältere Tochter seines Lehrherrn, Witwe des Monschauer Tuchfabrikanten Schlösser.[128] Seine Söhne Bernhard Georg und Wilhelm führten das Monschauer Unternehmen nach dem Tode von Johann Heinrich Scheibler seit 1765 gemeinsam; ab 1777 war Bernhard Georg Alleininhaber. Mit Zweigniederlassungen in Dalem auf dem Boden der Generalstaaten, in Eysden an der Maas sowie in Eupen, Dolhain und Visé wurde das Unternehmen ständig erweitert.[129]

1793 ließ Bernhard Georg Scheibler ›auf dem Burgau‹ in Monschau eine vierstöckige Fabrikationsanlage errichten, in der sämtliche Fertigungsabschnitte konzentriert waren.[130] Das Scheiblersche Unternehmen dominierte die Tuchproduktion Monschaus mit großem Abstand: 1780 sollen die fünf Scheiblerschen Betriebe 72% des örtlichen Produktionsvolumens erzeugt haben.[131] Zu den alteingesessenen katholischen Familien, die sich mit der Grobtuchherstellung befaßten, wurde schon aus konfessionellen Gründen Abstand gehalten.[132]

Scheibler gelang der Vorstoß in dieses Segment, indem er die außerordentlich gute Qualität des Monschauer Wassers für beste Farbqualität nutzte. Seine Farbrezepturen waren ein wichtiges Betriebskapital und wurden entsprechend vor der Nachahmung durch die Konkurrenz geschützt.[133] Das von Johann Heinrich Scheibler 1762–65 mit enormen Kosten (90 000 Taler) errichtete ›Rote Haus‹ hatte neben Repräsentationszwecken vor allem die räumliche Konzentration der Färberei zum Ziel.[134]

Das verwandtschaftliche Netzwerk der Unternehmerfamilien verband die verschiedenen Standorte der Region. Über den Kreis des jeweiligen Gewerbezweiges hinaus suchten die Mitglieder der zweiten und der nachfolgenden Generationen überregionale Heiratsverbindungen zu Familien aus dem Großhandel bzw. anderen Gewerbezweigen. Die daraus entstehenden Verwandtschaftsnetzwerke dienten auch der Verbreiterung der Kapitalbasis.[135]

Die Zuwächse an betrieblichem Kapital und privatem Vermögen – beides ist nicht voneinander zu trennen – waren bei den führenden Unternehmerfamilien enorm, waren aber durch die hohen Außenstände auch Risiken ausgesetzt: Nach der Bilanz der Firma Johann Heinrich Scheibler aus dem Jahre 1789 betrug das Eigenkapital 374 301 Reichstaler; nochmals 304 000 Reichstaler waren als Kredit von Amsterdamer Wollhändlern und Frankfurter Bankiers in dem Unternehmen angelegt.[136] Die Brüder Johann und Friedrich von der Leyen begannen 1721 die Bandfabrikation mit einem Grundkapital von 1500 Reichstalern.[137] 1731 brachten beide Brüder schon ein Vermögen von je 17–20 000 Reichstaler in das gemeinsame Unternehmen ein. In den folgenden zwei Jahrzehnten steigerte sich das Betriebskapital auf das mehr als Zehnfache.[138] Bei seinem Tod 1802 belief sich alleine der Wert des Brügelmannschen Betriebes in Cromford auf 420 000 Taler. Sein weiteres Privatvermögen machte nochmals 200 000 Taler aus.[139]

Einzelne Unternehmer suchten der Kapitalzersplitterung durch Erbteilung frühzeitig vorzubeugen. So bestimmte z. B. der zwei Jahre später gestorbene Heinrich von der Leyen in seinem Testament aus dem Jahre 1780, daß die Erben das Betriebskapital »[…] auf keinerley Weise versplittern, vergeringern, oder zu einem sonstigen und anderwärtigen Behufe heraus nehmen, oder anwenden sollen, als blos und allein zu der von mir beäugenden Absicht, daß nehmlich damit der beständige Flor und die Aufnahme der Handlung und der Fabriquen erreicht, und unter Gottes Seegen gäntzlich erfüllet werden möge; […].«[140]

Organisatorische Zusammenschlüsse von Unternehmern dienten unterschiedlichen Zielen. Zum einen ging es, wie die Gründungsgeschichte der Feinen Gewandschaft zeigt, um die Abwehr von Koalitionsbestrebungen der Arbeiterschaft und deren Bemühungen um die Regulierung des Arbeitsmarktes.[141] Die Familienverbindungen der Scheiblers mit den Tuchunternehmern im bergischen Lennep wurden zur Unterstützung bei der Beseitigung der dortigen Tuchmacherzunft genutzt.[142] Zum anderen sollten die gemeinsamen Interessen gegenüber dem Staat besser durchgesetzt werden können, sei es zur Verbesserung der Verkehrsverhältnisse, sei es im Hinblick auf Zölle oder andere handelsbezogene Fragen. 1767 setzte die Feine Gewandtschaft den Bau einer neuen Straße nach Düren und damit die bessere Anbindung an die Rheinschiene bei der pfälzischen Regierung in Düsseldorf durch.[143]

Teilweise bildeten solche Organisationen Produzentenkartelle, wie z. B. der 1669 von den Messingfabrikanten in Stolberg zur Durchsetzung höherer Produktpreise und der Bekämpfung der Konkurrenz in Iserlohn, England und Schweden gegründete Verband.[144] Auch die Wuppertaler Garnnahrung war ein solches Produzentenkartell, seit 1527 ausgestattet mit dem herzoglichen Privileg.[145] Gegen die Versuche der Leinenweber, mit einer Zunftbildung ihre Interessen besser wahrnehmen zu können, setzten die Verlagskaufleute – ähnlich wie in Monschau – ihr Auftragsmonopol ein.[146] Noch 1802 wurde eine heftige Debatte über den Sinn der Garnnahrung zwischen traditionalistischen und modernen Unternehmern geführt.[147]

Von einer aktiven Gewerbepolitik kann in den preußischen Westprovinzen im 18. Jahrhundert keine Rede sein. Im Todesjahr Friedrichs II. sah der preußische Minister von Heinitz die Rolle des Staates beschränkt auf die Forstwirtschaft, den Straßenbau und die Milderung von Akziseabgaben auf dem platten Land, um dort die Ansiedlung von Unternehmungen zu unterstützen. Ansonsten ginge es darum, den Fabrikanten die »Werbefreyheit für alle ihre Arbeiter« zu verschaffen, wie 1736 durch den preußischen König Friedrich Wilhelm I. für die Arbeiter der Krefelder Seidenmanufakturen, die 1781 durch Friedrich den Großen erneuert wurde.[148]

Friedrich und Heinrich von der Leyen erwirkten 1764 ein Verbot des Betriebes der von ihnen erstmals in Krefeld eingeführten Bandmühlen durch das Konkurrenzunternehmen Gerhard Lingen & Co. In erster Linie ging es den Gebrüdern von der Leyen um die Behauptung ihrer dominierenden Stellung als Arbeitgeber. Die Kabinettsverordnung sah denn auch vor: »Daß die Gebrüder von Leyen, da sie einmal und zuerst dergleichen Fabrique dorten etabliert haben, also sie auch dabei soutenieret und denen anderen durchaus nicht gestattet werden soll, denen Gebrüder von Leyen ihre Arbeiter noch Arbeitsleute zu debauchieren, noch weniger dergleichen Bandmühlen anzulegen, zum allerwenigsten aber in den benachbarten auswärtigen Landen zum Präjudiz und

Schaden der Leyenschen Fabrique zu etablieren.«[149] Gegen die Firma Cornelius & Johannes Floh behaupteten sie 1769 ihr Privileg zur Herstellung seidener Taschentücher, und 1772 verhinderten sie die Errichtung einer Seidenfabrikation in Duisburg.[150] Die preußische Regierung schloß sich auch nicht der Argumentation eines weiteren Konkurrenten, der Firma Preyers & Co. an, durch das Monopol der von der Leyen werde lediglich die bergische Konkurrenz gestärkt. Preyers & Co. verlegten daraufhin ihren Betrieb nach Kaiserswerth und erhielten ihrerseits 1777 vom pfälzischen Kurfürsten ein 30jähriges Privileg für das Herzogtum Jülich.[151]

Diese Bemühungen um die Privilegierung richteten sich nicht in erster Linie auf ein Angebotsmonopol auf dem Absatzmarkt, der ohnehin zum größten Teil außerhalb des Territoriums lag, sondern auf ein Nachfragemonopol (Monopson) auf dem Arbeitsmarkt. Zur Absicherung ihrer Position bedienten sich die von der Leyen u. a. großzügiger Geschenke an die zuständigen Beamten. Sie erhielten die Unterstützung Friedrichs des Großen bei seinem zweiten Besuch 1763.[152] Auch im Kampf um Facharbeiter, die von außen angeworben wurden, versicherten sich die von der Leyen staatlicher Unterstützung. Als ein in Italien durch die von der Leyen angeworbener Arbeiter in Mühlheim bei Andreae Anstellung fand, drohte Friedrich der Große: »Wofern die Mühlheimer den Kerl nicht freilassen, sollen meine Soldaten ihn holen.«[153]

1755 wurden die Gebrüder von der Leyen zu Kommerzienräten ernannt, was ihnen über den unmittelbaren Zugang zu den Regierungsstellen die Durchsetzung allgemeiner Interessen der Krefelder Seidengewerbe etwa in Akzise-, Zoll-, oder Postangelegenheiten erleichterte.[154] Ihre Neffen Konrad, Friedrich und Johann, die seit 1764 die Leitung des Unternehmens übernahmen, erhielten gleichfalls diesen Titel und standen in enger Verbindung mit den Regierungsmitgliedern, bei denen sie sich regelmäßig mit Geschenken in Erinnerung hielten.[155]

Auch die Regierung in Düsseldorf hat weder im Herzogtum Jülich noch im Herzogtum Berg eine aktive Wirtschaftspolitik betrieben. Der als Philosoph aus Pempelfort bekannte Friedrich Heinrich Jacobi setzte sich zwar für eine Verbesserung des Straßenwesens ein, verfocht als für das Kommerzwesen zuständiges Mitglied der Hofkammer ansonsten aber einen wirtschaftsliberalen Standpunkt.[156] Die Vergabe von Privilegien war, ähnlich wie für die preußische Regierung, kein aktiv eingesetztes Mittel der Gewerbeförderung sondern geschah in Reaktion auf entsprechende Gesuche. Die Gründung der Seidenmanufaktur von Christoph Andreae in Mülheim a. Rh. unterstützte die pfälzische Regierung nicht nur mit der Zusicherung einer unbeschränkten Handels- und Gewerbetätigkeit sowie einer 25jährigen Privilegierung der Florettbandfabrikation, sondern darüber hinaus mit Steuerfreiheit und der Befreiung ihrer Arbeiter von der Gerichtsbarkeit des Mülheimer Vogtes und des Magistrats. Seine Söhne Heinrich Anton und Thomas Daniel erreichten 1739 eine Bestätigung um weitere 25 Jahre und 1763 gelang dies erneut Christoph Andreae, dem einzigen Sohn von Thomas Daniel. Schon mit 18 Jahren hatte er seinen Vater auf die Leipziger Messe begleitet und 1762 das Unternehmen übernommen. Er baute das Geschäft 1763 mit der Anlage einer Samtfabrik aus. Das von ihm erwirkte Privileg umfaßte auch die Freistellung seiner Arbeiter vom Militärdienst. In Absprache mit der seit 1777 in Kaiserswerth tätigen Firma Preyers & Co. erreichte er zudem eine Ausdehnung des Privilegs auf das Herzogtum Jülich bis 1799. Staatliche Unterstützung forderte und bekam Christoph Andreae auch, als der Eisgang des Jahres 1784 einen Großteil seiner Mülheimer Fabrikationsanlagen vernichtete. Nicht zuletzt mit der Drohung, seinen Betrieb nach Sachsen zu verlegen, erhielt er einen Kredit in Höhe von 50 000 Gulden.[157]

Allerdings wurde es unter der Konkurrenzlage innerhalb des Territoriums auch für die etablierten Unternehmer in der zweiten Hälfte des 18. Jahrhunderts zunehmend schwieriger, ihre Privilegien zu verteidigen. 1775 mußte Andreae eine Einschränkung seines Privilegs auf Samtstoffe zugunsten der Elberfelder Seidenproduzenten hinnehmen. Immerhin gelang ihm 1802, als das linke Rheinufer bereits französisch war, die Verlängerung seines Privilegs; auch diesmal war offenbar die Drohung, das Territorium zu verlassen, für sein Gesuch förderlich.[158]

Privilegien für neue Betriebe zu erhalten, wurde allerdings schwieriger. Als Gottfried Brügelmann für seine Baumwollspinnerei ›Cromford‹ 1783 ein 40jähriges Privileg verlangte, mußte er, obwohl bereits 20 000 Taler investiert waren, sich mit einem 12jährigen Privileg zufrieden geben. Anstatt der erbetenen Zoll- und Steuervorteile erhielt er lediglich den Titel eines Kommerzienrates.[159]

Ausblick

Auch wenn einzelne Tuchfabrikanten bereits im Ancien Régime gesellschaftliche Anerkennung wie z. B. durch die Nobilitierung erfuhren,[160] stiegen sie doch erst während der französischen Zeit in die gesellschaftliche Spitze auf und wurden ein wesentlicher Bestandteil des Notablensystems.[161] 1804 schrieb der Kommissar des Direktoriums der Zentralverwaltung des Roer-Departements und spätere Unterpräfekt des Arrondissements Kleve bewundernd: »Quel est l'ami des arts, l'ami du pays, qui ne conaisse pas les familles des Jacobi, Pastor, Kolb, Scheibler, Herrstatt, Rigal, Vanderleyen, Broyer, Kuppers, Vandenbosch, Lövenich, Schleicher et autres que leurs lumières et leurs vertus placent au premier rang des citoyens.«[162]

Eine Reihe von ihnen übernahmen hohe Verwaltungsposten und ließen sich in der napoleonischen Ära in politische Ämter berufen: In Krefeld wurde Friedrich Heinrich von der Leyen 1800 Maire, 1804 wurde er nach dem Besuch Napoleons in den »Corps législatif« berufen und beeinflußte wesentlich die Ausarbeitung des »Code de Commerce.« 1813 verlieh Napoleon ihm den Titel eines »Baron de L'Empire.«[163] In Aachen wurde der protestantische Tuchverleger Jakob Friedrich Kolb Präsident der Aachener Stadtverwaltung, später Johann Friedrich Jacobi, Schwiegersohn und Geschäftsteilhaber von Johann Arnold von Clermont.[164] Als langjähriges Mitglied des Präfekturrates vertrat er häufig den Präfekten. 1810 wurde er ebenfalls in die gesetzgebende Versammlung nach Paris berufen.[165] Als sein Tuchunternehmen 1804 in Schwierigkeiten geriet und ein Bankrott ihn von politischen Ämtern ausgeschlossen hätte, wurde Jacobi vom Pariser Innenministerium ein Kredit in Höhe von 140 000 Francs gewährt.[166]

Insbesondere in den wirtschaftsbezogenen Institutionen übernahm das neue Wirtschaftsbürgertum unangefochten die Macht, nachdem die radikalrevolutionäre Phase beendet war und eine Politik eingeleitet wurde, die sich eindeutig an den Interessen des Wirtschaftsbürgertums orientierte.[167] Führende Vertreter waren auch entscheidend an der Gestaltung der neuen Wirtschaftsordnung beteiligt.[168]

Eine zentrale Rolle spielten dabei nach der Aufhebung der Zünfte die Einrichtung von Gewerbegerichten.[169] Sie hatten Schlichtungs- und Rechtsprechungsaufgaben bei Konflikten unter den Fabrikanten, was sich in erster Linie auf Abwerbung von Arbeitskräften und den Markenschutz bezog, bei Verstößen der Arbeiter gegen den innerbetrieblichen Frieden, bei Lohnauseinandersetzungen und bei Streitigkeiten zwischen Fabrikanten und den von ihnen mit Aufträgen versehenen Werkstattmeistern und Heimgewerbetreibenden. Der Staat übertrug den Gewerbegerichten auch die Voruntersuchung nicht nur bei individuellen Kriminaldelikten wie Diebstahl, Unterschlagung, Sabotage und Verrat von Betriebsgeheimnissen, sondern auch bei der nach dem Gewerbegesetz von 1803 verbotenen Bildung von Koalitionen und der Organisation von Streiks. Ohne Einschaltung eines Zivilgerichts konnte der Gewerberat Gefängnisstrafen von bis zu drei Tagen verhängen. Bei der für die Fabrikanten wichtigen Unterdrückung der Unterschlagung von Rohwolle überließ der Staat dem Rat sogar das Recht der Hausdurchsuchung. In der Zusammensetzung dominierte die Unternehmer.[170]

Die von diesen als Hemmnis für die Ausschöpfung des Arbeitskräftepotentials beklagte Einstellung zur Arbeit wurde von den französischen Spitzenbeamten gleichfalls angeprangert: Handwerker und Arbeiter seien arbeitsscheu, meinte der bereits zitierte Dorsch und rief zum »guerre de mort« gegen den Müßiggang auf. Die Löhne müßten an den Getreidepreis gebunden und die Arbeitshäuser zur Herstellung einer »Moral publique« eingesetzt werden. Von der Mechanisierung versprach er sich »le bon effet d'interdire aux ouvriers de commander, au lieu de stipuler le prix de l'ouvrage.«[171]

Der vor nur einem guten Jahrzehnt von dem Tuchfabrikanten Johann Arnold v. Clermont geäußerte Wille »[...] den Webern als den Scherern einen Lohn zu geben, der ihnen nicht blos das trockene Brod, sondern auch den Vortheil zusicherte, daß sie bei guter Haushaltung etwas für die künftige Zeiten zurücklegen könnten,« hatte in dieser Politik keinen Platz mehr. Seine von einer patriarchalischen Einstellung geprägte Ansicht, daß »[...] der Fabrikant nicht verlangen [könne], allein im höchsten Ueberfluß zu leben; sondern es ist vielmehr [seine] Pflicht, den Wohlstand seiner nächsten Unterarbeiter, weil sie die Werkzeuge seines Glücks sind, ohne welche er nicht dazu gelangt seyn könnte, in einem billigen Verhältnisse daran Theil nehmen zu lassen,« gehörte der Vergangenheit an.[172]

[1] Siehe zum gegenwärtigen Stand John Komlos, Ein Überblick über die Konzeptionen der Industriellen Revolution, *Vierteljahrsschrift für Sozial- und Wirtschaftsgeschichte*, 84, 1997, S. 461–511.

[2] Aus der Vielzahl von Publikationen siehe die grundlegende Arbeit von Peter Kriedte/Hans Medick/Jürgen Schlumbohm, *Industrialisierung vor der Industrialisierung. Gewerbliche Warenproduktion auf dem Land in der Formationsperiode des Kapitalismus* (Veröffentlichungen des Max-Planck-Instituts für Geschichte, 53), Göttingen 1977; siehe daneben noch Peter Kriedte, Die Vorbereitung der industriellen Revolution durch die Proto-Industrialisierung, *Jahrbuch für Wirtschaftsgeschichte*, 1989, S. 141–152; aktuellster Überblick zum Stand der Diskussion und der Forschungen in den einzelnen Ländern bei Markus Cerman/Sheilagh C. Ogilvie (Hrsg.), *Protoindustrialisierung in Europa. Industrielle Produktion vor dem Fabrikszeitalter* (Beiträge zur historischen Sozialkunde, 5), Wien 1994.

[3] Überblick bei Dietrich Ebeling/Wolfgang Mager, Einleitung, in: dies. (Hrsg.), *Protoindustrie in der Region. Europäische Gewerbelandschaften vom 16. bis zum 19. Jahrhundert* (Studien zur Regionalgeschichte, 9), Bielefeld 1997, S. 9–55.

[4] Werner Sombart, *Der moderne Kapitalismus*, Reprint der 2. Aufl., Berlin 1969, Bd. 2, S. 803.

[5] Siehe den Überblick bei Peter Kriedte, *Spätfeudalismus und Handelskapital. Grundlinien der europäischen Wirtschaftsgeschichte vom 16. bis zum Ausgang des 18. Jahrhunderts* (Kleine Vandenhoeck-Reihe, 1459), Göttingen 1980.

[6] Nach wie vor bester Überblick bei Fritz Schulte, *Die Entwicklung der gewerblichen Wirtschaft in Rheinland-Westfalen im 18. Jahrhundert* (Schriften zur rheinisch-westfälischen Wirtschaftsgeschichte, N.F. 1), Köln 1959; siehe außerdem Karl Heinrich Kaufhold, Gewerbelandschaften in der Frühen Neuzeit (1650–1800), in: Hans Pohl (Hrsg.), *Gewerbe- und Industrielandschaften vom Spätmittelalter bis ins 20. Jahrhundert* (Vierteljahrschrift für Sozial- und Wirtschaftsgeschichte, Beiheft 78), Stuttgart 1986, S. 112–202, S. 149–155.

[7] Neben Schulte und Kaufhold ebd. zum Textilsektor insb. Gerhard Adelmann, Die ländlichen Textilgewerbe des Rheinlandes vor der Industrialisierung, *Rheinische Vierteljahrsblätter* 43, 1979, S. 260–288 und Herbert Kisch, *Die hausindustriellen Textilgewerbe am Niederrhein vor der industriellen Revolution. Von der ursprünglichen zur kapitalistischen Akkumulation* (Veröffentlichungen des Max-Planck-Instituts für Geschichte, 65), Göttingen 1981.

[8] Ebd., S. 15.

[9] Kisch [Anm. 7], S. 118f.; siehe auch den Beitrag von Peter Kriedte in diesem Band.

[10] Ebd., S. 119f.; zum Mangel an Leinenwebern in den Räumen Erkelenz, Dahlen, Wickrath, Odenkirchen, Dülken und Bracht Mathieu Schwann, *Geschichte der Kölner Handelskammer*, Bd. 1, Köln 1906, S. 178; zur Krefelder Seidenindustrie Peter Kriedte, Proto-Industrialisierung und großes Kapital. Das Seidengewerbe in Krefeld und seinem Umland bis zum Ende des Ancien Regime, *Archiv für Sozialgeschichte* 23, 1983, S. 219–266 sowie seinen Beitrag in diesem Band.

[11] Siehe den Beitrag von Stefan Gorißen in diesem Band.

[12] Angaben nach Kisch, [Anm. 7], S. 229f.

[13] Thomas A. Bartolosch, *Das Siegerländer Textilgewerbe. Aufstieg, Krisen und Niedergang eines exportorientierten Gewerbes im 18. und 19. Jahrhundert* (Siegener Abhandlungen zur Entwicklung der materiellen Kultur, 12), St. Katharinen 1992, S. 177–225; siehe auch ders. in diesem Band.

[14] Wilhelm Strick, *Die Industrialisierung der Eifel im 19. Jahrhundert*, Diss. Köln 1924, S. 38, 47–51; Justus Hashagen, Zur Geschichte der Eisenindustrie vornehmlich in der nordwestlichen Eifel, in: Alfred Hermann (Hrsg.), *Eifel-Festschrift zur 25jährigen Jubelfeier des Eifelvereins*, Bonn 1913, S. 269–294; siehe auch den Beitrag von Claus Rech in diesem Band.

[15] Siehe den Beitrag von Claudia Schnurmann in diesem Band.

[16] Jörg Engelbrecht, Außenpolitische Bestrebungen rheinischer Unternehmer im Zeitalter der Französischen Revolution, *Francia*, 17/3, 1990, S. 119–141, S. 121.

[17] Hans von der Upwich, *Die Geschichte und die Entwicklung der Rheinischen Samt- und Seidenindustrie*, Krefeld 1922, S. 59; Susanne Müller, *Marktsituation und Absatzpolitik der Krefelder Samt- und Seidenindustrie in der Zeit von Ende des 17. bis zum Ende des 19. Jahrhunderts* (Reihe Wirtschafts- und Rechtsgeschichte, 7), Köln 1987, insb. S. 37.

[18] Zitiert nach Wilhelm Kurschat, *Das Haus Friedrich & Heinrich von der Leyen in Krefeld. Zur Geschichte der Rheinlande in der Zeit der Fremdherrschaft 1794–1814*, Frankfurt/M. 1933, S. 75.

[19] Emile Fairon, Les industries des pays de Verviers, *Bulletin de la société verviétoise d'archéologie et d'histoire*, 43, 1956, S. 10–42, S. 28f.; Maria Hammer, *Geographische Betrachtung des Wollgewerbes am Rande des Hohen Venns* (Aachener Beiträge zur Heimatkunde, 19), Aachen 1937, S. 23; Max Barkhausen, Verviers. Die Entstehung einer neuzeitlichen Industriestadt im 17. und 18. Jahrhundert, *Vierteljahrschrift für Sozial- und Wirtschaftsgeschichte* 46, 1960, S. 363–375, S. 365.

[20] Siehe zum Monschauer Unternehmen von Johann Heinrich Scheibler Ernst Barkhausen, *Die Tuchindustrie in Montjoie ihr Aufstieg und Niedergang*, Aachen 1925, S. 34–36.

[21] Anton Seidl, *Die Aachener Wollindustrie im Rahmen der*

Rheinischen bis zur *Gewerbefreiheit 1798*, Diss. Köln 1923, S. 21; Friedrich Stuhlmann/Martin Scheins, Zwei Geschäftsreisen Aachener Grosskaufleute in das östliche und nördliche Europa im 18. Jahrhundert, *Zeitschrift des Aachener Geschichtsvereins*, 35, 1913, S. 259–317, S. 306f.; Kisch [Anm. 7], S. 300f.

[22] Richard Wichterich, *Die Entwicklung der Aachener Tuchindustrie von 1815–1914*, Diss. Köln 1922, S. 58; zu den Absatzplätzen der Monschauer Firma Johann Heinrich Scheibler siehe Hans Carl Scheibler/Karl Wülfrath, *Westdeutsche Ahnentafel*, Bd. 1, Weimar 1939, S. 60f.

[23] Josef Strauch, *Die Aachener Tuchindustrie während der französischen Herrschaft (1794–1814)*, Diss. Münster 1927, S. 58f.; Pierre Lebrun, *L'industrie de la laine à Verviers pendant le XVIIIe et le début du XIXe siècle* (Bibliothèque de la Faculté de Philosophie et Lettres de l'Université de Liège, 115), Lüttich 1948, S. 156f.

[24] Zum Begriff der Region im Zusammenhang mit dem Industrialisierungsprozeß insb. Sidney Pollard, Einleitung, in: ders. (Hrsg.), *Region und Industrialisierung. Studien zur Rolle der Region in der Wirtschaftsgeschichte der letzten zwei Jahrhunderte*, Göttingen 1980, S. 11–20; zum älteren Begriff der Wirtschaftslandschaft für die Rheinlande Schulte, [Anm. 6], S. 14; über den regionalen Charakter der Industrialisierung herrscht in der Forschung heute breite Einigkeit: Komlos, [Anm. 1], S. 485f.

[25] Zum Bergischen Land siehe Hermann Ringel, *Bergische Wirtschaft zwischen 1790 und 1860. Probleme der Anpassung und Eingliederung einer frühindustriellen Landschaft*, Neustadt a.d. Aisch 1966, S. 3–5; zur Feintuchindustrie im Raum Aachen Hammer [Anm. 19], S. 3, 13; siehe auch die Beiträge von Jürgen G. Nagel und Martin Schmidt in diesem Band.

[26] Walter Dietz, *Die Wuppertaler Garnnahrung. Geschichte der Industrie und des Handels von Elberfeld und Barmen 1400 bis 1800* (Bergische Forschungen, IV), Neustadt a. d. Aisch 1957, S. 12.

[27] Siehe dazu im einzelnen den Beitrag von Martin Schmidt in diesem Band.

[28] Siehe das Beispiel der Gebrüder Scheibler bei Rene Leboutte, De lakenfabriek Scheibler, Ronstorff, Rahlenbeck te Dalem (1774–1890): Eeen voorbeeld van industrialisatie op het platteland, *Studies over de sociaal-economische geschiedenis van Limburg* 24, 1979, S. 24–82, S. 39.

[29] Ringel [Anm. 25], S. 38.

[30] Zur Aachener Region Georg Forster, *Ansichten vom Niederrhein* (Werke, Bd. 9), Berlin 1958, S. 102; zu Verviers Lebrun [Anm. 30], S. 53.

[31] Zur bergisch-märkischen Region Schulte [Anm. 6], S. 111f.; zur Aachener Region Dietrich Ebeling, Zur Rolle des Verkehrs in den Rheinlanden in der Frühindustrialisierung, ca. 1750–1850, in: J. C. G. M. Jansen (Hrsg.), *Wirtschaftliche Verflechtungen in Grenzräumen im industriellen Zeitalter, 1750–1850*, Leeuwarden/Mechelen 1996, S. 69–88.

[32] Martin Henkel/Rolf Taubert, *»Maschinenstürmer«. Ein Kapitel aus der Sozialgeschichte des technischen Fortschritts*, Frankfurt/M., S. 85, Anm. 216.

[33] Myron P. Gutmann, *Toward the Modern Economy. Early Industry in Europe 1500–1800*, Philadelphia 1988, S. 158–160.

[34] Zahlenangaben errechnet aus den Bevölkerungserhebungen 1803 und 1812. Detailliert werden die im Zusammenhang mit einem an der Universität Trier betriebenen Forschungsprojekt über die Tuchindustrie in der Region Aachen demnächst veröffentlicht; siehe vorläufig Dietrich Ebeling/Martin Schmidt, *Zünftige Handwerkswirtschaft und protoindustrieller Arbeitsmarkt. Die Aachener Tuchregion (1750 bis 1815)*, in: Dietrich Ebeling/Wolfgang Mager [Anm. 3], S. 321–346.

[35] Ringel [Anm. 25], S. 27.

[36] Kisch [Anm. 7], S. 120f.

[37] Upwich [Anm. 17], S. 55; Kurschat [Anm. 18], S. 12f., 71; zu Wesel vgl. auch den Beitrag von Angela Giebmeyer in diesem Band.

[38] Kisch [Anm. 7], S. 121f.; Upwich [Anm. 17], S. 59.

[39] Zu Krefeld Zahlen bei Kisch [Anm. 7], S. 136–141.

[40] Gutmann [Anm. 33], S. 77; siehe zur Bevölkerungsentwicklung außerdem Lebrun [Anm. 23], S. 105f. und Barkhausen [Anm. 19], S. 365–367.

[41] Ludwig Fettweis, Plauderei über die Eupener Tuchindustrie, *Echo aus Eupen-Malmedy-Monschau*, 10, 1936, S. 42–96, S. 54, 65.

[42] Herbert v. Asten, Die religiöse Spaltung in der Reichsstadt Aachen und ihr Einfluß auf die industrielle Entwicklung in der Umgebung, *Zeitschrift des Aachener Geschichtsvereins*, 68, 1956, S. 77–190, S. 170.

[43] Siehe dazu die Thesen von Peter Kriedte, Die Stadt im Prozeß der europäischen Protoindustrialisierung, *Die Alte Stadt*, 9, 1982, S. 19–51.

[44] Zur Situation im Spätmittelalter Franz Irsigler, *Die wirtschaftliche Stellung der Stadt Köln im 14. und 15. Jahrhundert. Strukturanalyse einer spätmittelalterlichen Export- und Fernhandelsstadt* (Vierteljahrschrift für Sozial- und Wirtschaftsgeschichte, Beiheft 65), S. 57; zu den Konflikten während der frühen Neuzeit Ludwig Arentz, *Die Zersetzung des Zunftgedankens. Nachgewiesen an dem Wollenamte und der Wollenamtsgaffel in Köln* (Veröffentlichungen des Kölnischen Geschichtsvereins, 12), Köln 1935, S. 97f.

[45] Bruno Kuske, *Die Kölner Wirtschaft in älterer Zeit*, in: Köln, hrsg. von der Stadt Köln, Köln 1948, S. 89–142, S. 101; allg. siehe Irsigler [Anm. 44], S. 11–18.

[46] Dietrich Ebeling, *Bürgertum und Pöbel. Wirtschaft und Gesellschaft Kölns im 18. Jahrhundert* (Städteforschung, Reihe A, 26), Köln 1987, S. 36.

[47] Herbert Milz, *Das Kölner*

Großgewerbe von 1750 bis 1835 (Schriften zur Rheinisch-Westfälischen Wirtschaftsgeschichte, 7), Köln 1962, S. 36, 90.

[48] Zum Kölner Seidengewerbe siehe Hans Koch, *Geschichte des Seidengewerbes in Köln vom 13. bis zum 18. Jahrhundert* (Staats- und sozialwissenschaftliche Forschungen, 128), Leipzig 1907; daneben Upwich [Anm. 17], S. 29–48.

[49] Upwich [Anm. 17], S. 42f.

[50] Zu diesen Konflikten siehe neben Koch [Anm. 48], S. 74ff. vor allem Georg Witzel, Gewerbegeschichtliche Studien zur niederländischen Einwanderung in Deutschland im 16. Jahrhundert, *Westdeutsche Zeitschrift für Geschichte und Kunst*, 29, 1910, S. 117–182 u. S. 419–451, S. 425ff.

[51] Koch [Anm. 48], S. 85; Arentz [Anm. 44], S. 99ff.

[52] Upwich [Anm. 17], S. 46, 63; Dietz [Anm. 26], S. 52.

[53] Hiromichi Takita, Der Wandel im Kölner Zunftwesen im 16. Jahrhundert dargestellt am Beispiel der Lohgerber- und Harnischmacherzunft, *Scripta Mercaturae*, 16, 1982, S. 1–20, S. 16.

[54] Wilfried Reininghaus, *Die Stadt Iserlohn und ihre Kaufleute (1700–1815)* (Untersuchungen zur Wirtschafts-, Sozial- und Technikgeschichte, 13), Dortmund 1995, S. 136f.

[55] August Boerner, *Kölner Tabakhandel und Tabakgewerbe 1628–1910* (Veröffentlichungen des Archivs für Rheinisch-Westfälische Wirtschaftsgeschichte, 2), Essen 1912, S. 64.

[56] Zur Bevölkerungsentwicklung und zur Einwanderung Claudia Erdmann, Zuwanderung in die frühindustrielle Stadt Aachen (Ende 18./Anfang 19. Jh.), in: Frank Ahnert/Reinhart Zschocke (Hrsg.), *Festschrift für Felix Mohnheim zum 65. Geburtstag*, 2. Teil, Aachen 1981, S. 399–423.

[57] Klaus Müller, Die Reichsstadt Aachen im 18. Jahrhundert, *Zeitschrift des Aachener Geschichtsvereins*, 98/99, 1992/93, Teil II, S. 205–230, S. 206f., 210.

[58] Karl Franz Meyer, *Meine Historischen Gedanken über die Stadt Aachenschen Fabriken in Hinsicht des Alterthums*, Aachen 1807, S. 49; siehe dazu auch Wichterich [Anm. 22], S. 181 und Karl Dechêne, *Die Entwicklung der Aachener Tuchindustrie in der preußischen Zeit bis zum deutschen Zollverein im Jahre 1834*, Diss. Tübingen 1922, S. 462; weitere Zahlen zum Produktionsvolumen bei Seidl [Anm. 21], S. 51, Anm. 12.

[59] Beispiel bei Müller [Anm. 57], S. 221.

[60] Hans Friedrich Heizmann, *Die wirtschaftliche und rechtliche Lage der arbeitenden Klassen in Aachen um die Wende des 18. Jahrhunderts*, Diss. Aachen 1923, S. 15f., 45f., 49f., 51f.

[61] Zitiert nach v. Asten [Anm. 42], S. 170.

[62] Zitiert nach Hermann Ariovist v. Fürth, *Beiträge und Material zur Geschichte der Aachener Patrizierfamilien*, Aachen 1890, S. 404f.

[63] Ludwig Fettweis, Die Eupener Tuchindustrie, *Echo aus Eupen-Malmedy-Monschau*, 11, 1937, S. 100–104, S. 102.

[64] Zitiert nach Müller [Anm. 57], S. 212, Anm. 37.

[65] Karl Bücher, Artikel ›Gewerbe‹, in: *Handwörterbuch der Staatswissenschaften*, 4. Aufl., Jena 1927, Bd. 4, S. 966–998; Bücher war jedoch keineswegs der Ansicht, daß jeder Gewerbezweig alle Stufen nacheinander zu durchlaufen habe (ebd., S. 970); für die Textilgewerbe sah er gleichwohl eine Entwicklung des handwerklichen Produzenten zum Hausindustriellen und später zum Fabrikarbeiter (ebd., S. 993).

[66] Dietrich Hilger, Artikel ›Fabrik, Fabrikant‹, in: Otto Brunner [u. a.] (Hrsg.), *Geschichtliche Grundbegriffe*, Bd. 2, Stuttgart 1975, S. 229–252.

[67] Komlos [Anm. 1], S. 486–490.

[68] Thomas R. Kraus, *Auf dem Weg in die Moderne. Aachen in französischer Zeit 1792/93, 1794–1814*, Aachen 1994, S. 205; im Großherzogtum Berg erfolgte die Aufhebung erst 1804 (Ringel [Anm. 25], S. 83).

[69] Zitiert nach Horst Krüger, *Zur Geschichte der Manufakturen und der Manufakturarbeiter in Preussen* (Schriftenreihe des Instituts für allgemeine Geschichte an der Humboldt-Universität Berlin, 3), Berlin 1958, S. 509f.

[70] Anonym, *Freymüthige Betrachtungen eines Weltbürgers zum Wohl von Aachen, bey Gelegenheit der bevorstehenden Constitutions-Verbesserung dieser Reichstadt*, Frankfurt/Leipzig 1788, S. 11; zur Autorenschaft Heizmann [Anm. 60], S. 16, Anm. 2, v. Asten [Anm. 42], S. 176f. und Klaus Müller, Studien zum Übergang vom Ancien Regime zur Revolution im Rheinland, *Rheinische Vierteljahrsblätter*, 46, 1982, S. 102–160, S. 135, Anm. 115.

[71] Anonym [Anm. 70], S. 16f.; siehe auch die interessante Kontroverse zwischen Hermann Friedrich Macco, War Johannes Wespien Tuchfabrikant?, *Zeitschrift des Aachener Geschichtsvereins* 33, 1911, S. 83–89 und M. Schollen, War Johannes Wespien Tuchfabrikant?, *Zeitschrift des Aachener Geschichtsvereins* 33, 1911, S. 89–99.

[72] Zu den Verfassungskonflikten insb. Müller, [Anm. 70], der die ältere Literatur aufarbeitet; knapper, aber guter Überblick bei Michael Sobania, Das Aachener Bürgertum am Vorabend der Industrialisierung, in: Lothar Gall (Hrsg.), *Vom alten zum neuen Bürgertum. Die mitteleuropäische Stadt im Umbruch 1780–1820*, München 1991, S. 183–228, S. 200–206; vgl. von der älteren Literatur Philomene Beckers, *Parteien und Parteienkampf in der Reichsstadt Aachen im letzten Jahrhundert ihres Bestehens*, Aachen 1936.

[73] Anonym [Anm. 70], S.10–12.

[74] Ebd., S. 24.

[75] Forster [Anm. 30], S. 84–89.

[76] Alphons Thun, *Die Industrie am Niederrhein und ihre Arbeiter* (Staats- und socialwissenschaftliche Forschungen, 2/2), Leipzig

1879; Thuns Darstellung war u. a. Grundlage für die Arbeiten von Kisch [Anm. 7], auf der wiederum jüngere Darstellungen wie die von Kriedte/Medick/Schlumbohm [Anm. 2], S. 58f. basieren; siehe allerdings auch das differenzierte Urteil in dies., Eine Forschungslandschaft in Bewegung. Die Proto-Industrialisierung am Ende des 20. Jahrhunderts, Jahrbuch für Wirtschaftsgeschichte 1998/2, S. 21–78, S. 13–15; hervorragender Überblick zur Historiographie bei Josef Ehmer, Traditionelles Denken und neue Fragestellungen zur Geschichte von Handwerk und Zunft, in: Friedrich Lenger (Hrsg.), Handwerk, Hausindustrie und die historische Schule der Nationalökonomie. Wissenschafts- und gewerbegeschichtliche Perspektiven, Bielefeld 1998, S. 19–77, S. 19–54.

[77] Carl Schué, Rechts- und Verfassungsgeschichte, in: Aachener Heimatgeschichte, Aachen 1924, S. 176–182, S. 179.

[78] Seidl [Anm. 21], S. 36–40; Alex Hermandung, Das Zunftwesen der Stadt Aachen bis zum Jahre 1681, Aachen 1908, S. 78f., 81; Josef Dahmen, Das Aachener Tuchgewerbe bis zum Ende des 19. Jahrhunderts. Ein Beitrag zur Wirtschaftsgeschichte der Stadt Aachen, Berlin u. a., 2. Aufl. 1930, S. 38–43; Anton Johann Roth, Die Aachener Farbindustrie von ihren Anfängen bis zur Gegenwart. Ein Beitrag zur Aachener Industriegeschichte, Aachen 1924, S. 5.

[79] Heinrich v. Loesch, Die Kölner Zunfturkunden nebst anderen Kölner Gewerbeurkunden bis zum Jahre 1500 (Publikationen der Gesellschaft für rheinische Geschichtskunde, 22), 2 Bde., Bonn 1907, Bd. 1, S. 100*f.

[80] Beispiele für Firmenmarken bei Stuhlmann/Scheins [Anm. 21], S. 307 und bei Martin Schmidt, Die ›Krone‹. Ein Baukomplex aus dem 17. und 18. Jahrhundert in Burtscheid (Aachen), unveröffentlichte Magisterarbeit Universität Trier 1995, S. 66.

[81] Zu Aachen Schué [Anm. 77], S. 177–179; Hermandung [Anm. 78], S. 29–36, 61f.; Heribert Kley, Studien zur Geschichte und Verfassung des Aachener Wollenambachts wie überhaupt der Tuchindustrie der Reichsstadt Aachen, Diss. Bonn 1916, S. 38ff., 55–64; Carl Ganser, Die Wirkung der französischen Herrschaft, Gesetzgebung und Verwaltung auf das Aachener Wirtschaftsleben, Diss. Tübingen 1922, S. 77–79; Thun [Anm. 76], S. 13–16; Dahmen [Anm. 78], S. 70–80; gute Zusammenfassung der Verfassungsverhältnisse bei Sobania [Anm. 72], S. 188–195; zu Köln v. Loesch [Anm. 79], S. 59*ff.

[82] Kley [Anm. 81], S. 74–76.; Heizmann [Anm. 60], S. 13.

[83] Kley [Anm. 81], S. 74–76.; Heizmann [Anm. 60], S. 13, 44f.; Seidl [Anm. 21], S. 51f.; den ›Fall Heupgen‹ behandeln ausführlich Walter Corsten, Die Aachener Wirtschaft im ersten Drittel des 19. Jahrhunderts. Von der französischen Zeit zur preußischen Herrschaft, Diss. Köln 1925; Heizmann [Anm. 60], S. 44; Beckers [Anm. 72], S. 57; Müller [Anm. 57], S. 215, 218–220.

[84] Ebd., S. 215 u. S. 219f.

[85] Zur Beschränkung der Webstuhlzahl Seidl [Anm. 21], S. 46; Heizmann [Anm. 60], S. 43.

[86] Zitiert nach Seidl [Anm. 21], S. 50.

[87] Zitiert nach Heizmann [Anm. 60], S. 86.

[88] Ilsegret Dambacher, Christian Wilhelm von Dohm. Ein Beitrag zur Geschichte des preußischen aufgeklärten Beamtentums und seiner Reformbestrebungen am Ausgang des 18. Jahrhunderts (Europäische Hochschulschriften, III, 33), Frankfurt/M. 1974, S. 236– 260; zur Rolle der Zünfte insb. S. 243–247; Volker Press, Reichsstadt und Revolution, in: Bernhard Kirchgässer/ Eberhard Naujoks (Hrsg.), Stadt und wirtschaftliche Selbstverwaltung (Stadt in der Geschichte, 12), Sigmaringen 1987, S. 9–59, S. 17, 50; Sobania [Anm. 72], S. 205.

[89] Zitiert nach Schwann [Anm. 10], S. 68.

[90] Milz [Anm. 47], S. 12.

[91] Zur Geschichte der Familie Andreae und ihres Unternehmens siehe Hermann Thimme, Geschichte der Firma Christoph Andreae in Mülheim a. Rh. 1714–1914, Köln o.J. (1914) und Guntram Philipp, Christoph Andreae (1665 bis 1742), in: Rheinisch-Westfälische Wirtschaftsbiographien, Bd. 12, Münster 1986, S. 15–47; ders., Christoph Andreae (1735 bis 1804), ebd., S. 48–78.

[92] Clemens Bremer, Kölns rechtsrheinische Großindustrie, von ihren Anfängen bis zur Gegenwart, Diss. Köln 1933 (gedruckt Würzburg 1934), S. 15.

[93] Arentz [Anm. 44], S. 105.

[94] Überblick bei Joachim Kermann, Die Manufakturen im Rheinland 1750–1833 (Rheinisches Archiv, 82), Bonn 1972; siehe auch den Beitrag von Martin Schmidt in diesem Band.

[95] Siehe das Beispiel der Scheiblerschen Anlage ›im Burgau‹ in Monschau (Max Barkhausen, Der Aufstieg der rheinischen Industrie im 18. Jahrhundert und die Entstehung eines industriellen Großbürgertums, Rheinische Vierteljahrsblätter, 19, 1954, S. 135–177, S. 158) und der Loevenichschen ›Krone‹ in Burtscheid (Schmidt [Anm. 80]).

[96] Siehe das Aachener Beispiel bei Dietrich Ebeling, Arbeit und Armut. Das Projekt eines Arbeitshauses für Aachen am Ende des 18. Jahrhunderts, in: Angela Giebmeyer/Helga Schnabel-Schüle (Hrsg.), »Das Wichtigste ist der Mensch«. Festschrift für Klaus Gerteis zum 60. Geburtstag (Trierer Historische Forschungen, 41), Mainz 2000, S. 533–546.

[97] Forster [Anm. 30], S. 96–100.

[98] Georg Forster, Briefe 1790 bis 1791 (Georg Forsters Werke 16), Berlin 1980, S. 65.

[99] Lebrun [Anm. 23], S. 281.

[100] Upwich [Anm. 17], S. 55.

[101] Kurschat [Anm. 18], S. 19.

[102] Bremer [Anm. 92], S. 16.

[103] Philipp [Anm. 91], S. 64.

[104] Dietz [Anm. 26], S. 115–119, zu Brügelmann siehe auch Eckhard Bolenz, Johann Gottfried Brügelmann. Ein rheinischer Unternehmer zu Beginn der Industria-

[105] Kurschat [Anm. 18], S. 14; Kisch [Anm. 7], S. 118; Müller [Anm. 17], S. 45.
[106] Richard Robert Isenburg, *Untersuchungen über die Entwicklung der bergischen Wollenindustrie*, Diss. Heidelberg 1906, S. 12.
[107] Philipp [Anm. 91], S. 51f.
[108] Barkhausen [Anm. 20], S. 41, 84.
[109] Kurschat [Anm. 18], S. 78.
[110] Kisch [Anm. 7], S. 132–135.
[111] Gross, Geschichtliche Nachrichten über die aachen-burtscheider Tuchfabrikation, *Echo der Gegenwart*, 1/2, 1886.
[112] Philipp [Anm. 91], S. 64.
[113] Lebrun [Anm. 23], S. 261f.
[114] Zitiert nach Barkhausen [Anm. 20], S. 81.
[115] Ebd.; Henkel/Taubert [Anm. 32], S. 90–92.
[116] Zu Verviers Lebrun [Anm. 23], S. 259; zu Eupen Martin Henkel, Taglohn, Tradition und Revolution. Ein Tarifvertrag aus dem Jahre 1790, *Internationale wissenschaftliche Korrespondenz zur Geschichte der deutschen Arbeiterbewegung*, 1, 1989, S. 42–66; S. 50–57 und Leo Hermanns, Die Tuchscherer. Eupens erste solidarische Arbeiterschaft, *Geschichtliches Eupen*, 16, 1982, S. 150–171, S. 155–157.
[117] Zu Monschau Barkhausen [Anm. 20], S. 96–102; zu Verviers Lebrun [Anm. 23], S. 215f., 218, 258f.; zu Burtscheid v. Fürth [Anm. 62], S. 259; zu Barmen und Elberfeld Jörg Engelbrecht, *Das Herzogtum Berg im Zeitalter der Französischen Revolution. Modernisierungsprozesse zwischen bayrischem und französischem Modell* (Quellen und Forschungen aus dem Gebiet der Geschichte, N.F. 20), Paderborn [u. a.] 1996, S. 185.
[118] Adelmann [Anm. 7], S. 277.
[119] Anonym, *Die feine Tuchmanufaktur zu Eupen*, Gotha 1796, S. 64.
[120] Zitiert nach Scheibler/Wülfrath [Anm. 22], S. 362f.; siehe auch Anonym [Anm. 119], S. 64, S. 101; zur Siegerländer Textilindustrie Bartolosch [Anm. 13], S. 177–222; ders., Textilgewerbliche Expansion im ländlichen Raum, *Jahrbuch für Westdeutsche Landesgeschichte*, 20, 1994, S. 203–241.
[121] So auch Engelbrecht [Anm. 117], S. 164.
[122] Für die von der Leyen Kurschat [Anm. 18], S. 10; Kisch [Anm. 7], S. 108–110; Upwich [Anm. 17], S. 50; Müller [Anm. 17], S. 46; allg. siehe Bolenz [Anm. 104], S. 39–42.
[123] Zur Familiengeschichte Kurschat [Anm. 18]; Upwich [Anm. 17], S. 50–55; zur Einwanderung der Mennoniten siehe auch Kisch [Anm. 7], S. 102f.
[124] Barkhausen [Anm. 20], S. 16.
[125] Ebd., S. 45; Barkhausen, [Anm. 95], S. 154; ders. Staatliche Wirtschaftslenkung und freies Unternehmertum im westdeutschen und im nord- und südniederländischen Raum bei der Entstehung der neuzeitlichen Industrie im 18. Jahrhundert, *Vierteljahrschrift für Sozial- und Wirtschaftsgeschichte*, 45, 1958, S. 168–241, S. 191; siehe außerdem die interessanten Bemerkungen von Henkel/Taubert [Anm. 32], S. 89 zu den Brüdern Barkhausen.
[126] Barkhausen [Anm. 20], S. 30.
[127] Scheibler/Wülfrath [Anm. 22], S. 331.
[128] Barkhausen [Anm. 95], S. 153.
[129] Leboutte [Anm. 28], S. 27f.; Barkhausen [Anm. 20], S. 51.
[130] Barkhausen [Anm. 20], S. 63.
[131] Hermann Kellenbenz, Wolltuchproduktion und Tuchhandel in Rheinland und Westfalen und an der Nordseeküste, in: Marco Spallanzani (Hrsg.), *Produzione commercio et consumo die panni di lana (nei secoli XII-XVIII)*, Florenz 1976, S. 279–300, S. 286.
[132] Barkhausen [Anm. 95], S. 157.
[133] Barkhausen [Anm. 20], S. 20.
[134] Ebd., S. 43.
[135] Kisch [Anm. 7], S. 106f.; Beispiele für Heiratsverbindungen bei Barkhausen [Anm. 20], S. 77; Kurschat [Anm. 18], S. 39; Engelbrecht [Anm. 117], S. 178.
[136] Barkhausen [Anm. 20], S. 71f.; ders., [Anm. 95], S. 158f.
[137] Upwich [Anm. 17], S. 52; Kurschat [Anm. 18], S. 10; Kisch [Anm. 7], S. 110f.
[138] Upwich [Anm. 17], S. 52f.; Kurschat [Anm. 18], S. 11.
[139] Dietz [Anm. 26], S. 119.
[140] Zitiert nach Kurschat [Anm. 18], S. 17.
[141] Elly Mohrmann, Zu den ersten organisatorischen Bestrebungen der Bourgeoisie in einigen Städten des Rheinlandes, in: *Beiträge zur deutschen Wirtschafts- und Sozialgeschichte* (Deutsche Akademie der Wissenschaften zu Berlin, Schriften des Instituts für Geschichte, I/10), Berlin 1962, S. 201–207.
[142] Barkhausen [Anm. 95], S. 158; zur Abschaffung der Lenneper Zunft siehe Mohrmann [Anm. 141], S. 206f.; Isenburg [Anm. 106], S. 19f.
[143] Barkhausen [Anm. 20], S. 55; Zu Lennep und Remscheid siehe Engelbrecht [Anm. 117], S. 247f.
[144] Schulte [Anm. 6], S. 38.
[145] Dietz [Anm. 26], S. 23–25 mit dem Text der Urkunde; Dietz benutzt den Begriff Kartell und lehnt die Gleichstellung mit einer Zunft ab (ebd., S. 32); siehe auch Martin Henkel, *Zunftmißbräuche. »Arbeiterbewegung« im Merkantilismus*, Frankfurt/New York 1989, S. 153f.
[146] Dietz [Anm. 26], S. 115; insb. Henkel [Anm. 145], S. 156ff.; siehe auch den Beitrag von Stefan Gorißen in diesem Band.
[147] Engelbrecht [Anm. 117], S. 121.
[148] Kurschat [Anm. 18], S. 12, 20; Kisch [Anm. 7], S. 150.
[149] Zitiert nach Upwich [Anm. 17], S. 68; siehe auch Müller [Anm. 17], S. 29.
[150] Kurschat [Anm. 18], S. 22;

[151] Kurschat [Anm. 18], S. 22f.; Upwich [Anm. 17], S. 66–70; Kisch [Anm. 7], S. 126.

[152] Kisch [Anm. 7], S. 124f.

[153] Zitiert nach Upwich [Anm. 18], S. 72.

[154] Kurschat [Anm. 18], S. 14f.; Kisch [Anm. 7], S. 150f.

[155] Upwich [Anm. 17], S. 54.

[156] Günther Baum, Die politische Tätigkeit F. H. Jacobis im Hinblick auf die wirtschaftliche Entwicklung des Düsseldorfer Raums, in: Gerhard Kurz (Hrsg.), *Düsseldorf in der deutschen Geistesgeschichte (1750–1850)*, Düsseldorf 1984, S. 103–108; siehe außerdem Fritz Schulte, Die wirtschaftlichen Ideen Friedrich Heinrich Jacobis. Ein Beitrag zur Vorgeschichte des Liberalismus, *Düsseldorfer Jahrbuch* 48, 1956, S. 280–292; siehe zu Jacobi und den späteren Düsseldorfer Reformbeamten auch Engelbrecht [Anm. 117], S. 279ff.; siehe dazu auch den Beitrag von Stefan Gorißen in diesem Band.

[157] Philipp [Anm. 91], S. 29f., 38, 50, 57–59.

[158] Philipp [Anm. 91], S. 63f.

[159] Dietz [Anm. 26], S. 117f.; Werner Kocks, *Verhaltensweise und geistige Einstellung niederbergischer Unternehmer der frühindustriellen Zeit*, Diss. Köln 1956, S. 25.

[160] So z. B. Bernhard Paul Scheibler: Max Barkhausen, Die sieben bedeutendsten Fabrikanten des Roerdepartements im Jahre 1810, *Rheinische Vierteljahrsblätter*, 25, 1960, S. 100–113, S. 104.

[161] Roger Dufraisse, ›Élite‹ anciennes et ›élites‹ nouvelles dans les pays de la rive gauche du Rhin à l'époque napoléonienne, in: ders., *L'Allemagne à l'époque napoléonienne*, Bonn 1992, 409–448; zu den Notablen siehe allg. ders., Les notables de la rive gauche du Rhin à l'époque napoléonienne, *Revue d'Histoire moderne et contemporaine*, 17, 1970, S. 758–776.

[162] Anton-Joseph Dorsch, *Statistique du Département de la Roer*, Köln 1804, S. 109f.

[163] Kurschat [Anm. 18], S. 36f., 55, 61.

[164] Sobania [Anm. 72], S. 209, 212, 219.

[165] Sabine Graumann, *Französische Verwaltung am Niederrhein. Das Roerdepartement 1798–1814* (Düsseldorfer Schriften zur Neueren Landesgeschichte und zur Geschichte Nordrhein-Westfalens, 27), Essen 1990, S. 60f.

[166] Gabriele B. Clemens, *Immobilienhändler und Spekulanten. Die sozial- und wirtschaftsgeschichtliche Bedeutung der Großkäufer bei den Nationalgüterversteigerungen in den rheinischen Departements (1803–1813)*, (Forschungen zur deutschen Sozialgeschichte, 8), Boppard a. Rh. 1995, S. 69.

[167] Press [Anm. 88], S. 51; siehe allg. Ralf Zerback, Die wirtschaftliche Position als Konstituierungsfaktor des Bürgertums, in: Lothar Gall (Hrsg.), *Stadt und Bürgertum im Übergang von der traditionalen zur modernen Gesellschaft*, München 1993, S. 203–222.

[168] Graumann [Anm. 165], S. 61.

[169] Günther Bernert, Die französischen Gewerbegerichte (conseils de prud'hommes) und ihre Einführung in den linksrheinischen Gebieten zwischen 1808 und 1813, in: Karl Otto Scherner/Dietmar Willoweit (Hrsg.), *Vom Gewerbe zum Unternehmen. Studien zum Recht der gewerblichen Wirtschaft im 18. und 19. Jahrhundert*, Darmstadt 1982, S. 112–151.

[170] Karin Schambach, Städtische Interessenvertretungen und staatliche Wirtschaftspolitik, in: Lothar Gall (Hrsg.), *Stadt und Bürgertum im Übergang von der traditionalen zur modernen Gesellschaft*, München 1993, S. 367–389, 376.

[171] Dorsch [Anm. 162], S. 110, 404.

[172] Anonym, *Beytrag zu den Verbesserungs-Vorschlägen in Betreff der Kaiserlichen Freyen Reichsstadt Aachen besonders ihrer Tuch-Manufacturen*, o. O. 1789.

Bildnachweis:

Dieter Kaspari-Küffen: S. 10

Claudia Schnurmann

Der Handel in den Rheinlanden im 18. Jahrhundert

Die Benennung von Landschaften und Ländern nach einem Fluß scheint seine wesentliche Bezugslinie und Ausrichtung vorzugeben: Sie erhalten den Namen nach dem Strom, der ihnen den speziellen Charakter verleiht und vor dessen natürlicher Kraft von Menschen geschaffene Gebilde wie politische und rechtliche Machtbereiche in die zweite Reihe zu treten scheinen. Bei dem Begriff Rheinland bzw. Rheinlande handelt es sich um einen Terminus, der im 18. Jahrhundert einen anderen Inhalt besaß und andere Assoziationen weckte als in der Rheinbegeisterung der Spätromantik oder in der aktuellen Rückbesinnung auf eine Großregion voller Eigenarten, die in Literatur, Musik und Kabarett charmant parodiert, liebevoll kritisiert und spöttisch gefeiert wird.

Der Raum: das Verständnis von Vaterland und Ausland

Unter der Bezeichnung Rheinlande verstand etwa das enzyklopädische Opus der deutschen Aufklärung, der vielgerühmte Zedler, nicht die Gebiete auf dem Territorium des heutigen deutschen Bundeslandes Nordrhein-Westfalen, sondern vielmehr Südholland um Woerden und Leiden.[1] Der Begriff Rheinland, der so hervorragend menschliche Vielfalt zugunsten angeblicher natürlicher Einheit zu nivellieren vermag, wurde zur Bezeichnung eben jener territorialen Vielfalt beiderseits des Nieder- und nördlichen Mittelrheins von den Zeitgenossen nicht gebraucht. Sie hatten kein Bewußtsein einer Einheit, die das heutige Verständnis des Terminus Rheinlande suggeriert; für sie hatten trotz aller zweifellos vorhandenen mentalen, kulturellen und familiären Gemeinsamkeiten unter den Einwohnern im Einzugsbereich des Rheins, zwischen Maas, Niers, Rur, Mosel, Wupper, Ruhr und Lippe politische Grenzen und Zugehörigkeiten Vorrang.[2] Dies bedeutete jedoch nicht, daß staatliche Grenzen unüberwindbare Barrieren im Leben der Menschen darstellten und man obrigkeitlichen Zwängen, Ansprüchen und Vorstellungen widerspruchslos folgte: Das Paradoxon bestand gerade darin, staatliche Autoritäten wahrzunehmen, nur um nach Bedarf und Möglichkeiten damit umzugehen, sie gegebenenfalls zu ignorieren, zu bekämpfen oder zu umgehen. Das Rheinland, ein seltsam konturenloser Teil des deutschen Reichs und des Niederrheinisch-Westfälischen Reichskreises, existierte nicht als Gesamtvorstellung. Für den damaligen Einwohner gab es sein winziges Vaterland und ausgesprochen viel »Ausland«, wobei die damalige Auffassung von Vaterland und Ausland sich gravierend von modernen Interpretationen unterscheidet: Das Ausland konnte schon das nächste Dorf präsentieren; das Vaterland, die identitätsstiftende patria, konnte die Stadt Köln sein, wo das Ausland bereits jenseits der Stadtmauern und auf der ›schäl zick‹, der anderen Rheinseite, begann. Für den Rheydter Bürger als Untertan der Jülicher Herzöge aus dem wittelsbachischen Haus Pfalz-Neuburg bedeutete eine Tagesreise in die heute so nahen Orte Kempen, St. Tönis, Neersen, Willich oder Neuss auf dem Gebiet des wittelsbachischen Kölner Kurfürsten ebenso eine Fahrt ins Ausland wie in die preußischen Exklaven Viersen und Krefeld oder nach Emmerich auf dem Gebiet des Herzogtum Kleve, das 1609 an das Haus Brandenburg gefallen war und nun gemeinsam mit der Grafschaft Moers und der rechtsrheinischen Grafschaft Mark (Hagen, Bochum) den westdeutschen Besitz des preußischen Königs bildete, dem wenig an persönlicher Präsenz an Rhein und Ruhr gelegen war.[3] Überquerte der unternehmungslustige Rheydter hingegen den Rhein und begab sich nach Düsseldorf, Elberfeld oder Barmen, vollzog er eine Inlandsreise, da er sich im Territorium seiner Herrschaft bewegte, der

Der Handel in den Rheinlanden im 18. Jahrhundert

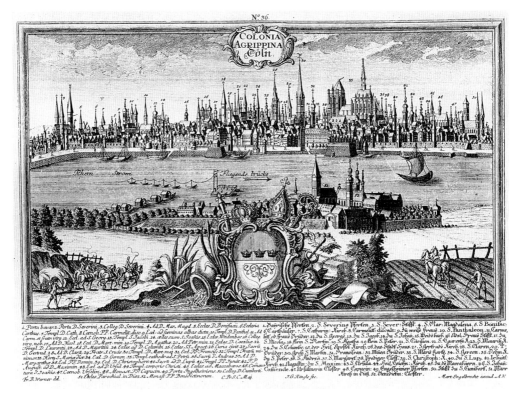

1 Fr. B. Werner, Ansicht von Köln, östlich von Deutz aus, Kupferstich, 1720. Köln, Kölnisches Stadtmuseum

auch das Herzogtum Berg zugefallen war und die seit 1716 in Mannheim oder im fernen München residierte.

Das Rheinland bestand somit unter dem Reichsdach aus einer Fülle von Territorien unterschiedlicher Größe, Bedeutung und Obrigkeiten. Max Barkhausen zählt circa 150, darunter die alten Reichsstädte Köln und Aachen, Kurköln, dessen Herr, der Kölner Erzbischof, die Verfügung über seine namensstiftende Stadt Köln im 13. Jahrhundert verloren hatte und dessen Nachfolger u. a. in Bonn residierten, das Doppelherzogtum Jülich-Berg und die preußischen Besitzungen Kleve-Mark. Obwohl eng mit dem Kölner Kurfürsten verbunden, werden das kurkölnische Westfalen, das Fürstentum Lippe und Vest Recklinghausen ebenso bei den folgenden Ausführungen ausgeklammert wie die kleinen, relativ unbedeutenden weltlichen (Myllendonk, Dyck, Kerpen) und geistlichen Territorien (Essen-Werden, Elten).[4] Festzuhalten bleibt der Umstand, daß sich die territoriale Differenzierung des Rheinlandes, das manchen Befürworter großer Flächenstaaten und Interessenten territorialer Zugehörigkeiten verzweifeln ließ und läßt, im nachhinein als Vorteil für den Wirtschaftshistoriker erweist: Reger Binnenhandel gehörte zwar zum wirtschaftlichen Alltag der Einwohner, er fand jedoch nur wenig Interesse bei den notorisch verschuldeten Landesherren, die in der Hoffnung auf wünschenswerte Mehreinnahmen ihr besonderes Augenmerk auf den profitverheissenden Außenhandel richteten.[5] Außenhandel wiederum fand statt, sobald sich die Kaufleute, Schiffer, Fuhrleute und Verlegerhändler nur wenige Kilometer, maximal 20 km, von ihrem Heimatort entfernten, um ihren Geschäften nachzugehen. Aufgrund der Rechtslage, den obrigkeitlichen Ansprüchen und den kaufmännischen Versuchen, diesen Ansprüchen zu entsprechen, zu entgehen oder zu reduzieren, fanden manche der erfolgreichen und viele der vereitelten oder problematischen interregionalen und internationalen Handelsaktivitäten ihren Niederschlag in den zeitgenössischen Quellen, die jedoch häufig nur schlaglichtartige Einblicke erlauben. Im folgenden soll versucht werden, die eher disparaten Einzelbefunde zum Handel in den Rheinlanden zu einem größeren Ganzen zu verbinden, wobei allerdings zeitliche und inhaltliche Begrenzungen unumgänglich sind: Die Untersuchungszeit beginnt mit dem Geburtsjahr des Kölner Kurfürsten Clemens August (1700–1761) und endet mit dem Anbruch der sogenannten ›Franzosenzeit‹ (1794–1814), als das linksrheinische Gebiet 1794/95 von französischen Truppen besetzt und in vier Departements eingeteilt wurde, der Rhein – später Objekt nostalgischer Grenzträume –, seit 1798 zur Zollgrenze umfunktioniert gewachsene interregionale Kontakte unterbrach und die alten Strukturen mitsamt der wirtschaftlichen Rahmenbedingungen unwiderruflich verschwanden, um neuen Formen zu weichen. Die zweite Beschränkung betrifft die Konzentration auf bestimmte, für das Rheinland typische Handelsformen, -güter und -richtungen. Das Ziel der Untersuchung besteht in einer Skizzierung des rheinländischen Handels in denjenigen Grundzügen, die sein Erscheinungsbild im 18. Jahrhundert charakterisieren. Es sollen exemplarische Auskünfte darüber gewonnen werden, wie der Handel jener Dekaden beschaffen war und auf welche Art er rheinische Lebenswelten beeinflußte. Zum einen interessieren Einblicke in die Wechselwirkungen zwischen Handel und Produktion, ohne dabei die leidige Frage nach dem Primat der jeweiligen wirtschaftlichen Betätigung zu beantworten, zum anderen reizt die Betrachtung der langfristigen Folgen des Handels für den Alltag der rheinländischen Bevölkerung und ihrer wirtschaftlichen Orientierungen. Eine umfassende Untersuchung des facettenreichen Handels im Rheinland des 18. Jahrhunderts, die aus der Fülle des tradierten Quellenmaterials schöpft, bleibt weiterhin ein Desiderat der Forschung.[6]

Rahmenbedingungen

Um die Möglichkeiten und Leistungen des rheinländischen Handels in dem wandlungsreichen 18. Jahrhundert angemessen beurteilen zu können, werden kurz wesentliche Rahmenbedingungen vorgestellt, auf die sich die Beteiligten einstellen mußten. Die komplizierten territorialen Besitzverhältnisse konnten den Handel belasten, aber auch Vorteile eröffnen – ganz nach obrigkeitlichen, gruppenspezifischen oder individuellen Interessen. Zölle und Steuern, Akzisen und Lizenzen konnte man zahlen oder zu Betrug, Bestechung oder Schmuggel Zuflucht nehmen. Die Klagen über bestechliche Zöllner sind Legion und die Grauzone kaum abschätzbar.[7] Weniger beeinflußbar vom Gehorsam und Willen des einzelnen zeigten sich die Natur, die internationale Mächtekonstellation oder weniger dramatisch, jedoch störend für den Handelsalltag, der unauflösliche Wirrwarr bei den gebräuchlichen Massen, Gewichten und Währungen.

Das Rheinland mit seiner Fülle schiffbarer Flüsse war für den frühneuzeitlichen Handel, dessen Transportmittel beschränkt waren, prädestiniert: Der Rhein bietet dem Transport eine natürliche, hervorragende Nord-Süd-Achse, die zwischen den Niederlanden und den deutschen Territorien, der Schweiz und Südeuropa vermittelt; weniger eindrucksvoll, aber ebenfalls von Süd nach Nord fließen Rur, Erft, Niers und Maas, während rechtsrheinisch Sieg, Wupper, Ruhr und Lippe in den Rhein münden und Zugang zur Grafschaft Mark, Westfalen und dem weiter östlich gelegenen Hinterland gewähren. So bietet sich das heutige Bild; im 18. Jahrhundert gestaltete sich die Situation in verkehrstechnischer Hinsicht auf andere Manier, da die Landschaft buchstäblich anders erfahren wurde und ein anderes Erscheinungsbild zeigte. Da man flache Kähne benutzte, waren selbst kleine Gewässer schiffbar. Die Niers etwa, heute ein Bach, manchmal ein Abwasserkanal oder in Betonröhren gezwängt aus dem Landschaftsbild verschwunden, spielte noch im 18. Jahrhundert eine wichtige Rolle im lokalen und regionalen Handel. Ihre Anrainer trugen heftige und langwierige Kontroversen um Besitz-, Mühlen- und Fährrechte aus.[8] Der Verkehr besaß andere

Der Handel in den Rheinlanden im 18. Jahrhundert

2 Johann Martin Metz, Der Große Eisgang 1784. Federzeichnung. Köln, Kölnisches Stadtmuseum

Prioritäten – allen Widerständen und 43 Rheinzollstellen zwischen Andernach und Schenkenschanz[9] zum Trotz bediente man sich nach Möglichkeit der Rheinströmung oder der Treidelpfade am Rhein; das Ausweichen auf den Landweg geschah erst dann, wenn der Rhein den Schiffsverkehr verweigerte oder die Zölle eine allzu lästige Verteuerung der Handelswaren verursachten. Hochwasser und Überflutungen traten häufig auf und verhinderten nicht nur die Flußfahrt, sondern forderten wie 1784 in Köln hohe Opferzahlen.[10] Eisgang legte den Flußverkehr zumeist mehrere Monate lahm.[11] Ein anderes Problem bedeutete die Neigung des Flusses, sporadisch sein Bett zu verlegen, wodurch etwa Duisburg, Neuss und Rheinberg ihre Flußlage verloren. Im Laufe des 18. Jahrhunderts kam es erstmals zu künstlichen Veränderungen des Rheinverlaufs: So schüttete Preußen Anfang des 18. Jahrhunderts den Rheinberger Altarm zu, um die eigene Zollstelle Orsoy zu Lasten des kurkölnischen Rheinbergs zu fördern.[12] Seit 1764 erfolgten mehrere Versuche der Rheinbegradigung. 1780 traf es die Ruhr, die mit dem Einbau von Schleusen durchgehend schiffbar gemacht wurde, wovon Ruhrort zu Lasten von Duisburg profitieren sollte.[13]

Personen- und Warentransporte auf der Achse litten lange unter der miserablen Infrastruktur. Bei Dauerregen und Tauwetter verwandelten sich die unbefestigten Straßen in grundlose Sümpfe; bei Trockenheit quälte Staub die Reisenden. Straßenbau war ausgesprochen teuer und bei den meisten Fürsten auch deshalb wenig geschätzt, da so die Zolleinnahmen aus dem Schiffsverkehr verloren zu gehen drohten. Entsprechend wurde der Gebrauch der wenigen befestigten Straßen mit Abgaben belegt, die jedoch weder den Grad noch die Einnahmehöhe der Rheinzölle erreichten. Bei dem Ausbau der Landstraßen dauerte es lange, bis das Rheinland den Anschluß an den Vorreiter Frankreich fand; im Kanalbau hinkte es hoffnungslos hinter den großen Vorbildern England, den Niederlanden und Brandenburg hinterher. Es bestanden private Fuhrunternehmen, und Karren der Kaufleute rumpelten im Schneckentempo durch die Lande, wobei das Reisen in den wenig bequemen, ungefederten Vehikeln auf holprigen Wegen eine wahre Tortur selbst für die relativ abgehärteten Menschen des 18. Jahrhunderts darstellte, so daß man die teure Qual oftmals vermied und sich wie Peter Herbertz oder ein französischer Militärkundschafter auf Schusters Rappen langsam von Ort zu Ort bewegte.[14] Für wohlbetuchte Reisende gab es bequeme Expresskutschen, die zwischen rheinländischen, französischen, belgischen und niederländischen Städten verkehrten, oder Mietkutschen, die der Düsseldorfer Kaufmann Johann Conrad Jacobi für seine kombinierten Privat- und Geschäftsreisen nach Hessen und Niedersachsen benutzte.[15] Postwagenbetrieb privater und staatlicher Unternehmer verbanden seit 1730 die Messestadt Frankfurt/Main mit Köln und Düsseldorf, 1744 Düsseldorf und Mannheim, 1748 Düsseldorf und Elberfeld und

1781 Solingen und Düsseldorf. Diese Strecken resultierten aus den besonderen wirtschaftlichen Anstrengungen, administrativen Interessen und militärischen Allüren der bergischen Landesherren. 1793 gab es selbst in dem handelsaktiven Herzogtum Berg erst 210 km Chausseen, also befestigte und halbwegs komfortable Straßen, die immerhin Baukosten in Höhe von einer halben Million Taler verschlungen hatten.[16] Gemessen an der Situation der Verkehrsverhältnisse im übrigen Rheinland übernahm das Herzogtum Berg damit die Führungsrolle. Auf den linksrheinischen Gebieten, gerade im kurkölnischen Ober- und Unterstift, befanden sich die Straßen generell in einem besonders maroden Zustand. Unter der Ägide von Kurfürst Max Friedrich (1761–1784) bemühte man sich ernsthaft um Schaffung witterungsbeständiger Landstraßen, doch erst sein Nachfolger Max Franz (1784–1801) konnte kleine Erfolge verbuchen. 1791 entstand die Andernacher Chaussee und der Bau einer Verbindung von Bonn und Köln wurde in Angriff genommen. Daß die Probleme schnell beseitigt werden konnten, bewiesen die französischen Besatzer: Innerhalb weniger Jahre, zwischen 1794 und 1796, versahen sie die linksrheinischen Gebiete mit befestigten Landstraßen als Aufmarschwege ihrer Armeen.[17]

Trotz der großen Probleme, die jene mangelhafte Infrastruktur dem Fuhrverkehr verursachte, florierte in einigen Regionen der Landverkehr – sehr zum Verdruß mancher Landesherren: 1717 beschwerte sich der Kölner Kurfürst Joseph Clemens (1688–1723) bei der preußischen Regierungskammer in Kleve über die Folgen der Lobither Zollpolitik, die den Handel zu Lasten der kölnischen und holländischen Schiffer und zu Gunsten der geldrischen Schiffer beeinflußte und das Warenaufkommen vom Fluß auf das Land verlagert hätte. Joseph Clemens verwies in seinem Schreiben auf Informationen, denen zufolge in vier Monaten über 6600 mit je drei Pferden bespannte, durchgehend mit 30 Zentnern holländischer Waren beladene Karren aus den Niederlanden in das Reich gebracht worden seien. Eventuell wurde die Route gewählt, deren lebhafte Nutzung 1791 erneut die auf ihre Rheinzölle erpichte Landesherren auf den Plan rief: Eindhoven-Geilenkirchen-Aldenhoven-Jülich-Köln.[18] Das entspräche etwa 150 Schiffen und hätte den kurkölnischen Rheinzollstellen einen Einnahmeverlust von 80 000 Talern beschert.[19]

Wie sich die Transporteure mit den bescheidenen Verkehrsmöglichkeiten auf dem Landweg arrangierten, zeigen Beobachtungen eines französischen Emigranten. Von seinem Exil in Hagen kommentierte Pierre-Hippolyte Paillot im Frühjahr 1795 den regen Straßenverkehr:

»Von unseren Fenstern aus konnten wir die Hauptstraße nach Düsseldorf und etwas weiter die, die nach Bochum und Wesel führte, sehen. Oft beobachteten wir die in großer Zahl vorbeifahrenden Fahrzeuge, und das machte uns viel Spaß. Bald waren es zurückkehrende brabantische Emigranten, die wir um ihr Los beneideten, bald waren es zweirädrige Wagen vollbeladen mit einheimischen Produkten. Diese Wagen sind zwar sehr schlicht gebaut, sie sind aber sehr praktisch und stabil. […] beladen sie zwar auf eine merkwürdige Weise, aber mit so viel Geschick und Verstand, daß sie sich vor einem Unfall nicht zu fürchten haben.«[20]

Straßen und Flüsse ermöglichten trotz aller Hindernisse eine vielfältige Kommunikation zwischen Menschen, die sich in persönlichen Kontakten, durch Briefwechsel, Nachrichtenübermittlung, Presseerzeugnisse und Warenaustausch vollzog. Als wichtige Faktoren fungierten dabei die vielfältigen Beweggründe von Menschen: Zum einen trugen professionelle Reisende wie Kaufleute, deren Agenten, Schiffer und Fuhrleute die Kommunikation und agierten als Kontaktträger; zum anderen waren es die freiwilligen und unfreiwilligen Migranten, die Verbindungen herstellten, oder ihre Beziehungen zu fernen Verwandten, Freunden und Partnern für ihre Geschäfte nutzten. Neben Norddeutschland und Westfalen fungierte das Rheinland seit dem 16. und 17. Jahrhundert nicht nur als das klassische Menschenreservoir für die von Arbeitskräftemangel betroffenen Niederlande und schickte Emigranten und Hollandgänger,[21] rheinländische Territorien dienten auch im

Der Handel in den Rheinlanden im 18. Jahrhundert

3 R. Kuntz, *Treidelpferde auf dem Leinpfad, Mühlheim im Vordergrund, Ansicht von Nordosten*. Stahlstich, um 1816. Köln, Kölnisches Stadtmuseum, Graphische Sammlung

Zuge der niederländischen Kriege seit den 1560er Jahren, der antiprotestantischen Maßnahmen Philipps II. und Ludwigs XIV. als Ziele für politische Flüchtlinge, Wirtschafts- und Glaubensemigranten. Intern aber fanden gleichfalls Bewegungen statt. Manche der protestantischen Unternehmer verließen Köln und gründeten wie die Familie Andreae neuartige Unternehmen in Mülheim/Rhein;[22] Gladbacher, Viersener, Wickrather und Rheydter Mennoniten verließen gezwungenermaßen ihre Heimat und wanderten zwischen 1654 und 1694 in das liberale, das noch den oranischen Fürsten gehörende Krefeld aus, womit die Basis für den späteren wirtschaftlichen Aufstieg der Stadt gelegt wurde; andere kehrten Europa den Rücken und folgten den Verlockungen des Quäkers William Penn nach Pennsylvania. Konflikte zwischen zünftigen und zunftfreien Wirtschaftssystemen in einzelnen Städten, Vorurteile, Futterneid und Existenzängste konnten einzelne Personen verdrängen oder Gruppenmigrationen von einem deutschen Herrschaftsgebiet zum anderen verursachen – damit blieben diese Migrationen im nationalen Rahmen. Im 18. Jahrhundert gerieten die rheinischen Gebiete erneut in den Sog der internationalen Mächtekonstellation, die das private Leben massiv beeinflußten. Ein weiteres Mal wurde das Rheinland zum Ziel von Kriegsflüchtlingen, zum Schauplatz und Objekt kriegerischer Ambitionen und Expansionssucht.

Nachdem sich die Bevölkerungszahlen zu Beginn des 18. Jahrhunderts allmählich von den Traumen des Dreißigjährigen Kriegs (1618–1648) und der ludowizischen Eroberungszüge in der zweiten Hälfte des 17. Jahrhunderts erholt hatten,[23] bedrohten Spanischer (1702–1713) und Österreichischer Erbfolgekrieg (1740–1748), der Siebenjährige Krieg (1756–1763) und schließlich die Heere der Französischen Revolution das Leben der Rheinländer, belasteten mit Zwangseinquartierungen deren Budget[24] und erschwerten deren Handelsaktivitäten. Die Kriege brachten nicht nur jede Menge Flüchtlinge, vor allem überschwemmte nach 1789 eine Welle von Menschen aus Frankreich, Belgien und den Niederlanden die Rheinlande,[25] auch die Bewohner der linksrheinischen Gebiete wurden in Bewegung gesetzt und flohen ins scheinbar sichere Rechtsrheinische, in das Herzogtum Berg, in die Grafschaft Mark, nach Westfalen, Hessen oder Niedersachsen. Angesichts dieser Ereignisse erlebte der Handel im 18. Jahrhundert wiederholt schwere Einbrüche, die Zeitgenossen präzise registrierten. Der wohlhabende Kaufmann Johann Conrad Jacobi beschrieb 1758 die Belagerung von Düsseldorf und vermittelt einen beklemmenden Eindruck von »Furcht, Schrecken und Verlegenheit«.[26] Der Kleinhändler Peter Herbertz floh 1794 vor den Franzosen aus seiner Heimatstadt Uerdingen über den Rhein und erwähnt die Panik der Fliehenden aus dem Schwalm-Nette-Raum, die ebenfalls nach Osten drängten. Bei aller Angst vergaß er nicht seinen Sinn für die wirtschaftliche Situation. So beschrieb er am 2.10.1794 die noch funktionierende Kommunikation: »kamen aus Holland Briefe, daß die Kaufleute daselbst für gut gefunden hätten, keine Waren mehr den Rhein oder die Maas heraufzuschicken.«[27] Die Folgen von kaufmännischem Realismus und militärischer Präsenz beeinträchtigten den Handel: Herbertz reiste im September 1794 nach Lüttelforst, zu dem Zeitpunkt unmittelbar vor der Front, die noch von dem Cordon holländischer Festungen Maastricht und Venlo gehalten wurde, »wo der Handel ganz aufhörte«.[28] Ähnlich äußerte sich der Kriegs- und Steuerrat, der Hagener F. A. A. Eversmann, als er die Lage in der Mark um 1793 beschrieb:

> »Wir haben unsere Nachbarn durch die Fackel des Krieges berührt gesehen, wir aber sind bis jetzt davon befreit geblieben. Wiewohl auch uns die gewaltigen Erschütterungen durch eine im Jahre 1793 eingetretenen […] Teuerung getroffen haben; sowie denn auch die Stockung des Handels einen großen Grad des Elends unter den niederen Volksmassen hervorgebracht hat.«[29]

Der Handel, der aufgrund christlicher Glaubensideale, gesellschaftlichem Standesdenken und kollektiver Erfahrungswerte trotz der Erfolge hansischer Kaufleute des 16. Jahrhunderts und niederländischer und englischer Kaufleute des 17. Jahrhunderts in manchen Kreisen lange ohne großes Ansehen war, erfreute sich nun, angesichts der allgegenwärtigen Belastungen, Bedürfnisse und Aufstiegsmöglichkeiten, allgemeiner Anerkennung: Er bot Fürsten und Stadtherren nicht nur überaus willkommene Einnahmen in Gestalt von Zöllen und Steuern und sollte deshalb allein der eigenen Wirtschaft zugute kommen, er bot Absatzchancen, versorgte Produzenten und Konsumenten mit notwendigen Gütern oder deckte modische Begehrlichkeiten nach Luxus, verbessertem Lebensstandard und Prestige. Nicht grundlos häufen sich Kommentare, die lobend den Handel, speziell den zunftfreien, ungebundenen Handel, als den eigentlichen Wegbereiter und Gradmesser einer florierenden Wirtschaft verstanden: Der Kurfürst und Herzog von Jülich-Berg, Johann Wilhelm (1690–1716), erkannte früh das staatspolitisch verwertbare Potential erfolgreicher Handelspolitik und machte sich zum Förderer des heimischen Handels. In den 1750er Jahren stellten sich Düsseldorfer »Kauff- und Handelsleuthe« gegen Lenneper Tuchfabrikanten, die ihrerseits ein Monopol erwerben wollten. Um die eigene Position, ein beschränktes Vertriebsmonopol, zu schützen, schwangen sie sich zu leidenschaftlichen Befürwortern des »freyen commercio« auf, der allein »des Landes wohlseyn« schaffe.[30] Ihr bekannter Kollege und Beamter der bergischen Regierung, der Düsseldorfer Kaufmannssohn Friedrich Heinrich Jacobi, pries 1773/74 den »Commerz […] das eigentliche wahre Band der Gesellschaft«, der eine übernationale Handelsgemeinschaft schuf und politisch getrennte Gebiete zu einem gemeinsamen Markt zusammenführte.[31] Das gestärkte berufliche Selbstbewußtsein der Kaufleute und die Bedeutung des Handels spiegelten sich in der Verbreitung von Fachzeitschriften, Handbüchern und der Gründung von Handlungskollegien in Düsseldorf, Köln, Bonn oder Koblenz.

Lokaler Kleinhandel und regionale Verteilerzentren: der Handel im Alltag der Konsumenten

Der Handelsalltag der kleinen Leute, betraf den Umsatz kleiner Mengen und vollzog sich in relativ moderatem Rahmen. Die Basisversorgung konnte in beschränktem Maße noch über Selbstversorgung erfolgen. Trotz vorsichtiger agrarischer Reformen bei Anbau- und Düngemethoden, die in Kurköln[32] und Jülich zu Ertragssteigerungen führten, sowie der Auswahl der angebauten Pflanzen war die Subsistenzwirtschaft während des 18. Jahrhunderts im Niedergang begriffen bzw. bildete bereits den Teil eines idyllischen Wirtschaftsmythos.[33] Nicht nur die städtische, auch die ländliche Bevölkerung war auf Zulieferungen auswärtiger Produkte und den interregionalen Markt angewiesen. Dies betraf Nahrungsmittel und die Versorgung mit gewerblichen Gütern aus den Leitsektoren Textil- und Metallproduktion, deren steigender Nachfrage das zünftige Handwerk aufgrund selbstgesetzter Produktionsbegrenzungen nicht mehr entsprechen konnte.

Eine wichtige Rolle übernahm auf der untersten Ebene wirtschaftlicher Handelsorganisation der Hausierhandel, ungeachtet des unerfreulichen Image, das seinen Trägern anhaftete. Die gebräuchlichen Synonyme sagen viel darüber, wie die Einheimischen die zwar notwendigen, aber mißtrauisch beäugten ambulanten Händler einschätzten: Gängler, Tändler, Gaukler oder Scharlatane wurden sie im Rheinland genannt; im Münsterland bezeichnete man sie als Kiepenkerle, nach ihrer Rückenlast, in dem sie ihr kleines, aber für den alltäglichen Bedarf so wichtiges Warensortiment per pedes über Land schleppten. In ihrem Angebot befanden sich z. B. Kurzwaren, kleine Metallartikel, Gewürze, Tabakspfeifen und Krimskrams, der bescheidene Begehrlichkeiten befriedigen konnte. Zurecht verweist die Forschung auf die oftmals unterschätzte Bedeutung des Hausierhandels für den ländlichen Bedarf: Er sei imstande, »[…] wirtschaftliche Zwecke zu erfüllen, die unter den gegebenen Umständen auf anderem Wege gar nicht oder nur mit größeren Schwierigkeiten und Kosten erreicht werden könnten […]. Eine Tatsache, die nicht nur bei den insbesondere außerhalb der größeren Städte des 17. und 18. Jahrhunderts noch weitgehend brachliegenden Handelsbeziehungen zu Gunsten des Hausierhandels ausschlug, sondern auch überall dort […], wo auf Grund der gegebenen wirtschaftlichen Möglichkeiten eine höhere Stufe der Absatzorganisation nicht erreicht werden kann.«[34]

Zwar gab es einheimische Hausierer; in der zeitgenössischen Wahrnehmung dominierten jedoch die fremden Hausierer, vor allem diejenigen nicht-deutscher Herkunft. Fremdenfeindlichkeit, wirtschaftliche Unzufriedenheit und staatlicher Kontrollwille konnten bei der Behandlung der auswärtigen Handlungsreisenden eine unerfreuliche Mixtur ergeben. Die fremden Hausierer wurden oftmals malträtiert, wie Vagabunden aus dem Lande gejagt und ihr schmaler Warenvorrat konfisziert. Besonders vehement stellten sich die Kölner Kurfürsten gegen die wenig geschätzten Straßenhändler. Wiederholt erließen sie Gesetze gegen Hausierer und deren Aktivitäten.[35] Der Grund ihres rigorosen Verhaltens lag darin, daß die fremden Hausierer das Land nur durchstreiften und aus kurkölnischer Sicht Profite abschöpften, ohne dabei zum Staatsetat beizutragen, wie dies ortsansässige Steuerzahler an ihrem Wohnort taten. Freundlicher reagierte die kurkölnische Obrigkeit, wenn fremde Händler um Pässe einkamen, somit das magere Staatssäckel anfütterten und mit den begehrten Galanteriewaren handelten.

Führend auf diesem Sektor waren die zahlreichen italienischen Einwanderer, die im Laufe des 18. Jahrhunderts aus dem verarmten Savoyen in das Rheinland gekommen waren. Die Mehrheit begann ihre kommerzielle Karriere als Hausierer auf dem Lande, in Dörfern und kleinen rheinischen Städten wie den aufstrebenden Residenzstädten Bonn und Brühl. Sie praktizierten den Handel in vielen Spielarten: Als »Zitronenkrämer« erwarben sie Kramläden und schafften wie ihre gewerblich aktiven, handwerklich und künstlerisch versierten Schicksalsgenossen häufig die Eingliederung in ihre neue Heimat, indem sie in rheinische Familien einheirateten und den Einstieg in den Großhandel wagten.[36]

Der Kramladen erfüllte eine wichtige Funktion in der dörflichen und kleinstädtischen Versorgung – im 18. Jahrhundert verhieß die Formulierung »zum Italiener gehen«[37] nicht die Aussicht auf einen Restaurantbesuch im phantasievollen italienischem Ambiente, sondern erweckte Kaufwünsche auf die Waren, die typischerweise in einem Gemischwarenladen angeboten wurden: Neben den Galanteriewaren, z. B. Duftwässer, Nadeln, Knöpfe, Borten oder Schreibfedern, waren dies mediterrane Importe wie Zitronen, Parmesan und Olivenöl, aber vor allem Kolonialwaren. Das Reklameblatt des Neukölners Antonio Francesco Cassinone vom Juni 1766 vermittelt einen Eindruck des breiten Warenangebots: Er offerierte den geneigten Kunden diverse Sorten Kaffee aus Asien, Martinique, Surinam, Essequibo und Jamaika, Zucker, Gewürze, Tee, Tabak, Fisch, Konfekt, Schokolade, Käse, Austern, Öle oder Muscheln.[38] Mit diesem Angebot beeinflußten die italienischen Zitronenkrämer ebenso wie die deutschen Kolonialwarenverkäufer nachhaltig die Konsumgewohnheiten, das Geschmacksempfinden und letztlich den Lebensstandard ihrer rheinischen

Der Handel in den Rheinlanden im 18. Jahrhundert

4   Kölner Straßenverkäufer. Kupferstich, 1589. Köln, Kölnisches Stadtmuseum

Mitbürger. Während manche dieser Waren schon in früheren Zeiten über die Levante, Italien, Süddeutschland oder die Schweiz zu wenigen, wohlhabenden rheinischen Leckermäulchen geliefert worden waren, gehörten nun Artikel wie Zucker, Tabak, Tee und Kaffee zu den zwar immerhin noch bemerkenswerten, aber von breiten Schichten verspeisten erschwinglichen Genußstoffen. Unterschiedlich waren die Beschaffungsweisen: Bei Tee und Kaffee lag es in der Natur der Dinge, daß sie weiterhin aus den Tropen und Subtropen durch die englische ›East India Company‹ oder die niederländische ›Vereenigte Oostindie Compagnie‹ via London, Amsterdam oder Hamburg nach Köln herbeigeschafft, dort verkauft oder weiterverhandelt wurden. Dank günstiger Umstände finden sich Hinweise für die Kölner Kaffee- und Teeimporte der Jahre 1755 bis 1757, die jedoch wegen des weltweit ausgefochtenen Siebenjährigen Krieges zwischen einem der Hauptlieferanten, Großbritannien, und Frankreich kein repräsentatives Bild über den Kolonialwarenhandel in Friedenszeiten vermitteln. Havarien, Kaperungen und kriegsbedingte Umfunktionierung von Schiffsraum dürften die Lieferungen nach Europa reduziert haben. Nach Angabe der »Comptoir Hauptbücher« erreichten in jenen Jahren 49018 Pfund Tee und 899587 Pfund Kaffee die Domstadt.[39] Daß Kaffee nicht mehr wie noch im frühen 17. Jahrhundert als kostbare Delikatesse hochherrschaftlichen Tafeln und dem Apothekenverkauf vorbehalten war, ehe Kaffeehäuser die westeuropäische Freizeit- und Genußkultur verändert hatten, sondern mittlerweile großen Anklang bei breiten Bevölkerungsschichten fand, zeigen die Beobachtungen der Zeitgenossen. Der französische Emigrant Paillot etwa amüsierte sich öfters über die eigenwillige bergische Art der Kaffeezubereitung: »Außerdem trinken sie sehr viel Kaffee, den sie mit Chicoréewurzeln kochen«, oder: »Die Leute dieser Gegend trinken einen sehr dünngekochten Kaffee, sieben bis acht Tassen hintereinander, und dies fünf oder sechs Mal am Tag.«[40] Ähnlich kritisch ging Abbé Baston mit der Kaffeeleidenschaft der Westfalen ins Gericht, die dem früheren Sozialprestige des Kaffees Tribut zollte:

> »Sie können auf Brot und Kleidung verzichten, nur um Kaffee zu haben. [...] Der Kaffee, selbst in guten Häusern, ist nur eine Art Tinktur. Die Menge Kaffee, von der man in Frankreich eine gute Tasse braut, ergibt in Westfalen gewöhnlich ein halbes Dutzend. Außerdem mischt man oft verschiedene Ingredienzien hinzu, die, ohne die Stärke zu heben, ihn in der Farbe steigern, und ihm so ein Ansehen von Reichtum und Luxus verleihen, daß die Eigenliebe schmeichelt.«[41]

Tee hingegen war deutlich weniger verbreitet: er wurde nicht wie Kaffee in Wirts- und Kaffeehäusern getrunken, sondern blieb gleichermaßen Connaisseurs wie den Salons der Bessergestellten vorbehalten und wurde entsprechend in kleineren Partien gehandelt. So hielt der gelegentliche

5 Adreßkarte und Tabakverpackung des Tabakhauses Henry Jos. DuMont, um 1800.
Köln, Kölnisches Stadtmuseum, Graphische Sammlung

Teehändler Peter Herbertz es durchaus für notierenswert, dass er am Dreikönigstag 1795 von der Äbtisstin von Zahren zu einer Schale Tee eingeladen worden war.[42] Im Gefolge beider Getränke, Tee wie Kaffee, gelangten die adäquaten Trinkgefäße ins Rheinland, deren Materialien und Handhabung den Genuß noch steigerten und das ›Savoir-vivre‹ der Gourmets betonten. Feines asiatisches Porzellan und Delfter Kopien waren im 17. Jahrhundert zu begehrten Gebrauchsgütern und kostbaren Sammlerobjekten geworden; die Verfeinerung der europäischen Tafelkultur, dank der frühneuzeitlichen Globalisierung, und unausgegorenes merkantilistisches Wunschdenken führten dazu, daß Porzellanmanufakturen zu Prestigeobjekten modebewußter deutscher Territorialherren avancierten. Das Sammeln und Fabrizieren von Porzellan gehörten »ebenso zu den kulturellen Pflichten wie zur Erhöhung des Selbstgefühls«; folgerichtig versuchte sich der extrem kunstbegeisterte, betriebswirtschaftlich unbedarfte Kölner Kurfürst Clemens August (1723–1761) 1755 in der Schaffung der Poppelsdorfer Porzellanmanufaktur. Das Unternehmen scheiterte an der unzureichenden Versorgung mit den notwendigen Rohstoffen, so daß ab 1757 lediglich Fayencen produziert wurden.[43]

Zeitgleich und im engen Zusammenspiel mit Tee und Kaffee entwickelten sich Zucker und Tabak zu gesellschaftlich akzeptierten Genußmitteln,[44] wobei zwischen beiden im Hinblick auf ihre Herkunft noch ein kleiner Unterschied bestand. Bei Tabak konnte man auf amerikanische Importe über die atlantischen Anrainerstaaten Großbritannien, Niederlande und Frankreich zurückgreifen, man konnte jedoch auch Produkte aus deutschen Landen rauchen, kauen oder schnupfen. Bei Zucker blieb man auf den Import von überseeischem Rohzucker bzw. unraffiniertem Zucker von den europäischen Zuckerplantagen in Amerika über Amsterdam und die holländischen Vermittler angewiesen. Die rheinische Abhängigkeit von der niederländischen Situation, den niederländischen Rohzuckerlieferungen und den Interessen niederländischer Wirtschaftskreise wurde von dem Düsseldorfer Johann Conrad Jacobi 1772 leidvoll erfahren. Trotz einiger Anlaufschwierigkeiten unternahm Jacobi 1764 in Pempelfort/Düsseldorf ein mutiges Unternehmen, indem er dort eine Zuckerraffinerie gründete. Zunächst schien sich das Risiko, dieses von Amsterdamer und Hamburger Unternehmern dominierte Feld zu betreten, zu lohnen. Dennoch war Jacobi selbst, als ein Brand 1766 seine Fabrik zerstörte, unsicher, ob er einen Neuaufbau wagen sollte, wurde aber von »nächsten Verwandten und Freunden dazu überredet«.[45] Die Investition von circa 50 000 Reichstalern sollte sich auf Dauer nicht rentieren. 1772 folgten die niederländischen Generalstaaten den Vorschlägen der holländischen Zuckerlobby. Sie erhöhten den Ausfuhrzoll auf nicht raffinierten Zucker um 20 Prozent und senkten zugleich die Exportabgaben auf gereinigten Zucker. Diese Maßnahme richtete sich primär gegen die erfolgreichen Hamburger Zuckerfabrikanten, aber sie traf auch den Düsseldorfer Vorreiter der Fabrikproduktion, der auf kostengünstige holländische Lieferungen überseeischen Rohzuckers auf der Rheinschiene angewiesen war. Er verlor einen Großteil seines Vermögens und verfiel in tiefe Depressionen. Nach seinem Tode 1788 kaufte der Elberfelder Johann Gottfried Brügelmann die ehemalige Jacobische Zuckerfabrik und richtete dort eine Tuchfärberei ein.[46]

War das Zuckergeschäft im Rheinland ein riskantes Geschäft und blieb nur wenigen Avantgardisten vorbehalten, so florierte in Duisburg[47] und vor allem in Köln seit dem Jahrhundertbeginn der Tabakhandel. Dort diente ein eigener Kran ausschließlich für das Ausladen der Tabakfässer und -ballen, die auf dem Rhein herangeführt wurden. Köln wurde zu der Drehscheibe im Tabakhandel und, da rheinische Blätter gemeinsam mit Importtabak aus Nord- und Südamerika, aus England, Holland und der Pfalz verarbeitet wurden, zu dem Zentrum des rheinischen Tabakgewerbes.[48] Beide Bereiche gingen eine untrennbare Verbindung ein. Günstig war der Umstand, daß dieser Produktionszweig dank seiner amerikanischen Ursprünge nicht in das Zunftsystem eingebaut war. Agile Kölner und französische Zuwanderer wie die Familien Foveaux und DuMont fanden hier ihr Betätigungsfeld und die aktive Unterstützung des Kölner Rats, der die noch nicht von Traditionen gehemmte Tabakbranche als ein Mittel gegen die allzu selbstherrlichen Zünfte einsetzte.[49] Zugleich wirkte sich die wachsende Sucht der Rheinländer nach Nikotin in der gesamten Region aus: Betroffen war nicht nur die Landwirtschaft, die eine profitable Anbaupflanze in ihr Programm integrierte, betroffen war auch das Gewerbe. Das nötige Zubehör wie Tabakspfeifen importierte man nicht nur aus Holland, sondern in Xanten unterstützte die klevische Kriegs- und Domänenkammer 1750 die Produktion der dortigen Tabakspfeifenbäckerei.[50] Der Erfolg der Kölner Tabakhändler vergrätzte die Konkurrenz: die Österreichischen Niederlande erhöhten die Importzölle auf Kölner Tabak; der Pfälzer Herzog Carl Philipp, ein getreuer Anhänger merkantilistischer Prinzipien, wollte »das Geld im Lande halten« und verbot seinen Landeskindern den Verkauf heimischer Tabaksblätter an Kölner Kaufleute.[51]

Die relativ neuen Güter Zucker, Tabak oder Kölnisch Wasser[52] bieten wunderbare Exempel für die fließenden Übergänge zwischen Handel und Gewerbe, von zunftfreier Produktion, Detail- und Großhandel: Diejenigen, die damit ihren Lebensunterhalt verdienen wollten, mußten in allen Sparten der Wirtschaft – von Auswahl und Bezug der Rohstoffe über Herstellung bis hin zum Verkauf – versiert sein. Der Absatz ihrer Güter im städtischen Kontext konnte auf vielfältige Art erfolgen: Kleinhändler wie Großhändler, Speditions- wie Kommissionshändler konnten eigene Läden besitzen. Sie konnten städtische Märkte, die »Oasen des freien Handels« der Landesherren im Kampf gegen die Preis- und Handelspolitik der Zünfte,[53] die Kaufhäuser und Hallen benutzen, um dort auf Endverbraucher oder Zwischenhändler zu warten. Sie konnten auch die Stadt verlassen, selbst ihre Kunden und Lieferanten aufsuchen oder auf den florierenden Messen in Frankfurt/Main, Frankfurt/Oder, Braunschweig oder Leipzig ihr Glück versuchen. Wichtig für kommer-

6 Etikette »Eau de Cologne« und Adresskarte von Johann Maria Farina, ca. 1850. Köln, Kölnisches Stadtmuseum, Graphische Sammlung

ziellen Erfolg war die rechtliche Ausstattung der Städte mit Markt- oder Vorkaufsrechten – ein Privileg, das Kölner Stapelrecht , wurde von den Freien Reichsstädtern seit 1259 eifersüchtig gehütet, entsprechend von den Konkurrenten heftig angefeindet und als Pfahl im Fleisch des freien, den realen Bedürfnissen folgenden Handels empfunden.[54] Wichtig waren aber auch die verkehrstechnische Anbindung der Stadt, ihre geopolitische Lage und ihr Verhältnis zu den Nachbarn, um ihren vielfältigen Aufgaben als Produktionsort, Drehscheibe, Warenhaus und Versorger des Umlandes gerecht zu werden. Am Beispiel von Düsseldorf und Köln sollen hier die Bedeutung der Interdependenzen von wirtschaftspolitischen Interessen, Topographie und kommerziellen Möglichkeiten aufgezeigt werden.

Das von dem Landesherrn Karl Philipp 1716 ›verlassene‹ bzw. nicht länger als Residenzstadt genutzte Düsseldorf brauchte eine Weile, um sich von seiner Rückstufung zu erholen und sich mit dem neuen, wenig glanzvollen Status einer ›Nebenresidenz‹ zu arrangieren.[55] An die Stelle des Hofs, der weiterhin Großbauten in der Stadt und ihrer Umgebung finanzierte und somit Handwerker, Künstler und Geld in die Stadt brachte, traten Akademien und Schulen, Garnison, Verwaltungsbeamte für Jülich-Berg, wohlhabende Bürger und Adelige als potentielle Käufer und Konsumenten. Bereits 1755/56 diskutierte man Pläne zur Stadterweiterung und 1772, nachdem die Folgen des Siebenjährigen Kriegs überwunden waren, berichtete der bergische Statthalter, Graf Johann Ludwig Franz Goltstein, die Expansion sei unvermeidlich, »da seit dem Jahre 1755 die hiesige Bevölkerung sowohl als Gewerb und Handelschaft ungemein zugenommen haben.«[56] 1774 trug man dem Wachstum Rechnung, indem man das Abhalten der städtischen Märkte an allen Wochentagen erlaubte. Ging es dabei um »gewöhnliche Markt-Waaren«,[57] so wuchs doch zugleich auch der Umsatz von Luxuswaren an der Düssel. Als Käufer teurer Textilien aus Frankreich und Südeuropa gewann der heimische Einzelhandel die lokale Honoratiorenschaft. Johann Conrad Jacobi etwa investierte Zeit, Geld und Energie und reiste 1737 selbst über Frankfurt/Main, Heidelberg, Durlach, Strassburg, Lyon, Paris, Blois, Orleans nach Tours, um dort Seidenwaren zu erstehen.[58]

Der Düsseldorfer Handel profitierte im wachsenden Maße von der leichten Zugänglichkeit des umliegenden Herzogtums Berg und der linksrheinischen Partnergebiete, die den Warenverkehr und die Kommunikation erleichterten. Klaus Müller verweist auf das Kontobuch eines unbekannten italienischen Kaufmanns in Düsseldorf, dessen Geschäftskontakte weit in die Region hinausreichten: »von Düren bis Solingen und von Krefeld bis Neuss, Kaiserswerth und Gerresheim« belieferte er Angehörige des Landadels und der bürgerlichen Oberschicht mit ausländischem Samt, Seide, Kosmetik und der hochgeschätzten Schokolade.[59] Die Integration der Stadt Düsseldorf in ihr Umland und die relativ guten Kontakte zwischen der kurpfälzischen Regierung in Düsseldorf und der preußischen in Kleve begünstigten zusätzlich den Handel Düsseldorfer Kaufleute und steigerten die Attraktion des Marktplatzes Düsseldorf, der fremde Händler auf den Plan rief. Dies galt besonders für den Steinkohlehandel, der via Mülheim/Ruhr und das klevisch-preußische Ruhrort nach Düsseldorf ging oder weiter bis ins Bergische Land reichte, um die dortige Metallproduktion mit den nötigen Energieträgern zu versorgen.[60] Klaus Müller faßt das Wachstum in Zahlen: 1776 betrug die Jahrespacht für die Düsseldorfer Kohlenwaage 208 Reichstaler; 1782 war sie auf die bemerkenswerte Höhe von 523 Reichstaler geklettert.[61] Der generelle Aufschwung, der Düsseldorf in den Friedensjahren nach 1763 erfaßte, betraf alle Sparten – seine Ursache lag im regen Handel. Die Düsseldorfer Handelswelt genoß diesen positiven Trend, der sich in den wachsenden Einnahmen aus der Akzise und der Stadtwaage unmißverständlich spiegelte.[62] Trotz der positiven Entwicklung konnte Düsseldorf nur neidvoll nach Köln schauen. Proportional zu seiner Größe profitierte der Kölner Handel von der insgesamt guten Konjunkturlage im letzten Drittel des 18. Jahrhunderts im Gegensatz zu den meisten Kölner Gewerben, aber frühere Vorteile hatten sich allmählich in Nachteile verwandelt, was 250 Kölner Händler zu spüren bekamen.[63]

Der Handel in den Rheinlanden im 18. Jahrhundert

7   Abraham Aubry nach Johann Toussyn, Verkaufsstände, Butterwaage, Fischwaage und Markttreiben auf dem Altermarkt, Westseite. Kupferstich, um 1660. Köln, Kölnisches Stadtmuseum, Graphische Sammlung

Zwar beherrschte die Stadt Köln den Niederrhein, und die Rheinlage beherrschte in einzigartiger Weise die Stadt und deren rheinzugewandte Architektur,[64] im Gegensatz etwa zu Bonn oder Düsseldorf, das unter dem Druck des dominanten Kölner Stapelrechts dem Rhein buchstäblich den Rücken kehrte und erst im 19. Jahrhundert das Rheinufer in die Stadtarchitektur einbezog.[65] So verfügte Düsseldorf lange über keine eigene Schifferzunft. Die Rheinlage, die hydrographischen Sachzwänge begünstigten die Stadt Köln und hatten wie die dort zusammenkommenden Überlandverbindungen seit dem Hochmittelalter wesentlich zum Aufstieg der Handelsmetropole beigetragen – doch die Kölner Lage besaß auch Defizite, da die Stadt über kein eigenes, von ihr politisch beherrschtes Hinterland verfügte und somit auf die Kooperation der Nachbarn, dortige Lieferungen und Märkte angewiesen war. Unmittelbar nach Passieren der Stadtmauern und des schmalen Landstreifens verließ man das städtische Weichbild und betrat kurkölnisches Hoheitsgebiet. In Opposition zu dem Kölner Beharren auf den Stapelzwang und unter dem Eindruck merkantilistischer Wirtschaftstheorien, die auf Abschottung und Isolation von Wirtschaftsräumen abzielten, versuchte sich der Kurfürst in der Ausgrenzung von Köln, wobei er die Unterstützung der zahlreichen Neider Kölner Handelsdominanz fand. Obwohl die Bewohner des unmittelbaren Umlands von 30–40 km auf Kölner Lieferungen angewiesen und traditionell auf den Absatzmarkt Köln orientiert waren, verfolgten die Regierungen ihre eigenen Interessen. Der Kölner Kurfürst verbot den Brennholzexport und den Import von Wollstoffen, Lederwaren und Tabak. In den Krisenzeiten der 1750er Jahre verärgerte der Kurfürst die Kölner dadurch, daß er die Ausfuhr kurkölnischen Getreides nach Köln verbot, jedoch in die bergische Unterherrschaft Mülheim/Ruhr gestattete.[66] Das rechtsrheinische, unmittelbar Köln gegenüberliegende kurkölnische Deutz sollte als progressive Manufakturstadt dem zünftigen Kölner Seidengewerbe Konkurrenz machen; in die gleiche Richtung zielten die Maßnahmen, die Kleve-Mark und der nächste Stadtkölner Nachbar,

Jülich-Berg, ergriffen: Auch Düsseldorf ging mit Im- und Exportverboten gegen den Handels- und Stapelplatz Köln vor und versuchte seit 1763 durch die Erteilung eines Monopols erst für Berg, dann auch für Jülich an die Seidenmanufaktur der Andreae in Mülheim/Rhein dem Kölner Exportgewerbe nachhaltigen Schaden zuzufügen.[67]

Der Transithandel

Ein passendes Synonym für Transithandel im Rheinland bildet die Begriffskombination Rheinhandel, Hollandhandel und Kölner Stapel. Sie steckt den Bereich ab, in dem sich der Transithandel vollzog: Die städtischen Konzentrationspunkte bildeten Amsterdam, Dordrecht und Köln – als Transportachse und Transitstrecke in Süd-Nord- und Nord-Südrichtung fungierte der Rhein. Den rechtlichen Rahmen bot das Kölner Stapelrecht, das de iure den Rheinhandel in beiden Richtungen zwischen Dordrecht und Mainz zum Ausladen, dreitägigen Verkauf und Abgabenleistungen in die Stadt Köln zwang. In bezug auf die personelle Beteiligung hatte die kommerzielle Realität seit dem 16. Jahrhundert, verstärkt im 17. Jahrhundert eine andere Entwicklung eingeschlagen: den rheinischen Transithandel dominierten niederländische Kaufleute, Geldgeber und Schiffer, während die ehedem so mächtigen Kölner Kaufleute den überregionalen Eigenhandel aufgegeben hatten, sich mit dem zwar einträglichen, aber weniger spannenden Kommissions- und Speditionshandel begnügten und dabei auf die Duldung seitens niederländischer Handelspotenz angewiesen waren.[68] Ein vergleichbares Schicksal traf die Mainzer und Frankfurter Kaufmannschaft, während die Städte Mainz und Frankfurt/Main wie Köln selbst weiterhin feste Faktoren im Transit- und Fernhandel blieben. Zwar vermittelte der Rhein zwischen Nord- und Südeuropa und querten ihn Fernstraßen, die West- und Osteuropa verbanden – der dominante Absatzmarkt und das Entrepot für das Rheinland und den rheinländischen Transithandel formten die Niederlande, speziell die Provinz Holland: »Alle Völker, welche von hier aufwärts an den Ufern des Rheins und anderer Flüsse, die mit demselben zusammenhängen, haben keinen anderen Markt als Holland, wohin sie, um einzukaufen und zu verkaufen sich begeben können.«[69] Wohl und Wehe des rheinländischen Imports, Exports und Transithandels waren demnach abhängig von der Situation in den Niederlanden, des niederländischen Welthandels und der dortigen Finanzmärkte.[70] Viel ist über den Zustand der niederländischen Wirtschaft im 18. Jahrhundert geschrieben worden. Intensiv diskutierten Zeitgenossen und debattiert die Forschung deren Niedergang oder Stagnation, die durch den Aufstieg des Handelsstaats England, durch vier englisch-niederländische Kriege, englische Handelsgesetze des 17. und 18. Jahrhunderts und durch koloniale Verluste der Niederlande verursacht worden seien – zweifellos hatte der niederländische Nimbus im 18. Jahrhundert ein wenig von seinem Glanz und Anteil am wachsenden Welthandel eingebüßt, dies galt jedoch weder für die niederländisch-amerikanischen,[71] noch für die niederländisch-deutschen Handelsbeziehungen. Gerade der niederländisch-deutsche Warenaustausch konnte nach 1753 ein erhebliches Wachstum verbuchen, bis dann die politischen Ereignisse spätestens 1795 den vorläufigen Zusammenbruch kommerzieller Kontakte brachten.[72]

Bei der sogenannten Bergfahrt oder der »Großen Fahrt«, dem Handel von Dordrecht nach Köln, waren sowohl holländische als auch die Stadtkölner Vormacht unübersehbar, die entsprechend vehement von den benachteiligten rheinischen Händlern attackiert wurde. Die niederländischen Schiffer kontrollierten die Rangschiffahrt flußaufwärts; die Stadt Köln pochte unnachgiebig, allen Widerständen und Klagen benachbarter Kaufleute und Regierungen zum Trotz auf ihr Stapel-, Vorkaufs- und Vermittlungsrecht, und die Kölner Kaufleute agierten auch im Sinne ihrer Amsterdamer, Dordrechter oder Rotterdamer Auftraggeber. Die niederrheinischen Händler waren von einer direkten Beteiligung am Transithandel ausgeschlossen. Vor den Augen der frustrierten

Weseler, Duisburger, Neusser und Düsseldorfer Händler und Kunden vorbei fuhren so im Jahre 1780 300 holländische Schiffe mit je circa 400 t Fracht nach Köln, die dort umgeladen und teilweise entweder weiter rheinaufwärts nach Mainz, oder wieder flußabwärts in der »Kleinen Fahrt« an niederrheinische Käufer und Konsumenten geliefert wurde.[73] In den Transit wanderte alles, was der holländische Handel zu bieten hatte: Massengüter, Lebensmittel (Molkereiprodukte, Käse und Butter), Gebrauchsgüter und Luxusartikel. Zu den Massengütern zählten iberisches und französisches Salz, das als »holländisches« Salz in den Handel ging und zunächst höher für die Konservierung verderblicher Lebensmittel (Fleisch, Fisch) geschätzt wurde als andere Salzsorten. Langfristig sanken die Salzlieferungen seit 1765, bis sie 1780 wegen der Nachschubprobleme im Zuge des vierten Englisch-Niederländischen Kriegs (1780–1784) ihren Tiefstand erreichten.[74] Zu den massenhaft gelieferten Gütern zählten englisches und baltisches Getreide sowie diverse Sorten Fisch (u. a. Hering, nordwestatlantischer Kabeljau und norwegischer Stockfisch), mit dessen Genuß nicht alleine religiöse Gebote erfüllt, sondern auch lukullischen und physiologischen Bedürfnissen entsprochen wurde. Der Löwenanteil am Nord-Süd-Transit kam den Kolonialwaren zu: zwischen 1753 und 1790 stiegen die Amsterdamer Lieferungen auf der Rheinschiene von 4,7 auf 23,7 Millionen Gulden, zugleich kletterte der Anteil der Kolonialwaren von 14 auf 70 Prozent.[75] Accarias de Serionne erfaßte 1770 das reichhaltige holländische Angebot für den stetig wachsenden Transithandel:

> »Holland versorget demnach lediglich und allein mit Hülfe der schiffahrt auf dem Rheine, die vier Churfürstentümer am Rheine, Saarbrück, Zweybrück, Baden, Würtemberg, Brißgau, Spirbach, Elsaß, beynahe die ganze Schweiz, den größten Theil des Ländgens um Metz, und des Herzogthums Lothringen, vornehmlich mit allen gattungen von Würzwaaren, Specereyen und Oelen, mit Reiß, weißer und trockner Seife, Wallfischbärten, Zinn, Kupfer, eisernem Draht, Zucker, Thee, Kaffee, Kacao, spanischen und französischen Weinen, Brandeweinen, trockenen Früchten, trocknen und eingesalzenen Fischen u. d. gl«.[76]

Andere Zeitgenossen verbanden die Begeisterung für die große holländische Warenpalette und dem indirekten Lob für den holländischen Anteil an der Steigerung westeuropäischer Lebensqualität mit einer Kritik an den pekuniären Konsequenzen: diese Handelsaktivitäten würden »Deutschland ein unbeschreibliches Geld abzapfen«.[77] Für die Jahre 1780–1781 liefert das klevische Zollamt in Emmerich interessante Zahlen: Im Zeitraum Dezember 1780–1781 verzollte die »Auffahrt« 11 003 Zentner Kaffee, 2275 Zentner Tee, 643 Zentner weißen Zucker, 1220 Zentner Kandiszucker und 2398 Zentner Käse.[78]

Dem Handel in Gegenrichtung, der sogenannten Talfahrt, stand ebenfalls eine große Produktpalette zur Verfügung. Neben protoindustriellen und handwerklichen Gütern aus der Metall- und Textilbranche der aufstrebenden zunftfreien Gewerbelandschaften im Rheinland, Steinen, Metallen und Erde, zählten Wein und Holz zu den Klassikern des rheinländischen Transithandels. In beiden Fällen spielte Köln eine gewichtige Rolle, indem dort nach Wiegen, Vermessen und Prüfen die Waren mit den Kölner Prägungen ihr Qualitätszeichen erhielten.

Der Weinhandel: Der Wein stammte aus den Weinbergen an Mosel, Ahr, Nahe und Rhein und gelangte über den Stapelplatz Köln, das altehrwürdige »Weinhaus« der Hanse nach Holland, wo große Kontingente durch niederländische Vermittlung auf den internationalen Markt England, Skandinavien, Rußland, Polen, das Baltikum, Amerika und Ostindien kamen: Deutsche Weine gingen auf dem Rhein »in jedes Klima, in jeden Welttheil.«[79] Köln versorgte aber auch die rechtsrheinischen Gebiete von Westfalen bis tief nach Sachsen und Brandenburg mit mittelrheinischem Rebsaft. Elsässische Weine hingegen, die früher einen beträchtlichen Teil des Kölner Umschlags ausgemacht hatten, scheinen im 18. Jahrhundert nach den Besitzverschiebungen des 17. Jahrhunderts (1648: habsburgischer Verzicht auf das Elsaß zugunsten der französischen Krone, 1681: Eroberung der Reichsstadt Straßburg durch die Truppen Ludwigs XIV.) ausschließlich dem französischen Händler und Konsumenten zugute gekommen sein. Obwohl die Kölner Weinhändler wiederholt den Rat mit Klagen über die schlechte Handelslage konfrontierten, scheint die Situation nicht kritisch, sondern eher überaus stabil und profitabel gewesen zu sein. Noch 1797 listete das Kölner Adressbuch 122 Weinhändler auf, wobei der Kleinhandel mit Wein und der private »Weinzapf«, das traditionelle Vorrecht Kölner Bürger, einen wesentlichen Teil der städtischen Kultur ausmachte. Gleichzeitig neigte der Weinhandel zum Großhandel, der eher die nötigen Kapitalien aufbringen und bei Speditions- und Kommissionsgeschäften den hohen Ansprüchen der holländischen Weinliebhaber dienen konnte. Die trotz allem Lamentierens große Bedeutung des Weinhandels für die städtische Politik beweist Ingrid Nicolini; sie zeigt, daß die Kölner Weinhändler einen beachtlichen Anteil der Kaufleute und der städtischen Elite ausmachten.[80]

Der Holzhandel: Beim rheinländischen Transit von Holz entwickelte sich die Lage während des 18. Jahrhunderts allmählich zu Ungunsten des Kölner Stapels und der Kölner Kaufleute. Zwei Arten des überregionalen Holzhandels kann man unterscheiden: a) den Holztransport aus den deutschen Mittelgebirgen an Oberrhein, Main, Saar und Neckar via Mannheim und Köln in die Niederlande, und b) den Holztransport aus den Waldgebieten an der Lippe via Wesel nach Dordrecht. Beide Handelsbereiche sind von der Forschung detailliert erarbeitet, so daß an dieser Stelle knappe Hinweise genügen.[81] Während Holz als Brennstoff von der Steinkohle sukzessive überrundet wurde, diente es weiterhin als wichtiger Bau- und Werkstoff. Man gebrauchte Holz beim Hausbau, für die Herstellung von Transportbehältern und Möbeln. In Holland interessierte sich das Schiffsbaugewerbe für wertvolles, strapazierfähiges Eichenholz, das man aus Deutschland, aber auch von der Konkurrenz in Norwegen, Schweden oder dem Baltikum beziehen konnte. Die Verwendungsvielfalt von Holz offenbart sich in der breiten Angebotspalette: In dem Zolltarifverzeichnis, das Berlin im März 1781 den Zollämtern in Emmerich, Lobith, Rees und Orsoy »wie auch den Licentstädten Wesel, Lobith und Ruhrort am Rhein- und Ruhrstrom« zuschickte, entfielen von 86 Seiten Gesamtumfang zollpflichtiger Artikel allein sieben Seiten auf Holzsorten, Holz in unterschiedlichen Bearbeitungsstufen und hölzerne Gerätschaften.[82] Holz wurde in großen Einheiten rheinabwärts geflößt. Die hohen technischen und körperlichen Anforderungen, die diese Ungetüme an die Transporteure stellten, faszinierten die Zeitgenossen. Der Bericht eines Koblenzer Pfarrers offenbart den tiefen Eindruck, den die Erfahrung einer Floßreise 1789 hinterlassen hatte:

> »Unter allen grossen und kühnen Unternehmungen [...] kenn' ich keine, die bedeutender und bewunderungswürdiger ist, als der Bau und die Behandlung einer solchen ungeheuren daher sich bewegenden Maschine, dessen man sich auf dem Rhein vorzüglich [...] zum Holzhandel bedienet. Sie sind die Riesen unter unsern Fahrzeugen. Man denke sich eine schwimmende Holzinsel von ohngefähr 1000 Fuss in der Länge und 90 Fuss in der Breite, in dessen Mitte 10 bis 13 geräumige Hütten [...] angebracht sind [...] und die von 4 bis 500 Ruderknechten und Arbeitern bewohnet wird: so kann man sich ohngefähr einen Begriff von einer Floose machen, die der majestätische Rhein [...] vor den Augen seiner freudigen Uferbewohner daher trägt.«[83]

Bei den Kölnern dürfte die Freunde merklich nachgelassen haben, da eben genau das eintrat, was den Pfarrer so begeistert hatte: Entgegen dem Stapelzwang ignorierten viele Flösser Köln und passierten die Stadt, die um 1790 im Holztransit einen Umsatzrückgang von 30 Prozent hinnehmen mußte.[84] Zuvor hatte die Stadt Wesel, deren Handel lange unter dem Kölner Stapel und der regionalen Konkurrenz gelitten hatte und deren Kaufleute 1718 das nahe kommerzielle Ende beklagt hatten,[85] Morgenluft gewittert. Ihnen bot der Holzhandel auf der Lippe nach Dordrecht einen

Ausweg aus der Misere, wenn auch ihr Anteil absolut betrachtet gering ausfiel und sie den Bedarf der Holzmärkte in Amsterdam, Zaandam und Dordrecht nicht befriedigen konnten. Immerhin wuchs ihre Bedeutung derart, dass die niederländischen Schiffe nach dem Weseler Holzfuß gemessen wurden.[86] Zwischen 1735 und 1745 wurden 6465 Eichenstämme von sechs Weseler Händler rheinabwärts befördert, die dafür von der klevischen Regierung mit Zollbefreiung in Wesel, Rees und Emmerich belohnt wurden.[87]

Internationale Importe, Exportgewerbe und die Gewerbelandschaften

Fritz Schulte beschrieb 1959 in einer ebenso knappen wie wegweisenden Dissertation die Rolle, die der Handel nach seiner Beurteilung für die Entwicklung überregionaler Märkte in Rheinland-Westfalen gespielt hatte.[88] In der wenige Jahre später einsetzenden Diskussion um das Konzept der Protoindustrialisierung rückte der Faktor Handel in den Hintergrund:[89] Die wirtschaftshistorische Forschung beherrschten Debatten um die Wechselwirkungen zwischen Protoindustrialisierung und demographischen Entwicklungen (Anstieg des ländlichen Arbeitskräftepotentials mit handwerklichem Know-how), zwischen Protoindustrialisierung und Landwirtschaft und Besitzverhältnissen (Ertragssteigerung und Grundherrschaft) oder zwischen Protoindustrialisierung, Technologietransfer, Infrastruktur und Standortfaktoren. Jüngst interessieren die Beziehungen zwischen frühkapitalistischem Unternehmertum und der Stadtwirtschaft. Ströme von Tinte sind über die Erforschung der Ursachen der rheinländischen Frühindustrialisierung und der Erörterung der Frage geflossen, warum die gewerbliche Expansion gerade im Rheinland ein solches Ausmaß annehmen konnte. Die Diskussion ist keineswegs abgeschlossen, zumal sich das Konzept Protoindustrialisierung trotz mancher Einwände als ausgesprochen fruchtbar, anregend und innovativ für das Verständnis der frühmodernen westeuropäischen Gesellschaften erwiesen hat.[90] Im Gegensatz zu dem Großteil der Untersuchungen besann sich Herbert Kisch des Handels, indem er speziell den Export nicht als »automatischen Wachstumsmotor«, sondern als Katalysator des wirtschaftlichen Aufschwungs und der Protoindustrialisierung verstand.[91] Im folgenden werden die Wechselwirkungen zwischen Handel und rheinländischen Gewerbelandschaften an einigen ausgewählten Beispielen aus dem Textil- und Metallgewerbe aufgezeigt. Im Vordergrund steht der Import von Rohstoffen und Halbfabrikaten und der Export gewerblicher Güter; auf eine detaillierte Beschreibung der Gewerbelandschaften selbst, deren Entstehung und Strukturierung muß in diesem Kontext verzichtet werden.

Der Import: Die frühkapitalistischen Arbeitsorganisationen des ländlichen Hausgewerbes, des Verlagswesens, des unzünftigen Handwerks, der dezentralen und zentralen Manufakturen bzw. der ersten Textilfabriken z. B. in Ratingen (1784) verarbeiteten nicht nur heimische Rohstoffe und Halbfabrikate wie Erze, Eisen/Stahl, Flachs, Leinen, Leinengarne und grobe Schafswolle. Die langfristig durchgreifenden Entwicklungen, die der eigentlichen Industrialisierung und Etablierung von Gewerbelandschaften Schub verlieh, vollzog sich in den Betriebssystemen, die ihre Ressourcen aus dem internationalen Handel bezogen: Von besonderer Bedeutung für das frühindustrielle Textilgewebe waren Merinowolle, Seide und Baumwolle. Verlegerkaufleute und die sogenannten Kapitalisten oder Entrepreneurs organisierten deren Bezug und brachten sie, oftmals unter Umgehung des Kölner Stapels, zu Wasser und auf dem Landweg in das Rheinland, zu den bäuerlichen, dörflichen und städtischen ›Heimwerkern‹, Arbeitern und unzünftigen Handwerkern, die über das nötige Fachwissen verfügten und auf diese Erwerbsmöglichkeiten – anfangs als Neben-, später als Hauptbeschäftigung – in zunehmenden Maße angewiesen waren.

Mehrere große Textilgewerbelandschaften entstanden: a) die Wolltuchproduktion im Großraum Aachen, b) die Leinen-, Baumwoll- und Mischgewebeproduktion am linken Niederrhein, den zunftfreien Städten im Herzogtum Jülich Mönchengladbach-Rheydt-Viersen, die in enger Verbindung und Abhängigkeit zu c) den Leinen- und Baumwollgarnherstellern und -verlegern des bergischen Wuppertals stand, und schließlich d) die Seidenfabrikation mit dem Zentrum Krefeld.

Die Aachener Tuchregion mit den relativ jungen, zu Manufakturstädten aufgestiegenen Orten Burtscheid, Vaals, Monschau, Eupen und Verviers lebte von der Konkurrenz und Kooperation mit dem zünftigen, alteingesessenen Tuchgewerbe in der Reichsstadt Aachen. Via Aachen, das damit seiner Rolle als Verkehrsknoten und Warenverteiler nachkam, gelangte feine Importwolle zu den Webern, Walkern und Wollspezialisten in der Eifel. Das feuchte Klima, die Fülle der von Mühlen gesäumten Flüsse, Wasser und Brennstoffvorräte begünstigten diese Betriebsstandorte bei der Verarbeitung und Färbung. Das überaus begehrte Material, das zu hochwertigen Feintuchen verarbeitet wurde, stammte aus England, Polen, Böhmen und Sachsen, vor allem aber von der iberischen Halbinsel. Es kam nur selten als Direktimport aus Bilbao, Santander oder den andalusischen Handelshochburgen Sevilla und Cadiz, wo die Wolle der Schafe aus der Estremadura gesammelt wurde.

Wiederum zeigte sich die Abhängigkeit des Rheinlands von den Handelskapazitäten der Niederlande. Der Amsterdamer Hafen, holländische Kreditgeber und Kaufleute kontrollierten auch diese Domäne. Sie lieferten Wolle und die für deren Verarbeitung erforderlichen Zusatzstoffe wie Seife, Öle und Farbstoffe aus Asien und Amerika. Sie organisierten den Transport von Amsterdam per Schiff nach Nimwegen, bevor dann die kostbare Last zur Vermeidung der hohen Rheinzölle über die Maas oder auf Fuhrwerke umgeladen und durch Jülich-Berg in die Reichsstadt Aachen gelangte.[92] Wiederholt versuchte die Konkurrenz, die Amsterdamer Vormacht auf diesem Sektor zu brechen. 1790 meinte Georg Forster, spanische Wolle sei aus Ostende auf Kanälen nach Aachen gebracht worden, jedoch scheint diesen Aktionen keine Dauer beschieden gewesen zu sein.[93] Lediglich den französischen Häfen gelang es, gegen Amsterdam aufzuschließen: Die Vervierser Tuchverleger kauften zwar gut 80 Prozent ihrer Wolle in Amsterdam, jedoch organisierten sie Direktimporte aus Spanien und unterhielten Kontakte zu Wollimporteuren in Bayonne, Rouen und Orleans. Erst die politischen Verschiebungen, wechselnder Modegeschmack und Wollproduktion veränderten die gängigen Versorgungsstrukturen. Preissteigerungen bei spanischer Merinowolle und die Qualitätsverbesserungen bei der Wolle von Schafen in Frankreich, Sachsen und Böhmen führten im letzten Viertel des Jahrhunderts dazu, daß die west- und osteuropäische Wolle Käufer in der Aachener Tuchregion fand.[94]

Durch niederländische Zwischenhändler gelangte eine andere Textilfaser in das Rheinland, deren Verarbeitung für die Industrialisierung große Bedeutung gewinnen sollte: amerikanische und asiatische Baumwolle. In diesem Bereich trugen interregionale Arbeitsteilung und Kooperation trotz der schwierigen Infrastruktur die schönsten Blüten. Bergische Kaufleute orderten Baumwolle in Holland, die in den jülich-bergischen Territorien und Kurköln im hausgewerblichen Umfeld versponnen wurde. Zusätzliche Garne erwarben Elberfelder Verlegerkaufleute im Herzogtum Braunschweig und in Hessen. Ihre Wirtschaftskraft wuchs in einem solchen Maße, daß sie nachhaltig die hessische Handelspolitik beeinflußten. Ein Teil dieser Garne ging nach Amsterdam oder wurde von den Elberfelder Kaufleuten auf der Frankfurter Messe angeboten. Ein anderer Teil wanderte zu den erfahrenen Leinenwebern im Raum Mönchengladbach-Rheydt, die daraus Baumwoll- und Leinenmischgewebe herstellten und die einfachen Siamosen an die Kaufleuteunternehmer zur Nachbehandlung und zum Verkauf in das Bergische Land zurückschickten.[95] Von dieser Symbiose profitierten alle Seiten: Die bergischen Verleger nutzten die billige Arbeitskraft der bäuerlichen und kleinstädtischen Spinner und Weber im Herzogtum Jülich, die im Herzogtum Berg rar war, der Bevölkerung am linken Niederrhein eröffneten sich Alternativen zur Landwirtschaft und zum Handwerk, und der Fiskus der gemeinsamen Regierung in Düsseldorf verbuchte langfristig erhöhte Zolleinnahmen bei der späteren Ausfuhr der Endprodukte.

Besondere Aufmerksamkeit bei Zeitgenossen und Wirtschaftshistorikern erregte die Krefelder Seidenmanufaktur der Familie von der Leyen. Die Herstellung von seidenen Textilien unterschiedlicher Art im Rheinland war ebensowenig eine Neuheit wie die Baumwollspinnerei und -weberei. Beides war seit dem Mittelalter beispielsweise in Köln von Zünften betrieben worden. Neu waren im 18. Jahrhundert die Quantitäten der Produktion, die Höhe des investierten Kapitals und die effektiven Produktionsmethoden (Technik, Arbeitsteilung, Output); alt waren hingegen die Bezugsquellen: Auch die von der Leyen waren auf Importe von Rohseide angewiesen – Versuche, in Deutschland Seidenraupenzuchten aufzubauen, schlugen fehl. Angestachelt von der merkantilistischen Wertschätzung der Ressourcen-Autarkie versuchte sich 1785 »die Kurkölnische Privilegierte Seidenbaugesellschaft« im Anbau der für die Seidenraupenzucht erforderlichen Maulbeerbäume. Im gleichen Jahr verstummten die Akten.[96] Anders als die zünftige Konkurrenz umgingen die Gebrüder und Fabrikanten Friedrich und Heinrich von der Leyen alle Zwischenhändler in Zürich, Basel, Frankfurt/Main und Köln und kauften in großen Mengen Rohseide direkt bei den oberitalienischen Erzeugern oder bei der niederländischen Ostindischen Kompagnie.[97] Die langfristigen Folgen ihrer Risikobereitschaft schlugen sich unmittelbar in ihren Bilanzen nieder: 1727 betrug ihr Eigenkapital 30 000 Reichstaler, 1730 bereits 48 000 Taler. 1794 entsprach allein ihr Vorrat an Rohseide einem Wert von 446 681 Reichstalern. Der Wert der gelagerten Fertigware belief sich auf 511 200 Reichstaler.[98] Von dem enormen Wachstum der von der Leyen'schen Fabrik profitierte zum einen das Umland. Zunächst wurden die relativ armen Leinenweber in den kurkölnischen Dörfern Hüls, Anrath oder St. Tönis in das Verlagssystem der Krefelder Fabrikanten einbezogen, ehe die Firmeninhaber in den 1790er Jahren auch Weber in Geldern und dem Herzogtum Jülich für sich arbeiten ließen. Zum anderen profitierte die Stadt Krefeld selbst von den umtriebigen mennonitischen Mitbürgern. Preußische Beamte und deutsche Touristen jubelten unisono über »Crefeld [...] der niedlichsten, saubersten, freundlichsten und blühendsten Manufacturstadt«, die ähnlich »diesem netten, reinlichen, wohlhabenden« Düsseldorf allen positiven, gängigen Vorurteilen über die Vorzüge protestantischer Arbeitsethik zu entsprechen schien, während das katholische, weitgehend von Zünften bestimmte Köln von liberalen Geistern als verkommenes, von den Zeitläuften überholtes, entvölkertes Sammelsurium von Bettlern und Klerikern verdammt wurde.[99]

Wegen mangelnder Nachfrage, fehlender Kaufkraft oder Überschußproduktion konnte die rheinländische Protoindustrie einen Großteil ihrer Waren nicht auf dem Binnenmarkt absetzen. Quantitäten und Qualitäten ihrer Textilien, Metalle und Metallwaren drängten in den nationalen und internationalen Export. Dabei bedienten sich die Kaufleute-Unternehmer der traditionellen Absatzmärkte und Handelsrouten, und manche beschritten neue Wege, indem sie sich als Unternehmer selbst in den Handel einschalteten und unter Verzicht auf Zwischenhändler den direkten Kontakt zu den Handelsplätzen im Ausland aufnahmen. Dabei half ihnen das Wiederanknüpfen an schon vergessengeglaubte Hansetugenden: Wie früher die Söhne von Kaufleuten altehrwürdiger Hansestädte, so reisten im 18. Jahrhundert die hoffnungsvollen Söhne bergischer Unternehmer aus den jungen, zunftfreien Gewerbestädten Barmen, Remscheid oder Elberfeld nach Lyon, Basel, Bordeaux, Amsterdam oder London, um dort die Geheimnisse des Handels zu lernen und wertvolle Geschäftskontakte herzustellen.[100]

Wissen, Kontakte und schnelles Reagieren auf wandelnde Moden halfen ihnen bei dem Verkauf ihrer Garne, Stoffe und Produkte aus Leinen, Wolle, Seide, Baumwolle und Mischgeweben. Das von ihnen verlegte Leinen vom linken Niederrhein brachten sie auf holländische Bleichen, bevor es als ›holländisches Leinen‹ gemeinsam mit den preiswerten Baumwollstoffen aus rheinischer Fertigung über die Niederlande und Großbritannien auf den Weltmarkt nach Virginia, die Carolinas und in die Karibik gelangte. Der internationale Eigenhandel der durch staatliche Maßnahmen kaum behinderten Elberfelder Kaufleute-Unternehmer hatte bereits 1729 eine solche Wirkung, daß der bergische Hofkammerrat Johann Wülfing überschwenglich Elberfeld als »Klein-

Amsterdam« bezeichnete – ein großes Lob für eine kleine Stadt.[101] Ähnlich offensiv agierten die von der Leyen in Krefeld: Während ihnen der preußische König aus Sorge um seine künstlich hochgepäppelte Berliner Seidenmanufaktur sukzessive seit den 1740er Jahren den Zugang zum preußisch-brandenburgischen Markt verwehrt hatte, eröffneten sie sich die Märkte in den Niederlanden, Frankreich, Skandinavien und im deutschen Reich. Gegen Ende des Jahrhunderts expandierten sie in die frischgebackenen USA, nachdem sie in den 1750–1760er Jahren bereits legal und illegal Abnehmer in Britisch-Nordamerika gefunden hatten.[102]

Aktiv wurden auch die Tuchfabrikanten und -händler der Aachener Region: auch sie waren auf den Absatz im Fernhandel angewiesen und hatten dort mit der übermächtigen Konkurrenz aus Holland, Großbritannien und Italien zu kämpfen. Der französische, niederländische und belgische Markt wehrte sich gegen die Rivalen. Gegen Ende des Jahrhunderts war die Abschottung nicht mehr aufrechtzuerhalten und Aachener Tuche unterschiedlicher Färbungen, Qualitäten und Strukturierungen fanden ihre Abnehmer in ganz Europa. Die Präsenz der Aachener auf den großen Verkaufsmessen und auf kleinen Handelsplätzen im deutschen Reich halfen dabei ebenso wie die Einrichtung von Kommissionshäusern in den alten Handelsmetropolen des Mittelmeerraums Neapel, Genua und Venedig. Die Lieferliste der Monschauer Firma Johann Heinrich Scheibler umfaßte 141 Städtenamen europaweit, deren Händler zwischen 1787 und 1797 mit Wollstoffen versorgt wurden.[103]

Was für den Textilhandel galt, traf auch in weiten Teilen für das protoindustrielle Metallgewerbe in der Eifel, im Herzogtum Berg und in der Grafschaft Mark zu. Wie die benachbarten Gebiete des Fürstentums Siegen und des kurkölnischen Sauerlands konnten sie auf eine lange Tradition der Eisen- und Stahlproduktion und Metallverarbeitung verweisen, die auf Erzvorkommen und reichlich verfügbaren Energieträgern Wasser und Holzkohle basierten. Das rechtsrheinische Metallgewerbe war noch im 16. Jahrhundert auf die Kölner Kaufleute angewiesen gewesen; seitdem hatte es sich mit der regionalen Spezialisierung auf Metalle, Halb- und Fertigwaren und dem Aufkommen heimischer Fernhändler und Verlegerkaufleute von dem Kölner Zwischenhandel emanzipiert. Die Abnabelung von den holländischen Handelspartnern dauerte ein wenig länger. Anfang des 18. Jahrhunderts hielten diese die Fäden noch in der Hand – seit den 1770er Jahren betrieben dann bergische Handelshäuser den Absatz nach Nordamerika (New York, Baltimore, Philadelphia und Charleston/South Carolina) in eigener Regie.[104] Im letzten Viertel des Jahrhunderts waren sie allgegenwärtig und ein Zeitgenosse registrierte 1804 nicht nur diese Tatsache, sondern offenbarte unbewußt die guten Aufstiegschancen und Interregionalität der Beteiligten trotz der mächtigen Konkurrenz in Großbritannien kurz vor der Kontinentalsperre 1806:

»Die Bergischen haben einen ausgebreiteten Stahlhandel und lassen noch einen großen Teil ihres Bedarfs in der Grafschaft Mark machen. Ihr Absatz geht nach Frankreich, Spanien, Portugal, Amerika und überhaupt durch die ganze handelnde Welt; so wie denn der bergische Kaufmann, besonders der Remscheider, viel vom Reisen hält, man findet ihn von Moskau bis Lissabon, und in Amerika haben sich mehrere Häuser aus dem bergischen selbst fest etabliert, z. B. Hermes et Karthaus, die gegenwärtig sehr große Geschäfte machen, ob sie gleich noch vor wenigen Jahren Kleinschmiede waren.«[105]

Ein wichtiger Absatzmarkt für bergischen Stahl und Waffen war Frankreich, das jährlich Waren im Werte von 4 Millionen Livres aus Jülich-Berg erhielt und sich mit Ausfuhren von Weinen, Kolonialwaren und Luxusartikeln für 12–15 Millionen Livres revanchierte.[106] Die Masse der Metallartikel wie Plantagenwerkzeuge, Sensen, Messer, Sicheln, Drahtsorten und sonstiger Gerätschaften aus Solingen, Remscheid oder der wahlweise als Partner und Rivale agierenden Grafschaft Mark fanden auf der Rheinschiene ihren Weg zum Umschlagplatz Amsterdam. Bei deren Transport kam die interregionale Kooperation gegen den Kölner Stapel zum tragen. Statt den Kölner Stapelansprüchen zu folgen, gingen die Waren in den bergischen Häfen Hitdorf und Mülheim/Rhein auf den Fluß. Davon wiederum profitierte die Duisburger Börtschiffahrt, die ihrerseits 1775 und 1783 heftig Front gegen die Weseler Versuche machte, eine eigene Börtschiffahrt Wesel-Köln-Wesel einzurichten, und so indirekt gleichermaßen die Duisburgisch-Bergischen Interessen wie den Kölner Stapel sicherte.[107] Interregionale Koorperation und Konkurrenz existierten gleichzeitig und variierten entsprechend der jeweiligen Bedürfnisse der Beteiligten – seien es Individuen, Berufsgruppen, Städte oder Staaten.[108]

Fazit

Der Handel war von elementarer Bedeutung für den Alltag der Rheinländer. Langfristig wurde er zum Träger einer materiellen Revolution, indem er die Artikel bereitstellte, die Lebensstandard und Genuß erhöhen konnten. Nachhaltig beeinflußte er die sozialen Strukturen im Rheinland: Im Wechselspiel von Handel und profitorientiertem Gewerbe förderte er die Urbanisierung. Die aufsteigenden zunftfreien Gewerbestädte Krefeld, Mönchengladbach-Rheydt, die Zwillinge Elberfeld-Barmen oder Remscheid traten neben die alten Zunftmetropolen Aachen und Köln, die oftmals mit Starrsinn auf die veränderte Situation reagierten. Dieser Prozeß war eng gekoppelt mit dem Aufstieg neuer Wirtschaftskräfte und Berufsbilder: Neben die stadtzünftigen Handwerker, die an etablierten Wirtschaftsidealen festhielten, und Kaufleuten, die sich auf mehreren Handelssektoren bewegten, traten Arbeiter, Verlegerkaufleute und Unternehmer, die sich auf bestimmte Produktions- und Handelsbranchen spezialisierten. Die Aufhebung der Zünfte seit 1791 begünstigte das freie Spiel der Kräfte, aber verstärkte auch die Ausbeutung der Arbeiter in den Städten und auf dem flachen Land. Der Handel stand in enger Wechselbeziehung zu der gewerblichen Entwicklung, teilweise gefördert, teilweise behindert durch obrigkeitliche Maßnahmen in Gestalt von Zöllen, Monopolen, Privilegien und Verboten. Gewerbliche und kommerzielle Interessen verbanden sich mit den Bedürfnissen von Märkten und Konsumenten. Dies geschah auf regionaler und interregionaler Ebene, wodurch der Handel zum Schrittmacher und Indikator überregionaler Kooperation avancierte. Handel vollzog sich in unübersehbarer Vielfalt in, zwischen und durch die rheinländischen Territorien. Diese kaum zu bewältigende Fülle kommerzieller Betätigung machte nicht Halt vor internationalen Grenzen, sondern war über unzählige Arten, Wege und Kontakte eng mit dem Ausland verwoben. Der rheinländische Handel bildete einen wesentlichen Bestandteil des europäischen und interkontinentalen Handels. Georg Forster beschrieb die Wirkungsbreite des Handels 1790 poetisch als das Band, das der Handel und die Industrie zwischen den entferntesten Weltteilen knüpfen – wir bezeichnen dieses Phänomen im Jahre 2000 lakonisch als Globalisierung.[109]

[1] *Großes vollständiges Universal-Lexikon aller Wissenschaften und Künste* [Zedler], 64 Bde., Halle/Leipzig 1732–1754, Bd. 31, S. 1124.

[2] Eheschließungen über politische Grenzen hinweg gehörten bei Bürgertum und Adel zur Selbstverständlichkeit und zeigt die frühneuzeitliche Durchlässigkeit von innerdeutschen und internationalen Grenzen; vgl. Siegfried Sudhoff, Die autobiographischen Aufzeichnungen Johann Conrad Jacobis (1715–1788), Handelsherr in Düsseldorf, *Düsseldorfer Jahrbuch* 57/58, 1980, S. 132–201; *Onder den Oranjeboom. Niederländische Kunst und Kultur im 17. und 18. Jahrhundert an deutschen Fürstenhöfen*, Ausstellung Kaiser-Wilhelm Museum Krefeld, Textband, hrsg. von Horst Lademacher, München 1999.

[3] Vgl. dazu die Tagebucheintragung des Uerdinger Kaufmanns Peter Martin Herbertz, der im April 1795 vor den Franzosen aus Uerdingen nach Stockum flüchtete und wenige Tage später » einen Trieb [spürte], den ich bisher nicht wahrgenommen, in mein Vaterland [!] zurückzukehren; alle Furcht hörte auf, und ein Freiheitsgeist beseelte mich, eine Gattung von Ahnung, daß es nunmehr Zeit wäre, über den Rhein zu gehen.« Zitiert nach Leo Peters, Düsseldorf und Umgebung 1794/95 im Tagebuch des Peter Martin Herbertz aus Uerdingen, *Düsseldorfer Jahrbuch*, 61, 1988, S. 78.

[4] Zur kartographischen Darstellung der komplizierten Herrschafts- und Besitzverhältnisse im Rheinland siehe *Geschichtlicher Atlas der Rheinlande*, im Auftrag der Gesellschaft für Rheinische Geschichtskunde in Verbindung mit dem Landschaftsverband Rheinland, hrsg. von Franz Irsigler, Günter Löffler und Rudolf Straßer, Köln 1982ff; Irmgard Hantsche, *Atlas zur Geschichte des Niederrheins*, Bottrop/Essen 1999².

[5] Vgl. dazu die Erläuterungen bei Jutta Brückner, *Staatswissenschaften, Kameralismus und Naturrecht. Ein Beitrag zur Geschichte der politischen Wissenschaft im Deutschland des späten 17. und frühen 18. Jahrhundert*, München 1997, S. 278.

[6] Trotz umfangreicher Einzelstudien zu der Wirtschafts- und Handelsgeschichte rheinländischer Städte und Territorien fehlt nach wie vor eine Darstellung, die sich mit der Wirtschaftsregion Rheinland und deren interne wie internationale Beziehungen beschäftigt. Vgl. dazu Dietrich Ebeling, *Der Holländer-Holzhandel in den Rheinlanden. Zu den Handelsbeziehungen zwischen den Niederlanden und dem westlichen Deutschland im 17. und 18. Jahrhundert*, Stuttgart 1992, S. 25; Christof Dipper, *Deutsche Geschichte 1648–1789*, Frankfurt/Main 1991, S. 168f.

[7] Vgl. dazu die Beschwerden und Vermutungen in Marie Scholz-Babisch, *Quellen zur Geschichte des Klevischen Rheinzollwesens vom 11. bis 18. Jahrhundert*, zweite Hälfte, Wiesbaden 1971, passim; Ebeling [Anm.6], S. 33.

[8] Vgl. Karl L. Macks, Die Schiffahrt auf Cloer, Triet und Niers zwischen Neersen und Oedt 1465–1795, *Heimatbuch des Kreises Viersen 1996*, 47, 1995, S. 41–52.

[9] Vgl. die Liste der Zollstellen bei Scholz-Babisch [Anm.7], Nr. 821, 1722. Die Zollstellen bedeuteten nicht nur eine unerquickliche Belastung des Handels, sie waren illegal. Im Westfälischen Frieden von 1648 hatte man sich unter Verwendung moderner völkerrechtlicher Grundsätze auf die freie Rheinschiffahrt verständigt – ein Entschluss, der 1815 beim Wiener Kongreß Bestätigung fand.

[10] Vgl. Johann Leonard Thelen, *Ausführliche Nachricht von dem erschrecklichen Eisgange und den Überschwemmungen des Rheines, welche im Jahre 1784 die Stadt Köln und die umliegenden Gegenden getroffen*, Köln 1784; Ingrid Nicolini, *Die politische Führungsschicht in der Stadt Köln gegen Ende der reichsstädtischen Zeit*, Köln 1979, S. 10.

[11] Zitate bei Peters [Anm.3], passim.

[12] Hantsche [Anm. 4], S. 44; Jörg Engelbrecht, *Landesgeschichte Nordrhein-Westfalen*, Stuttgart 1994, S. 175.

[13] Max Barkhausen, Staatliche Wirtschaftslenkung und freies Unternehmertum im westdeutschen und im nord- und südniederländischen Raum bei der Entstehung der neuzeitlichen Industrie im 18. Jahrhundert, *Vierteljahresschrift für Sozial- und Wirtschaftsgeschichte*, 45, 1958, S. 232; Jürgen Heinz Schawacht, *Schiffahrt und Güterverkehr zwischen den Häfen des deutschen Niederrheins (insbesondere Köln) und Rotterdam vom Ende des 18. bis zur Mitte des 19. Jahrhunderts (1794–1850/51)*, Köln 1973, S. 25.

[14] Peters [Anm.3]; Günter von Roden, Eine Erkundungsreise durch das Herzogtum Kleve und das benachbarte Gebiet der heutigen Niederlande im Jahre 1758, *Düsseldorfer Jahrbuch*, 57/58, 1980, S. 234–276.

[15] Sudhoff [Anm.2], passim.

[16] Vgl. Klaus Müller, Unter pfalz-neuburgischer und pfalzbayrischer Herrschaft (1614–1806), in: Hugo Weidenhaupt (Hrsg.), *Düsseldorf. Geschichte von den Ursprüngen bis ins 20. Jahrhundert*, Bd. 2: Von der Residenzstadt zur Beamtenstadt, 1614–1900, Düsseldorf 1988, S. 186.

[17] Vgl. Mackes [Anm. 8], S. 52; F.W. Lohmann, *Geschichte der Stadt Viersen*, Viersen 1913, S. 707.

[18] Vgl. Scholz-Babisch [Anm. 7], Nr. 954, 1791.

[19] Vgl. ebd., Nr. 799, 30.8. 1717, S. 818f.

[20] Pierre-Hippolyte-L. Paillot, *Zuflucht Rhein/Ruhr. Tagebuch eines Emigranten* (Edition LitRevier, 2), hrsg. von Werner Boschmann, Essen 1988, S. 100.

[21] Herman Diederiks, Amsterdam 1600–1800. Demographische Entwicklung und Migration, in: Wilfried Ehbrecht und Heinz Schilling (Hrsg.), *Niederlande und*

Nordwestdeutschland. *Studien zur Regional- und Stadtgeschichte Nordwestkontinentaleuropas im Mittelalter und in der Neuzeit,* (Städteforschungen, 15), Köln 1983, S. 328–346.

[22] Barbara Becker-Jakli, *Die Protestanten in Köln. Die Entwicklung einer religiösen Minderheit von der Mitte des 18. bis zur Mitte des 19. Jahrhunderts,* Köln 1983; Dietrich Ebeling, *Bürgertum und Pöbel. Wirtschaft und Gesellschaft Kölns im 18. Jahrhundert* (Städteforschungen, 26) Köln 1987; Clemens von Looz-Corswarem, Köln und Mülheim am Rhein im 18. Jahrhundert. Reichsstadt und Flecken als wirtschaftliche Rivalen, in: Helmut Jäger, Franz Petri und Heinz Quirin (Hrsg.), *Civitatum Communitas. Studien zum europäischen Städtewesen.* Festschrift für Heinz Stoob (Städteforschungen, 21), Teil 2, Köln 1984, S. 543–564.

[23] Im 18. Jahrhundert lebten in Köln 40 000–45 000; in Bonn und Düsseldorf circa je 11 000–20 000; in Kurköln circa 100 000, im Herzogtum Jülich: 1720 circa 180 000, 1767 217 000 und im Herzogtum Berg circa 263 000 Menschen. Insgesamt wird die Bevölkerung im Rheinland in der hier angenommenen Ausdehnung auf 600 000–700 000 Menschen geschätzt. Dazu Barkhausen [Anm.13], S. 176.

[24] Vgl. dazu Nicolini [Anm. 10], S. 8f.

[25] Eversmann, nach Paillot [Anm. 20], S. 22.

[26] Sudhoff [Anm. 2], S. 171; siehe auch Max Braubach, Politik und Kriegsführung am Niederrhein während des Siebenjährigen Krieges, in: *Diplomatie und geistiges Leben im 17. und 18. Jahrhundert. Gesammelte Abhandlungen,* Bonn 1969, S. 482–516; Franz Petri/Georg Droege (Hrsg.), *Rheinische Geschichte,* Bd. 2, Neuzeit, Düsseldorf 1976², S. 278, beschreiben die Schlachten vom Sommer 1758, als besonders Krefeld in Mitleidenschaft gezogen wurde.

[27] Peters [Anm. 3], S. 57.

[28] Ebd.

[29] Eversmann, nach Paillot [Anm. 20], S. 22.

[30] Zitiert nach Müller [Anm. 16], S. 192.

[31] Friedrich Heinrich Jacobi, Eine politische Rhapsodie. Aus einem Aktenstock entwendet [1773/74], in: ders., Werke, Bd. 6 [1825], Nachdruck Darmstadt 1976, S. 351.

[32] Vgl. Johann P. Eichhoff, *Historisch-Geographische Beschreibung des Erzstiftes Köln,* Frankfurt/Main 1783, S. 54ff.

[33] Zur Frage der Subsistenzwirtschaft vgl. Friedrich W. Henning, *Das vorindustrielle Deutschland 800–1800,* Paderborn 1977³, S. 271f; Dipper [Anm. 6], S. 168–183; Peter Kriedte, *Spätfeudalismus und Handelskapital. Grundlinien der europäischen Wirtschaftsgeschichte vom 16. bis zum Ausgang des 18. Jahrhunderts,* Göttingen 1980.

[34] Johannes Augel, *Italienische Einwanderung und Wirtschaftstätigkeit in rheinischen Städten des 17. und 18. Jahrhunderts,* Bonn 1971, S. 190f.

[35] Vgl. *Vollständige Sammlung deren die Verfassung des Hohen Erzstifts Cölln betreffender Verordnungen und Edicte,* 2 Bde. Köln 1772–1773, passim; vgl. Augel [Anm. 34], S. 190f.

[36] Hans Pohl unter Mitarbeit von Wilfried Feldenkirchen, Wirtschaftsgeschichte Kölns im 18. und beginnenden 19. Jahrhundert, in: *Zwei Jahrtausende Kölner Wirtschaft,* Bd. 2, hrsg. von Hermann Kellenbenz, Köln 1975, S. 95.

[37] Augel [Anm. 34], S. 188f.

[38] Ebd., S. 226ff.

[39] Vgl. Wilfried Feldenkirchen, *Der Handel Kölns im 18. Jahrhundert (1700–1814),* Bonn 1975, S. 150; Pohl [Anm. 36], S. 86.

[40] Paillot [Anm. 20], S. 77, 35.

[41] Zitiert nach Ebd., S. 76.

[42] Vgl. Peters [Anm. 3], S. 66.

[43] Wilhelm Schumacher, *Die Poppelsdorfer Porzellan- und Steingut-Fabrik von Ludwig Wessel in Bonn. Ein Beitrag zur Geschichte der rheinischen Industrie gelegentlich der Feier des 125jährigen Bestehens der Poppelsdorfer Fabrik,* Bonn 1880; E. Köllmann, Porzellan und Fayence am Hofe Clemens Augusts, in: *Kurfürst Clemens August – Landesherr und Mäzen des 18. Jahrhunderts,* Ausstellungskatalog Brühl-Köln 1961, S. 321–331.

[44] Vgl. Claudia Schnurmann, *Europa trifft Amerika. Atlantische Wirtschaft in der Frühen Neuzeit 1492–1783,* Frankfurt/Main 1998.

[45] Sudhoff [Anm. 2], S. 185ff.

[46] Vgl. Müller [Anm. 16], S. 194; Sudhoff [Anm. 2], S. 185ff; Scholze-Babisch [Anm. 7], Nr. 911, April-Mai 1772, S. 985.

[47] Vgl. Petri/Droege [Anm. 26], S. 317.

[48] Vgl. Joachim Kermann, *Die Manufakturen im Rheinland, 1750–1833,* Bonn 1972, S. 491f.

[49] Vgl. dazu u. a. Herbert Milz, *Das Kölner Großgewerbe von 1750 bis 1835,* Köln 1962, S. 50–55; August Boerner, *Kölner Tabakhandel und Tabakgewerbe 1628–1910,* Essen 1912.

[50] Vgl. Scholz-Babisch [Anm. 7], Nr.875, 20.10.1750, S. 960.

[51] Pohl [Anm. 36], S. 87.

[52] Zu Johann Baptist Farina vgl. W. Mönckmeier, *Die Geschichte des Hauses Johann Maria Farina gegenüber dem Jülichs-Platz in Köln,* Berlin 1934; Dietrich Ebeling, Die wirtschaftlichen Führungsschichten Kölns im Spektrum der rheinischen Frühindustrialisierung des 18. Jahrhunderts, in: Heinz Schilling und Herman Diederiks (Hrsg.), *Bürgerliche Eliten in den Niederlanden und in Nordwestdeutschland. Studien zur Sozialgeschichte des europäischen Bürgertums im Mittelalter und in der Neuzeit* (Städteforschung, 23), Köln 1985, S. 414f.

[53] Ludwig van der Grinten, *Beiträge zur Gewerbepolitik des letzten Kurfürsten von Köln und Fürstbischofs von Münster Maximilian Franz 1784–1801,* Hildesheim 1908, S. 52.

[54] Vgl. Bruno Kuske, Der Kölner Stapel und seine Zusammenhänge als wirtschaftspolitisches Beispiel, *Jahrbuch des Kölner Geschichtsvereins,* 21, 1939, S. 1–46.

[55] Vgl. die Formulierungen von

Klaus Müller, Düsseldorf im 18. Jahrhundert. Zur Geschichte einer verlassenen Residenzstadt, in: Gotthardt Frühsorge [u. a.] (Hrsg.), *Stadt und Bürger im 18. Jahrhundert*, Marburg 1993, S. 86–102.

56 Zitiert nach Ebd., S. 95.
57 Müller [Anm. 16], S. 182.
58 Sudhoff [Anm. 2], S. 142. Im Anschluss reiste er nach Paris und Versailles, wo er sich mehrere Wochen aufhielt. Er nutzte die Zeit nicht nur zu seinem Vergnügen, sondern interessierte sich auch für betriebliche Entwicklungen, die er aus der rheinisch-Düsseldorfer Perspektive 1737 noch als registrierwürdige Neuheit empfand: » ritt [...] per Post nach Paris, [...] und besah das Merkwürdigste sowohl von Fabriken als Curiosis«.
59 Müller [Anm. 16], S. 192f.
60 Vgl. Scholz-Babisch [Anm. 7], Nr. 814, 5.4.–13.5.1721, S. 891.
61 Müller [Anm. 16], S. 196.
62 Ebd.
63 Ebeling [Anm. 52], S. 411; Bruno Kuske, 150 Jahre Kölner Handelskammer, Köln 1947, S. 6.
64 Vgl. dazu Günther Binding und Barbara Löhr, *Kleine Kölner Baugeschichte*, Köln 1978².
65 Engelbrecht [Anm. 12], S. 164.
66 Pohl [Anm. 36], S. 75.
67 Vgl. Norbert Finzsch, *Obrigkeit und Unterschichten. Zur Geschichte der rheinischen Unterschichten gegen Ende des 18. und zu Beginn des 19. Jahrhunderts*, Stuttgart 1990, S. 34; Milz [Anm. 49], S. 12f; Bruno Kuske, *Die städtischen Handels- und Verkehrsarbeiter und die Anfänge städtischer Sozialpolitik in Köln bis zum Ende des 18. Jahrhunderts*, Bonn 1914; Dietrich Ebeling, Entwicklungstendenzen des deutschen Stadtbürgertums im 18. Jahrhundert am Beispiel der Stadt Köln, in: Gotthardt Frühsorge, Harm Klueting und Franklin Kopitzsch (Hrsg.), *Stadt und Bürger im 18. Jahrhundert*, Marburg 1993, S. 66–85; Ebeling [Anm. 22].
68 Claudia Schnurmann, *Kommerz und Klüngel. Der Englandhandel Kölner Kaufleute im 16. Jahrhundert*, Göttingen 1991; Mathieu Schwann, *Geschichte der Kölner Handelskammer*, Köln 1906, Bd.1, S. 55: »Der Kölner macht nur noch Geschäfte aus Geschäften, die Andere betreiben.«
69 Elias Luzac, *Betrachtungen über den Ursprung des Handels und die Macht der Holländer*, 4 Bde. Greifswald 1788–1790, Bd. 2, S. 336.
70 Johann A. van Houtte, *Die Beziehungen zwischen Köln und den Niederlanden vom Hochmittelalter bis zum Beginn des Industriezeitalters*, Köln 1969; Bruno Kuske, Die wirtschaftliche und soziale Verflechtung zwischen Deutschland und den Niederlanden bis zum 18. Jahrhundert, in: ders., *Köln, der Rhein und das Reich. Beiträge aus fünf Jahrzehnten wirtschaftsgeschichtlicher Forschung*, Köln 1956, S. 200–256.
71 Claudia Schnurmann, *Atlantische Welten. Engländer und Niederländer im amerikanisch-atlantischen Raum 1648–1713*, Köln 1998.
72 Vgl. dazu die Ausführungen und Zahlen bei Ebeling [Anm. 6], 18–25; Johann de Vries, *De economische achteruitgang van de Republiek in de achtiende eeuw*, Amsterdam 1959; J. L. van Zanden, *The rise and decline of Holland's economy. Merchant capitalism and the labour market*, Manchester 1993.
73 Scholz-Babisch [Anm. 7], Nr. 923, 28.12.1780. Im gleichen Schreiben beklagte sich der klevische Kammerpräsident von Bugenhagen bitter bei Friedrich II. über den kölschen Egoismus, der den klevischen Handel hemme: »Das Schiffartsgewerbe aufm Rhein aber, wodurch vormals Wesel hauptsächlich florirt hat, wird schwerlich widerum in das Clevische hereingezogen werden können, weil die Reichsstadt Cölln sich davon einmahl fast ganz in besitz gesezet hat und andern Schiffahrern so viel Schwierigkeiten machet, daß sie nicht aufkommen können.« Ebeling [Anm. 22], S. 63f.
74 Vgl. Pohl [Anm. 36], S. 79f.
75 Zahlen nach Vries [Anm. 72], S. 40.
76 Zitiert nach Ebeling [Anm. 6], S. 29.
77 Ebd.
78 Scholz-Babisch [Anm. 7], Nr. 928, 16.2.1782.
79 Pohl [Anm. 36], S. 85.
80 Ebeling [Anm. 22], S. 65f; Nicolini [Anm. 10], S. 231–249.
81 Vgl. Ebeling [Anm. 6]; ders., vloyten ende planken. Der Holzhandel am Niederrhein vom 15. bis ins 18. Jahrhundert, in: Werner Arand und Jutta Prieur (Hrsg.), »zu Allen theilen Inß mittel gelegen. Wesel und die Hanse an Rhein, Ijssel & Lippe«, Ausstellungskatalog Wesel 1991, S. 168–178.
82 Vgl. Scholz-Babisch [Anm. 7], Nr. 812, 18.3.1721, S. 829–885.
83 Zitiert nach Ebeling, [Anm. 81], S. 172.
84 Pohl [Anm. 36], S. 88.
85 Scholz-Babisch [Anm. 7], Nr. 802, 29.9.1718.
86 Ebeling [Anm. 6], S. 62.
87 Vg. Scholz-Babisch [Anm. 7], Nr. 852, S. 937f.
88 Fritz Schulte, *Die Entwicklung der gewerblichen Wirtschaft in Rheinland-Westfalen im 18. Jahrhundert. Eine wirtschaftsgeschichtliche Untersuchung*, Köln 1959.
89 Franklin F. Mendels, Protoindustrialization: the first phase of the industrialization process, Journal of Economic History 32, 1972, S. 241–261; Peter Kriedte, Hans Medick und Jürgen Schlumbohm, *Industrialisierung vor der Industrialisierung. Gewerbliche Warenproduktion auf dem Land in der Formationsperiode des Kapitalismus*, Göttingen 1977; Dietrich Ebeling und Wolfgang Mager, Einführung, in: dies. (Hrsg.), *Protoindustrie in der Region. Europäische Gewerbelandschaften vom 16. bis zum 19. Jahrhundert*, Bielefeld 1997.
90 Literaturhinweise in ebd., passim.
91 Herbert Kisch, *Die hausindustriellen Textilgewerbe am Niederrhein vor der Industriellen Revolution. Von der ursprünglichen zur kapitalistischen Akkumulation*,

Göttingen 1981, S. 27.

[92] Vgl. Scholz-Babisch [Anm. 7], Nr. 951.

[93] Vgl. Georg Forster, Ansichten vom Niederrhein, von Brabant, Flandern, Holland, England und Frankreich im April, Mai und Junius 1790 [Berlin 1791], in: *Georg Forsters Werke, Sämtliche Schriften, Tagebücher, Briefe*, Bd. 9, Berlin 1958, S. 93f. Zu diesem Passus vgl. Dietrich Ebeling/Martin Schmidt, Zünftige Handwerkswirtschaft und protoindustrieller Arbeitsmarkt. Die Aachener Tuchregion (1750 bis 1815), in: Ebeling/Mager [Anm. 89], S. 321–346, mit weiterführenden Literaturangaben.

[94] Dazu ebd.

[95] Gerhard Adelmann, Die ländlichen Textilgewerbe des Rheinlandes vor der Industrialisierung, *Rheinische Vierteljahrsblätter*, 43, 1979, S. 270; Kisch [Anm. 91], S. 213f.

[96] Vgl. Heinrich Schiffers, Die kurkölnische Seidenbau-Gesellschaft von 1785. Ein Beitrag zur rheinischen Wirtschaftsgeschichte des 18. Jahrhunderts, *Annalen des Historischen Vereins für den Niederrhein*, 155/156, 1954, S. 137–169.

[97] Kisch [Anm. 91], S. 110.

[98] Vgl. Max Barkhausen, Der Aufstieg der rheinischen Industrie im 18. Jahrhundert und die Entstehung eines industriellen Großbürgertums, *Rheinische Vierteljahrsblätter* 19, 1954 S. 162ff; Kisch, [Anm. 91], S. 114.

[99] Ausspruch des Wolfenbütteler Pädagogen Johann H. Campe, *Reise von Braunschweig nach Paris im Heumonat 1789*, Braunschweig 1790, S. 47ff; Forster [Anm. 93], S. 29–35; Kisch [Anm. 91], S. 138. Zu der ideologischen Wahrnehmung und der Beziehung zwischen Konfession und Wirtschaft vgl. Ebeling [Anm. 67], S. 67 und S. 81.

[100] Jörg Engelbrecht, Außenpolitische Bestrebungen rheinischer Unternehmer im Zeitalter der Französischen Revolution, *Francia. Forschungen zur westeuropäischen Geschichte*, 17/3, 1990, S. 119–141.

[101] Zitat von Johann Wülfing bei Barkhausen [Anm. 13], S. 177.

[102] Kisch [Anm. 91], S. 128f., S. 138ff.

[103] Clemens Bruckner, *Zur Wirtschaftsgeschichte des Regierungsbezirks Aachen*, Köln 1967, S. 322; Hans Carl Scheibler/Karl Wülfrath, *Westdeutsche Ahnentafel*, Bd.1, Weimar 1939, S. 60f; vgl. dazu Ebeling/Schmidt [Anm. 93], S. 325.

[104] Vgl. Stefan Gorißen, Korporation und Konkurrenz. Die protoindustriellen Eisengewerbe des Bergischen Landes und der Grafschaft Mark (1650 bis 1820), in: Ebeling/Mager [Anm. 89], S. 390; zu bergischen Handelskrisen infolge britisch-französischer Handelsvereinbarungen 1787 vgl. Engelbrecht [Anm. 100], S. 123.

[105] F. A. A. Eversmann, *Übersicht der Eisen- und Stahlerzeugung*, Dortmund 1804, zitiert nach Hermann Ringel, *Bergische Wirtschaft zwischen 1790 und 1860. Probleme der Anpassung und Eingliederung einer frühindustriellen Landschaft*, Neustadt a. d. Aisch 1966, S. 104.

[106] Engelbrecht [Anm. 100], S. 123.

[107] Vgl. Scholz-Babisch [Anm. 7], Nr. 918, S. 992, Nr. 937, S. 1010ff; Gorißen [Anm. 104], S. 389ff.

[108] Gorißen [Anm. 104].

[109] Forster [Anm. 93], S. 9.

Bildnachweis:

Köln, Rheinisches Bildarchiv: 1–7

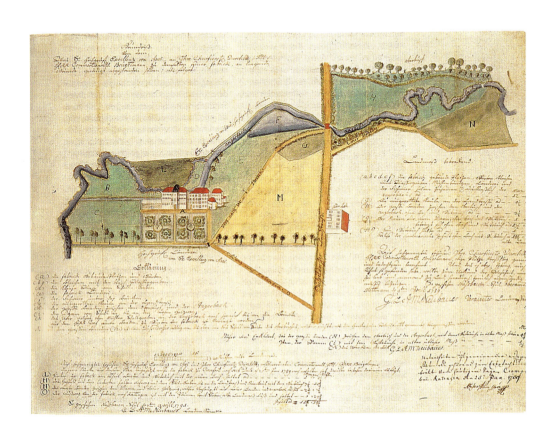

1 Plan von Cromford, 1789. Privatarchiv von Spee, Heltorf

Stefan Gorißen

Gewerbe, Staat und Unternehmer auf dem rechten Rheinufer

»Bey der Aufnahme der Charte des Herzogthums Berg erstaunte ich über den Flor der Fabriken, über die Industrie und den Wohlstand der Bewohner, ich forschte dem Gange des Handels nach, und fand: daß derselbe vorzüglich in den letzten fünfzig Jahren zu der Höhe gestiegen sey, worin man ihn erblickt [...].«[1]

Mit diesen Worten begann im Jahr 1792 der ›churpfälzische Wasserbaumeister‹ Carl Friedrich von Wiebeking seine topographisch-statistische Beschreibung des Herzogtums Berg, des größten Territoriums im rechtsrheinischen Teil der Rheinlande. Wiebekings Lob der wirtschaftlichen Blüte dieser Region wurde von einer Vielzahl von Zeitgenossen an der Wende vom 18. zum 19. Jahrhundert bestätigt. Das Bergische Land mit seinen Gewerbezentren in den Gebieten der heutigen Großstädte Wuppertal, Remscheid und Solingen war in dieser Zeit, neben den gewerblich hochentwickelten Niederlanden oder England, ein beliebtes Ziel vieler Bildungsreisender, die hier den ökonomischen Fortschritt studierten und praktische Anregungen für solche Territorien suchten, die keine vergleichbar erfolgreiche Entwicklung aufzuweisen hatten.[2] Das Interesse der zeitgenössischen Beobachter galt dabei vor allem den Exportgewerben, die sich mit der massenhaften Herstellung von Gütern für eine überregionale Nachfrage bei überwiegend dezentraler Produktionsstruktur auf der Basis handwerklicher Fertigungsmethoden befaßten und die von der modernen Forschung als ›Protoindustrien‹ bezeichnet werden.[3]

Neben dem Herzogtum Berg zählte auch das Herzogtum Kleve, seit dem frühen 17. Jahrhundert preußische Provinz, die beiden kirchlichen Territorien der Abteien Essen und Werden sowie im Südosten die beiden kleinen Landesherrschaften der Grafschaft Gimborn-Neustadt und der Herrschaft Homburg zum rechtsrheinischen Teil der Rheinlande, worunter im folgenden das Gebiet der 1815 gegründeten preußischen Rheinprovinz verstanden wird.[4] Keine dieser Territorien konnte sich jedoch einer vergleichbaren Aufmerksamkeit erfreuen wie das Herzogtum Berg, das ausgangs des 18. Jahrhunderts zu den wirtschaftlich am fortgeschrittensten Regionen des Alten Reiches zählte.[5]

Carl Friedrich Wiebeking, der 1788 auf Geheiß der bergischen Stände zum Wasserbaumeister im Herzogtum Berg berufen worden war und in diesem Amt gewisse Bekanntheit erlangte,[6] zählte für das Jahr 1792 in zwölf Gruppen eine Vielzahl von Gewerbezweigen und Produktionsanlagen auf, die im Herzogtum Berg angesiedelt waren: Garnbleichen, Färbereien und Seidenmanufakturen in Elberfeld und Barmen, ›Handbaumwollspinnerei‹ in den Ämtern Steinbach, Hückeswagen und im Kirchspiel Much, Wolltuchmanufakturen in Lennep, Hückeswagen, Wipperfürth und Radevormwald, ›Siamoisen-Manufakturen‹[7] in den gleichen Bezirken, die Wolldeckenmanufaktur in Burg an der Wupper, Wollstrumpf- und Wollkappenmanufakturen in Radevormwald und Hückeswagen, Papiermühlen, vor allem am Strunderbach im Gebiet der heutigen Stadt Bergisch-Gladbach, Pulvermühlen, überwiegend im Osten, an der Grenze zur Grafschaft Mark, angesiedelt, Loh-, Öl-, Färbe- und Walkmühlen, die sich über das gesamte Territorium verteilten, außerdem die Baumwollspinnerei bei Ratingen, Samt-, Seiden- und Floretseidenmanufakturen in Mülheim am Rhein, Essig-, Seifen-, Licht- und Tabakmanufakturen in zahlreichen bergischen Orten und schließlich der »Commerz, welcher aus den Hütten, Hämmern, Kleinschmiedereien und aus der Sohlinger Fabrik entspringt«, nämlich aus Hämmern verschiedenen Typs zu Zwecken der Eisenver-

2 Bleichereiwerkstatt im Wuppertal. Kupferstich, aus: Friedrich Christoph Müller, Choragraphie von Schwelm, 1789

3 Bandwebstuhl im Wuppertal. Kupferstich, aus: Friedrich Christoph Müller, Choragraphie von Schwelm, 1789

arbeitung, vor allem im Remscheider Raum, aus Schleifkotten im Solinger Bereich, ferner Eisen-, Blei- und Kupferhütten in den Gebieten um Wiehl, Engelskirchen und Windeck sowie Kupferhämmern in Leichlingen und Solingen.[8]

Diese Gewerbe setzten laut Wiebeking pro Jahr mehr als 13 Millionen Reichstaler um und »ernährten« knapp 60 000 Menschen. Darüber hinaus benennt der Autor in seiner Landesbeschreibung Bergwerke und Grubenbezirke, in denen Eisenstein, Blei und Kupfer gefördert wurde und die weitere 250 Menschen beschäftigten.[9] Auch wenn hinsichtlich solcher kameralistischer Berechnungen, wie sie im ausgehenden 18. Jahrhundert gerne angestellt wurden, quellenkritisch eine Reihe von Fragen offen bleiben müssen, so ist die Fülle der von Wiebeking für das ausgehende 18. Jahrhundert dokumentierten und durch eine Vielzahl weiterer Quellen belegten Gewerbe im Bergischen Land beeindruckend.

Achtzig Jahre zuvor, als Erich Philipp Ploennies mit seiner ›Topographia Ducatus Montani‹ im Jahr 1715 eine erste kartographische Aufnahme und landeskundliche Beschreibung des Herzogtums Berg verfaßte,[10] war das Territorium noch nicht in vergleichbarem Ausmaß durch gewerbliche Strukturen geprägt. Aber auch Ploennies erwähnt bereits zahlreiche Tuchmacher in der Stadt Lennep,[11] das Schneidwarengewerbe in Stadt und Amt Solingen mit »viel schleifkotten, hämmer, und schmieden«,[12] die Eisenhämmer im Kirchspiel Remscheid,[13] die Garnbleichen und Leinenbandherstellung in Stadt und Amt Elberfeld mit Barmen[14] sowie die Wolldeckenproduktion in Burg an der Wupper.[15] Im Unterschied zu den Verhältnissen in den 1790er Jahren beschränkte sich die Gewerbetätigkeit achtzig Jahre früher damit jedoch im wesentlichen auf die Zentren um Solingen, Remscheid und das Wuppertal.

Das 18. Jahrhundert war, wie durch den Vergleich dieser beiden Landesaufnahmen deutlich wird, für das Herzogtum Berg eine Zeit intensiven gewerblichen Wachstums. Am Ende des Jahrhunderts war das Gewerbe weit über seine Ausgangspunkte um Elberfeld, Solingen und Remscheid hinausgewachsen und erfaßte jetzt große Teile auch des ländlichen Raums.

Die Textilgewerbe des Wuppertals sowie die eisenverarbeitenden Gewerbe im Raum Remscheid und Solingen sind während des 18. Jahrhunderts unbestreitbar die bedeutendsten Protoindustrien im rechtsrheinischen Raum. Über die Anfänge der Elberfelder und Barmer Textilgewerbe liegen keine gesicherten Kenntnisse vor. Erste Belege für die Existenz eines Gewerbes, das sich zunächst auf das Bleichen von Leinengarn auf den Wiesen im Tal der Wupper konzentrierte, weisen in die Mitte des 15. Jahrhunderts zurück. Von Beginn an wurde ungebleichtes Leinengarn in den entstehenden nordwestdeutschen Leinenregionen durch örtliche Kaufleute eingekauft, im Wuppertal der Bleiche unterzogen und schließlich zunächst über Köln, später auf direktem Weg

4 Zwirn-Fabrik im Wuppertal. Kupferstich, aus: Friedrich Christoph Müller, Chorographie von Schwelm, 1789

5 Schnür-Riemenfabrik im Wuppertal. Kupferstich, aus: Friedrich Christoph Müller, Chorographie von Schwelm, 1789

exportiert. Auch wenn kaum mehr entschieden werden kann, ob das Gewerbe seinen Ursprung in den Aktivitäten der ehrgeizigen Kaufmannschaft der Freiheit, seit 1610 Stadt Elberfeld besaß oder aber in der geradezu sprichwörtlichen »Industriösität« der Bewohner des bergischen Kernraums, so kann an der Existenz einer ausgebildeten Kooperation gewerblicher und kaufmännischer Gruppen im ausgehenden 15. Jahrhundert nicht gezweifelt werden.

Deutlicher greifbar wird das Wuppertaler Textilgewerbe in den Quellen mit der Verleihung eines fürstlichen Privilegs und der begleitenden Einrichtung einer Gewerbekorporation, der berühmten ›Garnnahrung‹, im Jahr 1527 für Elberfeld und Barmen.[16] Dieser unter obrigkeitlichem Schutz stehenden Institution gehörten von Beginn an Gewerbetreibende und Händler, also Bleicher und Kaufleute, an. Bereits im frühen 16. Jahrhundert verband sich die Bleicherei von Leinengarn darüber hinaus mit der Bandweberei, der Weiterverarbeitung des gebleichten Garns zu Bändern, Litzen, Kordeln und Borten. Diese als ›Barmer Artikel‹ bezeichneten Waren bildeten zusammen mit dem gebleichten Garn die wichtigsten Exportgüter der Wuppertaler Kaufleute.

Der Absatz der Waren erfolgte vor allem in die Niederlande und nach Frankreich, zu einem Großteil aber auch über die deutschen Messen, vor allem in Frankfurt/Main und Leipzig. Eine zunehmende Zahl der Bleichermeister sorgte im 16. und 17. Jahrhundert selbst für die Vermarktung ihrer Produkte und stieg so zu Kaufleuten auf. Gleichzeitig blieb diese Gruppe aber weiterhin im Besitz der Bleichanlagen und ließ hier die Arbeiten von abhängig Beschäftigten, den ›Lohnbleichern‹, ausführen.[17]

Das 18. Jahrhundert war für die Wuppertaler Textilgewerbe eine Zeit säkularen Wachstums, was sich an einer Erweiterung der gewerblichen Strukturen und einer Zunahme der Zahl der Arbeitskräfte und der Produktionsanlagen ablesen läßt. Zunächst entstand zu Beginn des 17. Jahrhunderts mit der Leinenweberei ein neuer Gewerbezweig, der sich an die Garnbleicherei anschloß und eine naheliegende Ergänzung zur traditionellen Bandweberei bildete.[18] Bereits in der zweiten Hälfte des 17. Jahrhunderts besaßen Bettzeuge, vor allem aber ›Bonte‹ und ›Doppelsteine‹, gestreifte und karierte Leinenstoffe, mit denen die Sklaven auf den englischen Kolonien in Amerika gekleidet wurden, einen hohen Bekanntheitsgrad als typische Erzeugnisse der Elberfelder Leinengewerbe. Im frühen 18. Jahrhundert gelangte dann erstmals Baumwolle als Rohstoff für die Weberei in das Wuppertal. Die Herstellung von Siamosen, Mischgeweben aus Leinen- und Baumwollgarn, wurde rasch zu einem der wichtigsten Gewerbezweige in Elberfeld und Barmen.[19] Die Bandweber begannen schließlich in den 1750er Jahren Seidenfäden in einen Teil ihrer Produkte einzuweben und begründeten damit die Anfänge der Seidenverarbeitung im Wuppertal. Die Produktion seidener Taschentücher, Halstücher und Stoffe etablierte sich in Elberfeld im letzten Vier-

Gewerbe, Staat und Unternehmer auf dem rechten Rheinufer

6   Johann Heinrich Bleuler (?), Elberfeld von Osten, Ausschnitt. Umrißradierung mit Gouache, um 1810.
    Wuppertal, Bergischer Geschichtsverein

7   Johann Heinrich Bleuler, Barmen und Wupperfeld, Ausschnitt. Umrißradierung mit Gouache, um 1810.
    Wuppertal, Bergischer Geschichtsverein

tel des 18. Jahrhunderts, ohne eine vergleichbare Bedeutung wie die Leinen- und Baumwollgewerbe erlangen zu können.[20]

Die Weber waren in Elberfeld, Barmen und im weiteren Umland ausschließlich als Verlagsarbeiter in ihren eigenen Behausungen tätig, sie erhielten von Kaufleuten die zu verarbeitenden Gespinste geliefert und wurden im Stücklohn bezahlt. Das merkantile Zentrum des Wuppertals war zunächst eindeutig Elberfeld, die Bedeutung der Barmer Kaufmannschaft nahm jedoch vor allem in den letzten Jahrzehnten des 18. Jahrhunderts rasch zu. Zur Zeit des Großherzogtums Berg listete der Barmer Verleger Johann Jacob Ohm allein in Elberfeld 371 Kaufleute und Handelsfirmen auf, von denen sich 232 dem Handel mit den Produkten der Wuppertaler Textilgewerbe widmeten. Für Barmen benannte er immerhin noch 243 Firmen, von denen sich 190 auf den Textilhandel spezialisiert hatten. Die in keinem direkten Zusammenhang mit den Wuppertaler

Textilgewerben stehenden kommerziellen Betätigungen konzentrierten sich also noch Anfang des 19. Jahrhunderts fast ausschließlich in Elberfeld.[21]

Zentralisierte Werkstätten (Manufakturen oder Fabriken) etablierten sich im Wuppertal erst in den letzten Jahren des 18. Jahrhunderts und betrafen zunächst die Baumwollspinnerei. Einen ersten erfolgreichen Anlauf hatte bereits 1783 der Elberfelder Kaufmann Johann Gottfried Brügelmann unternommen, der zur Errichtung einer zentralen Baumwollspinnerei das Wuppertal allerdings verlassen hatte und die Manufaktur, in der erstmals durch Wasserkraft getriebene mechanische Spinnmaschinen nach englischem Vorbild zum Einsatz kamen, in Ratingen erbaute.[22] Durch ein kurfürstliches Privileg für zwölf Jahre geschützt, blieb der Einsatz von Baumwollspinnmaschinen vorerst auf das Brügelmannsche Unternehmen beschränkt. Erst nach Ablauf dieser Frist und unter dem Druck der kriegsbedingten Verwerfungen auf den Absatzmärkten in napoleonischer Zeit verbreitete sich die mechanisierte Spinnerei langsam auch im Wuppertal. Um die Jahrhundertwende waren in Barmen fünf und in Elberfeld vier mit Wasserkraft betriebene mechanische Baumwollspinnereien in Betrieb, die jedoch wenige Jahre später angesichts der durch die napoleonische Handelspolitik bedingten Störungen des Absatzes ihren Betrieb wieder einstellen mußten.[23]

8   Johann Peter Grah, Abbildung von Schlössern aus Velbert im Musterbuch des Solinger Kaufmanns Johann Schimmelbusch, 1789. Solingen, Deutsches Klingenmuseum

Das rapide Bevölkerungswachstum in Stadt und Amt Elberfeld sowie im Amt Barmen während des 18. Jahrhunderts – die Bevölkerung wuchs im 18. Jahrhundert von circa 5500 auf mehr als 32 000 Einwohner[24] – war vor allem auf eine ausgedehnte Zuwanderung in das Gewerbezentrum zurückzuführen.[25] Über die Zahl der Produktionsanlagen und die in den Textilgewerben tätigen Arbeitskräfte liegen genauere Angaben erst für die zweite Hälfte des 18. Jahrhunderts vor. Um 1690 sollen in Elberfeld und Barmen erst 15 Bleichen bestanden haben, bis 1767 ihre Zahl dann auf 100 angestiegen sein. Hinzu kamen in diesem Jahr 1500 Webstühle für Siamosen, 2000 Webstühle für Leinenstoffe und 2000 Bandwebstühle.[26] Ausgehend von diesen Zahlen läßt sich die Zahl der Arbeitskräfte für die Jahre um 1770 auf etwa 10 700 schätzen.[27] Ende des 18. Jahrhunderts hatte die Gewerbedichte noch weiter zugenommen. 1792 zählte Wiebeking in Elberfeld und Barmen 150 Bleichen, 2540 Bandwebstühle und mehr als 4200 Siamosen- und Leinenwebstühle und eine nicht spezifizierte Zahl von ›Floret- und Halbseidenmanufakturen‹.[28] Auf der Grundlage dieser Werte läßt sich die Zahl der in den Wuppertaler Tex-

9   Johann Peter Grah, Tafelmesser aus dem Musterbuch des Solinger Kaufmanns Johann Schimmelbusch aus dem Jahr 1789. Solingen, Deutsches Klingenmuseum

10   Ansicht eines wasserkraftgetriebenen Reckhammers im Remscheider Gewerbebezirk

11   Ansicht eines wasserkraftgetriebenen Schleifkottens im Solinger Gewerbebezirk

Kupferstiche, aus: Friedrich Christoph Müller, Chorographie von Schwelm, 1789

tilgewerben um diese Zeit tätigen Arbeiter auf 13 260 hochrechnen, zuzüglich der nicht ausgewiesenen Zahl von Seidenwebern.

Eine annähernd gleich wichtige Bedeutung für die Wirtschaftsstruktur des Bergischen Landes im 18. Jahrhundert und ein teilweise mindestens genauso hohes Alter besaßen die eisenverarbeitenden Gewerbe in und um Solingen und Remscheid. In der Stadt Solingen und den umliegenden Bach- und Flußtälern war seit dem Hochmittelalter ein für auswärtige Märkte arbeitendes Klingengewerbe beheimatet, das sich der Herstellung von Schwertern, Degen und anderen Waffenklingen widmete.[29] Spätestens seit dem Ende des Dreißigjährigen Krieges hatte sich die Zahl der produzierten Güter deutlich erweitert und sich zugleich der Produktionsschwerpunkt verschoben: Qualitätsmesser, Scheren und spezialisierte Schneidewerkzeuge in vielfältigen Mustern und Formen[30] bildeten jetzt die wichtigsten Handelsgüter des Solinger Gewerbebezirks.

Im Kirchspiel Remscheid des Amtes Bornefeld sowie im benachbarten Kirchspiel Cronenberg, das zum Amt Elberfeld gehörte, hatte sich im 17. Jahrhundert zunächst die Produktion von Sensen und Sicheln angesiedelt.[31] Auch hier kam es seit dem frühen 18. Jahrhundert zu einer Differenzierung und Ausdehnung der Produktpalette: Im Mittelpunkt standen jetzt Werkzeuge und Kleineisenartikel in in einer kaum noch zu überschauenden Vielfalt, hinzu trat seit den 1770er Jahren die rasch expandierende Produktion von Stahlsensen. Ein weiteres wichtiges Produktionssegment der Remscheider Eisengewerbe betraf die Herstellung von sog. ›Raffinierstahl‹, eine besondere Sorte von Qualitätsstahl, der durch mehrmaliges Umschmieden aus dem aus dem Siegerland bezogenen gefrischten Schmiedeeisen hergestellt wurde und das wichtigste Ausgangsprodukt für die Klingen- und Werkzeuggewerbe des Bergischen Landes bildete, aber auch als Vorprodukt durch Remscheider Kaufleute gehandelt wurde.

Die Solinger Klingengewerbe und die Remscheider Werkzeugproduktion waren hochgradig arbeitsteilig organisiert. Alle anfallenden Arbeitsschritte wurden von spezialisierten Handwerkern in eigenen Werkstätten ausgeführt. Einheimische Kaufleute aus Solingen und Remscheid vermittelten die Weitergabe des Werkstücks an den die nachfolgenden Arbeitsschritte ausführenden Handwerker und die Bereitstellung der benötigten Rohstoffe. In Solingen waren bereits seit dem frühen 15., in Remscheid seit dem 17. Jahrhundert, alle Handwerkergruppen in eigenständigen Zünften organisiert,[32] die korporative Verfassung der Gewerbe spiegelte ihre arbeitsteilige Struktur wider. Spätestens mit Beginn des 17. Jahrhunderts erfolgte die Produktion überwiegend auf wasserkraftgetriebenen Produktionsstätten (Hammerwerken und Schleifmühlen) in den Bach- und Flußtälern der Region.

Handwerker und Kaufleute kooperierten zunächst in der Betriebsform des Kaufsystems, bei dem die Handwerker als formal selbständige Partner den Kaufleuten gegenüber traten, die Beziehungen verdichteten sich jedoch im Laufe des 18. Jahrhunderts immer häufiger zur Form des reinen Lohnverlags, bei dem die Handwerker ausschließlich auf Bestellung eines oder mehrerer Kaufleute tätig wurden und für ihre Arbeit im Stücklohn bezahlt wurden.

Nicht nur die Handwerker arbeiteten, bedingt durch die Nutzung der Wasserkraft als Antriebsenergie, überwiegend an ländlichen Standorten. Auch die Kaufmannschaft der bergischen eisenverarbeitenden Gewerbe war, im Unterschied zu den fast überall sonst üblichen Verhältnissen, kein ausgesprochen städtisches Phänomen. So wurden im Jahr 1808 in Remscheid, das erst in diesem Jahr zur Stadt erhoben wurde, 97 Kaufleute gezählt, von den sich 85 dem Handel mit Eisen- und Stahlwaren widmeten. Hinzuzurechnen sind 54 Eisen- und Stahlkaufleute aus den benachbarten Kirchspielen Lüttringhausen und Kronenberg. Von den 71 bekannten Kaufleuten der Stadt Solingen befaßten sich 44 vorrangig oder ausschließlich mit dem Vertrieb der Produkte der Klingengewerbe. Im benachbarten Kirchspiel Wald und in der Freiheit Gräfrath waren weitere 53 Kaufleute ansässig, die sich ebenfalls dem Stahlwarenhandel verschrieben hatten.[33]

12 Standorte der Solinger Klingengewerbe[A]

13 Standorte der Remscheider eisenverarbeitenden Gewerbe[A]

Wie in den Wuppertaler Textilgewerben war auch in den Solinger und Remscheider Eisengewerben die zunehmende Ausdifferenzierung der Gewerbe im 18. Jahrhundert von einem säkularen Wachstumsprozeß begleitet. Um 1690 wurden in den eisenverarbeitenden Gewerben des Bergischen Landes 137 Schleifkotten und 61 Hammerwerke gezählt. Bis 1773/4 hatte sich die Zahl der Schleifkotten auf 141, die der Hammerwerke auf 132 erhöht. 1792 existierten schließlich im Raum Solingen/Remscheid 160 Schleifkotten und 100 Hammerwerke, an denen insgesamt ca. 7600 Personen beschäftigt waren.[34]

Den eisenverarbeitenden Gewerben zuzurechnen war schließlich auch die Herstellung von Schlössern und anderen Kleineisenartikeln durch Handschmiede in Velbert, Wülfrath und Heiligenhaus im Kaufsystem. Das Gewerbe, über das nur wenig bekannt ist,[35] erfuhr seit dem Dreißigjährigen Krieg eine gemächliche aber kontinuierliche Entwicklung. Die Vermarktung der Produkte erfolgte vor allem durch Solinger und Remscheider Handelshäuser, wie etwa durch das Musterbuch des Solinger Kaufmanns Schimmelbusch von 1789 belegt ist, das die Abzeichnung einer ganzen Reihe verschiedener Schloßtypen aus Velbert enthält.

Bereits für das ausgehende 17. Jahrhundert ist jedoch auch nachgewiesen, daß im Dorf Velbert Kaufleute ansässig waren, welche die einheimischen Waren über den Rhein Richtung Holland exportierten und auf den Frankfurter Messen anboten. Zu Beginn des 19. Jahrhunderts zählte man in Velbert neun und in den benachbarten Orten Heiligenhaus und Neviges drei weitere Kaufleute, die sich der Vermarktung der Velberter Kleineisenprodukte widmeten.[36] Da die Velberter Schmiede über keine großen Produktionsstätten mit Wasserkrafteinsatz verfügten, wurde das Gewerbe von den zeitgenössischen Statistikern und Topographen regelmäßig übersehen. Aus diesem Grund liegen über die Arbeitskräfte im 18. Jahrhunderts keine Angaben vor. Nach Angaben

Velberter Kaufleute beschäftigten diese im Jahr 1783 in und um Velbert etwa 880 Schloßschmiedemeister. Zu Beginn des 19. Jahrhunderts weisen Berufsstatistiken für Velbert, Wülfrath und Heiligenhaus in der Summe 818 Schloßschmiede nach.[37]

Die Zentralisierung und Mechanisierung der Produktion in den eisenverarbeitenden Gewerben setzte erst im letzten Drittel des 19. Jahrhunderts ein und betraf zunächst mit dem Einsatz von großen dampfmaschinengetriebenen Fallhämmern den Schmiedesektor, vor allem in Remscheid und in Solingen im Bereich der Herstellung von Vorprodukten. Das hohe Qualifikationsniveau der Schleifer und ›Fertigmacher‹ in den Solinger Klingengewerben ließ sich lange Zeit nicht durch Maschineneinsatz ersetzen.[38] Die wenigen Ansätze zur Errichtung größerer zentralisierter Werkstätten im ausgehenden 18. Jahrhundert, in denen unter zentraler Aufsicht auf handwerklicher Basis gearbeitet wurde, blieben Einzelerscheinungen und besaßen häufig nur eine begrenzte Lebensdauer.[39]

Das dritte Exportgewerbe des Bergischen Landes, das Ploennies bereits zu Beginn des 18. Jahrhunderts erwähnte, betraf die Verarbeitung von Wolle zu Tuchen und besaß sein Zentrum in der alten landtagsfähigen ›Hauptstadt‹ Lennep.[40] Auch die Wollverarbeitung im Bergischen Land soll auf spätmittelalterliche Wurzeln zurückgehen, die ältesten erhaltenen schriftlichen Belege stammen aus dem 16. Jahrhundert und betreffen auch hier die Einrichtung zünftischer Organisationsformen. Bis zum Ende des 17. Jahrhunderts war die Wolltuchherstellung ein vorwiegend städtisches Gewerbe, das außer in Lennep auch in den Städten Wipperfürth und Radevormwald unter der Kontrolle städtischer Zünfte betrieben wurde,[41] und nur zögernd, zunächst ausschließlich für die Spinnerei, Arbeitskräfte jenseits der Stadtgrenzen einbezog. Weberei, Appretur und Färberei blieben ausschließlich den zünftischen Arbeitern der Städte vorbehalten. Den Absatz der Produkte, der im Spätmittelalter in den Händen Kölner und Dortmunder Kaufleute gelegen hatte, übernahmen seit dem 15. Jahrhundert örtliche Kaufleute. Die bis Ende des 17. Jahrhunderts unter Verwendung niederrheinischer und norddeutscher Wolle ausschließlich produzierten einfachen Qualitäten fanden ihre Abnehmer vor allem im nord- und osteuropäischen Raum, gerieten jedoch hier nach dem Dreißigjährigen Krieg unter den scharfen Konkurrenzdruck vor allem englischer Tuche. Von der aus dieser Marktsituation resultierenden schweren Krise konnten sich die Wipperfürther und Radevormwalder Wollzünfte nicht mehr nachhaltig erholen, die Wollverarbeitung war in diesen Städten während des 18. Jahrhunderts durch einen kontinuierlichen Schrumpfungsprozeß gekennzeichnet.

Erfolgreicher entwickelten sich dagegen die Lenneper Tuchgewerbe, nachdem in den letzten Jahren des 17. Jahrhunderts hier die Produktion auf der Grundlage der Einfuhr spanischer Merinowolle auf die Herstellung feiner Tuche umgestellt wurde. Diese Weiterentwicklung des Gewerbes, repräsentiert im kaufmännischen Zusammenschluß der ›Feinen Gewandschaft‹,[42] war mit einem Ausgreifen der Produktion über das städtische Zentrum hinaus verbunden. Lenneper Kaufleute beschäftigten im 18. Jahrhundert im Verlagssystem eine wachsende Zahl von Tuchwebern des ländlichen Raums zwischen Lennep, Lüttringhausen, Wipperfürth, Hückeswagen und Radevormwald. Die hinsichtlich der Qualifikation anspruchsvollen Arbeitsschritte der Appretur und des Färbens der Stoffe wurden nach wie vor hauptsächlich in der Stadt Lennep in zentralen Werkstätten ausgeführt, die jetzt nicht mehr Eigentum der alten Wollenweberzunft waren, sondern direkt den Kaufleuten unterstanden. Aus der alten Wollenweberzunft, die sich 1731 auflöste, gliederte sich bereits 1704 als neue Korporation die Zunft der Lenneper Tuchscherer aus.

Motor des Aufschwungs der Lenneper Tuchgewerbe waren zunächst eine Reihe von Heeresaufträgen, dann jedoch vor allem die erfolgreiche Vermarktung der feinen Lenneper Tuche auf den Messen in Frankfurt/Main, Braunschweig und Leipzig sowie in zunehmendem Maße auch der Direktabsatz nach Holland.[43] Auch der große Stadtbrand in Lennep im Jahr 1746 führte nicht zum völligen Niedergang des Gewerbes, wenn auch eine Reihe von Kaufleuten anläßlich dieses Ereignisses abwanderten und neue Tuchmanufakturen in den Nachbarterritorien gründeten. Größere Bedeutung erlangten die von Lenneper Kaufleuten gegründeten Wolltuchmanufakturen in Hagen, Herdecke, Duisburg, Essen und in Werden.[44] Vor allem die Jahre nach dem Siebenjährigen Krieg erwiesen sich dann für die Lenneper Tuchgewerbe als eine Zeit ausgeprägter Prosperität, die sich mit ständigen Bemühungen der Kaufmannschaft um eine Verbesserung der Qualität der angebotenen Produkte verband. Zu Beginn des 19. Jahrhunderts waren die Betriebsformen der Lenneper Tuchgewerbe durch das enge Ineinandergreifen von zentralisierten Arbeitsschritten und solchen, die dezentral im Verlagssystem ausgeführt wurden, gekennzeichnet:

> »Das Tuch wird häufiger in der Wolle, und weniger im Stück, gefärbt. Gemeiniglich giebt der Fabrikherr seine gewaschene und respective gefärbte Wolle, an einen Basen oder Weber, der ihm das daraus gewebte rohe Tuch liefert, und dafür seinen Lohn erhält. Dann giebt der Fabrikherr das Tuch in die Walkerei, welche an der Wupper, eine Stunde von Lennep, entfernt liegt. Von da zurückkommend geschieht die Appretur und Vollendung im Hause des Fabrikherrn.«[45]

Über die Zahl der Arbeitskräfte in den bergischen Tuchgewerben liegen keine genauen Angaben vor. Jacobi zählte 1773 in Lennep, Lüttringhausen, Hückeswagen und Radevormwald (ohne Wipperfürth) 365 Wollwebstühle.[46] Da an einem Webstuhl in der Regel mindestens zwei Personen tätig waren, muß die Zahl der Weber in dieser Zeit auf über 700 geschätzt werden. Hinzuzurechnen sind die im ländlichen Raum angesiedelten Wollspinner, die sich nur mit einem Teil ihrer Arbeitskraft dem Wollgewerbe widmeten, und deren Zahl die der Weber etwa um das Dreifache überstieg, sowie eine nicht näher quantifizierbare Zahl von Arbeitern in den zentralisierten Appretur- und Färbewerkstätten der städtischen Zentren. Knapp zwanzig Jahre später berichtete Wiebeking von 346 Webstühlen des Tuchgewerbes in der gleichen Region einschließlich Wipperfürths, welche unmittelbar zum Lebensunterhalt von 3104 Menschen beitrügen.[47] Damit dürfte das Gewerbe im letzten Viertel des 18. Jahrhunderts eine Phase der Stagnation durchlaufen haben. Auch für das ausgehende 18. Jahrhundert existiert keine zuverlässige Zusammenstellung der in Lennep und Umgebung laufenden Tuchmanufakturen. Die Bedeutung des Einsatzes von Maschinen und von zentralisierten Werkstätten hatte sich zur Jahrhundertwende jedoch weiter erhöht. Philipp Andreas Nemnich sprach 1808 von »ungefähr funfzehn bedeutende[n] Fabrikhäuser[n]« über die Zahl der hierin tätigen Arbeitskräfte ist nichts bekannt.[48] Spinnmaschinen, welche die Wasserkraft als Antriebsenergie nutzten, entstanden erst nach 1815 an der Wupper, also abseits des städtischen Zentrums.[49]

Lennep blieb weiterhin das merkantile Zentrum des bergischen Tuchgewerbes, auch wenn sich bis zum Beginn des 19. Jahrhunderts eine nicht unbedeutende Minderheit von Tuchkaufleuten in den umliegenden Dörfern angesiedelt hatte. Der Elberfelder Buchverleger Ohm listete 1809 für die Stadt Lennep 43 im Tuchgewerbe engagierte Handelshäuser auf, aber immerhin auch 27 Kaufleute und Verleger des Wollgewerbes mit Sitz in der Freiheit Hückeswagen, weitere sieben für das Dorf Lüttringhausen. Für die alten bergischen »Hauptstädte« Wipperfürth und Radevormwald nennt Ohm dagegen nur noch vier Tuchfabrikanten ebenso viele, wie für das Kirchspiel Wermelskirchen.[50]

Ebenfalls den bergischen Tuchgewerben zuzurechnen ist die Wolldeckenherstellung in Burg an der Wupper. Plönnies berichtete bereits 1715, daß in der Freiheit Burg »viel wüllene Decken auf die Betten, wie auch auf die Pferde zu gebrauchen, gemacht werden, solche führen sie gemeiniglich in Brabandt, und treiben ihren Handel damit.«[51] Über die Produktionsorganisation und die Betriebsformen ist nur wenig bekannt.[52] Alle Arbeitsschritte wurden offenbar im näheren Umfeld der Freiheit durch dort ansässige Handwerker, die durch das Kaufsystem untereinander verbunden waren und auf die Herstellung von Decken ein Privileg besaßen, ausgeführt. Laut Jacobi sollen 1773/74 in der Freiheit 76 Webstühle in Betrieb gewesen sein. Im letzten Jahrzehnt des 18. Jahrhunderts beschäftigte das Gewerbe Wiebeking zufolge 300 Personen.[53] Als Verleger-Kaufleute des Wolldeckengewerbes lassen sich für den Beginn des 19. Jahrhunderts vier Firmen aus Burg benennen.[54] Eine wesentliche Rolle hinsichtlich der Vermarktung der Burger Decken spielten bis in die erste Hälfte 19. Jahrhundert Hausierer, vor allem aus Brabant.[55] Inwieweit auch Lenneper, Remscheider oder Solinger Kaufleute für den Vertrieb der Burger Wolldecken sorgten, läßt sich nicht sagen.

Neben diesen bereits zu Beginn des 18. Jahrhunderts bekannten Protoindustrien im Herzogtum Berg, finden sich am Ende des Jahrhunderts im wesentlichen drei weitere Gewerbezweige, die erst im Verlauf dieses Jahrhunderts entstanden bzw. zur Gruppe der Exportgewerbe aufgestiegen waren: das Seidengewerbe in Mülheim am Rhein, die Papiergewerbe im Amt Porz im Bereich des Strunderbaches sowie der Eisenerzbergbau und die zugehörigen Hüttenwerke in den oberbergischen Ämtern Windeck und Steinbach sowie in der Grafschaft Homburg. Die größte Bedeutung unter diesen Protoindustrien besaß die Herstellung von Leinen- und Seidenbändern, später vor allem von Seiden- und Samtstoffen in Mülheim am Rhein, ein Gewerbe, das im Anschluß an die Übersiedlung einer Gruppe protestantischer Kölner Kaufleute in den bergischen Flecken am Rhein im Jahr 1714 entstand.[56] Die aus religiösen Gründen aus der Reichsstadt geflohenen Emigranten gründeten in Mülheim schon bald nach ihrer Übersiedlung mit Hilfe kräftiger finanzieller Unterstützung durch den bergischen Landesherrn Leinen- und Seidenhandlungen, Florettbandfabriken,[57] Färbereien und Seifensiedereien. Die Produktionsweise der neuen Gewerbe bestand, ähnlich der des Lenneper Tuchgewerbes, aus einer Kombination von zentralisierten Werkstätten, in denen unter Einsatz kostspieliger Geräte, wie der zur Appretur halbseidener Bänder eingesetzten Kalander, die letzten Arbeitsschritte vollzogen wurden, und der dezentralen heimgewerblich ausgeübten Weberei. Die neuen Betriebe in Mülheim zogen zahlreiche Arbeitskräfte aus der näheren und ferneren Umgebung an, vor allem aus Köln,[58] dessen Seidengewerbe seit längerem im Niedergang begriffen war. Die überwiegend im Verlagssystem beschäftigten Weber waren in einem größeren Umkreis um Mülheim herum angesiedelt. Auch wenn die Inhaber der Textilverlage in den folgenden Jahren erhebliche Summen in den Bau neuer Werkstätten und damit in die Produktionssphäre investierten, so blieben sie doch ihrem Selbstverständnis nach in erster Linie Kaufleute, deren Hauptinteresse dem Handel galt. Dies belegen die letztlich am Widerstand Kölns gescheiterten Bemühungen, Mülheim zum bergischen Hafen, zum Umschlagplatz für Kolonialwaren aus den Niederlanden und zum Ausfuhrhafen für die Produkte der bergischen Protoindustrien, auszubauen ebenso wie der Umstand, daß die Firma Andreae, die unter den Mülheimer Seidenfabrikanten bis ins frühe 19. Jahrhundert hinein die unangefochtene Spitzenstellung innehatte, neben dem Seidenhandel auch mit Kupfer und Wein in bedeutendem Umfang handelte.[59] Der Absatz der Produkte der Mülheimer Textilgewerbe erfolgte zunächst fast ausschließlich nach Osteuropa über die Messen in Leipzig und Frankfurt/Oder, später traten direkte Handelsbeziehungen vor allem nach Rußland und ins Baltikum hinzu.

Mit der Ausweitung der Produktpalette, insbesondere durch die Einführung der Samtproduktion Mitte des 18. Jahrhunderts, rückten die Mülheimer Kaufleute unweigerlich einen weiteren Schritt näher an die Produktionssphäre. Von Beginn an wurden die Samte ausschließlich in zentralisierten Manufakturen hergestellt, da die Produktion ein spezialisiertes handwerkliches Können voraussetzte, über das die Heimgewerbetreibenden des Bergischen Landes nicht verfügten. Die Firma Andreae etwa mußte die benötigten Facharbeiter eigens aus Italien, Frankreich, Belgien und Sachsen anwerben.

Über die Zahl der Arbeitskräfte oder gar die Zahl der Webstühle im Mülheimer Seidengewerbe des 18. Jahrhunderts liegen keine umfassenden Angaben vor. Jacobis Bericht von 1773/74 übersieht diese Gewerbe völlig, Wiebeking spricht 1792 von 1700 Arbeitern, faßt mit dieser Zahl aber sämtliche Beschäftigte in den niederbergischen Baumwoll- und Seidengewerben sowie in den Tabakmanufakturen zusammen.[60] Einzig für die bedeutenste Mülheimer Firma, das Haus Christoph Andreae, liegen aus betrieblichen Unterlagen einige Angaben vor. Danach stieg die Zahl der Beschäftigten einschließlich der außerhalb Mülheims angesiedelten Heimarbeiter allein dieses Unternehmens von 500 im Jahr 1764 über 1000 im Jahr 1774 und 1500 im Jahr 1784 auf mehr als 2000 im Jahr 1804.[61]

Bemerkenswert ist, daß das gewerbliche Wachstum in der bergischen Siedlung am Rhein während des gesamten 18. Jahrhunderts nur von einer kleinen, insgesamt sogar rückläufigen Zahl von Verleger-Kaufleuten und Manufakturunternehmern getragen wurde. Im Jahr 1809 benannte Johann Jacob Ohm lediglich vier Firmen, die sich in Mülheim mit der Produktion von Seidenstoffen und den Hilfsgewerben befaßten.[62] Die geringe Zahl von Firmen ist zum einen darauf zurückzuführen, daß zum Zeitpunkt der Publikation des ›Merkantilistischen Handbuchs‹ einige Firmen anläßlich der Störungen im Handelsverkehr zur Zeit des Großherzogtums Berg im Zeichen der napoleonischen Wirtschaftspolitik ihren Stammsitz auf das linke Rheinufer verlegt hatten, das dem französischen Kaiserreich einverleibt war. Wichtiger war jedoch zum anderen das der Firma Andreae verliehene und im 18. Jahrhundert immer wieder erneuerte Exklusivprivileg

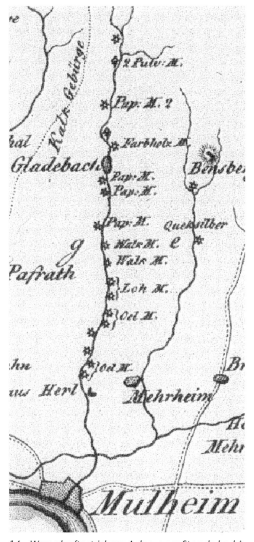

14 Wasserkraftgetriebene Anlagen am Strunderbach[A]

für die Herstellung von Seidenbändern und Samttuchen, das eine Ansiedlung neuer Firmen verhinderte und erst in französischer Zeit aufgehoben wurde.

Die Herstellung von Papier wenige Kilometer östlich von Mülheim am Strunderbach besaß im Unterschied zum Seidengewerbe deutlich ältere Traditionen. Bereits für die zweite Hälfte des 16. und das frühe 17. Jahrhunderts ist die Konzessionierung von drei Papiermühlen im Gebiet der heutigen Stadt Bergisch-Gladbach belegt, in der zweiten Hälfte des 17. Jahrhunderts kam eine weitere hinzu.[63] Zu Beginn des 18. Jahrhunderts war die Papiermacherei hier jedoch noch so unbedeutend, daß sie Ploennies in seiner Landesbeschreibung nicht weiter erwähnenswert erschien. Ende des 17. und während des 18. Jahrhunderts entstanden dann weitere Papiermühlen am Strunderbach, so daß am Beginn des 19. Jahrhunderts die Region, untergliedert in die ›Untere‹ und ›Obere Dombach‹, zu einem verdichteten Zentrum der Papierherstellung zusammengewachsen war, wie auf der ›technologischen Charte‹ des preußischen Fabrikenkommissars Eversmann gut zu erkennen ist.

Im Unterschied zu den übrigen Protoindustrien des Bergischen Landes erfolgte die Papierherstellung ausschließlich in zentralisierten Werkstätten, die den Charakter von Manufakturen besaßen. Wasserkraftgetriebene Anlagen besorgten die ersten Arbeitsschritte, das Zerkleinern und Stampfen des wichtigsten Rohstoffs der vorindustriellen Papierproduktion, der Lumpen. Die Papierblätter wurden sodann in Handarbeit aus einer mit dem Papierbrei gefüllten Bütte geschöpft und anschließend in mehreren Arbeitsgängen gepreßt und getrocknet. Auch die Weiterbearbeitung der Bögen, die, wenn sie zu Schreibpapier verwendet werden sollten, geleimt werden mußten, erfolgte in zentralen Werkstätten auf handwerklicher Basis. Lediglich für das abschließende Glätten der Bögen wurden wieder wasserkraftgetriebene Hämmer, sogenannte ›Schlagstampfen‹, eingesetzt. Modernere Maschinen, wie der bereits Ende des 17. Jahrhunderts entwickelte sogenannte ›Holländer‹, eine mit Metallschienen besetzte Walze zum Zerkleinern der Lumpen, kamen im Bergischen Land erst im frühen 19. Jahrhundert zum Einsatz. Die erste Maschine, die den arbeitsintensiven Vorgang des Papierschöpfens automatisierte, wurde erst 1799 entwickelt.[64]

Von Beginn an arbeiteten die Papiermanufakturen am Strunderbach für einen überregionalen Markt. Über die konkreten Absatzverhältnisse im 18. Jahrhundert ist bislang nur wenig bekannt, unbestreitbar dürfte jedoch sein, daß nicht nur die Drucker der benachbarten Reichsstadt Köln viele der im Bergischen produzierten Papierbögen abgenommen haben dürften, sondern daß Köln auch der wichtigste Umschlagplatz für die Gladbacher Papiermacher, die über zahlreiche Kontakte in die alte Reichsstadt verfügten, war. Die Zahl der Manufakturunternehmer im Gladbacher Papiergewerbe war im 18. Jahrhundert überschaubar, ihre mächtigsten Vertreter kamen aus der Familie Fues. Ohm nennt 1809 außerdem lediglich die ›Papierfabrik zu Gladbach‹ des Herrn Fauth.[65] Zur Zahl der Beschäftigten in den Papiermanufakturen finden sich die frühesten Angaben bei Wiebeking. Danach fanden hier im Jahr 1792 180 Personen Beschäftigung. Bis 1817 stieg die Zahl der Arbeitskräfte dann langsam auf 200.[66]

Wie das Papiergewerbe besaß auch der Eisenerzbergbau und das Hüttenwesen in den oberbergischen Ämtern Windeck und Steinbach alte Traditionen, die in diesem Fall sogar bis ins Spätmittelalter zurückreichen. Dennoch blieb die Eisenerzeugung im südöstlichen Teil des Herzogtums Berg – im Unterschied zu den berühmten eisenverarbeitenden Gewerben im Norden – bis zur Mitte des 18. Jahrhunderts weithin unbekannt. Seinen Ausgangspunkt nahm der Bergbau im Oberbergischen von Silberfunden im Raum Eckenhagen, die bereits im 12. Jahrhundert die Grundlage der Münzprägung durch die Grafen vom Berg am Wildberg waren.[67] Für das 16. Jahrhundert finden sich dann zahlreiche Hinweise auf regen Abbau von Eisen-, Kupfer- und Bleierzen in den Kirchspielen Eckenhagen, Ründeroth und Morsbach sowie in den Ämtern Homburg und Neustadt.[68] Zur Zeit des Dreißigjährigen Krieges und in der zweiten Hälfte des 17. Jahrhunderts lag der Bergbau im Bergischen Land wieder völlig still, so daß um 1700 nur noch 10 Bergwerke im Betrieb waren. In den folgenden Jahrzehnten erfuhr dann vor allem der Eisenerzbergbau im Oberbergischen einen wahren Boom. Zwischen 1717 und 1812 – mit einem deutlichen Schwerpunkt in der zweiten Jahrhunderthälfte – wurden allein im Herzogtum Berg 417 Mutungen auf Eisenstein vor allem in den Kirchspielen Eckenhagen, Morsbach und Engelskirchen beantragt, die natürlich längst nicht alle in einen erfolgreichen Abbau mündeten. 1806 wurden durch die bergische Verwaltung noch 372 Bergwerke erfaßt, von denen jedoch nicht bekannt ist, wieviele noch in Betrieb waren. Hinzu kam eine nicht genau bekannte Zahl von neuen Eisenerzgruben in den Herrschaften Gimborn-Neustadt und Homburg in der Gegend um Wiehl.[69]

Abgebaut wurden lagerartige Vorkommen von Ton- und Brauneisenstein, zunächst an Stellen, an denen das Erz oberflächennah sichtbar war, im Tagebau, im 16. und vor allem im 18. Jahrhundert dann von den frühen Fundstellen ausgehend im Stollen- und Schachtbau zur systematischen Erschließung der Vorkommen.[70] Der Vortrieb im Stollenbergbau erforderte, bis die Lagerstätten erreicht wurden, ›langen Atem‹ und den Einsatz hoher Kapitalsummen. Daher wurde der Bergbau im Bergischen im 18. Jahrhundert nahezu ausschließlich von Bergbaugewerkschaften betrieben, deren Mitglieder das Risiko und die nötigen ›Zubußen‹ gemäß ihrem Anteil am Bergwerk (›Kuxen‹) teilten. Unter den Gewerken des 18. Jahrhunderts finden sich zahlreiche kapitalkräftige Kaufleute vor allem aus dem Remscheider Raum, daneben auch viele Beamte, häufig Mitglieder der herzoglichen Bergadministration, und

15 Bergwerke im »Ründerother Revier«[A]

eine stattliche Zahl von Mitgliedern der alten bergischen Adelsgeschlechter, die sich von ihrem Engagement im Bergbau offenbar einen Beitrag zur Sanierung ihrer Wirtschaften erhofften, ohne daß sie gezwungen waren, sich direkt im gewerblichen Sektor zu engagieren. Aber auch Bildungsbürger finden sich häufig unter den Gewerken, vor allem Pastöre und Apotheker werden regelmäßig genannt. Die Bedeutung der ›Eigenlöhner‹, selbständiger Bergleute, meist Bauern aus den umliegenden Siedlungen, die sich im Nebenerwerb dem Bergbau auf eigenes Risiko widmeten, war dagegen im 18. Jahrhundert deutlich zurückgegangen.[71]

Das bedeutendste Eisenerzbergwerk des 18. Jahrhunderts im Bergischen Land, die Grube ›Fünfzehn Löwenpfähle‹ in Kaltenbach, südlich von Ründeroth gelegen, wurde jedoch von einem solchen einheimischen Bergbauunternehmer betrieben. Peter Kauert, Erbe eines größeren bäuerlichen Hofs, begann 1710 mit Mutungen an einem alten Bergwerk und soll seinen gesamten bäuerlichen Besitz veräußert haben, bis er endlich 1719 auf ein ergiebiges Erznest stieß. In den folgenden dreißig Jahren soll er durch den Erzbergbau »zu sonderbarem Reichtum gelangt« sein und seinen Kindern ein Vermögen von 80 000 Reichstalern hinterlassen haben. Der Erfolg der Eisenerzförderung auf dem Kauertschen Bergwerk, an dem noch 1750–56 jährlich im Mittel 6000 Reichstaler Gewinn erwirtschaftet worden sein sollen, wurde zur Initialzündung für das Bergbaufieber im Oberbergischen in der zweiten Hälfte des 18. Jahrhunderts.[72] Wiebeking zufolge wurden auf der Grube ›Fünfzehn Löwenpfähle‹ zwischen 1742 und 1789 insgesamt 21 310 Hauf Eisenerz gefördert, im Mittel also jährlich 443 Hauf im Wert von 10 633 Reichstalern. An den vier Eisenbergwerken, drei Blei- und zwei Kupfergruben, die laut Wiebeking 1792 in Betrieb waren, arbeiteten insgesamt 250 Bergleute.[73] Zum weitaus größten Teil wurden die Erze in der Region verhüttet, weshalb an Agger und Leppe im 18. Jahrhundert eine Reihe neuer Eisenhütten entstanden. Ende des 18. Jahrhunderts bestanden auf bergischer Seite fünf und im Bereich der Herrschaften Gimborn-Neustadt und Homburg weitere drei Hochöfen, welche das Erz zu Roheisen ›ausbliesen‹ und so das Produkt schufen, das als Handelsgut an die Verleger der bergischen, vor allem aber der märkischen eisenverarbeitenden Gewerbe verkauft wurde. Hier wurde das Roheisen anschließend ›gefrischt‹, also in seinem Kohlenstoffgehalt soweit reduziert, daß ein schmiedbares Produkt, als ›Osemund‹ oder ›Rohstahl‹ bezeichnet, entstand, das dann wiederum die Grundlage für die Herstellung von Eisen- und Stahlwaren bildete. Ob auf den oberbergischen Hütten auch Gußwaren im Abstich aus dem Hochofen gefertigt wurden, ist nicht bekannt.

Eigentümer der Hochöfen waren meist die Bergbaugewerken. So gehörte die ›Oberkaltenbacher Hütte‹, die ihren Antrieb aus den Stollenwassern des Bergbaus bezog, der Familie Kauert und ihren Erben. Lediglich die ›Engelskircher Hütte‹ war »eine Kirchspiels Hütte, an der sich kein anderer, als dortige Eingesessene, beteiligen kann. Die Kirche und die Schule zu Engelskirchen wird daraus unterhalten.«[74]

Die Zahl der Arbeitskräfte in den Hüttenwerken kann nur geschätzt werden. Zeitgenössischen Beschreibungen zufolge waren mindestens 12 Arbeiter auf einem Hüttenwerk, das über kein zugehöriges Hammerwerk verfügte, tätig,[75] so daß von etwa 100 Arbeitskräften im oberbergischen Hüttenwesen Ende des 18. Jahrhunderts ausgegangen werden kann. Hinzuzurechnen sind eine Vielzahl weiterer Arbeiter, die mit der Herstellung von Hilfsstoffen und dem Transportwesen beschäftigt waren, vor allem die Köhler, welche in den Wäldern die zum Betrieb eines vorindustriellen Hüttenwerks erforderliche Holzkohle produzierten, und die Fuhrleute, die Erze, Holzkohle und Roheisen vom und zum Hüttenwerk transportierten. Das Zahlenverhältnis zwischen den auf den Hüttenwerken arbeitenden Innenarbeitern und den dem Hüttenbetrieb zuarbeitenden Außenarbeitern wird für vorindustrielle Zeiten auf 1:5 geschätzt,[76] so daß zu den ca. 100 Hüttenarbeitern weitere 500 Außenarbeiter in Rechnung zu stellen wären. Für alle Berufsgruppen, Bergleute, Hüttenarbeiter, Köhler und Fuhrleute, gilt jedoch, daß sie sich immer nur mit einem Teil ihrer Arbeitskraft dem Gewerbe widmeten. Bergbau, Hüttenwesen und Köhlerei waren keine Arbeitsprozesse, die kontinuierlich das ganze Jahr hindurch, sondern immer nur während einiger weniger Wochen (›Kampagne‹) betrieben wurden. Die übrige Zeit betätigten sich die Arbeiter der oberbergischen Montan- und Eisengewerbe in ihrer parallel unterhaltenen kleinen Landwirtschaft.

Insofern die Eisenerzeugung als Teil eines räumlich vielgliedrig unterteilten Produktionsprozesses letztlich auf den Absatz auf überregionalen Märkten orientiert war und die Arbeit weiterhin mit handwerklichen Methoden ausgeübt wurde, kann das Gewerbe den Protoindustrien zugerechnet werden. Die Gestaltung der Betriebsformen folgte allerdings anderen Gesetzen als in den textil- und eisenverarbeitenden Gewerben und wurde von den natürlichen Grundlagen bestimmt. Die Ausbildung von deutlich abgrenzbaren Hüttenrevieren mit kapitalintensiven zentralen Produktionsstätten ist das wesentliche Merkmal dieser Branche.[77] Bergbau und Verhüttung standen unter der klaren Aufsicht und Kontrolle eines Fabrikanten, hier bildeten sich schneller und deutlicher frühe Formen lohnabhängiger Beschäftigung heraus als in den übrigen protoindustriellen Gewerben.[78]

Die Vermarktung des Roheisens scheint die oberbergischen Gewerke vor keine allzu großen Schwierigkeiten gestellt haben, eine auf die Distribution der regionalen Produkte spezialisierte Kaufmannschaft bildete sich in den Hüttenrevieren jedenfalls nicht heraus.[79] Insofern Produktion und Absatz hier in der Person des Hüttengewerken zusammenfielen, stand diese Gruppe dem Typus des modernen Unternehmers bereits im 18. Jahrhundert relativ nahe. Aber auch die Unternehmer der Berg- und Hüttengewerbe waren ihrerseits in übergeordnete Bezüge eingebettet, nämlich in die Kooperationsformen des Eigentümerkollektivs der Gewerken, welche über Dauer und Intensität der Nutzungsformen entschieden. Im Fall des Bergbaus kamen Abhängigkeiten vom frühneuzeitlichen Staat, der mit dem Bergregal die Oberaufsicht über alle bergbaulichen Aktivitäten beanspruchte und zu diesem Zweck auch im Herzogtum Berg eine besondere Bergbaubürokratie aufbaute, hinzu.

Läßt man die Vielzahl protoindustrieller Metall- und Textilgewerbe des Bergischen Landes, für die das 18. Jahrhundert überwiegend eine Phase säkularen Aufschwungs darstellte, Revue passieren, so wird klar, warum zahlreiche Zeitgenossen, wie der eingangs zitierte Wasserbaumeister Wiebeking, die gewerblichen Aktivitäten im Herzogtum in den höchsten Tönen priesen.

Eine vergleichbare Gewerbedichte hatte das andere größere Territorium am rechten Niederrhein, das zu Preußen gehörige Herzogtum Kleve, zeitgenössischen Berichten zufolge nicht aufzuweisen. Verdichte protoindustrielle Gewerberegionen, in denen die Bevölkerung überwiegend oder ausschließlich in einer Branche tätig war, gab es im westlichsten preußischen Territorium überhaupt nicht. Einer statistischen Übersicht aus dem Jahr 1769 zufolge bestand der einzige größere Gewerbezweig im rechtsrheinischen Teil des Herzogtums Kleve in dieser Zeit in insgesamt 10 Tuch›fabriken‹ in Duisburg, die zusammen 593 Arbeiter beschäftigten und erst in den beiden vorhergehenden Jahrzehnten gegründet worden waren. Ergänzt wurde das Duisburger Wollgewerbe durch einen größeren Betrieb zur Herstellung wollener Bänder mit 5 Webstühlen, der insgesamt 50 Personen beschäftigte.[80] Ansonsten zählt die Quelle noch insgesamt 44 weitere ›Fabriken und Manufakturen‹ in 17 verschiedenen Branchen auf, die insgesamt 286 Beschäftigte aufwiesen, im Mittel also mit weniger als sieben Arbeitern wirtschafteten und in 11 verschiedenen niederrheinischen Städten angesiedelt waren. Damit war die Gewerbestruktur im rechtsrheinischen Herzogtum Kleve am Ende des zweiten Drittels des 18. Jahrhunderts noch überwiegend handwerklich geprägt. Protoindustrielle Produktionsverhältnisse waren hier nicht anzutreffen.

Auch ausgangs des 18. Jahrhunderts hatte sich an dieser Wirtschaftsstruktur nur wenig geändert. Gemäß einer statistischen Landesaufnahme aus dem Jahr 1787/88 existierten im Herzogtum Kleve jetzt 108 Betriebe, die insgesamt 1364 Arbeitskräfte beschäftigten.[81] Auch jetzt kam dem Duisburger Tuchgewerbe, dessen Entwicklung maßgeblich auf die Übersiedlung Lenneper Kaufleute in den Jahren 1746 bis 1749 zurückzuführen war,[82] die mit Abstand größte Bedeutung zu. Die 11 Betriebe des Duisburger Wollgewerbes vereinten mit 663 Beschäftigten nahezu die Hälfte aller Gewerbetreibenden des Herzogtums auf sich. Auch mit der Herstellung von Wollbändern befaßte sich jetzt eine Firma mehr, für beide Betriebe arbeiteten jetzt 54 Arbeiter. Ferner besaß auch die Tabakverarbeitung in Duisburg im 18. Jahrhundert eine gewisse Relevanz. Die Statistik von 1787/88 verzeichnete eine nicht näher spezifizierte Anzahl von ›Tabaksfabriken‹, die immerhin 78 Personen beschäftigten. In den folgenden Jahren wuchs die Zahl der Beschäftigten in diesem Gewerbezweig, der sich an den Handel der Duisburger Kaufleute mit Kolonialwaren anschloß, kontinuierlich weiter an.[83]

Auch wenn sich die Zahl der Betriebe und der Beschäftigten im rechtsrheinischen Herzogtum Kleve in den 1770er und 1780er Jahren beträchtlich vermehrt hatte, so blieb die zugrundeliegende Wirtschaftsstruktur doch unverändert: Auch jetzt verteilten sich die Betriebe auf eine Vielzahl unterschiedlicher Gewerbezweige, auch wenige Jahre vor den Koalitionskriegen entfielen im Mittel noch nicht einmal sieben Arbeitskräfte auf einen Wirtschaftsbetrieb. Die Wirtschaftsstruktur des Herzogtums Kleve blieb also städtisch-handwerklich geprägt, wenn auch die Tabellen von 1787/88 erstmals ländliches Gewerbe verzeichneten in Gestalt einer Papiermühle in Beeck nördlich von Ruhrort und der ›Eisenhütte zu Sterckrade‹.

Duisburg entwickelte sich in der zweiten Hälfte nicht nur zum gewerblichen Zentrum der rheinischen Provinz Preußens,[84] es war auch das unangefochtene merkantile Zentrum, das Wesel[85] und Emmerich als Handelsplätze im Verkehr mit Holland längst an Bedeutung überragte. Spätestens seit der Mitte des 18. Jahrhunderts wickelten hauptsächlich die Duisburger Spediteure und Kommissionäre den Versand von Gütern der bergischen und märkischen Protoindustrien Richtung Holland ab. Im Gegenzug importierten die Duisburger Kaufleute aus Holland einen Großteil der Kolonialprodukte, die in den verdichteten Gewerberegionen konsumiert wurden.[86] Grundlage des Aufstiegs des Duisburger Handels war die Ende des 17. Jahrhunderts eingerichtete Börtschiffahrt auf dem Rhein mit regelmäßigem Linienverkehr nach Amsterdam.[87] Anfang des 19. Jahrhunderts listete Ohm bereits 24 Duisburger Firmen auf, die sich der Güterspedition und dem ›Specereihandel‹ verschrieben hatten.[88]

In einem kleinen, aber rasch an Bedeutung zunehmenden Marktsegment entwickelte sich seit dem letzten Jahrzehnt des 18. Jahrhunderts in unmittelbarer Nähe der Stadt ein weiteres wichtiges Handelszentrum: Ruhrort wurde spätestens seit der Schiffbarmachung der Ruhr im Jahr 1787 zum wichtigsten Umschlagplatz für die in der Grafschaft Mark im Tagebau geförderte Steinkohle. 1809 bestanden hier bereits neun Firmen, die Kohleniederlagen betrieben und sich der Verschiffung dieses Handelsguts auf dem Rhein Richtung Holland, aber auch zu den mittelrheinischen Hütten- und Hammerwerken widmeten.[89]

Unter den Gewerbebetrieben des Herzogtums Kleve im 18. Jahrhundert besaß allein die Eisenhütte ›Hoffnungshütte‹ in Sterkrade längerfristige Bedeutung. 1782 errichtete der Siegerländer Hüttenmeister Eberhard Pfandhöfer[90] dicht an der Grenze zum kurkölnischen Stift Recklinghausen einen Hochofen und einen Windofen zur Erschmelzung der hier gefundenen Rasenerze. Die Hütte, über deren Betrieb nur wenig bekannt ist,[91] stand von Beginn an in Konkurrenz zur 1741 durch Franz Ferdinand von Wenge gegründeten ›Sanct Antonii Hütte‹ bei Osterfeld auf kurkölnischen Gebiet. Diese Hütte gilt als älteste Eisenhütte des Ruhrgebiets und beide Hütten zusammen als Keimzelle der im 19. Jahrhundert zu großer Bedeutung gelangten ›Gutehoffnungshütte‹.[92] Die benötigte Holzkohle bezogen beide Hütten aus dem nahegelegenen ›Königlichen Wald‹ bei Bottrop. Langwierige Verfahren anläßlich der Konzessionierung der ›Antoniihütte‹ und Streitigkeiten mit dem benachbarten Kloster Sterkrade um Wasserrechte, verzögerten die Fertigstellung und Inbetriebnahme. 1758 konnte hier die erste Kampagne angeblasen werden, aber erst in den 1790er Jahren, als der Faktor Gottlob Jacobi für die Fürstäbtissin von Essen als damalige Eigentümerin die Hütte betrieb, erwirtschaftete die ›Antoniihütte‹ nennenswerte Erträge und wuchs zu einem größeren Werk heran. Im Unterschied zur ›Hoffnungshütte‹, die auch Roheisen vermarktete, produzierte die ›Antoniihütte‹ ausschließlich Gußwaren, vor allem Öfen und Töpfe, aber auch Treppengeländer, Küchengeschirr, Gewichtstücke und Kanonenkugeln. Eversmann zufolge sollen auf der ›Antoniihütte‹ Anfang des 19. Jahrhunderts 80 Personen im Hüttenwerk tätig gewesen sein.[93] Über die Zahl der Arbeitskräfte auf der ›Hoffnungshütte‹ ist nichts bekannt.

Die Verteilung gewerblicher Strukturen in den rechtsrheinischen Regionen der nördlichen Rheinlanden im 18. Jahrhundert war, wie der vorgestellte Überblick erwies, höchst ungleichförmig. Offensichtlich boten die verschiedenen Territorialstaaten im Rheinland unterschiedliche Möglichkeiten für die Herausbildung protoindustrieller Exportgewerbe. Schon zeitgenössische Beobachter führten die ungleichgewichtige Durchsetzung der Regionen mit gewerblichen Strukturen vor allem auf unterschiedliche politische Rahmenbedingungen zurück:

»Unter allen Churpfälzischen Staaten scheint insbesondere das Herzogthum Berg die höchste Stufe seiner Prosperität erreicht zu haben. Dieser allgemeine Wohlstand des Landes floß aus der Handlungs-Freiheit, und aus den auf sie gebauten Manufacturen und Fabriken.«[94]

Wie Wiebeking sahen viele zeitgenössische Autoren in der im Herzogtum Berg herrschenden »Handlungsfreiheit« die Ursache für den hier zu beobachtenden kontinuierlichen Aufstieg der Gewerbe. Diesem Urteil hat sich die moderne historische Forschung weitgehend angeschlossen und das zeitgenössische Argument erweitert. Das rechtsrheinische Territorium erscheint hier als Paradebeispiel für die segensreichen Wirkungen einer liberalen Wirtschaftsordnung und eines ›freien Unternehmertums‹ bereits in vorindustrieller Zeit inmitten einer rückwärtsgewandten merkantilistischen Umwelt.[95]

Gerade ein Vergleich mit der Entwicklung in dem zweiten größeren Territorium der rechtsrheinischen Rheinlande im 18. Jahrhundert, dem Herzogtum Kleve, scheint diese These vollauf zu bestätigen. Einer gewerblichen Durchdringung des ›platten Landes‹ stand in den preußischen Provinzen zunächst eine fiskalisch motivierte, rigoros durchgesetzte scharfe Trennung von Stadt und Land entgegen. Nur in den Städten erlaubte die preußische Administration die Ansiedlung von Gewerben, da nur hier die auf gewerblichen Produkten lastende Akzise, eine Art Verbrauchsteuer, erhoben werden konnte, während die Landbevölkerung mit der Kontribution eine Grundertragssteuer zu entrichten hatte. Jede Ausnahme von dieser Regel bedurfte besonderer Genehmigung durch den preußischen König und seine Verwaltung.[96] Auch wenn sich diese Steuerpolitik nicht mit letzter Konsequenz durchsetzen ließ, vielmehr während der gesamten vorindustriellen Periode bedeutende Ausnahmen zugelassen werden mußten – die preußische Grafschaft Ravensberg mit ihren ländlichen protoindustriellen Leinengewerben und die Grafschaft Mark mit ihren dezentralen Eisen- und Stahlgewerben sind schlagende Belege –, so war der Grundsatz einer Stadt-Land-Trennung und einer entsprechenden Standortpolitik doch nicht völlig wirkungslos und mag die Ansiedlung etwa von protoindustriellen Textilgewerben am preußischen Niederrhein erschwert, wenn nicht verhindert haben.[97]

Überhaupt war die steuerliche Belastung im Herzogtum Berg[98] deutlich niedriger als in den preußischen Provinzen, was der Ansiedlung von Gewerbebetrieben mit Sicherheit förderlich gewesen sein dürfte. Auch das preußische Militärwesen, die oft gewaltsamen Werbungen, durch die den Gewerben vielfach auch qualifizierte Arbeitskräfte entrissen wurden, stellten ein permanentes Hindernis auf dem Weg zu einer prosperierenden gewerblichen Entwicklung dar. Für die preußische Grafschaft Mark ist vielfach belegt, daß zahlreiche protoindustrielle Arbeitskräfte sich dem Zugriff der preußischen Werber dadurch entzogen, daß sie ›über die Wupper‹ ins benachbarte Herzogtum Berg zogen und damit in ihrer Herkunftsregion einen teilweise gravierenden Arbeitskräftemangel hervorriefen.[99]

Solchen eher skeptischen Einschätzungen der preußischen Administration im 18. Jahrhundert steht eine ältere Ansicht entgegen, die im preußischen Merkantilismus, in einer aktiven Politik der Gewerbeansiedlung, eine zentrale Wurzel für die Herausbildung gewerblicher und industrieller Strukturen sieht.[100] Eine erfolgreiche aktive Politik der Abwerbung von Gewerbetreibenden und der Neuansiedlung auf preußischem Boden hat es im Herzogtum Kleve im 18. Jahrhundert nur im Fall der oben schon erwähnten Tuchfabrikanten aus Lennep in Duisburg in den Jahren 1746 bis 1749 gegeben. Jenseits dieses Einzelfalls fand eine aktive preußische Gewerbepolitik mit dem Ziel der Etablierung gewerblicher Strukturen im Herzogtum Kleve nicht statt. Die praktizierte Politik der Toleranz gegenüber religiösen Minderheiten, die im übrigen auch für das Herzogtum Berg in den dynastischen Erbverträgen des frühen 17. Jahrhunderts als politischer Grundsatz festgeschrieben worden war, reichte allein nicht aus, die Herausbildung von Exportgewerben in Gang zu bringen.

Weitet man die Blick über das Herzogtum Kleve hinaus und bezieht die anderen westlichen Provinzen Preußens in eine vergleichende Betrachtung ein, so muß das Urteil über die preußische Merkantilpolitik ambivalent bleiben. Dem konsequenten Fiskalismus der preußischen Behörden und der dominierenden Orientierung an militärischen Zielen mit all ihren gewerbefeindlichen Implikationen standen auf der anderen Seite auch die eindeutige, auch finanzielle Förderung gewerblicher Aktivitäten gegenüber.[101]

Das Herzogtum Berg hatte auf der anderen Seite der preußischen Politik offenbar keine vergleichbar intensive Gewerbepolitik – ob mit positiven oder negativen Konsequenzen – entgegenzusetzen. Die im 18. Jahrhundert fern des Landes in der Pfalz oder in München residierenden Landesherren, die noch dazu auch in ihren Stammlanden die ›innere Staatsbildung‹ nur schwach betrieben und auf der internationalen Bühne keine bedeutende Rolle spielten,[102] scheinen ihre niederrheinischen Besitzungen zeitweilig völlig vergessen zu haben. Andererseits brachte die Düsseldorfer Hofkammer, die zentrale Verwaltungsstelle des Herzogtums, während des 18. Jahrhunderts doch auch eine Reihe von hochrangigen Beamten, wie die Hofkammerräte Friedrich Heinrich Jacobi[103], Theodorf Josef Lenzen, Johann Wilhelm Bewer, Vizekanzler von Knapp oder die Freiherren von Hompesch,[104] hervor, die zu einer umsichtigen Gewerbe- und Handelspolitik wohl in der Lage waren. Insgesamt ist der Forschungsstand zur Merkantilpolitik im Herzogtum Berg noch viel zu dürftig,[105] als daß ein abgewogenes Urteil über Nutzen und Nachteil dieser Politik für die gewerbliche Entwicklung möglich wäre.

Alles in allem ist die Bedeutung landesherrlicher Politik für die wirtschaftliche Entwicklung einer Region in vorindustrieller Zeit jedoch nicht allzu hoch einzuschätzen, geringer jedenfalls als häufig mit der Verwendung des Schlagworts vom ›absolutistischen Staat‹ unterstellt wird. Gerade im Preußen des 18. Jahrhunderts gibt es viele Beispiele dafür, daß die mühevolle und kostspielige Ansiedlung eines Gewerbezweiges durch den merkantilistischen Staat noch keine verdichteten Gewerberäume schuf. Ein Blick auf die sich unter gleichen politischen Prämissen – wenn auch nicht unter gleicher politischer Praxis – entwickelnden verschiedenen westelbischen preußischen Provinzen macht den Schluß, der Rolle des Staates eher geringe Bedeutung zuzumessen, geradezu zwingend. Während Mark und Ravensberg als protoindustrielle Pionierregionen gelten dürfen, konnte Kleve, wie dargelegt, keine nennenswerten gewerblichen Strukturen entwickeln. Auf Unterschiede hinsichtlich des Ausmaßes staatlicher Einflußnahme können diese gravierenden Unterschiede nicht zurückgeführt werden.

Freiheit von Handel und Gewerbe sowie ›freies Unternehmertum‹, diese Merkmale einer liberalen Wirtschaftsverfassung beziehen sich jedoch nicht nur auf die Rolle des Staates, sondern auf die Gewerbeverfassung im einem umfassenderen Sinn. Zu prüfen bleibt, welche Rolle die Korporationen der ständischen Gesellschaft und gewerbepolitische Sonderrechte für einzelne Gruppen oder Personen in den jeweiligen Regionen spielten. Die Dynamik der bergischen Gewerbe erklärt sich der herrschenden wirtschaftshistorischen Meinung nach auch dadurch, daß hier altständische Korporationen wie die reichsstädtischen Handwerkszünfte mit ihrer fortschrittsfeindlichen, engstirnig auf materielle Gruppeninteresse bedachten Haltung weitgehend fehlten.[106]

Ein genauer Blick auf die einzelnen Gewerbezweige und ihre Verfassung erweist allerdings, daß nahezu alle protoindustriellen Gewerbezweige des Bergischen Landes zumindest Elemente einer zünftischen Verfassung aufwiesen.[107] Solche zünftischen Organisationen bestanden in den Gewerben, die auf eine lange Tradition zurückblicken konnten, oftmals bereits seit dem ausgehenden Mittelalter, in zahlreichen anderen Fällen wurden Zünfte jedoch noch im 18. Jahrhundert neu ins Leben gerufen: so die Zunft der Remscheider Werkzeugschmiede (›Sechzehn-Kleinschmiede-Handwerk‹) von 1759, die Solinger Scherenmacherzunft von 1794, die Elberfelder Leineweberzunft des Jahres 1738 oder die Zunft der Lenneper Tuchscherer 1704. Ansatzpunkt für die Entstehung von Zünften waren meist die städtischen Zentren, die dezentral im ländlichen Raum angesiedelten Verlagsarbeiter ließen sich nur schwer erreichen, blieben aber nicht immer gänzlich unerreichbar.

Die Wirkungen dieser Korporationen für die Entwicklung der verschiedenen Gewerbezweige kann nicht unbesehen als »hemmend« und »fortschrittsfeindlich« beschrieben werden, wenn dies auch für einzelne Zünfte eine zutreffende Charakterisierung gewesen sein mag.[108] Für die Zünfte der Solinger und Remscheider eisenverarbeitenden Gewerbe etwa läßt sich kaum mehr bestreiten, daß ihre Politik der Qualitäts- und Qualifikationssicherung eine wesentliche Voraussetzung für den Prozeß der kontinuierlichen Spezialisierung und Differenzierung der Gewerbe war. Die Zünfte trugen damit in Kooperation mit den Kaufleuten auf den sogenannten ›Pflichttagen‹ zur Behauptung und Durchsetzung der Gewerbe und ihrer Produkte auf den internationalen Absatzmärkten bei.[109]

Auch wenn die Situation in den eisenverarbeitenden Gewerben des Bergischen Landes ein Ausnahmefall gewesen sein mag: Immer stand im Zentrum der zünftischen Politik die soziale Sicherung ihrer Mitglieder, eine Aufgabe, über die Konflikte mit den Kaufleuten und Verlegern entstehen konnten, aber nicht notwendigerweise entstehen mußten. Dabei verschlossen sich die Zünfte im Bergischen Land nur im Ausnahmefall technologischen Neuerungen. Die Notwendigkeit einer engen Kooperation mit den Kaufleuten in den exportorientierten Gewerben ermöglichte offenbar regelmäßig auch auf Seiten der Zunftvertreter Einsicht in die Notwendigkeit marktbedingter Anpassungsprozesse. Einige Zünfte weisen im Lauf des 18. Jahrhunderts tendenziell den Charakter von Arbeitnehmerorganisationen auf, ihre Auseinandersetzungen mit den Kaufleuten nahmen hinsichtlich der Konfiktlinien und des Stils der Konfliktaustragung manche Züge der Arbeitskämpfe des späten 19. Jahrhunderts vorweg. Oft, wie im Konflikt um die Elberfelder Leinenweberzunft von 1783, der schließlich in die Aufhebung der Korporation durch die bergischen Behörden mündete,[110] stehen im Zentrum der Konflikte aber auch Fragen einer verletzten Handwerkerehre sowie unerschiedliche Machtansprüche von Kaufleuten und Gewerbetreibenden im Hinblick auf zentrale Fragen der Gewerbeorganisation, wie die der Qualitätskontrolle.

Über die Entstehungsbedingungen, die Organisationsformen und ihren Wandel sowie über die konkrete Politik der Zünfte in den bergischen Protoindustrien ist in fast allen Fällen noch viel zu wenig bekannt, als daß ein abschließendes differenziertes Urteil gefällt werden könnte. Die pauschale Verurteilung dieser Korporationen als rückwärtsgewandte Überbleibsel einer im Untergang begriffenen Welt läßt sich jedoch genauso wenig halten, wie hier unbesehen von der Existenz eines ›freien Unternehmertums‹ ausgegangen werden darf.

Wie die Gewerbetreibenden und ihre zünftischen Korporationen so blieben auch die Verleger und Kaufleute in den bergischen Exportgewerben des 18. Jahrhunderts in die Institutionen einer ständischen Gesellschaft eingebettet. In zahlreichen Gewerben bildeten auch die Kaufleute korporative Organisationen, deren Zweckbestimmung ganz analog zu der der Zünfte auf eine Sicherung einer auskömmlichen oder gar vorteilhaften ökonomischen Lage ausgerichtet war. Solche Korporationen waren nicht immer klar erkennbare Vor- oder Frühformen von Arbeitnehmerverbänden, sie konnten auch aus ständischen Gewerbekorporationen hervorgehen, die ursprünglich auf die Organisierung und den Schutz des ganzen Gewerbezweiges unbeschadet der Position ihrer Mitglieder innerhalb des Gewerbes ausgerichtet waren. So blieben in Solingen die ›privilegierten Kaufleute‹ mit den Handwerkern in gemeinsamen Korporationen vereinigt, wo die das gesamte Gewerbe betreffenden Angelegenheiten nach festgelegten Verfahren kooperativ geregelt wurden.[111] Die Elberfelder ›Garnnahrung‹ war zum Zeitpunkt ihrer Gründung eine Vereinigung von Handwerkern und wandelte sich allmählich mit dem Wandel der Produktionsorganisation in den Wuppertaler Textilgewerben zu einer von Kaufleuten dominierten Korporation, die jedoch noch Ende des 18. Jahrhunderts Bleichermeistern offenstand. Auch hier dominierte das Interesse an der Entwicklung des Gewerbes insgesamt, an der Durchsetzungsfähigkeit der Wuppertaler Textilien auf dem Markt, vor ›unternehmerischen Interessen‹ im modernen Sinne.[112] Auch die gewählten Deputierten der Remscheider Kaufmannschaft Ende 18. und zu Beginn des 19. Jahrhunderts verstanden sich in erster Linie als Vertreter eines Gewerbezweiges, die diesen gegen politische Anmaßungen zu verteidigen suchten, weniger als Vertreter einer bestimmten Sozialgruppe innerhalb des Gewerbezweiges.[113] Auch wenn sich die Interessen des Gewerbezweiges insgesamt in diesem Fall mit denen der Verleger-Kaufleute deckten, so bleibt die ständisch geprägte Orientierung der Remscheider Kaufleute auf eine übergeordnete Einheit, die noch nicht durch Klassen- oder berufsständische Zuordnung gekennzeichnet war, deutlich. Alle diese institutionellen Einbindungen widersprechen der Vorstellung eines ›freien Unternehmertums‹, das sich ausschließlich auf dem Markt bewährt habe, fundamental.

Weit schwerer wiegt jedoch das bis in die letzten Jahre der bergischen Zeit aufrechterhaltene und immer wieder durch Bestätigungen erneuerte System der Vergabe von Produktionsmonopolen und Privilegien. Für die Herstellung eines bestimmten Produkts war dies in den bergischen Protoindustrien eine gängige Praxis. Zu nennen ist hier an erster Stelle die Garnnahrung Elberfelds und Barmens, deren Privileg von 1527 jegliche Konkurrenz ausschalten und die Preise auf einem für alle Mitglieder vorteilhaften Niveau halten sollte. Bis ins ausgehende 18. Jahrhundert hat die Garnnahrung die Entwicklung der Wuppertaler Gewerbe nachhaltig beeinflußt, wie vor allem die Konflikte um die Einrichtung der Brügelmannschen Baumwollspinnerei klar belegen.[114]

Prominenteste Fälle der Praxis der Privilegienvergabe im 18. Jahrhundert sind zum einen die Vergabe zahlreicher Privilegien, neben der Steuerfreiheit vor allem die Erteilung eines Produktionsmonopols für die Herstellung von Seidenartikeln, an den aus Köln nach Mülheim a. Rh. übergesiedelten Kaufmann Christoph Andreae und zum anderen die Vergabe des Privilegs zum Einsatz von Baumwollspinnmaschinen an den Elberfelder Kaufmann Johann Gottfried Brügelmann anläßlich der Einrichtung der neuen Manufaktur in Ratingen. Die Liste derartiger Privilegien an bergische Kaufleute ließe sich leicht verlängern. In allen Fällen ist die Vergabepraxis nicht in erster Linie als Ausdruck einer merkantilistisch inspirierten Wirtschaftspolitik zu verstehen, vielmehr suchten die Kaufleute gezielt um die Erteilung der Vorrechte nach. Besonders deutlich tritt dies anläßlich der Übersiedlung der Kölner Kaufleute nach Mülheim a. Rh. im Jahr 1715 zutage. Die Übersiedler traten mit einem umfassenden Forderungskatalog den kurfürstlichen Beamten gegenüber und nötigen diese, sofern sie eine Ansiedlung der ökonomisch potenten Kaufleute fördern wollen, Vorrechte auch gegen den Widerstand der Nachbarterritorien, gegen ältere Vorrechte und gegen die Ansprüche der Eingesessenen auf Gleichbehandlung durchzusetzen.[115] Die erfolgreiche Hartnäckigkeit, mit der es den beiden Christoph Andreae gelang, das Privileg auf die Herstellung von Seidenbändern noch insgesamt viermal bis zum Zusammenbruch des alten Staates zu verlängern, bleibt bemerkenswert.[116] Hiergegen nimmt sich das von Brügelmann erwirkte 12-jährige Monopol geradezu bescheiden aus. In keinem Fall können jedoch die solcherart ausgezeichneten Kaufleute und Manufakturisten als Exponenten eines ›freien Unternehmertums‹ gelten, das sich ausschließlich auf den Märkten orientierte und bewährte.

Die Beantwortung der Frage, warum das Herzogtum Berg eine solch außerordentlich hohe Gewerbedichte aufzuweisen hatte, während das Herzogtum Kleve weitgehend in agrarischen Strukturen verharrte, läßt sich weder mit Hinweis auf die verschiedenen staatlichen Rahmenbedingungen, noch unter Verweis auf vermeintlich unterschiedliche Unternehmertypen einigermassen befriedigend erklären. In seiner Bedeutung höher zu veranschlagen, als gemeinhin in der wirtschaftshistorischen Forschung üblich, ist sicherlich die Rolle der Traditionen und der handwerklichen Fähigkeiten der jeweiligen Arbeiterschaft. Dieses ›human capital‹ konnte die übrigen Vorzüge eines Alternativstandorts durchaus wettmachen.

Entscheidend für die Frage, ob ein Gewerbe eine erfolgreiche Entwicklung durchlief oder wieder von der Bildfläche verschwand, war jedoch zunächst die Frage nach den Konkurrenzverhältnissen auf den Absatzmärkten. Hier sind die eigentlichen Bewegungsgesetze auch der gewerblichen Entwicklung zu suchen, nur von hier aus erklären sich Verschiebungen im Gewerbegefüge der Produktionsregionen. Die Akteure in den Regionen, Verleger-Kaufleute und kleine Gewerbetreibende, waren viel häufiger die von diesen Entwicklungen Getriebenen, als daß sie erkennbare Impulse an die Märkte zurückgeben konnten. Die Geschichte der Vermarktung der Produkte der rechtsrheinischen Gewerbe und damit die Geschichte des Handlungsrahmens, in den sich die Menschen des rechten Rheinufers einfügen mußten, muß jedoch über weite Strecken erst noch geschrieben werden.

[1] Carl Friedrich Wiebeking, Beiträge zur Churpfälzischen Staatengeschichte vom Jahre 1742 bis 1792, vorzüglich in Rücksicht der Herzogthümer Gülich und Berg, Heidelberg, Mannheim 1793, S. 1.

[2] Zum Genre der Reiseberichte vgl. Cornelius Neutsch, Reisen um 1800. Reiseliteratur über Rheinland und Westfalen als Quelle einer sozial- und wirtschaftsgeschichtlichen Reiseforschung (Sachüberlieferung und Geschichte, 6), St. Katharinen 1990; Friedrich Seitz, Reisebeschreibungen über das Bergische Land aus dem Ende des 18. Jahrhunderts, Zeitschrift des Bergischen Geschichtsvereins, 40, 1907, S. 42–66; für das Bergische Land existiert eine Edition mit einer vorzüglichen Auswahl solcher Reiseberichte in zwei Bänden: Gerhard Huck/Jürgen Reulecke (Hrsg.), ... und reges Leben ist überall sichtbar! Reisen im Bergischen Land um 1800 (Bergische Forschungen, 15), Neustadt/Aisch 1978; Jürgen Reulecke/Burkhard Dietz (Hrsg.), Mit Kutsche, Dampfroß, Schwebebahn. Reisen im Bergischen Land II (1750–1910) (Bergische Forschungen, 15), Neustadt/Aisch

1984. Ergänzungen hierzu in den letzten Jahrgängen der Zeitschrift des Bergischen Geschichtsvereins sowie im Band 2 des Neuen Bergischen Jahrbuchs, hrsg. von Burkhard Dietz, Wuppertal 1985.

[3] Siehe zum neuesten Stand Dietrich Ebeling/Wolfgang Mager (Hrsg.), *Protoindustrie in der Region. Europäische Gewerbelandschaften vom 16. bis zum 18. Jahrhundert*, Bielefeld 1997. Die hier gewählte Definition konzentriert sich auf die ökonomischen Aspekte der Protoindustrialisierung und stellt Fragen nach Demographie und Agrarwirtschaft zurück, zumal diese Themen für die rechtsrheinischen Gewerberegionen bislang noch kaum erforscht sind.

[4] Zur Territorialgeschichte vgl. Erich Wisplinghoff/Helmut Dahm, Die Rheinlande (Kleve – Köln – Trier), in: Georg Wilhelm Sante (Hrsg.), *Geschichte der deutschen Länder. »Territorien-Ploetz«*, Würzburg 1964, S. 154–178.

[5] Jürgen Reulecke, Nachzügler und Pionier zugleich: das Bergische Land und der Beginn der Industrialisierung in Deutschland, in: Sidney Pollard (Hrsg.), *Region und Industrialisierung. Studien zur Rolle der Region in der Wirtschaftsgeschichte der letzten zwei Jahrhunderte* (Kritische Studien zur Geschichtswissenschaft, 42), Göttingen 1980, S. 52–68. Als Gesamtdarstellung der Bergischen Wirtschaftsgeschichte ist nach wie vor unverzichtbar Edmund Strutz, Bergische Wirtschaftsgeschichte, in: Justus Hashagen [u. a.] (Hrsg.), *Bergische Geschichte*, Remscheid-Lennep 1958, S. 297–446.

[6] Zur Person Wiebekings vgl. die Hinweise bei Wilhelm Güthling, Jülich-bergische Landesaufnahmen im 18. Jahrhundert, *Düsseldorfer Jahrbuch. Beiträge zur Geschichte des Niederrheins*, 40, 1938, S. 289–313, S. 310f. Wiebekings Bekanntheit dokumentieren vor allem die zahlreichen lobenden Erwähnungen seiner Betätigung in den Rheinbeschreibungen des frühen 19. Jahrhunderts: vgl. etwa J. J. Eichhoff, *Topographisch-statistische Darstellung des Rheins, mit vorzüglicher Rücksicht auf dessen Schiffahrt und Handlung*, Köln 1814 sowie Johann Andreas Demian, *Neuestes Handbuch für Reisende auf dem Rhein und in den umliegenden Umgebungen*, Frankfurt/Main 1820.

[7] Bei ›Siamoisen‹ handelte es sich um ein Mischgewebe aus Baumwolle und Leinen, bei dem die Kette aus Baumwolle, der Schuß aus Leinen bestand.

[8] Tabellarische Übersicht bei Wiebeking [Anm. 1], zwischen S. 4 und 5 sowie ausführliche Tabellen zu den Produktionsanlagen ebd., S. 41ff.

[9] Ebd., S. 3 sowie die Tabelle S. 35ff.

[10] Ploennies' Landesbeschreibung ist in einer neueren Faksimile-Edition leicht greifbar: Erich Philipp Ploennies, *Topographia Ducatus Montani (1715)*, hrsg. und bearb. von Burkhard Dietz. 1. Teil: Landesbeschreibung und Ansichten, 2. Teil: Karten (Bergische Forschungen, 20), Neustadt/Aisch 1988 (nach dieser Ausgabe wird im folgenden zitiert). Zur Person Ploennies' vgl. Wilhelm Güthling, Erich Philipp Ploennies (1672–1751), *Düsseldorfer Jahrbuch. Beiträge zur Geschichte des Niederrheins*, 50, 1960, S. 102–119 sowie Burkhard Dietz, *Erich Philipp Ploennies (1672–1751). Leben und Werk eines mathematischen Praktikers der Frühaufklärung* (Bergische Forschungen, 24), Neustadt/Aisch 1996.

[11] Ploennies [Anm. 10], 1. Teil, S. 50f.

[12] Ebd., S. 57f., 88f. (Zitat).

[13] Ebd., S. 90f.

[14] Ebd., S. 63f., 92f.

[15] Ebd., S. 70f.

[16] Nach wie vor unverzichtbar als grundlegende Darstellung zur Wuppertaler Gewerbegeschichte in vorindustrieller Zeit ist Walter Dietz, *Die Wuppertaler Garnnahrung. Geschichte der Industrie und des Handels von Elberfeld und Barmen 1400 bis 1800* (Bergische Forschungen, 4), Neustadt/Aisch 1957. Wichtige ältere Darstellungen bei Johann Friedrich Knapp, *Geschichte, Statistik und Topographie der Städte Elberfeld und Barmen im Wupperthale. Mit Bezugnahme auf die Stadt Solingen und einige Städte des Kreises Lennep*, Iserlohn, Barmen 1835; Carl Rudolf Hötte, Die Industrie des Wuppertals, in: Wilhelm Langewiesche (Hrsg.), *Elberfeld und Barmen. Beschreibung und Geschichte dieser Doppelstadt des Wupperthals nebst besonderer Darstellung ihrer Industrie, einem Überblick der Bergischen Landesgeschichte etc.*, Barmen 1863, S. 257–310; Alphons Thun, *Die Industrie am Niederrhein und ihre Arbeiter. Zweiter Theil: Die Industrie des bergischen Landes (Solingen, Remscheid, Elberfeld-Barmen)* (Staats- und socialwissenschaftliche Forschungen, II, 3), Leipzig 1879. Unter den jüngeren Darstellungen der Wuppertaler Gewerbe ist besonders einflußreich Herbert Kisch, Vom Monopol zum Laissez-Faire: das frühe Wachstum der Textilgewerbe im Wuppertal, in: ders., *Die hausindustriellen Textilgewerbe am Niederrhein vor der industriellen Revolution. Von der ursprünglichen zur kapitalistischen Akkumulation*, Göttingen 1981, S. 162–257. Der Text des Privilegs von 1527 wurde erstmals gedruckt bei Knapp [Anm. 16], S. 362–367, bei Hötte [Anm. 16], S. 261–265, dann erneut, um einige Lesefehler korrigiert, bei W. Crecelius/A. Werth, Urkunden zur Geschichte der Garnnahrung im Wuppertale, *Zeitschrift des Bergischen Geschichtsvereins*, 16, 1880, S. 73–132; 17, 1881, S. 11–82, S. 76–81 sowie in einer dem modernen Sprachgebrauch angepaßten Version bei Dietz, [Anm. 16], S. 23–25.

[17] Vgl. hierzu vor allem Johannes Victor Bredt, *Die Lohnindustrie dargestellt an der Garn- und Textilindustrie von Barmen*, Berlin 1905.

[18] Das Bleichen fertig gewebter Leinwandtücher, ein Produktionsschritt, der eine naheliegende Ergänzung der Leinwandproduktion im Wuppertal hätte darstellen können, wurde hier nie in

nennenswertem Umfang betrieben. Die Konkurrenz der berühmten Haarlemer Bleichen erwies sich hierfür als übermächtig.

[19] Zur Leinen- und Baumwollweberei im Wuppertal des 18. Jahrhunderts vgl. außer den in Anm. 16 genannten Arbeiten auch Martin Henkel, *Zunftmißbräuche. »Arbeiterbewegung« im Merkantilismus*, Frankfurt/New York 1989.

[20] Zum Seidengewerbe im Wuppertal vgl. Kisch [Anm. 16], S. 212, 226f.; Wilhelm Schumacher, *Untersuchungen über die Entwicklung der bergischen Seidenindustrie*, Diss. Heidelberg 1915, S. 13ff.

[21] Johann Jacob Ohm, *Merkantilistisches Handbuch für's Großherzogthum Berg, nebst einigen benachbarten Fabrik- und Handlungs-Ortschaften. Selbst gesammelt und auf eigene Kosten herausgegeben*, Elberfeld, Barmen 1809, S. 3–14, 23–38.

[22] Zu Brügelmann und der Ratinger Manufaktur vgl. die auf verlorengegangenen Firmenunterlagen basierende ältere Arbeit von Franz Josef Gemmert, *Die Entwicklung der ältesten kontinentalen Spinnerei* (Diss. Köln 1926), Leipzig 1927; ferner die biographischen Skizzen von Marie-Luise Baum, Johann Gottfried Brügelmann., in: Edmund Strutz (Hrsg.), *Rheinische Lebensbilder*, Bd. 1, Düsseldorf 1971, S. 136–151 und Eckhardt Bolenz, *Johann Gottfried Brügelmann. Ein rheinischer Unternehmer zu Beginn der Industrialisierung und seine bürgerliche Lebenswelt* (Landschaftsverband Rheinland, Rheinisches Industriemuseum, Beiträge zur Industrie- und Sozialgeschichte, 4), Köln 1993; zur Gründung der Ratinger Manufaktur Burkhard Dietz, Aufbruch zu neuen Ufern. Johann Gottfried Brügelmanns Entscheidung für den Standort Cromford und die Vorbildfunktion einer erfolgreichen Firmengründung, in: Gerda Breuer (Hrsg.), *»Die öde Gegend wurde zum Lustgarten umgeschaffen ...« Zur Industriearchitektur der Textilfabrik Cromford 1783–1977*, Köln 1991, S. 16–33 sowie die Beiträge in dem Band *Die Macht der Maschine. 200 Jahre Cromford-Ratingen. Eine Ausstellung zur Frühzeit des Fabrikwesens*, Stadtmuseum Ratingen, 17. November 1984 – 3. März 1985, Ratingen 1984.

[23] Joachim Kermann, *Die Manufakturen im Rheinland 1750–1833* (Rheinisches Archiv, 82), Bonn 1972, S. 194ff.

[24] Dietz [Anm. 16], S. 99; Theodor J. Josef Lenzen, *Beyträge zur Statistik des Herzogthumes Berg*, 2 Teile, Düsseldorf 1802–06, S. 72f., gibt für 1802 eine Bevölkerungssumme für Stadt und Amt Elberfeld sowie für das Amt Barmen von 32 051 Personen an.

[25] Klaus Goebel, *Zuwanderung zwischen Reformation und Franzosenzeit. Ein Beitrag zur vorindustriellen Bevölkerungs- und Wirtschaftsgeschichte Wuppertals 1527–1808*, Wuppertal 1966.

[26] Knapp [Anm. 16], S. 138. Knapps Berechnung der Zahl der Arbeitskräfte zählt auch alle Gewerbetreibenden mit, die in in anderen Regionen mit der Herstellung eines Vorprodukts beschäftigt waren. Knapps Angaben zur Zahl der Produktionsanlagen, für die er als Quelle einen Bericht des Garnnahrungskollegiums anläßlich eines Besuchs des Kurfürsten Karl Theodor angibt, werden exakt durch den wenige Jahre später entstandenen Bericht des pfälzischen Hofkammerrats Friedrich Heinrich Jacobi über die gewerbliche Entwicklung des Herzogtums Berg bestätigt: W. Gebhard (Hrsg.), Bericht des Hof-Kammerrats Friedrich Heinrich Jacobi über die Industrie der Herzogtümer Jülich und Berg aus den Jahren 1773 und 1774, *Zeitschrift des Bergischen Geschichtsvereins*, 18, 1882, S. 1–148, passim. Jacobi nennt keine Quelle, sondern erweckt den Anschein, als beruhten seine Angaben auf eigenen Erhebungen.

[27] Diese Zahl wurde, basierend auf den verstreuten Hinweisen bei Knapp [Anm. 16], Jacobi [Anm. 26] und Thun [Anm. 16], unter Zugrundelegung folgender Verhältnisse berechnet: je Bleichplatz sieben Arbeiter, drei Arbeiter für zwei Bandwebstühle, zwei Arbeiter je Leinwand- und Siamosenwebstuhl.

[28] Wiebeking [Anm. 1], S. 19f.; die Anzahl der Siamosen- und Leinenwebstühle bezieht Wiebeking auf das Jahr 1780, ergänzt aber, daß die Zahl der Webstühle »sich bis jetzt noch vermehrt haben, worüber ich aber nicht die genaue Anzahl angeben kann.« Die gleichen Zahl der Produktionsanlagen nennt Lenzen [Anm. 24], S. 45, der sich hier offensichtlich auf Wiebeking stützt.

[29] Zur Solinger Gewerbegeschichte vgl. Thun [Anm. 16], S. 5–105; Franz Hendrichs, *Die Geschichte der Solinger Industrie*, Solingen 1933; Heinz Rosenthal, *Solingen. Geschichte einer Stadt, Bd. II: Von 1700 bis zur Mitte des 19. Jahrhunderts*, Duisburg 1977, S. 119ff.; Rudolf Boch/Manfred Krause, *Historisches Lesebuch zur Geschichte der Arbeiterschaft im Bergischen Land*, Köln 1983; Jochen Putsch, *Vom Handwerk zur Fabrik. Eine Lese- und Arbeitsbuch zur Solinger Industriegeschichte* (Anker und Schwert, 6), Solingen 1985; Reinhold Kaiser, *Solingen* (Rheinischer Städteatlas 30), Köln/Bonn 1979; Ders., *Wald (Solingen-)* (Rheinischer Städteatlas 36), Köln/Bonn 1980; Ders., *Dorp (Solingen-)* (Rheinischer Städteatlas 38), Köln/Bonn 1982; Ders., *Höhscheid (Solingen-)* (Rheinischer Städteatlas 45), Köln/Bonn 1985; Stefan Gorißen, Vorindustrielle Gewerberegionen im Vergleich. Die eisenverarbeitenden Gewerbe des Bergischen Landes und Sheffields 1650–1850, *Zeitschrift des Bergischen Geschichtsvereins*, 95, 1991/92, S. 41–77; ders., Korporation und Konkurrenz. Die protoindustriellen Eisengewerbe des Bergischen Landes und der Grafschaft Mark (1650 bis 1820), in: Ebeling/Mager [Anm. 3], S. 381–410.

[30] »Die Verschiedenheit der Waaren, welche in der Solinger

Fabrik verfertigt werden, ist so groß, daß es unmöglich fällt, sie hier aufzuzählen. Man rechnet gegen 400 verschiedene Sorten.« So bereits 1802 das Urteil des Hofkammerrats Lenzen: Theodor J. Josef Lenzen, Ueber Fabriken, Manufakturen und Handlung im Herzogthum Berg, in: Bergisches Taschenbuch für 1798. Zur Belehrung und Unterhaltung, Düsseldorf 1798, S. 187–218, S. 216. Zur Scherenproduktion vgl. jetzt Hanns-Ulrich Haedeke [u. a.], Die Geschichte der Schere. Die Fertigung der Schere zwischen Vielfalt und Massenproduktion (Landschaftsverband Rheinland, Rheinisches Industriemuseum, Kleine Reihe, 28), Köln 1998.

[31] Zur Remscheider Gewerbegeschichte vgl. vor allem die materialreiche ältere Studie Wilhelm Engels/Paul Legers, Aus der Geschichte der Remscheider und Bergischen Werkzeug- und Eisenindustrie, Remscheid 1928; ferner Joachim Voßnack/Otto von Czarnowsky, Der Kreis Lennep, topographisch, statistisch, geschichtlich dargestellt, Remscheid 1854; Thun [Anm. 16], S. 107–160; Egon Erwin Stursberg, Geschichte des Hütten- und Hammerwesens im ehemaligen Herzogtum Berg (Beiträge zur Geschichte Remscheids, 8), Remscheid 1964; Hermann Ringel, Bergische Wirtschaft zwischen 1790 und 1860. Probleme der Anpassung und Eingliederung einer frühindustriellen Landschaft, Neustadt/Aisch 1966; Boch/Krause [Anm. 29]; Goriẞen, Gewerberegionen [Anm. 29]; ders., Korporation [Anm. 29].

[32] Die Texte der Solinger Handwerksprivilegien sind gedruckt bei Heinrich Kelleter, Geschichte der Familie Henckels in Verbindung mit einer Geschichte der Solinger Industrie, Solingen 1924, Beilagen 5, 6, 7 und 12 sowie auszugsweise bei Hendrichs [Anm. 29], S. 23ff., 43ff. und 50ff. Die Texte der Remscheider Zunftstatuten bei Engels/Legers [Anm. 31], S. 192ff.

[33] Ohm [Anm. 21], S. 41f., 45ff., 53ff.

[34] Die Zahlen für 1690 nach Rosenthal [Anm. 29], Bd. 1, S. 288ff.; Engels/Legers [Anm. 31], S. 64; für 1773/4 nach Jacobi [Anm. 26], S. 37ff., für 1792 nach Wiebeking [Anm. 1], S. 43f., 47f.

[35] Siegrid Neuhaus, Die Entstehung der Schloßindustrie des bergisch-märkischen Landes, Diss. Hamburg 1924; Willy Fentsch, Die Anfänge der Velberter Industrie, Romerike Berge, 1, 1950, S. 120–126; Eduard Windfuhr, Das »Rechnungsbüchlein« eines Schloßschmiedes von 1793–1804. Ein Beitrag zur Geschichte der wirtschaftlichen Entfaltung Velberts um 1800, Diss. Nürnberg 1953 sowie Strutz [Anm. 5], S. 358f.

[36] Für das ausgehende 17. Jahrhundert vgl. die Nachweise bei Fentsch [Anm. 35], für das frühe 19. Jahrhundert Ohm [Anm. 21], S. 65, 68, 69.

[37] Kurt Wesoly, Velbert (Rheinischer Städteatlas 57), Köln/Bonn 1992, S. 10, 13; ders., Heiligenhaus (Rheinischer Städteatlas 60), Köln/Bonn 1994, S. 12f.; ders., Wülfrath (Rheinischer Städteatlas 68), Köln/Bonn 1996, S. 15f.

[38] Zur Fabrikindustrialisierung in Remscheid vgl. Ringel [Anm. 31], S. 83–102; Franz Ziegler, Wesen und Wert kleinindustrieller Arbeit, gekennzeichnet in einer Darstellung der Bergischen Kleineisenindustrie, Berlin 1901; für Solingen Putsch [Anm. 29] sowie neuerdings ders., »England im Kleinen?« Solingen auf dem Weg zur Industriestadt, in: Gesenkschmiede Hendrichs. Solinger Industriegeschichte zwischen Handwerk und Fabrik (Landschaftsverband Rheinland, Rheinisches Industriemuseum, Schriften, 15), Essen 1999, S. 21–28.

[39] Zu nennen sind vor allem die 1788 errichteten sogenannten ›Buschhämmer‹ in Dahlerau an der Wupper, die aus Rohstahlhämmern, Sensenhämmern und einer Anlage zur Erzeugung von Zementstahl bestanden. Das Werk, das der Herstellung von Stahlsensen diente, ging 1809 in Konkurs: Ringel [Anm. 31], S. 74f.

[40] Trotz ihrer hohen Bedeutung sind die vorindustriellen Wollgewerbe um Lennep bislang nur selten Gegenstand historischer Analyse geworden. Unverzichtbar, wenn auch in vielem überholt, ist nach wie vor die Studie von Richard Robert Isenburg, Untersuchungen über die Entwicklung der bergischen Wollenindustrie, Diss. Heidelberg 1906; daneben existieren eine Reihe von Darstellungen im Kontext Remscheid betreffender stadtgeschichtlicher Arbeiten: Stursberg [Anm. 31], S. 85–92, 128–133; ders., Zur älteren Geschichte Lenneps (Beiträge zur Geschichte Remscheids, 7), Remscheid 1956.

[41] Vgl. hierzu Burkhard Dietz, Im Zeichens des Mittelalters: Aufstieg und Niedergang des Tuchgewerbes in Wipperfürth 1462–1803, Zeitschrift des Bergischen Geschichtsvereins, 90, 1982/83, S. 46–83.

[42] Der barocke Titel der Kaufmannskorporation lautete: »Werte Kompagnie der Lenneper Lackenfabrikanten und Löbliche Hansa-Brüder« (Isenburg [Anm. 40], S. 16).

[43] Vgl. hierzu auch Fritz Hinrichs, Lenneper Tuchfabrikanten und Amsterdamer Handelshäuser, Romerike Berge, 9, 1959/60, S. 117–120.

[44] Vgl. hierzu am Beispiel der Familie Moll: Hans Carl Scheibler/Karl Wülfrath, Westdeutsche Ahnentafeln. 1. Band, Weimar 1939, S. 339; Ernst Voye, Geschichte der Industrie im Märkischen Sauerlande. Bd. 1: Kreis Hagen, Hagen 1908, S. 121f.; Jörg Engelbrecht, Das Herzogtum Berg im Zeitalter der Französischen Revolution. Modernisierungsprozesse zwischen bayerischem und französischem Modell (Quellen und Forschungen aus dem Gebiet der Geschichte, N.F., 20), Paderborn 1996, S. 177; zu Essen und Werden vgl. Aloys Philipp Vollmer, Handwerk und Gewerbe, Handel und Verkehr in den ehemaligen Stiftsgebieten Essen und Werden, sowie der Reichsstadt Essen zur Zeit der französischen Herrschaft 1803–1813.

Ein Beitrag zur Wirtschaftsgeschichte des Großherzogtums Berg, Münster 1909; Ulrich S. Soénius, Tuche von der Ruhr. Akten und Geschäftsbücher der Firma Johann Wilhelm Scheidt in Kettwig, in: Jochen Hoock/Wilfried Reininghaus (Hrsg.), *Kaufleute in Europa. Handelshäuser und ihre Überlieferung in vor- und frühindustrieller Zeit*. Beiträge der Tagung im Westfälischen Wirtschaftsarchiv 9. bis 11. Mai 1996 (Untersuchungen zur Wirtschafts-, Sozial- und Technikgeschichte, 16), Dortmund 1997, S. 171–182.

[45] Gerhard Huck (Bearb.), Chronik einer der »Kultur und Industrie gewidmeten Reise« – Philipp Andreas Nemnichs Reisebericht aus dem Jahre 1808, in: Huck/Reulecke [Anm. 2], S. 147–164, hier S. 156.

[46] Jacobi [Anm. 26], S. 75–19, 82–84, 88–90, 94–96, 97–102, 106–107.

[47] Wiebeking [Anm. 1], Tabelle zu S. 5. Wiebeking meint mit dieser Zahl ganz offensichtlich nicht den Bevölkerungsanteil, dessen Subsistenz von der Betätigung eines oder mehrerer Haushaltsmitglieder im Wollgewerbe abhing, sondern die Zahl der Arbeitskräfte. Demnach entfielen ausgangs des 18. Jahrhunderts unter Einbeziehung aller vor- und nachbereitenden Arbeitsschritte auf einen Wollwebstuhl fast 9 Arbeitskräfte. Inwieweit diese Verhältniszahl auch schon für die 1770er Jahre gegolten hat, oder ob technische Fortschritte und organisatorische Veränderungen im letzten Jahrhundertviertel diese Proportionen veränderten, muß hier dahingestellt bleiben.

[48] Nemnich [Anm. 45], S. 156.

[49] Kermann [Anm. 23], S. 110, 164.

[50] Ohm [Anm. 21], S. 41–45, 51–53, 111–112.

[51] Ploennies [Anm. 10], S. 70.

[52] Vgl. die knappen Bemerkungen bei Strutz [Anm. 5], S. 373f. sowie bei Kermann [Anm. 23], S. 314f.

[53] Wiebeking [Anm. 1], Tabelle zu S. 5. Da über die Produktionsorganisation des Burger Wolldeckengewerbes nur wenig bekannt ist, lassen sich die Angaben zur Zahl der Produktionsanlagen von 1773/74 und die zu den Beschäftigten von 1792 nicht zueinander in Beziehung setzen.

[54] Ohm [Anm. 21], S. 15.

[55] Vgl. Renate Gerling, *Burg a. d. Wupper* (Rheinischer Städteatlas 44), Köln/Bonn 1985.

[56] Vgl. hierzu vor allem die sehr genaue Darstellung bei Leo Schwering, Die Auswanderung protestantischer Kaufleute aus Köln nach Mülheim a. Rh. im Jahre 1714, *Westdeutsche Zeitschrift für Geschichte und Kunst*, 26, 1907, S. 194–250; zur gewerblichen Entwicklung Mülheims im 18. Jahrhunderts vgl. Franz Theodor Cramer, Gewerbe, Handel und Verkehrswesen der Freiheit Mülheim a. Rh. im 18. Jahrhundert (Diss. Münster 1908), *Düsseldorfer Jahrbuch. Beiträge zur Geschichte des Niederrheins*, 22, 1908/09, S. 1–100; Johann Bendel, *Die Stadt Mülheim am Rhein. Geschichte und Beschreibung, Sagen und Erzählungen* (1913), Köln (ND) 1981 sowie als neuere Darstellung vor allem Clemens Looz-Corswarem, Köln und Mülheim am Rhein im 18. Jahrhundert, in: Helmut Jäger [u. a.] (Hrsg.), *Civitatum Communitas*. Festschrift für Heinz Stoob, Bd. 2, Köln/Wien 1984, S. 543–564; ferner Ludger Reiberg, Die Sozialtopographie Mülheims. Ein Beitrag zur Bevölkerungsgeschichte und Stadtgeschichte. Teil 1 (bis 1850), *Rechtsrheinisches Köln*, 7, 1981, S. 53–120; ders., Die soziale Lage in Mülheim am Rhein um 1800, in: Reinhold Billstein (Hrsg.), *Das andere Köln. Demokratische Traditionen seit der Französischen Revolution*, Köln 1986, S. 9–28. Zu den bedeutendsten Kaufleuten und Fabrikanten, der Familie Andreae, liegt eine gute ältere firmengeschichtliche Arbeit vor: Hermann Thimme, *Geschichte der Firma Christoph Andreae in Mülheim am Rhein 1714–1914*, Köln o. J. (1914) sowie zwei vorzügliche biographische Skizzen zu den beiden bedeutendsten Vertretern dieser Familie: Guntram Philipp, Christoph Andreae (1665–1742), in: *Rheinisch-Westfälische Wirtschaftsbiographien*, Bd. 12: Kölner Unternehmer im 18., 19. und 20. Jahrhundert, Münster 1986, S. 15–47; ders., Christoph Andreae (1735–1804), in: ebd., S. 48–78.

[57] Florettbänder bestanden aus einem Mischgewebe aus Seide und Baumwolle.

[58] Für die aus der Reichsstadt nach Mülheim übersiedelnden Weber errichtete Christoph Andreae eigens sogenannte ›Lintwirkerhäuser‹, in denen die Arbeiter an sogenannten ›Schubstühlen‹ in zentralisierten Werkstätten ihr Handwerk mit den traditionellen Techniken ausübten und ergänzte damit die traditionelle Betriebsform des Verlags in den Textilgewerben durch die Manufaktur: vgl. Philipp, Andreae (1663–1742) [Anm. 56], S. 30.

[59] Der Weinhandel der Firma Andreae wurde keineswegs, wie Philipp, Andreae (1735–1804) [Anm. 56], S. 55, vermutet, im Kontext der Auseinandersetzung um eine Verlängerung landesherrlicher Privilegien in den Jahren 1769/70 aufgegeben. Noch in den Jahren 1775 und 1776 lassen sich umfangreiche Lieferung von Rheinwein durch Christoph Andreae an den Kaufmann Johan Caspar Harkort an der Enneperstraße nachweisen: Westfälisches Wirtschaftsarchiv Dortmund, F39, Nr. 9, fol. 569.

[60] Wiebeking [Anm. 1], Tabelle zu S. 5.

[61] Philipp, Andreae (1735–1804) [Anm. 56], S. 64; Thimme [Anm. 56], S. 49. Die Unvereinbarkeit der bei Wiebeking genannten Zahl mit denen für die Firma Andreae fällt ins Auge und kann hier nicht aufgelöst werden. Sie verweist auf die außerordentlichen Probleme, die mit der Identifizierung und Zuordnung von dezentralen Arbeitskräften verbunden sind.

[62] Ohm [Anm. 21], S. 92f.

[63] Vgl. Ferdinand Schmitz, *Die Papiermühlen und Papiermacher*

des Strundertals (1921), Neudruck, Bergisch-Gladbach 1979, S. 18, 26f., 38f.; Burkhard Dietz, Vom spätmittelalterlichen Handwerk zur industriellen Produktionsweise: der Aufstieg des bergischen Papiergewerbes (16. bis 19. Jahrhundert), *Zeitschrift des Bergischen Geschichtsvereins*, 93, 1987/88, S. 81–131, S. 97f., 101; Sabine Schachtner, *Die Papiermacherei und ihre Geschichte in Bergisch-Gladbach*, Bergisch-Gladbach 1990, S. 47f.

[64] Zur Technikgeschichte der vorindustriellen Papierfertigung vgl. vor allem die detailreiche Studie von Günter Bayerl, *Vorindustrielle Papiermacherei auf dem Gebiet des alten deutschen Reiches. Technologie, Arbeitsverhältnisse, Umwelt*. 2 Bde., Frankfurt/Main 1987; zur im Bergischen Land verwendeten Technik vgl. Schachtner [Anm. 63], S. 11–35; dies., *Größer, schneller, mehr. Zur Geschichte der industriellen Papierproduktion und ihrer Entwicklung in Bergisch Gladbach* (Landschaftsverband Rheinland, Rheinisches Industriemuseum, Außenstelle Bergisch Gladbach, Kleine Reihe, 16), Köln 1996, S. 14–19.

[65] Ohm [Anm. 21], S. 65.

[66] Wiebeking [Anm. 1], Tabelle zu S. 5; Schachtner [Anm. 63], S. 50.

[67] Vgl. Otto Reinhard Redlich, Urkundliche Beiträge zur Geschichte des Bergbaus am Niederrhein, *Düsseldorfer Jahrbuch. Beiträge zur Geschichte des Niederrheins*, 15, 1900, S. 118–164, S. 123; Willy Esser, Der bergische Bergbau mit besonderer Berücksichtigung der Regierungszeit Karl Theodors, *Zeitschrift des Bergischen Geschichtsvereins*, 55, 1925/26, S. 1–127, S. 2f. sowie Emil Dösseler, Die oberbergische Wirtschaft und soziale Struktur bis zum Beginn des 19. Jahrhunderts, *Zeitschrift des Bergischen Geschichtsvereins*, 84, 1968/69, S. 49–158, S. 55

[68] Zugleich wird im 16. Jahrhundert das landesherrliche Interesse am Bergbau im Erlaß einer Bergordnung 1542 durch Herzog Wilhelm von Jülich, Geldern, Kleve, Berg und Mark greifbar. Der Text der Bergordnung findet sich bei J. Josef Scotti, *Sammlung der Gesetze und Verordnungen, welche in dem Herzogtum Cleve und der Grafschaft Mark von 1418–1816 erlassen sind*, 5 Bde., Düsseldorf 1826, Bd. 1, S. 93–114 sowie jetzt wieder bei Alfred Nehls, *Aller Reichtum lag in der Erde. Die Geschichte des Bergbaus im Oberbergischen Kreise*, Gummersbach 1993, S. 91–103. Zum Bergbau im Oberbergischen des 16. Jh. vgl. die Materialsammlung ebd., S. 106–165.

[69] Vgl. hierzu vor allem Esser [Anm. 67], passim; Dösseler [Anm. 67], S. 57f. sowie jüngst die knappe Zusammenfassung bei Gert Fischer, Von 1648 bis 1815, in: Klaus Goebel (Hrsg.), *Oberbergische Geschichte, Bd. 2: Vom Westfälischen Frieden bis zum Ende der Monarchie*, Wiehl 1998, S. 13–98, S. 56f.

[70] Zu den geologischen Grundlagen des oberbergischen Bergbaus vgl. Friedrich Leopold Kinne, *Beschreibung des Bergreviers Ründeroth*, Bonn 1884.

[71] Vgl. hierzu die Listen der Mutungen des 18. Jahrhunderts mit Angabe der Gewerken bei Esser [Anm. 67], S. 94–125.

[72] Vgl. Nehls [Anm. 68], S. 191–214; Zitat ebd., S. 205, aus einem Bericht des Grafen von Nesselrode von 1760; zu Kauert auch Fischer [Anm. 69], S. 56.

[73] Wiebeking [Anm. 1], S. 35–38. Der Hauf war ein im Bergbau verbreitetes Hohlmaß, dessen Gewicht je nach dem Eisenanteil im Erz zwischen 3500 und 5000 kg schwankte.

[74] Zu den Hüttenwerken im Herzogtum Berg an der Wende zum 19. Jahrhundert vgl. Dösseler [Anm. 67], S. 58–61 sowie die wichtige zeitgenössische Darstellung des preußischen Fabrikenkommissars in der Grafschaft Mark Friedrich August Alexander Eversmann, *Die Eisen- und Stahlerzeugung auf den Wasserwerken zwischen Lahn und Lippe und in den vorliegenden französischen Departements*, Dortmund 1804, S. 375–380, Zitat S. 378.

[75] Vgl. Ludwig Beck, *Die Geschichte des Eisens in technischer und kulturgeschichtlicher Beziehung. Bd. 3: Das XVIII. Jahrhundert*, Braunschweig 1897, S. 354.

[76] Dieses Verhältnis wurde für das mit im wesentlichen gleichen Technologien arbeitende französischen Eisengewerbe sehr präzise nachgewiesen durch Denis Woronoff, *L'industrie sidérurgique en France pendant la Révolution et l'Empire*, Paris 1984.

[77] Vgl. auch Wolfgang Mager, Protoindustrialisierung und Protoindustrie. Vom Nutzen und Nachteil zweier Konzepte, *Geschichte und Gesellschaft*, 14, 1988, S. 275–303, S. 296f.

[78] Vgl. Jürgen Kocka, *Arbeitsverhältnisse und Arbeiterexistenzen. Grundlagen der Klassenbildung im 19. Jahrhundert* (Geschichte der Arbeiter und der Arbeiterbewegung in Deutschland seit dem Ende des 18. Jahrhunderts, 2), Bonn 1990, S. 394f., 414f.

[79] Ohm [Anm. 21], nennt für die Ämter Steinbach und Windeck sowie für Engelskirchen für den Eisenhandel außer der ›Schmelzhütte zu Broel‹ (Bröhler Hütte, bei Waldbröl) lediglich vier Kaufleute, die zugleich als Betreiber von Eisenreckhämmern ausgewiesen werden (S. 49f.).

[80] Hildegard Hoffmann, *Handwerk und Manufaktur in Preußen 1769. Das Taschenbuch Knyphausen* (Deutsche Akademie der Wissenschaften zu Berlin, Schriften des Zentralinstituts für Geschichte, II, 10), Berlin 1969, S. 142–145.

[81] Gisela Vollmer, Eine Fabrikenstatistik des Herzogtums Kleve aus dem 18. Jahrhundert, *Düsseldorfer Jahrbuch. Beiträge zur Geschichte des Niederrheins*, 46, 1954, S. 182–203.

[82] Vgl. Herbert Lehmann, *Duisburgs Großhandel und Spedition vom Ende des 18. Jahrhunderts bis 1905* (Duisburger Forschungen, 1. Beiheft), Duisburg 1958, S. 54.

[83] Zum Duisburger Tabakgewerbe vgl. die Betriebsstudie zur

Firma Böninger: Otto Terpoorten, *Geschichte der Firma Arnold Böninger, Duisburg 1750–1928*, Duisburg 1949 sowie Walter Ring, *Geschichte der Duisburger Familie Böninger*, Duisburg 1930. Bereits 1809 bestanden Ohm zufolge in Duisburg 14 ›Tabaksfabriken‹ (Ohm [Anm. 21], S. 60–62); zur Duisburger Gewerbestruktur ausgangs des 18. Jahrhunderts vgl. auch Joseph Milz, *Duisburg* (Rheinischer Städteatlas 21), Köln/Bonn 1978, S. 20–22.

[84] Zur Wirtschaftsstruktur Duisburgs im 18. Jahrhundert vgl. Lehmann [Anm. 82], bes. S. 52–65 sowie James H. Jackson jr., *Migration and Urbanization in the Ruhr Valley, 1821–1914* (Studies in Central European Histories), New Jersey 1997, S. 39–44.

[85] Zu Wesel siehe den Beitrag von Angela Giebmeyer in diesem Band.

[86] Vgl. hierzu Lehmann [Anm. 82], S. 37–52.

[87] Vgl. Heinrich Averdunk, *Die Duisburger Börtschiffahrt, zugleich ein Beitrag zur Geschichte des Gewerbes in Duisburg und des Handelsverkehrs am Niederrhein* (Schriften des Duisburger Museumsvereins, 2), Duisburg 1905.

[88] Ohm [Anm. 21], S. 60–62.

[89] Vgl. Hans Spethmann, *Die Frühzeit des Ruhrorter Hafens. Die Anfänge eines Welthafens*, Berlin 1941; Herbert Lehmann, *Ruhrort im 18. Jahrhundert* (Duisburger Forschungen, 8. Beiheft), Duisburg 1966; die Zahl der Handelshäuser nach Ohm [Anm. 21], S. 62f.

[90] Vgl. Bodo Herzog, Eberhard Pfandhöfer. Zu seinem 225. Geburtstag am 15. September 1968, *Beiträge zur Geschichte von Stadt und Stift Essen*, 83, 1968, S. 55–80.

[91] Vgl. die knappe Darstellung bei Eversmann [Anm. 74], S. 314–319.

[92] Zur Antoniihütte vgl. die Betriebsstudie von Andreas Marco Graf von Ballestrem, *Die älteste Eisenhütte des Ruhrgebiets. Die Sanct Antonii-Hütte bei Osterfeld. Ihre Geschichte von den Anfängen bis zur Gründung der Hüttengewerkschaft und Handlung Jacobi, Haniel & Huyssen 1741–1808*, Tübingen 1969; außerdem Bodo Herzog, Franz Haniel. Kaufmann – Unternehmer – Industriepionier, in: ders./Klaus J. Mattheier (Hrsg.), *Franz Haniel 1779–1868. Materialien, Dokumente und Untersuchungen zu Leben und Werk des Industriepioniers Franz Haniel* (Veröffentlichungen des Instituts für geschichtliche Landeskunde der Rheinlande der Universität Bonn), Bonn 1979, S. 133–157.

[93] Vgl. auch Eversmann [Anm. 74], S. 302–314, S. 306. Belege für den Verkauf von Gußeisen von der ›Hoffnungshütte‹ im Firmenarchiv Harkort: Westfälisches Wirtschaftsarchiv Dortmund, F39, Nr. 52, fol. 434 sowie Nr. 89, pag. 797, 813.

[94] Wiebeking [Anm. 1], S. 1.

[95] Diese Ansicht ist mit grosser Wirkung vor allem vertreten worden durch Max Barkhausen, Staatliche Wirtschaftslenkung und freies Unternehmertum im westdeutschen und nord- und südniederländischen Raum bei Entstehung der neuzeitlichen Industrie im 18. Jahrhundert, *Vierteljahrschrift für Sozial- und Wirtschaftsgeschichte*, 45, 1958, S. 168–241; ders., Der Aufstieg der rheinischen Industrie im 18. Jahrhundert und die Entstehung eines industriellen Großbürgertums, *Rheinische Vierteljahrsblätter*, 19, 1954, S. 135–177. Der von Barkhausen vorgeschlagenen Interpretation folgen etwa auch Kisch [Anm. 16], Ringel [Anm. 31] und Reulecke [Anm. 5].

[96] Zum preußischen Steuersystem und seiner Anwendung auf die westelbischen Provinzen vgl. für das Beispiel der Grafschaft Mark Stefan Gorißen, Die Steuerreform in der Grafschaft Mark 1791. Ein Modell für die Stein-Hardenbergschen Reformen?, in: Stefan Brakensiek [u. a.] (Hrsg.), *Kultur und Staat in der Provinz. Perspektiven und Erträge der Regionalgeschichte* (Studien zur Regionalgeschichte, 2), Bielefeld 1992, S. 189–212; Wilfried Reininghaus, Die Wirkung der Steuern auf Wirtschaft und Gesellschaft in der Grafschaft Mark im 18. Jahrhundert, in: Eckart Schremmer (Hrsg.), *Steuern, Abgaben und Dienste vom Mittelalter bis zur Gegenwart. Referate der 15. Arbeitstagung der Gesellschaft für Sozial- und Wirtschaftsgeschichte vom 14. bis 17. April 1993 in Bamberg* (Vierteljahrschrift für Sozial- und Wirtschaftsgeschichte, Beiheft 114), Stuttgart 1994, S. 147–169.

[97] Entsprechend waren die bedeutenden linksrheinischen ländlichen Textilgewerbe auch nicht auf preußischem Boden, sondern in den Territorien des kurkölnischen Staates und vor allem des Herzogtums Jülich zu finden.

[98] Zum Steuersystem im Herzogtum Berg vgl. Stefan Wagner, *Staatssteuern in Jülich-Berg von der Schaffung der Steuerverfassung im 15. Jahrhundert bis zur Auflösung der Herzogtümer in den Jahren 1801 und 1806* (Kölner Vorträge und Abhandlungen zur Sozial- und Wirtschaftsgeschichte, 27), Köln 1977; Engelbrecht [Anm. 44], S. 75–86.

[99] Vgl. Gorißen, Korporation [Anm. 29], S. 397f.

[100] Diese Ansicht wurde am prominentesten vertreten durch führende Vertreter der Historischen Schule der Nationalökonomie, repräsentert vor allem im großen Regestenwerk der Acta Borussica. Zur Auseinandersetzung mit den borussischen Traditionen der Gewerbegeschichtsschreibung vgl. mit Blick auf die Krefelder Seidengewerbe vor allem Herbert Kisch, Preußischer Merkantilismus, und der Aufstieg des Krefelder Seidengewerbes. Variationen über ein Thema des 18. Jahrhunderts, in: ders., *Die hausindustriellen Textilgewerbe am Niederrhein vor der industriellen Revolution. Von der ursprünglichen zur kapitalistischen Akkumulation*, Göttingen 1981, S. 66–161.

[101] Erinnert sei hier nur an die Einrichtung eines ›Gnadenfonds‹ zugunsten der Leinengewerbe in Bielefeld nach dem Siebenjährigen Krieg: vgl. hierzu Axel Flü-

gel, *Kaufleute und Manufakturen in Bielefeld. Sozialer Wandel und wirtschaftliche Entwicklung im proto-industriellen Leinengewerbe von 1680 bis 1850* (Studien zur Regionalgeschichte, 6), Bielefeld 1993.

[102] Vgl. hierzu die Überblicksdarstellung bei Meinrad Schaab, *Geschichte der Kurpfalz. Bd. 2: Neuzeit*, Stuttgart 1992, insb. S. 161–180, 211–244 sowie Engelbrecht [Anm. 44], S. 17–37, 48–75.

[103] Zu Jacobi vgl. Fritz Schulte, Die wirtschaftlichen Ideen Friedrich Heinrich Jacobis. Ein Beitrag zur Vorgeschichte des Liberalismus, *Düsseldorfer Jahrbuch. Beiträge zur Geschichte des Niederrheins*, 48, 1956, S. 280–292; Günther Baum, Die politische Tätigkeit F. H. Jacobis im Hinblick auf die wirtschaftspolitische Entwicklung des Düsseldorfer Raums, in: Gerhard Kurz (Hrsg.), *Düsseldorf in der deutschen Geistesgeschichte (1750–1850)*, Düsseldorf 1984, S. 103–108.

[104] Zu den Hompesch und zur wirtschaftspolitischen Diskussion in der Düsseldorfer Beamtenschaft vgl. Engelbrecht [Anm. 44], S. 278–288.

[105] Die ungedruckte Arbeit von Gertrud Kuhn, *Jülich-Bergische Wirtschaftspolitik im 17. und besonders im 18. Jahrhundert*, Diss. Köln 1942, die sich ausschließlich auf die gedruckte Ediktsammlung bei J. Josef Scotti, *Sammlung der Gesetze und Verordnungen, welche in den ehemaligen Herzogtümern Jülich, Cleve und Berg und in dem vormaligen Großherzogtum Berg über Gegenstände der Landeshoheit, Verfassung, Verwaltung und Rechtspflege ergangen sind* [...], Düsseldorf 1826, stützt, kann die Ansprüche an eine fundierte Studie zur Merkantilpolitik im Herzogtum Berg bei weitem nicht erfüllen.

[106] Mit polemischer Zuspitzung im harschen Urteil gegen die Politik der reichsstädtischen Zünfte findet sich diese Sichtweise wiederum vor allem bei Herbert Kisch, Das Erbe des Mittelalters – ein Hemmnis wirtschaftlicher Entwicklung. Aachens Tuchgewerbe vor 1790, *Rheinische Vierteljahrsblätter*, 30, 1965, S. 251–308. Das gleiche Urteil findet sich zuvor bereits bei Barkhausen [Anm. 95] und in der Folge bei vielen Autoren zur bergischen Gewerbegeschichte: vgl. etwa Dietz [Anm. 41] oder Reulecke [Anm. 5].

[107] Daß korporative Institutionen und Protoindustrie im mitteleuropäischen Raum sich nicht ausschlossen, vielmehr häufig zusammenfielen, wird jüngst betont durch Sheilagh C. Ogilvie, The Beginnings of Industrialization, in: dies. (Hrsg.), *Germany. A New Social and Economic History. Vol. 2: 1630–1800*, London [u. a.] 1996, S. 263–308; dies., Soziale Institutionen, Korporatismus und Protoindustrie. Die Württembergische Zeugmacherei, 1580–1797, in: Ebeling/Mager [Anm. 3], S. 105–138. Auch Ogilvie unterstellt hierbei jedoch pauschal fortschrittsfeindliche und entwicklungshemmende Folgen der zünftischen Politik.

[108] So, folgt man der Interpretation bei Dietz [Anm. 41], für die Zünfte im Wipperfürther Tuchgewerbe.

[109] Vgl. hierzu Rudolf Boch, *Handwerker-Sozialisten gegen Fabrikgesellschaft. Lokale Fachvereine, Massengewerkschaft und industrielle Rationalisierung in Solingen 1870 bis 1914* (Kritische Studien zur Geschichtswissenschaft, 67), Göttingen 1985, S. 81–84; Gorißen, Gewerberegionen [Anm. 29], passim.

[110] Hierzu sehr detailliert Henkel [Anm. 19], passim.

[111] Vgl. Thun [Anm. 16], S. 9, 27f., 120f.; Hendrichs [Anm. 29], S. 83–87, 133–116.

[112] Vgl. Wolfgang Köllmann, Die Garnnahrung im Wuppertal. Versuch einer Klärung der Organisationsform, in: ders. *Wirtschaft, Weltanschauung und Gesellschaft in der Geschichte des Wuppertals* (Beiträge zur Geschichte und Heimatkunde des Wuppertals, 1), Wuppertal 1955, S. 7–13.

[113] Vgl. Wolfgang Hoth, Unternehmerzusammenschlüsse in Lennep und Remscheid vor 1840, *Zeitschrift des Bergischen Geschichtsvereins*, 86, 1973, S. 240–244; Jörg Engelbrecht, Außenpolitische Bestrebungen rheinischer Unternehmer im Zeitalter der Französischen Revolution, *Francia*, 17, 1990, S. 119–141.

[114] Vgl. hierzu mit weiterführenden Literaturangaben Bolenz [Anm. 22], S. 18–23.

[115] Vgl. hierzu sehr präzise Schwering [Anm. 56], passim. Die ansonsten sehr umsichtige Darstellung bei Looz-Corswarem [Anm. 56], S. 551, übernimmt implizit das Klischee vom liberalen Unternehmer, wenn sie den Eindruck erweckt, als seien den Kaufleuten die Privilegien gewissermaßen als Begrüßungsgeschenk des neuen Landesherren gewährt worden.

[116] Vgl. hierzu Philipp, Andreae (1665–1742) [Anm. 56], passim; ders., Andreae (17835–1804) [Anm. 56], passim.

[A] Ausschnitt aus der Technologischen Karte »Darstellung derjenigen Niderrheinisch Westphälischen Gegenden so zwischen Lahn, Astenberg, Istenberg, Lippe und Rhein liegen besonders in Hinsicht auf Metallische Fabrication« als Beilage zu Eversmann, Friedrich August Alexander, Übersicht der Eisen- und Stahl-Erzeugung auf den Wasserwerken zwischen Lahn und Lippe. Mit einem Anhange von derjenigen so in den vorliegenden Französischen Departements befindlich ist, auch einer Nachricht von andern in dem Distrikt zwischen Lahn und Lippe vorhanden metallischen und unmetallischen Werken, Dortmund 1804.

Bildnachweis:

Ratingen, Rheinisches Industriemuseum: 1
Solingen, Deutsches Klingenmuseum: 8–9
Wuppertal, Bergischer Geschichtsverein: 6–7
Repro: 2–5, 10–11
Verf.: 12–15

1 August Christian Hauck, Heinrich von der Leyen. Öl auf Leinwand, 1764. Krefeld, Museum Burg Linn. Heinrich von der Leyen gründete gemeinsam mit seinem älteren Bruder Friedrich die Firma Friedrich & Heinrich von der Leyen. Sie sollte den Ruhm des Krefelder Seidengewerbes begründen.

Peter Kriedte

»Denen Holländern nach und nach […] abgelernt und abgejagt«

Der Aufstieg des Krefelder Seidengewerbes im 18. Jahrhundert

Am 6. Februar 1767 äußerten sich die Krefelder Seidenverleger Friedrich und Heinrich von der Leyen auf Anforderung der Geldern-moersischen Kriegs- und Domänenkammer zu einem vom Geheimen Finanzrat Fäsch, einem Beamten des Berliner Generaldirektoriums, ausgearbeiteten ›Projekt‹ über das ›Commercien- und Manufakturwesen‹, vor allem dazu, ob es auch auf für das Fürstentum Moers, das Herzogtum Geldern und für Krefeld tauge. Dabei gingen sie auf die gewerbliche Entwicklung in dieser Region ein. So habe »die so genante holländische leinenweberey und handlung […] vor zeiten in dieser gegend viele leute beschäftiget und ernähret, seit dann aber sehr stark abgenommen«. Dann kamen sie auf die anderen ›Fabriken‹ zu sprechen:

> »Ob nun demnach gleich diese provintz aus eigenthümlichen materialien sehr wenig zu fabriciren und an ausländer zu debitiren im stande ist, so hat sie dafür, besonders alhier in Creyfeldt verschiedene andere fabriquen, wozu sie die rohe stoffen aus fremden länder beziehet, wozu sie hernach die verfertigte waaren theils in- und mehrentheils außer dem land verkauffet, welche nicht weniger nützlich und einträglich sind. Unsere seydenfabriquen sind darunter die allerwichtigste, indem sie etlichen tausend menschen arbeit und brot, der gantzen stadt und gegend viele nahrung und jährlich eine schöne summe geld ins land bringen. Diese haben wir denen Holländern nach und nach so abgelernt und abgejagt, daß sie nunmehro die ihrige weit übertreffen und fast gantz zu grundgerichtet haben. Wir sind also darinnen der theorie des herrn geheimen finanzrath schon practice zuvorgekommen und werden ihr nun noch immer mehr und weiter nachfolgen.«[1]

Die soeben zitierten Sätze enthalten im Kern eine Gewerbegeschichte Krefelds und seines Umlands seit der Mitte des 17. Jahrhunderts. Diese stand zunächst ganz im Zeichen des Leinengewerbes. Dessen Anfänge gehen wahrscheinlich in die Mitte des 17. Jahrhunderts zurück. Dem sogenannten Münkerhofverzeichnis, der ersten Krefelder Bevölkerungsliste, zufolge gab es 1716 in Krefeld 87 Leineweberhaushalte und 31 Haushalte von Linnenreidern.[2] Letztere verbanden aller Wahrscheinlichkeit nach Produktion und Handel miteinander, mit dem Schwergewicht möglicherweise auf der Endverarbeitung. Zählen wir alle Haushalte zusammen, die sich dem Leinengewerbe zurechnen lassen (Spinner, Weber, Färber, Packer, Reider und Händler), kommen wir auf insgesamt 136. Das heißt, daß bei insgesamt 395 Haushalten – Krefeld hatte damals in etwa 1932 Einwohner (einschließlich seines Landgebiets ca. 2540) – 34% aller Krefelder Haushalte im Leinengewerbe und im Leinenhandel tätig waren.

Inzwischen hatte der Aufstieg des Seidengewerbes begonnen. In den im Münkerhofverzeichnis genannten 14 Lintwirkern haben wir seine ersten Arbeitskräfte vor uns.[3] Seit den zwanziger Jahren fiel die Leineweberei gegenüber dem Seidengewerbe mehr und mehr zurück. 1735 gab es bereits 92 Band- und Samtweber, aber nur noch 32 Leineweber. In Wahrheit war der Abstand noch sehr viel größer, da in diese Zahlen nicht diejenige der Gesellen eingegangen ist. Diese war im Seidengewerbe anders als im Leinengewerbe erheblich.[4] 1750 überstieg die Zahl der Band-, Samt- und Seidenstoffweber die der Leineweber bereits um mehr als das Sechsfache. 1769 waren

618 Seidenstühle in Gang, aber nur noch 18 Leinenstühle.[5] Bis 1783 ging deren Zahl auf zwei zurück; 1788 hieß es in den Fabrikentabellen: »diese fabrique ist eingegangen, weilen der mann alt und blind geworden.«[6] Das Seidengewerbe triumphierte. Die von der Leyen behaupteten 1763, die »leinwand fabrique« habe sich »dergestalt von hier nach dem Gulichschen und Vierschen im Geldrischen gezogen, daß davon sehr wenig hier übrig geblieben«; es gebe in Krefeld nur noch einige Leinwandhändler, welche die Leinwand aus den genannten Gegenden bezögen, hier verpackten, in Haarlem bleichen ließen und von dort verschickten.[7] Letztlich entscheidend dürfte die Sogwirkung des neuen Gewerbes gewesen sein. Sie ließ dem Leinengewerbe keinen Platz mehr und führte dazu, daß es mehr und mehr ins Abseits geriet.

Die Mennoniten und die Krefelder Gewerbegeschichte

Träger dieser in vieler Hinsicht außerordentlichen Entwicklung waren die Mennoniten. Seit den zwanziger Jahren des 18. Jahrhunderts gaben viele Beobachter ihrer Überzeugung Ausdruck, daß Krefelds Aufstieg zu einem der bedeutendsten Gewerbeorte am Niederrhein den Mennoniten zuzuschreiben sei. In einem von dem Krefelder Aufklärer Engelbert vom Bruck verfaßten Artikel im Westphälischen Magazin hieß es dazu 1785, nicht ohne an »die Aufnahme der aus dem benachbarten Jülichschen vertriebenen Mennoniten« zu erinnern, man könne davon ausgehen, »daß Intoleranz und Bigotterie an der einen Seite, und Duldung und Menschenliebe an der anderen Krefeld empor gebracht haben«; denn es seien die Mennoniten, denen »Krefeld hauptsächlich seine Aufnahme« zu verdanken habe: Sie hätten nicht nur den »Handel mit feiner Leinwand« erweitert, sondern »auch noch andere Fabriken«, vor allem die »hiesigen Seidenmanufakturen« gegründet.[8]

Die Anfänge der Krefelder Mennonitengemeinde gehen in die Zeit vor 1609 zurück. Um die Mitte des 17. Jahrhunderts war sie freilich noch immer recht klein. Ihre Mitgliederzahl dürfte damals eher bei 50 als bei 100 gelegen haben. Erst die Einwanderung großer Teile der aus Gladbach im Jahre 1654 und aus Rheydt im Jahre 1694 vertriebenen Mennoniten machten aus ihr die größte Mennonitengemeinde am Niederrhein. Die Einwanderungen von 1654 und 1694 waren jedoch auch in anderer Hinsicht bedeutsam; denn mit ihnen kam das Zentrum des niederrheinischen Leinengewerbes von Gladbach und Rheydt für einige Zeit nach Krefeld; zugleich ließen sich mit ihnen eine Gruppe von Mennoniten in Krefeld nieder, unter denen nicht nur das gewerbliche, sondern auch das händlerische Element stark verbreitet war.

Daß die Krefelder Mennoniten ein anderes Wirtschaftsverhalten als die Reformierten an den Tag legten, hören wir erstmals 1671. Der Magistrat hatte geklagt, sie zögen »alles Gewerbe und alle Nahrung« an sich. Darauf antworteten sie, das komme ihnen »frembt« vor; Stadt und Land hätten nämlich großen Nutzen von ihnen, »dan wir unter uns keine becker oder wirths, kein schmith, kein schneider oder zimmerleuth« haben. Auch seien ihrer nur wenige, die »landt oder biesten haben«. Sie müßten deshalb alles, was sie nötig hätten, bei den Krefelder Bürgern erwerben. »[...] unser gewerb zu niemandts nachtheil ist, mit flaß garn undt linnen tuch zu mehren theil umb zu gehen, wo von viele gemeine leuth keinen geringen nutzen haben, [...]«[9] Die starke Verbreitung von Textilberufen unter den Mennoniten und die Konzentration des händlerischen Elements in ihren Reihen waren ein Produkt der Randständigkeit, in der sich die Gladbach-Rheydter Mennoniten in ihren Heimatgemeinden und später auch in Krefeld befanden und die sie nötigte, nach einer neuen Erwerbsbasis Ausschau zu halten.[10]

Die Mennoniten hatten diesen Status zum einen selbst gewählt. Da sie sich als eine Gemeinschaft der wahrhaft Glaubenden verstanden, hielten sie zu denen Abstand, die dieser Gemeinschaft nicht angehörten. Zum anderen war ihnen dieser Status von außen zugeschrieben worden.

Sie wurden von ihrer Umwelt oft mit Ablehnung behandelt. Sie konnte sich bis zur Feindseligkeit steigern. Das hatte zur Folge, daß sie ständig von der Sorge umgetrieben wurden, verfolgt und des Landes verwiesen zu werden. In dieser prekären Situation kam es für sie darauf an, Nischen zu finden, in denen sie am wenigsten eine Diskriminierung zu befürchten hatten und in denen sie hoffen konnten, vereint aus ihrer schwierigen Lage das Beste zu machen. Dafür, daß die Produktion von und der Handel mit Textilien eine solche Nische war, sprach nicht zuletzt der Umstand, daß zwar die politischen Gewalten auf sie zugreifen, daß sie aber im Gegensatz zu Ackerland relativ leicht an einen anderen Ort verbracht werden konnten.

Auch in Krefeld haftete den Mennoniten, nachdem sie sich einmal hier niedergelassen hatten, ein marginaler Status an, zumal sie sich von Anfang an Anfeindungen durch die reformierte Gemeinde gegenüber sahen. Das dürfte dazu beigetragen haben, daß sie ihr Engagement in den Bereichen, in denen sie sich bereits bislang betätigt hatten und die von der Gastgesellschaft bisher nicht besetzt worden waren, weiter verstärkten. Sowohl die Gladbach-Rheydter als auch die Krefelder Mennoniten verstanden es, ihre tagtägliche Erfahrung, einer kleinen, immer wieder angefeindeten und bedrohten Minderheit anzugehören, produktiv zu verarbeiten, indem sie sich auf das Textilgewerbe und den Handel mit Textilprodukten konzentrierten.

Ein weiterer Faktor kam hinzu: Die Täufergemeinden konnten nur dann auf Dauer überleben, wenn es ihnen gelang, sich von ihrer Umwelt unabhängig zu machen und ein eigene ökonomische Basis zu finden. Sie waren geradezu gezwungen, auf den wirtschaftlichen Erfolg zu setzen. Es war umso eher zu erwarten, daß die lokalen und überlokalen Machthaber die Mennoniten tolerieren und in ihren Schutz aufnehmen würden, je größer der wirtschaftliche Erfolg war, auf den diese verweisen konnten; denn von diesen war – wenigstens vorerst – zu vermuten, daß sie nicht ohne weiteres bereit sein würden, auf den ökonomischen Nutzengewinn zu verzichten, den dieser Erfolg für die betreffende Region bedeutete.[11] Die Krefelder Mennoniten sind ein Beispiel dafür, daß diese Rechnung einiges für sich hatte. Als der preußische König Friedrich Wilhelm I. 1738 den Mennoniten die völlige Unabhängigkeit von der reformierten Gemeinde zuerkannte, sagte er zur Begründung: »Die Mennonisten wollen zwar nicht in den Krieg gehen, ich muß aber auch Leute haben, die mir Geld schaffen.«[12] Die Mennoniten nutzten den wirtschaftlichen Erfolg als einen Hebel, mit dem es ihnen gelang, ihre Gemeinde auch politisch abzusichern.

Die Anfänge des Seidengewerbes

Der Seide kam eine hohe Bedeutung im »Ancien Régime der Bekleidung« (Daniel Roche) zu.[13] Daraus erklärt sich der beträchtliche Stellenwert, den das Seidengewerbe in der Wirtschaft dieser Zeit einnahm. Das Zentrum der europäischen Seidenwarenproduktion war seit dem 17. Jahrhundert Lyon. Um diese bedeutende Gewerbestadt gruppierte sich eine Reihe von kleineren Zentren. Keines von diesen lag in Mitteleuropa. Nur in einigen Reichsstädten, vor allem aber in Basel wurden seidene Bänder hergestellt. Hier setzte auch das im Umkreis von Köln, der in vollem Niedergang begriffenen alten Metropole der Seidenwarenherstellung nördlich der Alpen, entstehende rheinische Seidengewerbe an.

Hatten die Gladbacher und Rheydter Mennoniten Krefeld das Leinengewerbe gebracht, so hat es Adolf von der Leyen (1624/25–1698) das Seidengewerbe zu verdanken. Engelbert vom Bruck schrieb zu Recht, daß er »den Grund zu den hiesigen Seidenmanufakturen« gelegt habe.[14] Er hatte sich 1656 in Krefeld niedergelassen, nachdem Kurfürst Philipp Wilhelm allen noch in den Herzogtümern Jülich und Berg verbliebenen Täufern angedroht hatte, den vierten Teil ihres Vermögens einzuziehen. Er war wie seine Eltern Mitglied der kleinen Täufergemeinde in Radevormwald gewesen, die vornehmlich aus Posamentwirkern bestand.[15]

Adolf von der Leyen konnte bald als eines der angesehensten Mitglieder der Mennonitengemeinde gelten. Dem leider verschollenen Handlungsjournal, das er 1669 auf der Frankfurter Herbstmesse anlegte, und den ebenfalls verschollenen Handlungsjournalen seiner Söhne Wilhelm (1650–1722) und Friedrich (ca. 1656–1724) zufolge waren die von der Leyen vor allem Händler und Kaufleute. Sie handelten insbesondere mit zumeist in den Niederlanden eingekauften seidenen Posamentierwaren und mit Leinwand, daneben aber auch mit vielen anderen Dingen. Ein weiterer Bereich war das Rohseidengeschäft. Adolf von der Leyen und seine Söhne kauften in zunehmendem Umfang zumeist italienische Rohseide (Organsin, Trame und Florettseide), zunächst auf den Frankfurter Messen, später auch direkt bei Züricher Seidenhändlern wie Muralt an der Sihl und Orelli, in kleinerem Umfang auch asiatische Rohseide in Amsterdam.[16]

Ein erster Beleg für die Herstellung von Seidenwaren findet sich auf einem kleinen Zettel, dem zufolge Wilhelm von der Leyen am 13. Mai 1686 an Eberhart Hubertz für 16,2 Reichstaler seidene Gallonen (ein bandartiges Gewebe mit vorwiegendem Gold- oder Silberfaden) und Seidenlint (Seidenband) verkauft hat.[17] Daß in Krefeld zu Beginn des 18. Jahrhunderts in der Tat Seidenwaren hergestellt wurden, erhärtet, wie schon erwähnt, das Münkerhofverzeichnis mit den hier genannten 14 Lintwirkern. Deren Verleger wird Wilhelm von der Leyen gewesen sein. Er dürfte auch die ersten Bandmühlen nach Krefeld geholt haben. Als der Frankfurter Rat am 22.8.1719 das kaiserliche Verbot der Bandmühle vom Februar publizierte und damit die Drohung verband, es nach der Herbstmesse umzusetzen, war Wilhelm von der Leyen unter den 16 Bandverlegern aus Basel, Krefeld, Wesel und Iserlohn, die dagegen Protest einlegten.[18]

Es waren Wilhelm von der Leyens Söhne Johann (1686–1764), Peter (1697–1742), Friedrich (1701–1778) und Heinrich (1708–1782), durch die das Krefelder Seidengewerbe einen dauerhaften Rahmen erhielt. Es entstanden drei Firmen: die Firma Peter von der Leyen (ab 1720), die Firma Friedrich & Heinrich von der Leyen (ab 1730) und die Firma Johann von der Leyen & Co. (ab 1730).[19] Die erstere nahm sich des Rohseidenhandels an; um 1736 kam die Herstellung von Seidenstrümpfen hinzu. Die zweite Firma stellte Seidenbänder her, die dritte Samtband und Samt. Die Firma Friedrich & Heinrich von der Leyen entwickelte sich in den nächsten Jahren außerordentlich schnell. Die Bilanzsumme belief sich 1733 bereits auf 147 861 Reichstaler. Bis 1756 stieg sie auf 520 363 Reichstaler. Das entsprach einem jährlichen Wachstum von durchschnittlich 5,6%. Das Eigenkapital erhöhte sich im gleichen Zeitraum von 37 814 auf 280 098 Reichstaler. Das ergibt eine jährliche Wachstumsrate von durchschnittlich 9,1%![20] Alles, insbesondere aber die unterschiedliche Nutzung der noch zu erwähnenden, gemeinsamen Seidenfärberei, deutet darauf hin, daß die Firma Johann von der Leyen & Co. schon in den ersten Jahren ihres Bestehens nicht den Umfang der Schwesterfirma erreicht hat. Seit 1752 führte Johann von der Leyen sein Unternehmen zusammen mit Cornelius und Johann Floh, nachdem andere Partnerschaften ein vorzeitiges Ende gefunden hatten.[21]

Von grundlegender Bedeutung war, daß das Krefelder Seidengewerbe schon in den zwanziger Jahren zwei zentralisierte Einrichtungen erhielt: eine Seidenzwirnerei und eine Seidenfärberei. Peter von der Leyen errichtete spätestens 1726 eine Seidenzwirnerei. Das hing damit zusammen, daß er vornehmlich mit in den Niederlanden eingekaufter asiatischer Rohseide handelte und daß diese zumeist ungezwirnt war.[22] Diese Seidenzwirnerei fand 1738 die Bewunderung Friedrich Wilhelms I. Bei den hier installierten Maschinen dürfte es sich um handgetriebene Seidenmühlen ›alla milanese‹ gehandelt haben. Sie war insofern in keiner Weise mit der berühmten, 1718 in Derby von Thomas Lombe errichteten, von Wasserkraft getriebenen ›silk mill‹ vergleichbar; denn diese arbeitete mit Seidenmühlen ›alla bolognese‹, einer aus Italien stammenden technischen Innovation, die auf das Fabriksystem vorausdeutete.[23] Schon 1724 war eine von den Brüdern gemeinsam geführte Seidenfärberei entstanden. Der den beteiligten Unternehmen in Rechnung gestellte ›Farblohn‹ stieg zwischen 1733 und 1748 von 8681 auf ca. 19 726 Reichstaler, wobei die Firma

Friedrich & Heinrich von der Leyen von Anfang an der Hauptnutzer war. Sie konnte ihre Position zwischen 1733/35 und 1746/49 sogar noch ausbauen.[24] Wenn die »compagnie« als die bisherige Betreiberin der Färberei 1749 aufgelöst wurde und diese unter nicht näher bekannten Umständen in den Besitz von Friedrich & Heinrich von der Leyen überging, so mag das hier letztlich seinen Grund gehabt haben.[25]

Über die Entwicklung, die das Krefelder Seidengewerbe inzwischen hinter sich hatte, informiert eine Erhebung der kleveschen Kammer aus dem Jahre 1743: In Krefeld waren damals zwölf Zwirnmühlen in Gang, ferner 42 Stühle für Samt und Pelzsamt, schließlich eine nicht genau bezifferbare Zahl von eingängigen Bandstühlen und von Bandmühlen. Sie lag wahrscheinlich bei weit über 100. Die Standortausweitung der Seidenwarenproduktion hatte bereits eingesetzt. Für Friedrich & Heinrich von der Leyen liefen Bandstühle und Bandmühlen in anderen Städten am Niederrhein, soweit sie zu Preußen gehörten, für Johann von der Leyen & Co. Samt-

2 Seite aus einem Musterbuch der Firma Friedrich & Heinrich von der Leyen, 1807–1809. Krefeld, Museum Burg Linn.
Die hier abgebildete Seite enthält Muster von schwarz figuriertem Satin (Nr. 43-45), farbig figuriertem Satin (Nr. 46-54) und Costelins (gerripptes Zeug aus Seide und Baumwolle; Nr. 55-69). Die Zuweisung des Musterbuchs an die Firma F. & H. von der Leyen ist nicht völlig gesichert.

bandstühle offenbar auch auf dem Lande. Zu diesem Zeitpunkt wurden nur Seidenband, Samtband und Samt hergestellt. Seidentücher und Seidenstoffe (Zeuge), insbesondere Gros de Tours, Satin und Taft, fehlten noch im Sortiment der drei Unternehmen. Allerdings versprachen Friedrich und Heinrich von der Leyen »als die principalesten fabricanten« 1743, »selbsten anzufangen, Gros de Tours verfertigen zu laßen«.[26] Verschiedene Hinweise deuten darauf hin, daß die von der Leyen noch vor der Jahrhundertmitte das Versprechen von 1743 eingelöst haben und nicht nur die Produktion von Seidentüchern, sondern auch von Seidenstoffen aufgenommen haben.[27]

Otto Hintze, der noch die heute verschollenen frühen Geschäftsbücher der von der Leyen einsehen konnte, meinte 1892 im Hinblick auf die Krefelder Seidenindustrie, daß »auch nachdem Crefeld preußisch geworden, [...] Holland noch immer der mütterliche Boden, aus dem sie ihre

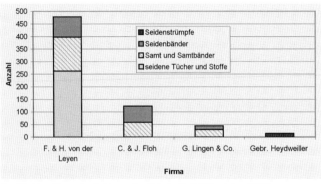

3 Die Verteilung der Seidenwebstühle in Krefeld im Jahre 1779

Nahrung saugt,« gewesen sei.[28] Der eingangs zitierte Passus zeigt, daß auch die von der Leyen das so gesehen haben. Wir wissen, daß sie sehr enge Beziehungen zu ihrem Nachbarn im Nordwesten unterhielten. Peter von der Leyens Rohseidenhandel basierte auf vornehmlich in Amsterdam und Utrecht eingekaufter asiatischer Rohseide. Die ersten in Krefeld aufgestellten Bandmühlen dürften aus den nördlichen Niederlanden gekommen sein. Noch 1763 erwähnten die von der Leyen sieben »kost- und kunstbare« Bandmühlen, die sie aus Holland eingeführt hätten.[29] Auch als Absatzgebiet waren die nördlichen Niederlande zweifellos von erheblicher Bedeutung für das Krefelder Seidengewerbe. Der Niedergang des Seidengewerbes in Amsterdam, Haarlem und Utrecht im 18. Jahrhundert ist unbestreitbar, aber ob man ihn allein, wie die von der Leyen behaupteten, auf die Konkurrenz des Krefelder Seidengewerbes zurückführen darf, wird man füglich bezweifeln müssen. Festzuhalten gilt, daß das Exportgewerbe in Krefeld und seinem Umland zu denjenigen Gewerbestandorten gehört, die im Umfeld der Niederlande als der »ersten modernen Ökonomie« (Jan de Vries, Ad van der Woude) unter Nutzung von deren technologischem Vorsprung aufgestiegen sind und im 18. Jahrhundert vom Niedergang der dortigen gewerblichen Wirtschaft profitiert haben.[30]

Beschäftigte, Webstühle, Wachstum in der zweiten Hälfte des 18. Jahrhunderts

Die Zahl der Webstühle ist erstmals für 1769 im statistischen Taschenbuch des Dodo Heinrich Freiherr von Knyphausen überliefert. Danach liefen damals 618 Seidenstühle in Krefeld. Darunter waren 156 Bandmühlen, 31 Posamentierstühle, 170 Stühle für Samt (und Damast), 254 für Seidentücher und Seidenstoffe und 7 für Seidenstrümpfe.[31] Zieht man die Ziffern von 1743 zum Vergleich heran, wird deutlich, daß das Seidengewerbe eine Phase stürmischen Wachstums bei Samt und vor allem bei Seidentüchern und Seidenstoffen hinter sich hatte. Dem stand eine Stagnation, wenn nicht ein Rückgang bei Seidenbändern (auf Bandmühlen) gegenüber. In den siebziger Jahren stieg die Zahl der in Betrieb befindlichen Seidenstühle bis 1779 auf 660 und bis 1787 weiter auf 687; im Zusammenhang mit der Rohseidenteuerungskrise von 1787 ging sie dann auf 605 zurück. Insgesamt gesehen war die Zeit zwischen 1769 und 1794 eine Phase langsamen Wachstums, gefolgt von einer Phase der Stagnation nach einem krisenhaften Einbruch.

1784/87 kamen auf Stühle für Taschentücher, Halstücher und Seidenstoffe 39%, auf Samt- und Damaststühle 30%, auf Bandmühlen 22%, auf Posamentierstühle 6% und Strumpfstühle 3% aller Stühle und Mühlen. Die Stoffstühle standen an der Spitze; die Bandmühlen hatten deutlich an Bedeutung eingebüßt. Ohne Belang war die Zahl der Posamentierstühle. Hier wie auch bei den Bandmühlen – bei diesen wahrscheinlich zum Teil in der Gestalt von eingängigen Bandstühlen – hatte möglicherweise das Umland, wie noch zu zeigen sein wird, die Stadt als Produktionsstandort bereits hinter sich gelassen.

Die Zahl der Beschäftigten schwankte je nach Berechnungsmethode zwischen 901 – von diesen waren 35% Frauen – und 1524 Beschäftigten, wobei für die letztere Ziffer sehr viel mehr spricht. Demnach waren zu Beginn der neunziger Jahre des 18. Jahrhunderts – die Bevölkerung von Krefeld war inzwischen auf 6253 Personen gestiegen (einschließlich seines Landgebiets ca. 8350) – 24% der Krefelder Bevölkerung im Seidengewerbe beschäftigt.[32] Beziehen wir die Zahl der im Seidengewerbe tätigen Haushalte auf die Gesamtzahl der Haushalte, so waren 1791 46% aller Haushalte im Seidengewerbe tätig. Halten wir uns an die in vieler Hinsicht problematischen Wertangaben der Fabrikentabellen, kamen 1791/93 75% des Produktionswertes des Krefelder Exportgewerbes auf das Seidengewerbe. Mit weitem Abstand folgte das Tabakgewerbe mit knapp 10%. Das Leinengewerbe brachte es nur noch auf 0,4%.[33]

Monopol, Teilmonopol und Oligopol

Wie die für 1716 überlieferte Zahl von 31 Linnenreidern vermuten läßt, gab es zum Leinengewerbe offensichtlich keine Zugangsbeschränkungen. Es war ein »freies« Gewerbe. Sobald sein Niedergang begonnen hatte, kamen offenbar die meisten Linnenreider nicht umhin, sich aus ihm zurückzuziehen. Diese konnten allerdings keineswegs ohne weiteres in das Seidengewerbe überwechseln. Hier hatte sich vielmehr ziemlich von Beginn an eine quasimonopolistische Unternehmensstruktur herausgebildet, durch welche die Entstehung von neuen Unternehmen massiv behindert wurde. Die Familienunternehmen Friedrich & Heinrich von der Leyen und Peter von der Leyen nahmen im Seidengewerbe eine beherrschende Stellung ein und ließen nichts unversucht, um mögliche Konkurrenten von vornherein auszuschalten. Ja sie schreckten nicht davor zurück, Gerichte und staatliche Behörden gegen mögliche Konkurrenten anzurufen. Als essentiell sahen sie dabei, wie die noch zu schildernden Auseinandersetzungen zeigen werden, zunächst den Betrieb von Bandmühlen und von Zwirnmühlen an. Anders verhielt sich die Firma Johann von der Leyen & Co.: Sie verzichtete allem Anschein nach darauf, in dem ihr zugewiesenen Produktionsbereich, der Herstellung von Samtbändern und Samt, gegen Konkurrenzfirmen vorzugehen.

Es war die unübersichtliche Situation während der französisch-österreichischen Besetzung in der Zeit des Siebenjährigen Krieges, welche die Rivalen der von der Leyen nutzten, um gegen das von der Leyensche Monopol anzugehen; dabei kam ihnen zugute, daß die von der Leyen bislang kein schriftlich festgehaltenes »monopolium cum privilegio exclusivo« in Händen hatten. Die um 1750 gegründete Firma Gerhard Lingen & Co. begann erstmals im Jahre 1759 damit, Band- und Zwirnmühlen aufzustellen und in Betrieb zu nehmen; außerdem scheint sie den von der Leyen einige »arbeitsleute abspenstig« gemacht zu haben. Friedrich und Heinrich von der Leyen wandten sich daraufhin, auch im Namen Maria von Aakens, der Witwe ihres Bruders Peter von der Leyen, im November an die kaiserlich-königliche Besatzungsadministration in Kleve und baten sie, der Regierung in Moers und dem Krefelder Magistrat anzubefehlen, dagegen einzuschreiten. Sie wiesen die Regierung daraufhin, es sei

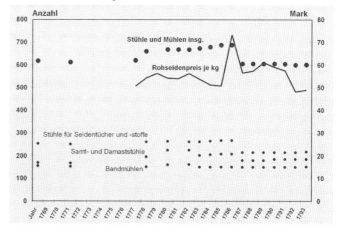

4 Das Krefelder Seidengewerbe 1769–1794

»eine weltkundige sache, daß wir gebrüdere v. d. Leyhe und unsere familie seit vierzig und mehreren jahren durch unsere fabrique und handlung das städgen Crefeld, welches mitten im fürstenthum Moers von allen flüßen abgesondert und zur handlung gantz unbequem gelegen ist, zu jedermans verwunderung dergestalt emporgebracht haben, daß eine große menge leute sich dahin gezogen und ihr brod reichlich bey uns gefunden, hiedurch auch der grund zur zweymahligen außlage der stadt und zum flor des commercii darinnen geleget worden, so daß dieselbe a proportion mit sehr vielen großen handlungs-städten in vergleichung gestellet werden können.«

Die Besatzungsadministration forderte daraufhin einen Bericht bei der Kriegs- und Domänenkammer in Kleve an. Dieser fiel ausnehmend positiv aus, ja die Kammer behauptete, das Gesuch der von der Leyen »habe das bonum publicum zum grunde«. Einen Tag später – am 7.12.1759 – erging eine »verordnung« der Administration an den Krefelder Magistrat, »daß derselbige nicht gestatten solle, daß jemand, wer es auch seye, ihnen in ihren fabriquen eintrag thue, bandmühlen errichte oder ihnen ihre fabricanten ableite und an sich ziehe, ...«. Damit war ein Teilbereich des von den von der Leyen beanspruchten Monopols, nämlich derjenige, der den Betrieb von Bandmühlen beinhaltete, erstmals schriftlich fixiert worden.[34] Die Auseinandersetzungen zwischen den von der Leyen und Lingen & Co. zogen sich noch bis zur Jahreswende 1763/64 hin. Kabinettsordres des Königs und Reskripte des Generaldirektoriums in Berlin brachten schließlich eine Entscheidung zu Gunsten der von der Leyen.[35]

Es folgten Streitigkeiten mit dem Verlag Cornelius & Johann Floh, der aus der Firma Johann von der Leyen & Co. hervorgegangen war, der wie Lingen & Co. gleichfalls um 1750 entstandenen Firma Preyers & Co. und anderen um die Reichweite des von der Leyenschen Monopols. Die Flohs wollten seidene Taschentücher und gestreiften italienischen Taft herstellen, Preyers & Co. reklamierten für sich »die unumschränkte freyheit, unsere fabriquen erweitern ... zu mögen«. Beide scheiterten. Während die Flohs resignierten und es bei der Produktion von Samtband und Samt beließen, kehrten die Inhaber von Preyers & Co. Krefeld den Rücken und gingen nach Kaiserswerth, wo sie zu Begründern des dortigen Seidengewerbes wurden.[36]

Die von der Leyen entschieden alle diese Auseinandersetzungen um das von ihnen beanspruchte Teilmonopol für sich. Sie erreichten, daß ihnen für Bereiche, von denen sie glaubten, sie seien für sie essentiell, ein Monopol zuerkannt wurde. Dazu gehörte zunächst der Einsatz von Zwirnmühlen und von Bandmühlen, ferner die Herstellung von gezwirnter Rohseide und seidenen Bändern, sofern dabei die genannten Produktionsinstrumente benutzt wurden, schließlich die Herstellung bestimmter Arten von seidenen Tüchern und Stoffen, nämlich Taschentüchern und gestreiftem italienischen Taft; monopolfrei blieb die Herstellung von Samtband, Samt und Seidenstrümpfen. Sie gehörten zu den Produktionsbereichen, auf die sich wahrscheinlich nach einer familieninternen Absprache die beiden kleineren Firmen des Familienverbandes, Johann von der Leyen & Co. und Peter von der Leyen, spezialisiert hatten. Unklar war die Abgrenzung zwischen der dem von der Leyenschen Monopol unterworfenen und der monopolfreien Zone in einem Produktionsbereich, der erst seit den vierziger Jahren hinzugekommen war, dem der seidenen Tücher und Stoffe. Bei Taschentüchern und bei gestreiftem italienischen Taft konnten die von der Leyen ihren Monopolanspruch durchsetzen, bei den übrigen Tüchern und Stoffen blieb es offen, ob sich das Monopol auch auf sie erstrecke oder nicht. Das von der Leyensche Teilmonopol war freilich in zweierlei Hinsicht unvollkommen: Die Firma Floh stellte wie ihre Vorgängerfirma, der Verlag Johann von der Leyen & Co., Seidenbänder auf Bandmühlen her, die Firma Lingen & Co. Seidentücher. Das bedeutete, daß letztlich nur bei Seidenzwirnmühlen und bei seidenen Stoffen (oder einem bestimmten seidenen Stoff) das von der Leyensche Monopol uneingeschränkt gültig war.

Überzeugt davon, daß Konkurrenz nur zur »decadence derer fabriquen« führe, hatten die von der Leyen alles daran gesetzt, um ihre Monopolrente zu verteidigen.[37] Es war ihnen in der Tat gelungen, die Konkurrenz in Krefeld und den preußischen Provinzen am Niederrhein weitgehend auszuschalten. Ihr Monopol war freilich unvollkommen, und zwar nicht nur im internationalen Handel, sondern auch im Hinblick auf die beiden genannten Ausnahmen. Deshalb war es für die von der Leyen äußerst wichtig, daß Lingen & Co. und C. & J. Floh ihre Preisführerschaft anerkannten. Das scheint nicht immer der Fall gewesen zu sein, wie Beschwerden der von der Leyen über die in ihren Augen äußerst schädliche Preiskonkurrenz dieser beiden Verlage auf den Frankfurter Messen vermuten lassen.

Der preußischen Regierung ging es, als sie sich darauf festlegte, das von der Leyensche Teilmonopol zu stützen, um »die conservation einer mit großen kosten errichteten und glücklich reüssirten fabrique, welche die von der Leyen durch eigenes rafiniren zuerst etabliret«, wie das Generaldirektorium 1765 schrieb.[38] Sie glaubte, die gewerbliche Entwicklung in Krefeld am ehesten dadurch fördern zu können, daß sie das Unternehmen, dem die Etablierung des Seidengewerbes in Krefeld zu verdanken war und das noch immer das absolut dominierende war, in seinen Monopolansprüchen unterstützte. Der eine Monopolist – derjenige, der Anspruch auf das Monopol der

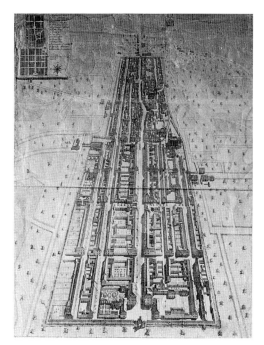

5 Daniel Brachs, »Perspectivischer Grund-Ris von Creifeld«, um 1789. Kupferstich. Krefeld, Museum Burg Linn.

Der den drei Söhnen Peter von der Leyens Conrad, Friedrich und Johann (»meinen hohen Gönnern«) gewidmete Kupferstich läßt die Regelmäßigkeit erkennen, die Krefeld durch die fünf Stadterweiterungen von 1692, 1711, 1738, 1752 und 1766 erhalten hatte. Unten rechts befindet sich zwischen Quarré (Friedrichsplatz), der späteren Fabrikstraße und der Lutherischen Kirchstraße das manufakturelle Zentrum der Firma Friedrich & Heinrich von der Leyen.

physischen Gewaltsamkeit erhob –, setzte auf den anderen Monopolisten – denjenigen, der ihm die Verkörperung des ›großen Kapitals‹ zu sein schien. Das ›kleine Kapital‹ blieb dabei auf der Strecke. Friedrich II. und seine Amtsträger rückten von dieser statischen, änderungsfeindlichen wirtschaftspolitischen Maxime nicht ab, obwohl einzelnen Beamten mitunter Bedenken kamen, und die von der Leyen ließen nichts unversucht, um sie auf diese Position festzulegen. Diesem Ziel diente es auch, daß sie durch kleinere und größere Geschenke für ein gutes Klima in den Beziehungen zum König, seinen Ministern und zu einzelnen Amtsträgern sorgten. Von Bestechung zu sprechen, ginge allerdings zu weit.[39]

Im Gefolge der Konkurrenzkämpfe entstand ein Oligopol, an dem auch die Firmen mitwirkten, die in den Auseinandersetzungen mit den von der Leyen den kürzeren gezogen hatten. Das Oligopol verfügte, so könnte man sagen, über ein Vollmonopol; in dem von ihm abgesteckten Grenzen kam das von der Leyensche Teilmonopol zum Tragen. Das Oligopol agierte allem Anschein nach als geschlossener Zirkel, zu dem außenstehende Personen keinen Zutritt hatten. Anders läßt sich nicht erklären, daß selbst in den Sparten, die nicht von dem von der Leyenschen Teilmonopol tangiert waren, bis 1794 die Gründung von neuen Unternehmen unterblieb.

In diesem Oligopol hatten die von der Leyen die unbestrittene Führung inne. 72,4% der 1779 in Krefeld in Gang befindlichen Webstühle und Bandmühlen gehörten Friedrich & Heinrich von der Leyen. Nach ihnen kamen mit weitem Abstand C. & J. Floh (mit 18,7%). An dritter Stelle folgten G. Lingen & Co. (mit 6,8%), an vierter Gebr. Heydweiller (mit 2,1%), ein Unternehmen, das 1749 aus der Firma Peter von der Leyen hervorgegangen war und zunächst Seidenstrümpfe und später vor allem Samtband herstellte. Hätten wir auch Zahlen für das Umland, wäre die Verteilung der Webstühle, Bandmühlen und Bandstühle allerdings nicht ganz so ungleich; denn gerade hier waren die kleineren Firmen anders als F. & H. von der Leyen besonders stark vertreten.

Produktionsverhältnisse und Produktionsregime

Das Krefelder Seidengewerbe war abgesehen von den Eingangs- und Endarbeiten hausindustriell organisiert. Die Fabrikenmeister, wie die Seidenwebermeister in Krefeld hießen, arbeiteten, unterstützt von den übrigen Mitgliedern ihres Haushalts, und den ihnen zugeordneten Fabrikenknechten (Seidenwebergesellen) in ihren Wohnungen und Häusern für einen Verleger. Das Verlagssystem, in das sie eingebunden waren, wurde für sie dadurch greifbar, daß Rohstoffe und Produktionsinstrumente nicht ihnen gehörten, sondern vom Verleger gestellt wurden; das heißt, daß nicht nur der zirkulierende (Kette und Einschlag), sondern auch der fixe Teil des Sachkapitals (Webstühle und Bandmühlen) vom Beginn des Produktionsprozesses an unter dessen Verfügungsgewalt standen.[40] Die in Krefeld verwandten Rohstoffe und Stühle bzw. Mühlen waren bei weitem zu teuer, als daß die Verleger den Webern hätten zumuten können, sie auf eigene Kosten zu erwerben. Wenn der Kaufmann von der Zirkulationssphäre aus in die Produktionssphäre eindrang, ließ er sich aller Wahrscheinlichkeit nach von anderen Überlegungen leiten. Ihm war daran gelegen, das von ihm in Auftrag gegebene Gewebe vom Beginn bis zum Ende des Produktionsprozesses fest unter seiner Kontrolle zu haben. Denn die Güte des Rohmaterials und der fertigen Ware sowie deren äußere Gestalt entschieden darüber, ob es ihm gelang, für sie Käufer zu finden.

Kennzeichnend für das Verlagssystem wie die hausindustrielle Produktionsform insgesamt war im Unterschied zur Fabrikindustrie eine unvergleichlich viel größere Flexibilität. Es räumte dem Verleger die Möglichkeit ein, »den Umfang seines Unternehmens in kurzer Zeit nach Belieben auszudehnen oder einzuschränken« (Werner Sombart).[41] Die Krefelder Verleger nutzten diese hohe »Beweglichkeit« in einer modifizierten Weise. Dabei spielten vor allem Spezifika des Arbeitskräftepotentials eine große Rolle. Die Seidenarbeiter, vor allem aber die Fabrikenmeister, waren hochspezialisierte Fachkräfte. Die Verleger hatten manche unter ihnen in anderen Seidenproduktionszentren angeworben und von dort nach Krefeld geholt. Mit einer längerfristig angelegten Unternehmenspolitik wäre es unvereinbar gewesen, diese Arbeiter in Zeiten der Krise nicht weiter zu beschäftigen. Die Verleger hätten sonst befürchten müssen, daß ihnen nicht nur, sobald die Konjunktur wieder anzog, die Arbeiter fehlten, sondern daß sich auch die von ihnen entlassenen Seidenweber als ›Fabrikverräter‹ betätigten. Letzeres machte ihnen besondere Sorgen. Um dem entgegenzuwirken, spielten die Verleger die Flexibilität der hausindustriellen Produktionsform in ihrem eigenen Interesse nicht voll aus. Statt je nach Konjunkturlage die Zahl der Arbeiter durch zusätzliche Einstellungen oder durch Entlassungen zu verändern, dehnten sie in Aufschwungsphasen zunächst die Arbeitszeit aus, bevor sie, wenn das nicht reichte, neue Arbeiter anwarben; in Abschwungsphasen schränkten sie hingegen die Arbeitszeit ein und waren offenbar bestrebt, die verbliebene Arbeit gleichmäßig unter die Seidenarbeiter aufzuteilen.[42] Die Verleger ergänzten ihre Politik der Verlängerung und Verkürzung der Arbeitszeit vor allem dann, wenn die Absatzkrise bedrohliche Ausmaße annahm, dadurch, daß sie auf Lager arbeiten ließen. Sie wollten dadurch verhindern, daß der Konjunkturzyklus den Beschäftigungsstand allzu stark beeinträchtigte.

Der Aufstieg des Krefelder Seidengewerbes im 18. Jahrhundert

6 Anonym, Crefeld von Norden. Kolorierter Kupferstich, 1823. Krefeld, Museum Burg Linn.
Im Zentrum des Bildes befindet sich das »Quarré« mit dem Niedertor, links dahinter das Haus »Scheibler«, 1775/76 vom Seidenverleger Franz Heinrich Heydweiller (1720–1794), dem älteren Bruder Johann Valentin Heydweillers, errichtet, und rechts dahinter das Haus »Joergens«, 1776/77 von den Brüdern Friedrich und Heinrich von der Leyen erbaut. Zur rechten Hand schließen sich deutlich erkennbar die von der Leyenschen »Fabrique«-Häuser an. Rechts von den beiden Kirchtürmen überragt das »Schloß« Conrad von der Leyens die Häuser in seiner Umgebung.

Zugleich versuchten sie auf diese Weise, Zeiten, in denen zu reduzierten Stücklöhnen gearbeitet wurde, dazu zu nutzen, um ihr Lager aufzufüllen, mit dem Ziel, bei verbesserter Geschäftslage sofort auf dem Markt präsent zu sein.[43]

Es ginge zu weit, wollte man die antizyklische Beschäftigungspolitik, welche die Verleger in gewissen Grenzen betrieben, in erster Linie der sozialen Fürsorge, die sie ihren Arbeitern angedeihen ließen, zuschreiben. Sie war vielmehr das Ergebnis einer langfristigen Unternehmensstrategie. Dieser zufolge war es unbedingt nötig, die Arbeiter, die als Spezialisten gelten konnten, dauerhaft an das Unternehmen zu binden.[44] Es wäre irrig, wollte man den ökonomischen Kern, den der Paternalismus der Verleger hatte, außer acht lassen.

Die Verleger, insbesondere die von der Leyen, verfolgten daneben eine zweite Strategie, um die horizontale Mobilität der Seidenarbeiter in den Griff zu bekommen und der Gefahr des ›Fabrikverrats‹ zu begegnen: die Monopolisierung des Arbeitsmarkts. Zuweilen hat man den Eindruck, daß die von der Leyen nicht so sehr die Konkurrenz der anderen Unternehmen auf den Absatzmärkten, sondern auf dem Arbeitsmarkt fürchteten und deshalb dessen Monopolisierung betrieben. Einen klaren Beleg dafür lieferten sie 1762, als sie im Zuge der Konkurrenzstreitigkeiten mit Lingen & Co. durchsetzen konnten, daß Seidenbandweber nur für sie arbeiten durften. Damals schrieb Abraham ter Meer nicht ohne Übertreibung in sein Tagebuch: »Die Bandweber sind im Augenblick nicht mehr als eine Art Sklaven.«[45] Die Monopolisierung des Arbeitsmarkts galt der Krefelder Handelskammer 1810 als »Gegengewicht« zum verlegerischen Paternalismus, und zwar insofern, als sie auf Maßregeln hinauslief, die dazu geeignet waren, »dem Kaufmann-Unternehmer in guten Perioden die Arbeiter zu sichern, die er verpflichtet ist, in schlechten zu unterhalten.«[46] Eher wird man die beiden Strategien als zwei gegensätzlich angelegte, sich gegenseitig ergänzende Versuche interpretieren müssen, die Arbeiter dauerhaft an sich zu binden. Es entstand auf diese Weise ein Produktionsregime, in dem Nicht-Markt-Elemente, nicht zuletzt auch der Staat einen relativ großen Platz einnahmen.[47] Die Beziehungen zwischen den beteiligten Gruppen wurden dadurch in einer Weise umgeformt, die man quasikorporatistisch nennen könnte.

Im Krefelder Seidengewerbe trafen zwei aufeinander bezogene Praktiken aufeinander. Deren Träger waren auf der einen Seite vier oder fünf Verlage, auf der anderen Seite die große Masse der Weber und anderen Seidenarbeiter(innen). Die Verleger setzten alles daran, um die Seidenarbeiter möglichst eng an sich zu binden; diese versuchten, sich dem zu entziehen, indem sie von einem Verleger zum anderen wechselten. Die beiden Akteure ähnelten sich darin, daß beide weitgehend unorganisiert waren. Auf der Seite der Verleger nahm das Oligopol gewisse Koordinierungsfunktionen war; auf der Gegenseite gab es dergleichen nicht. Was das Oligopol zusammenhielt, war das Bestreben, neue Firmen von Krefeld fernzuhalten. Man fürchtete ihre Konkurrenz auf den Absatzmärkten, vor allem aber auf dem Krefelder Arbeitsmarkt. Auch die Konkurrenz zwischen den Mitgliedern des Oligopols galt es still zu stellen, mochte das auch nicht immer gelingen. Das Oligopol war freilich in sich brüchig, vor allem deshalb, weil sich sein Führer, die Firma F. & H. von der Leyen, mit der Durchsetzung eines Teilmonopols Sonderrechte verschafft hatte und weil er genötigt war, diese durch Rückgriff auf eine außerhalb des Oligopols stehende Instanz immer wieder neu zu festigen. Man könnte deshalb von einer hybriden Institution sprechen: Den Machtbeziehungen im Inneren und gegenüber der Außenwelt gebrach es an Dauerhaftigkeit und Legitimität; um ihre Geltung durchzusetzen, bedurfte es des Rekurses auf einen Dritten. Eben darin lag eine Chance für die Seidenarbeiter.

Standortausweitung und Arbeitsteilung zwischen Stadt und Land

Inzwischen hatten die Seidenverleger damit begonnen, das Umland von Krefeld als Produktionsstandort zu nutzen. Den Vorzug gaben dabei die von der Leyen nicht dem platten Land, sondern kleinen Landstädten. Nach der Statistik von 1763 standen von den 97 kleinen Bandstühlen (für brochiertes Band und figuriertes Samtband) 30 in Moers, 30 in Xanten und sechs in Goch. Auch in den kölnischen und geldrischen Städten und denen des Amtes Brüggen, vor allem in Kempen, Wachtendonk, Süchteln und Dülken, treffen wir seit der Mitte des 18. Jahrhunderts auf Bandweber.[48]

In der Zwischenzeit hatte das platte Land eine immer größere Bedeutung erlangt. Relativ spät begann allerdings die Nutzung des Krefelder Landgebiets als Produktionsstandort. Mitte der neunziger Jahre finden sich in einem Steuerverzeichnis erst 15 Fabrikenmeister, zwei Posamentiermeister, fünf Fabrikenknechte, ein Seidenfärbermeister und neun Seidenfärberknechte.[49] Günstiger scheinen die Bedingungen in vielen Dörfern im näheren und weiteren Umkreis von Krefeld gewesen zu sein. Die treibenden Kräfte waren dabei nicht die von der Leyen, sondern ihre Gegner; ja es scheint, daß die Verlagerung der Produktion auf das Land zu einem Schachzug im Kampf gegen das von der Leyensche Monopol wurde. Als die Firma G. Lingen & Co. 1759 ihren Plan, Bandmühlen in Krefeld in Betrieb zu nehmen, aufgeben mußte, stellte sie die Mühlen kurzerhand im kölnischen Anrath auf und begann mit der Produktion von Seidenband.[50] Erfolg hatten sie damit freilich nicht. Die klevesche Kammer zwang sie auf Drängen der von der Leyen, den Außenposten in Anrath aufzugeben.

Mitte 1762 nannten die Gebrüder von der Leyen die Herstellung von Samtbändern »das klareste beispiel« für die abträglichen Folgen der Standortausweitung des Seidengewerbes,

7   Peter Jacob von de Fenn, Nördliche Aussicht vom Turm der katholischen Kirche zu Crefeld. Lithographie, 1825. Krefeld, Museum Burg Linn. Auf diesem Bild findet sich die erste genauere Darstellung des von der Leyenschen »Schlosses«, das sich Conrad von der Leyen 1791–1794 erbauen ließ. Im Vordergrund die St.-Anton-Str. und die Lutherische Kirchstr., an deren rechter Seite die von den von der Leyen für Seidenarbeiter errichteten »Sieben Häuser« (hier in Seitenansicht).

»allermaßen diese sammetbänder allererst alhier zu Creveld fabriciret worden, und weilen nun einem jeden freistünde, eine solche fabrique zu errichten, so fünden sich so viele liebhaber, welche unter sich teils aus jalousie, teils aus tort sich so lange picquirten, bis daran endlich diese fabrique alhier in der stadt ganz und gar in decadence geriethe und nach dem Cöllnischen, woselbst der arbeitslohn nicht so theuer, hingezogen würde.«[51]

Greifbar wird für uns dieser Vorgang in erster Linie in der Gründung von Unterstützungskassen für die Weber in den kölnischen Dörfern, so in Hüls (1761), Anrath (1772) und St. Tönis (1776).[52] Auch der südliche Teil der preußischen Provinz Geldern und das Amt Brüggen des Herzogtums Jülich gerieten in den Einzugsbereich des Krefelder Seidengewerbes. Vor allem im ›Flachsland‹ jenseits der Niers waren Bedingungen gegeben, die einer Ausbreitung des Seidengewerbes förderlich waren; denn hier wurde seit längerer Zeit ein relativ feines Leinen hergestellt. 1769 gab es in Grefrath und Wachtendonk bereits je 57 Samtbandstühle, in Lobberich und Aldekerk jeweils acht Seidenbandstühle; letztere arbeiteten allerdings nicht für Krefelder Verleger. In Viersen dominierte das Leinengewerbe mit 325 Stühlen bei keinem einzigen Seidenwebstuhl noch ungebrochen.[53] Zwischen 1780 und 1792 stieg die Zahl der Seidenstühle in der Provinz Geldern von 160 auf 374. Viersen entwickelte sich zum wichtigsten Standort des Samtbandgewerbes in dieser Provinz, gefolgt von Grefrath und Wachtendonk. Das Leinengewerbe hatte sich allerdings noch nicht aus seiner beherrschenden Stellung verdrängen lassen: Zwischen 1786 und 1792 standen einem Samtbandstuhl noch immer durchschnittlich 2,3 Leinenstühle gegenüber.[54] Später als in der Provinz Geldern breitete sich das Samtbandgewerbe im Amt Brüggen aus. In Dülken gab es 1773 erst sechs und in Süchteln erst 19 Lintwirker (neben 82 bzw. 57 Leinewebern).[55]

Wichtige Hinweise auf den Stand der Ausbreitung des Seidengewerbes über das Umland von Krefeld vor dem Ende des Ancien Régime in den Rheinlanden lassen sich den Bevölkerungsverzeichnissen der französischen Zeit entnehmen. Die wichtigsten Standorte des Samtbandgewerbes in der unmittelbaren Umgebung von Krefeld waren Hüls und St. Tönis, gefolgt von Anrath. In der weiteren Umgebung ragen Kempen, Grefrath, Süchteln und Viersen heraus. Auch in vielen anderen Dörfern und kleinen Städten hatte sich das Samtbandgewerbe festgesetzt: Ein Bauerndorf nach dem anderen war dabei, sich in ein Seidenweberdorf zu verwandeln.[56]

Die Verleger waren bei der von ihnen vorangetriebenen Standortausweitung des Seidengewerbes darauf angewiesen, daß sie in den betreffenden Dörfern auf geeignete Arbeitskräfte trafen. Der gesellschaftliche Differenzierungsprozeß mußte so weit vorangeschritten sein, daß eine landarme und landlose soziale Schicht entstanden war, die darauf angewiesen war, sich einen anderweitigen Erwerb zu suchen, gegebenenfalls außerhalb der Landwirtschaft.[57] So verfügte um

1700 die Mehrzahl der Eingesessenen in Viersen über nicht mehr als zwei bis sechs Morgen Land »ende moeten deswegen de fabryken ende handtwerchen mit driven, om te konnen subsistiren.« Daneben gab es 200 unbegüterte Haushaltungen.[58] Unter ihnen rekrutierten die Seidenverleger ihre Arbeiter.

Im Zuge der Standortausweitung des Krefelder Seidengewerbes entwickelte sich eine Arbeitsteilung zwischen Stadt und Land. Die Stadt konzentrierte sich auf die Herstellung von Tüchern und Stoffen, daneben auch von Seidenband, das Land auf die von Samtband. Je mehr vom Können des Webers abhing, je höher der Anteil der Rohstoffkosten gegenüber den Arbeitskosten war und je größeren Wert der Verleger auf eine Beaufsichtigung des Herstellungsprozesses legte, desto mehr sprach dafür, die Produktion in Krefeld zu belassen; waren die Anforderungen an die Geschicklichkeit des Webers weniger ausgeprägt, der Anteil der Rohstoffkosten gegenüber den Arbeitskosten niedriger und war den Verlegern weniger daran gelegen, den Herstellungsprozeß zu überwachen, desto eher kam das Land als Produktionsstandort in Frage.[59] Hier kam hinzu, daß viele Weber noch ein Stück Land besaßen. Sie verfügten damit über eine zweite Quelle zur Deckung ihrer Reproduktionskosten. Sie waren somit nicht allein auf die Stücklöhne angewiesen, die sie vom Verleger erhielten. Diese konnten folglich niedriger sein als in der Stadt.[60]

Bei den einzelnen Krefelder Verlagen hatten die Produktionsstandorte Stadt und Land ein jeweils unterschiedliches Gewicht. Von relativ geringer Bedeutung war letzteres bei den von der Leyen; um so gewichtiger war es bei den Flohs, den von Beckeraths, den Inhabern des Verlages Lingen & Co., und den Heydweillers. Sie bauten es nicht zuletzt deshalb aus, weil das von den von der Leyen beanspruchte Teilmonopol sie in Produktionsbereiche abgedrängt hatte, die mit guten Gründen auf das Land verlagert werden konnten. In einem Brief der Gebrüder von der Leyen an die klevesche Kammer vom 6.10.1763 hieß es, sie bäten

> »denen erben Lingen ein verzeichniß ihrer hiesigen arbeitsleuthe abzufordern, so wird sich der ungrund ihrer starken zahlungen für arbeitslohne von selbst erzeigen; was sie außer dem land fabriciren lassen, davon ist Creyfeld so wenig gebessert, als wann es in Ostendien gemacht wurde«.[61]

Sie zogen also aus der geringen Zahl der Seidenarbeiter von G. Lingen & Co. in Krefeld in Anbetracht von deren hohen Ausgaben für Löhne den naheliegenden Schluß, daß sie viele Seidenarbeiter im Umland von Krefeld hatten.

Krefeld hatte sich im Lauf des 18. Jahrhunderts zu einer proto-industriellen Agglomeration entwickelt und immer mehr auch sein Umland in den Prozeß der gewerblichen Warenproduktion einbezogen. Es beschränkte sich nicht wie viele Städte in gewerblich verdichteten Landschaften auf Organisations- und Distributionsfunktionen, sondern wahrte seine Stellung als Produktionsstandort. Eine vollständige Verlagerung der Produktion von der Stadt in das Umland unterblieb; es entwickelte sich vielmehr eine Arbeitsteilung zwischen beiden Standorten. Für den Erhalt der Stadt als Produktionsstandort sprach in den Augen der Verleger nicht zuletzt der Umstand, daß das Seidengewerbe frei von zünftischen Strukturen geblieben war. Es fehlte damit diejenige Institution, die den Aufbau eines hausindustriellen Produktionssystems zumindest hätte behindern können.

Verlangsamtes Wachstum, Stagnation und neuer Aufbruch

Der Aufstieg Krefelds zu einem herausragenden gewerblichen Zentrum am linken Niederrhein war das Ergebnis einer sozialen Konstellation, für welche die Einwanderung mennonitischer Glaubensflüchtlinge im 17. Jahrhundert bestimmend war. Nicht nur die Blüte des Leinengewerbes hat hier ihren Ursprung, sondern auch dessen Ablösung durch das Seidengewerbe. Die Mennoniten hatten mit der Gründung der entsprechenden Unternehmen im Seidengewerbe ihre Vorherrschaft im Krefelder Wirtschaftsleben aufs neue unter Beweis stellen können. Insbesondere hatten sie es verstanden, auf Chancen, die sich auf den Beschaffungs- und Absatzmärkten eröffneten, flexibel zu reagieren und sich Marktlücken zunutze zu machen.

Es ist allerdings nicht zu verkennen, daß mit der Festschreibung des Teilmonopols der von der Leyen und der Konstituierung eines Oligopols von einigen wenigen Firmen das Seidengewerbe seit den fünfziger und sechziger Jahren in eine vom preußischen Staat und seinen Amtsträgern bereitgestellte Zwangsjacke gesteckt wurde, welche die ihm innewohnende Dynamik auf Dauer zu ersticken drohte; denn die Allianz zwischen ›großem Kapital‹ und Staat, wie sie für das Krefelder Seidengewerbe bis 1794 kennzeichnend war, schrieb Strukturen fest, die der Verflüssigung bedurft hätten. Unternehmerische Initiativen, die sich außerhalb des Oligopols regten, wurden gelähmt oder nach außen abgelenkt. Das Ancien Régime drückte auch dem Krefelder Seidengewerbe seinen Stempel auf. Es spricht deshalb einiges dafür, daß das reduzierte Wachstum seit dem Ausgang der sechziger Jahre und die Stagnation seit dem Ende der achtziger Jahre ihre Ursache weniger, wie man gemeint hat, in der preußischen Handelspoli-

8 Agnes Kaiser, Aussicht vom sogenannten Flohschen Haus auf das Haus »Zum Heyd«. Zeichnung 1905. Krefeld, Museum Burg Linn.
Das Haus »Floh« wurde wahrscheinlich vor 1776 von Michael Leydel für Johann von der Leyen erbaut. Es gilt zu Recht als das prächtigste Krefelder Seidenverlegerhaus. Erbauer des gegenüberliegenden Hauses »Zum Heyd« war der Seidenverleger Johann Valentin Heydweiller (1734–1795), der jüngere Bruder Franz Heinrich Heydweillers. Es entstand 1774–1778 und kostete nach einer Eintragung im heute verlorenen Geheimbuch seines Erbauers 10017 Reichstaler.

tik, welche die Provinzen westlich der Weser zollpolitisch als Ausland behandelte,[62] oder einer schwindenden Nachfrage nach Luxusgütern,[63] sondern eher in diesen Gegebenheiten hatten. Das Bündnis, das ›großes Kapital‹ und Staat miteinander eingegangen waren, zwängte das Seidengewerbe in den engen Rahmen der alten Ordnung. Dieser Rahmen mußte fallen; erst dann war zu erwarten, daß sich die gewerbliche Entwicklung erneut beschleunigen würde.

Ein kurzer Blick auf die Entwicklung des Krefelder Seidengewerbes nach 1794 bestätigt diese Interpretation. Schon bald nachdem die französischen Revolutionstruppen Krefeld eingenommen hatten, setzte die Deregulierung des Seidengewerbes ein: Das von der Leyensche Teilmonopol und das Oligopol fielen. Neue Seidenverlage entstanden. Ihre Zahl stieg bis 1815 auf 22. So groß auch die Anpassungsschwierigkeiten waren, denen sich das Seidengewerbe insbesondere nach der Annexion des linken Rheinufers durch Frankreich im Jahre 1798 gegenübersah, so besteht doch kein Zweifel daran, daß alsbald ein anhaltender Expansionsprozeß begann. Die Zahl der Webstühle, die in Krefeld (Stadt, Vorstädte und plattes Land) liefen, stieg bis 1815 auf 1285. Die Standortausweitung schritt mächtig voran. 1810 befanden sich von 5830 Stühlen ca. drei Viertel auf dem platten Land. Die Samtbandherstellung wurde zur Hauptstütze des Krefelder Seidenge-

9 Das Haus »Joergens«, um 1901. Krefeld, Stadtarchiv. Das Haus »Joergens« wurde 1776/77 von den Brüdern Friedrich und Heinrich von der Leyen an der Südwestecke des Quarrés errichtet. Es war der repräsentative Mittelpunkt einer ganzen Gruppe von »Fabrique«-Häusern.

werbes, die Samtbandkonjunktur zu seinem Motor. Die Firma Friedrich & Heinrich von der Leyen, die an ihrem überkommenen Produktionsprogramm festhielt, geriet in erhebliche Schwierigkeiten und machte in diesen Jahren des öfteren Verluste, während Cornelius & Johann Floh mächtig expandierten und mitunter hohe Gewinne zu verzeichnen hatten. Obwohl sich die von der Leyen 1815 mit 32,8% aller Webstühlen und Bandmühlen noch immer den größten Krefelder Seidenverlag nennen konnten, waren doch die anderen Verlage – an ihrer Spitze C. & J. Floh mit 22,9% aller Stühle und Mühlen – die eigentlichen Gewinner einer Entwicklung, die 1794 eingesetzt hatte.[64]

[1] Stadtarchiv Krefeld (künftig: StAKr) 40/32 Nr. 50, fol. [75v–76], Regest: Gustav Schmoller und Otto Hintze (Hrsg.), *Die preußische Seidenindustrie im 18. Jahrhundert und ihre Begründung durch Friedrich den Großen*, 1-3 (Acta Borussica. Denkmäler der preußischen Staatsverwaltung im 18. Jahrhundert. Seidenindustrie, 1-3), Berlin 1892, 2, Nr. 1173, S. 630. Zum folgenden s. auch meine Arbeiten: Peter Kriedte, Proto-Industrialisierung und großes Kapital. Das Seidengewerbe in Krefeld und seinem Umland bis zum Ende des Ancien Régime, *Archiv für Sozialgeschichte*, 23, 1983, S. 219ff.; ders., Vom Leinen zur Seide. Bevölkerungs-, Sozial- und Wirtschaftsgeschichte vom Beginn des 17. Jahrhunderts bis 1794, in: Reinhard Feinendegen/Hans Vogt (Hrsg.), *Krefeld. Die Geschichte der Stadt*, 2, Krefeld 2000 sowie mein im Entstehen begriffenes Buch über die Bevölkerungs, Sozial und Wirtschaftsgeschichte des Krefelder Seidengewerbes vom 17. Jahrhundert bis 1815. Birgit Sippel gilt mein Dank für die Anfertigung der beiden Graphiken.

[2] StAKr 1 A Nr. 28, Druck: Guido Rotthoff, Das Münkerhofverzeichnis, *Die Heimat*, 36, 1965, S. 65ff., jetzt auch in: *Haushaltsvorstände und Hausbesitzer in Krefeld im 18. Jahrhundert* (Krefelder Archiv, NF, 2), Krefeld 1993, S. 197ff.

[3] ›Lint‹ hat zwar auch die Bedeutung ›Leinenband‹, doch spricht der Kontext dafür, daß hier mit ›Lintwirkern‹ Seiden- oder Samtbandwirker gemeint sind.

[4] 1750 kamen auf einen Bandmachermeister in etwa 2,5 Gesellen: Die Zahl der Bandmachermeister nach der Tabelle der ›Kaufleute, Künstler und Handwerker‹ von 1750, diejenige der Bandmacher (Meister und Gesellen) nach der Bevölkerungsliste des gleichen Jahres; s. Geheimes Staatsarchiv Berlin: Generaldirektorium: Moers Tit. CV Nr. 2 bzw. ebd. Tit. LXXIV Nr. 23.

[5] Hildegard Hoffmann, *Handwerk und Manufaktur in Preußen 1769 (Das Taschenbuch Knyphausen)* (Schriften des Zentralinstituts für Geschichte, 2,10), Berlin 1969, S. 146. Die Zahl der Seidenzwirnmühlen belief sich nicht auf 26, sondern auf 16, wie sich aus ebd. S. 191 ergibt.

[6] StAKr 1 A Nr. 60, fol. 87.

[7] StAKr 40/32 Nr. 50, fol. [2], Regest: Seidenindustrie [Anm. 1], 2, Nr. 1157, S. 612.

[8] Engelbert vom Bruck, Von der Herrlichkeit und Stadt Krefeld im Fürstentum Meurs, *Westphälisches Magazin zur Geographie, Historie und Statistik*, 1, 4, 1785, S. 177. Ich stützte mich im fol-

genden auf meine Aufsätze: Peter Kriedte, Taufgesinnte, Dompelaars, Erweckte. Die mennonitische Gemeinde und der Aufstieg des proto-industriellen Kapitalismus im 17. und 18. Jahrhundert in Krefeld, in: Rudolf Vierhaus und Mitarbeiter des Max-Planck-Instituts für Geschichte (Hrsg.), *Frühe Neuzeit – Frühe Moderne? Zur Vielschichtigkeit historischer Übergangsprozesse* (Veröffentlichungen des Max-Planck-Instituts für Geschichte, 104), Göttingen 1992, S. 245ff. und ders., Äußerer Erfolg und beginnende Identitätskrise. Die Krefelder Mennoniten im 18. Jahrhundert (1702-1794), in: Wolfgang Froese (Hrsg.), *Sie kamen als Fremde. Die Mennoniten in Krefeld und Umgebung von den Anfängen bis zur Gegenwart* (Krefelder Studien, 8), Krefeld 1995, S. 61ff.

[9] Archiv der Evangelische Kirche des Rheinlands, Düsseldorf: Krefeld Nr. 19.

[10] Zu diesem Argumentationsstrang s. u. a. Werner Sombart, *Der moderne Kapitalismus. Historisch-systematische Darstellung des gesamteuropäischen Wirtschaftslebens von seinen Anfängen bis zur Gegenwart*, 1,2, München usw. 1919², S. 877ff., und für Krefeld Herbert Kisch, Preußischer Merkantilismus und der Aufstieg des Krefelder Seidengewerbes: Variationen über ein Thema des 18. Jahrhunderts, in: ders., *Die hausindustriellen Textilgewerbe am Niederrhein vor der industriellen Revolution. Von der ursprünglichen zur kapitalistischen Akkumulation* (Veröffentlichungen des Max-Planck-Instituts für Geschichte, 65), Göttingen 1981, S. 97ff. Zur Frage, inwieweit Max Webers Protestantismus-These auf die Mennoniten anwendbar ist, s. Kriedte, Taufgesinnte [Anm. 8], S. 266ff. und ders., Äußerer Erfolg [Anm. 8], S. 80ff.

[11] Dazu Karl A. Peter, The Certainty of Salvation: Ritualization of Religion and Economic Rationality among the Hutterites, *Comparative Studies in Society and History*, 25, 1983, S. 231ff., 238.

[12] StAKr 70 Nr. 127, fol. 14-17, Druck: [Carl Rembert], Beiträge zur Geschichte der Mennoniten in Krefeld und Umgegend. Besuch des Königs Friedrich Wilhelm I. in Krefeld (1738), *Die Heimat*, 10, 1931, S. 90.

[13] Daniel Roche, *La culture des apparences. Une histoire du vêtement XVIIe–XVIIIe siècle*, Paris 1989, S. 59ff.

[14] Vom Bruck, Krefeld [Anm. 8] S. 181.

[15] Wilhelm Niepoth, Der »Catalogus der Widertauffer zu Rade vorm Walde Anno 1638«, *Zeitschrift des bergischen Geschichtsvereins*, 72, 1952, S. 77ff. und ders., Zur Frühgeschichte der Familie von der Leyen, *Die Heimat*, 21, 1950, S. 156ff., hier auch S. 158 eine Stammtafel.

[16] Seidenindustrie [Anm. 1], 2, Nr. 1144, S. 582f.; Hermann Keussen, *Geschichte der Stadt und der Herrlichkeit Crefeld mit steter Bezugnahme auf die Geschichte der Grafschaft Moers*, Crefeld 1865, S. 457ff.; StAKr 40/6: C I Nr. 5 (handschriftliche Auszüge H. Keussens).

[17] StAKr 40/32 Nr. 38.

[18] Stadtarchiv Frankfurt: Handwerker-Akten Nr. 2796, fol. 270-275v.

[19] Vorläufer der beiden letzteren Firmen war die Firma Johann & Friedrich von der Leyen (ab 1721, ab 1723: & Co.)

[20] Seidenindustrie [Anm. 1], 2, Nr. 1145, S. 585ff.

[21] Keussen [Anm. 16], S. 463; StAKr 40/5 Nr. 36.

[22] Dazu im einzelnen mein oben Anm. 1 genanntes Buch.

[23] Dazu Carlo Poni, All'origine del sistema di fabbrica: Tecnologia e organizzazione produttiva dei mulini da seta nell'Italia settentrionale (Sec. XVII-XVIII), *Rivista Storica Italiana*, 88, 1976, S. 447ff.

[24] Berechnet nach StAKr 40/32 Nr. 40, einem 1750 von Johann von der Leyen erstellten Auszug aus den Geschäftsbüchern der Färberei (zum Zwecke der Berechnung der Haben- und Sollzinsen der drei Teilhaber).

[25] Vgl. dazu StAKr 40/32 Nr. 42.

[26] Geheimes Staatsarchiv Berlin: Generaldirektorium: Fabrikendep. Tit. CLXXX Nr. 1, fol. 29v–31, 35-35v, Regest: Seidenindustrie [Anm. 1], 1, Nr. 67, S. 72.

[27] Seidenindustrie [Anm. 1], 2, Nr. 1145, S. 588 (nach dem verschollenen Original); Geheimes Staatsarchiv Berlin: Generaldirektorium: Moers Tit. LXXIV Nr. 23 bzw. Tit. CV Nr. 2.

[28] Seidenindustrie [Anm. 1], 3, S. 100, 102.

[29] StAKr 40/32 Nr. 50, fol. [8]; s. auch ebd., fol. [4v, 5v, 7v].

[30] Zum Seidengewerbe in den Niederlanden und seinem Niedergang s. Jan de Vries/Ad van der Woude, *The First Modern Economy. Success, Failure, and Perseverance of the Dutch Economy, 1500–1815*, Cambridge 1997, S. 293f.; ferner Leonie van Nierop, De zijdenijverheid van Amsterdam historisch geschetst, *Tijdschrift voor Geschiedenis*, 45, 1930, S. 18ff., 151ff., 46, 1931, S. 28ff., 113ff.

[31] Die Aufteilung der Stühle nach Stühlen für Samt (und Damast) einerseits und für Seidentücher und –stoffe andererseits ist in den Tabellen von 1769 und 1772 durcheinandergeraten. Die hier vorgenommene Zuordnung der Ziffern orientiert sich an den Tabellen der Jahre 1779ff.; s. Hoffmann [Anm. 5], S. 146 und StAKr 1 A Nr. 60.

[32] StAKr 1 A Nr. 29, fol. 44-45v; die zweite Ziffer ausgehend von der Zahl der Webstühle unter Zugrundelegung der sogenannten Fraktionssätze, und zwar der vollen; siehe Karl Heinrich Kaufhold, *Das Gewerbe in Preußen um 1800* (Göttinger Beiträge zur Wirtschafts- und Sozialgeschichte, 2), Göttingen 1978, S. 479ff.

[33] Kriedte, Vom Leinen [Anm. 1], Tabelle 11.

[34] Guido Rotthoff, Wiener Dokumente über einen Konkurrenzstreit der Firma Friedrich und Heinrich von der Leyen, *Die Heimat*, 41, 1970, S. 69f.; StAKr 40/32 Nr. 9; Regesten: Seidenindustrie [Anm. 1], 2, Nr. 1156,

S. 599ff. Das Reskript von 1759 erwähnt nur Bandmühlen; in den folgenden Jahren wurde es jedoch – auch von Lingen & Co. – immer so verstanden, daß es auch für Zwirnmühlen gilt; s. StAKr 40/32 Nr. 9.

[35] StAKr 40/32 Nr. 9, Regesten: Seidenindustrie [Anm. 1], 2, Nr. 1156, S. 611.

[36] StAKr 40/32 Nr. 15, 27, Regesten: Seidenindustrie [Anm. 1], 2, Nr. 1166, 1182, S. 621ff., 644ff.; s. Fritz Gehne, Zur Geschichte der Seidenweberei in Kaiserswerth. Wie der Fabrikant Dietrich Petersen aus Krefeld in Kaiserswerth eine Seidenfabrik gründete, Die Heimat, 34, 1963, S. 52f.; Irmgard Lange, *Die Geschichte der Samt- und Seidenindustrie in Kaiserswerth* (Heimatkundliches in und um Kaiserswerth, 2), Kaiserswerth [1968], S. 2ff.

[37] StAKr 40/32 Nr. 9, Regesten: Seidenindustrie [Anm. 1], 2, Nr. 1156, S. 607f.

[38] StAKr 40/32 Nr. 16, Regest: Seidenindustrie [Anm. 1], 2, Nr. 1167, S. 623.

[39] Seidenindustrie [Anm. 1], 3, S. 265f. und insbesondere Ingrid Mittenzwei, *Preußen nach dem Siebenjährigen Krieg. Auseinandersetzungen zwischen Bürgertum und Staat um die Wirtschaftspolitik* (Schriften des Zentralinstituts für Geschichte, 62), Berlin 1979, S. 76ff.

[40] Zum Verlagssystem vgl. Peter Kriedte/Hans Medick/Jürgen Schlumbohm, *Industrialisierung vor der Industrialisierung. Gewerbliche Warenproduktion auf dem Land in der Formationsperiode des Kapitalismus* (Veröffentlichungen des Max-Planck-Instituts für Geschichte, 53), Göttingen 1977, S. 210ff.; für die Verhältnisse in Krefeld im 19. Jahrhundert s. Peter Kriedte, *Eine Stadt am seidenen Faden. Haushalt, Hausindustrie und soziale Bewegung in Krefeld in der Mitte des 19. Jahrhunderts* (Veröffentlichungen des Max-Planck-Instituts für Geschichte, 97), Göttingen 1991, S. 100ff.

[41] Werner Sombart, Verlagssystem (Hausindustrie), in: *Handwörterbuch der Staatswissenschaften*, 8, Jena 1911³, S. 234.

[42] StAKr 1 A Nr. 36-38, Regesten: Seidenindustrie [Anm. 1], 2, Nr. 1186, S. 650ff.

[43] StAKr 40/32 Nr. 50, fol. [10v]; Richard Zeyss, *Die Entstehung der Handelskammern und die Industrie am Niederrhein während der französischen Herrschaft. Ein Beitrag zur Wirtschaftspolitik Napoleons I.*, Leipzig 1907, Anhang 11, S. 273.

[44] Dazu Hans Botzet, *Die Geschichte der sozialen Verhältnisse in Krefeld und ihre wirtschaftlichen Zusammenhänge*, Diss. rer. pol. Köln 1953 (Masch.), S. 20ff.; s. auch Kisch [Anm. 10], S. 133ff.

[45] Gottfried Buschbell (Hrsg.), *Das Tagebuch des Abraham ter Meer (1758–1769)* (Krefelder Archiv, 3), Krefeld 1936, S. 176; vgl. auch Kisch [Anm. 10], S. 130ff.

[46] Zeyss [Anm. 43], S. 273.

[47] Zum Begriff des Produktionsregimes s. u. a. David Soskice, Globalisierung und institutionelle Divergenz: Die USA und Deutschland im Vergleich, *Geschichte und Gesellschaft*, 25, 1999, S. 202ff.

[48] Vgl. im einzelnen die Nachweise bei Kriedte, Proto-Industrialisierung [Anm. 1], S. 247f.

[49] StAKr 1 A Nr. 152, fol. 136–163.

[50] StAKr 40/32 Nr. 9, Regesten: Seidenindustrie [Anm. 1], 2, Nr. 1156, S. 602, 605f.

[51] StAKr 40/32 Nr. 9, Auszug: Seidenindustrie [Anm. 1], 2, Nr. 1156, S. 602f.

[52] Vgl. die Nachweise bei Kriedte, Proto-Industrialisierung [Anm. 1], S. 251.

[53] Hoffmann [Anm. 5], S. 148 und dazu Kriedte, Proto-Industrialisierung [Anm. 1], S. 253, Tabelle 7.

[54] Vgl. die Nachweise ebd., S. 252, Abbildung 5, und S. 253, Tabelle 7.

[55] Hauptstaatsarchiv Düsseldorf: Jülich-Berg IV Nr. 540, fol. 15-48v, 184–271; vgl. Karl Ludwig Mackes, *Dülken* (Rheinischer Städteatlas, 27), Köln 1979, S. [9]; ders., *Süchteln* (Rheinischer Städteatlas, 41), Köln 1982, S. 10f.

[56] Dazu Kriedte, Proto-Industrialisierung [Anm. 1], S. 254ff. mit Tabelle 8.

[57] Diese Frage bedarf noch eingehender Untersuchungen für das Umland von Krefeld; vgl. zu der Kontroverse in dieser Frage Peter Kriedte/Hans Medick/Jürgen Schlumbohm, Sozialgeschichte in der Erweiterung – Proto-Industrialisierung in der Verengung? Demographie, Sozialstruktur, moderne Hausindustrie: eine Zwischenbilanz der Proto-Industrialisierungs-Forschung, *Geschichte und Gesellschaft*, 18, 1992, S. 232ff.

[58] Peter Norrenberg, *Aus dem alten Viersen. Ein Beitrag zur Culturgeschichte des Niederrheins*, Viersen 1873, S. 37.

[59] Vgl. dazu auch Kriedte, Stadt [Anm. 40], S. 71ff.

[60] Dazu Kriedte/Medick/Schlumbohm [Anm. 40], S. 60, 105f., 112ff.

[61] StAKr 40/32 Nr. 50, fol. [9v].

[62] Seidenindustrie [Anm. 1], 3, S. 269.

[63] So der Kriegs- und Steuerrat von Goldbeck 1790; s. Hauptstaatsarchiv Düsseldorf: Kleve Kammer Nr. 1615 (nicht fol.), Regest: Seidenindustrie [Anm. 1], 2, Nr. 1196, S. 666.

[64] Vgl. dazu im einzelnen Peter Kriedte, Lebensverhältnisse, Klassenstrukturen und Proto-Industrie in Krefeld während der französischen Zeit, in: Mitarbeiter und Schüler (Hrsg.), *Mentalitäten und Lebensverhältnisse. Beispiele aus der Sozialgeschichte der Neuzeit. Rudolf Vierhaus zum 60. Geburtstag*, Göttingen 1982, S. 295ff.; ders., Das Krefelder Seidengewerbe im Jahre 1815, *Die Heimat*, 53, 1982, S. 73ff.

Bildnachweis:

Krefeld, Museum Burg Linn: 1–2, 5–8
Krefeld, Stadtarchiv: 9
Verf.: 3–4

Thomas Bartolosch

Das Faktoreiwesen des Wuppertaler und des Siegerländer Textilgewerbes im Westerwald in der zweiten Hälfte des 18. Jahrhunderts

»Es ist eine ausgemachte Sache, daß durch manufakturen und fabriquen Viele ihre Nahrung haben, welche durch sonstige Arbeith ihr Brodt nicht verdienen können, sondern durch den sich erwählten Bettelstaab dem Lande nur zur Laste fallen. Man hat […] durch die ohnehin in der Stadt [Altenkirchen] angelegt gewesene Baumwollen Spinnerey davon eine stattliche Probe gehabt, als wo durch eine große Anzahl Leuthe, welche sich jezo auf bloßes betteln legen, ihre Nahrung gefunden haben. Solche hat sich aber durch die Nachläßigkeit […] des dabey gewesenen Aufsehers von hier weg und ins Hachenburgl. gezogen, wo nicht nur in der Stadt[,] sondern auch aufm Lande dergleichen dermahlen gesponnen wird.«[1]

Welcher großen Wertschätzung sich Manufakturen und ›Fabriquen‹ in der zweiten Hälfte des 18. Jahrhunderts auf dem Westerwald – zumindest in Behördenstuben – erfreuen konnten, geht geradezu beispielhaft aus diesem Schreiben des Altenkirchener Amtsverwalters Johann Ernst Cramer hervor, das dieser am 29. Dezember 1763 an seine vorgesetzte Dienststelle, die Regierungskanzlei Altenkirchen, schrieb. Vor dem Hintergrund der merkantilistisch orientierten Wirtschaftspolitik der Zeit wird das Bedauern des Amtsverwalters verständlich, daß die verlagsmäßig organisierte Baumwollspinnerei im Amt Altenkirchen zusammengebrochen und andernorts – in Stadt und Land Hachenburg – neu aufgebaut worden war. Das benachbarte Hachenburgische war Bestandteil eines anderen Territoriums; die Reichsgrafschaft Sayn-Altenkirchen hatte mithin nicht nur einen Verlust an Erwerbsmöglichkeiten, sondern zugleich deutliche Einnahmeverluste hinnehmen müssen. Amtsverwalter Cramer überlegte daher im weiteren Verlauf seines Schreibens, wie es zur Wiederaufnahme der Baumwollspinnerei in Altenkirchen kommen könne, wobei erneut auch arbeitsmoralische Gesichtspunkte eine Rolle spielten:

»[…] ich glaube, wenn von obrigkeitswegen eine solche Spinnerey angeordnet und die aufs bettln sich verlegte Leuthe darzu angestrengete würden, daß man eine dergleichen Spinnerey wiederum hirher ziehen könnte. Es müßte aber wie schon erwähnt von obrigkeitswegen Jemand bestellet werden, welcher die Distribution der Wolle und die Sammlung des Garns und so auch die Bezahlung des Spinnerlohns zu besorgen hätte. Einem solchen Manne müßte aber auch vor seine Mühe etwas gewisses ausgesetzet werden, und dies könnte man von dem zu regulierenden Spinnerlohn nach Proportion des Pfundes nehmen […].«[2]

Wie diese und weitere Passagen des zitierten Schreibens belegen, hatten die miteinander korrespondierenden Behörden saynischer Verwaltung großes Interesse an einer Neubelebung der heimgewerblichen Spinnerei im Raum Altenkirchen. Gesucht wurde ein potenter Verlegerkaufmann, der die rohe Baumwolle lieferte, verteilen ließ und die gesponnenen Garne abnahm, um sie auf fernen Märkten und Messen zu verkaufen oder gar zu Gewebe weiterverarbeiten zu lassen. Die Verteilung der Rohbaumwolle und die Sammlung der gesponnenen Garne sollte ein Faktor, ein Unterverleger, übernehmen, so wie das später – in der zweiten Hälfte der 1760er Jahre – der Altenkirchener Bürgermeister und Handelsmann Johann Wilhelm Büsgen für Wuppertaler Ver-

1 Elverfeldt [Elberfeld] anno 1796. Kolorierte Federzeichnung. Wuppertal, Historisches Zentrum

legerkaufleute tat. Alte, Arme und Schwache sollten der Bettelei entwöhnt und einem festen Erwerb zugeführt werden. War die Zahl der Bettler rückläufig und nahm die Zahl der Erwerbstätigen zu, so stiegen auch die Einnahmen der Landesherrschaft, denn Untertanen, die über Einnahmen verfügten, konnten auch Abgaben leisten. Stark vereinfacht lassen sich so die wirtschafts- bzw. beschäftigungspolitischen Interessen aller Landesherren der Zeit auf den Höhen des Westerwaldes umschreiben. Nicht nur in den Grafschaften Sayn-Altenkirchen und Sayn-Hachenburg, sondern auch in nassauischen und anderen Teilen der rechtsrheinischen Mittelgebirgsregion sind vergleichbare Bemühungen erkennbar. Es stellt sich die Frage nach den Ursachen der ganz offensichtlich vergleichsweise geringen Erwerbsmöglichkeiten im Westerwald. War die Landwirtschaft aufgrund klimatischer Bedingungen bei steigender Bevölkerung zu wenig produktiv?

Der Westerwald – ein »Nebel- und Regenland«?

Die aufgeworfene Frage muß sehr differenziert angegangen werden. Dem Westerwald haftet seit langem das Vorurteil an, er sei ein klimatisch äußerst benachteiligtes Gebiet. Verantwortlich dafür ist nicht zuletzt ein bekanntes Soldatenlied, dessen einprägsamer Reim »Westerwald – Wind so kalt« auf ein Reitergedicht der zweiten Hälfte des 15. Jahrhunderts zurückgeht.[3] Zur Verbreitung klischeehafter Vorstellungen, wie sie sich bis heute gehalten haben, hat zudem ein Zeitgenosse der Mitte des 19. Jahrhunderts entscheidend beigetragen, der spaßig-ironisch meinte, auf dem hohen Westerwald würden die Kirschen zwei Jahre Zeit brauchen, um reif zu werden: »Im ersten Jahr nämlich wird die Frucht auf dem einen Backen rot und im folgenden auf dem andern.«[4] Diese Äußerung stammte von keinem Geringeren als Wilhelm Heinrich Riehl (1823–1897), der immerhin als einer der Begründer der Volkskunde gilt.[5] An anderer Stelle schrieb er:

»Dem Auge des Rheinländers macht es einen sibirischen Eindruck, daß längs der Landstraßen Ebereschen und in den Gärten wohl gar Tannen statt der Obstbäume stehen. Der Boden ist großenteils ausgezeichnet, aber der jähe Windstrom, welcher durchs ganze Jahr über die kahle Hochebene fegt, läßt keinen Obstbau aufkommen, und die Nässe dieses Nebel- und Regenlandes hat selbst die edleren Getreidearten verbannt [...]. Kein andres deutsches Gebirg von gleich mäßiger Höhe wie der Westerwald sammelt eine solche Unmasse von Schnee auf seinem Rücken. An den Häusern, deren Strohdach auf der Wetterseite fast bis zur Erde herabgeht, wird der Schnee vom Sturm oft dergestalt zusammengefegt, daß man, von der Wetterseite kommend, einen Hügel, nicht ein Haus zu sehen glaubt.«[6]

Neben dem prominenten Riehl gibt es eine ganze Reihe weiterer, allerdings weniger bekannter zeitgenössischer Autoren der ersten Hälfte des 19. Jahrhunderts, die sich ebenfalls abschätzig über die naturräumlichen Bedingungen des Westerwaldes äußerten, etwa Johannes Andreas Demian, der in seinem 1823 in Wiesbaden erschienenen »Handbuch der Geographie und Statistik des Herzogthums Nassau« vom »unwirthbaren Clima« des Hohen Westerwaldes berichtete. Zurecht ist darauf hingewiesen worden, daß Riehls Äußerungen über die ungeheuren Schneemassen der Region »nur Wiederholungen« dessen waren, was Christian Daniel Vogel bereits 1843 in seiner ebenfalls in Wiesbaden erschienenen Beschreibung des Herzogthums Nassau »als typisch für den Hohen Westerwald ansah.«[7]

Oberflächengestalt, Klima und Böden der zwischen Rhein, Lahn, Dill und Sieg gelegenen Mittelbirgsregion müssen sehr differenziert betrachtet werden. Bei einer nur groben naturräumlichen Gliederung bereits fällt auf, daß nach Hohem Westerwald, Ober- und Niederwesterwald zu unterscheiden ist, wobei die höchsten Erhebungen des Hohen Westerwaldes über 650 m über NN ragen, während etwa der Vorderwesterwald weit niedrigere Höhenlagen von teils deutlich unter 200 m über NN aufweist und an das fruchtbare Rheintal grenzt. Diese knappen Hinweise lassen bereits erkennen, daß die Oberflächengestalt des Westerwaldes keineswegs einheitlich ist, mit allen Auswirkungen, die das auf die Beschaffenheit des (Klein-)Klimas und auch bedingt der Böden hat. Es bedarf keiner umfassenden meteorologischen Kentnisse, um zu verstehen, daß sich der Jahresmittelwert der Temperaturen oder auch der Niederschläge zwischen Orten des Niederwesterwaldes und des Hohen Westerwaldes gravierend unterscheidet – mit entsprechenden Auswirkungen auf die Vegetation, auf die Landwirtschaft. Im Vergleich zu anderen Teilen des rheinischen Schiefergebirges schneidet der Westerwald keineswegs schlechter ab, teils sogar besser: »Die $-1°$-Isotherme des Januar betrifft in der Eifel ein noch größeres Gebiet, die mittlere wirkliche Januartemperatur erreicht im Taunus und Hunsrück sogar einen noch um ein Grad tieferen Wert, ja sogar der Wind weht in der Eifel (Nürburg) durchschnittlich mit höheren Geschwindigkeiten als im Hohen Westerwald [...].«[8]

Die großen Schneemassen, die Riehl beschrieb, sind kaum mit den realen Gegebenheiten in Übereinstimmung zu bringen, denn aus Sicht der Meteorologen befindet sich der Westerwald im subozeanischen Klimabereich mit entsprechend zwar feuchtem, aber wintermildem Klima. Das war auch Mitte des 19. Jahrhunderts so – und gilt auch für die zweite Hälfte des 18. Jahrhunderts. Was die Güte der Böden betrifft, so ist auch sie sehr unterschiedlich, wenngleich es sich durchweg um lehmige Böden handelt, die auf den Hochflächen häufig zu Staunässe führen.[9] Auch wenn Riehl und andere maßlos übertrieben, das andere Extrem trifft selbstverständlich genauso wenig zu. So etwa hatte Johann Textor von Haiger den Westerwald in seiner bereits 1617 in Herborn erschienenen »Nassauischen Chronik« als geradezu wohlhabendes nassauisches »Holland und Frießland« bezeichnet. Seine Schilderung bezieht sich zwar auf die Zeit von vor dem verheerenden Dreißigjährigen Krieg, in der die Zersplitterung des Besitzes im Zuge der Realteilung als Erbrecht zudem noch nicht so weit gediehen war, wie sie sich später zunehmend bedrohlich auswirkte. Andererseits handelt es sich bei seiner Darstellung aber ebenfalls um eine starke Übertreibung der realen Verhältnisse, wenn auch in die andere Richtung.[10]

Insgesamt gesehen bedarf es – wie bereits unterstrichen – einer sehr differenzierten Betrachtung der naturräumlichen Bedingungen der Landwirtschaft im Westerwald. Das wußten auch bereits die Zeitgenossen des 18. Jahrhunderts. Der Siegener Verlegerkaufmann A. A. Dresler, auf den unten zurückzukommen sein wird, bemühte sich im November 1768 um »Ausbreitung des Flachsanbaus in oranien-nassauischen Landen«. In einer an die Dillenburger Rentkammer gerichteten, umfangreichen Denkschrift, die er »Project wegen Ausbreitung des Flachs Anbaues« betitelte, gab er zu bedenken, »daß der Flachs Bau an denjenigen Orthen, wo er gern geräth, wenig Land« erfordere und deshalb ein »Abgang des Landes an denen Nahrungs producten« nicht zu erwarten sei. Eine »Untersuchung an denen Orthen auf dem Westerwald, wo der Flachs fast vollständig wohl geräth«, werde »gleich auf klären, daß

2 Die Spinnstube, Tafel 4 aus dem Policey- und Cameralmagazin. Kupferstich, 1774. Euskirchen, Rheinisches Industriemuseum

die Leuthe auf einem Terrain, wo selbige 1 Malter Hafer oder Korn erziehen, soviel mahl mehr, welches ich wegen Mangel der genannten Einsicht nicht Determiniren kann, an Flachs erziehen.«[11]

Gerade am Beispiel der Bemühungen um die Ausweitung des Flachsanbaus im Westerwald läßt sich die Problematik der naturräumlichen Bedingungen der Landwirtschaft dieser Region sehr gut verdeutlichen. Dresler setzte sich mit seinen Vorstellungen zunächst durch und Flachs wurde – mit Hilfe landesherrlicher Maßnahmen – seit den 1770er Jahren zu einem Hauptprodukt der Landwirtschaft des Westerwaldes, aber ausgerechnet speziell des Hohen Westerwaldes, also jener Höhenzonen, die dafür am wenigsten geeignet waren. Die andersgemeinten Ratschläge Dreslers, der den Anbau nur »an denjenigen Orthen« im Blick gehabt hatte, an denen Flachs »wohl geräth«, waren offenbar ignoriert worden. Die Erträge erwiesen sich entsprechend witterungsabhängig. Gutachten über die Rentabilität des Flachsanbaus auf dem Westerwald bestätigten in französischer Zeit, daß der Westerwald nicht mit Schlesien oder anderen Hauptanbaugebieten von Flachs zu vergleichen war. Die Siegener Gutachter Schenck und Schneider sollten 1808 äußern, daß es bekannt sei, »wie sehr das Gedeihen des Flachses von der Witterung abhänget: »Für den Westerwald sei es weit vorteilhafter, »die Viehzucht, seine bisherige Hauptnahrungsquelle, und wozu er vorzüglich geeignet ist, zu befördern.«[12] Gleichwohl blieb Flachs in tiefergelegenen Teilräumen der Region eine verbreitete Nutzpflanze.[13]

Trotz aller differenzierten Betrachtung war der Westerwald im Vergleich zu benachbarten Regionen – wie etwa dem klimatisch bevorzugten Rheintal oder dem südwestlich vorgelagerten, fruchtbaren Limburger Becken – naturräumlich in Gänze benachteiligt. Insbesondere die Höhenzonen galten bereits im 18. Jahrhundert zurecht als karges Gebiet. Die klimatischen Verhältnisse und die Bodenbeschaffenheit ließen hier eigentlich keinen Ackerbau zu; lediglich für die Viehwirtschaft waren die Verhältnisse ausreichend. Infolge der Aufteilung des Grundbesitzes im Erbgang war die Parzellierung der bäuerlichen Produktionsflächen im 18. Jahrhundert bereits soweit vorangeschritten, daß nur noch wenige vollbäuerliche Betriebe Bestand hatten und die Bevölkerung auf Nebenerwerbsmöglichkeiten zur Existenzsicherung angewiesen war. Vor allem das Basaltplateau des Hohen Westerwaldes hatte vermehrt Aus- und Abwanderungswellen zu verzeichnen. Eine Vielzahl von Dörfern war bereits zuvor verlassen und wüstgelegt worden. In heimgewerblicher Textilproduktion für auswärtige Verlage bot sich der gesamten Bevölkerung eine existenzsichernde Nebenerwerbsmöglichkeit, nicht nur Kindern, Armen, Alten und Schwachen.[14]

Zur Hochblüte der bergischen Wirtschaft und zur Frage der Behebung des Arbeitskräftemangels im Wuppertal

Im Gegensatz zum Westerwald war das Bergische Land eine der prosperierenden deutschen Gewerberegionen der zweiten Hälfte des 18. Jahrhunderts. Während Solingen und Remscheid Zentren der Kleineisenfabrikation darstellten, bildete das Wuppertal einen bedeutenden Schwerpunkt der Textilproduktion. Hier wurde Leingarn seit dem Mittelalter gebleicht. Das klare und für die Bleicherei besonders geeignete Bergwasser der Wupper sowie die unfruchtbaren, aber als Bleichflächen in hohem Maße geeigneten Talauen beiderseits des Flusses stellten die natürlichen Standortvoraussetzungen dieses Gewerbes dar.

Für den Antransport der Garne aus anderen Regionen sowie deren Abtransport nach der Veredelung lag das textilgewerbliche Zentrum des Bergischen Landes im Verkehrswegenetz der Zeit nahezu ideal. Hinzu kam die Nähe des Rheins. Der in der zweiten Hälfte des 18. Jahrhunderts sich verstärkende wirtschaftliche Aufschwung der Wuppertaler Gewerbe – vornehmlich in Elberfeld und Barmen zu beobachten – basierte nicht nur auf Standortfaktoren und einer relativ günstigen Verkehrslage, sondern auch auf bestimmten Produktions- und Absatzbedingungen. Neben Leingarn trat Seide und – als bedeutendes Massenprodukt – Baumwollgarn. Die Gespinste wurden nicht nur gebleicht, sondern auch gefärbt. Zur Spinnerei kam die Weberei, das handwerkliche Geschick wuchs. Die Spezialisierung auf Schmal-, Breit- und Musterweberei sowie Flechterei trug dazu bei, daß der Vorsprung vor anderen textilgewerblich durchsetzten Regionen gesichert werden konnte. Der verstärkte Handel mit Rohstoffen wie Rohbaumwolle aus Übersee führte zu einer weiteren Ausdifferenzierung der Wirtschaft im Wuppertal.[15]

Der wirtschaftliche und technische Vorsprung des regionalen Textilgewerbes beruhte nicht zuletzt auf einem landesherrlichen Exklusivprivileg von 1527, das Elberfeld und Barmen gemeinsam das Bleichmonopol für das Herzogtum Berg garantierte. Die Garnhändler und -bleicher waren seitdem in der Garnnahrung vereint, einer mit diesem Privileg ausgestatteten Organisation, die streng darüber wachte, daß die – im Laufe der Jahrzehnte und Jahrhunderte stets weiterentwickelte – Bleichmethode weitestgehend geheim gehalten wurde. Das Produktions- und Handelsmonopol sollte das bergische Textilgewerbe sowie den Textilhandel vor den mächtigen Kölner Zünften schützen. Die Garnnahrung war keine Zunft. Korporationen gab es im Bergischen Land vereinzelt zwar auch, sie hatten aber keinen allzu großen Einfluß, vermochten zumindest nicht – wie andernorts – zu verhindern, daß sich neben dem organisierten Handwerk ein konkurrierendes außerzünftiges Verlagsgewerbe etablieren und weiterentwickeln konnte. Zunftschranken standen der Ausdehnung der Gewerbe mithin nicht entgegen.[16]

Neben der Korporationsstruktur war für den Aufschwung der Wirtschaft auch von Bedeutung, daß Arbeitskräfte an die Wupper strömten, so daß der erhöhte Bedarf gedeckt werden konnte. Aufgrund von Zuwanderung – weniger infolge des natürlichen Bevölkerungswachstums – versechsfachte sich die Bevölkerungszahl von Elberfeld und Barmen zwischen 1700 und 1800 von rund 5500 auf etwa 32 000.[17] Dabei konzentrierte sich der Handel stärker auf Elberfeld, während die Produktion vermehrt in Barmen vorzufinden war.[18] Neben den bereits genannten Voraussetzungen und Bedingungen für den Aufschwung der Wuppertaler Wirtschaft während der zweiten Hälfte des 18. Jahrhunderts hat Reulecke auf drei weitere Faktoren hingewiesen, ohne die die skizzierte Entwicklung – die Hochblüte von Handel und Gewerbe – im Bergischen Land nicht möglich gewesen wäre: die in merkantilistisch orientierter Zeit geradezu atypische Wirtschaftspolitik des laissez-faire der Landesherren, zudem die spezifische Mentalität der ökonomischen Führungsschicht sowie die gezielte Teilhabe am entstehenden Weltmarkt. Nicht nur das Barmer und Elberfelder Textilgewerbe, sondern auch das Kleineisengewerbe von Solingen und Remscheid war sehr stark exportorientiert.[19]

Insgesamt gesehen war das Bergische Land – speziell das Wuppertal – mit seiner prosperierenden, innovatorischen Wirtschaft im Vergleich zu England zwar Nachzügler, im Vergleich zu anderen deutschen Gewerberegionen aber Vorreiter. Dabei stellt sich die Frage, ob die Blüte der gewerblichen Wirtschaft ausschließlich auf Zuwanderung basierte, was den enormen Bedarf an Arbeitskräften betrifft. Noch konnten die Textilverleger nicht auf eine Mechanisierung der Produktion ausweichen. Es bleibt zu fragen, inwieweit nicht auch Arbeitskräfte anderer, benachbarter Regionen einbezogen werden konnten und wurden? Gab es nicht die Möglichkeit, dort Baumwolle in Heimarbeit verarbeiten zu lassen, d. h. einen Teil der Produktion auszulagern in andere, mangels Arbeit und Einkommen womöglich preiswerter produzierende Agrar- oder Gewerbegebiete? Daß das ein gangbarer und vermehrt beschrittener Weg war, dem Mangel an Arbeitskräften entgegenzutreten, soll am Beispiel der Beschäftigung von verlegten Arbeitskräften im Siegerland verdeutlicht werden. Wie zu zeigen ist, gab es auch im Westerwald Unterverlage – sogenannte Faktoreien – Wuppertaler Verlegerkaufleute. Mit zunehmender Verselbständigung der Siegerländer Textilproduktion, d. h. der Beseitigung von Abhängigkeiten von Wuppertaler Verlagen, etablierten sich die Baumwollspinnerei und Siamosenweberei an der oberen Sieg als bedeutende Gewerbezweige. Die Expansion des neuen außerzünftigen Textilgewerbes stieß im Siegerland aber ebenfalls an Grenzen. Solche konnten auch dort nur durch Einbeziehung benachbarter Regionen – wie eben auch des Westerwaldes – überwunden werden, so daß sich weiterhin die Frage stellt, ob es Interessenkollisionen zwischen Wuppertaler und Siegerländer Verlegerkaufleuten gab, wenn es um die Nutzung der Arbeitskräfte im Westerwald ging?

Hinweise darauf, daß in der zweiten Hälfte des 18. Jahrhunderts Arbeitskräfte im gesamten Bergischen Land von Wuppertaler Verlegerkaufleuten genutzt wurden und diese in Heimarbeit Rohbaumwolle zu Baumwollgarn verarbeiteten, finden sich in vielen Darstellungen der Wirtschaftsgeschichte des Wuppertals.[20] Daß darüber hinaus aber auch andere Regionen in die Produktion einbezogen wurden, wird entweder nur stiefmütterlich behandelt oder völlig übersehen. Anders ist dies, wenn man in die Literatur zur Geschichte benachbarter Regionen blickt. Immerhin findet sich in der Zeitschrift des Bergischen Geschichtsvereins – wenn auch von 1934 – ein kurzer Beitrag von Wilhelm Rees, der sich vornehmlich mit der für einen Wuppertaler Verlegerkaufmann organisierten Baumwollspinnerei in der Grafschaft Sayn-Wittgenstein-Berleburg befaßt. Hier heißt es:

3 Baumwollpflanze. Kolorierter Kupferstich, Nürnberg, 1773. Ratingen, Rheinisches Industriemuseum

»Die mächtig aufblühende Textilindustrie des Wuppertals beschäftigte in der zweiten Hälfte des 18. Jahrhunderts Tausende von Arbeitern in den ländlichen Bezirken des bergischen Landes bis in das Amt Steinbach hinauf. Die Zahl dieser, in der Hausindustrie für das Wuppertal tätigen Arbeiter wird auf 35 000 geschätzt. Daß aber die Wuppertaler Industrie auch über die Grenzen des bergischen Lebensraumes hinaus der ärmeren Bevölkerung Beschäftigung bot, lehrt die Biographie eines Berleburger Kaufmannes Johann Daniel Scheffer aus dem 18. Jahrhundert, die Pfarrer G. Hinsberg in seinen ›Streifzügen durch Berleburgs Vergangenheit‹ mitteilt […].«[21]

Ohne an dieser Stelle ausführlicher auf die Geschichte der heimgewerblichen Baumwollspinnerei im östlich des Siegerlandes gelegenen Wittgensteinischen näher eingehen

4   Anonym, Berleburg. Ölgemälde, vor 1736. Bad Berleburg, Privatbesitz

zu wollen, bleibt zu konstatieren, daß der Einzugsbereich des Faktors Scheffer – so läßt sich dem Rees'schen Beitrag entnehmen – bis nach Battenberg im noch weiter östlich angrenzenden Hessen reichte. Die rohe Baumwolle kam von den Hauptverlegern van der Beeck und Söhne in Elberfeld.[22] Als Motiv für die Übernahme der Funktion des Unterverlegers scheint aus den Geschäftsbüchern des Berleburger Kaufmanns hervorzugehen, daß er das »in der klugen Voraussicht« tat, »daß die billige Arbeitskraft der Gebirgsbewohner die aufgewandten Mittel lohnen würde.« Zwar konnten rund 190 000 Pfund Baumwolle jährlich verarbeitet werden; problematisch war aber die Höhe des Fuhrlohnes, für den Scheffer aufzukommen hatte. Offenbar lag die Faktorei wegen ihrer relativ großen Distanz zum Wuppertal im Grenzbereich der Rentabilität. Beschwerde geführt wurde zudem über die von den Zeitgenossen als »Unterschleif« bezeichnete Veruntreuung roher Baumwolle oder Garn sowie die Unpünktlichkeit der Abgabe der Gespinste seitens der verlegten Heimarbeiter.[23] Daß ein Unterverleger über solche Schwierigkeiten klagte, war keine Ausnahmeerscheinung, wie aus dem Siegerland und Westerwald oder auch dem Lahn-Dill-Gebiet bekannt ist.[24] Nachdem zunächst der Aufschwung des Wuppertaler Textilgewerbes in der zweiten Hälfte des 18. Jahrhunderts skizziert worden ist und sich daraus die Frage nach der Beschäftigung verlegter Heimarbeiter auch außerhalb des Bergischen Landes ergeben hat, soll nun auf die Verhältnisse im Siegerland eingegangen werden. Inwieweit gelang die Nutzung von Beschäftigten in jener Gewerberegion? Kam eine solche landesherrlichen Interessen an einer prosperierenden Wirtschaft entgegen?

Baumwollspinnerei im Siegerland für Wuppertaler Verlegerkaufleute

Das Siegerland – etwa 100 Kilometer östlich von Köln gelegen – galt in der deutschen Wirtschaftsgeschichte lange Zeit als Montanrevier. Jüngste Forschungen hingegen belegen, daß Erz und Eisen nicht zu allen Zeiten die regionale Wirtschaft dominierten. Arbeitsmarktpolitisch sollte das Textilgewerbe in der zweiten Hälfte des 18. Jahrhunderts zum führenden Erwerbszweig aufsteigen und dies trotz zahlreicher Krisen während der ersten Hälfte des 19. Jahrhunderts bleiben. Erst mit der Erschließung des Siegerlandes durch die Eisenbahn zu Beginn der 1860er Jahre sowie der damit möglich gewordenen schwerindustriellen Entwicklung der Region verlor das Gewerbe seine alte Bedeutung. Der Bevölkerung boten sich besser entlohnte Erwerbsmöglichkeiten, was den Niedergang des auf niedrigen Löhnen basierenden Gewerbes zur Folge haben sollte.[25] Gleich-

5 Schematische Ansicht eines Siegerländer Bergwerks. Radierung, 18. Jahrhundert. Siegen, Siegerlandmuseum

wohl stellte das Land an der oberen Sieg während der wechselvollen Zeiten vor dem Bahnbau einen bedeutenden montangewerblichen Standort dar. Mit seiner beachtlichen Roheisenproduktion und einem »Anteil von ca. drei Vierteln der deutschen Stahlproduktion« war die Region um 1815 für Preußen »ein großer wirtschaftlicher Zugewinn«.[26] In vorpreußischer Zeit bildete das Fürstentum Nassau-Siegen – mit der Stadt Siegen als Zentrum – das Kernstück der Region. 1743 war dieser Teil des Siegerlandes unter oranien-nassauische Verwaltung gekommen. Von einer zentralen Landesregierung in Dillenburg wurden nicht nur die Belange des Fürstentums Siegen, sondern auch die der drei anderen, südlich gelegenen, ebenfalls zuvor selbständigen nassauischen Fürstentümer Diez, Dillenburg und Hadamar verwaltet, im Auftrag des niederländischen Hauses Oranien-Nassau. Im Jahr 1806 – d. h. in napoleonischer Zeit – wurde das Fürstentum Nassau-Siegen Teil des Großherzogtums Berg und fiel 1815, nach kurzer erneuter oranien-nassauischer Regentschaft von 1813 bis 1815, im Zuge des Wiener Kongresses an Preußen. Der westliche Teil der Region war Bestandteil der Grafschaft Sayn-Altenkirchen, die seit 1741 den Markgrafen von Brandenburg-Ansbach gehörte. 1815 wurde die Grafschaft – nachdem sie bereits von 1792 bis 1803 zu Preußen gehört hatte – ebenfalls auf Dauer preußisch. Zum Siegerland zählen auch der Freie Grund und der Hickengrund, die nach dem Wiener Kongreß gleichfalls preußisch wurden, hier aber ohne Berücksichtigung bleiben, weil sich – anders als in den anderen Teilen der Region – kein Textilgewerbe auszubreiten vermochte, aus welchen Gründen auch immer.[27]

Die Landesherren von Nassau-Siegen und Sayn-Altenkirchen betrieben in der zweiten Hälfte des 18. Jahrhunderts eine merkantilistisch orientierte Wirtschaftspolitik, d. h. es bestand großes Interesse daran, die ärmeren Schichten der Bevölkerung von Müßiggang und Bettelei zu entwöhnen und sie einer geregelten Tätigkeit zuzuführen. Wie bereits eingangs unterstrichen, lagen die landesherrlichen Interessen dabei klar zutage: War die Zahl der Bettler rückläufig und nahm die Zahl der Erwerbstätigen zu, so stiegen auch die landesherrlichen Einnahmen, denn verdienende Untertanen konnten Abgaben leisten.[28] Selbst Kinder, Jugendliche, Arme, Alte und Schwache sollten sich ihren Lebensunterhalt selbst verdienen, so die Vorstellungen der von den Landesherren mit der Verwaltung betrauten Beamten. Wenn im nassauischen Siegerland 1752 im Siegener Armenhospital, einer Art Altenwohnheim mit angeschlossenem Waisenhaus, erstmals Baumwolle auf Spinnrädern zu Garn versponnen wurde, so geschah das ganz im Zeichen merkantilistisch orientierter Wirtschaftspolitik. Es hieß, den Insassen des Siegener Hospitals solle mit der Baumwollspinnerei »bey einer ihren Kräften angemeßenen Arbeith Narung und Kleidung« verschafft werden.[29] Die Baumwolle lieferten Elberfelder Verleger, die auch die Garne abnahmen. Etwa 50 Hospitaliten verspannen fortan Baumwolle. Während man drei Monate benötigte, um den ersten Ballen Baumwolle zu verarbeiten, waren später durchschnittlich nur noch vier bis sechs Wochen für die Verarbeitung eines Ballens erforderlich. Dabei machen Abrechnungen deutlich, daß der Baumwollverarbeitung stärker im Winter- als im Sommerhalbjahr nachgegangen wurde. Es darf vermutet werden, daß die Hospitaliten im Sommer zu anderen Arbeiten herangezogen wurden.[30]

Auch die aufgenommenen Waisenkinder wurden in den Produktionsprozeß eingebunden: »Kleine und schwächliche oder erwachsene, müßige Kinder« erhielten »dabey zugleich gute Erziehung und Unterricht im Lesen, Schreiben und der Religion.« Sie wurden »von dem ihnen erblichen Bettelstab abgewöhnt und zu nützlichen Unterthanen gebildet.«[31] Mit den Bemühungen um Eingliederung der Waisenkinder in das Erwerbsleben werden arbeitsmoralische Absichten erkennbar. Zugleich war die Aufnahme der Baumwollverarbeitung in Nassau-Siegen ein Stück merkantilistisch orientierter Gewerbeförderung, denn damit wurde letztlich auch die Grundlage zur Einführung eines völlig neuen Gewerbezweigs gelegt. Mit Aufnahme der Baumwollspinnerei in Siegen fanden zwei Interessen Deckung, nämlich einerseits das Bestreben der Landesherren, daß die Bewohner des Hospitals zu ihrer Versorgung selbst beitragen sollten, andererseits der Bedarf des Wuppertaler Textilgewerbes an zusätzlichen Arbeitskräften. Die Errichtung einer für Wuppertaler Verleger arbeitenden, zentralisierten Baumwollmanufaktur in Siegen war innerhalb Nassau-Oraniens keine Einzelmaßnahme. Deren Aufbau ist vielmehr Bestandteil eines Netzes von Initiativen, die die Landesregierung in Dillenburg ergriff, wie aus folgender Verordnung deutlich wird, die am 15. Oktober 1761 erlassen wurde:

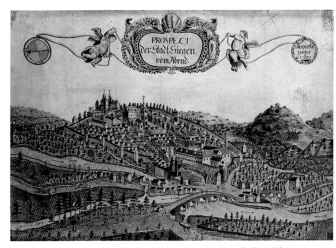

6 Margarethe Goetzin, Siegen von Westen. Lavierte Federzeichnung, um 1785. Siegen, Siegerlandmuseum

> »Damit nun denen Müßiggängern die gewöhnlich leere Entschuldigung, daß sie keine Gelegenheit hätten, etwas zu ihrem Unterhalt zu verdienen, gänzlich benommen werde; so haben sämmtliche Beamten dieselbe zur Schaaf und Baumwollen-Spinnerey für die in denen Städten, besonders zu Siegen, Diez, Herborn und Heyer [Haiger] etablirte, auch in Dillenburg, Hadamar und sonst zu etabliren stehenden Fabriquen anzuhalten, auch zugleich die übrige Einwohner derer Ortschaften zu dieser gemeinnützigen Spinnerey sowohl selbst, als durch andere aufzumuntern, mithin dadurch dem Müßiggang vorzubeugen.«[32]

Auch andernorts in Deutschland fanden in Zucht-, Waisen-, Arbeits-, Spinn- und Fabrikenhäusern Straffällige, Waisenkinder, Arme, Alte und Schwache Aufnahme, d. h. diese Häuser erfüllten karitative, polizeiliche oder arbeitserziehende Aufgaben, dienten zudem aber auch der Errichtung neuer sowie der Förderung vorhandener Gewerbezweige.[33]

Wie im nassauischen Siegerland so läßt sich auch im saynischen Teil der Zusammenhang zwischen landesherrlicher Wirtschaftspolitik und der Einführung der Baumwollverarbeitung konkret nachweisen. Die Markgrafen von Brandenburg-Ansbach bemühten sich ebenfalls intensiv um eine Förderung der regionalen Wirtschaft. Im Hinblick auf ein bis dahin relativ schwach ausgeprägtes regionales Textilgewerbe – es gab nur etwas Leinen- und Wollenweberei – wurden die Verwalter der Ämter von ihrer vorgesetzten Behörde, der Ansbach weisungsgebundenen Regierungskanzlei in Altenkirchen, gebeten, Möglichkeiten der Verarbeitung von Baumwolle in ihren Amtsbezirken zu prüfen, so wie das eingangs bereits deutlich wurde.[34] Zunächst kam es – vermutlich in den späten 1750er Jahren – in dem auf den Höhen des Westerwaldes gelegenen Amt Altenkirchen zur Aufnahme der heimgewerblichen Baumwollspinnerei, die sich dort aber nicht lange hielt und erst in der zweiten Hälfte der 1760er Jahren erneut aufgenommen wurde, wie oben bereits dargestellt.[35] In dem dem Siegerland zuzurechnenden Amt Freusburg bemühte sich der dortige Amtsverwalter Wurm hingegen erfolgreich um die Einführung des neuen Erwerbszweiges, wenn auch zeitlich versetzt. In der ersten Hälfte der 1760er Jahre sollte zunächst der Siegener Kaufmann Gläser als Verleger auftreten, »um denen Armen den versprochenen Verdienst mit Baumwollenspinnen zuzuwenden.«[36] Nachdem sich jedoch unüberwindliche Schwierigkeiten einstellten, ließ sich Wurm von ihm einen Kaufmann aus Elberfeld nennen, der andernorts rohe Baumwolle lieferte, die Garne abnahm und den Fuhrlohn für den An- und Abtransport von Rohmaterial und Halbfertigprodukten trug. 1766 kam es zu einer ersten Lieferung roher Baumwolle in das Amt Freusburg, die probeweise versponnen wurde. Da der Elberfelder Verleger mit dem gesponnenen Garn zufrieden war, lieferte er erneut Baumwolle und wollte dies auch weiterhin tun. Die Verteilung der Baumwolle und die Sammlung der Garne übernahmen der in Kirchen an der Sieg ansässige Tuchhändler Johann Christian Jung sowie der in dem kleinen Ort Gebhardshain tätige Krämer und Schultheiß Johann Peter Beinhauer.[37] Da kein Untertan die Spinnerei aufnehmen wollte, mußte Wurm anfangs »theils vermahnen, theils trohen.« Es fehlte seinen Angaben zufolge die »Lust zum Spinnen fast durchgängig.« Als Anreiz wurden Spinnräder, Haspeln und Kratzen zu Lasten der Kirchspiele angeschafft. Die Kosten sollten abverdient, d. h. vom Lohn einbehalten werden.

Am 9. Mai 1767 berichtete Wurm der Kanzlei Altenkirchen von den anfänglichen Schwierigkeiten, zog abschließend aber eine positive Zwischenbilanz. Er unterstrich, daß weder Feld- noch Bergbau Arbeitskräfte entzogen würden, da »alte, zu schwehren Arbeiten unvermögliche Leuthe oder Kinder von 9 und mehreren Jahren« die Baumwollspinnerei übernommen hätten; »im Winter spinnen auch Manns-Personen, wann sie sonst keine Arbeit haben.« Dadurch könnten die »schlechtbemittelte[n] ihre Schazschuldigkeit gutmachen und darneben doch etwas baar Geld erlangen.« Es gebe Häuser, »welche auf 2 Personen bereits alle Woche 1 Rthlr. Spinnerlohn ziehen.« Dadurch würden die Kinder, »wann sie von der vormittags Schul nach Hauß kommen von der Straße abgehalten und Müßiggänger in Beschäftigung gesezt.«[38] Auch an die Hereinnahme der Frauen in den Arbeitsprozeß war gedacht worden. Die Aussagen Wurms spiegeln das landesherrliche Interesse an einem hohen Beschäftigungsgrad der Bevölkerung wider. Jung war von 1776 an Faktor der Gebr. Schuchard in Barmen.[39] Zuvor hatte er vergleichbare Geschäftsbeziehungen zu den Verlegerkaufleuten Johann Lüttringhausen, Peter Nellenberg, Uellenberg und von Carnap unterhalten.[40] Außerdem hatte er Baumwolle aus Arnsdorf bezogen, vermutlich ebenfalls als Unterverleger.[41]

Die landesherrlichen Initiativen zur Förderung regionaler Wirtschaft erstreckten sich übrigens nicht nur auf das Textilgewerbe, wenngleich sich arbeitsmarktpolitische Impulse hier am ehesten positiv auswirkten. So war die Errichtung eines Hammerwerkes auf den Höhen des Westerwaldes, d. h. in einem agrarisch strukturierten Gebiet eindeutig Zeichen merkantilistisch orientierter Gewerbepolitik.

Die Markgrafen von Brandenburg-Ansbach unterstützten in der von ihnen regierten Grafschaft Sayn-Altenkirchen Planung und Bau des Werkes, u. a. durch Verleihung eines Privilegs sowie Vergabe eines zinsgünstigen Kredites an die Investoren, die Kaufleute Johann Jakob Büsgen und Johann Heinrich Bender. Das »Hoffnungsthal« genannte Werk in der Nähe von Almersbach bei Altenkirchen lag zwar am wasserreichen Wiedbach sowie nahe des Verkehrsknotenpunktes

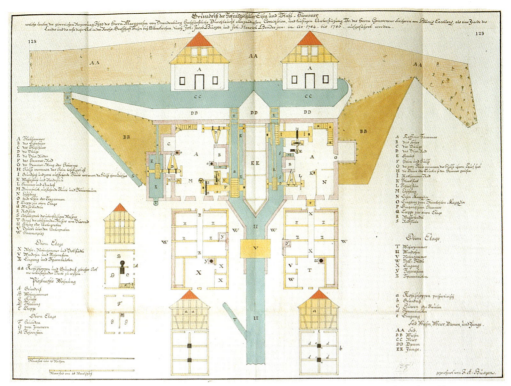

7 F. A. Büsgen, Grundriß des Eisen- und Stahlhammerwerks Hoffnungsthal bei Almersbach in der Nähe von Altenkirchen. Kolorierte Bauzeichnung, um 1787. Koblenz, Landeshauptarchiv

Altenkirchen mit der Gabelung von Köln-Frankfurter und Köln-Leipziger Straße. Ansonsten aber sprach wenig für diesen fernab des Siegerlandes gelegenen Standort. Der Aufbau des Hammers, besser: der Hammerwerke, nämlich eines Stab- und eines Reckhammers, fällt in die Jahre 1784 bis 1786. Die Kosten dafür betrugen 40 000 Gulden.

Eine überlieferte, 1787 von einem Mitglied der Familie Büsgen angefertigte, zudem kolorierte Bauzeichnung vermittelt umfassende Eindrücke von der Größe, Zusammensetzung und Funktionsweise des Werkes, das aus zwei Produktionseinheiten bestand. In einem Gebäude war der Grob- oder Stabhammer mit zwei Feuern untergebracht, ein weiteres beherbergte den Reck- bzw. Raffinierhammer mit einem Feuer. Vier Wasserräder trieben die Hämmer und Gebläse. Auf dem Werksgelände befanden sich neben den beiden Hauptgebäuden drei kleinere Nebengebäude: zwei Kohlschuppen und ein Wohnhaus für den Platzknecht (Unteraufseher). Ein Hammerteich war angelegt worden, um die Wasserzufuhr besser kontrollieren zu können. Von der Neuanlage eines Hammerwerkes versprachen sich die landesherrlichen Beamten, daß Schmiede- bzw. Stabeisen zukünftig nicht teuer außer Landes eingekauft werden müsse, sondern von Teilen des bislang – angeblich zu billigen Preisen – exportierten Roheisens im Lande selbst hergestellt werden könne. In der Grafschaft Sayn-Altenkirchen hatte es bis dahin kein Hammerwerk gegeben, auf dem Roheisen zu Schmiedeeisen (oder Rohstahleisen zu Rohstahl) gefrischt und zu Stabeisen geformt worden wäre. Es hatten auch keine Reck- oder Raffinierhämmer existiert, d. h. Hämmer, auf denen Stahl raffiniert worden wäre und die das Kleinrecken und Breiten des Stahls besorgt hätten. Ältere Hammerwerke waren zur Jahrhundertmitte eingegangen. Mit dem Aufbau einer weiteren Produktionsstufe sollte Geld im Lande gehalten werden.[42]

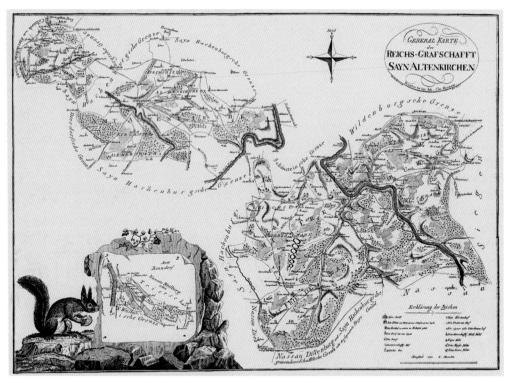

8   F. V. Trott, Ausschnitt der Generalkarte der Reichs-Grafschaft Sayn Altenkirchen, nach 1803. Siegen, Siegerlandmuseum

Zur Verselbständigung des Siegerländer Textilgewerbes aus der Abhängigkeit von Wuppertaler Verlegerkaufleuten

Wenn sich die Baumwollverarbeitung im Siegerland – zumindest im nassauischen Teil – relativ früh in ihrer Abhängigkeit von Wuppertaler Verlegern löste, indem eigene Verlage gegründet und die Garne zu Gewebe weiterverarbeitet wurden, so war das reine Nachahmung. Siegerländer Kaufleute kopierten erfolgreich Aufbau und Funktionsweise von Verlagen und Faktoreien Wuppertaler Verleger. Wie zunächst gezeigt werden soll, stellte das Wuppertal generell eine Art Vorbild dar. Das »paradiesische Tal«, wie es Jung-Stilling beschrieb, machte auf Siegerländer einen gewaltigen Eindruck.[43] Führende Persönlichkeiten, neben Jung-Stilling später etwa auch Adolph Diesterweg, hielten sich längere Zeit ihres Lebens in Elberfeld oder Barmen auf. Zumindest den meisten einflußreichen Gewerbetreibenden und Kaufleuten von der oberen Sieg dürfte das prosperierende Tal aus eigener Anschauung hinreichend bekannt gewesen sein, war doch Elberfeld eine bedeutende Handelsstadt, die auch von Siegerländern frequentiert wurde. Es war kein Zufall, daß eine der ersten Chausseen, die in der zweiten Hälfte des 18. Jahrhunderts in deutschen Mittelgebirgen angelegt wurden, jene – 1790 weitgehend fertiggestellte – von Frankfurt/M. über Siegen nach Hagen war, von wo Anschluß an das Wuppertal und weiter an den Rhein bestand.[44] Der Weg Siegerländer Händler, Kaufleute und Eisenspediteure führte gezwungenermaßen oft ins Bergische Land, auch speziell ins Wuppertal. Zahlreiche Eheschließungen von Angehörigen Siegerländer und Wuppertaler Kaufleute oder Gewerbetreibender künden von den vielfältigen Geschäftsbeziehungen zwischen beiden Gewerbezentren.[45] Es ist nicht verwunderlich, daß das Wuppertal zum Vorbild des Siegerlandes geriet und hier konkrete Nachahmung fand, indem ein erster selbständiger Verlag gegründet wurde.

Das Bergische Land und das Siegerland waren nicht erst seit der zweiten Hälfte des 18. Jahrhunderts wirtschaftlich eng miteinander verflochten. Bereits seit dem Übergang vom Spätmittelalter zur frühen Neuzeit hatte sich eine interregionale Arbeitsteilung zwischen beiden Regionen herausgebildet. Während Erzbergbau, Hütten- und Hammerwesen, d. h. die Roheisen- bzw. Rohstahl(eisen)erzeugung und Halbzeugfabrikation im Siegerland montangewerbliche Schwerpunkte bildeten, konzentrierte sich die Weiterverarbeitung und Veredelung des Schmiede- bzw. Stabeisens und Stahls zu Fertigprodukten im Bergisch-Märkischen. Anders ausgedrückt war das Siegerland »Teil einer größeren Gewerbelandschaft, die von der Dill, Heller und Sieg bis zur Ruhr reichte.«[46] Mit Herausbildung der Arbeitsteilung zwischen beiden Regionen war das Siegerland zum Halbzeuglieferanten des bergisch-märkischen Kleineisengewerbes degradiert worden; die Region an der oberen Sieg hatte Zulieferfunktionen erhalten, an denen sich auch im 17. und 18. Jahrhundert nichts ändern sollte. Hinzu kam, daß sich dem Eisenhandel im Bergischen Land wegen der Nähe zum Rhein bessere Standortvoraussetzungen boten, so daß sich die Arbeitsteilung auch aus diesem Grund förmlich aufdrängte.[47]

9 Der Siegener Kaufmann Adolph Albert Dresler (1713–1787), Ölgemälde. Siegen, Siegerlandmuseum

Einer, der sehr frühzeitig erkannte, daß bei der Textilproduktion eine ähnliche Arbeitsteilung wie im Montangewerbe – Halbzeugproduktion im Siegerland, Veredelung und Weiterverarbeitung im Wuppertal – Gewinne minimieren mußte, war der Siegener Kaufmann Adolf Albert Dresler, der vom Magistrat der Stadt Siegen mit der Leitung der Baumwollspinnerei im Hospital beauftragt worden war. Dresler war klar, daß die Spinnerei »von der Willkür der Elberfelder abhängen und zugleich das hiesige Publikum den Nutzen entbehren müsse, der durch weitere Verarbeitung der Garne zu erhalten« war.[48] Die »gar zu niedrigen Preise für die Garne« waren für ihn Anlaß, eine eigene, d. h. privatwirtschaftlich unternommene Weiterverarbeitung der in städtischer Regie gesponnenen Garne zu Siamosen in Erwägung zu ziehen.[49] Siamosen – so wie sie auch im Wuppertal gewebt wurden – waren ein Mischgewebe aus Baumwollschuß und Leinenkettgarn. Da Baumwolle auf Handspinnrädern nicht reißfest genug versponnen werden konnte, um den Belastungen beim Bespannen des Webstuhls sowie beim Webvorgang selbst standhalten zu können, wurde hierzu Lein- oder auch Wollgarn verwendet. Reines Baumwollgewebe herzustellen war technisch in jener Zeit noch nicht möglich.[50] Dresler jedenfalls betrachtete »die Lage hiesigen Orts« und

10 Der Tuchmacher. Kupferstich aus Christoph Weigels Ständebuch, 1698. Privatbesitz

11 Der gebürtige Kirchener Kaufmann und im Wuppertal ansässige Textilgewerbetreibende Johann Friedrich August Jung (1769–1852). Ölgemälde, aus: Thomas Bartolosch, Das Siegerländer Textilgewerbe, Siegen 1992

wurde sich der Standortvorteile gegenüber Wuppertaler Verlegern und Manufakturisten bewußt, wenn diese ihre Waren auf Frankfurter Messen absetzten, was vielfach geschah.[51] Im Jahr 1754 begann Dresler mit Errichtung einer Siamosenweberei in Siegen.

Der Siegener Kaufmann hatte anfangs enorme Schwierigkeiten, u. a. weil die städtischen, zünftig organisierten Wollen- und Leinenweber das Aufkommen einer unliebsamen Konkurrenz fürchteten. Während etwa derjenige, der als selbständiger Handwerktreibender Wollentuch weben wollte, eine Vielzahl von Hürden zu überwinden hatte, konnte nun jedermann Siamosen weben, ohne Ausbildung und Lehrzeit, Meisterstück und Zunftgeld. Der Landesherr hielt aber – trotz Protests des zünftigen Gewerbes – an seiner Entscheidung fest, die Baumwollverarbeitung keinerlei Zunftzwängen zu unterwerfen, weil er großes Interesse an der Beschäftigung seiner Untertanen hatte. Für Dresler war zudem problematisch, daß die Wuppertaler Verleger, die Baumwolle lieferten, keinerlei Interesse an einer Verselbständigung der Spinnerei im Hospital hatten. Sie befürchteten, Dresler könne sich zu einem Konkurrenten entwickeln und wollten die Garne ausschließlich selbst weiterverarbeiten. Nur zu diesem Zweck lieferten sie rohe Baumwolle. Dennoch bezog Dresler die Gespinste des Hospitals und ließ daraus – unter Hinzunahme von Leingarn – Siamosen weben. Die Lieferung roher Baumwolle seitens Wuppertaler Verleger dürfte daraufhin eingestellt worden sein, wie es in anderen Fällen geschah. Wer fortan als Rohstofflieferant auftrat, ist nicht überliefert. Das Hospital bezog jedenfalls weiter Baumwollballen, Dresler die gesponnenen Garne.[52]

Während Spinnerei und Weberei Tätigkeiten waren, die viele Menschen der Region beherrschten, weil Kleidung für den Eigenbedarf überwiegend selbst hergestellt wurde, bereitete die Bleiche des Garns weitere Schwierigkeiten. Auch hier galt es, sich aus der Abhängigkeit vom Wuppertal zu befreien. Eine Orientierung an der Produktionsweise der dortigen Bleichereien lag nahe. Um aber eine Bleiche nach Elberfelder Art anlegen zu können, hätte es des Sachverstandes eines dort ausgebildeten Bleichers bedurft. Da die Bleicher des Wuppertales vereidet waren, um die Ausfuhr technischen Know-hows aus der dortigen Region zu verhindern, war es für Dresler schwierig, einen geeigneten Fachmann zu finden, der die Technik des Garnbleichens verstand. Eigenen Angaben Dreslers zufolge sollten Jahre vergehen, bis die Garnbleiche den Stand der Wuppertaler Bleichen erreicht hatte.[53] In einem Schreiben an den Landesherrn aus dem Jahr 1779 erinnerte er sich an die vielfältigen Bemühungen zur Verbesserung der eigenen Bleicherei und schrieb u. a.:

»Weil die Bleiche immerhin noch nicht die Vollkommenheit hatte, die sie haben sollte, so erhielt ich Gelegenheit, einen gelernten Bleicher, welcher gegen seinen geleisteten Eid von Elberfeld entwichen war, zu bekommen. Diesem vertraute ich eine Bleiche von 3000 Rtlrn. an. Er war aber seinem neuen Herrn so wenig treu als seinem Eid und vorigem Herrn. Er vernachlässigte die Bleiche, so daß die Garne nicht wohl wieder zurecht zu bringen waren, er verursachte mir viele Kosten und zerschlug die fürnehmsten Stücke einer ihm anvertrauten Zwirnmühle und ging in der Nacht davon.«[54]

Dresler gelang schließlich der Aufbau des größten baumwollverarbeitenden Textilverlages im Siegerland. 1779 beschäftigte er nach eigenen Angaben bereits »ungefähr 3000 Spinner« sowie etliche hundert Weber.[55] Daneben gab es weitere Siegener Kaufleute, die Siamosenverlage gründeten, wie etwa Johann Heinrich Gläser oder später dessen Bruder Eoban Gläser. Sie folgten Dreslers Beispiel und waren während der Anfänge des außerzünftigen Textilgewerbes dessen ärgste Konkurrenten.[56] Die Siegener Siamosen wurden größtenteils auf den Frankfurter Frühjahrs- und Herbstmessen abgesetzt, wo sie u. a. »stark nach Frankreich, Italien und Illirien« Absatz fanden.[57] Außerdem gründete Johann Heinrich Dresler, ein Neffe A. A. Dreslers, in den 1770er Jahren eine Siamoskappen- und -strumpfmacherei, die sehr erfolgreich war und bis weit in das 19. Jahrhundert hinein bestand. Die Nachkommen J. H. Dreslers waren die Begründer der in den 1840er Jahren errichteten Geisweider Eisenwerke, eines der bedeutendsten Stahl- und Walzwerke des Siegerlandes. Das Kapital dazu war im Textilgewerbe erwirtschaftet worden. Die Kappen aus Siamosen wurden auf vielen auswärtigen Märkten – u. a. in Brabant – gehandelt.[58]

Im saynischen Siegerland hielten sich die Abhängigkeitsverhältnisse der dortigen Baumwollspinnerei weit länger als im nassauischen Teil. Der Verleger Reuter, ein scharfer Konkurrent des Unterverlegers Jung, begann zwar mit dem Aufbau einer Siamosenweberei, scheiterte aber u. a. an seinen mangelnden kaufmännischen Kenntnissen. Auch andere saynische Faktoreien und Verlage bestanden jeweils nur kurze Zeit. Der geschäftstüchtigere Faktor Jung dagegen konnte sich

12 Thomas Weiss, Ausschnitt: »Brouilon charte über den Müehlenweiher und dessen Pertinentien der Königl. Pachtmühle in Siegen«, mit »Spinn-Maschinewesen und Bleichenhaus Herrn Dresler in Siegen gehörig«. Zeichnung, 1817. Siegen, Siegerlandmuseum

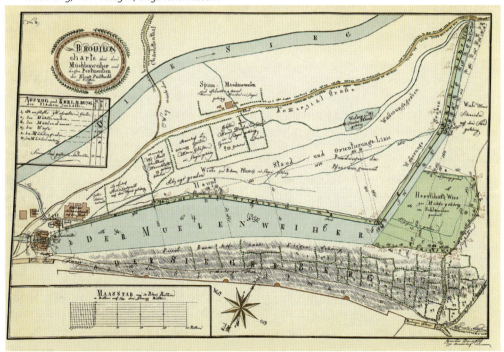

halten. Er beließ es bei der Baumwollspinnerei, sollte allerdings erst in den 1790er Jahren vollständige Unabhängigkeit von bergischen Verlegern erlangen, und zwar, nachdem sich einer seiner Söhne als Kaufmann im Wuppertal niedergelassen hatte und selbst Rohstoffe besorgte und Garne absetzte. Kurze Zeit später zog ein zweiter Sohn Jungs ins Wuppertal, um dort ebenfalls als Kaufmann tätig zu werden. Hier wurde also nicht über die Aufnahme der Weiterverarbeitung der Garne zu Siamosen Unabhängigkeit erlangt, sondern über den Weg der Errichtung eines eigenen Kontors im Wuppertal. Gegen Ende der 1790er Jahre begann der Verleger Jung mit dem Aufbau einer der bedeutendsten Baumwollgarnmanufakturen bzw. -fabriken der Zeit.[59] Nach der Spindelzahl war diese Baumwollmaschinenspinnerei – die der Gebr. Jung in Kirchen an der Sieg – seit 1818 sogar die größte preußische Baumwollspinnerei – mit mehreren hundert Beschäftigten. In ihrem Rang wurde sie erst 1838 übertroffen, und zwar von der neuerrichteten, im Wuppertaler Stadtteil Sonnborn gelegenen Jung'schen Baumwollspinnerei Hammerstein, die einer der beiden an die Wupper entsandten Söhne des alten Verlegers Jung errichtete.[60]

Faktoreien Wuppertaler und Siegerländer Verlegerkaufleute im Westerwald

Während es im saynischen Siegerland erst im frühen 19. Jahrhundert zu einem spürbaren Arbeitskräftemangel kommen sollte, gab es im nassauischen Teil relativ früh Engpässe in der Versorgung der Verlage mit Arbeitskräften. In den 1770er Jahren sollte im Siegerländer Bergbau darüber geklagt werden, daß die meisten Arbeitskräfte ins Textilgewerbe abwanderten.[61] Eine Stagnation der Entwicklung des außerzünftigen Textilgewerbes wäre die Folge gewesen, wenn sich die Siegener Verleger nicht frühzeitig um Ausweitung des Einzugsbereichs von Arbeitskräften, d. h. um Anlage von Faktoreien in benachbarten Regionen bemüht hätten. Dabei folgten die Dreslers und Gläsers dem Beispiel Wuppertaler Verlegerkaufleute, die erneut als Vorbilder fungierten. Erste Bemühungen um eine solche Ausweitung des Produktionsgebietes reichen bis 1758 zurück.[62] Nur wenige Jahre nach Aufnahme der Siamosenweberei war die Baumwollspinnerei im Siegener Armenhospital für Dresler »nicht mehr hinreichend«, so daß der Verleger die Nutzung von Arbeitskräften im benachbarten nassau-dillenburgischen Gebiet anstrebte.[63] Eine Verlegerfamilie von Eyben hatte Anfang der 1750er Jahre mit landesherrlicher Unterstützung in der Stadt Haiger eine Baumwollgarnfaktorei errichtet, war 1754 aber weggezogen. Unter Aufsicht eines ortsansässigen Unterverlegers war seitdem zwar für Frankfurter Verleger gesponnen worden, aber offenbar nicht mehr in dem ursprünglichen Umfang, so daß die angelernten Arbeitskräfte nicht mehr ausgelastet waren. Dresler ließ parallel für sich arbeiten und wollte die Faktorei vollständig überneh-

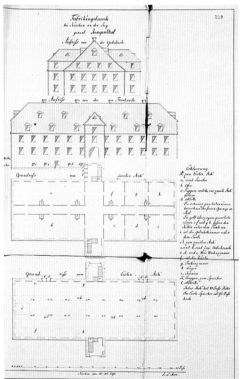

13 J. L. Stein, Baumwollspinnerei Jung. Bauzeichnung, 1798. Koblenz, Landeshauptarchiv

men, was aber zu Auseinandersetzungen mit den Frankfurter Verlegern sowie der Dillenburger Landesregierung führte. Der Siegener Verleger bezog zwar auch weiterhin im Amt Haiger gesponnene Garne und errichtete im nordöstlich gelegenen Amt Ewersbach eine eigene Faktorei, er war aber mit der Qualität der im Nassau-Dillenburgischen gesponnenen Garne äußerst unzufrieden. 1766 ließ er bereits keine Baumwolle mehr in beiden Ämtern für sich verarbeiten.

14 Die Baumwollspinnerei der Gebr. Jung in Jungenthal bei Kirchen/Sieg. Fotografie, nach 1862. Kirchen, Privatbesitz

Mittlerweile war der Westerwald in seinen Blickwinkel gerückt. Er hatte sich zum Aufbau einer Faktorei im Amt Hadamar entschlossen, wozu ihm der dortige Amtmann Chelius geraten hatte, den er seit dessen Siegener Zeit gut kannte.[64] Ungeachtet der negativen Erfahrungen im Dillgebiet begann Dresler nur wenige Jahre später mit dem Aufbau einer Faktorei in Dillenburg, wozu er allerdings finanzielle Unterstützung von der Landesregierung erhielt. Auch J. H. Gläser unterhielt zeitweise Faktoreien im Dillenburgischen, so etwa in Haiger, Ewersbach und Frohnhausen, wobei umliegende Dörfer einbezogen wurden. Eoban Gläser war später – zu Beginn der 1780er Jahre – Verleger von Faktoreien, die ihren Sitz in Herborn-Seelbach und Merkenbach hatten. Bei der Erschließung des Westerwaldes als Produktionsgebiet sollten den Siegener Verlegern die Erfahrungen aus dem Dillgebiet zugute kommen.[65]

Faktoreien waren ein geeignetes Kontrollinstrument bei Ausweitung des Einzugsbereiches von Arbeitskräften auf benachbarte Regionen. Unterließ ein Verleger wegen der zusätzlichen Kostenbelastung den Aufbau einer Faktorei in einem Gebiet, das er mit Rohstoffen belieferte, mußte er mit größeren Verlusten durch Unterschleif rechnen. Einen Faktor anzustellen, der Betrügereien durch Aufsicht und geregelte Buchführung entgegenzutreten hatte, rechnete sich, auch wenn der Faktor zusätzliche Kosten verursachte. Aufgrund der räumlichen Entfernung des Westerwaldes zu den Standorten der Hauptverleger, zur Stadt Frankfurt/Main, zum Wuppertal oder selbst zu Siegen, war es keine Frage, daß Faktoreien als Kontrollinstrument zu errichten waren, sollte das Arbeitskräftepotential wirkungsvoll genutzt werden. Das wußten Frankfurter, Wuppertaler und letztlich auch Siegener Verlegerkaufleute.[66] In den Dillenburger Intelligenznachrichten hieß es 1774 nicht grundlos:

»Auf die Krätzer und Spinner muß genau acht gegeben werden, daß sie die Wolle oder Garn nicht durch feuchtmachen, schmieren oder sonstigen Betrug erschweren, und damit man nachsehen und Proben darüber machen kan, so muß ein jeder Spinner an dessen Garn seinen Nahmen, nebst Tag und Datum auf ein Zettelgen hangen, auf dieses Zettelgen hat der Factor das gelieferte Gewicht zu schreiben und nach der Zeit nachzusehen, ob sie das Gewicht behalten und die Garn nicht eingetrocknet seyen, auch wann der Spinner sonstigen Betrug gespielet bey Beystecken Unraths, Steine oder dergleichen den Diebstahl zu verbergen, somit kan man über kurz oder lang nachkommen, auf welche Art er den Betrug, es seye mit unrichtiger Lieferung oder Haspeln betrieben.«[67]

Beim Aufbau einer Faktorei war darüber hinaus zu beachten, daß der Faktor ein ehrlicher, d. h. vertrauenswürdiger Repräsentant des Verlegers war, der gewissenhafte Aufsicht über die verlegten Spinner und Weber sowie die anvertrauten Rohmaterialien, Gerät- und Barschaften gewährleistete. Im Fürstentum Nassau-Dillenburg mußten betrügerische Unteraufseher durch Beamte, Bürgermeister oder Lehrer ersetzt werden, nachdem es mehrfach zu Unterschlagungen von Spinnerlöhnen gekommen war. Der Frohnhausener Faktor Andreas Medenbach, der wegen »übersteigerter Luxusaufwendungen« in Zahlungsschwierigkeiten geriet, so daß Lohnzahlungen ausblieben, ging »mit beträchtlichem Schaden für die Verleger in Konkurs«, was die landesherrliche Konzession gefährdete.[68] Auch aus dem Grund mußten Verleger ein besonderes Augenmerk auf die Auswahl ihrer Repräsentanten vor Ort richten.

Einer solchen landesherrlichen Genehmigung zur Anlegung einer Faktorei bedurfte es in allen Gebieten Nassau-Oraniens, aber auch in anderen Territorien. Genehmigungen konnten versagt bleiben, und zwar insbesondere dann, wenn sich in einem Gebiet bereits ein Faktor etabliert hatte. Man hatte die negative Erfahrung gemacht, daß Betrügereien seitens der verlegten Heimarbeiter durch Unterschleif und den Verkauf der abgezweigten Rohstoffe oder Garne an andere Verleger oder Faktoren in den Gebieten bevorzugt auftraten, in denen mehrere Faktoreien bestanden. In anderen Gebieten bot sich erst gar keine Gelegenheit zum unkomplizierten Absatz veruntreuter Garne. Insofern gingen verschiedene landesherrliche Verwaltungen dazu über, sich an nur einen Verleger zu binden, was zur Folge hatte, daß dieser ein Monopol innehatte. Häufig war damit verbunden, daß das Lohnniveau sank, weil der Verleger seine unangefochtene Stellung ausnutzte.[69]

Weil sich die Grafschaft Sayn-Hachenburg ausschließlich an Wuppertaler Verleger gebunden hatte, war es für Siegener Verleger aussichtslos, dort die Genehmigung zur Errichtung einer Faktorei zu erhalten. Die burggräflich-kirchbergische Regierung in Hachenburg, die die Grafschaft verwaltete, setzte allerdings die Mindesthöhe des Spinnlohnes fest, den die bergischen Verleger zu zahlen hatten, um eine entsprechende Entwicklung zu verhindern. Die Hachenburger Verwaltung hatte sich zudem die gesamte Organisation der verlagsmäßigen Baumwollspinnerei vorbehalten. Der Spinnmeister Albertus Schäfer, der als Aufseher angestellt worden war, hatte ab 1778 in allen Dörfern Spinnstuben einzurichten und kostenlosen Spinnunterricht zu erteilen. Bereits 1774 waren die Pfarrer aller Kirchspiele angehalten worden, die Zuteilung milder Gaben an arme, d. h. unterstützungsbedürftige, aber arbeitsfähige Personen zu unterlassen, um sie zur Baumwollspinnerei zu bewegen.

Nach Anfängen in den 1760er Jahren war 1768 der Hofprediger Wredow von der Hachenburger Regierung nach Elberfeld entsandt worden, um Kontakte zu dortigen Verlegern herzustellen. Seitdem arbeitete Sayn-Hachenburg ausschließlich für Verleger aus dem Wuppertal.[70] Auch andere Gebiete des Westerwaldes, wie etwa die Grafschaft Leiningen-Westerburg waren an Wuppertaler Verleger gebunden. Sie unterhielten in Gemünden eine Faktorei, wie einem Schreiben der Söhne A. A. Dreslers aus dem Jahr 1787 entnommen werden kann.[71] Schließlich arbeiteten auch die Westerwälder Teile der Grafschaft Sayn-Altenkirchen, wie schon deren Siegerländer Ämter, für Wuppertaler Verleger.[72]

So wie Siegener Verleger bestimmte Teilräume des Westerwaldes bei ihren Überlegungen von Beginn an ausklammern mußten, weil Verleger aus Frankfurt/Main oder – vor allem – aus dem Wuppertal monopolartige Stellungen darin innehatten, so blieben diesen die nassauischen Gebiete weitgehend versagt. Der Verleger W. G. Mumm aus Gemarcke/Wuppertal wurde 1778 die Anlage einer Faktorei in Hadamar oder Dillenburg mit der Begründung verweigert, dort seien bereits Unterverlage anderer Verleger und Manufakturisten vorhanden.[73] Insofern gab es wenig Streitigkeiten – eine der eingangs gestellten Fragen – zwischen Wuppertaler und Siegener Verlegerkaufleuten.

Die nassauischen Gebiete, d. h. große Teile des östlichen sowie des Hohen Westerwaldes blieben Siegener Verlegern vorbehalten, während sich andere Territorien an Wuppertaler Verleger gebunden hatten. Eine gewisse Rolle spielte dabei, daß die Verleger Dresler und Gläser gute Beziehungen zur Landesregierung in Dillenburg unterhielten sowie stets darauf pochten, daß sie als Landeskinder gegenüber auswärtigen Verlegern bevorzugt zu behandeln seien. Es konnte aber auch Ausnahmen der üblichen Regelung geben, z.B. wenn es der landesherrlichen Verwaltung um die intensivere Beschäftigung von Untertanen ging. So wurde den Wuppertaler Verlegern Caspar und Peter von Carnap der Aufbau einer Faktorei in Höhn – mithin in nassauischem Gebiet – erlaubt. Das

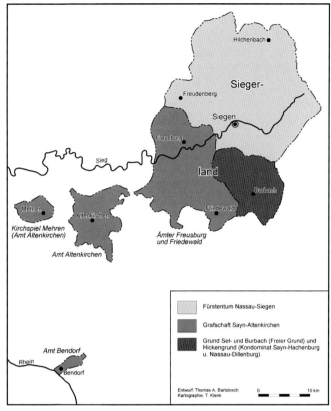

15 Standorte von Garnfaktoreien Siegener Verlage im Westerwald und angrenzenden Lahn-/Dillgebiet in der zweiten Hälfte des 18. Jahrhunderts

geschah allerdings nur unter der Bedingung, daß der Unterverleger Schmidt in den Kirchspielen Höhn und Rotenhain lediglich die Spinner anwerben durfte, die noch nicht für die Faktorei Rübsamen in Hof/Westerwald, arbeiteten, die zuerst konzessioniert worden war.[74] Ferner war es möglich, daß Genehmigungen befristet ausgesprochen wurden. Einem Schichtmeister Schaffner und einem Peter Weber wurden 1796 Konzessionen zu Anlegung einer Baumwollgarnfaktorei in Frohnhausen nur auf ein Jahr zur Probe erteilt, obwohl beide als qualifiziert und angesehen galten.[75] Bei Genehmigungen wurde zudem gelegentlich auf Zünfte Rücksicht genommen, etwa am Osthang des Westerwaldes. Aus dem Grund war auch die verlagsmäßige Woll- und Leingarnspinnerei im Westerwald eher unbedeutend.[76]

Vor dem Hintergrund merkantilistisch orientierter Gewerbepolitik hatten die landesherrlichen Verwaltungen der einzelnen Territorien größtes Interesse am Ausbau der Baumwollverarbeitung. Spinnräder wurden auf Kosten der Dillenburger Rentkammer ausgegeben oder zinsgünstige Kredite an Verleger erteilt. Auch geschah die Unterweisung in der Baumwollspinnerei in staatlicher Regie, auf den Dörfern etwa in Spinnstuben oder Schulen. Teils mangelte es an Kenntnissen von der Baumwollspinnerei, obwohl diese der für den Eigenbedarf bekannten Schafwoll- und Flachsspinnerei verwandt war. Als frühe Vorläufer institutionalisierter beruflicher Bildung und Weiterbildung wurden solche Spinnstuben seit 1778 in Sayn-Hachenburg und seit 1779 in Nassau-Dillenburg eingerichtet, wovon die jeweiligen Wuppertaler und Siegener Verlegerkaufleute profitierten. Teils wurden bereits Kinder im Alter ab sieben Jahren im Spinnen unterrichtet. Es kam auch vor, daß auf die Errichtung von Spinnstuben verzichtet wurde und einer vom andern lernte.[77]

Das Netz an Faktoreien, das im Westerwald entstand, war kein statisches Gebilde. Es gab Unterverlage, die nur kurzfristig bestanden, andere hielten sich langfristig. Innerhalb der genutzten Gebiete war das Netz zudem unterschiedlich engmaschig, je nach Bevölkerungsdichte, Verkehrserschließung, vorhandenem Arbeitsgerät und vorhandenen Kenntnissen der Bevölkerung von der Textilproduktion. In zunftfreien Gebieten war es weiter entwickelt als in Räumen, in denen Zünfte eine Rolle spielten. Beschäftigtenzahlen von Faktoreien sagen relativ wenig über deren Bedeutung aus, weil die Arbeitskräfte überwiegend nur nebengewerblich für Unterverlage arbeiteten, zudem meist nur saisonal im Winterhalbjahr. Das Produktionsvolumen der Faktoreien konnte sehr unterschiedlich sein. Während z. B. die Faktorei Buchner in Waldmühlen von Juli 1792 bis September 1793 11021 Stränge Baumwollgarn herstellte, wurden im gleichen Zeitraum von einer Faktorei in Langendernbach 32103 Stränge Baumwollgarn gesponnen. Mitte der 1770er Jahre war die Faktorei J. J. Hoffmann in Dillenburg auf eine Jahresproduktion von 25 304 Strängen Baumwollgarn gekommen. Auffällig war, daß sich einige der Faktoreien äußerst expansiv entwickelten. Die Faktorei Rübsamen in Hof etwa, die anfangs für die Siegener Dreslers, dann für die Gläsers arbeitete und 1783 aus kleinsten Anfängen hervorgegangen war, beschäftigte noch im Gründungsjahr rund 300 Baumwollspinner, 1784 bereits 643 und 1791 ca. 1000 Arbeitskräfte.[78]

Fragt man nach der Ursache der rasanten Ausdehnung der Faktoreien, so ist auf die Art der Nutzung des Arbeitskräftepotentials des Westerwaldes durch Wuppertaler und Siegerländer Verleger zu verweisen, und zwar bestand eine nach Wirtschaftsregionen gegliederte, arbeitsteilige Produktion. Während die rohe Baumwolle im Westerwald zu Garn versponnen wurde, wurde das Garn im Wuppertal sowie im Siegerland zu Zeug verwebt. Die Bedeutung der Westerwälder Faktoreien bestand in ihrer Zulieferfunktion. Die Unterverlage waren Garnlieferanten, übernahmen also die Vorproduktion der Wuppertaler und Siegerländer Webereien. Da ein Spinner nicht ausreichte, um einen Weber hinreichend mit Garn zu versorgen, sondern bis zu zehn Spinner zeitgleich arbeiten mußten, damit die Produktion nicht stockte, erklärt sich die Expansion der Faktoreien, die wiederum nur in unterbeschäftigten Gebieten wie dem Westerwald möglich war. Jeder zusätzlich beschäftigte Weber an Wupper oder Sieg erforderte bis zu zehn zusätzliche Spinner im Westerwald.[79] Wenn die Spinner nur nebengewerblich Garn produzierten, Weber aber hauptgewerblich arbeiteten, verschob sich das Verhältnis entsprechend. Siegener Verleger nutzten im übrigen auch andere benachbarte Gebiete, wie die Grafschaft Sayn-Wittgenstein-Hohenstein, das Wildenburger Land oder den Olper Raum. Expansionsmöglichkeiten, wie sie sich im Westerwald boten, gab es in jenen Gebieten jedoch nicht.[80]

Der Niedergang der Faktoreien infolge der französischen Kriege

Die französischen Kriege griffen in den 1790er Jahren auch auf den Westerwald über. Sie brachten Truppendurchmärsche, Belagerungen, Einquartierungen und hohe finanzielle Belastungen mit sich, die die betroffenen Gebiete nur schwer verkrafteten. Insbesondere der Erste Koalitionskrieg (1792–97) hinterließ tiefe Spuren im wirtschaftlichen und sozialen Gefüge des Westerwaldes. Der ehemalige Faktor und Betreiber der Wolf'schen Strumpf- und Kappenmanufaktur in Hadamar, Johannes Wolf, zählte angeblich »mehr als 16 französische Generäle, welche im Laufe des Kriegs bei mir einquartirt waren.«[81] Auch die Faktorei Rübsamen in Hof war von den Kriegsauswirkungen betroffen. Große Verluste hatten hingenommen werden müssen, »nicht allein durch die erlittene Plünderung und stoken der Geschäften, sondern auch dadurch, daß mir das in den Jahren 1794 & 1795 allein in der Spinnerey stehende Capital, welches ca. 1600 Pfd. Baumwolle und fl. 900 bis 1000 baaren Vorschuß, die unter Spinner standen, ausmachte, steken blieb.« Rübsamen hatte »ohngerichtet aller gebrauchten strenge« erst ein Viertel davon zurückerhalten, während »¹/₃ und mehr noch [weiter] unter den Spinner stehet, welche ich mangel hülfe der Hachenburgischen Herrschaft, wo der größte Theil noch ausstehet, nicht wieder bekommen kan, obschon seit dem Jahr 1795 geklagt worden ist.« Der restliche Teil der Außenstände war »durch die französischen Truppen genommen worden« oder »durch Concourse ganz verlohren gegangen.« Den Gesamtschaden bezifferte der Faktor mit 3000 fl., »ohne den Verlust in Geschäften, der nicht weniger Beträchtlich ist.«[82]

Auch andere Faktoreien litten unter den Kriegsauswirkungen im Westerwald, etwa weil sich die Rohmaterialien um 100% verteuert hatten. Teils wurde sogar über einen »gegen sonst 3-fach hohen Preiß« geklagt.[83] Außerdem litt das Verlagssystem darunter, daß der Kontakt zwischen Verlegern und Unterverlegern verlorenging, das Verteilernetz der Faktoreien zusammenbrach und das Arbeitsgerät fast vollständig verkam. Hölzerne Spinnräder, Haspeln und Kratzen im Wert von 156 fl., die in den 1780er Jahren im saynischen Amt Altenkirchen zu Lasten der dortigen Kirchspielskasse angeschafft worden waren, um den Untertanen die Baumwollspinnerei für den Freusburger Verleger und Manufakturisten Reuter zu ermöglichen, waren im Winter 1794 von kaiserlich-königlichen Truppen zu Brennholz zerschlagen und verbrannt worden.[84] Die Faktorei Kegel in Beilstein büßte bei einer dreitägigen Plünderung Waren im Wert von 650 fl. ein und mußte durch den Verlust der Rechnungsbücher Außenstände im Wert von 450 fl. abschreiben.[85]

Die Kriegsunruhen und ihre Folgen führten zum Niedergang der Faktoreien Wuppertaler, Siegerländer und anderer Verlage, etwa aus Frankfurt/M. oder Neuwied. Auch diese Hauptverlage selbst hatten Schwierigkeiten, u. a. wegen erheblicher Absatzprobleme. Die Messen in Frankfurt/M., Koblenz und andernorts konnten nicht gehalten werden, andere Verlegerkaufleute klagten, »der Haupt Weg zum Absatz unserer Waaren, das linke Rheinufer,« sei versperrt.[86] Dadurch sammelten sich die Produkte am Verlagsort. Je nach Absatzgebiet mußte die Produktion gedrosselt oder vollkommen eingestellt werden, was die Faktoreien weiter ins Stocken brachte. Um die Jahrhundertwende kam der Warenabsatz an Siamosen fast ganz zum Erliegen. Nachdem das Interesse der Wuppertaler und Siegener Verleger an Faktoreien rückläufig geworden war und sich die Lage der Unterverlage weiter verschlechtert hatte, forderten verschiedene Rentkammern – z. B. die der Dillenburger Landesregierung – die an Faktoren geliehenen Gelder zurück. Es war offenkundig aussichtslos, auf eine Verbesserung der defizitären Lage der entsprechenden Faktoreien zu warten. Auch diese Aufkündigung geliehener Kapitalien beschleunigte den Niedergang des Verlagssystems.[87]

Als sich der Zweite Koalitionskrieg (1799–1802) seinem Ende näherte und die Kriegswirren im Westerwald wie andernorts ein Ende gefunden hatten, gab es verschiedene Bemühungen um Wiedererrichtung von Faktoreien. Die meisten Vorhaben blieben aber im Planungsstadium stecken. Um der englischen Konkurrenz besser begegnen zu können, war es für die Wuppertaler und Siegerländer Verlage erforderlich, sich um die Aufstellung von Spinnmaschinen zu bemühen. 1799 bestanden in Barmen bereits fünf Baumwollmaschinenspinnereien, in Elberfeld vier.[88] Zu sehr bedeutenden Spinnereien hatten sich bereits die von Troost in Mülheim/Ruhr (Louisenthal) oder auch die weiter im Ausbau befindliche des Kaufmanns Brügelmann in der Nähe von Düsseldorf (Cromford) entwickelt. Im Siegerland setzten die Verleger Dresler in Siegen sowie die Familie Jung in Kirchen wassergetriebene Kratz- und Spinnmaschinen in Gang.[89] Der bereits genannte Johannes Wolf in Hadamar gelangte 1804 zu der Einsicht, die noch vorhandenen »Baumwollen-Spinn-Factoreyen« würden in Zukunft »wegen der angelegten Spinn-Maschinen allgemein eingehen.«[90] Er sollte recht behalten. Selbst seine eigene Strumpf- und Kappenweberei, die sich auf Verlagsspinnerei gründete, war im Jahr 1808 eingegangen, wie spätestens bis dahin übrigens fast alle Faktoreien und verselbständigten Verlage des Westerwaldes. Amtmann Henrich Ernst Hinzpeter beschrieb 1807 die Situation im Amt Rennerod: »Fabriken sind eigentlich im ganzen hiesigen Amte keine, wiewohl es sehr zu wünschen wäre, daß besonders der hier gezogene und zu ziehende Flachs fabrikmäßig verarbeitet würde.« Im Jahr 1809 kam die Nachricht aus der Mairie Emmerichenhain, daß »im ganzen Bezirke […] nicht eine Spur von Fabricken, Manufacturen, Schmelzen« zu finden sei. »Das einzige der Art war ehemals die Baumwollspinnerey. Es waren Factoren, welche diesen nützlichen Nahrungszweig für diese Gegend durch obrigkeitliche Verfügung und Hülfe etablirten.«[91] Das einst blühende Faktoreiwesen des Westerwaldes war zum Erliegen gekommen, die protoindustrielle Region in einen – vor allem kriegsbedingten – Strudel de-industrieller Entwicklung geraten, was zur Folge hatte, daß die Auswanderungsziffern im frühen 19. Jahrhundert in die Höhe schnellten.[92]

---

[1] Landeshauptarchiv Koblenz (abgekürzt: LHAK), 30, 3364.

[2] LHAK, 30, 3364.

[3] Emil Schmaus, Ein westdeutsches Reutergedicht. Aus der Mitte des 15. Jahrhunderts, *Zeitschrift für deutsches Altertum und deutsche Literatur*, 1913, S. 184.

[4] Wilhelm Heinrich Riehl, *Vom Deutschen Land und Volke. Eine Auswahl*, hrsg. von Paul Zaunert, Jena 1922, Nachdruck Sondheim v. d. Rhön 1975, S. 73ff.

[5] Hermann Bausinger, Einleitung: Volkskunde im Wandel, in: Ders. [u. a.]: *Grundzüge der Volkskunde* (Grundzüge, 34), Darmstadt 1978, S. 1ff.

[6] Riehl [Anm. 4], S. 73ff.

[7] Hans-Joachim Häbel, *Die Kulturlandschaft auf der Basalthochfläche des Westerwaldes vom 16. bis 19. Jahrhundert* (Veröffentlichungen der Historischen Kommission für Nassau, 27), Wiesbaden 1980, S. 19, 24.

[8] Hermann Josef Roth, Die Landschaft des Westerwaldes, in: *Großer Westerwald-Führer*, hrsg. vom Westerwald-Verein e.V. (Buchreihe des Westerwald-Vereins, 4), Montabaur 1996⁴, S. 40.

[9] Häbel [Anm. 7], S. 14.

[10] Johann Textor von Haiger, *Nassauische Chronik*, Herborn 1617, Nachdruck Kreuztal 1984, S. 4f.

[11] Hessisches Hauptstaatsarchiv Wiesbaden (abgekürzt: HStAW), 172, 963.

[12] HStAW, 370, 1668.

[13] Häbel [Anm. 7], S. 353; Thomas A. Bartolosch, *Das Siegerländer Textilgewerbe. Aufstieg, Krisen und Niedergang eines exportorientierten Gewerbes im 18. und 19. Jahrhundert* (Sachüberlieferung und Geschichte, 12), St. Katharinen 1992, S. 58ff.

[14] Häbel [Anm. 7], S. 124ff., 145ff., 237ff., 255ff.

[15] Jürgen Reulecke, Nachzügler und Pionier zugleich: das Bergische Land und der Beginn der Industrialisierung in Deutschland, in: Sidney Pollard (Hrsg.), *Region und Industrialisierung. Studien zur Rolle der Region in der Wirtschaftsgeschichte der letzten zwei Jahrhunderte* (Kritische Studien zur Geschichtswissenschaft, 42), Göttingen 1980, S. 52ff.

[16] Walter Dietz, *Die Wuppertaler Garnnahrung. Geschichte der Industrie und des Handels von Elberfeld und Barmen 1400 bis 1800* (Bergische Forschungen, 4), Neustadt/Aisch 1957, S. 23ff.

[17] Klaus Goebel, Zuwanderung zwischen Reformation und Franzosenzeit. Ein Beitrag zur vorindustriellen Bevölkerungs- und Wirtschaftsgeschichte Wuppertals 1527–1808, Wuppertal 1966, S. 67ff.; Reulecke [Anm. 15], S. 56.

[18] Wolfgang Köllmann, *Sozialgeschichte der Stadt Barmen im 19. Jahrhundert* (Soziale Forschung und Praxis, 21), Tübingen 1960, S. 17.

[19] Reulecke [Anm. 15], S. 56ff.

[20] So etwa in der älteren Arbeit von Hermann Ringel, *Bergische Wirtschaft zwischen 1790 und 1860. Probleme der Anpassung und Eingliederung einer frühindustriellen Landschaft*, Neustadt/Aisch 1966, S. 90ff.

[21] Wilhelm Rees, Wittgensteiner Baumwollspinner und Wollweber arbeiten für das Wuppertal, *Zeitschrift des Bergischen Geschichtsvereins*, 62, 1934, S. 85.

[22] Wenn Rees von der Firma van der Becke und Söhne in Elberfeld berichtet, so muß damit die Firma van der Beeck gemeint gewesen sein, die 1802 in einer Liste Elberfelder Fabrikanten und Kaufleute erscheint; Dietz [Anm. 16], S. 134.

[23] Rees [Anm. 21], S. 85f.

[24] Bartolosch [Anm. 13], S. 177ff.

[25] Ebd., S. 544ff.

[26] Clemens Wischermann, *Preußischer Staat und westfälische Unternehmer zwischen Spätmerkantilismus und Liberalismus* (Münstersche historische Forschungen, 2), Köln 1992, S. 161f.

[27] Bartolosch [Anm. 13], S. 29ff.

[28] Ebd., S. 247ff.; Peter Weber, Staatliche Maßnahmen zur Ausbreitung des Textilgewerbes im Fürstentum Nassau-Dillenburg während der 2. Hälfte des 18. Jahrhunderts, *Nassauische Annalen*, 78, 1967, S. 150ff.

[29] Königliches Hausarchiv Den Haag (abgekürzt: KHA), C 12, 11.

[30] Stadtarchiv Siegen, Stadt Siegen A, Armenkasse Siegen, Baumwoll-Spinnerei im Hospital zu Siegen, 1ff.

[31] KHA, C 12, 11; Bartolosch [Anm. 13], S. 110ff.

[32] *Corpus Constitutionum Nassovicarum, das ist Sammlung der*

Gesetze, Verordnungen, Vorschriften und Ausschreiben, welche von der ältesten bis in die neueren Zeiten in die Nassauischen Lande Ottonischer Linie ergangen sind. Mit vollständigem Zeit- und Sachregister, bis Ende des Jahres 1795, 6 Teile in vier Bänden, Dillenburg 1796, 5, Sp. 134.

[33] Bartolosch [Anm. 13], S. 247ff.

[34] LHAK, 30, 3364.

[35] Bartolosch [Anm. 13], S. 253.

[36] LHAK, 30, 3364.

[37] Bartolosch [Anm. 13], S. 147ff., 150ff., 160ff., 251.

[38] LHAK, 30, 3364. – In der frühen Neuzeit spielte sich ein Großteil des Lebens der Kinder auf der Straße ab. Zum »Straßenkinderleben«: Jürgen Schlumbohm (Hrsg.), *Kinderstuben. Wie Kinder zu Bauern, Bürgern, Aristokraten wurden. 1700–1850*, München 1983, S. 213ff.

[39] LHAK, 30, 3365 I.

[40] Historisches Zentrum Wuppertal, Nachlaß Jung, 1, S. 32.

[41] Erich Stein, Die Spinnerei Jungenthal, *Siegerland*, 37, 1960, S. 78.

[42] Thomas A. Bartolosch, Das Stab- und Reckhammerwerk Hoffnungsthal in Almersbach auf dem Westerwald. Zu Planung und Bau einer montangewerblichen Anlage in der Grafschaft Sayn-Altenkirchen in den 1780er Jahren, *Siegener Beiträge. Jahrbuch für regionale Geschichte*, 2, 1997, S. 51ff.

[43] [Johann Heinrich Jung-Stilling,] *Henrich Stillings häusliches Leben. Eine wahrhafte Geschichte*, Berlin, Leipzig 1789, S. 2; vgl. Wolfgang Lück, *Johann Heinrich Jung-Stilling. 12. September 1740 – 2. April 1817. Wirtschaftswissenschaftler, Arzt und Schriftsteller. Lebensbilder und Werk des Siegerländer Gelehrten und Marburger Universitätsprofessors*, Marburg 1990, S. 16, 54; *Jung-Stilling. Arzt – Kameralist – Schriftsteller zwischen Aufklärung und Erweckung. Eine Ausstellung der Badischen Landesbibliothek Karlsruhe in Zusammenarbeit mit der Stadt Siegen/Siegerlandmuseum* und in Verbindung mit dem Generallandesarchiv Karlsruhe, Ausstellungskatalog, hrsg. von der Badischen Landesbibliothek Karlsruhe, Karlsruhe 1990, S. 187f.

[44] Gustav Mosel, *Das Siegerland und seine Kunststraßen vom Ende des 18. Jahrhunderts*, hrsg. von der Stadt Siegen, Forschungsstelle Siegerland, Siegen 1965, S. 36ff.

[45] Goebel [Anm. 17], S. 53ff.; Arden Ernst Jung, *Briefe zum Stand der Eisenindustrie des Siegerlandes und des Bergischen Landes im 18. Jahrhundert*, hrsg. vom Stadtdirektor der Stadt Siegen, Forschungsstelle Siegerland, Siegen 1983, S. 7ff.; Gerhard W. Göbel, *Bevölkerung und Ökonomie. Historisch-demographische Untersuchung des Kirchspiels Siegen in der Nassau-Oranischen Zeit (1742–1806)* (Beiträge zur Geschichte der Stadt Siegen und des Siegerlandes, 2), St. Katharinen 1988, S. 182ff.

[46] Harald Witthöft/Bernd D. Plaum/Thomas A. Bartolosch, Phasen montangewerblicher Entwicklung im Siegerland. Erzbergbau, Hütten- und Hammerwesen im 18. und 19. Jahrhundert, in: Ekkehard Westermann (Hrsg.), *Vom Bergbau zum Industrierevier* (VSWG-Beihefte, 115), Stuttgart 1995, S. 86.

[47] Jürgen H. Schawacht, Standortprobleme des Siegerländer Wirtschaftsraumes dargestellt am Beispiel der Eisenwirtschaft, *Natur- und Landschaftskunde in Westfalen*, 12, 3, 1976, S. 66.

[48] Zitiert nach Karl Wolf, Aufbau einer Textilindustrie in Siegen, *Siegerland*, 30, 1953, S. 78ff.

[49] KHA, C 12, 11.

[50] Stephanie Reekers, Das Baumwollgewerbe in Westfalen von den Anfängen im 16. Jahrhundert bis zum Beginn des 19. Jahrhunderts, *Westfälische Forschungen*, 37, 1987, S. 106f.

[51] Zitiert nach Wolf [Anm. 48], S. 79.

[52] Bartolosch [Anm. 13], S. 110ff., 115ff.

[53] Thomas A. Bartolosch, Technologietransfer von Region zu Region. Herkunft, Beschaffung und Verbreitung neuer Techniken im Siegerländer Textilgewerbe des 18. und frühen 19. Jahrhunderts, in: Rainer S. Elkar u. a. (Hrsg.), *»Vom rechten Maß der Dinge«. Beiträge zur Wirtschafts- und Sozialgeschichte. Festschrift für Harald Witthöft zum 65. Geburtstag* (Sachüberlieferung und Geschichte, 17), St. Katharinen 1996, S. 477ff.

[54] Zitiert nach Wolf [Anm. 47], S. 79f.

[55] Ebd., S. 82.

[56] Bartolosch [Anm. 13], S. 123ff.

[57] Hauptstaatsarchiv Düsseldorf, Großherzogtum Berg, 5792. – Die Angaben beziehen sich ausdrücklich auf die vorfranzösische Zeit, obwohl die Akte aus französischer Zeit stammt. In napoleonischer Zeit verstand man unter den illyrischen Provinzen die von Österreich abgetretenen Gebiete Krain, Triest, Istrien, Dalmatien sowie Teile Kärntens und Kroatiens.

[58] Bartolosch [Anm. 13], S. 241ff.

[59] Ebd., S. 147ff., 241ff.

[60] Vgl. Frank Hoffmann, Gründung und Aufbau der Baumwollspinnerei Hammerstein im Wuppertal (1835–1839). Ein Beitrag zur Geschichte der rheinischen Baumwollindustrie in der ersten Hälfte des 19. Jahrhunderts, in: Dietmar Petzina/Jürgen Reulecke (Hrsg.), *Bevölkerung, Wirtschaft, Gesellschaft seit der Industrialisierung. Festschrift für Wolfgang Köllmann zum 65. Geburtstag* (Untersuchungen zur Wirtschafts-, Sozial- und Technikgeschichte, 8), Dortmund 1990, S. 146.

[61] Staatsarchiv Münster, Fürstentum Siegen, Oranien-Nassauische Behörden, I A, 129.

[62] Hierzu und zum Folgenden Thomas A. Bartolosch, Textilgewerbliche Expansion im ländlichen Raum. Zur Nutzung des Arbeitskräftepotentials des Westerwaldes durch Siegener Verlegerkaufleute in der 2. Hälfte des 18. Jahrhunderts, *Jahrbuch für westdeutsche Landesgeschichte*, 20, 1994, S. 203ff.

[63] KHA, C 12, 11.

64 Bartolosch [Anm. 62], S. 207ff.
65 Ebd.
66 Bartolosch [Anm. 62], S. 212ff.
67 *Dillenburgische Intelligenz-Nachrichten*, 1774, Sp. 823.
68 Weber [Anm. 28], S. 164.
69 Bartolosch [Anm. 62], S. 214.
70 Später war allerdings auch der Neuwieder Kammerrat Bleibtreu aus Ehrenbreitstein als Verleger in Sayn-Hachenburg tätig; HStAW, 173, 1937.
71 HStAW, 172, 1029.
72 Bartolosch [Anm. 13], S. 253.
73 HStAW, 173, 1769.
74 HStAW, 173, 2515.
75 HStAW, 173, 335. Ob beide tätig wurden, hat sich den Quellen nicht entnehmen lassen.
76 Bartolosch [Anm. 62], S. 217f.
77 Weber [Anm. 28], S. 163.
78 HStAW, 173, 311; Bartolosch [Anm. 62], S. 226ff.
79 Almut Bohnsack, *Spinnen und Weben. Entwicklung von Technik und Arbeit im Textilgewerbe* (Kulturgeschichte der Naturwissenschaften und der Technik), Reinbek bei Hamburg 1981, S. 149, 184f.
80 Bartolosch [Anm. 13], S. 219ff.
81 HStAW, 370, 3109.
82 HStAW, 173, 2333.
83 HStAW, 173, 2883.
84 LHAK, 30, 2056 I.
85 HStAW, 370, 1667.
86 HStAW, 173, 2883.
87 Bartolosch [Anm. 61], S. 236ff.
88 Joachim Kermann, *Die Manufakturen im Rheinland 1750–1833*, Bonn 1972 (Rheinisches Archiv, 82), S. 660ff.
89 Bartolosch [Anm. 13], S. 236ff.
90 Zitiert nach Häbel [Anm. 7], S. 427.
91 HStAW, 370, 143.
92 Thomas A. Bartolosch/Karl Jürgen Roth/Cornelius Neutsch, *Vom Westerwald nach Amerika. Auswanderung im 19. Jahrhundert*, Hachenburg 1996, passim.

Bildnachweis:

Bad Berleburg, Privatbesitz des Fürsten zu Sayn-Wittgenstein-Berleburg: 4
Euskirchen, Rheinisches Industriemuseum: 2
Kirchen, Privatbesitz Gerhard Heiden: 14
Koblenz, Landeshauptarchiv: 7, 13
Ratingen, Rheinisches Industriemuseum: 3
Siegen, Siegerlandmuseum: 5–6, 8–9, 12
Wuppertal, Historisches Zentrum: 1
Repro: 10–11
Verf.: 15

Martin Schmidt

Tuchmanufakturen im Raum Aachen
Frühneuzeitliche Werkbauten als Spiegel einer Betriebsform zwischen Verlag und zentralisierter Produktion

Einleitung

Als der berühmte Architekt Balthasar Neumann in der Mitte des 18. Jahrhunderts seine Pläne für das imposante Treppenhaus von Schloß Augustusburg in Brühl bei Bonn seinem Bauherren Clemens August vorlegte, errichtete der Tuchfabrikant Johann Heinrich Scheibler aus Monschau ein Wirtschaftsimperium, das er mit dem Bau des ›Roten Hauses‹ krönen sollte. Fast zeitgleich wurden Mitte des Jahrhunderts beide Bauten – das kurfürstliche Schloß am Rhein und die Unternehmerresidenz in der Eifel – mit imposanten Treppenhäusern ausgestattet, die zu den herausragendsten Schöpfungen des Barock im Rheinland zu rechnen sind.

Scheibler hatte die geschätzte Summe von 90 000 Reichstalern, die sein ›Rotes Haus‹ gekostet haben soll, mit der Fabrikation hochwertiger Tuche verdient.[1] Das nach seiner Mauerfarbe – die Verschalung des Fachwerkbaues besteht aus Ziegelsteinen, die mit einem rötlichen Verputz geschützt wurden – benannte dreistöckige Haus mit dem ebenfalls drei Etagen hoch aufragenden Speicher mitten in dem alten Eifelstädtchen Monschau (am Zusammenfluß von Rur und Laufenbach gelegen) diente jedoch nicht allein der Repräsentation und damit der Entfaltung privater Pracht. Einige Teile des Baus waren für die ›Fabrique‹ bestimmt. Räume im Erdgeschoß der Haushälfte ›Zum Pelikan‹ dienten als Kontor. Der über zehn Meter hoch aufragende Speicher stand u. a. als Lagerraum für die teure spanische Merinowolle, andere Hilfsstoffe, sowie für Halbfertigprodukte wie Garne zur Verfügung. Zudem stapelte man dort die fertigen Tuche vor ihrem Versand. Im Keller des Hauses befand sich eine Wollspüle und eine Färberei.

Trotz seiner Ausmaße – immerhin hatte das Gebäude eine Breite von 21 Metern und eine eben solche Höhe – ist das Haus auf den ersten Blick nur schwer mit dem stolzen Satz seines Erbauers aus dem Jahr 1760 – »Ich Joh. Heinr. Scheibler der ältere ernähre alleinig von meiner Fabrique beständig mehr als 4000 Menschen« – in Einklang zu bringen.[2]

Nach der gängigen Vorstellung war die Manufaktur ein zentralisierter Großbetrieb, in dem sich die Produktion auf handwerklicher und arbeitsteiliger Grundlage und weitgehend ohne den Einsatz von Maschinen vollzog.[3] Im ›Roten Haus‹ geschah dies nur zu einem geringen Teil; die Masse seiner Arbeiter beschäftigte Scheibler außerhalb.

Die Aachener Region, zu welcher der Ort Monschau gerechnet werden muß, zählte bereits im 18. Jahrhundert zu einer der bedeutendsten Gewerbelandschaften Europas. Neben dem Bergbau, der metallproduzierenden und -verarbeitenden Industrie hatte sich das Tuchgewerbe zum bestimmenden Faktor des wirtschaftlichen Aufschwungs ausgebildet und faßte selbst in Standorten wie Stolberg Fuß, wo noch in der ersten Hälfte des Jahrhunderts die Messingindustrie der beherrschende Industriezweig gewesen war.[4] Bereits im Laufe des

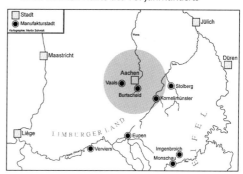

1 Die Tuchregion Aachen in der zweiten Hälfte des 18. Jahrhunderts

17. Jahrhunderts entwickelten sich Burtscheid, Monschau, später auch Vaals und eine Reihe weiterer kleinerer Orte zu wichtigen Gewerbezentren, die vom wirtschaftlichen Wachstum während der zweiten Hälfte des 18. Jahrhunderts besonders profitierten (Abb. 1). Hier stellten Unternehmer wie Scheibler mit einem Betriebssystem zwischen Verlag und zentralisierter Produktion aus hochwertiger Wolle feinste Tuche für überregionale Märkte her.[5] Mit Beginn des 19. Jahrhunderts setzte ein deutlicher, von der beschleunigten Mechanisierung bestimmter Prozeß ein, der zur Durchsetzung des Fabriksystems und zur Verschmelzung der Betriebsstandorte Aachen und Burtscheid als neuer industrieller Agglomeration führte.

Rohstoffe

Die zumeist spanische Wolle wurde entweder über Aachener Wollhändler, über Amsterdamer Handelshäuser, die den Aachener Fabrikanten den Wolleinkauf kreditierten oder von einigen Unternehmern im Herkunftsland selbst bezogen.[6] Spanische Wolle gelangte in der Regel über Bilbao, Cadiz oder das heute französische Bayonne nach Amsterdam oder Ostende, wurde dort auf Kähne verladen und nach Nimwegen bzw. Herzogenbusch verschifft. Auf Karren gelangte der Rohstoff schließlich nach Aachen und in die anderen Standorte der Region.[7] Neben spanischer Merinowolle, von der Johann Georg Scheibler noch 1806 als der in Europa besten sprach,[8] gewann im Verlauf der zweiten Hälfte des 18. Jahrhunderts, vor allem jedoch in französischer Zeit (1792/94–1814) portugiesische und sächsische Wolle zunehmend an Bedeutung (Abb. 2). So wurde beispielsweise 1804/5 von Verviers nur noch ein Viertel der gesamten Wolle aus Spanien, bereits ein weiteres Viertel aus Böhmen und Mähren, die gleiche Menge aus Frankreich und je 1/8 aus Italien und Sachsen bezogen.[9] Einheimische Wolle aus der Eifel blieb trotz einiger Zuchtversuche für die Feintuchherstellung zu grob.[10]

Bei der Beschaffung der Wolle spielten die Transportkosten eine untergeordnete Rolle. Nach dem für die Jahre 1773 und 1774 erstellten Bericht des Düsseldorfer Hofkammerrates Johann Friedrich Jacobi verteuerte sich beispielsweise die für Monschau bestimmte spanische Wolle gegenüber dem in Amsterdam zu zahlenden Einkaufspreis nur um etwas mehr als 2%.[11]

Nicht nur Wolle sondern auch Farbstoffe wurden importiert. Zwar pflanzte man in der näheren und weiteren Umgebung Aachens Krapp für die Rotfärberei und Waid für die Blaufärberei an, deren Farbstoffe wurden jedoch bereits im 14. Jahrhundert durch Indigo (blau) und ab dem 16. Jahrhundert durch Brasilin (rot) ersetzt. Die Farbstoffpalette ergänzte sich im 18. Jahrhundert um Cochenille, Japanholz etc. Darüber hinaus benötigte man zur Tuchproduktion alkalische Stoffe zur Walke und Wäsche (Urin, Seifen, Walkerde), sowie Fette, um die Fasern der Wolle nach deren Reinigung vor dem Spinnen geschmeidig zu machen. Benutzt wurden hierzu Butter, Rüben- und Olivenöle. Letztere wurden aus Italien, Südfrankreich und Spanien bezogen und nur beim Spinnen von Wolle für bessere Qualitäten eingesetzt.[12]

Südfrankreich lieferte auch die sogenannten Karden- bzw. Weberdisteln (dipsacus sativus), die man auch in der Aachener Region heimisch machen konnte. Sie wurden zum Rauhen der Tuche vor dem Scheren genutzt.[13] Die Disteln gehörten im strengen Sinn bereits nicht mehr zu den eigentlichen Rohstoffen, sondern sind den Verbrauchsstoffen und Hilfsmitteln zuzuordnen. Zu diesen zählten – um nur einige zu nennen – auch Leim zum Stärken der Kettfäden, Pappen für die Tuchpressen, Blei für die Siegel und Tuchplomben sowie Leinen zum Schnüren der Tuchballen.

Beim Umschlag dieser Waren, wie auch von Wolle aus allen Teilen Europas, hatte Aachen seine Funktion nie ganz eingebüßt und selbst bedeutendere Unternehmer aus den umliegenden Standorten deckten ihren Bedarf an Roh- und Grundstoffen in der alten Handelsmetropole.[14]

Staat und Unternehmer

Obwohl nur die sekundären Hilfs- und Verbrauchsstoffe in der Region oder ihrem weiteren Umfeld beschafft werden konnten und trotz der Abhängigkeit von Rohstoffimporten, insbesondere von Wolle, konnte sich die Aachener Tuchregion im Wettbewerb behaupten. Dies lag nicht zuletzt an der vorteilhaften Infrastruktur, den günstigen naturräumlichen Standortfaktoren sowie den politischen und sozioökonomischen Rahmenbedingungen.

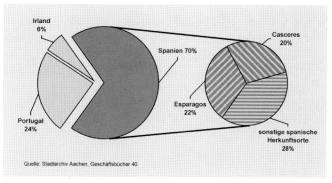

2 Wollverbrauch eines anonymen Aachener Verlegers 1768–1777

Die Region um die bis 1794 freie Reichsstadt Aachen war Teil des nordwesteuropäischen Textilgürtels, der sich von Nordfrankreich über den Niederrhein bis ins Bergische Land erstreckte.[15] Die politische Gliederung der Tuchregion Aachen selbst wurde im 18. Jahrhundert durch die Teilung in zum Teil sehr kleine Herrschaften bestimmt (Abb. 3).[16]

Die Reichsstadt Aachen verwaltete neben dem eigentlichen von Mauern geschützten Stadtgebiet das sogenannte Aachener Reich, ein Areal von immerhin 87 qkm.[17] Ihre Feintuchproduktion läßt sich bis in das 12. Jahrhundert zurückverfolgen; sie dürfte jedoch auf älteren Wurzeln beruhen. Im 13. Jahrhundert etablierten sich Zünfte, die bis zur französischen Zeit die Geschicke der Stadt und ihrer Wirtschaft mitgestalteten.[18] Nicht zuletzt ihrem Einfluß war es zu verdanken, daß das Tuchgewerbe bereits im Mittelalter einen ausgezeichneten Ruf genoß und die Exporte nicht mehr allein über Messen, sondern bereits über Kontore abgewickelt wurden.[19]

Direkt im Süden schloß sich das nur ein Zehntel dieser Fläche umfassende Territorium der freien und reichsunmittelbaren Abtei Burtscheid an, die bis in französische Zeit von einer Fürstäbtissin regiert wurde. Stand Aachen unter dem Vogtmajorat des Herzogs von Jülich, stritten im Falle Burtscheids die Reichsstadt und das Kloster von der Mitte des 14. bis zur Mitte des 18. Jahrhunderts um die Herrschaftsrechte. Nicht zuletzt ging es dabei um den Einfluß und die Kontrolle über die in den Augen des Aachener Rats parasitäre Tuchindustrie, welche ohne zünftige Schranken und Regeln von der Äbtissin nicht nur geduldet, sondern aktiv gefördert wurde.[20]

Die Aachener Scherer beklagten mehrfach die Konkurrenz der Tuchscherer in Burtscheid, unter anderem im Jahre 1723. Diese hätten »[…] aus der hiesigen Stadt [gemeint ist Aachen, M. Sch.] in regarde der Handelschaft und Handtierung gleichfalls ein Dorff, aus Burtscheid hingegen eine formale Kauff- und Handelsstatt gemacht.«[21] 1790 erklärte Georg Forster in seinen ›Ansichten vom Niederrhein‹: »Burtscheid beschäftigt nach dem Verhältnis mehrere Tucharbeiter als die Stadt Aachen.«[22]

Das Feintuchgewerbe des 18. Jahrhunderts gründet auch hier auf eine ältere Tradition. Schon 1647 klagten die Leydener Tuchmacher über Burtscheid, daß man dort bisher nur Tuche aus grober Wolle hergestellt hätte, nun aber feine Ware in Holland unter der Bezeichnung Leydener Tuch vertreiben würde.[23]

Etwa 100 qkm konnte der Amtsbruder der Burtscheider Abtissin, der Abt des Klosters Kornelimünster, verwalten. Seine Herrschaft schloß sich unmittelbar östlich an das Gebiet der Reichsabtei Burtscheid an und hatte ebenfalls den Status eines freien und reichsunmittelbaren Territoriums. Im Unterschied zu Burtscheid entwickelte sich der Ort Kornelimünster jedoch erst nach der Säkularisation und dem Verkauf der Abteigebäude im Jahre 1807 an den Unternehmer Friedrich Kolb zu

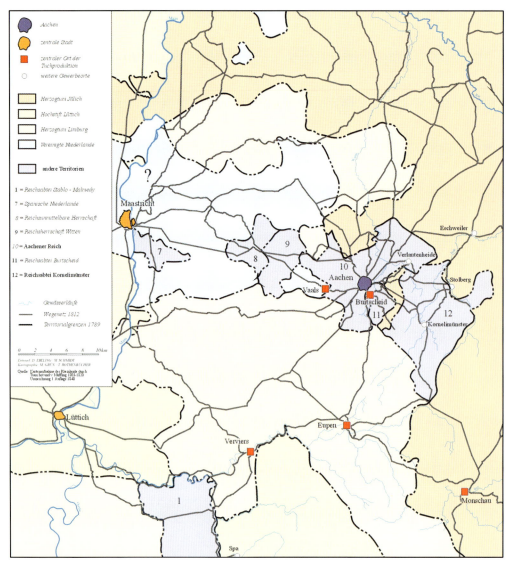

3 Herrschaftsgebiete in der Region Aachen um 1789

einem Produktionszentrum der Tuchindustrie, obwohl bereits kurz nach der Jahrhundertwende einige Unternehmer kleinere »Etablissements der Tuchmanufactur« angelegt hatten.[24] Wichtiger als die Funktion Kornelimünsters als Standort der Tuchindustrie war die Rolle der Herrschaft als Arbeitskräftereservoir (Abb. 4).

Monschau, im Herzogtum Jülich gelegen, schloß die Tuchregion nach Süden ab. Erst nach einigen Auseinandersetzungen und diplomatischem Geschick erwirkten die seit etwa 1600 hier nicht mehr für den lokalen Bedarf produzierenden Fabrikanten bei der kurpfälzischen Regierung in Düsseldorf Privilegien, die ihnen Handelserleichterungen bringen sollten (1654, 1705 und 1719).[25] Der Absatz von Tuch auf dem ›Platten Land‹ des Herzogtums Jülich-Berg wurde begünstigt, in den Städten nach deren Intervention jedoch untersagt. Dies weist auf qualitativ hochwertige Produkte aus der Eifelstadt hin, die als lästige Konkurrenz empfunden wurden. Es zeichnete

Tuchmanufakturen im Raum Aachen

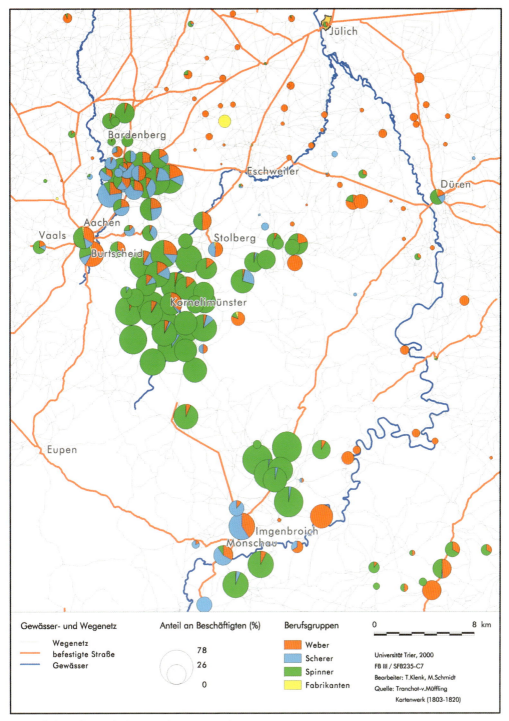

4 Beschäftigte der Textilindustrie in der Region Aachen um 1812

sich hier eine Konfliktlinie ab, die an die Probleme der Leydener Tuchmacher mit den Burtscheider Betrieben erinnert. Die Verwendung spanischer Wolle ist bereits für 1718 belegt. Freiherr von Wiser berichtete in seinen ›facti secies‹: »Das Städtelein besteht in lauter Wullenweberei, welches

Gewerbe von Tag zu Tag mehr zunimbt, und werden ziml. feine Tuche auch von Spanis. Wolle gemacht.«[26]

Den eigentlichen Aufstieg zum Zentrum einer exportorientierten Tuchindustrie verdankte Monschau jedoch dem Kleiderluxus des Rokoko mit einem Bedarf an ständig wechselnden Modestoffen, den der Unternehmer Johann Heinrich Scheibler (1705–1765) geschickt nutzte.

Im Laufe des 18. Jahrhunderts entwickelte sich auch in Stolberg – neben dessen kapitalintensiver Messingindustrie – eine nicht unbedeutende Tuchproduktion. Der Ort selbst lag in der vergleichsweise autonomen Unterherrschaft Stolberg des Herzogtums Jülich. Auch hier führte die Aussicht auf Steuereinnahmen zu einer Politik, die den Unternehmern weitgehenden Handlungsspielraum einräumte. Die erste überregional bedeutende Tuchproduktion nahm 1719 Matthias von Asten auf, der für 25 Jahre von Abgaben befreit wurde.[27]

Im Westen von Aachen entstand in der zweiten Hälfte des 18. Jahrhunderts ein weiteres Zentrum der Tuchindustrie. Johann Arnold v. Clermont errichtete 1761–1764 in Vaals, das seit 1648 zu den Generalstaaten gehörte, eine Tuchmanufaktur, die die Bewunderung zahlreicher prominenter Zeitgenossen fand.[28]

Weitere kleinere Zentren gruppierten sich um die genannten Standorte, wie beispielsweise das nördlich von Monschau »eine kleine Stunde entfernt« gelegene Imgenbroich.[29] Bereits 1568 hatte Peter Offermann, Sohn eines reichen Bauern, hier mit der Tuchproduktion begonnen.[30]

Eine besondere Bedeutung für die Tuchindustrie in der Region kam dem im Westen von Aachen gelegenen Herzogtum Limburg zu. In diesem Gebiet, dem ›Limburger Land‹, ließ sich von den Unternehmern aus den meisten Standorten der Aachener Tuchregion eine wachsende Zahl an Arbeitskräften für die Spinner- und Weberei rekrutieren.[31] Eupen, das seit seiner Privilegierung durch König Karl II. von Spanien als Herzog von Brabant 1679 und 1680 zu einem florierenden Zentrum der Feintuchindustrie geworden war, und Verviers mit seinem seit dem Mittelalter bedeutenden Tuchgewerbe, bildeten trotz eines gewissen Austauschs mit Aachen, Burtscheid und Monschau eher eine eigene regionale Einheit.[32]

Die Zersplitterung in ›Kleinstaaten‹ hatte auf die wirtschaftliche Entwicklung keinen negativen Einfluß.[33] Abgesehen von Aachen behinderte keines der Territorien den innerregionalen Austausch von Halbfertigprodukten (gefärbter Wolle, Garn, Gewebe). Selbst die Reichsstadt wurde in das regionale Produktionssystem über ihre Funktion als Handelsplatz hinaus integriert, obwohl sie sich bemühte, die im 17. und 18. Jahrhundert vor ihren Toren erwachsene Konkurrenz zu behindern. Weder konnten Maßnahmen zur Aufrechterhaltung des städtischen Arbeitskräftemonopols noch solche zum Schutz der ›Nahrung‹ der zünftigen Handwerker die Regionalisierung der Tuchindustrie aufhalten. Sanktioniert wurden beispielsweise die Ausfuhr von Wolle zur Weiterverarbeitung (Spinnen und Weben) im Umland auf Rechnung stadtaachener Unternehmer und die Färberei außerhalb der Stadt, sowie die Abwanderung von Gesellen oder ganzer Werkstätten.[34]

Die zünftigen Aachener Tuchmacher waren allerdings, wie aus einem Gutachten der Monschauer Unternehmer für ihre Kollegen in Lennep 1790 hervorgeht, gezwungen, Aufträge auswärtiger Unternehmer zu übernehmen: »[…] und selbst die dortigen Zunftgenossenschaft [gemeint sind die Handwerker in Aachen, M.Sch.], welche noch nicht mit denen Fabriken in Abnahme gekommen, würde theils brodlos seyen, wenn nicht das freyere Bourdscheid [Burtscheid] und Vaels [Vaals] bey dem starken Betrieb seiner Fabriken sich deren Baasen zu Aachen mit bedienten.«[35] Dies bestätigte im gleichen Jahr Georg Forster, der über Johann Arnold v. Clermont schrieb, »[…] seine Fabrik beschäftigt in Vaals, Aachen und Burtscheid gegen hundertsechzig Weber.«[36]

In den neuen Manufakturorten fanden Fabrikanten ideale Bedingungen für ihre Unternehmungen vor. In keinem hatte sich eine Zunft etablieren können,[37] wie Georg Forster lobend hervorhob:

»Rechtschaffene, unternehmende Männer, die dem Unsinn des Zunftwesens nicht länger frönten und durch Verfertigung schlechter Tücher ihren Kredit nicht länger aufs Spiel setzen wollten, zogen sich allmählich von Aachen zurück und ließen sich in der umliegenden Gegend auf holländischem oder kaiserlichem Boden nieder, wo es ihnen freistand, ihre Fabriken vollständig einzurichten, und wo sie keine andere Einschränkung als Maß ihrer Kräfte und den Umfang ihres Vermögens kannten.«[38]

Die Territorialherren griffen in das Wirtschaftsgeschehen kaum regulierend ein. Allenfalls förderten sie im eigenen fiskalischen Interesse die ›Fabrique‹ durch verschiedene Maßnahmen:[39] Wo durch Bestrebungen der Arbeiter zur Koalitionsbildung die Handlungsfreiheit der Unternehmer bedroht wurde, stellten sich beispielsweise die Regierungen zunächst auf die Seite der ›Entrepreneurs‹. So griff etwa die Düsseldorfer Regierung in den wiederholten Konflikten zwischen Unternehmen und Scherern in Monschau sogar mit Militär ein. Die Freizügigkeit von Waren zwischen dem Limburger Land und dem Eifelort wurde im Jahre 1775 im ›Düsseldorfer Mandat‹ festgeschrieben.[40] Konkrete Unterstützung gewährte auch die Burtscheider Äbtissin, die kostenloses Bauholz zur Errichtung von Werkbauten zur Verfügung stellte und den Bau von Mietshäusern für die schnell wachsende Bevölkerung förderte.[41] Auch in Eupen garantierte das bereits erwähnte Privileg des spanischen Königs aus dem Jahr 1680 das freie Schlagen von Bauholz aus den herrschaftlichen Wäldern. Es enthielt darüber hinaus die Freistellung vom Militärdienst für die Beschäftigten der Manufakturen, Abgabenbefreiungen und günstige staatliche Darlehen für die Unternehmer. Zudem wurden Wollimporte aus Spanien von der Steuer befreit.[42]

Die Unternehmer verliehen ihren Forderungen nach einem freien Warenaustausch und Arbeitsmarkt nötigenfalls mit dem Hinweis auf eine mögliche Abwanderung in ein Nachbarterritorium Nachdruck.[43] So stellte beispielsweise die Monschauer ›Feine Gewandschaft‹ – der Zusammenschluß der bedeutendsten protestantischen Tuchfabrikanten – im Jahre 1769 fest, daß ein Verbot, im ›Limburgischen‹ Spinnen und Weben zu lassen, »eben so gut wäre als die fabricanten zum land hinaus [zu] treiben.«[44] Bereits 1764 hatte Johann Heinrich Scheibler im Konflikt mit den Scherern kaum verhohlen gedroht, »[…] dan wan in Monjoie unser Verbleiben länger nicht seyn können, wir in benachbarten Landen die nemlichen Fabriken errichten würden, als wohin uns die Einladungen, mittels Anbietung deren ansehentlichsten Freyheiten, längstens geschehen seynd.«[45]

Solche Betriebsverlegungen waren leicht zu realisieren. Die Investitionen in Gebäude und Anlagen machten noch bis in das erste Jahrzehnt des 19. Jahrhunderts bei vielen Unternehmen nur einen Bruchteil des Firmenkapitals aus. Die weitaus größere Summe zirkulierte als Handelskapital.[46] Zudem hatten ›Entrepreneurs‹ bereits Dependancen in anderen Herrschaften gegründet. Mitglieder der Scheiblerschen Dynastie besaßen bereits Zweigniederlassungen in Eupen – wohl nicht zuletzt wegen der dortigen Steuerbefreiung auf spanische Wolle. Bernhard von Scheibler unterhielt zudem seit Mitte des 18. Jahrhunderts im Bergischen eine Tuchfabrikation und die Firma Johann Heinrich Scheibler & Söhne hatte im limburgischen Dalem 1774 die Produktion aufgenommen.[47]

Naturräumliche Rahmenbedingungen

Die Standortwahl hing darüber hinaus von einer Reihe weiterer Faktoren ab. Vordringlich war die ganzjährige Verfügbarkeit einer ausreichenden Menge von Wasser für die unterschiedlichsten Produktionsabschnitte. Wasser diente nicht nur zum Antrieb von Walk- und Schleifmühlen, sondern wurde zur Wollwäsche, zur Färberei und in der Appretur verwendet. Es ist daher kein Zufall, daß sich die Tuchindustrie u. a. in der niederschlagsreichen Eifel ansiedelte.[48] In Monschau nutzte

5 Die Gegend um Aachen und Burtscheid um 1806, Ausschnitt aus der Landesaufnahme der Rheinlande durch Tranchot, Blatt Nr. 86. Berlin, Staatsbibliothek zu Berlin – Preußischer Kulturbesitz – Kartenabteilung

man zunächst das für die Färberei besonders geeignete kalkfreie Wasser des Laufenbach und konnte zum Antrieb der Walkmühlen auf die energiereiche Rur zurückgreifen. In Eupen stand das Wasser des Gospertbaches und der Weser zur Verfügung. Stolberg hatte neben der Vicht den Mühlenbach, und in Burtscheid dienten die Wurm und einige kleiner Bäche zum Antrieb von Mühlen. Der entscheidende Vorteil Burtscheids und Aachens hinsichtlich der Wasserversorgung war jedoch ihr Reichtum an Thermalquellen; denn zum einen konnte auf den Einkauf von Brennmaterialien zum Erwärmen des Wassers verzichtet werden, zum anderen lösten die mineralischen Zusätze des Wasser die Verunreinigungen der Wolle besser aus.[49] In Aachen konkurrierten man jedoch – im stärkeren Maße als in Burtscheid – in der zweiten Hälfte des 18. Jahrhunderts um die heißen Quellen mit dem wachsenden Kur- und Badebetrieb. Trotzdem hielt der Monschauer Johann Georg Scheibler im Jahre 1806 fast wehmütig fest:

> »In Aachen und Burtscheid, wo viele schöne Tücher aus spanischer Wolle gemacht werden, bedient man sich der warmen mineralreichen Quellen zum Auswaschen der Wolle, wovon sie auch vollkommen rein wird. Es ist keinem Zweifel unterworfen, daß warmes Wasser zu dieser Verrichtung dem kalten vorzuziehen seyn würde, wenn man es haben könnte.«[50]

Allerdings eignete sich das Burtscheider Thermalwasser, da es über einem Kalksprung an die Oberfläche trat, nicht zum Färben. In Aachen konnte neben dem Quellwasser auf das Wasser des Paubaches, des Johannis- und Ponellbaches zum Färben und zum Antrieb von Mühlen zurückgegriffen werden.

In Vaals bediente sich v. Clermont des ergiebigen Gausprungs und einiger kleinerer Quellen, deren Wasser er sowohl für die Wollwäsche als auch für die Färberei nutzte.[51] Die Unternehmer in Imgenbroich waren auf Grundwasser, das in Becken gesammelt wurde, beschränkt.[52]

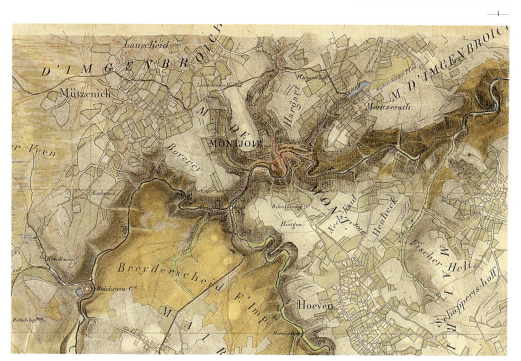

6   Die Gegend um Monschau im Jahre 1809, Ausschnitt aus der Landesaufnahme der Rheinlande durch Tranchot, Blatt Nr. 114. Berlin, Staatsbibliothek zu Berlin – Preußischer Kulturbesitz – Kartenabteilung

Neben Wasser verbrauchte man nicht nur bei der Wollwäsche und der Färbereien, sondern auch beim Pressen und Glätten der Tuche Brennmaterialien, deren Beschaffung die Produktionskosten nicht unwesentlich erhöhten, zumal Holz- und Holzkohle durch die Erschöpfung der Wälder nicht unbegrenzt in allen Standorten zur Verfügung stand.[53] Georg Forster beschrieb die Situation:

> »Der immer steigende Mangel an den zur Feuerung unentbehrlichen Brennmaterialien droht den hiesigen Fabrikanstalten, wie so vielen anderen, mit einer Erhöhung ihrer Kosten, welche den zu erwartenden Gewinn erheblich schmälern kann. Seit langer Zeit sind die Wälder in diesen Gegenden und in den Niederlanden überhaupt durch den starken Anbau und die zunehmende Volksmenge verschwunden.«[54]

In Monschau und Imgenbroich verbrannte man vor allem den Torf des nahen Moors. In Verviers profitierte man von den Kohlegruben des Lütticher Beckens.[55] In Aachen, Stolberg, Burtscheid und Vaals konnten die reichen Stein- und Grieskohlevorkommen des Inde- und Wurmreviers genutzt werden. Einzig Eupen war verstärkt auf die Holzreserven der nahen Wäldern am Nordhang des Hohen Venns angewiesen, obwohl auch dort sicherlich Torf und Grubenkohle verfeuert worden sein dürfte.

Ein wichtiger Standortfaktor der Region insgesamt war die gute Anbindung an das Fernstraßennetz. Über die Verbindung Aachen–Köln (über Düren oder Jülich) konnte zum einen die Rheinschiene, zum anderen das Wegenetz in den Osten, insbesondere zu den Messeplätzen Braunschweig und Leipzig, erreicht werden. Rohstofflieferungen aus Amsterdam nahmen die Route über Nimwegen nach Kleve, dann über Xanten oder Krefeld nach Neuss und von dort aus über Jülich nach Aachen. Als West-Ost-Routen standen die Straßen Maastricht-Aachen über Vaals und Lüttich-Aachen mit Abzweigungen nach Verviers und Eupen zur Verfügung. Neben Vaals profitierte auch Burtscheid vom Schnittpunkt dieser Fernverbindungen. Nur Monschau und Imgenbroich lagen etwas abseits. Allerdings war schon in vorfranzösischer Zeit das innerregionale Wegenetz ausreichend ausgebaut. So fehlte zwar eine direkte Verbindung mit Aachen, die erst in preußischer Zeit auf der Basis französischer Planungen entstand. Kurfürst Karl Theodor von der Pfalz hatte allerdings auf Betreiben Monschauer Unternehmer den Ausbau der Straße Düren-Monschau über Imgenbroich-Simmerath zugestimmt, der 1782 nach 15 Jahren Bauzeit beendet wurde. Eine Anbindung der Eifelstandorte nach Westen war über Eupen und von dort zur Route Aachen-Lüttich gegeben. Stolberg ließ sich von Eschweiler (an der Verbindung Aachen–Jülich gelegen) über eine Stichstraße erreichen.[56] Auch der Ausbau dieser Straße war von Karl Theodor gefördert worden, um den im Vichttal etwas abgelegenen Industrieort besser an die immens wichtigen Kohlegruben des Indereviers anzubinden.[57]

Außer diesen größeren Routen verknüpfte ein dichtes Netz kleiner Sträßchen, Wege und Pfade die industriellen Standorte der Region miteinander, wie das zwischen 1803 und 1814 von französischen Ingenieurgeographen unter der Leitung Oberst Tranchot aufgenommene Kartenwerk der linken Rheinlande dokumentiert. Alle Straßen und Wege wurden dort nach ihrer Benutzbarkeit klassifiziert und entsprechend gezeichnet (Abb. 5 u. 6).[58] Während die Überlandstrecken nach Osten und Westen für den Handel mit Rohstoffen wie auch mit Tuchen wichtig waren, diente das innerregionale Wegenetz der Erschließung des ländlichen Arbeitskräftepotentials.

Produkte, Produktionsprozeß und Absatzmärkte

Hergestellt wurden in Aachen, Eupen, Stolberg und wohl auch in Imgenbroich vornehmlich im Stück, d. h. im Gewebe gefärbte Tuche in allen Farben und von einer kaum überschaubaren Vielfalt.[59] In Monschau kamen seit den 1740er Jahren nachweislich mellierte, geflammte und in anderer Weise gemusterte wollene Modestoffe hinzu (Abb. 8), zu deren Herstellung man sich eines anderen Färbeverfahrens bediente: Nicht erst das Gewebe sondern bereits die Wolle wurde nach der Reinigung und vor dem Spinnen gefärbt. In dem man nun entweder unterschiedlich gefärbte Garne in die Kette einbrachte oder – dies war eine Spezialität der Monschauer – bereits während des Spinnens verschiedenfarbige Fasern verdrillte und diese verwebte, konnten unterschiedlichste Muster erreicht werden.[60]

Unter der Bezeichnung ›draps de sérail‹ und ›draps mahouts‹ exportierten Unternehmer aus der ganzen Region Tuche an die Levante. Daneben wurden ›Espagnolets‹ produziert. Schwere ›Berry-Tuche‹ gingen vor allem nach Rußland. Gemusterte Stoffe fanden ihren Weg nach Italien und über Venedig, Genua und Neapel in den Mittelmeerraum.[61] Einigen Unternehmen gelang es sogar, eigene Marken zu etablieren und als Hoflieferanten ihren Absatz zu steigern. So berichtet u. a. Bartholomäus von Loevenich, ein Nachkomme der wichtigsten Burtscheider Unternehmerdynastie des 18. Jahrhunderts, daß Tuche aus der Produktion seiner Familie als »Il vero Borcetto« an den päpstlichen Hof in Rom und als »Kronentücher« in die Levante geliefert wurden.[62] Ende des 18. Jahrhunderts änderte sich der Modetrend und in allen Produktionszentren wurde mehr oder weniger rasch die Produktion feiner ›Casimire‹ aufgenommen. Ein Zeitgenosse bedauerte diese Entwicklung mit den Worten, »[...] jetzt hat die Mode alles wieder in das alte einfache Gleise gebracht.«[63]

Nicht nur der steigenden Bedarf nach Luxusgütern im 18. Jahrhundert, insbesondere nach feinen Tuchen für die gehobenen Schichten des Bürgertums, belebten die Tuchindustrie in der Aachener Region, sondern auch der große Bedarf nach Uniformstoffen für die wachsenden Heere der absolutistischen Fürsten.[64]

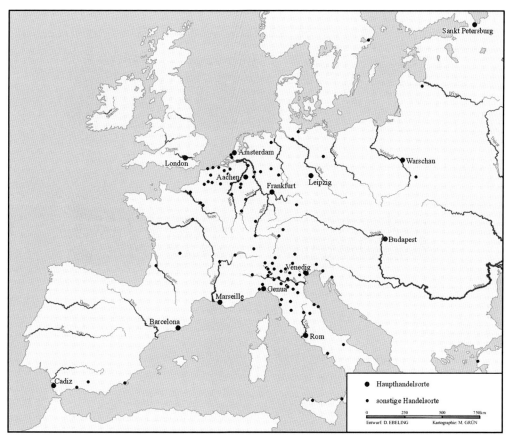

7   Absatzorte und Handelsplätze von Tuchen der Monschauer Firma Johann Heinrich Scheibler & Söhne 1787–97

Die Unternehmer setzten ihre Waren zunächst über die Messen in Braunschweig, Leipzig und Frankfurt am Main, dann zunehmend über eigene Kontore und Handlungsreisende nicht nur in deutschen Länder ab, sondern vor allem auch in osteuropäischen Staaten. Das zaristische Rußland war einer der wichtigsten Märkte der Aachener Tuchindustrie. Daneben spielte der Export nach Spanien, Italien und den Anrainerstaaten der levantinischen Küste eine erhebliche Rolle (Abb. 7).[65]

Alle ›Feinen Tuche‹ der Region, die eine zeitgenössische Beschreibung als »weich an Wolle, fest an Gewand, sauber an Faden und fein dicht geschlagen« charakterisiert, wurden im Grunde nach einem ähnlichen Verfahren hergestellt, das sich im Laufe des 18. Jahrhunderts kaum veränderte und sowohl in Beschreibungen als auch in vielen Enzyklopädien dargestellt wurde (Abb. 9).[66] Erst der Einsatz von Maschinen in der Spinnerei und der Appretur brachte im zweiten Jahrzehnt des 19. Jahrhunderts gravierende Veränderungen.

Die nur unzureichend auf den Rücken der Schafe gesäuberte Wolle wurde in Ballen geliefert. In der Regel wurde diese unter direkter Aufsicht des Fabrikanten nach Qualitäten (Hals, Nacken-, Bauch- oder Rückenwolle; Wolle von ausgewachsenen Tieren oder Lammwolle) sortiert, dann unter dem Zusatz alkalischer Stoffe gereinigt, ausgewaschen und getrocknet.

Für das Trocknen erwies sich das Verfahren an der Luft ohne direkte Sonneneinstrahlung als das geeignetste, was zu entsprechenden baulichen Lösungen, insbesondere hohen und gut belüftbaren Speichern führte. Zur Wollbereitung gehörte ferner das Lockern der Wollfasern, das anschließende Schlagen und Kardieren. Auch diese Arbeitsschritte geschahen in der Regel in

8 Stoffmusterbuch der Feinen Gewandschaft aus Monschau seit der zweiten Hälfte des 18. Jahrhunderts. Monschau, Stiftung Scheibler-Museum Rotes Haus Monschau

Anlagen der Fabrikanten. Vor dem Spinnen wurde der spröde Faserflor mit Butter oder Ölen rückgefettet. Das anschließende Spinnen und Weben wurde zum größten Teil von verlegten Arbeitskräften im näheren und weiteren Umland der Manufakturstädte erledigt.

Waren die Garne gesponnen, konnte man die Weberkette vorbereiten, d. h. die Kettfäden abzählen und -messen sowie diese leimen und nach einem Trocknungsprozeß, ebenfalls an der Luft, aufbäumen, d. h. auf den Webstuhl bringen. Die Schußfäden zum Eintrag in die Kette wurden während des Webens gespult.

Das vom Weber gelieferte noch lose Gewebe untersuchte man auf Fehler und beseitigte diese. Wichtig waren das sogenannte Noppen und Plüsen; dabei ging es hauptsächlich um die Beseitigung eingewebter Fremdkörper. Dieser Arbeitsgang mußte äußerst sorgfältig durchgeführt werden, denn Holzsplitter u.ä. hätten während der Walke das Tuch zerstören können. Das Noppen geschah daher häufig unter Aufsicht des Unternehmers.

Unter Walken verstand man das Verfilzen und Verdichten des Gewebes unter Druck und dem Einsatz von Laugen aus Erde oder verfaultem Urin, wobei das Gewebe bis zu einem Drittel seiner Größe verlieren konnte. Die hierzu verwendeten Stampf- oder Hammerwerke wurden durch Wasserkraft betrieben und Walk- oder Follmühlen genannt.

Gefärbt wurde in der Aachener Region meist ›im Stück‹, also erst nach der Walke. Die Garn- und Wollfärberei, mit der sich noch brillantere und dauerhafte Farben erzielen ließen, war die Ausnahme.

Bei der Grobtuchherstellung endete nach der Walke, dem Rahmen und ggf. dem Färben in der Regel die Fabrikation. ›Rahmen‹ bezeichnet einen Arbeitsgang, bei dem man das gewalkte Tuch auf lange Holzgestelle spannte, um es, falls der Walkprozeß ungleichmäßig erfolgt war, einerseits in Form zu bringen und ihm andererseits einen Teil der ursprünglichen Maße zurückzugeben. In der Feintuchindustrie folgten nun mit der Appretur erst jene Arbeitsschritte, die das Tuch veredelten und marktfähig machten.

Der zumeist in Werkbauten der Unternehmer zentralisiert durchgeführte Appreturprozeß läßt sich in die Hauptabschnitte ›Rauhen‹, ›Scheren‹ und Oberflächenbehandlung unterteilen. Das Rau-

Tuchmanufakturen im Raum Aachen

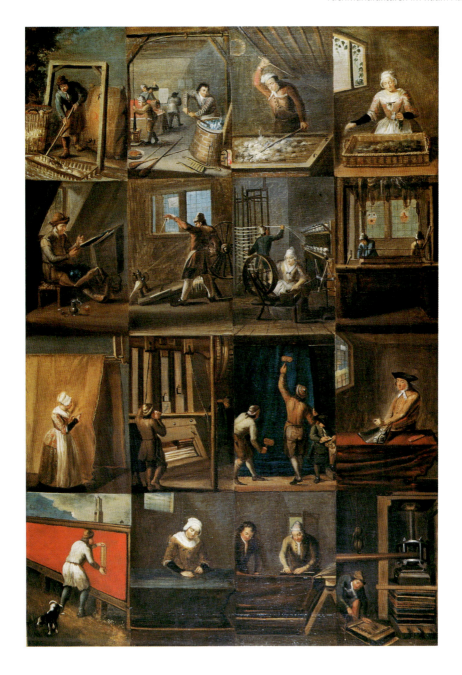

9 Anonym, Die Produktion feiner Wolltuche um die Mitte des 18. Jahrhunderts,
   Gemälde in 16 Teilen, um 1760. Öl auf Leinwand. Utrecht, Centraal Museum

1 Wollwäsche	2 Färben	3 Lockern der Wolle	4 Zupfen
5 Kardieren	6 Spinnen	7 Spulen/Kettschären	8 Weben
9 Noppen	10 Walken	11 Rauhen	12 Scheren
13 Bürsten	14 Stopfen	15 Falten	16 Pressen

hen richtete alle Faserenden auf, die dann mit bis zu 20 kg schweren Scheren auf gleiche Länge geschnitten wurden.[67] Wie oft das ›Rauhen‹ und ›Scheren‹ wiederholt und welche besonderen Methoden verwendet wurden, entschied wesentlich über die Feinheit des Stoffes. Einzelne Stücke wurde bis zu sechs Mal bearbeitet, was den Appreturprozeß über Monate hinzog. Um hochfeine Stoffe herzustellen, mußten die Tuche naß gerauht, getrocknet und erst dann geschoren werden.[68] Das Rauhen geschah entweder mechanisch unterstützt oder per Hand nur mit Kardendisteln (dipsacus sativus), die auf einen hölzernen Griff gebunden wurden. Für die Qualität des Scherens war letztlich das handwerkliche Können der Scherer sowie die Güte der verwendeten Werkzeuge ausschlaggebend.[69] Zum Abschluß wurden Tuche unter Zuhilfenahme heißer Bleche gepreßt. Teilweise verwendete man bei diesem Arbeitsgang zusätzlich gummierende Flüssigkeiten, die auf den Tuchen verteilt wurden. Das Pressen sollten den Tuchbahnen eine glatte und glänzende Oberfläche geben. Es folgten nur noch das Siegeln mit dem Markenzeichen aus Blei und die Verpackung der Tuche zum Versand.[70]

Arbeitskräfte und Betriebssystem

Den ›Entrepreneurs‹ kam in der Aachener Tuchindustrie des 18. Jahrhunderts eine besondere Rolle zu. Als Kaufleute sorgten sie für den Import der Rohstoffe und hielten Kontakt zu den Märkten; als Unternehmer organisierten sie bei bestmöglicher Ausnutzung der Standortfaktoren und Ressourcen der Region die Produktion zwischen zentraler Wollbereitung und Appretur auf der einen Seite und heimgewerblich-verlagsmäßig organisierter Spinnerei und Weberei auf der anderen Seite. Als Fabrikanten waren sie zudem in Arbeitsabläufe eingebunden, sei es indirekt als deren Aufseher, sei es direkt, wie im Falle Johann Heinrich und Wilhelm Scheibler aus Monschau, die als Färber arbeiteten.[71] Diese Schlüsselstellung der ›Entrepreneurs‹ war schon den Zeitgenossen bewußt: »Der Kaufmann oder der Fabrikant ist die erste Triebfeder, und die Seele des Ganzen, er erhält viele Menschen in Aktivität, die alle für ihn arbeiten und ihre Nahrung von ihm erhalten.«[72]

Neben den politischen Rahmenbedingungen und den naturräumlichen Standortfaktoren war die Verfügbarkeit über ein ausreichend großes und hinreichend vorgebildetes Arbeitskräftereservoir der entscheidende Wachstumsfaktor.[73] Dieses fand sich nicht nur in der Reichsstadt Aachen, wo Arbeitskräfte mit hohem handwerklichen Können dem Produktionsprozeß zur Verfügung standen; günstig waren die Bedingungen vor allem in der Eifel, im näheren Umland Monschaus und im Gebiet der Reichsabtei Kornelimünster sowie im Limburger Land. Hier war die Bevölkerung als Folge der Zersplitterung des Landbesitzes (Realteilung) und der schlechten Böden, die den Ertrag der Agrarwirtschaft senkten, auf die Ergänzung ihrer Einkommen durch gewerbliche Beschäftigung angewiesen.[74] Durch die traditionelle Produktion einfacher Textilien aus heimischer Wolle für der Eigenbedarf verfügte sie zudem über die nötige Erfahrung und war durch eine liberale Flurverfassung von feudalen Abhängigkeiten weitgehend freigestellt.

Die Erschließung dieses Arbeitskräftepotentials brachte den Fabrikanten obendrein Kostenvorteile; denn die Landbevölkerung konnte geringere Löhne akzeptieren als städtische Arbeiter, war sie doch nicht ausschließlich auf das Einkommen aus gewerblicher Tätigkeit angewiesen.

Im Laufe des 18. Jahrhunderts verschoben sich innerhalb dieser dualen Hauswirtschaft die Gewichte: Für viele Heimarbeiter wurde die Tätigkeit in der Tuchindustrie zur Hauptgrundlage der Existenz.[75] Georg Forster bemerkte im Jahre 1790: »[…] daß der Bauer [gemeint sind die Eifeler und Limburger Landwirte, M.Sch.], der schon nicht der Glücklichste ist, durch den Verlust des Nebenverdienstes, den er vom Wollspinnen zieht, […] zugrunde gerichtet würde«.[76] Wie tief die Tuchindustrie in die ländliche Gesellschaft eingriff, bestätigte bereits 30 Jahre zuvor die Düsseldorfer Regierung:

»Wahrlich ein erwünschtes Etablissement [gemeint ist das Scheiblersche Unternehmen in Monschau, M.Sch.] in einem Land, wie das kalt und unfruchtbare Monjoy, wo von dem garnicht beträchtlichen Ackerbau die wenigsten Menschen sich ernähren können und wo in Vorzeiten so starker Geldmangel war, als jetzo davon Überfluß darinnen zu finden ist, auch jeder Mensch, welcher ohne Fabriquen den Bettelgang pflegen müßte, ja schon fünf- und sechsjährige Kinder von der allerlei Fabriquearbeit sich wohl zu ernähren vermögen.«[77]

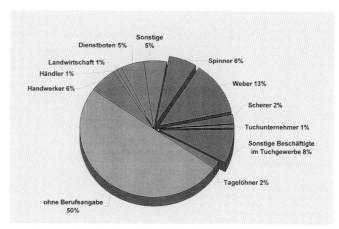

10 Bevölkerung Burtscheids nach Erwerbsgruppen 1812

Das Ausmaß der von der Tuchindustrie in Anspruch genommenen Arbeitskräfte spiegeln die französischen Gewerbestatistiken und Bevölkerungserhebungen wider. Sie wurden zu einer Zeit aufgenommen, als die Tuchindustrie nach einer Depressionsphase erneut aufblühte. So beschäftigten beispielsweise im Jahre 1807 16 Tuchfabrikanten aus Burtscheid ca. 7000 Menschen in Stadt und Land bei einer Produktionsmenge im Wert von 1 400 000 Francs.[78] Im Ort Burtscheid selbst lebten zu diesem Zeitpunkt nur etwa 4000 Personen (Kinder, Erwachsene und Greise), von denen ca. 30% nachweislich in der Textilindustrie beschäftigt waren (Abb. 10).[79] Die Bevölkerungslisten geben zudem ein detailliertes Bild über die räumliche Verteilung (Abb. 4). Eine Konzentration von Spinnern und Webern gab es beispielsweise auf dem Gebiet der ehemaligen Reichsabtei Kornelimünster. Noch 1812 sicherte das Textilgewerbe einem nicht unbedeutenden Teil der Bevölkerung durch Tätigkeiten als Spinner, Weber und Scherer das Auskommen (Tabelle 1). Auch in Teilen des Aachener Reiches lassen sich viele Beschäftigte der Textilindustrie nachweisen. Allerdings konkurrierten die Tuchfabrikanten hier am Anfang des 19. Jahrhunderts mit dem schnell expandierenden Bergbau und der Metallindustrie um Arbeitskräfte.

Die Arbeitskräfte dieser beiden Subregionen, der Aachener und der ›Münsterländer‹, wurden sowohl von Burtscheider wie auch von Aachener Unternehmern in Anspruch genommen. Stolberger Fabrikanten wählten sicherlich eher Beschäftigte um die alte Benediktinerabtei und solche Arbeitskräfte, die der Niedergang der Messingindustrie freigesetzt hatte, während die Monschauer Fabrikanten auch im Limburger Land für sich spinnen und weben ließen. Hier schaffte die vorherrschende Weide- und Viehwirtschaft besonders günstige Voraussetzungen für die Tuchindustrie; denn anders als in Ackerbauregionen konnte die dortige Bevölkerung ganzjährig gewerblichen Tätigkeiten nachgehen. Wo Feldwirtschaft vorherrschte, bestimmten Saat- und Erntezeiten den Arbeitsrythmus. An eine kontinuierliche Beschäftigung durch die Tuchindustrie war nicht zu denken. Nur im Winter wurden große Mengen Garn produziert; im Frühjahr, Spätsommer und am Herbstanfang blieben die Lieferungen aus. Die Unternehmen konnten dies nur in Teilen mit teurer Lagerhaltung ausgleichen; oft reichten die Bestände an Garn nicht aus, um Weber während des ganzen Jahres mit Arbeit zu versorgen. Die daraus erwachsende Gefährdung einer kontinuierlichen Produktion hat auch die Unternehmer aus Aachen und Burtscheid veranlaßt, Spinn- und Webaufträge in das Limburger Land zu vergeben.[80]

Organisiert wurden diese Arbeitskräftepotentiale von sogenannten Baasen. Bei diesen handelte es sich häufig um vermögende Bauern, die als Faktoren bzw. Zwischenverleger auf eigene Rechnung im Auftrage von Unternehmern Spinner und Weber in Heimarbeit beschäftigten. In der Regel erhielten die Baasen von ihren Auftraggebern bereits für das Spinnen vorbereitete Wolle oder Garne und gaben diese an ihre Heimarbeiter weiter. Erst bei der Ablieferung der ungewalkten Stoffe wurden die Baasen von den Unternehmern für ihre Dienste bezahlt, d. h. sie entlasteten die ›Entrepreneurs‹ für einen erheblichen Zeitraum von Lohnkosten.[81]

Für Monschau berichtete der Hofkammerrat Friedrich Heinrich Jacobi, daß im Jahre 1773/4 mehr als die Hälfte der produzierten Tuche im Limburgischen gewebt worden seien und dies, obwohl damit das Tuch pro Pfund Wolle um ca. eine halben Reichstaler teurer würde.[82] Nach einer anderen Quelle kostete die Elle gewebtes Tuch den Unternehmer 3¼ Stüber mehr.[83] Dies sind enorme Beträge, bedenkt man, daß die durchschnittlichen Lohnkosten für das Weben der gleiche Menge nur 0,2 Reichstaler betrugen.[84]

Das Baasenwesen hatte weitere Vorteile. Mit seiner Hilfe konnten zum einen auch weit entfernt liegende Arbeitskräftepotentiale erschlossen werden. Die Subunternehmer sicherten auf diese Weise die Versorgung der Industrie mit Arbeitskräften. Zum anderen garantierten die Baasen die Einhaltung vorgegebener Normen und hafteten für das ihnen übergebene Material. Der letzte Aspekt spielt insofern eine große Rolle, als die Unterschlagung von Material enorme Ausmaße angenommen hatte und der Handel mit sogenannten Kauftüchern, die von den Webern aus Garnenden, sonstigen Wollabfällen wie Draumen, teilweise sicherlich auch aus unterschlagender Wolle hergestellt wurden, blühte:[85]

Tab. 1 Verteilung der Bevölkerung nach Berufssektoren im Münsterland im Jahre 1812 (Mairie Kornelimünster, Mairie Brand, Mairie Forst)

	Anzahl	Anteil an Gesamt-bevölkerung	Anteil an allen Beschäftigten
	n	%	%
Exportgewerbe	1257	25,4	40,1
davon:			
Spinner	684	13,8	21,8
Weber	136	2,7	4,3
Scherer	115	2,3	3,7
sonstige im Textilgewerbe	29	0,6	0,9
im Textilgewerbe gesamt	964	19,5	30,7
Lokalgewerbe	388	7,8	12,4
Landwirtschaft	732	14,8	23,3
Handel	60	1,2	1,9
Lohnarbeit	586	11,8	18,7
davon:			
Dienstboten	284	5,7	9,1
unspezifische Tätigkeiten (Tagelöhner etc.)	302	6,1	9,6
Sonstige	114	2,3	3,6
ohne Beruf	1809	36,6	--
Gesamt	4946	100,00	100,0

Quelle: HStA-Düsseldorf, Roer-Departement, Bevölkerungslisten 1670

»Sowohl in der Stadt, als auch an einigen nahegelegenen Orten, werden jährlich auf Diebeswinkeln mehrere hundert Tücher verfertigt, wozu die Wolle größtentheils von Dieben hebygeschaft worden, und die dadurch wohlfeile Erzeugnisse sind. [...] [Die] Menge der sogenannten Kauftücher, welche täglich, heimlich und öffentlich, zum Verkauf gebracht werden, und womit selbst einige Fabrikanten einen unrühmlichen Handel bis ins große treiben, und sich dadurch zu wahren Patronen des Diebstahls qualifizieren, unter der nichtswürdigen Ausflucht: sie kaufen dadurch nur einen Theil der ihnen gestohlnen zurück.«[86]

Die Einhaltung der Normen ermöglichte erst die Produktion großen Mengen von standardisierter Ware und nur mit dieser konnten die weit entfernten Exportmärkte bedient werden. Das bereits zitierten Buch aus dem Jahr 1796, das die Eupener Industrie als ›mustergültig‹ beschreibt, hebt aus diesen Gründen hervor:

> »Es wird in Eupen nicht ein Stück Tuch beim Fabrikanten im Haus gewebet; und dies ersparet ihm vieles und erleichtert seine Geschäfte. Sie haben nicht nöthig ein Kapital in große Gebäude, und viele Werkzeuge zu stecken und solche zu erhalten, auch brauchen sie die Aufsicht über diese Leute nicht, die sie oft zu hintergehen wissen, und unter solchen mehr betrügen, als wenn man ihnen die Produkte in gewisser Ordnung anvertrauet.«[87]

Im Gegensatz zur verlagsmäßig-hausindustriell organisierten Spinnerei und Weberei, wurde die Appretur bereits früh zentralisiert. Die Eupener Unternehmer hatten beispielsweise schon seit der Wende von 17. zum 18. Jahrhundert nicht unerhebliche Mittel in zentrale Produktionseinrichtungen, sogenannte Winkel für Rauher und Scherer investiert, die dort unter der direkten Aufsicht der Fabrikanten arbeiteten.[88]

Dieses Betriebssystem mit dezentralen Elementen (Spinnerei und Weberei) und zentralisierten Produktionsabschnitten (Wollbereitung, Appretur und z. T. Färberei) wird als ›dezentrale Manufaktur‹ bezeichnet.[89] Es verknüpfte die Flexibilität des Verlagssystems, die es erlaubte, je nach Konjunkturlage zu beschäftigen, mit den Vorzügen des Manufakturwesens, die in der besseren Aufsicht und Kontrolle der Arbeiter lagen.[90] Die Beschäftigung einer hochqualifizierten Kernarbeiterschaft vor allem in der Appretur auch in einer Konjunkturflaute wurde dagegen eher von der starken Konkurrenz zwischen den Unternehmern um Fachkräfte bestimmt.

Die zentralen Elemente des Betriebssystems dokumentieren Betriebslisten vom Beginn des zweiten Jahrzehnts des 19. Jahrhunderts. In dem Unternehmen der Familie v. Loevenich in Burtscheid arbeiteten in insgesamt sechs Betriebsteilen im Jahre 1811 63 Scherer, 16 Personen in einer Kettschererei und bereits 95 in der Weberei. Die Firma Johann Heinrich Scheibler, Ronstorff, Rahlenbeck & Co., das Nachfolgeunternehmen von Johann Heinrich Scheibler & Söhne in Monschau, beschäftigte in zentralen Einrichtungen im gleichen Jahr insgesamt 147 Arbeiter, davon 45 Scherer, neun Färber und immerhin 14 Weber.[91]

Motor einer stärkeren betrieblichen Konzentration war unter anderem der Wechsel der Vertriebsstrukturen: Gegenüber dem Messehandel gewann in Verlauf des 18. Jahrhunderts der Absatz über Kontore und Handlungsreisende zunehmend an Bedeutung. Dies bedeutete, daß immer größere Teile der Produktion nicht mehr für langfristig kalkulierbare Messetermine gefertigt werden konnten, sondern für rasch abzuwickelnde Bestellungen produziert werden mußten. Erschwerend kam hinzu, daß sich die Nachfrage bei der Vielfalt an Tuchsorten nur noch bedingt im vorhinein abschätzen ließ. Insbesondere bei gemusterten Tuchen konnte durch jederzeit verfügbare Produktionskapazitäten die Lagerhaltung reduziert, vor allem nach Bedarf produziert und den Vorgaben der Modetrends bei einer Minimierung des Risikos von Verlusten gefolgt werden. Eine ausschließlich dezentral organisierte Betriebsstruktur hätte dies nicht zugelassen.

Wie hoch die Abhängigkeit von Modetrends war, zeigt die Umstellung auf einfarbig Casimire, welche die Monschauer Fabrikanten zunächst als vorübergehendes Phänomen bewerteten. Als dann die Firma Johann Heinrich Scheibler Anfang der 90er Jahre des 18. Jahrhunderts den Irrtum erkannte, reiste schließlich einer der Söhne des Firmeninhabers, Wilhelm Scheibler, mehrfach nach Cadiz, da »[...] die dortigen Bestände drohten infolge der Absatzstockung und des Geschmackswandels altmodisch zu werden.«[92]

Nicht nur wechselnde Modetrends und Vertriebsstrukturen verlangten nach betriebsorganisatorischen Veränderungen. Die insgesamt steigende Nachfrage nach Luxusstoffen und speziell der

Bedarf des Militärs an großen Mengen hochwertiger Tuche für Uniformen veranlaßten die Unternehmer zu einer Ausweitung und Straffung der Betriebsorganisation mit dem Ziel, die Produktion effizienter zu gestalten.

Gleichzeitig mußte die Qualität gegenüber Produkten anderer Wolltuchzentren gesteigert, zumindest jedoch bei einer Ausweitung der Produktionsmenge gehalten werden, um auf den Absatzmärkten konkurrenzfähig zu bleiben. Im harten Wettbewerb stand man am Ende des 18. Jahrhunderts nicht nur mit Tuchen anderer ›Entrepreneurs‹ der Region, sondern auch mit Unternehmen aus deutschen Territorien wie beispielsweise Sachsen (Dresden, Freiberg, Meissen) oder dem Markgrafentum Ober-Lausitz. Entscheidender war jedoch die Konkurrenz englischer Tuche aus den Regionen um Leeds und Salisbury und französischer Tuche aus den Manufakturen von Louviers, Sedan und Abbeville. Nach der Aufnahme der Casimirproduktion standen die Tuche aus der Region Aachen zudem im Wettbewerb mit Produkten aus den Gebieten um Reims und Amiens.[93]

Die Herstellung bester Qualität konnte zudem Märkte öffnen, die sonst durch hohe Zollschranken den meisten Unternehmern verschlossen blieben. So gelang es beispielsweise dem Burtscheider Tuchfabrikanten v. Loevenich, nicht nur in Rom seine Tuche zu etablieren, sondern auch zum Hoflieferanten der Bourbonen aufzusteigen und nach Paris zu liefern.[94] Andere ›Entrepreneurs‹, wie Mitglieder der Scheiblerschen Familie, konnten den Wiener Hof zu ihren Auftraggebern rechnen.

Die Unternehmer antworteten auf diese Herausforderungen mit Zentralisierung auf der einen und Flexibilisierung auf der anderen Seite. In den Betriebskernen konnte die Wollbereitung, Grundlage für bestes Garne, kontrolliert und ein Verlust an Material durch Überwachung verhindert werden. Spezialkenntnisse der Fabrikanten oder speziell eingestellter Fachkräfte, beispielsweise in der Färberei, ermöglichten hochwertige Produkte. Arbeitsteilung vor allem in der Appretur führte zu einer Beschleunigung der Produktion durch besserer Auslastung der Arbeitskraft und Spezialisierung der Fähigkeiten der einzelnen, die durch Disziplinierung weiter gesteigert werden konnte.[95] Ständige Kontrollen gaben darüber hinaus die Möglichkeit, direkt in den Produktionsprozeß regulierend einzugreifen und bestmögliche Produkte zu erzielen. Hierzu dienten auch immer bessere Werkzeuge, hauptsächlich in der Appretur, die sich ein unabhängiger Handwerker kaum hätte leisten können, wie dies die Monschauer Scherermeister im Jahre 1790 bestätigten:

> »Auch sind wir, wo nicht alle, doch gewiß der weit größte Theil nicht vermögend, die zur möglichst vollkommenen, und zu seiner Qualität unumgänglich erforderlichen Bereitung behörige Menge vom besten und teuersten Fabrikgeschirr anzuschaffen, mit welchem den Herren Fabrikanten ihre Rauh- und Tuchschererwinkelen so viel doppelt versehen sind.«

Sie halten ferner fest, daß »[…] die Arten der Bereitung in allen feinen und noch vorzüglicher Mode-Tuchfabrikation […] nur unter der speciellen Aufsicht des Fabrikanten, oder [dessen] Meisterknecht zu derjenigen Vollkommenheit gebracht werden kann […]«, denn dieser hielt die Kontakte zu den Märkten. Die Zitate zeigen jedoch, daß nicht alle Tuche in den eigenen Werkstätten der Unternehmer appretiert wurden. »Je nach Betrieb ihrer Fabriken stark oder schwach abwechselt […]« wurde auch in der Appretur auf Subunternehmer, die im Stücklohn bezahlten wurden, zurückgegriffen.[96] Den Grund hierfür formulierten die Monschauer Unternehmer in einem Gutachten für ihre Lenneper Kollegen folgendermaßen:

> »Nicht immer ist der Fabrikant in dem Fall, die benötigte Anzahl Scherer zu halten, gewöhnlich schränkt er sich auf eine geringere Anzahl derselben ein, um nicht bey schwächerem Betrieb deren Fabriken, entweder einen Teil derselben passen zu lassen, oder gar zu verabschieden.«[97]

Zumindest die Monschauer ›Entrepreneurs‹ versuchten demnach, das Kapital innerhalb der Produktionssphäre zu begrenzen, um bei Konjunkturschwächen nicht mit hohen unrentablen Kapazitäten belastet zu sein. Ähnliches dürfte für die Unternehmer der anderen Manufakturstädte der Region gelten. Anhand der architektonischen Überlieferung läßt sich jedoch beobachten, daß »sich die Proportionen von umlaufenden zu fixem Kapital langsam zu Gunsten des letzteren verschoben.«[98]

Werkbauten

Im Todesjahr Clemens Augusts (1761) ließ Johann Arnold v. Clermont für Vaals einen Werkbaukomplex durch den Architekten Joseph Moretti (gest. 1793) planen. Dieser Neubau sollte neben Räumen für die Wollbereitung und Färberei auch über Säle für die Appretur (Rauherei, Schererei, Presserei) sowie über Wohn- und Geschäftsräume verfügen (Abb. 11).[99] Errichtet wurde eine vierseitig geschlossene schloßartige Anlage über einem längsrechteckigen Grundriß mit großem Innenhof. Bis auf den Ostflügel krönte ein umlaufendes Mansarddach, das in jeder zweiten Fensterachse Dachhäuschen aufwies und somit gut belichtet war, die Gebäudetrakte. Sowohl die Backsteinwände des höheren Erdgeschosses als auch des etwas niedrigeren Obergeschosses wurden durch Stichbogenfenster mit Blausteingewänden durchbrochen. Den westlichen Gebäudetrakt schmückte die eigentliche Hauptfassade (insg. 17 Fensterachsen). Sie wurde durch einen dreiachsigen Mittelrisalit mit einem abschließenden Dreiecksgiebel sowie durch ebenfalls dreiachsige Seitenrisalite, die nur wenige Ziegelsteinbreiten vor die Wandfläche traten, gegliedert. In diesem Flügel, der zur lutherischen Kirche gerichtet war und sich zu einem ummauerten Garten öffnete, befanden sich die Wohnräume der Clermonts. Auch im Westflügel standen der Familie Zimmer zur Verfügung. Hier befand sich außerdem das Kontor. Die dortige Fassade war deutlich weniger ausgeprägt gestaltet als die des Südflügels, obwohl sich hier der eigentliche Eingang zu Clermonts Reich befand. Lediglich die von einer Blausteinquaderfassung geschmückte Tordurchfahrt in der mittleren der 13 Achsen, ein geschwungener Giebel über dem einfachen Traufgesims und eine mittig plazierte Firstlaterne gestalteten diese Seite. Ein im Giebel angebrachter Wahlspruch zeigte dem Besucher den Stolz des Bauherrn auf sein Werk: »spero invidiam« (ich hoffe, beneidet zu werden). Der in seiner Architektur dem Südflügel ähnliche Nordflügel war im wesentlichen der Appretur mit Presserei vorbehalten, der Ostflügel der Färberei. Die Färberei war deutlich niedriger als die anderen Trakte des Komplexes. Der einstöckige Gebäudeteil wurde zum Innenhof von einem Mansarddach, nach Osten von einem Pultdach geschlossen. Eine im Nordwesten angebaute Remise und ein freistehendes kleines Gebäude im Osten, das von den Färbern genutzt wurde, ergänzten den Baukomplex.

Im Jahre 1764 konnten die Arbeiten angeschlossen werden und Clermont verlegte seinen Wohnsitz nach Vaals. Ein zeitgenössischer Chronist, der Aachener Bürgermeistereidiener Johannes Janssen, hielt aus diesem Anlaß fest:

> »Clermont ist allhier [gemeint ist Aachen, M.Sch.] aus nacher Vaals ein Stund von der Stadt aufm holländischen gezogen mitsambt seine Fabrik, das unser Stat viel Schaden bringt und viele Meisteren, nemlich Weber, Schörer, Spinner und dergleichen, müßig gehen, welche sonst vor ihm gearbeitet haben, und das läßt Magistrat also geschen.«[100]

Die Fertigstellung des Gebäudes erlaubte es v. Clermont, das Betriebssystem seines Unternehmens den oben skizzierten Entwicklungen anzupassen. Anders als in der Reichsstadt Aachen, in der er nur als Verlegerkaufmann arbeiten konnte, war v. Clermont nun in der Lage, ohne zünftige

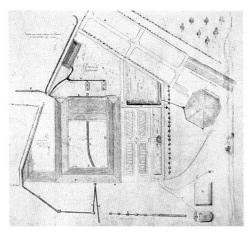

11 Joseph Moretti, Situationsplan der Manufakturgebäude in Vaals 1761, aus: Josef Liese, Das Klassische Aachen I, Aachen 1936

Beschränkungen Arbeitskräfte auf dem platten Land zu rekrutieren, zudem die Vorteile der Zentralisierung für die Appretur zu nutzen und gleichzeitig bei Bedarf stadtsässige Handwerker zu verlegen.

Direkte Vorbilder, vor allem des Bautyps dieses zentralen Manufakturkerns, lassen sich in der Region Aachen nur schwer finden. Die Architektur des Gebäudes orientiert sich stark an Herrenhäusern und Klosteranlagen; in seiner Funktionalität erinnert es jedoch an das vermutlich vom Aachener Stadtbaumeister Laurenz Mefferdatis (1677 [?] – nach 1744) in den 1720ern für den Eupener Tuchunternehmer Martin Rehrmann errichtete Gebäude Kaperberg 2–4. Rehrmanns Bau ist allerdings noch ganz der Renaissance und deren Stadtpalais verpflichtet. Hinter dem Straßenhaus mit seiner Fassade aus 10 Fensterachsen auf 25 Meter schließen sich zwei Innenhöfe an, die zusammen 60 Meter Bautiefe erreichen. Die Gebäude wurden von hoch aufragenden abgewalmten Satteldächern bekrönt. Die Wände waren im Zeitstiel von Fenstern mit scheitrechten Bögen durchbrochen. Zwei mittig nebeneinander angeordnete korbbogige Tore mit Blausteinfassung im Fronthaus erlaubten die Einfahrt in den ersten Innenhof. Wie später bei Clermonts Bau nachweisbar, kann hier davon ausgegangen werden, daß die Gebäudetrakte um die Innenhöfe als Werkbauten für die Färberei und andere Appreturverfahren verwendet wurden, während der Fabrikant im Haupthaus residierte.[101]

Der Vaalser Bau und sein wohl direktes Vorbild in Eupen repräsentieren demnach einen Entwicklungsstand des Betriebssystem ›dezentrale Manufaktur‹, den v. Clermont ein Vierteljahrhundert (1788) nach der Fertigstellung seines Baukomplexes der kleinbetrieblich-handwerklichen Produktionsweise in Aachen gegenüberstellte:

> »Rings umher in Burtscheid, Monjoie [Monschau], Verviers, Vaals, und in dem ganzen Fabrikreichen Limburger Lande herrscht Freyheit; der Tuch=Kaufmann ist dort zu gleicher Zeit auch Fabrikant, das heißt: er kann so viele Webstühle in seinen Gebäuden im Gange halten, als er will, so viele Scheerer auf seinen Winkeln anstellen, als seine Geschäfte erfordern; kurz, er läßt seiner Industrie freyen Lauf, und wählt sich seine Arbeiter und die Zahl derselben nach Gutbefinden.«[102]

Es war jedoch keineswegs selbstverständlich, daß Unternehmer über einen zusammenhängenden Gebäudekomplex verfügten, der in einem Zuge errichtet worden war und in dem diverse Produktionsabschnitte zusammengefaßt werden konnten. Selbst v. Clermont spricht in der eben zitierten Quelle von einem Unternehmertyp der »in seinen Gebäuden [...] [und] auf seinen Winkeln [...]« die Produktion konzentrierte und kontrollieren konnte. Nicht zwingend müssen diese Arbeitsstätten unter einem Dach, auf einem Gelände oder in unmittelbarer Nähe zueinander gestanden haben. In der Mehrzahl der Fälle realisierten Unternehmer im Laufe des 18. Jahrhunderts durch neue Bauvorhaben den stetigen Ausbau des Werkbaubestandes und entwickelten somit ihr Betriebssystem vom Verlag zur ›dezentralen Manufaktur‹, indem sie immer größere Bereiche der Tuchproduktion konzentrierten. Nicht durchgängig ging diese Entwicklung vom Unternehmerhaus aus, und nur wenige Unternehmer erreichten das von Rehrmann und Clermont verwirklichte Niveau.

Zentrales Element der Manufakturkerne waren ihre Lager. Sowohl die Importabhängigkeit von Roh- und Hilfsstoffen als auch der ständige Austausch von Halbfertigprodukten konnte nur mit Hilfe von großem Speicherraum bewältigt werden. Zudem mußte ausreichend Lagerkapazität für fertiges Tuch zur Verfügung stehen. Nicht zuletzt aus diesen Gründen zeichneten sich viele Gebäude der Tuchindustrie durch große Dachböden aus.

Im Jahre 1723 bezog der Unternehmer Isaac v. Loevenich ein neues Domizil in der Hauptstraße von Burtscheid, das heute zerstört ist. Ausschlaggebend für seine Entscheidung, dieses bereits Anfang des 17. Jahrhunderts errichtete Haus, die ›Krone‹, zu kaufen und nur geringfügig umzubauen, dürfte der enorme Speicher unter dem gewalmten Satteldach gewesen sein (Abb. 12). Über drei Etagen und mit einer Höhe von mehr als neun Metern bot der Dachstuhl genügend Lagerkapazitäten.[103] In Eupen machte im Jahre 1747 der aus der berühmten Tuchmacherfamilie stammende Andreas Grand Ry jun. ebenfalls ein Gebäude (Am Markt 8) mit gewaltigem Speicher zum Kern seines Unternehmens. Auch das Dach dieses Hauses hatte noch die Form des gewalmten Satteldaches. Ähnlich wie der Speicher der ›Krone‹ in Burtscheid wurde der Lagerraum ebenfalls von Dachhäuschen belichtet.[104] Selbst Johann Paul Offermann, der den Betrieb seines Vaters Mitte des 18. Jahrhunderts aus Imgenbroich nach Stolberg verlegte, wählte dort als Betriebskern ein Haus, das um 1700 errichtet worden war und neben der Lage in unmittelbarer Nähe der Vicht über einen zweigeschossigen Speicherraum unter einem Walmdach verfügte.[105]

12 Die Hauptstraße von Burtscheid mit Blick auf St. Johann, rechts: das Straßenhaus der ›Krone‹ in Burtscheid mit hohem Speicher, 1886. Pulheim, Rheinisches Amt für Denkmalpflege

Auch bei der Anlage von Neubauten wurde in spezieller Weise auf Lagerkapazitäten geachtet. Augenfälligstes Beispiel ist sicherlich das um die Mitte des 18. Jahrhunderts im Auftrag von Johann Heinrich Scheibler errichtete Rote Haus in Monschau (Abb. 13).[106] Über zehn Meter hoch erhebt sich der von vier geschweiften Giebeln geschmückte Dachstuhl, der von zwei sich durchkreuzenden Mansarddächern gebildet wird. Drei Etagen finden hier Platz, von denen die beiden unteren durch Fenster belichtet werden, deren Form an die des übrigen Baukörpers angelehnt ist und die sich in ihrer Größe kaum von diesen unterschieden. Das oberste Speichergeschoß wird durch Okuli und Dachhäuschen belichtet. Rohstoffe und Waren konnten über einen Ausleger direkt aus der Furt im Laufenbach geladen werden.

Die genannten Bauten dienten alle zugleich als Wohnhäuser der Unternehmer. Eine solche Verknüpfung von Wohnen und Lagern zeigt die Wurzeln der Bautradition: das Kaufmannshaus. Selbst Neubauten wie der v. Clermont in Vaals (1761–1764), der sich in seiner Bauform kaum an solchen städtischen Vorbildern orientierte, lösten diese Verzahnung nicht auf.

Die Dachböden der genannten Betriebskerne wurden über die Lagerhaltung hinaus in den Produktionsprozeß einbezogen. Es ist anzunehmen, daß hier die ankommende Rohwolle sortiert und zum Teil auch bereitet sowie zu jenen Partien unterschiedlicher Wolle zusammengestellt wurde, die der Unternehmer anschließend an Spinner bzw. Baasen zur Weiterverarbeitung verteilte. Johann Georg Scheibler stellte hierzu fest, daß die Sortierung der Wolle »[...] ein wesentliches Stück [sei], um so viel als möglich das Tuch aus Wolle von einerley Güte zu verfertigen [...].« Für das Mischen der Wolle, urteilte er, müsse genügend Raum zur Verfügung stehen.[107]

13 Das Rote Haus in Monschau. Aufnahme um 1915, aus: Richard Klappeck, Die Baukunst am Niederrhein, Bd. II, Düsseldorf 1916

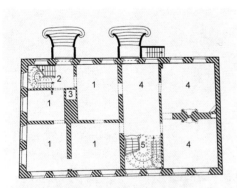

1 Kontorräume
2 Treppenhaus zur Wollspüle und zum Speicher
3 Wollschacht zwischen Wollspüle und Speicher
4 Privat genutzte Räume
5 Prachttreppe mit Darstellung der Tuchherstellung

14 Grundriß des Erdgeschosses des Roten Hauses vor den heute bestehenden Umbauten

Nicht zuletzt im Roten Haus in Monschau wird eine solche Verwendung des Speichers auch in der Architektur deutlich. So belichteten und belüfteten die großen Speicherfenster die Dachräume, ein Schacht verband das Wollager mit der Wollwäscherei im Keller und eine zweite, von den Wohnräumen getrennt Treppe ermöglichte den Arbeitern den Zugang (Abb. 14). Im Speicher konnte die gewaschene Wolle an der Luft und ohne direkte Sonneneinstrahlung trocknen. Zu vermuten ist darüber hinaus, daß in einzelnen Betrieben auch die Qualitätskontrolle der Halbfertigprodukte – der Garne und Rohtuche – sowie das Noppen und Plüsen in den Dachräumen stattfand.

Zur Wollbereitung zählt auch das Waschen der Wolle. Der nur unzureichend gesäuberte Rohstoff mußte in einem aufwendigen Verfahren zum einen von Schmutz gereinigt und zum anderen vom natürlichen Schaffett befreit werden, bevor man ihn weiter verarbeiten konnte. In Aachen existierten hierzu öffentliche Wollspülplätze; der Bau eigener Anlagen war den Unternehmern nicht erlaubt.[108] Diesen Zustand kommentierte v. Clermont: »Beym Auswaschen der Wolle, an den, leider! nur allzuschlechten, unschicklichen, und gleichsam zum privilegierten Raube auf den abgelegenen Plätzen angebrachten Wollspülen, sind die wenigsten Wollenwebermeister selbst gegenwärtig; so daß die ganze, hier in der Stadt übliche Manipulation der Wolle mit Recht das Gespötte der besser eingerichteten Nachbarn und aller Sachkundigen wird.«[109] Aufgegriffen wird hier das bereits mehrfach angesprochene Problem der Kontrolle über den Rohstoff. Den Aachener Wollwäschern fiel es scheinbar nicht schwer, von einer ihnen übergebenen Menge Wolle einen Teil abzuzweigen und den Gewichtsverlust durch erhöhte und durch den Waschvorgang beseitigte Verschmutzung zu erklären. Angedeutet wird ferner, daß in Monschau, Stolberg und Vaals Fabrikanten eigene Anlagen errichtet hatten, um solchen Manipulationen vorzubeugen. In Vaals verfügte v. Clermont im Keller seines Manufakturbaus über die nötigen Einrichtungen, die vom einer ergiebigen Quelle, dem Gausprung, welcher mit einer gleichbleibenden Temperatur von 10 °C an die Oberfläche trat, gespeist wurden. In Monschau läßt sich noch heute der sogenannte Wollspülkanal oberhalb der Rurbrücke im Stadtbild ausmachen, der u. a. die Anlagen von

Bernhard und Paul Scheibler versorgte. Die ältere der beiden Wollspülen des ›Roten Hauses‹ befand sich in dessen Keller und zum Teil unter dem Vorplatz des Hauses. Sie wurde gleich bei dessen Bau Mitte des 18. Jahrhunderts angelegt und mit Wasser des Laufenbaches versorgt. Eine weitere Spüle ist 1816 konzessioniert worden. Sie befand sich in einem schmalen Anbau auf der Ostseite des Hauses und erhielt ihr Wasser aus der Rur. Offermann in Stolberg errichtete wohl nach 1760 einen Neubau direkt an der Vicht. Auf Wasserhöhe des Baches läßt sich ein heute vermauertes stichbogiges Blausteingewände erkennen, das an seiner Sohlbank links wie rechts zur Vicht auskragende Eisenlager aufweist (Abb. 15). Vermutlich dienten sie als Halterung für eine Arbeitsbühne, mit der man über dem Bachlauf arbeiten konnte. Im dahinter liegende Raum war höchst wahrscheinlich, wie im Keller des ›Roten Hauses‹ in Monschau, sowohl eine Wollspüle als auch eine Färberei untergebracht.[110]

In Burtscheid, wo die heißen Quellen das Waschen der Wolle kostengünstig ermöglichten, verzichteten die Unternehmer auf den Bau eigener Wollspülen und nutzten öffentliche Einrichtungen. 1804 beschrieb der Arzt Friedrich Ernst Hesse den Vorgang:

»Die Bearbeitung der Schaafwolle, das sog. Brauen in heißem Wasser, wozu man sich hier gewöhnlich des heißen Mineralwassers bedient, ist die erste Arbeit […]. Die Dünste der im heißen Wasser rohen von allem ihrem Unrahth zu reinigenden Wolle, mit dem Zusatz des meist faulen stinkenden Urins, verursachen den mit dieser Arbeit des Wollwaschens beschäftigten Arbeiter oftmals Ekel, selbst Erbrechen, Husten u. d. gl.«.[111]

Nach dem Waschen wurde die Wolle in die Lager- und Trockenräume der Unternehmer zurückgebracht. Einige der größten Wollspeicher lagen in einiger Entfernung von den Spülplätzen in der Hauptstraße Burtscheids.[112] Die Nutzung der Gemeinschaftseinrichtungen entzog zwar die teure Wolle der direkten Kontrolle des Unternehmers, doch wurden nach Ansicht Georg Forsters durch die Öffentlichkeit der Spülplätze Unterschlagungen und Diebstähle verhindert.[113] Anders als in Aachen lagen diese auch nicht versteckt, sondern mitten im Ort.

Wesentlich deutlicher als bei der Konzentration der Wollbereitung läßt sich die Zentralisierung des Betriebssystems an den Werkbauten für die Appretur ablesen, die – wie z. B. die ›Krone‹ in Burtscheid – die Bewunderung von Zeitgenossen fanden: »Die ansehnlichste Fabrik, die des Herrn von Loevenich, besteht aus sehr weitläufigen, gut angelegten Gebäuden, und ihre Tücher werden vorzüglich geschätzt.«[114]

Loevenich, der mit dem Kauf eines Hauses 1723 in der Hauptstraße den Grundstock für seine ›Fabrique‹ gelegt hatte, muß bereits vor der Mitte des Jahrhunderts Teile der Schererei zentralisiert haben. Eine aquarellierte Zeichnung aus dem Jahre 1754, die Burtscheid aus der Vogelperspektive stark verzerrt zeigt, bildet hinter der ›Krone‹ von Pultdächern geschützte Anbauten ab (Abb. 16).[115] Bei diesen wird es sich um Winkel für die Schererwerkstätten gehandelt haben.[116] Offensichtlich bestand bereits in der ersten Hälfte des 18. Jahrhunderts für die v. Loevenichs die Notwendigkeit, die für die Tuchqualität und damit den Unternehmenserfolg sensibelsten Produktionsbereiche zu zentralisieren.[117] Im Laufe der zweiten Hälfte des 18. Jahrhunderts erweiterte das

15 Hofbau der Offermann'schen Manufaktur an der Vicht in Stolberg. Aufnahme von 1999

16 Anbauten (a) an das Wohn- und Geschäftshaus ›Krone‹ der v. Loevenichs (b) in Burtscheid 1754. Ausschnitt aus Godfried Chorus, »»Prospectus Imperialis abbatiae nec non unius partis oppidi porcetani«. Kolorierte Zeichnung, 1754, verschollen

17 Hof- und Saalbau der ›Krone‹ in Burtscheid, Gebäude zur Wollbereitung und Appretur feiner Wolltuche, errichtet um 1770, aus: Richard Klappeck, Baukunst am Niederrhein, Bd. II, Düsseldorf 1917

Unternehmen die Werkbauten zu einem großen funktionalen Komplex. Die Winkel mußten um 1770 einem großen Werkbau mit deutlich repräsentativen Elementen weichen (Abb. 17). Vor allem die Schererei und die von diesem Arbeitsschritt nicht zu trennende Rauherei fanden hier genügend Raum. Der ausgebaute und zudem durch große Fenster gut zu belüftende Speicher erweiterte die Lagermöglichkeiten und bot neue Arbeitsflächen für die Wollbereitung. In den späten 1770er Jahren erfolgte sehr rasch der weitere Ausbau. Ein Anbau an den Hofbau, ursprünglich als Festsaalgebäude konzipiert, erweiterte nach einigen Planänderungen die Gewerbefläche. Nach dem Ankauf von Teilen eines Nachbarhauses konnte sie durch einen zweiten Anbau erneut vergrößert werden. Dieser zweite große Werkbau könnte für eine Zentralisierung der Weberei genutzt worden sein. Die Abmessungen der Baumasse legen die Vermutung nahe, daß in diesem Gebäudeteil der ›Krone‹ besonders breite und hohe Webstühle Platz gefunden haben, wie sie für die Herstellung bestimmter sehr hochwertiger Tuchsorten benötigt wurden. Kleinere Gebäude ergänzten den Komplex ›Krone‹.[118]

Auch die Familie v. Clermont verfügte über Produktionseinrichtungen in Burtscheid. Das Stammhaus setzte sich wie die ›Krone‹ aus einem dreigeschossigen traufenständigen Straßenhaus, das vermutlich 1644 erbaut worden war, und einigen als Betriebsanlagen genutzten Hofbauten zusammen. Der ›Pelikan‹ oder ›Großer Pelikan‹, wie das Ensemble genannt wurde, verfügte anderes als v. Loevenichs Manufaktur nicht über eine Zufahrt von der Hauptstraße, jedoch über einen Fahrweg über das rückwärtige Gelände. Im Jahre 1717 oder 1725 wurde das Straßenhaus umgebaut. Ein langer schmaler Hofbau stammt aus dem Jahr 1779; ein nördlich davon gelegenes Gebäude wird in der Literatur als ›alte Fabrik‹ bezeichnet und ist wesentlich älter als der Werkbau von 1779. Möglicherweise wurde es im Zuge des Umbaus des Straßenhauses im ersten Viertel des 18. Jahrhunderts errichtet.[119]

In dieser Expansionsphase der Tuchindustrie entstanden weitere Betriebseinrichtungen dieser Art. Seit dem Jahr 1729 sind Tuchschererwinkel in Hofbauten des Hauses ›Zur (königlichen) Jagd‹ in der Burtscheider Hauptstraße belegt; auch der ›Kleine Pelikan‹ verfügte über einen schmalen

Tuchmanufakturen im Raum Aachen

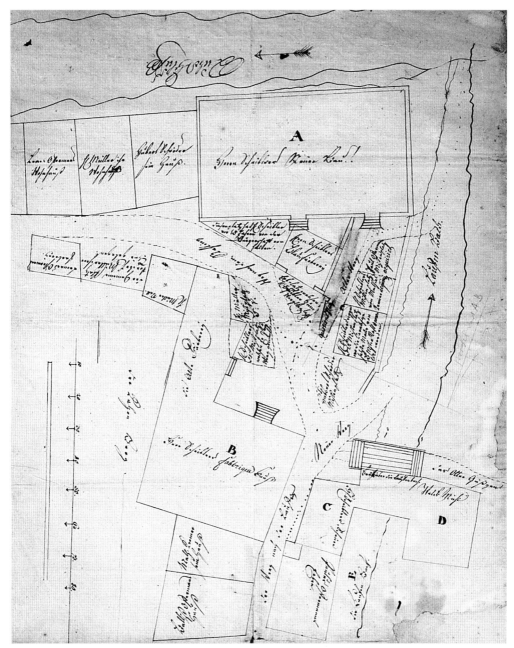

18 Situationsplan der Umgebung des Roten Hauses aus dem Jahre 1752, braune Tusche auf Papier. Pulheim, Archiv des Landschaftsverbands Rheinland

Hofbau mit Schererwinkeln, der vermutlich 1725 errichtet worden war und dessen Maße in etwa denen des Clermont'schen Schererwinkels von 1779 entsprachen. Beide Winkel gehörten zum gleichen Bautyp, den die Zeichnung von Chorus als Anbauten der Loevenich'schen ›Krone‹ zeigt. Nur etwa 10 Jahre später (1736) errichtete der westliche Nachbar des ›Kleinen Pelikans‹ ebenfalls einen rückwärtigen Anbau, der wie ein weiterer aus dem Jahre 1750 in einem Verkaufsvertrag von 1751 als Betriebsstätte der Tuchindustrie bezeichnet wird.[120]

Nicht nur in Burtscheid konzentrierten Unternehmer sukzessive die Appretur in immer neuen Gebäuden. Auch in Monschau läßt sich die Entwicklung des Betriebsystems ›dezentrale Manufaktur‹ mit Hilfe der Architektur der Werkbauten nachzeichnen.

Bereits zu Beginn seiner Karriere konnte Johann Heinrich Scheibler (1705–1765) auf einen Grundstock an Gebäuden zurückgreifen, die aus dem Besitz seiner Frau Marie Agnes geb. Offermann stammten. Scheiblers Ehefrau hatte sie wiederum von ihrem ersten Mann Christoph Schlösser geerbt, der in erster Ehe mit der Erbin des Schmitzchen Tuchunternehmens verheiratet war.[121] Wie umfangreich dieser Baubestand war, ist nicht bekannt, wahrscheinlich handelte es sich jedoch nur um relativ kleine Einrichtungen.

Um seine Produkte über Messen absetzen zu können, begann Scheibler Mitte der 30er Jahre des 18. Jahrhunderts mit der Verbesserung der Appretur. Anders als in der Umgebung von Aachen ließen sich in Monschau die dazu nötigen Arbeitskräfte nicht in ausreichender Zahl rekrutieren. Scheibler war deshalb gezwungen, Tuchscherer »teils aus Süddeutschland, teils aus dem Limburgischen« anzuwerben.[122] Für diese mußten zumindest Arbeitsplätze, wenn nicht sogar Wohnraum geschaffen werden, um sie zur Migration in das Eifelstädtchen zu bewegen. Aus einer Erklärung der ›Feinen Gewandschaft‹ – einem Unternehmerverband, der sich infolge von Konflikten mit den Scherern Anfang der 40er Jahre gebildet hatte[123] – wird diese Entwicklung deutlich:

»All die Weilen nachdem unsere Laaken Manufaktur hierselbst beginnt anzuwachsen und auf unseren Tuchschererswinkeln einige von unseren Knechten sich unterstehen, das nichtsnutzige reine und faulende, stinkende Knechte- und Winkelwesen zum Nachteil uns und unserer Nachkommen einzuführen trachten […].«[124]

Ein Situationsplan aus dem Jahre 1752, wohl im Zuge des Neubaus des Roten Hauses erstellt, vermittelt erstmals einen Überblick über den Bestand an Werkbauten (Abb. 18). Demnach verfügte Johann Heinrich Scheibler bereits über ein Fabrikationsgebäude, das in seiner Grundfläche der des ›Roten Hauses‹ nicht wesentlich nachstand (Abb. 18, dort mit ›B‹ gekennzeichnet). An dieses Gebäude schloß sich im rechten Winkel die ›Alte Färberei‹ Scheiblers an. Bereits auf dem heutigen Platz vor dem ›Roten Haus‹ gelegen (Abb. 18, ›A‹), ist zudem eine Blaufärberei des Unternehmers eingezeichnet, die dem Neubau des Patrizierhauses weichen mußte. Dem Baubefund nach wurde ihr Keller jedoch in die schon angesprochene ältere Wollspüle des ›Roten Hauses‹ integriert.[125] Johann Heinrich Scheibler verfügte demnach bereits vor der Mitte des 18. Jahrhunderts am Zusammenfluß von Rur und Laufenbach über einen zusammenhängenden Komplex von Werkbauten, in denen er die für die Qualität der Tuche entscheidenden Arbeitsprozesse koordinieren und vor allem kontrollieren konnte. Der ›Fabrikbau‹ dürfte neben dem nötigen Platz für die Appretur (Rauhen, Scheren, Pressen) genügend Raum für die Wollbereitung geboten haben. Die beiden Färbereien lassen die enormen Kapazitäten des Fabrikanten für diesen Produktionsabschnitt erahnen. Mit dem Bau des ›Roten Hauses‹ krönte Scheibler das Ensemble. In den Speicher konnte die Wollbereitung ausgelagert werden; die neue Wollspüle wird außerdem das Produktionsvolumen des Unternehmens vergrößert haben. Auch eine Walkmühle befand sich in unmittelbarer Nähe des Manufakturkomplexes. Sie war 1649 von den Tuchfabrikanten zur gemeinschaftlichen Nutzung am Laufenbach errichtet worden. In der zweiten Hälfte des 18. Jahrhunderts diente sie nur mehr den Grobtuchfabrikanten, denn bereits 1718 war eine weitere Walkmühle an der nördlichen Stadtgrenze hinzugekommen, in der vor allem die Gewebe der Feintuchfabrikanten bearbeitet wurden.

Im Laufe des 18. Jahrhunderts integrierten zunehmend mehr Feintuchfabrikanten die Walkerei in ihren Betrieb, wie die Entwicklung des Unternehmens Johann Heinrich Scheibler & Söhne beispielhaft zeigt. 1757 konnte Scheibler eine Walkmühle unterhalb der Stadt im Rosenthal in

Betrieb nehmen; sie wurde 1773 durch eine zweite ergänzt und 1784 umgebaut.[126]

Die Söhne Johann Heinrich Scheiblers setzten die Zentralisierung von wichtigen Produktionsbereichen in ihren eigenen Unternehmen fort. Bernhard Scheibler (seit 1781 v. Scheibler), der 1752 im Bergischen Land (Hagen, Iserlohn, Herdecke) mit der Tuchherstellung begonnen hatte, kam vier Jahre später aus politischen Gründen nach Monschau zurück, baute hier zunächst ein älteren Hauses zum Wohn- und Geschäftshaus mit Lagerkapazitäten und Wollspüle um und errichtete im Jahre 1768 auf dem Burgau an der Rur oberhalb der Stadt Produktionsanlagen. Man kann davon ausgehen, daß Bernhard Scheibler dort die Wollbereitung, Färberei, Walkerei und Appretur zusammenfaßte; 1793/4 wurde mit einem Ausbau der Anlagen lediglich die Kapazität erhöht (Abb. 19).[127] Kernstück dieser Erweiterung waren zwei langgestreckte Gebäude aus Bruchsteinmauerwerk. Ein schmaleres, weiter oben im Hang errichtetes eingeschossiges Haus diente als Weberei. Der deutlich größere 19achsige Bau mit vier Stockwerken schuf Raum für alle Arbeitsschritte vor und nach der Walke mit Ausnahme der Färberei. Dieses schlichte, funktionale Gebäude, dessen Typ bereits die Fabrikarchitektur des frühen 19. Jahrhunderts vorwegnahm, hatte in Monschau bereits einen direkten baulichen Vorgänger. Paul Scheibler, der Bruder Bernhards, hatte mit seinem späteren Schwiegersohn Günther J. F. Orth im Jahr 1778 die ›Ley‹ schräg gegenüber dem ›Roten Hauses‹ an einer der engsten Stellen des Tales direkt am Hang errichtet. Um die Steigung auszugleichen, mußte ein unüblich hohes Erdgeschoß als Substruktion errichtet werden. Darüber befand sich eine Etage, die durch 18 Fenster auf der Stadtseite belichtet wurde. Dachhäuschen über jedem zweiten Fenster sorgten für eine immer noch gute Beleuchtung des Dachgeschosses im Mansarddach.[128]

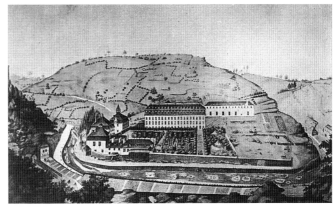

19 Burgau im Ausbauzustand 1806, Zeichnung aus: Ernst Barkhausen, Die Tuchindustrie in Montjoie. Ihr Aufstieg und Niedergang, Aachen 1925

Auch andere Fabrikanten zentralisierten um 1780 Teile ihrer Produktion. So ließ beispielsweise Markus Martin Bauer zeitgleich (1778) im ›Eschbach‹ ein Wohnhaus mit Produktionsräumen errichten. Matthias Schlösser hatte bereits 1776 in der ›Obersten Kehr‹, einem Fußweg zum Schloß, ein mehrgeschossiges Fachwerkhaus mit Mansarddach für die Tuchproduktion bauen lassen und Arnold Christian Scheibler, ein Verwandter Bernhards und Pauls, nutzte seit der Mitte der 1780er Jahre Anlagen auf dem ›Auechen‹.[129]

In Imgenbroich, das vom Aufschwung der Monschauer Tuchindustrie profitierte, lassen sich ebenfalls Werkbauten nachweisen, welche die Konzentration der Appretur belegen. Allerdings entwickelten sich hier, wohl nicht zuletzt wegen der schlechteren Wasserversorgung, von wenigen Ausnahmen abgesehen keine großen Werkbaukomplexe wie in Burtscheid oder Monschau. Vielmehr setzte sich das Bauprinzip des Eifelhofes durch.[130]

Um 1760 errichtete Johann Christian Offermann einen langgestreckten massiven zweigeschossigen Bau mit unregelmäßig axial verteilten Stichbogenfenstern, an den sich rechtwinklig ein ebenfalls langgestreckter massiver Anbau für die Tuchappretur anschloß, den man durch eine Tordurchfahrt im Haupthaus erreichte. Vermutlich zehn Jahre zuvor hatte Johann Heinrich Offermann den sogenannten ›Bau‹ errichtet. Dieses mit Schiefer verkleidete Fachwerkgebäude verfügte ebenfalls über zwei Stockwerke und ein Satteldach. Es wurde im Laufe des 18. Jahrhunderts mehrfach

20 Straßenhaus des ›Wernershofes‹ in Imgenbroich, Aufnahme vor 1917, aus: Balthasar Hürtgen, Imgenbroich wie es war und wie es ist, Aachen 1930

erweitert, unter anderem durch einfache schmale Anbauten, die als Schererwinkel dienten.[131]

Eine Ausnahme der für Imgenbroich typischen Bauweise von Werk- und Wohnhaus-Ensemble ist der ›Wernershof‹, der bis 1806 zusammen mit Anlagen an der Rur von Matthias Offermann als Kern einer ›dezentralen Manufaktur‹ betrieben wurde. Die Entwicklung dieses Komplexes begann mit der Errichtung eines neuen Wohnhauses um 1700 durch den Großvater Matthias Offermanns. Um 1750 kam ein zweigeschossiger Bau mit Mansarddach hinzu.[132] Er lag direkt an der Straße (Abb. 20). 14 Fensterachsen in der ersten Etage und eben so viele Dachhäuschen belichteten große Säle. Das im Gegensatz zum Obergeschoß massiv aufgeführte Erdgeschoß – vermutlich integrierte man eine früher errichtete Hofmauer – war unregelmäßig mit Stichbogenfenstern belichtet. Ein Souterraingeschoß unter dem nördlichen Hausteil schuf zusätzlichen Raum. Hier befand sich eine Rauherei, die Sickerwasser verwendete. Im Erdgeschoß waren Tuchscherer und eine Presserei untergebracht. Der Saal im Obergeschoß bot Raum für Scherer und im Dachgeschoß ließ sich ein Teil der Wollbereitung unterbringen. Im ersten Jahrzehnt des 19. Jahrhunderts wurde der ›Wernershof‹ um ein südöstlich gelegenes Gebäude, dessen Grundfläche etwa die Hälfte des Straßenhauses ausmachte, ergänzt. Hier brachte ein Erbe der Offermanns, Georg Christoph Werner, nach 1816 eine Rauherei und in den beiden Obergeschossen Weber unter. Er nutzte auch einen schmalen Anbau, der rechtwinklig vom Wohnhaus abging, als Kontor, Lager und Nopperei.[133]

Die geringere Dimension der zentralisierten Betriebsstätten in Imgenbroich erklären sich nicht zuletzt aus dem dortigen Wassermangel. 1737 berichtet der Pfarrer Merckelbach in einem Schreiben an die Regierung in Düsseldorf, daß Matthias Offermann der ältere sein »[...] commercium zu Monjoye und nicht mehr zu Imgenbroch tribt [...]«, da dieser Probleme mit der Wasserversorgung habe.[134] Aus dem gleichen Grund kaufte Matthias Offermann auch Grundstücke unterhalb Monschaus an der Rur. Hier gelang es seinem Erben Petrus Offermann, der die Firma seines Vaters als Petrus Offermann & Söhne weiterführte, zwischen 1763 und 1765 neben einer Wollwäscherei und einer Färberei auch eine Walkmühle zu errichten; oberhalb des Zusammenflusses von Rur und Belgenbach nutzte er zudem seit 1763 eine eigene Schleifmühle für die Schererei.[135] Insbesondere diese Investitionen zeigt, daß das Unternehmen Petrus Offermann & Söhne bereits um die Mitte des 18. Jahrhunderts über einen stark Betriebskern für die zentralisierte Produktion verfügte, der jedoch – anders als die Werkbaukomplexe der Scheiblers in Monschau, der v. Loevenichs in Burtscheid und der v. Clermonts in Vaals – nicht an einem Ort konzentriert war.

Auch in Stolberg, wo sich im Laufe des 18. Jahrhunderts die Tuchindustrie neben der Messingindustrie etablierte, läßt sich der Zentralisierungsprozeß anhand von Werkbaukomplexen beobachten.

Johann Paul Offermann, der Mitte des 18. Jahrhunderts begann, Tuche zu produzieren, erweiterte seine zentralen Produktionseinrichtungen mehrfach. Neben dem um 1700 errichteten Wohn- und Lagerhaus verfügte das Unternehmen über einen dreigeschossigen, zwei Achsen breiten Werkbau mit Mansarddach in unmittelbarer Nähe zum Haupthaus. Diesen Werkbau zeigt bereits eine Handskizze aus dem Jahre 1769. Die Dachform läßt auf eine Bauzeit nach 1750 schließen.[136] Im Jahre 1784 kam eine Färberei an der Vicht hinzu. Das Kapital für ihren Bau brachten Johann Paul Offermann und die mit ihm verschwägerte Familie Stoltenhoff auf, die in Stolberg ebenfalls den Kern einer ›dezentralen Manufaktur‹ unterhielten. Ein zweiter kleinerer Werkbau – jener direkt an der Vicht, in dem wahrscheinlich die Wollspüle und die Färberei untergebracht waren – wurde nun vermutlich zu einem Wohntrakt umgestaltet (Abb. 15).[137] Katasterpläne aus der französischen Zeit belegen den weiteren Ausbau der Produktionsanlagen. Südlich des 1784 bestehenden Ensembles, nur durch einen Garten getrennt, ist dort ein U-förmiger Komplex eingetragen, der in den ebenfalls erhaltenen Flurbüchern dieser Zeit als »fabrique« der Offermanns bezeichnet wird.[138]

Neben den Werkbauten von Offermann war das 1976 abgerissene Ensemble, welches wie das der v. Loevenichs in Burtscheid ebenfalls den Hausnamen ›Krone‹ trug, der größte Komplex der Tuchindustrie in Stolberg. Ein zur Straße liegendes zweigeschossiges Haus zeigte noch die Architektur der Renaissance. Mit scheitrechten Bögen und Blausteingewänden eingefaßte Fenster schmückten die Fassade. Ein Schlußstein über der Tordurchfahrt zum Hof datiert das Gebäude in das Jahr 1725. Ein darunter angebrachtes Wappen läßt die Beziehung der Stolberger Familien von Asten, Deuterone, Lynen und Schmidts, letztere Verwandte des Monschauer Tuchfabrikanten, zur ›Krone‹ erkenne.[139] Im Jahre 1764 wurde der Hof von Schmitz an den Tuchfabrikanten Arnold Sebastian Stoltenhoff aus Eschweiler verkauft, der 1765 einen neuen dreigeschossigen Flügel mit Mansarddach und betontem dreiachsigem Mittelrisalit im Innenhof anbauen ließ. Die Säle für die Rauherei, die Schererei und die übrigen Arbeitsgänge der Appretur belichteten Stichbogenfenster mit Blausteingewänden. Bereits im Jahre 1771 erweiterte Stoltenhoff den Komplex um einen weiteren, ebenfalls dreigeschossigen Werkbau.[140] Alle Betriebsstätten in Stolberg waren massiv in Bruchsteinmauerwerk aufgerichtet.

Für die Jahre 1773 und 1774 sind wir über den Umfang der in Stolberg appretierten Tuchproduktion informiert. Jacobi hielt in seinem Bericht fest, daß im jährlichen Mittel »eine Quantität von 72 800 Pfd. Spanischer Wolle« verarbeitet würde. »Das Noppen, Walken und die ganze Appretur kostet p. Tuch ohngefähr 15 Rthlr.« Dies entsprach einer Summe von 8400 Reichstalern. Nur das Walken, so hob er hervor, geschähe außerhalb der Grenzen, d. h. außerhalb der Unterherrschaft Stolberg.[141]

Die Liste der Beispiele von Werkbauten in der Region Aachen ließe sich erweitern.[142] Ihre Anlage unterlag bestimmten Bedingungen und Voraussetzungen, die sich aus dem Funktionszusammenhang des Produktionsprozesses erklären lassen. Die gefundenen architektonischen Lösungen spiegeln jenseits des Zeitstils und der zum Teil von örtlichen Bautraditionen geprägten Architekturen die Entwicklung des Tuchgewerbes in der Region Aachen auf ihrem Weg zur Fabrikindustrie. Ein erster Zentralisierungsschub läßt sich in Burtscheid um 1730 belegen. In allen Manufakturstandorten erreichte die Konzentration der Appretur im Laufe der 60er Jahre einen ersten Höhepunkt. In dieser Zeit wurden von den meisten bedeutenden Unternehmern die Grundlagen jener Werkbaukomplexe gelegt, die sukzessive ausgebaut in den weiteren Jahrzehnten des 18. Jahrhunderts Bestand haben sollten. In Monschau zeichnete sich eine besondere Entwicklung ab. Johann Heinrich Scheibler verfügte bereits um 1750 über ein Ensemble von Produktionseinrichtungen. Seine Söhne setzten die Entwicklung fort. Bernhard Scheibler verlagerte Mitte der 1760er Jahre wie v. Clermont in Vaals seine Anlagen auf die ›Grüne Wiese‹. Allerdings ging er bereits einen Schritt weiter als sein Aachener Konkurrent, denn Scheibler trennte bereits weitgehend das Wohnhaus von den Produktionseinrichtungen. Diesem Vorbild folgte um 1780 die Firma Scheibler & Orth. Ihr Bau entsprach bereits den Maßgaben hoher Funktionalität und weist, wie die Gebäude der Stoltenhoffs in Stolberg, mit seiner Architektur in Richtung der Fabrikindustrie.

Zu unterscheiden sind zwei grundsätzlich unterschiedliche Typen von Betriebskernen: Der erste besteht aus gewachsenen Baukomplexen, wie zum Beispiel die Anlagen der Loevenich in Burtscheid, der Offermanns in Stolberg und des ›Wernershof‹ in Imgenbroich; beim zweiten handelt es sich um Neubauten, wie jene von Clermont und Bernhard Scheibler. Zudem darf nicht vernachlässigt werden, daß fast alle der genannten Unternehmer zu ihren hier beschriebenen Betriebskernen über weitere Immobilien in den Manufakturstädten verfügten, die für Fertigungsprozesse genutzt wurden, wie z. B. für einen kleinen Teil der Weberei.

Zusammenfassung

Die sich in der Architektur der Werkbauten spiegelnde Konzentration bestimmter Produktionsabschnitte folgte den Ansprüchen rasch wachsender Märkte. Diejenigen Unternehmen, welche unter den scharfen Konkurrenzbedingungen den Anschluß an diese Entwicklung verloren, zählten zu den Verlierern, wie der Düsseldorfer Hofkammerrat Johann Friedrich Jacobi 1774 für die Lenneper Fabrikanten feststellt: Hier habe ein Qualitätsverlust durch mangelhafte Appretur zu Absatzverlusten geführt und obwohl »[…] verschiedene der hiesigen Fabrikanten […] seit 1763 diesem Uebel zu begegnen gesucht […]« hätten, in dem sie »[…] die Arbeitsleute, besonders die Tuchscheerer und Bereiter zu besserer Ordnung an […]« hielten und »[…] es ihr Hauptgeschäft sey, die Appretur zu größerer Vollkommenheit zu bringen«, würden die Märkte nicht entsprechend positiv reagieren.[143]

Der Prozeß der Zentralisierung der qualitätssichernden Produktionsabschnitte in mehr oder weniger geschlossenen Betriebskernen mündete noch nicht in die Fabrikindustrialisierung. Neben der extensiven Inanspruchnahme ländlicher und städtischer Heimarbeit für die Spinnerei und Weberei bildeten die zentralisierten Betriebselemente den zweiten Faktor der ›dezentralen Manufaktur‹. Erst die Ausschöpfung der Arbeitskräftereservoirs im ersten Viertel des 19. Jahrhunderts forderte neue Lösungen. Mit Hilfe der Mechanisierung – zunächst in der Spinnerei, dann auch in der Schererei – konnte dem Mangel an Arbeitern begegnet und die Konkurrenzfähigkeit durch eine Anpassung der Produkte an ein sich wandelndes Konsumverhalten aufrechterhalten werden.

Der Wechsel des Betriebssystems von der ›dezentralen Manufaktur‹ hin zur Fabrik erforderte neue Bauformen, insbesondere im Hinblick auf die Installation von Werkzeugmaschinen und die Nutzung der Dampfkraft.[144] Nur wenige der alten Werkbauten waren dafür geeignet. Das Prinzip der Konzentration einer größeren Zahl von Arbeitern unter Aufsicht und mit der nötigen Disziplinierung war jedoch erprobt.

[1] Zum Roten Haus in Monschau vgl. zuletzt Stiftung Scheibler-Museum Rotes Haus Monschau (Hrsg.), *Das Rote Haus in Monschau*, Köln 1994. Zur Monschauer Tuchindustrie immer noch lesenswert: Ernst Barkhausen, *Die Tuchindustrie in Montjoie, ihr Aufstieg und Niedergang*, Aachen 1925, hier auch die Angabe über die Baukosten des Roten Hauses (S. 43); über die Baugeschichte des Schlosses Augustusburg in Brühl ausführlich: Edmund Renard [u. a.], *Schloß Brühl. Die kurkölnische Sommerresidenz Augustusburg*, Berlin 1934.

[2] Paul Schoenen, *Das Rote Haus in Monschau*, Köln 1968, S. 31 u. 127, dort Anm. 26. Zitiert nach Barkhausen [Anm. 1], S. 42.

[3] Zur Definition von Manufaktur vgl. u. a. Jacob van Klaveren, Die Manufakturen des Ancien Regime, *Vierteljahrschrift für Sozial- und Wirtschaftsgeschichte*, 51, 1964, S. 145–191, S. 145 u. 191. Eine differenziertere Bestimmung des Manufakturbegriffs liefert u. a. Karl Heinrich Kaufhold, *Das Gewerbe in Preußen um 1800* (Göttinger Beiträge zur Wirtschafts- und Sozialgeschichte, 2), Göttingen 1978, S. 231–233.

[4] Zur Konkurrenz zwischen Messing- und Tuchgewerbe in Stolberg vgl. den Beitrag von Jürgen G. Nagel in diesem Band.

[5] Die im folgenden genannte Literatur stellt eine Auswahl wichtiger Titel zur Aachener Tuchregion dar: Herbert Kisch, *Die hausindustriellen Textilgewerbe am Niederrhein vor der industriellen Revolution* (Veröffentlichungen des Max-Planck-Instituts für Geschichte, 65), Göttingen 1981, dort insb. S. 258–366; Klaus Müller, Aachen im Zeitalter der Französischen Revolution und Napoleons. Umbruch und Kontinuität, *Zeitschrift des Aachener Geschichtsvereins*, 97, 1991, S. 293–331; ders., Die Reichsstadt Aachen im 18. Jahrhundert, *Zeitschrift des Aachener Geschichtsvereins*, 98/99, 1992/93, S. 205–230. Allgemein zur Tuchindustrie im Raum Aachen (Auswahl): Karl Dechêne, *Die Entwicklung der Aachener Tuchindustrie in der preußischen Zeit bis zum deutschen Zollverein im Jahre 1834*, Tübingen 1922; Richard Wichterich, *Die Entwicklung der Aachener Tuchindustrie von 1815–1914*, Diss. Köln 1922; Anton Seidl, *Die Aachener Wollindustrie im Rahmen der Rheinischen bis zur Gewerbefreiheit 1798*, Diss. Köln 1923; Josef Strauch, *Die Aachener Tuchindustrie während der französischen Herrschaft (1794–1814)*, Diss. Münster 1927; Josef Dahmen, *Das Aachener Tuchgewerbe bis zum Ende des 19. Jahrhunderts. Ein Beitrag zur Wirtschaftsgeschichte der Stadt Aachen*, Berlin [u. a.] 1930². Darüber hinaus immer noch lesenswert: Alphons Thun, *Die Industrie am Niederrhein und ihre Arbeiter, 1. Teil: Die linksrheinische Textilindustrie* (Staats- und socialwissenschaftliche Forschungen, 2, 2), Leipzig 1879.

[6] Kisch [Anm. 5], S. 291, deutet die Kreditierung als Versuch, den Direktimport aus Spanien zu reduzieren; den Einkauf im Herkunftsland bestätigen u. a. Barkhausen [Anm. 1], S. 37f.; Johann Georg Scheibler, *Gründliche und praktische Anweisung feine wollene Tücher zu fabriciren*, Breslau [u. a.] 1806, S. 17 u. 29–31.

[7] Georg Forster, *Ansichten vom Niederrhein*, Edition Deutsche Bibliothek nach dem Text der Ausgabe von Wilhelm Buchner, Leipzig 1868 (Bibliothek der Deutschen Nationalliteratur des achtzehnten und neunzehnten Jahrhunderts), München 1985, S. 116, beschreibt den Weg über Ostende; der von W. Gebhard veröffentlichte Bericht des Hofkammerrats Friedrich Heinrich Jacobi über die Industrie der Herzogtümer Jülich und Berg aus den Jahren 1773 und 1774, *Zeitschrift des Bergischen Geschichtsvereins*, 18, 1882, S. 1–148, S. 113f. u. 119, weißt auf den Transport über Amsterdam hin.

[8] Scheibler [Anm. 6], S. 10; ebd. S. 10–31, auch eine Zusammenstellung der wichtigsten Woll- und Qualitätssorten, sowie eine Beschreibung der Wolle aus anderen Herkunftsländern und des üblichen Geschäftsablaufs des Rohstoffkaufes; vgl. auch Strauch [Anm. 5], S. 21–24.

[9] Pierre Lebrun, *L'industrie de la laine à Verviers pendant le XVIIIe et le début du XIXe siècle* (Bibliotheque de la Faculté de Philosophie et Lettres de l'Universite de Liège, 115), Lüttich 1948, S. 140.

[10] Maria Hammer, *Geographische Betrachtung des Wollgewerbes am Rande des Hohen Venns* (Aachener Beiträge zur Heimatkunde, 19), Aachen 1937, S. 5. Barkhausen [Anm. 1], S. 142, verweist auf die Bemühungen der französischen Regierung, die in den Jahren 1810 und 1812 60 Zuchtstationen für Schafe einrichtete. Ebd, S. 143, wird über Bernard Böcking, den Schwiegersohn des Monschauer Tuchfabrikanten Bernhard von Scheiblers berichtet, der 1811 in Spanien Schafherden kaufte und sie durch Frankreich in die Monschauer Gegend treiben ließ. Die eingeführten Merinoschafe veränderten jedoch ihr Fließ, Kreuzungen mit einheimischen Landschafen verbesserten deren Wolle nicht. Die Vollkommenheit der Tücher hing jedoch, wie Scheibler [Anm. 6], S. 9, schreibt, vornehmlich von der Wahl der Wolle ab.

[11] Berechnet nach Jacobi [Anm. 7], S. 113f. Barkhausen [Anm. 1], S. 102, gibt zu bedenken, daß Wolle durchaus um ein Vielfaches teurer sein könne; dies würde den ohnehin marginalen Transportkostenanteil, gemessen am in Amsterdam zu zahlenden Wollpreis, noch weiter senken.

[12] Zu Rohstoffen vgl. u. a. Seidl [Anm. 5], S. 12–18; Hammer [Anm. 10], S. 13f. u. 25; Lebrun [Anm. 9], S. 146.

[13] Hammer [Anm. 10], S. 14; Scheibler [Anm. 6], S. 264–266.

[14] Z. B. stellt Müller, Reichsstadt [Anm. 5], S. 212, fest, daß der Aachener Wollhändler Schlösser in den achtziger Jahren des 18. Jahrhunderts seinen Verkauf nach Burtscheid um ein Drittel steigern konnte.

¹⁵ Zur Definition einer Gewerberegion vgl. u. a. Sidney Pollard, Einleitung, *Region und Industrialisierung. Studien zur Rolle der Region in der Wirtschaftsgeschichte in den letzten 2 Jahrhunderten*, Göttingen 1980, S. 11–21; zur Einteilung der Gewerbelandschaften im Rheinland vgl. u. a. Karl Heinrich Kaufhold, Gewerbelandschaften in der Frühen Neuzeit (1650–1800), in: Hans Pohl (Hrsg.), *Gewerbe- und Industrielandschaften vom Spätmittelalter bis ins 20. Jahrhundert*, (Vierteljahrschrift für Sozial- und Wirtschaftsgeschichte, Beiheft 78), Stuttgart 1986, S. 112–202, insb. S. 114–116 u. 149–155; zur näheren Umgebung Aachens Hermann Overbeck, *Kulturlandschaftsforschung und Landeskunde* (Heidelberger Geographische Arbeiten, 14), Heidelberg 1965, S. 185–208. Vgl. auch den Beitrag von Dietrich Ebeling in diesem Band.

¹⁶ Siehe auch Franz Irsigler, *Herrschaftgebiete im Jahre 1789* (Geschichtlicher Altas der Rheinlande, Karte und Beiheft V.1) Köln 1982; Lebrun [Anm. 9], Planche I; sowie Frank Günter Zehnder (Hrsg.), *Im Wechselspiel der Kräfte, Politische Entwicklungen des 17. und 18. Jahrhunderts in Kurköln* (Der Riss im Himmel, 2), Köln 1999, Farbtafel auf S. 130.

¹⁷ H. J. Gross, *Beiträge zur Geschichte des Aachener Reichs*, Aachen 1894; Schoenen [Anm. 2], S. 12.

¹⁸ Die Rolle der Zunft vertiefend Dietrich Ebelings Beitrag in diesem Band.

¹⁹ Dahmen [Anm. 5], S. 27f., 46, 53 u. 61f.; Strauch [Anm. 5], S. 8; Hans Friedrich Heizmann, *Die wirtschaftliche und rechtliche Lage der arbeitenden Klassen in Aachen um die Wende des 18. Jahrhunderts*, Diss. Aachen 1923, S. 5, hier auch der Hinweis auf bereits im 14. Jahrhundert angelegte Kontore in Antwerpen und Venedig.

²⁰ Thomas Wurzel, *Die Reichsabtei Burtscheid von der Gründung bis zur frühen Neuzeit. Geschichte. Verfassung. Besitz*, Aachen 1984, insb. S. 82–94; immer noch lesenswert: Christian Quix, *Historisch-topogaphische Beschreibung der Stadt Burtscheid*, Aachen [u. a.] 1832, insbesondere S. 147–166. Vgl. auch Martin Schmidt, *Burtscheid. Eine Tuchmanufakturstadt um 1812* (Geschichtlicher Atlas der Rheinlande, Karte und Beiheft VII/8), Köln 1997, S. 21–26.

²¹ Zitiert nach Gerhard Adelmann, Die ländlichen Textilgewerbe des Rheinlandes vor der Industrialisierung, *Rheinische Vierteljahrsblätter*, 43, 1979, S. 260–288, S. 269 dort Anm. 31. Abgedruckt auch bei Herbert v. Asten, Die religiöse Spaltung in der Reichsstadt Aachen und ihr Einfluß auf die industrielle Entwicklung in der Umgebung, *Zeitschrift des Aachener Geschichtsvereins*, 68, 1956, S. 77–190, S. 170.

²² Forster [Anm. 7], S. 115.

²³ Hammer [Anm. 10], S. 23.

²⁴ Joachim Kermann, *Die Manufakturen im Rheinland 1750–1833* (Rheinisches Archiv, 82), Bonn 1972, S. 134, der vom Jahre 1800 spricht; allerdings berichtet der sonst die Region detailliert beschreibende Johann Schmidt, *Geographie und Geschichte des Herzogthums Berg, der Grafschaft Mark, des Ruhrdepartements und des ehemaligen österreichischen Herzogthums Limburg*, Krefeld 1804, S. 252, noch von keiner Produktion; Johann Rötgen, Die Tuchindustrie in Kornelimünster, *Heimatblätter des Kreises Aachen*, 21, 1, 1965, S. 5–7. Erst 1809 begann Kolb mit der Produktion, die 1829 der Aachener Gotthard Startz weiter führte.

²⁵ Barkhausen [Anm. 1], S. 29f.

²⁶ Zitiert nach Eduard Bühl, *Die Aachener Textilveredelungsindustrie und die Monschauer Tuchindustrie. Eine wirtschaftskundlich-geschichtliche Gegenüberstellung*, Diss. Köln 1949, S. 201, wieder abgedruckt bei Schoenen [Anm. 2], S. 22 und erneut bei Josef Mangold, Aufstieg und Niedergang der Tuchindustrie in Monschau im 18. und 19. Jahrhundert, in: Stiftung Scheibler-Museum Rotes Haus Monschau (Hrsg.), *Das Rote Haus Monschau*, Köln 1994, S. 97–132, S. 99.

²⁷ Vgl. den Beitrag von Jürgen G. Nagel in diesem Band. der die Verhältnisse in Stolberg in bezug auf die dortige Messingindustrie darstellt. Vgl. auch Friedrich August Neumann, *Industrielle Gestaltung im Eschweiler-Stolberger Bezirk seit Anfang des 19. Jahrhunderts*, Eschweiler 1933, S. 18f., dort auch Anm. 34.

²⁸ Josef Liese, *Das klassische Aachen*, Bd. 1: Johann Arnold von Clermont (Aachener Beiträge zur Heimatkunde, 17), Aachen 1936, insb. S. 74f., 85, 96, 115 u. 123; J. F. van Agt, *Zuid-Limburg, Vaals, Wittem en Slenaken* (De Nederlandse Monumenten van Geschiedenis en Kunst, 5, De Provincie Limburg, 3), Den Haag 1983, S. 82–109.

²⁹ Schmidt [Anm. 24], S. 280.

³⁰ Neben der Literatur zu Monschau, die häufig auch Imgenbroich behandelt, siehe auch Balthasar Hürtgen, *Imgenbroich wie es war und wie es ist. Zeit und Kulturbilder aus Vergangenheit und Gegenwart*, Aachen 1930, S. 11.

³¹ Myron P. Gutmann, *Towards the Modern Economy. Early Industry in Europe 1500–1800*, Philadelphia 1988.

³² Zu Eupen u. a.: Leo Hermanns, Die Anfänge der Feintuchmanufaktur in Eupen, *Geschichtliches Eupen*, 15, 1981, S. 163–169; ders., Die Tuchscherer. Eupens erste solidarische Arbeiterschaft, *Geschichtliches Eupen*, 16, 1982, S. 150–171; zu Verviers: Lebrun [Anm. 9] u. L. Dêchesne, *L'Industrie drapière de la Vesdre avant 1800*, Lüttich 1927.

³³ Kisch [Anm. 5], S. 32.

³⁴ Vgl. zu einzelnen Maßnahmen: Kermann [Anm. 24], S. 118–121; Seidl [Anm. 5], S. 50f.; Dahmen [Anm. 5], S. 84; Philomene Beckers, *Parteien und Parteienkampf in der Reichsstadt Aachen im letzten Jahrhundert ihres Bestehens*, Aachen 1936, S. 47; Kisch [Anm. 5], S. 263; Max Barkhausen, Staatliche Wirtschaftslenkung und freies Unternehmertum im westdeutschen

und im nord- und südniederländischen Raum bei der Entstehung der neuzeitlichen Industrie im 18. Jahrhundert, *Vierteljahrschrift für Sozial- und Wirtschaftsgeschichte*, 45, 1958, S. 168–241, S. 187f.; Friedrich Hermann Ariovist von Fürth, *Beiträge und Material zur Geschichte der Aachner Patrizier-Familien*, 3, Aachen 1890, S. 11; M. Schollen, War Johannes Wespien Tuchfabrikant?, *Zeitschrift des Aachener Geschichtsvereins*, 33, 1911, S. 89–99, S. 93 u. 95.

[35] Zitiert nach Hans Carl Scheibler [u. a.], *Westdeutsche Ahnentafel*, Bd. 1, Weimar 1939, S. 389. Das Original im Hauptstaatsarchiv Düsseldorf (HStA-D), Jülich-Berg II, Nr. 1821, S. 9f.

[36] Forster [Anm. 7], S. 118.

[37] Zu den zeitgenössischen Verfechtern der Zunftfreiheit gehörten u. a. die Fabrikanten aus Monschau, Johann Arnold v. Clermont und Georg Forster. Kisch [Anm. 5], S. 258–316, bezeichnet die zünftischen Verhältnisse in Aachen als einen Hemmschuh der wirtschaftlichen Entwicklung; eine Entgegnung liefert Müller [Anm. 5, Reichsstadt], S. 205–230.

[38] Forster [Anm. 7], S. 105 u. 112.

[39] Einen positive Wertung des staatlichen Handelns bei Max Barkhausen, Der Aufstieg der rheinischen Industrie im 18. Jahrhundert und die Entstehung eines industriellen Großbürgertums, *Rheinische Vierteljahrsblätter*, 19, 1954, S. 135–177, insb. S. 136. Vgl. ders. [Anm. 34], S. 168–241.

[40] Zu Ursachen und dem Hergang dieser Konflikte vgl. u. a. Barkhausen [Anm. 1], S. 80–112, der auch das Düsseldorfer Mandat abdruckt (ebd. S. 109–111); vgl. auch Barkhausen [Anm. 34], S. 193–195; Hans Friedrich Weingarten, *Die Tuchindustrie in Montjoie. Ein Beitrag zur Geschichte der rheinischen Textilindustrie*, Diss. Köln 1922, S. 19–24, insb. S. 20.

[41] Zur Burtscheider Waldordnung vgl. Eduard Ph. Arnold, *Das Altaachener Wohnhaus* (Aachener Beiträge für Baugeschichte und Heimatkunst, 2), Aachen 1930, S. 153–155; Heinrich Schnock, Zur Topographie des Dorfs und der Herrlichkeit Burtscheid I-VII, *Echo der Gegenwart*, 40, 44, 46, 50, 52, 56, 66, V, 1921; zum Bau von Mietwohnungen: ders., ebd. VII; Liese [Anm. 28], S. 172; Schmidt [Anm. 20], S. 40.

[42] Hammer [Anm. 10], S. 20; Martin Henkel, Taglohn, Tradition und Revolution. Ein Tarifvertrag aus dem Jahre 1790, *Internationale Wissenschaftliche Korrespondenz zur Geschichte der deutschen Arbeiterbewegung*, 1, 1989, S. 42–66, S. 49; Hermanns [Anm. 32, Feintuchmanufaktur]; Kisch [Anm. 5], S. 294.

[43] Kisch [Anm. 5], S. 32.

[44] Zitiert nach Scheibler [Anm. 35], S. 370.

[45] Zitiert nach Barkhausen [Anm. 1], S. 94.

[46] Die häufig zitierte Bilanz der Firma Johann Heinrich Scheibler & Söhne aus dem Jahr 1789 (zuletzt bei Mangold [Anm. 26], S. 115) ist zwar äußerst fragwürdig, sie ist jedoch ein Indiz für den Stellenwert von fixem Kapital. Nur die Summe von 9100 Rtlr. für Fabrikgebäude in Monschau ist ausgewiesen. Dies entspräche ca. 1,3% des Firmenvermögens.

[47] Insbesondere zu den Niederlassungen in Dolhaim vgl. René Leboutte, De lakenfabriek Scheibler, Ronstorff, Rahlenbeck te Dalem (1774–1890). Een voorbeeld van industrialisatie op het platteland, *Studies over de sociaal-economische geschiedenis van Limburg*, 24, 1979, S. 24–82, insb. S. 28f.

[48] Eine Niederschlagskarte, die auf den Werten des 19. Jahrhunderts beruht, findet sich bei Peter Polis, *Nord-Eifel und Venn. Ein geographisches Charakterbild*, Aachen 1905, S. 68; besonders ausführlich schildert Hammer [Anm. 10], S. 3f., 19 u. 27, die naturräumlichen Gegebenheiten; zu den Bächen vgl. Maria Pfaffen, *Die gewerbliche Verwendung der Wasserkraft in Aachen vom späteren Mittelalter bis zum Anfang des 19. Jahrhunderts*, Aachen 1928, S. 7–12.

[49] Schmidt [Anm. 20], S. 26–28.

[50] Scheibler [Anm. 6], S. 51.

[51] Liese [Anm. 28], S. 104f. u. 115.

[52] Hürtgen [Anm. 30], S. 6f.; Peter Schreiber, *Imgenbroich. Ein ehemaliges Tuchmacherdorf*, Aachen o.J., S. 11 u. 13.

[53] HStAD, Jülich-Berg III: Hofkammer, Nr. 1247 spiegelt die Auseinandersetzungen in der zweiten Hälfte des 18. Jahrhunderts zwischen Stolberger Messingfabrikanten und Monschauer Tuchunternehmern um Holzkohle aus Wäldern der Herzogtums Jülich.

[54] Forster [Anm. 7], S. 125.

[55] Verviers profitierte in bezug auf Brennmaterial von den nahen Kohlegruben des Lütticher Beckens, vgl. dazu Barkhausen [Anm. 34], S. 222.

[56] Maria Kranzhoff, *Aachen als Mittelpunkt bedeutender Straßenzüge zwischen Rhein, Maas und Mosel in Mittelalter und Neuzeit*, Aachen 1930; vgl. auch Hammer [Anm. 10], S. 9, 23, 28f. u. 34; Kisch [Anm. 5], S. 27f. u. 259 und zuletzt Dietrich Ebeling, Zur Rolle des Verkehrs in den Rheinlanden in der Frühindustrialisierung, ca. 1750–1850, in: J. C. G. M. Jansen (Hrsg.), *Wirtschaftliche Verflechtungen in Grenzräumen im industriellen Zeitalter, 1750–1850* (Maaslandse Monografieen, 52), Leeuwarden [u. a.] 1996, S. 69–88.

[57] Overbeck [Anm. 15], S. 205.

[58] Zur Tranchot-Landesaufnahme vgl. Rudolf Schmidt, *Die Kartenaufnahme der Rheinlande durch Tranchot und von Müffling. 1801–1828*, Bd. 1, Geschichte des Kartenwerks und vermessungstechnische Arbeiten (Publikation der Gesellschaft für rheinische Geschichtskunde, XII, 10.1), Köln 1973; Heinrich Müller-Miny, *Die Kartenaufnahme der Rheinlande durch Tranchot und von Müffling. 1801–1828*, Bd. 2, Das Gelände. Eine quellenkritische Untersuchung des Kartenwerks (Publikation der Gesellschaft für

rheinische Geschichtskunde, XII, 10.2), Köln 1975; ders., Beitrag zur Auswertung der Tranchot-Müffling'schen Landesaufnahme Rheinischer Gebiete, *Rheinische Vierteljahresblätter*, 31, 1966/67, S. 389–400.

[59] Hammer [Anm. 10], S. 14f. u. 25; Strauch [Anm. 5], S. 33–35; Kisch [Anm. 5], S. 280.

[60] Barkhausen [Anm. 1], S. 35; Schoenen [Anm. 2], S. 23f.; vgl. auch die Abb. des einzigartigen Musterbuchs der feinen Gewandschaft aus Monschau bei: Stiftung Scheibler-Museum Rotes Haus Monschau [Anm. 1], Einband vorne innen u. S. 106f. u. 118f.

[61] Mangold [Anm. 26], S. 110.

[62] Bartholomäus Loevenich, *Kaleidoskop, oder Vermischte Gedichte*, Aachen [u. a.] 1841, S. 113f.

[63] Schmidt [Anm. 24], S. 279, der 1804 den Wechsel von gemusterten zu einfarbigen Tuchen bedauerte.

[64] Schoenen [Anm. 2], S. 19.

[65] Hammer [Anm. 10], S. 30; Kisch [Anm. 5], S. 31, 259 u. 281, dort Anm. 131; Weingarten [Anm. 40], S. 21; Seidl [Anm. 5], S. 20f.

[66] Paul Jacob Marperger, *Beschreibung des Tuchmacher-Handwerks und der aus grob und fein sortierter Wolle verfertigter Tücher*, Leipzig 1723, Zitat S. 8, ebd., S. 18–25 u. 107–110 eine Beschreibung auch des Aachener Tuchs; diese Beschreibung unterscheidet sich nicht wesentlich von der Scheiblers [Anm. 6], aus dem Jahr 1806; Bärbel Kerkhoff-Hader, Die Tuchmacherreliefs im Roten Haus in Monschau, *Rheinisches Jahrbuch für Volkskunde*, 27, 1987/88, Bonn 1989, S. 153–182, die den Monschauer Zyklus mit dem Werk eines anonymen niederländischen Künstlers (um 1760) vergleicht.

[67] Das geschmiedete Werkzeug – ein Exemplar hat sich bei der Firma Severin-Heusch aus Aachen erhalten – hatte ein Eigengewicht von ca. 16 kg. Beim Scheren konnte es mit zusätzlichen Gewichten beschwert werden.

[68] K. G. Ponting, Clothmaking in sixteen scences from about 1760, *Textile History*, 4, 1973, S. 109–115, insb. S. 114; Marperger [Anm. 66], S. 40, schreibt: »[...] nach dem ersten Scheren wirft man es [das Tuch, M.Sch.] wieder ins Wasser.«

[69] Vgl. das Begleitschreiben einiger Monschauer Scherer zum Gutachten der Burtscheider Fabrikanten für deren Lenneper Kollegen, abgedruckt bei Barkhausen [Anm. 1], S. 117f. und Scheibler [Anm. 35], S. 390f., welches diese Argumente betont.

[70] Gerard Gayot, Le privilège et la liberté. Le Dijonval et la Manufacture Royale de Sedan, in: Ministère de la culture (Hrsg.), *La Manufacture du Dijonval et la Draperie Sedanaise 1650–1850* (Cahiers de l'inventaire, 2), Paris 1984, S. 33, dort Abbildungen von Bleisiegeln.

[71] Barkhausen [Anm. 1], dort zu Johann Heinrich Scheibler (S. 32) u. zu Wilhelm Scheibler (S. 50).

[72] Anonymus, *Die Feine Tuchmanufaktur zu Eupen. Ihre sämtlichen Geheimnisse, Vorteile und Preise*, Gotha 1796, S. 64; vgl. zur Textstelle auch Kermann [Anm. 24], S. 136.

[73] Peter Kriedte, *Eine Stadt am seidenen Faden. Haushalt, Hausindustrie und soziale Bewegung in Krefeld in der Mitte des 19. Jahrhunderts* (Veröffentlichungen des Max-Planck-Instituts für Geschichte, 97), Göttingen 1991, S. 20.

[74] Hammer [Anm. 10], S. 18; Gutmann [Anm. 31], S. 165; Kisch [Anm. 5], S. 30; Adelmann [Anm. 21], S. 275.

[75] Dieser Prozeß wird unter dem Stichwort Protoindustrialisierung diskutiert, vgl. Dietrich Ebeling/Wolfgang Mager (Hrsg.), *Protoindustrie in der Region. Europäische Gewerbelandschaften des 16. bis 19. Jahrhunderts*, Bielefeld 1997, dort diverse Beiträge, die die ältere Literatur erschließen; vgl. auch Kriedte [Anm. 73], S. 22.

[76] Forster [Anm. 7], S. 117.

[77] Zitiert nach Barkhausen [Anm. 1], S. 43.

[78] HStAD, Roerdepartement, Nr. 2593 I, S. 143, Etat des Etablissements industrielle, April 1807.

[79] HStAD, Roerdepartement, Bevölkerungslisten, Nr. 1669, Bevölkerung Burtscheid 1806: 3998 Personen.

[80] Barkhausen [Anm. 1], S. 22 u. 101; Forster [Anm. 7], S. 116.

[81] Zu diesem Teil des Betriebssystems vgl. Kermann [Anm. 24], S. 121f. u. 137; vgl. auch Scheibler [Anm. 35], S. 365.

[82] Berechnet nach den Angaben Jacobis: 1 Kumpf (Walkgefäß, faßt 2–7 Tuche) = 120 Pfund Tuch, pro Kumpf wurden 55 Reichstaler für das Baasen gezahlt (Jacobi [Anm. 7], S. 115).

[83] Barkhausen [Anm. 1], S. 100, verweist auf eine Eingabe der Monschauer Unternehmer an die Düsseldorfer Regierung in den 70er Jahren des 18. Jahrhunderts.

[84] Berechnet nach den Angaben Jacobi [Anm. 7], S. 115.

[85] Barkhausen [Anm. 1], S. 102–112; Scheibler [Anm. 35], S. 362–373.

[86] Clermont, Johann Arnold v. (zugewiesen), *Freymüthige Betrachtungen eines Weltbürgers zum Wohl von Aachen, bey Gelegenheit der vorstehenden Constitutions-Verbesserung dieser Reichsstadt*, Frankfurt [u. a.] 1788, S. 17f.; zur Urheberschaft von v. Clermont u. a. Liese [Anm. 28], S. 100.

[87] Feine Tuchmanufaktur [Anm. 72], S. 64f.

[88] Kermann [Anm. 24], S. 135.

[89] Kaufhold [Anm. 3], S. 231.

[90] Peter Kriedte, *Spätfeudalismus und Handelskapital*, Göttingen 1980, S. 187.

[91] Zu v. Loevenich: Stadtarchiv Aachen, Burtscheid, französische Zeit Nr. 116; zu Scheibler: Stadtarchiv Monschau, 1. Abt. J 90.

[92] Scheibler [Anm. 35], S. 393.

[93] Anton Josèphe Dorsch, *Statistique du Departement de la Roer*, Köln 1804, S. 397; Seidl [Anm. 5], S. 23; Weingarten [Anm. 40], S. 26.

[94] Loevenich [Anm. 62], S. 113–114.

[95] Rudolf Forberger, *Die Manufakturen in Sachsen vom Ende des 16. Jahrhunderts bis zum Anfang des 19. Jahrhunderts*, Berlin 1958, S. 4f.

[96] Monschauer Scherermeister in einem Begleitschreiben zu einem Gutachten der Monschauer Unternehmer für ihre Lenneper Kollegen, zitiert nach Barkhausen [Anm. 1], S. 117f.

[97] Zitiert nach Barkhausen [Anm. 1], S. 116.

[98] Kriedte [Anm. 90], S. 160.

[99] Zur Weberei vgl. Kermann [Anm. 24], S. 192, der die Meinung Seidls [Anm. 5], S. 34, wohl ohne die Kenntnis der Situationspläne und Grundrisse von Moretti übernimmt. Diese sind abgedruckt bei Liese [Anm. 28], S. 104f. u. 152f.; u. Agt [Anm. 28], S. 86–88 u. 90.

[100] Zitiert nach Liese [Anm. 28], S. 96.

[101] Gerhard Fehl [u. a.] (Hrsg.), *Umbau statt Abriß. Zur Erhaltung des industriellen Erbes in der EUREGIO Maas Rhein*, Aachen 1995, S. 42–45; Gerhard Fehl [u. a.] (Hrsg.), *Mit Wasser und Dampf ... ins Industriezeitalter. Zeitzeugen der frühen Industrialisierung im Belgisch-Deutschen Grenzraum*, Aachen 1991, S. 277; Michael Amplatz [u. a.], Die Bau- und Kunstdenkmäler von Eupen und Kettnis, *Geschichtliches Eupen*, X, 1976, S. 7–187, S. 91–93.

[102] Clermont [Anm. 86], S. 10f.

[103] Die Loevenische Manufaktur in Burtscheid ist unter dem Namen ›Krone‹ bekannt geworden, vgl. Martin Schmidt, *Die ›Krone‹, ein Baukomplex aus dem 17. und 18. Jahrhundert in Burtscheid (Aachen). Wohnhaus und Fabrikanlage*, Magisterarbeit, Trier 1995; Stadtarchiv Aachen, Ac. 1948, Nr. 12, Manuskripte der unvollendeten Dissertation von Crumbach (um 1910) ›Die Hauptstraße in Burtscheid‹, eigenhändiges Manuskript, S. 31–37; Wilhelm Fischer, *Aachener Werkbauten des 18. und 19. Jahrhunderts*, Diss. Aachen 1946, S. 45–48.

[104] Heribert Reiners, *Die Kunstdenkmäler der Landkreise Aachen und Eupen* (Die Kunstdenkmäler der Rheinprovinz, 9, II), Düsseldorf 1912, S. 223 (588); Amplatz [Anm. 101], S. 107–109.

[105] Ingeborg Schild [u. a.], »Am Neuen Markt«. Darstellung und baugeschichtliche Untersuchung eines Altstadtquartiers, *Heimatblätter des Kreises Aachen*, 3 u. 4, 33, 1977, S. 1–66, hier S. 8–15, 54, 59f. u. 62.

[106] Zur umstrittenen Datierung vgl. Wilfried Hansmann, Das Rote Haus in Monschau, in: Stiftung Scheiblermuseum Rotes Haus Monschau (Hrsg.), *Das Rote Haus in Monschau*, Köln 1994, S. 7–77, S. 7–10; Wolfgang Zahn, Monschau (Kreis Monschau). Rotes Haus, *Jahrbuch der Rheinischen Denkmalpflege*, 30/31, 1985, S. 588–595, S. 592.

[107] Scheibler [Anm. 6], S. 37f.

[108] Fischer [Anm. 103], S. 37.

[109] Clermont [Anm. 87], S. 13.

[110] Zu Vaals: Agt [Anm. 28], S. 88, dort Abb. 102; Fehl [Anm. 101, Umbau], S. 106; zu Monschau: Barkhausen [Anm. 1], S. 46–50 u. 75; Paul Schoenen, *Bürgerliche Wohnkultur des 18. Jahrhunderts in Aachen und Monschau*, Düsseldorf 1937, S. 74 u. 85f.; Walter Scheibler, Zur Geschichte der Kirchen und alten Bürgerhäuser Monschaus, in: Geschichtsverein des Kreises Monschau, *1356 Monschau 1956. Stadtwerdung und Bürgerhäuser* (= Eremit am Hohen Venn, V), Monschau 1956, S. 5–42, S. 9; Bauuntersuchungen des Roten Hauses Monschau durch das Rheinische Amt für Denkmalpflege (Nußbaum u. a.) vom 15.11.1993 und durch den Architekten Kleefisch, Bonn am 8.10.1992; Toni Offermann [u. a.], Die gewerbliche Nutzung des Roten Hauses zur Tuchfabrikation im 19. Jahrhundert, *Jahrbuch des Geschichtvereins des Monschauer Landes*, 14, 1980, S. 56–66, insb. S. 58f.; zu Stolberg: Schild [Anm. 105], S. 57 u. 60, die eine ausschließliche Nutzung des Kellers als Färberei vermutet.

[111] Aus der Schrift des Burtscheider Arztes Friedrich Ernst Hesse 1804, zitiert nach *Auf dem Weg in die Moderne. Aachen in französischer Zeit 1792/93, 1794–1814*, Handbuch-Katalog zur Ausstellung im »Krönungssaal« des Aachener Rathauses vom 14. Januar bis zum 5. März 1995, hrsg. v. Thomas R. Kraus, Aachen 1994, S. 259f.

[112] Kraus [Anm. 111], S. 260.

[113] Forster [Anm. 7], S. 94.

[114] Forster [Anm. 7], S. 115.

[115] Hans Königs, Eine unbekannte Darstellung der Reichsabtei Burtscheid 1754. Ein Beitrag zur historischen Topographie Burtscheids, *Zeitschrift des Aachener Geschichtsvereins*, 84/85, 1977/78, S. 499–552, Abb. S. 505; Hans-Karl Rouette, *Aachener Textil-Geschichte(n) im 19. und 20. Jahrhundert. Entwicklungen in Tuchindustrie und Textilmaschinenbau der Aachener Region*, Aachen 1992, S. 32.

[116] Henkel [Anm. 42], S. 42, weist auf solche Anbauten für Scherer in Eupen hin.

[117] Kermann [Anm. 24], S. 132; Schmidt [Anm. 103], S. 64–69.

[118] Schmidt [Anm. 103], S. 70–124. Die Annahme, es habe eine zentralisierte Weberei gegeben, wird durch Angaben aus den Arbeiterlisten von 1811/12 gestützt, aus denen hervorgeht, daß v. Loevenich eine Anzahl von Webern zentral beschäftigte.

[119] Crumbach [Anm. 103], S. 20 u. dessen Plan zur Hauptstraße; Arnold [Anm. 41], S. 117, dort auch Anm. 2; Liese [Anm. 28], S. 11, 13f. u. 95; Fischer [Anm. 106], S. 44; Königs [Anm. 118], S. 538.

[120] Schmidt [Anm. 20], S. 43f.

[121] Johann Heinrich Carl Scheibler, *Geschichte und Geschlechts – Register der Familie Scheibler*, Köln 1895, S. 66; Schoenen [Anm. 110], S. 65, zuletzt Mangold [Anm. 26], S. 115.

[122] Barkhausen [Anm. 1], S. 41 u. 80.

[123] Vgl. hierzu den Beitrag Dietrich Ebelings in diesem Band.

[124] Zitiert nach Barkhausen [Anm. 1], S. 81.

[125] Mangold [Anm. 26], S. 110.

[126] Peter Josef Weiß [u. a.], *Monschau* (Rheinische Kunststätten, 75), Neuss [u. a.] 1988, S. 21; Scheibler [Anm. 110], S. 14 u. 28f.; Scheibler [Anm. 35], S. 361; Ludwig Mathar [u. a.], *Tuchfabriquen in Montjoie*, Monschau o.J., S. 36, 40 u. 54.

[127] Barkhausen [Anm. 1], S. 48; Widerspruch u. a. von Mangold [Anm. 26], S. 115.

[128] Scheibler [Anm. 110], S. 16f., 31.

[129] Mathar [Anm. 126], S. 10f.; Barkhausen [Anm. 1], S. 63 u. 76; Scheibler [Anm. 35], S. 361; Schoenen [Anm. 110], S. 86; Scheibler [Anm. 110], S. 28–30, 32 u. 35.

[130] Die Tuchfabrikanten Christian und Matthias Offermann betreiben im Nebenbetrieb Landwirtschaft (Schreiber [Anm. 52], S. 14). Zur idealtypischen Gestalt des Bauernhauses in der Eifel, die sich von dem des Hohen Venns klar unterschied: Franz von Pelser-Berensberg, *Mitteilungen über Trachten, Hausrat, Wohn- und Lebensweise im Rheinland*, Düsseldorf 1909, S. 43f. u. Tafel IX.

[131] Schreiber [Anm. 52], S. 14–17; Hürtgen [Anm. 30], S. 236.

[132] Karl Faymonville, *Die Kunstdenkmäler des Kreises Monschau* (Die Kunstdenkmäler der Rheinprovinz, 11.1), Düsseldorf 1927, S. 39f., dort Abb. 26 Bildunterschrift, datiert das Gebäude um 1750; andere wie Schreiber [Anm. 52], S. 28, u. Hürtgen [Anm. 30], S. 227, datieren es in die letzten Jahre des 18. Jahrhunderts. Ihrer späten Datierung kann nicht gefolgt werden.

[133] Schreiber [Anm. 52], S. 28f.; Hürtgen [Anm. 30], S. 227–229.

[134] Zitiert aus Schreiber [Anm. 52], S. 24.

[135] Hürtgen [Anm. 39], S. 11f. u. 252f.; Schreiber [Anm. 52], S. 24–27.

[136] Schild [Anm. 105], S. 54, 56 u. 60; Abb. der Handskizze ebd. S. 59, Abb. 43

[137] Ebd., S. 60.

[138] Ebd., S. 39–42 u. 60.

[139] August Brecher, *Geschichte der Stadt Stolberg in Daten* (Beiträge zur Stolberger Geschichte und Heimatkunde, 17), Aachen 1990, S. 31; Kurt Schleicher, *Blankenberg und Krone. Anfang, Mitte und Ende zweier Stolberger Herrenhöfe* (Beiträge zur Stolberger Geschichte und Heimatkunde, 14), Stolberg 1973, S. 13f.

[140] Schild [Anm. 105], S. 57, Schleicher [Anm. 139], S. 20, Abb. der ›Krone‹ ebd. nach S. 14 u. 20.

[141] Jacobi [Anm. 7], S. 119f.

[142] Siehe weiterführend zu diesem Thema demnächst Martin Schmidt, *Studien zu Manufakturgebäuden in der Aachener Tuchregion vor der Fabrikindustrialisierung* (Arbeitstitel), Diss. Universität Trier.

[143] Jacobi [Anm. 7], S. 53.

[144] Gehard Adelmann (Hrsg.), *Der gewerblich-industrielle Zustand der Rheinprovinz im Jahre 1836. Amtliche Übersichten*, Bonn 1967, S. 122–125.

Bildnachweis:

Berlin, Staatsbibliothek zu Berlin – Preußischer Kulturbesitz – Kartenabteilung: 5–6
Pulheim, Rheinisches Amt für Denkmalpflege: 8, 12
Pulheim, Archiv des Landschaftsverbandes: 18
Utrecht, Centraal Museum: 9
Repro: 11, 13, 17, 19, 20
Verf.: 1–4, 7, 10, 14–16

Jürgen G. Nagel

Standortkonkurrenz und regionaler Arbeitsmarkt
Der frühindustrielle Gewerbestandort Stolberg zwischen Ancien Régime und freiem Markt

»Was aber diese Gegend besonders berühmt macht und Wohlstand verschafft, sind die Messingfabriken, welche nirgends in ganz Europa zu der Vollkommenheit gestiegen sind, die sie hier haben.« (Heinrich Simon van Alpen, 1802)

Die Entwicklungsperspektive: Stolbergs Aufstieg zum frühindustriellen Standort

Im Juli des Jahres 1738 stieg Clemens August, Kurfürst und Erzbischof von Köln, für eine Nacht in dem kleinen, von der Messingindustrie geprägten Städtchen Stolberg an der Vicht ab, wenige Kilometer südlich von Eschweiler. Sein Gastgeber auf dem Kupferhof ›Rosenthal‹ war Johannes Schleicher, der zu den führenden Messingunternehmern Stolbergs zählte.[1] Daß der Kölner Kurfürst, der sich auf dem Weg nach Aachen befand, so kurz vor der Reichsstadt den beschwerlichen Abstecher nach Stolberg in Kauf nahm, anstatt in der weitaus besser erreichbaren Stadt Eschweiler zu nächtigen, dürfte in erster Linie mit der im Vorjahr gegründeten Kapuzinermission in Zusammenhang gestanden haben. Dieser beabsichtigte Clemens August die gesamte katholische Seelsorge in Stolberg zu übertragen, obwohl sie vor Ort, insbesondere bei dem bislang zuständigen Eschweiler Pfarrer, auf Widerstand stieß.[2] Die erfolgreiche Stolberger Messingindustrie war gewiß von geringerer Bedeutung. Immerhin fällt auf, daß der Erzbischof weder beim zuständigen Territorialherrn, dem Unterherrn zu Stolberg, noch bei den Kapuzinern, seinen eigenen Repräsentanten vor Ort, einkehrte. Gastfreundschaft genoß er vielmehr von einem sogenannten Kupfermeister, einem Messingfabrikanten,[3] der zur wirtschaftlichen Elite des Ortes zählte und zudem auch noch Protestant war.

Diese Episode aus dem Leben des Clemens August wirft ein bezeichnendes Licht auf die Verhältnisse im frühneuzeitlichen Stolberg und die Bedeutung der dort führenden Unternehmergruppe. Es war einer der ihren, der dem Kurfürsten die repräsentativste Unterkunft anbieten konnte, denn der Kupferhof ›Rosenthal‹ galt als das architektonisch schönste Exemplar dieses repräsentativen Bautyps, der Wohnhaus und Fabrikationsgebäude kombinierte. Auch konnte es sich ein erfolgreicher Messingunternehmer wohl am ehesten leisten, den Erzbischof samt seines nicht unbeträchtlichen Gefolges und seiner Ehrenwache für eine Nacht zu versorgen. Und schließlich dürfte es keine allzu abwegige Vermutung sein, daß es gerade ein einflußreicher protestantischer Kupfermeister war, dem Clemens August das notwendige lokalpolitische Gewicht zusprach, um für seine Absichten der angemessene Ansprechpartner zu sein.

Messing aus Stolberg – ein Welterfolg

Als der Kölner Kurfürst Stolberg besuchte, erlebte die dortige Messingindustrie ihre Blütezeit. Über zweieinhalb Jahrhunderte hinweg hatte insbesondere dieses Gewerbe dafür gesorgt, daß der einstmals völlig unbedeutende Flecken am Vichtbach zu einem bedeutenden frühindustriellen Gewerbestandort aufstieg.[4] Zwar bestanden auch andere exportorientierte Gewerbe an der Vicht, zunächst in Gestalt von Eisenhütten und -hämmern, zu denen sich im 18. Jahrhundert weitere Industrien gesellten, doch waren es die Kupfermeister, die vom Ende des 15. Jahrhunderts bis zur

Regierungszeit Clemens Augusts das Bild des Ortes und seiner Umgebung prägten. Einerseits nahmen sie die natürlichen Ressourcen und die Arbeitskraft der Bewohner für die Produktion in Anspruch, andererseits übten sie, erst einmal zu Vermögen gekommen, beträchtlichen gesellschaftlichen und politischen Einfluß aus und legten sich einen entsprechenden Habitus zu. Gehörte Stolberg als Unterherrschaft und Teile der näheren Umgebung als Amt Wilhelmstein zum Herzogtum Jülich-Berg, während die übrige Umgebung zur Reichsabtei Kornelimünster zählte, waren doch die Kupfermeister mittlerweile zu den eigentlichen Herren des Vichttales zwischen Eschweiler im Norden und Zweifall im Süden aufgestiegen.

Als Ausgangspunkt der Messingindustrie im Vichttal wird allgemein das Jahr 1497 angesehen, als Vincenz van Efferen, Unterherr von Stolberg, den Aachener Schöffen und Kupfermeister Heinrich Dollart mit dem später nach ihm benannten Dollartshammer belehnte. Gegen die jährliche Zahlung von vier Rheinischen Gulden erhielt Dollart die umfassende Erlaubnis zur Verhüttung von Metallen, sei es Eisen, Kupfer, Blei, Gold oder Silber. Für das Jahr 1512 ist überliefert, daß Dollart einen Teil seinen neuen Besitzes in eine Kupfermühle umwandelte. 1532 folgten zwei weitere Konzessionen. Johann von dem Felde erhielt gegen eine Pacht, die Lieferung von zwei Karpaunen und einen Tag Dienst jährlich die Erlaubnis, eine Kupfermühle zu errichten und der Vicht so viel Wasser zu entnehmen, wie für sein Gewerbe erforderlich war. Im selben Jahr wurde Johann Raven mit der benachbarten Mühle, die fortan Ravensmühle hieß, belehnt.

1 Egidius v. Walschaple, Das Vichttal bei Stolberg, Ausschnitt Dollartshammer. Zeichnung, 1548.
Düsseldorf, Nordrhein-Westfälisches Hauptstaatsarchiv

Auf dem Plan des Vichttales von Egidius von Walschaple (1548) bestehen neben der kleinen Siedlung am Fuß des Stolberger Burgberges nur noch der Dollartshammer, die Ravensmühle und die Ellermühle (Abb. 1–3). Mutmaßlich ist letztere mit der Gründung von Johann von dem Felde identisch. Sicher ist jedoch erst, daß 1587 der Aachener Kupfermeister, Wollhändler und ehemalige Bürgermeister Matthias Peltzer die Ellermühle pachtete. Damit ließ sich eine weitere bedeutende Aachener Kupfermeisterfamilie bei Stolberg nieder, nachdem 1575 Leonhard Schleicher bereits ein Grundstück zur Errichtung eines Kupferhofes erworben hatte.

Im 17. Jahrhundert überflügelte die Stolberger Messingindustrie die in der Reichsstadt verbliebenen Produktionsstätten. Waren in der Mitte des Jahrhunderts im Vichttal 65 Schmelzöfen im Betrieb, erreichte ihre Zahl zur folgenden Jahrhundertwende rund 130 bis 140 Öfen, die zwischen 30000 und 40000 Zentner Messing produzierten. Gleichzeitig waren in Aachen nur noch zehn oder elf Kupfermeister verblieben. Für das 18. Jahrhundert wird in der Regel die letztgenannte Zahl als Durchschnittswert angegeben, gelegentlich ist auch von 200 Anlagen die Rede. So unzuverlässig solche Zahlenangaben wegen ihrer Pauschalität und mangelnder Quellenangaben auch sein mögen, lassen sie doch zumindest die Größenordnung der frühen Industrie an der Vicht erahnen.[5]

Zu etwas geringeren, wohl aber auch realistischeren Zahlen kommt der Hofkammerrat Friedrich Heinrich Jacobi, der 1773 und 1774 für den Landesherren einen Bericht über die wirtschaftlichen Verhältnisse in den Herzogtümern Jülich und Berg erstellte. Dieser Bericht kann als die zuverlässigste Quelle seiner Zeit zu dieser Thematik angesehen werden. In seiner akribischen

Bestandsaufnahme der Stolberger Messingindustrie führt Jacobi 29 Fabrikanten auf, die 95 bis 105 Schmelzöfen betreiben und auf diesen wöchentlich zwölf mal Messing produzierten.[6] Nur zwei Jahre später verzeichnet ein Bericht des Unterherrn von Stolberg insgesamt 23 Kupferhöfe, eine Zahl, die auf Grund einiger doppelt belegter Höfe die Angaben Jacobis weitgehend bestätigt.[7] Ebenfalls 23 Fabrikanten erwähnt der Reisende Philipp Andreas Nemnich, der in napoleonischer Zeit die Aachener Region besuchte und ihre Wirtschaft in einem Tagebuch umfassend beschrieb.[8]

Folgt man Jacobi, wurden von diesen Fabrikanten ca. 3,1 Mio. Pfund Messing jährlich produziert und exportiert. Es gelangte in die »nächst gelegenen Deutschen Landschaften«, nach Brabant, Frankreich, Spanien, Portugal und über Amsterdam auf weitere Märkte. Frankreich war der Hauptabnehmer und bezog alleine eine Million Pfund. Davon

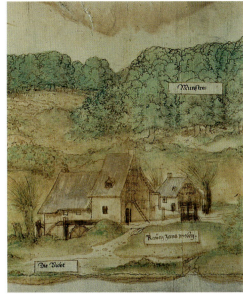

2 Egidius v. Walschaple, Das Vichttal bei Stolberg, Ausschnitt Ravensmühle. Zeichnung, 1548. Düsseldorf, Nordrhein-Westfälisches Hauptstaatsarchiv

wurden zwei Drittel auf Fuhrwerken über Sedan transportiert, das letzte Drittel ging auf dem Landweg nach Nijmegen, wo es nach Amsterdam oder Rotterdam verschifft wurde. Von dort gelangte es schließlich auf Küstenschiffen nach Frankreich, ein Weg, der auch für das nach Spanien und Portugal transportierte Messing genutzt wurde.[9] Die Stolberger Fabrikanten selbst belieferten den gesamten westeuropäischen Markt, doch verblieb ihr Messing bei weitem nicht nur dort. Die Kolonialmächte Frankreich, Spanien und Portugal sorgten dafür, daß Messingwaren aus Stolberg in weiten Teilen der Welt Verbreitung fanden. Zumindest für ihre Blütezeit, die im Kern die erste Hälfte des 18. Jahrhunderts umfaßte, kann mit Recht von einer weltweit führenden Position der Stolberger Messingindustrie gesprochen werden.

3 Egidius v. Walschaple, Das Vichttal bei Stolberg, Ausschnitt Ellermühle. Zeichnung, 1548. Düsseldorf, Nordrhein-Westfälisches Hauptstaatsarchiv

Die Unternehmer dieser Industrie wandelten sich von Pionieren in einem neu zu erschließenden Raum zu einer lokalen Elite, die ihre Stellung auch deutlich nach außen sichtbar machte: »Die Wohnsitze der Fabrikanten liegen isoliert, oder in Gruppen durch das Thal zerstreut. Diese Häuser zeichnen sich durch gute Bauart aus, sind meistentheils Chateaus mit Gärten, Alleen, Teichen und Wiesen umkränzt, aus welchen sie malerisch hervorblicken.«[10] Während der produktionstechnische Aspekt der Kupferhöfe weiterhin diesen Manufakturtypus prägte (Abb. 5), trat der Aspekt der Wehrhaftigkeit mehr und mehr in den Hintergrund. Die Notwendigkeit des individuellen Schutzes für jeden einzelnen Kupferhof entfiel auf Grund der zunehmend

Standortkonkurrenz und regionaler Arbeitsmarkt

4 Stolberg, Kupferhof ›Rosenthal‹ um 1971.
Pulheim, Rheinisches Amt für Denkmalpflege

5 Kupferhof Atscher Mühle mit Schmelzöfen um 1900.
Pulheim, Rheinisches Amt für Denkmalpflege

dichteren Besiedlung des Vichttales; an seine Stelle trat das Repräsentationsbedürfnis der mittlerweile einflußreichen und wohlhabenden Kupfermeister (Abb. 6). Der von Clemens August besuchte Kupferhof ›Rosenthal‹ war 1724 durch den Baumeister Tilman Roland aus Kornelimünster, der zwei Jahre später auch die evangelische Kirche der Kupfermeister auf dem Finkenberg baute, errichtet worden.[11] Ihm haftete nichts mehr von einer wehrhaften Trutzburg an, wie es bei den älteren Höfen der Fall war; vielmehr wurde erfolgreich der Eindruck eines barocken Adelspalais hervorgerufen (Abb. 4).

Der Glanz währte nicht ewig. Bereits vor der französischen Revolution verzeichnete die Messingindustrie empfindliche Absatzeinbußen durch zunehmende Konkurrenz im Ausland, vor allem in England sowie in den Niederlanden, in Norddeutschland und in Schweden.[12] Eine Reihe Kupfermeister, insbesondere Inhaber von kleineren Betrieben, mußten ihre Höfe schließen. Teilweise standen in den 1770er Jahren mehrere Höfe im Vichttal leer, für die sich kein Pächter mehr fand.[13] Das bereits um seine Rentabilität kämpfende Gewerbe erhielt durch die Ereignisse in Frankreich weitere schwere Schläge. Zunächst ließen die Unruhen im Gefolge der Revolution den Export in das Hauptabsatzgebiet Frankreich zusammenbrechen. 1794 beeinträchtigten der Einmarsch der Revolutionstruppen in das linke Rheinland und nachfolgend die Assignatenwirtschaft und das Requisitionssystem die Produktion empfindlich, wodurch die Familie Peltzer ihr gesamtes, Matthias Leonhard Schleicher sein halbes Vermögen verloren und etliche Kupfermeister abwanderten.[14]

Es war jedoch ebenfalls die Zeit der französischen Annexion des linken Rheinlandes, die eine letzte wirtschaftliche Blüte für die Kupfermeister herbeiführte. Die neuen territorialen Verhältnisse unter Napoleon und die Wirtschaftspolitik des Kaisers brachte den verbliebenen Unternehmern den französischer Markt unter Ausschluß der englischen Konkurrenz durch die Kontinentalsperre zurück und sorgte für eine planmäßige Verbesserung der Verkehrslage.[15] Die abermalige Veränderung der politischen Rahmenbedingungen durch die endgültige Niederlage Napoleons, die Einführung neuer Technologien und die Entwicklungen im regionalen Wirtschaftssystem führten schließlich zu neuen Produktionsformen und zum Niedergang der Messingproduktion traditionellen Typs.

Zwischen Stadt und Dorf

Zeitlich fiel der Übersiedlungsprozeß der Aachener Kupfermeister nach Stolberg mit den nachreformatorischen religiösen Auseinandersetzungen, die gerade auch die Reichsstadt Aachen betrafen, zusammen.[16] Da der bemerkenswerte Umstand, daß ein zunächst ausschließlich städtisches Gewerbe in ein kaum besiedeltes und unsicheres Tal umsiedelte, nach einer Erklärung verlangt, wurde nicht selten in diesen Ereignissen der Ausgangspunkt für die Blüte der Stolberger Messingindustrie gesucht. Die wirtschaftliche und politische Bedrängung, die Behinderung ihrer Religionsausübung und schließlich die Vertreibung der Protestanten wurden als Gründungsvoraussetzung der Stolberger Messingindustrie angesehen. Ob in der frühen Historiographie der Messingindustrie oder in der historischen Soziologie in der Nachfolge Max Webers, die Geschichte der Stolberger Kupfermeister wurde als Nachweis betrachtet, daß protestantischer Fleiß in Verbindung mit obrigkeitlicher religiöser Toleranz die erfolgversprechende Grundlage für eine wirtschaftliche Blüte darstellte. So sah 1908 Rudolf Arthur Peltzer in seiner umfassenden Darstellung der Messingindustrie in Aachen und Stolberg »die Ursachen, die diesen Entwicklungsprozeß hervorriefen, […] weniger in wirtschaftlichen Momenten […] als vielmehr in den politisch-religiösen Verhältnissen der Zeit: die Gegenreformation vor allem hat dies wichtige Gewerbe aus den Mauern der Stadt hinausgetrieben.«[17] Und Alfred Müller-Armack führte in seiner Genealogie der Wirtschaftssyteme von 1940 ausdrücklich auch das Beispiel Stolberg dafür an, »wie die Vertreibung der Protestanten Gebiete wirtschaftlich veröden läßt und ihre Zuwanderung wirtschaftlichen Aufschwung bedeutet.«[18]

Zwar hat schon eine wirtschaftshistorische Dissertation aus dem Jahr 1913 die Bedeutung von Unternehmerstrategien, Märkten und Standortfaktoren in den Vordergrund gerückt,[19] doch hielt sich die Protestantismus-These in der späteren Literatur teilweise noch hartnäckig.[20] Die Messingindustrie hatte ihren Gründungsmythos, der vor der unausgesprochenen Vermutung angesiedelt war, daß exportorientierte, frühindustrielle Gewerbe im Ancien Régime städtischer Natur waren und damit nur außergewöhnliche Ereignisse sie in ländliche Standorte vertreiben konnten.

Tatsächlich war die regionale Messingproduktion zunächst ein städtisches, ausschließlich in Aachen angesiedeltes Gewerbe. Ihre Etablierung in der Reichsstadt ist nur schwer in den Quellen zu fassen, doch kann davon ausgegangen werden, daß sich in der ersten Hälfte des 15. Jahrhunderts Kupfermeister ansiedelten, die im wesentlichen aus dem brabantischen Dinant kamen. Die dortige Messingindustrie hatte ihre Bedeutung inzwischen verloren, kriegerische Auseinandersetzungen hatten sie endgültig zum Erliegen gebracht, so daß ihre Unternehmer eine neue Wirkungsstätte suchten. Sie fanden sie in Aachen, einer Stadt, die sich aus ihrer Sicht vor allem durch die Nähe zu den qualitativ hochwertigen Galmeivorkommen des Altenberges bei Moresnet im Herzogtum Limburg und durch ihre Tradition in der Metallverarbeitung, die für qualifizierte Arbeitskräfte sorgte, auszeichnete. 1450 erhielten sie unter der Bezeichnung Kupferschläger ihre erste Zunftrolle. Erneuert wurde sie im Jahr 1548, während die inzwischen von ihnen getrennten Kessler 1578 ihr eigenes Zunftstatut erhielten.[21]

Die Zunftstatuten regelten in erster Linie den Zugang zu dem Gewerbe, das zunächst Aachener Bürgern vorbehalten blieb und auswärtigen Meistern nur in Ausnahmefällen und gegen Bezahlung einer hohen Gebühr gewährt wurde. Darüber hinaus legten sie die interne Organisation fest, insbesondere durch Vorschriften über die Ausbildung und Beschäftigung

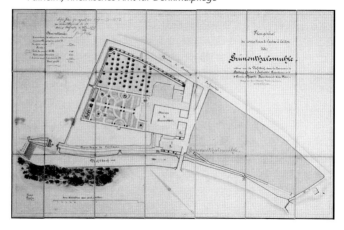

6 *Lageplan des Kupferhofes ›Grünenthal‹ um 1815. Pulheim, Rheinisches Amt für Denkmalpflege*

von Lehrlingen und Gesellen. Zusätzliche Bestimmungen des Rates reglementierten die Produktion der städtischen Messingfabrikanten.[22] 1550 wurde festgelegt, daß jeder Kupfermeister nur zwei Öfen betreiben durfte. Als sich die Versuche häuften, durch Einbeziehung von Söhnen in die Firma diese Regelung zu umgehen, wurde diese Praxis 1561 zunächst unterbunden, 1562 jedoch Kupfermeistern mit erwachsenen Söhnen vier Öfen zugestanden. Der Vermeidung der Dominanz einiger weniger Unternehmer diente auch die Trennung in zwei verschiedene Zünfte. Die Kessler, kleiner Handwerksmeister, welche das Messing weiterverarbeiteten, waren ganz auf die innerstädtischen Rohstoff- und Absatzmärkte festgelegt, während die Kupferschläger, die über großes Kapital verfügten und große Produktionseinrichtungen unterhielten, »en gros« in das »Ausland« verkaufen konnten – eine Regelung, die wenig an der Abhängigkeit der kleinen Kessler-Betriebe, die im wesentlichen von den Kupfermeistern verlegt wurden, änderte.

Auf Grund des großen Raum- und Energiebedarfs der Messingproduktion sah sich die Stadt zu Eingriffen gezwungen. Die Produktionsanlagen, im wesentlichen bestehend aus Schmelzöfen und Hammerwerken, hatten nicht nur eine weitaus größere räumliche Ausdehnungen als gewöhnliche Werkstätten, sondern konnten auf Grund von Lärmentwicklung und Feuergefahr nicht überall im Stadtgebiet errichtet werden. Energie wurde sowohl in Gestalt von Feuer für Schmelzöfen und Schmieden als auch in Form von Antriebsenergie für die mühlengetriebenen Hammerwerke benötigt. Wasserkraft war in Aachen ein besonders knappes Gut, das von der Stadt sehr sorgsam unter Anwendung von Wasserkonzessionen und verbrauchsabhängigen Gebühren verwaltet wurde.[23] Trotz der möglichst effektiven mechanischen Ausnutzung der Wasserkraft, der Anlage eines Kanalnetzes und eines ausgeklügeltes Systems der Wasserentnahme war diese Ressource schon früh erschöpft.[24] Die für die Feuerung der Öfen notwendige Versorgung mit Kohlen versuchte die Stadt, auf deren Territorium seit dem späten Mittelalter Steinkohle abgebaut wurde, durch Ausfuhrverbote und die Festlegung von Preisen sicherzustellen.[25]

Die Reglementierungen von Öfenzahlen, Wasserzugang und Kohleversorgung, die nicht zuletzt zu Produktionsbeschränkungen für die Aachener Kupfermeister führten, dienten nicht nur der Sicherung einer ausreichenden ›Nahrung‹ der Zunftmitglieder, sondern waren vor

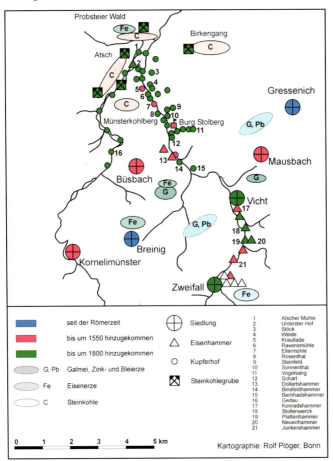

7 Bergbaulandschaft an der Vicht um 1800

allem ein Instrument zur Verwaltung knapper Ressourcen. Angesichts der Expansionsbedürfnisse des Kupfergewerbes stieß die Stadt an ihre Grenzen. Die Verlagerung des Kupfergewerbes in das Vichttal erstreckte sich über mehr als ein Jahrhundert. Die Standortbedingungen waren folglich ausschlaggebend für die Messingindustrie. Schon bevor in Stolberg eine Messingproduktion nennenswerten Ausmaßes entstand, betrieben die Aachener Kupfermeister ihre Mühlwerke im Aachener Reich, im Amt Wilhelmstein und in der Unterherrschaft Stolberg, während sich ihre Schmelzöfen nach wie vor in der Stadt befanden.[26] Lassen sich die ersten Hinweise auf eine Produktionsverlagerung in das Vichttal bereits für das ausgehende 15. Jahrhundert finden, nahm der Prozeß jedoch das gesamte 16. Jahrhundert und auch noch die ersten Jahrzehnte des 17. Jahrhunderts in Anspruch. Dabei kam es durchaus zu unterschiedlichen Vorgehensweisen. Manche Kupfermeister produzierten zu gleicher Zeit

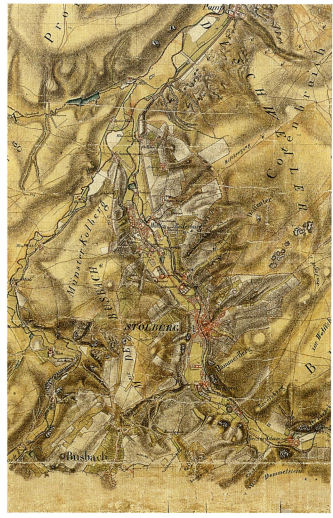

8   Die Gegend um Stolberg. Ausschnitt aus der Landesaufnahme der Rheinlande durch Tranchot, Blatt 87, um 1806. Berlin, Staatsbibliothek zu Berlin, Preußischer Kulturbesitz, Kartenabteilung

im Vichttal und in der Stadt, andere produzierten zwar schon ausschließlich in Stolberg, ohne jedoch selbst dorthin umgesiedelt zu sein, und manche in Stolberg ansässigen Kupfermeister unterhielten weiterhin Fabrikationsanlagen in der Reichsstadt. Zudem bestanden über die Jahrhunderte hinweg familiale Bande zwischen Stolberger und Aachener Familien.

Demzufolge waren es unternehmerische Strategien, die zur Entscheidung für den Standort Stolberg geführt hatten. Das Aufeinandertreffen von siegreicher Gegenreformation in Aachen und einem religiös toleranten Unterherrn in Stolberg förderte sicherlich die Bereitschaft zum Standortwechsel, konnten diesen aber nicht ursächliche hervorrufen.

Unternehmerische Strategien im Ancien Régime

Die Rolle des Staats muß im Falle Stolbergs differenziert betrachtet werden, trat er doch auf zwei verschiedenen Ebenen auf. Unmittelbar den Kupfermeistern gegenüber stand der Unterherr von Stolberg, der zwar nur über ein sehr begrenztes Territorium, dort aber über große Eigenständigkeit verfügte.²⁷ Als Inhaber der lokalen Steuerhoheit war er in hohem Maße an der wirtschaftlichen Belebung des Vichttales interessiert, zumal dort vor der Etablierung der Eisen- und Messingindustrie allenfalls einige wenige kleine Höfe existierten. Als lokaler Territorialherr war er in der Lage, diesem Interesse aktiv nachzugehen, indem er Ansiedlungskonzessionen einschließlich der Nutzungsrechte für Wasser und Holz vergeben konnte. Zudem hatte die religiöse Toleranz, durch die sich die Stolberger Unterherren im 16. Jahrhundert auszeichneten, sicherlich nicht nur ethische Gründe, sondern sollte die Entscheidung der protestantischen Kupfermeister für sein Territorium und gegen einen Verbleib in der von Religionskämpfen geschüttelten Stadt Aachen erleichtern.

Die Beziehung zwischen den Kupfermeistern und dem Stolberger Unterherrn gestaltete sich noch im wesentlichen als ein persönliches Abhängigkeitsverhältnis. Es handelte sich um ein Verhältnis, das neben dem Entwicklungsstand der Produktionstechnik, die Maschinen vorrangig zur Unterstützung der Handarbeit einsetzte, und der Arbeitsorganisation, die im wesentlichen dezentral in Werkstätten, im Verlag oder allenfalls in Manufakturen stattfand, lange Zeit bezeichnend für die Gewerbeverhältnisse im Ancien Régime war, wenn sie sich auch zunehmend ausdifferenzierten und zur Glanzzeit der Stolberger Messingunternehmer bereits eine Reihe ›moderner‹ Elemente enthielten. Die Konzessionsvergabe für Hammerwerke und Schmelzöfen an der Vicht unterschied sich von der klassischen Lehensvergabe an Vasallen nur insofern, daß hier keine Herrschaftsbeziehung entstand, sondern lediglich Nutzungsrechte auf Zeit vergeben wurden. Der Territorialherr war Inhaber der Wasser-, Holz- und Bergregale, wodurch die Ansiedlung von Produktionen, die auf solche Ressourcen zurückgreifen mußten, von der Verleihung entsprechender Privilegien abhängig war. Auch die Tatsache, daß die Steuerhoheit in den selben Händen lag, konnte von Bedeutung sein, wenn es im die individuelle Befreiung von Abgaben ging. Entsprechende Maßnahmen waren ganz von der Entscheidung des Herrschers, der die wirtschaftliche Wohlfahrt seines Territoriums und damit letztendlich die Förderung der eigenen Finanzen im Auge hatte, abhängig.

Auf der Ebene oberhalb des Unterherrn sorgte der Herzog von Jülich-Berg für die Rahmenbedingungen, die insbesondere in Ein- und Ausfuhrregelungen bestanden, um möglichst alle Teilbereiche eines Gewerbes im eigenen Territorium zu halten, und fungierte als Anlaufstelle für die mannigfaltigen Streitigkeiten in der Region, die sich neben Erbschaftsauseinandersetzungen vor allem um knappe Ressourcen wie Wasser und Holz drehten. Das Verhältnis zwischen Staat und Unternehmer war auf dieser Ebene weitaus weniger persönlich. Im Zuge zunehmender Verstaatlichung war im 17. und vor allem im 18. Jahrhundert die Regierung und Administration in Düsseldorf der für die Unternehmer wichtigste Entscheidungsträger. Dadurch wurden persönliche Neigungen des Herrschers auf dieser Ebene als Element politischer Entscheidungen zurückgedrängt, doch anders als in einem tatsächlich unregulierten Marktsystem blieb ein unmittelbares Abhängigkeitsverhältnis der Unternehmer zum Staat bestehen. Es hing von den wirtschaftspolitischen Zielen der zuständigen Regierung ab, welcher Person, welchem Standort, Gewerbe oder Unternehmen Protektion zuteil wurde. So wurde Jeremias Hoesch, der im südlichen Vichttal eine Eisenhütte und Hammerwerke betrieb, in seinem Streit 1646/47 um die Steuerfreiheit zweier kleiner Grundstücke in seinem Besitz einseitig von der Düsseldorfer Regierung gegen die Bauern von Zweifall unterstützt.²⁸ Umgekehrt mußte die Familie Hoesch im 18. Jahrhundert hinnehmen, daß die Regierung im Kohlezirkelstreit, auf den noch einzugehen sein wird, ihre Gegner, die Stolberger Kupfermeister, protegierte. Allerdings stand in Jülich-Berg im Verlaufe des 18. Jahrhunderts die Wirtschaftspolitik schon vermehrt im Zeichen des Wirtschaftsliberalismus, wovon jedoch vorrangig die Textilindustrie profitierte, während die Messing- und Eisenproduktion, die auf einheimische Rohstoffe zurückgriffen, noch lange im Mittelpunkt protektionistischer Maßnahmen stand.

Auf der einen Seite sahen sich die Unternehmer im Ancien Régime gezwungen, in einem mehr oder weniger – je nach territorialer Zugehörigkeit und obrigkeitlich verfolgter Wirtschaftspolitik – eng gestreckten Rahmen zu handeln. Auf der anderen Seite zeigt sich immer wieder, daß die Wirtschaftssubjekte selbst Institutionen, die in der Rückschau oft als typische, die freie Wirtschaftsentfaltung hemmende und somit gewerbefeindliche Einrichtungen des Ancien Régime interpretiert werden, nutzten oder gar ihre Schaffung anregten.[29] So erhielten am 7. November 1667 auf »unterthänigst und einständigst gebetten, ihnen die gnade zu thuen und diesen ihren handel und handtwerck zu besserer dessen conservation, auch vermehrung, mit zunftgerechtigkeit zu begaben und zu privilegyren«,[30] 33 Kupfermeister aus Stolberg, Eschweiler, dem Amt Wilhelmstein und Kornelimünster von Pfalzgraf Philipp Wilhelm ein Zunftstatut verliehen.[31] Dieses beschränkte den Kupferhandel auf die angeführten Unternehmer, ihre Söhne, Schwiegersöhne und sonstige Eingeheiratete; es legte die Zahl der Öfen je Kupfermeister auf vier fest und ließ lediglich Ausnahmen zu, wenn erwachsene Söhne bereits im eigenen Betrieb mitarbeiteten; und schließlich bestimmte es, daß Knechte nicht von anderen Kupfermeistern abspenstig gemacht werden durften und nur solche Anstellung erhalten sollten, die ein ordentliches und positives Abschlußzeugnis ihres ehemaligen Herrn vorweisen konnten. Lediglich in einem Punkt unterschied sich das Statut von der Aachener Zunftordnung. Es enthielt keine Regelungen zur Gestaltung der Lehrlingsausbildung und zur fachlichen Qualifikation der Kupfergesellen. Nachdem schon in Aachen Handel und Produktion bei den Kupfermeistern in einer Hand gelegen hatte, bedeutete dies einen weiteren Schritt von der Produzentenzunft hin zum Unternehmerkartell. Die Kupfermeister nutzten die Vorteile der Institution für ihre Gruppe, ohne die Gesamtgestaltung eines Gewerbes zum Nutzen desselben und der Stadt bzw. des Territoriums im Blick zu haben, wie dies der Aachener Magistrat bei der Vergabe von Zunftstatuten tat.

Zwanzig Jahre später wurden in einem Vertrag zwischen Kupfermeistern aus Aachen, Jülich und Kornelimünster sogar noch weitergehendere Produktionsbeschränkungen festgelegt. Vereinbart wurde eine Pause für alle Öfen vom 15. März bis zum 15. Mai, die Beschränkung auf zwei (für Aachen) bzw. drei (für Jülich und Kornelimünster) Öfen sowie die maximale Produktionsmenge von 88 Tafeln innerhalb von vier Wochen.[32] Im Jahr 1748 waren es erneut 33 Messingunternehmer, die sich in einer Korporation zusammenschlossen, die nun nicht mehr Zunft, sondern ›corpus mercantile‹ hieß.[33] Der Charakter war demjenigen einer Zunft jedoch durchaus ähnlich. Auch dieser Verband regelte die Produktion, indem abermals nur vier Öfen für jeden Meister mit den bereits bekannten Ausnahmen zugelassen wurden. Ein direkter Zusammenhang mit der Zunft von 1667 läßt sich nicht nachweisen; die Spur der älteren Organisation verliert sich im ausgehenden 17. Jahrhundert. Zumindest schien jedoch einigen der damals beteiligten Familien eine Neuauflage einer solchen Organisationsform geboten zu sein; darauf deutet schon die große Kontinuität innerhalb des Kreises der beteiligten Unternehmerdynastien hin.

Die erneuerte Bestimmung zur Begrenzung der Öfenzahl stieß nicht auf uneingeschränkte Zustimmung unter den Fabrikanten: 1776 ließ der Herzog von Jülich eine Befragung unter den Stolberger Messingunternehmern durchführen.[34] Der Tenor der Aussagen war, daß der Betrieb von mehr als vier Öfen, der sowieso nur von den großen Unternehmern durchzuführen war, sowohl zu einem Preisverfall des Messings als auch zu einem Preisanstieg beim Rohstoff Galmei führte und dadurch insbesondere die kleineren und jüngeren Kupfermeister betroffen hätte. Die relativ große Zahl von Pleiten seit der Mitte des 18. Jahrhundert wurde als bedrohliches Beispiel angeführt. Die Minderheit der Gegner einer Öfenbeschränkung führte das Scheitern vieler Messingproduzenten weniger auf die hohe Zahl der betriebenen Öfen als vielmehr auf Fehleinschätzungen der Betroffenen, wieviele Produktionseinrichtungen sie mit ihren Mitteln überhaupt betreiben konnten, zurück.

Unabhängig davon, ob sie noch unter den vergleichsweise reglementierten Rahmenbedingungen des Ancien Régime agierten oder schon die Verhältnisse des freien Marktes genießen konnten, folgten die Unternehmer vorranging dem Prinzip der Nutzenmaximierung.[35] Dazu

9 Der Messingbrenner. Kupferstich aus Christoph Weigels Ständebuch, Regensburg 1698

10 Der Messingschläger. Kupferstich aus Christoph Weigels Ständebuch, Regensburg 1698

gehörte auch, Institutionen wie die Zunft oder ähnliche Korporationen für die eigenen Interessen nutzbar zu machen und weiterzuentwickeln. Die in einem Gewerbe und an einem Standort etablierten Unternehmer versuchten auf diese Weise, den Zugang zu ihrem Standort zu verhindern oder zu erschweren und so aus den bestehenden Dynastien ein Oligopol zu etablieren, das einerseits die eigene Stellung absicherte und andererseits eine Absicherung gegen wirtschaftlichen Niedergang darstellen konnte. Konflikte waren dabei nicht auszuschließen, insbesondere wenn die Nutzenabwägung zwischen Absicherung der eigenen Position und dem Chancen einer betrieblichen Expansion entscheiden mußte. Hier traten bei den Stolberger Messingfabrikanten Ende des 18. Jahrhunderts zwei unterschiedliche Strategien zutage, die zu Unstimmigkeiten im ›corpus mercantile‹ von Stolberg führten, welche schließlich zu dessen Auflösung im Jahr 1778 führten.

Solche nutzenmaximierenden Strategien kamen natürlich auch bei der Standortwahl zum Tragen. Eine Erklärung, welche die Kupfermeister als freie Unternehmer sieht, die der Enge der Zunftregeln in Aachen entflohen, um uneingeschränkt ihr Gewerbe ausdehnen zu können, greift zu kurz. Es war offensichtlich nicht der Fall, daß die Kupfermeister die Institution der Zunft grundsätzlich als schädlich angesehen haben, vielmehr konnte sie durchaus zum Instrument ihrer wirtschaftlichen Strategie werden. Erst gegen Ende des Ancien Régime lassen sich veränderte Einstellungen gegenüber korporativen gewerblichen Institutionen beobachten, als einige – aber bei weitem nicht alle – in der Nutzenabwägung zu dem Schluß kamen, daß eine völlig ungeregelte Gewerbegestaltung vorteilhafter sei. Bezüglich der Standortwahl bedeutet dies, daß die Aachener Zunftzwänge nur bedingt als ursächlich für die Umsiedlung nach Stolberg angesehen werden können, oder anders gesagt: Standortbedingungen und Ressourcen hatten einen höheren Stellenwert als Institutionen.

Standortkonkurrenz und regionaler Arbeitsmarkt

11 Der Kartetschenmacher. Kupferstich aus Christoph Weigels Ständebuch, Regensburg 1698

12 Der Messingdrahtzieher. Kupferstich aus Christoph Weigels Ständebuch, Regensburg 1698

Der Umstand, das sich ausgerechnet in dem kaum besiedelten Vichttal die bedeutendste Messingindustrie der frühen Neuzeit etablierte, hat wenig mit einer Vertreibung der Unternehmerschaft aus der alten Reichsstadt zu tun. Vielmehr sah sich Aachen gezwungen, hinsichtlich eines ganz spezifischen Gewerbes in Standortkonkurrenz zu Stolberg zu treten. Die unternehmerisch tätigen Personen dieser Branche, ganz gleich ob sie als Meister in einer Zunft organisiert waren oder schon als freie Unternehmer agierten, standen vor der Aufgabe, im Rahmen ihrer strategischen Überlegungen eine Standortentscheidung zu treffen. Folgt man Clemens Bruckner, waren in der Epoche vor dem Fabrikzeitalter die natürlichen Ressourcen eines Standortes die alles entscheidenden Standortfaktoren, bevor in den ersten Jahrzehnten des 19. Jahrhunderts der Umschwung in Gewerbeverfassung und Technik die Bedeutung einzelner Standortfaktoren relativierte.[36] Auch wenn zusätzliche Einflüsse wie insbesondere das Verhalten der jeweiligen Herrschaftsträger dabei unberücksichtigt bleiben, muß der grundlegende Tendenz dieser Einschätzung zugestimmt werden. Eine Perspektive, die sich ganz auf die lokalen Gegebenheiten und Entwicklungen des Standortes Stolberg konzentriert, hat dementsprechend vor allem die benötigten Ressourcen in den Blick zu nehmen.

Die lokale Perspektive: Ressourcen eines Standortes

»Das Messing ist aus Kupfer und Galmey zusammengesetzt; welchen man noch altes Messing beifüget […]. In einem Einsatze werden genommen fünf und dreysig Pfunde altes Messing, eben soviel Kupfer, und sechzig Pfunde Galmey; unter welchen 20 bis 25 Pfund Holzkohlenstaub gemischt sind: beyde letztere aber werden vor der Vermischung wohl gepulvert, durchgesiebet; und alsdenn angefeuchtet. Dieses zusammengenommen wird in die acht Tiegel vertheilet. Und nachdem es ein Feuer von zwölf Stunden erlitten hat, giebt es eine Messingtafel, welche 85 bis 87 Pfund schwer […] ist.«[37]

Bis Ende des 18. Jahrhunderts hatte sich das technische Verfahren zur Produktion von Messing kaum verändert. In Unkenntnis des tatsächlichen metallurgischen Vorganges, der die Legierung aus Kupfer und Zink entstehen läßt, wurde davon ausgegangen, daß Kupfer durch die Beimischung von Galmei in einem Schmelzofen eingefärbt wird. Die dabei zu verzeichnende Gewichtszunahme des Kupfers und die Verbesserung seiner Verarbeitungseigenschaften wurden zwar konstatiert, jedoch konnten beide Phänomene nicht erklärt werden.

Galmei enthält Zink in einer Verbindung mit Kohlenstoff und Sauerstoff. Durch Erhitzen und Zugabe zusätzlichen Kohlenstoffes kann diese Verbindung in reines Zink und Kohlenoxyd aufgespalten werden. Der Kohlenstoff wurde in Form von Holzkohle zugegeben; zur Feuerung wurde auf Grund der wesentlich höheren Brennleistung schon früh Steinkohle verwandt. Bei einer Temperatur von 905° Celsius kommt es zu dem Schmelzvorgang, der das freigesetzte Zink mit dem Kupfer zu Messing verbindet. Voraussetzung ist eine gute Durchmischung der Bestandteile im Ofen, weswegen Kupfer, Galmei und Holzkohle vorher in entsprechenden Mühlwerken fein gemahlen wurden.[38]

Neben dem reinen Guß und Verkauf von Rohmessing wurde das Metall im Vichttal für den Weltmarkt auch zu Draht und größeren Gebrauchsgegenständen wie Kesseln weiterverarbeitet (Abb. 9–12). Sowohl die Drahtziehereien als auch die Hammerwerke benötigten hierzu Wasserkraft als Antrieb. Aus unternehmerischer Sicht war also der Standort Stolberg auf die Verfügbarkeit der Ressourcen Galmei, Kupfer, Holz- und Steinkohle und Wasserkraft sowie auf die in allen Produktionsschritten benötigte menschliche Arbeitskraft hin zu prüfen.

Galmei

Da Galmei den größten Gewichtsanteil bei der Produktion von Messing im Schmelzofen hatte und dem Kupfer ungefähr im Verhältnis zwei zu eins beigemischt wurde, kann seine Verfügbarkeit als bedeutendster Standortfaktor angesehen werden. Die größten und qualitativ auch hochwertigsten Galmeivorkommen im weiteren Umfeld Stolbergs fanden sich in den Gruben des sogenannten Altenberg im Herzogtum Limburg. Hier hatte sich die Aachener Messingindustrie ausschließlich mit dem wichtigen Erz versorgt, und auch für die Stolberger Kupfermeister spielte es weiterhin eine wichtige, wenn auch im Laufe der Zeit abnehmende Rolle. Ausschließlich Altenberger Galmei wurde jedoch nicht mehr verwendet, bot doch die unmittelbare Umgebung Stolbergs mehrere lukrative Galmeivorkommen. Die ergiebigsten fanden sich in dem Grubenfeld Diepenlinchen zwischen Gressenich und Mausbach, das auf dem Territorium der Reichsabtei Kornelimünster lag und spätestens seit dem Mittelalter ausgebeutet wurde. Daneben existierten kleinere Gruben im Umland Gressenichs, das dem Jülicher Amt Wilhelmstein angehörte, sowie in der Umgebung Breinigs und Verlautenheides im Gebiet der Abtei Kornelimünster und der Reichsstadt Aachen.[39] Gewonnen wurde das Erz im Tagebau, dessen Gruben mit einem Radius von neun Metern an Einzelpersonen verpachtet wurden.[40] Nach dem Abbau der so erreichbaren Erzbestände wurden die Gruben offen gelassen; die sogenannten Plingen prägten lange die Landschaft und sind auch in der Tranchot-Karte deutlich zu erkennen (Abb. 8).

Legt man die akribischen Angaben des Hofkammerrates Jacobi zugrunde, wurde im 18. Jahrhundert für den Fluß zur einen Hälfte Galmei aus den kornelimünsterischen Gruben bei Gressenich und Breinig, zur anderen Hälfte teils Altenberger, teils Jülicher Galmei eingesetzt, während für die Vermischung mit Kupfer und Holzkohle ausschließlich regionales Erz zum Einsatz kam. Dabei gibt Jacobi eine jährliche Gesamtmenge von 3,44 Millionen Pfund an, von denen 800 000 Pfund, also ein Anteil von gut 23%, aus Altenberg stammten. Mehr als drei Viertel des benötigten Galmeis stammte demnach zumindest in der zweiten Hälfte des 18. Jahrhunderts aus regionalen Vorkommen.[41]

Auch die Förderzahlen der Gruben im Amt Wilhelmstein für den Zeitraum 1714 bis 1734 bestätigen zumindest in den guten Jahren die Zahlen für 1773/74 von Jacobi, aus denen sich für diese Gruben 780 000 Pfund ergeben, zumal diese Quelle nur eine der regionalen Gruben erfaßt, aus der nur ein Teil der Kupfermeister ihr Erz bezog (Tabelle 1).[42] 1726 geht eine Denkschrift aus Brüssel davon aus, daß die 200 vorhandenen Ofenanlagen jährlich 50 000 bis 60 000 Zentner (zwischen 5,6 und 6,7 Millionen Pfund) Galmei verbrauchten, von denen nur 10% aus den Altenberger Gruben bezogen wurden.[43] Auch wenn die Zahl der Öfen und damit der Gesamtverbrauch an Galmei etwas hoch gegriffen erscheint, wird hier die Bedeutung des einheimischen Erzes ebenso hervorgehoben wie dies in der französischen Zeit acht Jahrzehnte später der Präsident des Kölner Handelsvorstandes tut, der in einer Denkschrift unter anderem betonte, daß der regionale Galmei nicht vollständig in Stolberg verbraucht wurde und einen beträchtlichen Handelszweig in die nordischen Länder und das Reich darstellte.[44]

Jahr	Fördermenge in Zentnern	in Pfund
1714/15	1.291½	144.648
1716/17	1.112½	124.600
1717/18	595	66.640
1718/19	558	62.496
1719/20	864	96.768
1728/29	4.851	543.312
1729/30	5.759½	645.064
1730/31	5.816½	651.448
1731/32	5.273	590.576
1732/33	2.224	249.088
1733/34	4.198	470.176

Tab. 1 Galmeiförderung im Amt Wilhelmstein

Diese wenigen Anhaltspunkte lassen vermuten, daß sich im Laufe des 18. Jahrhunderts die Stolberger Kupfermeister zunehmend des Galmeis aus dem Umland bedienten. Eine Dominanz des Altenberger Galmeis scheint es nicht gegeben zu haben. Diese Entwicklung dürfte sich, angesichts der nie bestrittenen qualitativen Überlegenheit des Limburger Erzes, zu Lasten der Qualität, aber auch zu Gunsten des Preises der Stolberger Produkte ausgewirkt haben.

Ein Konkurrenzkampf mit einem anderen Standort um das Galmei war unter diesen Bedingungen für die Stolberger Kupfermeister nicht zu befürchten. Allerdings bereiteten ihr, insbesondere in der Mitte des 18. Jahrhunderts, die politischen und die engen territorialen Bedingungen des Ancien Régime Probleme.

Nach einem Dekret des Kurfürsten aus dem Jahr 1751 durfte das im Herzogtum Jülich-Berg geförderte Galmei nicht außer Landes exportiert werden; ausländisches Galmei durfte weder eingeführt werden noch das Territorium passieren. Die Kupfermeister aus Stolberg verstießen regelmäßig gegen diese Vorschrift, woraufhin ihr Galmei von Bergmeister Eiffeler beschlagnahmt wurde. Die Folge war ein langanhaltender Streit, der sich bis in das Jahr 1762 erstreckte.[45] Zusätzliche Probleme für die Kupfermeister brachte die Tatsache, daß ähnliche Bestimmungen der Limburger, Brabanter und Brüsseler Regierungen bestanden. Den Bitten der Stolberger, den Grenzverkehr von Galmei wieder freizugeben, kam Herzog Karl Theodor in einem Dekret von 1762 nach. Er hatte damit eine Unterstützung des Jülicher Galmeibergbaus beabsichtigt und keine Schädigung der Stolberger Messingindustrie, die sich auch letztendlich durchsetzen konnte. Allerdings hatte er mit seinem Erlaß einen zusammenhängenden Wirtschaftsraum zerschnitten, waren doch die Kupfermeister nicht nur im Jülicher Territorium tätig, sondern auch in den Reichsabteien Kornelimünster und Burtscheid und gelegentlich im Aachener Reich.[46] Auch bezogen sie aus diesen Territorien ihr Galmei, das darüber hinaus noch um Limburger Erz ergänzt werden mußte.

Zur gleichen Zeit wurde die Stolberger Messingindustrie auch von der zweiten Möglichkeit landesherrlicher Wirtschaftspolitik betroffen. Auf Veranlassung des Eschweiler Bergvogtes Daniels hatte 1750 die Düsseldorfer Regierung die Abgabe auf das Zinkerz, den sogenannten Galmei-Zehnten, auf das Niveau der benachbarten Reichsabtei Kornelimünster angehoben. Begründet wurde die Erhöhung damit, daß seit der Festsetzung des alten Zehnten der Galmeipreis bereits um das 2 1/2 fache gestiegen war. Der erbitterte Protest der Kupfermeister führte im Jahr darauf zu einer Rücknahme des neuen Galmei-Zehnten.[47]

Beide Ereignisse stehen beispielhaft für die Konflikte, die zwischen den wirtschafts- und finanzpolitischen Interessen des Herrschers und den Unternehmern einer bestimmten Industrie entstehen konnten. Zugleich zeigen sie, daß zumindest im 18. Jahrhundert in Jülich-Kleve-Berg die Erhaltung und Förderung erfolgsversprechender Gewerbe den Vorrang vor anderen politischen Zielen genoß.

Kupfer

Die quantitativ wesentlich größere Bedeutung des Galmeis gegenüber des Kupfers war ein wesentlicher Faktor für die Standortentscheidungen der Messingindustrie. Nur selten wurden größere Produktionen in der Nähe der Kupferlagerstätten etabliert. Dinant und Aachen verdankten ihre frühe Führungsposition nicht zuletzt der Nähe der Altenberger Galmeivorkommen. Die Iserlohner Messingindustrie entstand in den 1730er Jahren erst nach Entdeckung der dortigen Galmeilagerstätten.[48] Das benötigte Kupfer wurde in der Regel über weite Strecken herangebracht, wobei mitteldeutsche Kupfervorkommen zunächst eine zentrale Rolle spielten.

Schon die Aachener Messingindustrie bezog ihr Kupfer vorrangig aus dem sächsischen Mansfeld, das aus qualitativen Gründen einen besonderen Ruf genoß. Daneben kam Kupfer aus Ungarn, aus der Slowakei und in weitaus geringerem Maß aus anderen deutschen Territorien zum Einsatz. Den Kupferhandel beherrschten zu dieser Zeit oberdeutsche Kaufleute. Die Aachener Messingfabrikanten deckten ihren Bedarf auf der Frankfurter Messe, die regelmäßig von Kaufleuten aus Nürnberg oder Augsburg besucht wurden. Als zweiter wichtiger Kupferumschlagplatz diente Antwerpen.[49]

Auch in der Stolberger Messingindustrie dominierte lange Zeit die Verhüttung des Mansfelder Kupfers, bis sich auf dem Weltmarkt lukrative Alternativen anboten. Die Beschreibung des Hofkammerrates Jacobi betont, daß wegen des günstigen Preises das Kupfer im wesentlichen aus Trondheim bezogen wurde. Hinzu kam, allerdings nur gelegentlich, deutsches und peruanisches Kupfer. Der Ankauf des norwegischen Kupfers geschah in Amsterdam, von wo jährlich rund 1,58 Millionen Pfund bis Nijmegen auf dem Wasserweg und von dort per Karren transportiert wurde.[50]

Das skandinavische Kupfer gewann seit den 1630er Jahren eine zunehmend stärkere Stellung auf dem Weltmarkt, begünstigt durch die Förderung seitens der schwedischen Regierung und durch die Beeinträchtigungen des deutschen Kupferbergbaus im Dreißigjährigen Krieg.[51] Im ruhigeren 18. Jahrhundert war es, folgt man Jacobi, offenbar vor allem der Preis, der den Ausschlag für skandinavische, besonders nordnorwegische Erze, welche die schwedischen verdrängt hatten, gab. Wie im Falle des Galmeis wog der Preisvorteil für die Stolberger Kupfermeister mehr als der Qualitätsvorteil, um die Stellung auf dem Weltmarkt angesichts zunehmender Konkurrenz behaupten zu können.

Holz und Holzkohle

In der Messingindustrie diente Holzkohle vorrangig als Lieferant zusätzlichen Kohlenstoffs zur Freisetzung des im Galmei gebundenen Zinks. Zur Feuerung wurde sie in den Mühlen und Hammerwerken zur Weiterverarbeitung des Messings benutzt, während in den Schmelzöfen wegen des höheren Brennwertes im wesentlichen Steinkohle zum Einsatz kam. Nach Jacobi betrug der jährliche Verbrauch pro Ofen zehn Karren Holzkohle, so daß ungefähr 1000 Karren pro Jahr aus den Jülicher Waldungen der Umgebung bezogen wurden. Hinzu kamen für die 70 Einrichtungen zur Weiterverarbeitung insgesamt 7000 Klafter Holz, das zur Hälfte aus den Aachener und Kornelimünsterschen, zur anderen Hälfte aus den Wäldern Jülichs bezogen wurde.[52]

Eine weitaus höhere Bedeutung hatte das begehrte Brennmaterial in der Eisenindustrie im südlichen Teil des Tales. Um ein Kilogramm Roheisen zu gewinnen, wurden hier 3,2 kg Holzkohle benötigt.[53] Von der Familie Hoesch ist bekannt, daß sie in einem einzigen Jahr, 1744, für ihre Produktion auf der Pleushütte 151 Wagen Holzkohle verbrauchte.[54]

Der unterschiedliche Holzkohlebedarf der beiden Gewerbe darf nicht darüber hinwegtäuschen, daß die Messingindustrie allein auf Grund ihrer großen Expansion im 18. Jahrhundert eine erhebliche Menge Holzkohle benötigte und daß die zur Verfügung stehenden Waldbestände im Zuge der fortschreitenden Industrialisierung des Vichttales knapp wurden. Konflikte um eine solche wichtige Ressource waren unvermeidlich. Der sogenannte Kohlezirkelstreit ist ein exemplarisches Beispiel für eine solche Auseinandersetzung.[55]

Den einzelnen Hütten wurde im Zuge ihrer Konzessionierung als sogenannte Kohlezirkel Waldparzellen zugewiesen, die ihnen zur Ausbeutung durch ihre eigenen Köhler zur Verfügung standen. Zwar wurde gelegentlich auch die pauschale Erlaubnis erteilt, gegen die Zahlung einer Gebühr, der sogenannten Wehrschaft, in einem Forst Holzkohle zu produzieren, wie dies in Teilen des Amtes Wilhelmstein der Fall war. Auch bestanden für die Unternehmer neben den Kohlezirkeln weitere Bezugsmöglichkeiten bei sogenannten Karrköhlern, die ihre Holzkohle illegal produzierten und auf Karren von Ort zu Ort verkauften, sowie bei Hüttenbesitzern, welche die in ihren Zirkeln gewonnene Kohle weiterverkauften. Dennoch waren die Kohlezirkel die entscheidenden Bezugquelle für die benötigte Holzkohle. Entsprechend waren expandierende Hüttenunternehmen daran interessiert, auch ihre Kohlezirkel auszuweiten, was spätestens im 18. Jahrhundert nur noch auf Kosten bestehender Zirkel geschehen konnte. Die Besitzer solcher Zirkel wehrten sich selbstverständlich, so daß eine Flut von Eingaben an die Düsseldorfer Regierung entstand, in denen diese regelmäßig zur Klärung von Einzelfällen angerufen wurde. Kernfragen dieser Auseinandersetzungen waren die Vererbbarkeit von Kohlezirkeln, ihr Bestand auch zu Zeiten, in denen die zugehörige Hütte nicht produzierte, die Übertragbarkeit der gewonnen Kohle auf andere Hütten desselben Besitzers und schließlich die Prioritäten bei der Kohlegewinnung, bestand doch aus Zeiten scheinbar unbegrenzter Holzbestände die Möglichkeit, in einem Kohlezirkel Nutzer ersten, zweiten und dritten Zugriffsrechtes zu bestimmen.[56]

Es waren die eisenproduzierenden Reitmeister, die auf Grund des immensen Bedarfs ihrer Hütten bestrebt waren, die bestehenden Zirkel möglichst unverändert in den Familiendynastien zu erhalten, einschließlich der Praxis, die gewonnenen Kohlen mehrerer Zirkel auf eine Hütte zu konzentrieren und andere Hütten wegen Brennstoffmangels für einige Jahre stillzulegen. Die expandierenden und kapitalkräftigeren Kupfermeister witterten hingegen bei jeder Hüttenübergabe an einen Sohn und bei jeder ruhenden Anlage die Möglichkeit, die entsprechenden Kohlezirkel in ihren Besitz bringen zu können. Der offene Streit zwischen den beiden Parteien begann bereits 1708. Ein Jahr später wurde in den umstrittenen Zirkeln eine Priorität für die Kohlegewinnung festgelegt, welche die auf Seiten der Reitmeister führende Familie Hoesch an erster, die Stolberger Kupfermeister an zweiter und auswärtige Reitmeister an dritter Stelle sah. Doch im Laufe des jahrzehntelangen Streites gelang es den Kupfermeistern, ihre Position kontinuierlich zu verbessern. 1728 erreichten sie hinsichtlich der Prioritäten die erste Stelle. Weitere Zirkel kamen im Laufe der darauf folgenden Jahre in ihren Besitz, bis die Streitigkeiten schließlich in den 1770er Jahren die Messingproduzenten als eindeutige Sieger sahen – ein Sieg, der von einer Reihe von Pleiten im Bereich der Eisenindustrie, u. a. des Jeremias Hoesch im Jahr 1760, begleitet wurde.

Die Argumente, welche die beiden Seiten ins Feld führten, waren die gleichen. Beide sahen in einer nach ihren Maßstäben ausreichenden Holzkohleversorgung das entscheidende Mittel, die Zahl der Betriebsschließungen zu senken, so die Arbeitslosigkeit in der Region niedrig zu halten und damit schließlich das Steueraufkommen des Staates zu sichern. Letztendlich brachte weniger die Stichhaltigkeit der vorgebrachten Argumente, sondern die Entscheidung der herzoglichen Regierung, welchen der Kontrahenten zu protegieren die für den Staat lohnendere Strategie war, den Streit zu einem Abschluß. Die Regierung hatte sich mehr und mehr auf die Seite der Kupfermeister geschlagen, wohl weil sie sich von dieser Industrie, die immerhin auf dem Weltmarkt eine Führungsrolle einnahm, langfristig bessere Einnahmen und stabilere wirtschaftliche Verhältnisse im eigenen Land erwartete als von einem angeschlagenen Konkurrenten, der mannigfaltiger Konkurrenz in Deutschland und Europa ausgesetzt war.

Dies hieß jedoch nicht, daß die Kupfermeister stets und unkritisch den Vorzug vor allen anderen Gewerben erhielten, wie eine spätere Episode zeigt: 1783/84 strebten die Kupfermeister die exklusive Nutzung der Holzkohle aus dem Monschauer Kameralwald an. Dieses Ansinnen wurde von der Jülicher Regierung abgelehnt mit dem Hinweis, daß die Messingindustrie in den letzten Jahren trotz erhöhter Holznachfrage keinen Schaden genommen hätte. Die Regierung verwies die Antragsteller auf die üblichen Auktionen des Kameralwaldholzes und betonte, daß auch die konkurrierenden Industrien wie die Tuch- und Metallgewerbe gerechtfertigte Ansprüche hätten.[57]

Steinkohle

Der Steinkohlebedarf der Messingindustrie, die schon früh den Umstieg auf diesen Brennstoff für Schmelz- und Schmiedefeuer eingeleitet hatte, war immens. Für jeden Schmelzofen rechnet Jacobi ungefähr 100 einspännige Karren, die sämtlich von den Eschweiler Kohlenbergwerken bezogen wurden. Für den Betrieb der Schmelzöfen ergeben sich rund 10 000 Karren jährlich; zusammen mit den 150 Karren für jede der 30 Kesselmühlen, in denen die Kohle zum Ausglühen benötigt wurde, ergeben sich für die regionale Messingindustrie ca. 13 150 Karren Steinkohle, die jährlich allein vom Eschweiler Kohlberg bezogen wurden.[58] Dies bedeutet, daß dort wöchentlich über 250 Karren und pro Tag, geht man von einem freien Sonntag aus, zwischen 40 und 45 Karren allein im Auftrag der Kupfermeister erschienen.

Die Angaben, welche die Kupfermeister in Eingaben gelegentlich selber machten, sprechen sogar von noch größeren Zahlen. In einem Protest gegen die Erhöhung der pro Karren zu entrichtenden Abgabe ist 1753/54 von 30 000 Karren im Jahr die Rede, in einer Beschwerde aus dem gleichen Jahr gegen die neu eingeführte Ladeordnung sogar von 50 000.[59] Sollten die Kupfermeister in diesem Zusammenhang nicht allzusehr übertrieben haben, waren möglicherweise in Hochzeiten bis zu 150 oder 160 Karren täglich auf dem Kohlberg zu finden – von den Fuhrleuten, welche für andere Industrien einkauften, ganz zu schweigen.

Allzu große Konkurrenz um die Steinkohle hatten die Kupfermeister nicht zu befürchten. Das Steinkohlerevier an der Wurm nördlich von Aachen nahmen sie kaum in Anspruch. In der frühen Neuzeit versorgte dieses Revier vorrangig die Gewerbe und Haushalte in der Stadt Aachen, bevor es im 19. Jahrhundert im Zuge der gestiegenen industriellen Nachfrage einen deutlichen Aufschwung erlebte und seine Kohle zu einem echten Exportgut wurde. Die kürzeren Wege und die geringe Konkurrenz anderer Gewerbe führte dazu, daß sich die Kupfermeister ganz auf die Kohle des Eschweiler Kohlebergs und einiger anderer kleinerer Gruben im Umland beschränkten. Dort waren die Kupfermeister die Hauptkunden, da darüber hinaus allenfalls noch die wenig bedeutenden Gewerbe der Stadt Eschweiler und die Eisenindustrie des unteren Vichttales als Abnehmer in Betracht kamen.[60]

Es verwundert nicht, daß gerade in diesem Bereich das Selbstverständnis der erfolgreichen Messingfabrikanten besonders deutlich wird. Ihre Eingaben gegen Abgaben und Regelungen der im staatlichen Besitz befindlichen Kohlebergwerke betonen unentwegt die existenzbegründende Bedeutung gerade ihres Gewerbes für die Wirtschaftlichkeit der Gruben. In seiner Replik auf die Beschwerden gegen die erwähnte Ladeordnung verwahrt sich der Jülicher Bergwerksdirektor ausdrücklich gegen die Anmaßungen der Kupfermeister, die für sich und die ihnen zuarbeitenden Fuhrleute völlig freie Hand auf dem Kohleberg beanspruchten. Nicht nur die auffällig repräsentativen Gebäude der Messingunternehmer, sondern auch ihr Auftreten und ihre Ansprüche gegenüber dem Staat und anderen Wirtschaftszweigen ließen ihr Selbstverständnis als heimliche Machthaber im Vichttal deutlich werden.

Wasser

Ob es sich um Mühlenwerke für Galmei-, Kupfer- oder Eisenerz handelte, ob um den Antrieb von Hämmern oder von Pumpwerken des Bergbaus, stets war die Wasserkraft der maßgebliche Träger der Antriebsenergie. Das wasserreiche Tal zwischen Eschweiler im Norden und Roth im Süden bot ideale Voraussetzungen zu dessen Nutzung. Es wird auf der ganzen Länge von der Vicht durchflossen, die sich unterhalb Stolbergs mit der Inde vereint. Hinzu kommt eine Reihe von Zuflüssen, deren wichtigster, der sogenannte Mühlbach, im Ortsgebiet von Stolberg in die Vicht mündet. Auch stand ausreichend Platz zur Verfügung, um durch Kanal- und Wehranlagen sowie künstliche Weiher zusätzliche Kapazitäten zu schaffen:

> »Unzählige Kanäle sind vermittels großer starker Wehre von dem Bache abgeleitet, welche die Messinghämmer treiben. Rechts und links sind diese Kanäle abgeleitet, steinerne Brücken führen über dieselben. Nirgends kann das Wasser ökonomischer benutzt werden als hier. In großen Teichen wird es aufbewahrt und auf die Hämmer getrieben. Alle zwanzig bis dreißig Schritte sind Mühlen angelegt. Kesselmühlen, Drahtmühlen, Galmeimühlen und Hämmer mit einem, zwei und drei Rädern oder Bäumen sieht man längst dem ganzen Wasser.«[61]

Unbegrenzt waren diese Kapazitäten freilich nicht in Anbetracht ständig neuer Ansiedlungen, so daß Konflikte um diese zentrale Ressource nicht ausbleiben konnten. Schon die Schenkungsurkunde, mit der 1496 die Unterherrschaft Stolberg an Vincenz von Efferen übereignet wurde, legte durch ihre unklaren Grenzangaben die Grundlage für einen jahrhundertelangen Streit zwischen den Unterherren und den Äbten von Kornelimünster.[62] Beide Seiten beanspruchten die Wasserrechte der Vicht für sich, um auf ihrem Territorium gewerbliche Ansiedlungen fördern zu können. Ein Vergleich von 1571 garantierte dem Abt die Nutzung des Wassers für seine Gruben einschließlich zukünftiger Nutzung auf dem Stolberger Territorium, während die von dem Stolberger Unterherrn an die ersten Kupfermeister vergebenen Wasserrechte bestehen blieben. Der Streit flackerte jedoch erneut auf, als die Gründungswelle im Vichttal fortschritt und neue Werkanlagen Wasserrechte beanspruchten. Diese Entwicklung führte schon Ende des 16. Jahrhunderts im Sommer zu mangelndem Wasserdruck in der Vicht.

Auch zwischen Unternehmern kam es im Zeichen knapper werdender Wasserkapazitäten zu teilweise recht handgreiflichen Auseinandersetzungen. Das aufsehenerregendste Beispiel lieferten der Eisenhüttenbesitzer Jeremias Hoesch und der Kupfermeister Heinrich Prym, der den Kupferhof ›Roderburg‹ betrieb. Als Prym für seine Mühlenwerke einen neuen Kanal und neue Schleusen anlegte sowie die Mühlräder vergrößerte, griff Hoesch zur Selbsthilfe und riß die neuen Wehranlagen wieder ein. In der Folge kam es zu mehreren gewalttätigen Auseinandersetzungen, so daß der Unterherr schließlich eingreifen mußte. Es paßt in das Bild der obrigkeitlichen Gewerbepolitik an diesem Standort, daß er es auf Seiten des Heinrich Prym tat.[63] Auch zwischen anderen Unternehmern und innerhalb der Messingindustrie kam es zu Auseinandersetzungen um neue Wasseranlagen, die nicht selten gewaltsam ausgetragen wurden. Die Messingindustrie war in ihrer

Hochphase auf die restlose Ausschöpfung der Wasserkraft angewiesen. Ein ausgedehntes Kanalsystem entstand vor allem am Unterlauf der Vicht, wo mehrere Mühlen und Pumpwerke versorgt werden mußten.[64] Ein solch hoher Nutzungsgrad bedurfte Regelungen, sollte nicht die Industrie des oberen Tales diejenige unterhalb Stolbergs im Wortsinne austrocknen. Der Territorialherr mußte nicht nur zur Schlichtung von Streitigkeiten einschreiten, sondern solchen durch Regelungen wie derjenigen, daß die Mühlen des Oberlaufs zu bestimmten Zeiten ihren Betrieb einstellen mußten, auch vorbeugen.

Neben den Mühl- und Hammerwerken der Eisen- und Messingindustrie benötigte der Steinkohlebergbau, der seit dem ausgehenden Mittelalter unter Tage arbeitete, Wasserkraft zum Antrieb der umfangreichen Pumpwerke, welche das Grubenwasser entsorgen mußten. Obwohl schon früh für die Eschweiler Pumpenwerke eine Dampfmaschine errichtet wurde, die zu den ersten ihrer Art in der ganzen Region gehörte, blieb die Wasserkraft in diesem Bereich des Bergbaus bis in die französische Zeit hinein dominant. Die Dampfmaschine kam auf Grund ihrer hohen Feuerungskosten nur zum Einsatz, wenn das Grubenwasser unverhältnismäßig hoch stieg oder Vicht und Inde vorübergehend nicht ausreichend Wasserkraft zur Verfügung stellen konnten.[65]

Arbeitsmarkt

Leider ist aus der Zeit des Ancien Régime nur wenig über die grundlegende Ressource aller frühindustriellen Gewerbe, die Arbeitskraft, überliefert. Im wesentlichen vermittelt der Hofkammerrat Jacobi in seinem Bericht von 1773/74 einen Eindruck von den Größenverhältnissen der Arbeiterschaft und der Struktur ihres Arbeitsmarktes.[66]

Berichtet Noppius in der Aachener Chronik für die Blütezeit der dortigen Messingindustrie noch von 17 Arbeitern je Schmelzofen,[67] fallen Jacobis Zahlen wesentlich bescheidener aus. Unmittelbar an einem Schmelzofen arbeitete zu dieser Zeit jeweils nur ein Arbeiter. Hinzu kamen drei bis vier, die ein Kupfermeister in der Weiterverarbeitung beschäftigte, so er die durchschnittlich üblichen drei Hämmer betrieb. Ergänzt wurde diese Arbeiterschaft um je einen Tagelöhner pro Kupferhof, der alle anderen anfallenden Arbeiten zu erledigen hatte, und um insgesamt 36 Arbeiter für die abschließenden Bearbeitungs- und Ausbesserungsarbeiten. Insgesamt ergibt dies eine Arbeiterschaft von 485 bis 550 Personen; selbst in besten Zeiten der zweiten Hälfte des 18. Jahrhunderts beschäftigte die Messingindustrie direkt, also ohne zuliefernde Gewerbe und Fuhrleute, wohl nie mehr als 600 Personen. In Boomphasen dürfte die Belegschaft allerdings größer gewesen sein.

Für den Beginn des 18. Jahrhunderts liegen leider keine verläßlichen Angaben vor. In französischer Zeit zu Beginn des 19. Jahrhundert sollen in den Stolberger Messingwerken 800 bis 900 Arbeiter beschäftigt gewesen sein;[68] eine andere Quelle, die jedoch eindeutig das Ziel hat, die Bedeutung der Messingindustrie in möglichst hellen Farben zu schildern, geht sogar von 1200 bis 1300 Beschäftigten aus.[69] Nach der Liste der sieben hervorragendsten Fabrikanten des Roerdepartements, eingereicht vom Präfekten an den Minister des Innern am 13. Oktober 1810, beschäftigte Fritz Schleicher – der zu diesem Zeitpunkt wohl überragende Stolberger Fabrikant – allein 190 Arbeiter.[70]

Die wenigsten dieser Arbeitskräfte lebten unmittelbar im Ort Stolberg. Jacobi schätzt, daß die Arbeiter an den Öfen zur Hälfte »Ausländer« waren. Die Hammerarbeiter stammen sämtlich aus dem Aachener Reich und dem Gebiet der Reichsabtei Kornelimünster, während die Tagelöhner zur Hälfte und die Ausbesserungsarbeiter zu 20% nicht aus der Unterherrschaft stammten. Insgesamt lebten zwischen 17% und 20% der Arbeiter in Stolberg, die restlichen 80% bis 83% waren Pendler, die in den Dörfern der Umgebung ihre Wohnungen und Familien hatten. Angesichts der sehr spärlichen Besiedlung des Vichttales in den Jahrhunderten zuvor waren diese Verhältnisse in der Blütezeit der Messingindustrie kaum anders, und auch in französischer Zeit hatte sich daran wenig geändert.[71]

Mit 1¹/₂ Reichtaler pro Woche verdienten die Arbeiter an den Schmelzlöfen einen verhältnismäßig hohen Lohn, ihre Kollegen an den Hämmern verdienten kaum weniger. Geringere Löhne, teilweise von weniger als einem Reichstaler pro Woche, bezogen die Tagelöhner, die für alle übrigen Arbeiten in den Kupferhöfen herangezogen wurden, und die Arbeiter in der Endbearbeitung und Ausbesserung der Messingprodukte. Insgesamt ergibt sich in der Messingindustrie eine Spanne von 50 bis 78 Reichstaler Jahreslohn pro Arbeiter. Innerhalb der Gesamtkostenrechnung der Messingindustrie machten die Lohnkosten jedoch nur einen sehr kleinen Anteil aus (Tabelle 2). Während mit 79% die überwältigende Mehrheit des Betriebskapitals in den Rohstoffen gebunden war und immerhin noch mehr als 8% für Transportkosten aufgewandt werden mußten, machten die Lohnkosten gerade 4,5% des Gesamtaufwandes aus. Diese hohe Bindung von Kapital in Rohstoffen bei gleichzeitig billiger Arbeitskraft hatte die Messingindustrie mit den meisten frühindustriellen Gewerben gemein.

Genaueren Aufschluß über die innere Struktur der Arbeiterschaft geben erst die Bevölkerungslisten, welche die französische Verwaltung zwischen 1799 und 1812 in jeder einzelnen Mairie anfertigen ließ.[72] Da sich das Betriebs- und Produktionssystem nicht grundsätzlich geändert hatte, lassen sich die Ergebnisse ihrer Auswertung weitgehend auf die vorangegangene Zeit übertragen. Es fällt auf, daß eine vergleichsweise geringe Zahl

	jährliche Kosten (ca.)	Anteil
Rohstoffe	646.950 Rthlr.	79,0%
Transportkosten*	66.330 Rthlr.	8,1%
Brennmaterial	48.830 Rthlr.	6,0%
Lohnkosten	36.640 Rthlr.	4,5%
Verbrauchsmaterial und Instandhaltung	14.450 Rthlr.	1,8%
sonstige Kosten	5.950 Rthlr.	0,7%
Gesamtkosten	819.150 Rthlr.	100%

* ausgenommen Transportkosten standortnaher Rohstoffe (Galmei) und Brennmaterialien (Holz, Kohle), die von Jacobi unter die Materialkosten subsumiert wurden, jedoch bei der geringen Entfernungen kaum ins Gewicht fallen.

Tab. 2   Kosten pro Jahr für die Stolberger Messingindustrie nach Jacobi

von Facharbeitern der Messing- und Eisenindustrie, durch die der Arbeitskräftebedarf dieser beiden Industrien nicht gedeckt werden konnte, einer relativ großen Zahl von ›journaliers‹ gegenüber stand (Tabelle 3). Diese Berufsgruppe, deren Bezeichnung in der Regel etwas unscharf mit ›Tagelöhner‹ übersetzt wird, stellte ein unspezifisches Arbeitskräftepotential ohne konkrete Qualifikationen dar, das jederzeit für technisch einfachere Aufgaben angelernt und so je nach Konjunkturlage von verschiedenen Branchen genutzt werden konnte.

Auch in den umliegenden Gebieten, aus denen die meisten Arbeiter der Messing- und der Eisenindustrie stammten, ergibt sich das gleiche Bild (Abb. 13). Die Zahl der ›journaliers‹ überstieg bei weitem diejenige der Facharbeiter, deren geringe Anzahl für den Gesamtbedarf an Arbeitskräften in den Metallindustrien nicht ausreichen konnte. Es ist also von einem zweiteiligen Arbeitsmarkt auszugehen, in dem die ausgebildeten Facharbeiter die anspruchsvollen Tätigkeiten ausübten, während die angelernten Tagelöhner ihnen zuarbeiteten. Letztere Gruppe konnte jederzeit angesichts des großen Angebots und den geringen Qualifikationsvoraussetzungen ausgetauscht werden. Die Facharbeiter waren hingegen äußerst begehrte Spezialisten, wie die bereits 1671 ergriffenen gesetzlichen Maßnahmen zur Verhinderung der »Desertion«, also des Arbeitsplatzwechsels, von Kupferwerksgesellen[73] ebenso zeigt wie die Tatsache, daß am Beginn der Iserlohner Messingindustrie die heimliche Abwerbung eines Stolberger Messingschmelzers durch Johann Caspar Lecke, den Gründer der ersten Messinghütte in Iserlohn, stand.[74]

Diese Spezialisten waren eng an die Stolberger Industrie gebunden, wenn sie nicht gerade von außerhalb der Region abgeworben wurden, was jedoch allein angesichts der beherrschenden Stellung Stolbergs auf dem Weltmarkt nicht allzu häufig vorkam. Das unspezifische Arbeitskräftepotential war hingegen vielfältig einsetzbar. Tagelöhner konnten sowohl in der Landwirtschaft, insbesondere in der arbeitsintensiven Erntezeit, als auch in anderen Gewerben als Hilfskräfte oder in leicht erlernbaren Tätigkeiten Beschäftigung finden. An dieser Stelle ist das Einfallstor für expandierende Industrien, deren Raumerfassung mit derjenigen der Stolberger Messingindustrie kollidierte, in dem Arbeitsmarkt derselben zu suchen.

Die regionale Perspektive: Konkurrenzlagen und Verflechtungen eines Standortes

Regionaler Rahmen

Die Bedingungen eines spezifischen Standortes und damit die lokale Perspektive stellen die eine Seite der Rahmenbedingungen dar, unter denen sich unternehmerische Strategien entfalteten. Für den Standort Stolberg und die Unternehmer der Messingindustrie hat sich gezeigt, daß mit der einzigen Ausnahme des Kupfers alle wesentlichen Ressourcen vor Ort verfügbar waren und auch die technischen Möglichkeiten bereit standen diese zu erschließen – wenn auch mit der Einschränkung, daß Zink noch nicht als separierter Rohstoff gewonnen werden konnte, woraus Stolberg selbst jedoch einen weiteren Standortvorteil bezog. Zwar sahen sich die Kupfermeister immer wieder Problemen mit konkurrierenden Gewerben vor Ort und auch mit der obrigkeitlichen Politik ausgesetzt, doch erwiesen sie sich häufig als die durchsetzungsfähigere Konfliktpartei, nicht zuletzt auch dadurch, daß sie sich immer wieder die Unterstützung der Entscheidungsträger auf den verschiedenen staatlichen Ebenen sichern konnte.

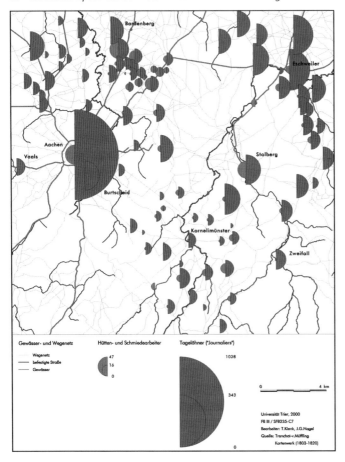

13 Arbeitskräftepotential der Metallindustrie im Raum Stolberg um 1812

Es sind jedoch weder die Gegebenheiten vor Ort noch die Konkurrenzsituationen auf den Weltmärkten für Rohstoffe und Fertigprodukte alleine, welche die Entwicklung einer exportorientierten Industrie wie der Messingindustrie maßgeblich beeinflußten. Schließlich war Stolberg und das Vichttal keine in sich abgeschlossenen Welt, sondern verfügte über man-

Standortkonkurrenz und regionaler Arbeitsmarkt

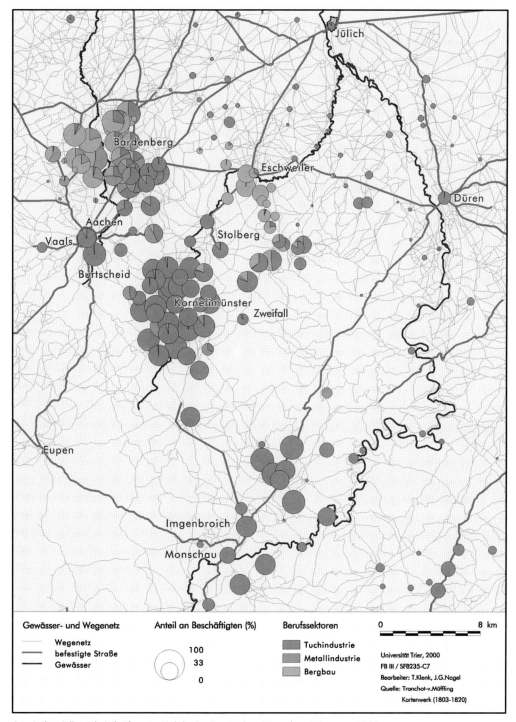

14 Industrielles Arbeitskräftepotential der Region Aachen-Monschau-Düren um 1812

nigfaltige Verbindungen, sei es durch Verflechtungen oder durch Konkurrenzlagen, in das weitere Umland. Hier kommt als zweite Seite der Rahmenbedingungen die regionale Perspektive ins Spiel.[75] Auch die spezifischen Bedingungen der frühindustriellen Region zwischen Aachen, Monschau und Düren, in die der Gewerbestandort Stolberg eingeordnet werden muß, und die aus solchen Bedingungen resultierenden Konkurrenzlagen hatten Einfluß auf das Schicksal der Messingunternehmer. Die Stolberger Industrie war mit dieser Region eng verflochten, wobei sich zwei Formen der Raumerfassung beobachten lassen. Über die Gestaltung der Tallandschaft der Vicht durch die massive Präsenz ihrer Produktionsanlagen und die dafür notwendigen Eingriffe in die Natur hinaus erfaßte sie das gesamte Umland durch die Rekrutierung der benötigten Arbeitskräfte. Die Ausstrahlung der Messingindustrie ging somit weit über den eigentlichen Standort hinaus.

Die Betrachtung der Standortfaktoren hat bereits die Konkurrenzlagen zu anderen Gewerben angedeutet. Weitet man die Perspektive auf die Region aus, rückt einen zunehmenden Konkurrenzkampf um Arbeitskräfte und Ressourcen zwischen einer ganzen Reihe Gewerbe in den Blick. Dabei entsteht jedoch nicht der Eindruck einer homogen in sich geschlossenen Wirtschaftslandschaft. Vielmehr ergibt sich ein facettenreiches Bild, in dem verschiedene Gewerbe und ihre Teilbereiche der Region ihre charakteristische Struktur gaben.

Alteingesessen war die bereits mehrfach erwähnte Eisenindustrie, die sich vorrangig im südlichen Vichttal und darüber hinaus in den Ausläufern der Eifel festgesetzt hatte.[76] Zu ihr bestand kaum eine Konkurrenz um Arbeitskräfte, da sie diese mehrheitlich in der Eifel rekrutierte. Konkurrenzkämpfe fanden jedoch von Anfang an um die zentralen Ressourcen Holzkohle und Wasser statt. Es hat sich gezeigt, daß sich in diesem Bereich die Reitmeister nicht hatten gegen die Kupfermeistern durchsetzen können.

Ebenfalls alteingesessen war der Steinkohlenbergbau.[77] Hinsichtlich des Standortes, der stets an den Ort der Kohlevorkommen gebunden blieb, war dieses Gewerbe unflexibel. Von daher bestanden räumliche Überschneidungen mit dem Einzugsbereich der Messingindustrie, die insbesondere bei der Ausschöpfung des Arbeitskräftepotentials eine Rolle spielten. Im nördlichen Vichttal rund um Eschweiler wurde dieses durch den Bergbau beansprucht, so daß andere Gewerbe wenig Zugriff darauf hatten (Abb. 14). Andererseits war der Bergbau von der Messingindustrie abhängig, da die Eisenindustrie weitaus weniger auf Steinkohle zurückgriff und die Mechanisierung anderer Sektoren noch nicht so weit fortgeschritten war, um durch den Einsatz von Dampfmaschinen als Konkurrenten auf dem Kohlemarkt aufzutreten.

Ebenfalls mit den Kupfermeistern in Zusammenhang stand die Produktion von Näh- und Stecknadeln.[78] In Aachen und Burtscheid entstanden Ende des 18. Jahrhunderts Manufakturen, in denen diese zentralisiert wurde. Die Arbeiterschaft wohnte allerdings vielfach auf dem Land und pendelte in die Manufakturen, so daß auch diese Industrie einen weitaus größeren Raum als ihre Standorte erfaßte. So ist es denkbar, daß in den Dörfern zwischen Aachen und Stolberg um Arbeitskräfte konkurriert wurde, während ein Konkurrenzkampf um natürliche Ressourcen keine Rolle spielte, da die Nadelherstellung ihre wassergetriebenen Produktionsanlagen an entfernteren Standorten unterhielt und sich ansonsten eher komplementär zu den Industrien im Vichttal verhielt, lieferten letztere doch den als Ausgangsprodukt benötigten Eisen- oder Messingdraht.

Eine sehr neue Industrie war hingegen Ende des 18. Jahrhunderts unmittelbar am Standort Stolberg zu finden. 1790 gründete ein Konsortium aus fünf Kupfermeistern die erste Glashütte, die bereits zwei Jahre später von den Gebrüdern Siegwart übernommen wurde, die nicht in der Messingindustrie tätig waren. Der Erfolg dieser Hütte, die 24 Arbeiter beschäftigte, war so groß, daß noch in französischer Zeit zwei weitere Hütten in Planung waren und die Glasindustrie auf dem Höhepunkt ihrer Entwicklung in Stolberg insgesamt acht Hütten betrieb.[79] Ähnlich der Messingindustrie profitierte die Glasindustrie von den natürlichen Standortvorteilen des Vichttales. Insbesondere war hier hochwertiger Quarzsand zu finden, aber auch die einheimische Kohle wurde für den Verhüttungsprozeß in nicht geringem Umfang benötigt. Dadurch wurde sie zu einer ernstzunehmenden Konkurrenz für die Messingindustrie, während die hochspezialisierten Arbeitskräfte zunächst von außen angeworben werden mußten.

Das auffälligste regionale Phänomen war jedoch der rasante Aufstieg der Textilindustrie, die im Laufe des 18. Jahrhunderts von neuen kleinstädtischen Produktionsstandorten wie Burtscheid oder Monschau aus die gesamte Region überformte. Ihr dezentrales Produktionssystem, das in Manufakturen zentralisierte Elemente wie die Appretur der Tuche mit dezentralen Elementen unterschiedlicher Standortnähe wie die in Heimarbeit durchgeführte Weberei oder Spinnerei kombinierte, gewährleistete die hohe Flexibilität, die sie für ihren Siegeszug benötigte. Die Textilindustrie, deren hochwertige Tuche aus spanischer Merinowolle zum Symbol für den wirtschaftlichen Erfolg der ganzen Region wurden, expandierte, bis das regionale Arbeitskräftepotential vollständig ausgeschöpft war und die so entstandene Notwendigkeit zur Rationalisierung die Fabrikindustrialisierung einläutete.[80]

Der Siegeszug des feinen Tuches

Auch in Stolberg konnte sich die Textilindustrie etablieren. Hier wurden aus feiner spanischer Wolle Tücher zwischen 10/4 und 4/4 Brabanter Ellen Breite sowie Kasimire für die Märkte in Frankreich, Italien, Deutschland und der Levante angefertigt.[81] Es ist kein Zufall, daß sie im Jahr 1812 unter den berufstätigen Einwohner der Mairie den größten Anteil beschäftigten (Tabelle 3).

1719 wurde in Stolberg die erste Tuchfabrik gegründet, als Matthias von Asten den ehemaligen Kupferhof ›Schart‹ umwandelte.[82] 1725 wurde mit der ›Krone‹ der erste reine Neubau einer Tuchmanufaktur errichtet. Im Wappen der Manufaktur finden sich die Familiennamen von Deuterone, von Asten, Schmidt und Lynen, allesamt alteingesessene Kupfermeisterdynastien.[83] Schließlich stieg 1754 mit Heinrich Peltzer ein weiterer bedeutender Messingfabrikant in den Tuchhandel ein und gründete zugleich ein Cochenille-Rotfärberei.

Hinzu kamen Tuchfabrikanten aus der Region wie der Vaalser Unternehmer Johann Peter Hollkamp, der 1766 in dem verfallenen ›Alten Hof‹ neben der Krautlade eine Wollweberei errichtete, oder der Monschauer Fabrikant Offermann, der ca. 1760 eine Textilmanufaktur unmittelbar an der Vicht erbaute.[84] Friedrich Heinrich Jacobi berichtet von 40 Webstühlen, die zu Beginn der 1770er Jahre in Stolberg betrieben wurden. Nach seinem Bericht wurde, wie überall in der Region, spanische Merino-Wolle verarbeitet, wobei das Walken vollständig sowie das Färben teilweise »außer Landes« gingen.[85] Man darf annehmen, daß die in den umgewandelten Kupferhöfen untergebrachten Tuchmanufakturen als zentralisierte Teile der dezentralen Manufaktur vor allem die Scherereien beherbergten – zumal die Größe der Gebäude nicht ausreichte, um die breiten Webstühle in ausreichender Zahl unterzubringen.

Stolberg gehörte sicherlich zu den kleineren Textilstandorten der Region, aber offenbar auch zu den vergleichsweise fortschrittlichen. So berichtete der Reisende Philip Andreas Nemnich zu einer Zeit, in der in der Region außer Webstühlen noch kaum Maschinen zum Einsatz kamen: »Erst seit einigen Jahren, sind hier Kratz- und Melir-Maschinen, wie auch Scheer-Maschinen, eingeführt worden; die letzteren hat ein Franzose Namens Wathier verfertigt. Bei Offermann sah ich 16 Scheertische.«[86] Und schon 1818 hielt mit einem Werk der Aktienspinnerei Aachen, das in Atsch angelegt wurde und zeitweilig 400 Arbeiter beschäftigt, das textile Fabrikzeitalter Einzug in das Vichttal.

Zwei Gruppen von Textilfabrikanten sind in Stolberg zu unterscheiden. Zum einen handelte es sich um Kupfermeister, die sich entweder umorientierten oder ihre Unternehmenspalette erweiterten. Zum anderen waren es Textilfabrikanten von außen, die in der Regel schon an anderen Standorten in der Textilindustrie etabliert waren. Hinter diesen beiden Gruppen von Unternehmern steckten unterschiedliche Unternehmerstrategien.

Die Frage, was Kupfermeister dazu veranlaßt haben könnte, sich einem neuen Gewerbe zuzuwenden, für welches sie zunächst zur Beschaffung des notwendigen Know-hows erhöhten Aufwand betreiben mußten, kann nicht eindeutig beantwortet werden. Der Beginn der Stolberger

Standortkonkurrenz und regionaler Arbeitsmarkt

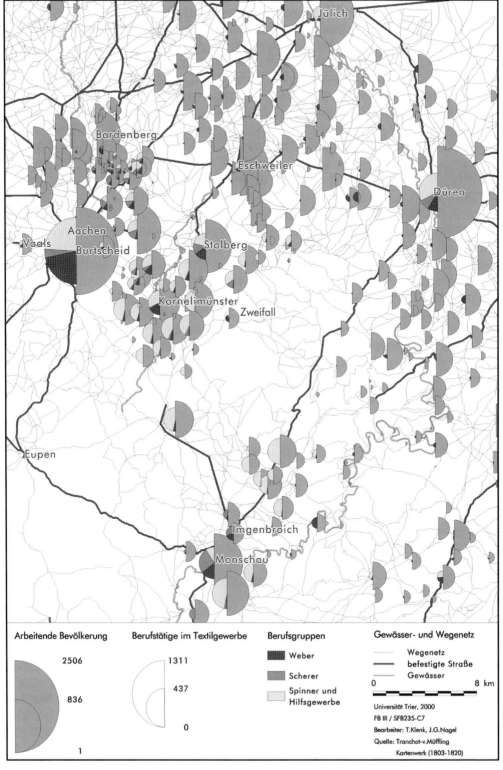

15 Anteil der Beschäftigten der Tuchindustrie an der Bevölkerung in der Region Aachen-Monschau-Düren um 1812 (ohne Aachen)

Standortkonkurrenz und regionaler Arbeitsmarkt

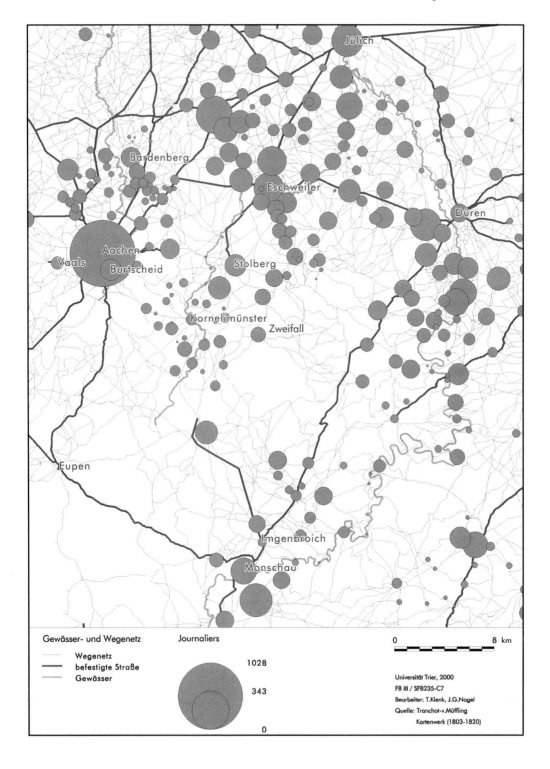

16 Unspezifisches Arbeitskräftepotential in der Region Aachen-Monschau-Düren um 1812

Textilindustrie fällt immerhin in die Blütezeit des lokalen Messinggewerbes, während ihre Entwicklung sich über deren ersten Niedergang hinstreckt. Möglicherweise ahnten einige Kupfermeister den Rückgang ihres Gewerbes, sei es auf Grund des externen Konkurrenzkampfes gegen andere Messingstandorte in Europa und andere Gewerbe in der Region, oder auf Grund des internen Konkurrenzkampfes zwischen den zahlreichen Kupferhöfen in dem schmalen Tal der Vicht. Mindestens ebenso wahrscheinlich ist jedoch die Vermutung, daß die verlockenden Gewinnaussichten der Textilindustrie, die wie kein zweites Gewerbe in der Region boomte, den Ausschlag gaben.

Leichter läßt sich die Frage nach den Beweggründen von Textilfabrikanten beantworten, die außer in reine Textilstandorte, wo sie im Zentrum der Industrialisierung standen, zusätzlich noch in einen Standort, in dem es bereits eine etablierte andere Industrie gab, investierten: Die für die Textilindustrie notwendigen Standortfaktoren waren in Stolberg vorhanden, die Expansion des Textilgewerbes benötigte ständig neue Standorte und Arbeitskräfte und die Messingindustrie war entweder zu klein oder zu schwach, um ihre Vorherrschaft zu behaupten.

Hinsichtlich der Arbeitskräfte hatte die Textilindustrie einerseits stetig wachsenden Bedarf. Andererseits wies sie eine hohe Flexibilität auf, da sie vier Gruppen von Arbeitnehmern beschäftige: hochqualifizierte Arbeiter vor allem in der Appretur, die in zentralisierten Manufakturen beschäftigt waren, Arbeiter von mittlerer Qualifikation, die standortnah einer Heimarbeit nachgingen wie vor allem die Weber, geringqualifizierte Arbeitskräfte in Hilfstätigkeiten wie der Spinnerei, die standortfern im Nebenerwerb betrieben wurde, und schließlich ein unspezifisches Arbeitskräftepotential ohne Qualifikationen, den ›journaliers‹, die je nach Bedarf zum Abfangen von Produktionsspitzen rekrutiert werden konnten (Abb. 15–16).

Tab. 3 Berufstätige männliche Bevölkerung ab 12 Jahren der Mairie Stolberg 1801 und 1812

Beruf	1801		1812	
	Anzahl	Anteil	Anzahl	Anteil
Weber	--	--	55	10,3%
Scherer	--	--	51	9,6%
Textilfabrikanten	7	1,9%	4	0,7%
andere Berufe der Textilindustrie	3	0,8%	5	0,9%
Metallfabrikanten	25	6,7%	19	3,6%
Hütten- und Hammerarbeiter	14	3,7%	35	6,6%
Glasfabrikanten	--	--	3	0,6%
Glaser	6	1,6%	34	6,4%
Fuhrleute	3	0,8%	12	2,3%
Handwerker	66	17,6%	107	20,1%
Kaufleute und Handelsangestellte	21	5,6%	43	8,1%
Landwirte	1	0,3%	3	0,6%
Dienstboten	3	0,8%	27	5,1%
Tagelöhner	170	45,3%	77	14,4%
sonstige Berufe	56	14,9%	58	10,9%
gesamt	375	100%	533	100%

* einschließlich der Berufe ‚forgeron' und ‚chaudronnier', die in allgemeiner Übersetzung – Schmied und Kupferschmied – auf ein Handwerk hinweisen, im spezifischen Stolberger Rahmen jedoch unter die exportorientierte Metallindustrie gezählt werden müssen.

Vor allem bei der letzten Gruppe setzte die Textilindustrie in Stolberg an. Ein Blick auf die Zahlen aus französischer Zeit zeigt, daß 1812 erstmals die Weber und Scherer von großer Bedeutung waren, während 1801 noch die ›journaliers‹ dominierten (Tabelle 3). Die Vermutung liegt nahe, daß viele Tagelöhner im Verlauf dieser elf Jahre einen Tätigkeit in der Textilindustrie angenommen haben, zumal dieses Phänomen auch in anderen Orten zu beobachten ist.[87]

Indizien, die diese Vermutung unterstützen, finden sich bei der Betrachtung der Haushaltszusammensetzung. Während die Arbeiter der Metall- und Glasindustrie relativ geringe Berufstätigkeitsquoten in ihren Haushalten aufwiesen und, wenn einmal mehr Haushaltmitglieder als der Vorstand erwerbstätig waren, im wesentlichen unter sich blieben, lebten in Haushalten der Textilarbeiter weitaus mehr berufstätige Personen. Dabei bestand ein enger Zusammenhang zwischen Textilindustrie und Tagelöhnern. Waren Weber, Scherer oder auch Spinner Haushaltsvorstände, arbeiteten auch 16% bis 20% der Haushaltsmitglieder, seien es Ehefrauen oder Kinder, weitläufige Verwandte oder nichtfamiliale Untermieter, für die Textilindustrie. Standen Tagelöhner einem Haushalt vor, waren dies immer noch 12%, während 7% ebenfalls als Tagelöhner ihr Brot verdienten.

Beide Gruppen wiesen einen ähnlich hohen Beschäftigungsgrad innerhalb ihrer Haushalte auf. Sie benötigten einen Zuverdienst zum Einkommen des Vorstandes, auf den die meisten Haushalte der hochqualifizierten Metallarbeiter verzichten konnten. Dies spricht im Falle der Textilarbeiter dafür, daß sie gering bezahlt wurden, entsprechend gering qualifiziert waren und daher mit gewisser Wahrscheinlichkeit aus dem unspezifischen Arbeitskräftepotential angeworben worden waren. Dafür spricht ebenfalls, daß in den Haushalten genau dieser Gruppe, der ›journaliers‹, relativ viele Mitglieder für die Textilindustrie arbeiteten. Solche Verhältnisse legen nahe, daß die sich ausweitende Textilindustrie ihre Arbeiter in hohem Maße aus einer Gruppe rekrutierte, die bislang der Messingindustrie als notwendige Zuarbeiter der hochqualifizierten Spezialisten zur Verfügung stand.

Niedergang und Erbe der traditionellen Messingindustrie

In der kurzen Zeitspanne, in der Stolberg und das Vichttal Bestandteile des französischen Kaisserreiches waren, erlebten die verbliebenen Kupfermeister eine letzte Blüte ihres Gewerbes. Noch einmal konnten sie zumindest auf Teilen des Weltmarktes den Ton angeben. Die darauf basierenden Hoffnungen zerstoben jedoch recht bald, als das Imperium Napoleons zusammenbrach und in seiner Folge die europäische Staatenwelt wieder neu geordnet wurde, und als – zufälligerweise beinahe zeitgleich – Verfahren entwickelt wurden, die eine Extraktion von Zink ermöglichten und damit den Einsatz von Zinkerzen in Form von Galmei bei der Messingschmelze überflüssig machten.[88]

Verschiedenen Faktoren für den Niedergang der regionalen Messingindustrie werden in der Literatur angeführt. Ein sicherlich bedeutendes Argument ist der Wegfall von Absatzmärkten, änderten sich doch nach dem Wiener Kongreß abermals die Grenzen, wodurch die Stolberger Fabrikanten endgültig ihre Exklusivität auf dem französischen Markt einbüßten. Ebenso wichtig, und gerade von den Zeitgenossen so empfunden, war der technologische Wandel und die damit verbundenen Standortverlagerungen, da sich das Verhältnis von Kupfer und Zink beim Legierungsvorgang umgekehrt hatte. In Anbetracht der deutlich gesunkenen Transportkosten für das benötigte Zink lag die Ansiedlung in Nähe der Kupfervorkommen wirtschaftlich nah. Auch das Versiegen der regionalen Galmeivorkommen, das sich schon Ende des 18. Jahrhunderts abzeichnete, wird angeführt,[89] doch standen durch technische Fortschritte im Tiefenbergbau andere, tiefer gelegene Zinkerze in der Region zur Verfügung, die von einigen lokalen Firmen auch zur Zinkverhüttung genutzt wurden.[90] Schließlich wird gelegentlich der Wegfall der Altenberger Galmeivorkommen betont, die seit 1837 exklusiv von einer belgischen Firma verhüttet wurden. Alle diese Argumente haben durchaus ihre Berechtigung, ohne allerdings jeweils für sich den Niedergang der Stolberger Messingindustrie erklären zu können. Vielmehr sind sie zusammen als ein Ursachenbündel zu betrachten, zu dem als weitere Bestandteile noch die Konkurrenzsituation zu anderen Gewerben, in welche die Messingindustrie in zunehmendem Maße geriet, hinzuzufügen ist. Hierbei ist einerseits an die Glasindustrie zu denken, besonders aber, mit Blick auf den Arbeitsmarkt, an den Siegeszug der Textilindustrie.

Es darf auch nicht übersehen werden, daß der sogenannte Niedergang der Stolberger Messingindustrie eigentlich ein Umstellungs- und Konzentrationsprozeß war. Die traditionelle Messingherstellung auf Galmeibasis in den Kupferhöfen war aus den genannten Gründen tatsächlich an ihr Ende gekommen; diejenigen Unternehmer, die an dieser Technologie und ihrem Produktionssystem festhielten, konnten sich zwar in Einzelfällen bis zur Mitte des 19. Jahrhunderts halten, spielten für die industrielle Entwicklung der Region jedoch keine Rolle mehr. Anders sah dies bei den Unternehmern aus, welche dank Risikofreudigkeit und ausreichend verfügbaren Kapitals den Übergang zu den neuen Technologien schafften, auch wenn in diesem Bereich nach dem Verlust der dominierenden Position auf dem Weltmarkt Konzentrationen am Standort unvermeidlich waren. Übrig blieben am Ende des Prozesses in den 1920er Jahren drei Unternehmen der Zinkindustrie – William Prym GmbH, Matth. Lud. Schleicher Sohn und von Asten & Lynen GmbH & Co. –, die ihre Wurzeln in den alten Kupferhöfen hatten und weiterhin für den Weltmarkt produzierten, wobei sie mehrere Tausend Arbeitnehmer beschäftigten.[91] Zusätzlich profitierte dieser moderne Ausläufer der traditionellen Messingindustrie vom Anschluß Stolbergs an die Rheinische Bahn,[92] wodurch ein neuer Standortfaktor in den Vordergrund rückte und die Benachteiligung durch andere, deren Vorteil im Ancien Régime zu einem Nachteil im Fabrikzeitalter geworden war, zu einem Teil wieder wettmachte.

Die traditionelle Messingindustrie des Vichttales hatte durchaus eine Grundlage für die späteren industriellen Entwicklungen dieses Standortes gelegt. Zudem war sie ein nicht unbedeutender Bestandteil einer frühindustriellen Pionierregion, ohne deren gewerblichen Entwicklungen schon während des Ancien Régime die industrielle Blüte des modernen Fabrikzeitalters in diesem Maße nicht denkbar gewesen wäre.

[1] Karl Schleicher, *Geschichte der Stolberger Messingindustrie*, Stolberg 1956, S. 30. Die bei August Brecher, *Geschichte der Stadt Stolberg in Daten* (Beiträge zur Stolberger Geschichte und Heimatkunde, 17), Stolberg 1990, S. 29, auftauchende Zuordnung des ›Rosenthals‹ zu Abraham Peltzer beruht offenbar auf einem Irrtum, Karl Schleicher kann aus dem Archiv Schleicher belegen, daß Johannes Schleicher bis zu seinem Tod 1750 Besitzer des ›Rosenthal‹ war.

[2] August Brecher, *Geschichte der katholischen Pfarreien zu Stolberg. 1. Teil: Von den Anfängen bis zur Französischen Revolution* (Beiträge zur Stolberger Geschichte und Heimatkunde, 9a), Stolberg 1958, S. 59–75.

[3] Da bis Ende des 18. Jahrhunderts die Messingherstellung als eine Einfärbung von Kupfer angesehen wurde, wurden die Begriffe Kupfer und Messing in der Regel synonym verwendet; daher hatte sich für die Unternehmer der Begriff ›Kupfermeister‹ eingebürgert.

[4] Die gründlichste Überblicksdarstellung zur Stolberger Messingindustrie ist nach wie vor Karl Schleicher, *Stolberger Messingindustrie* [Anm. 1] ; siehe darüber hinaus die materialreiche, teilweise inzwischen veraltete Darstellung von Rudolf Arthur Peltzer, Geschichte der Messingindustrie und der künstlerischen Arbeiten in Messing (Dinanderies) in Aachen und den Ländern zwischen Maas und Rhein von der Römerzeit bis zur Gegenwart, *Zeitschrift des Aachener Geschichtsvereins*, 30, 1908, S. 235–463.

[5] Entsprechende Angaben finden sich bei Peltzer [Anm. 4] (für das Jahr 1648 65 Öfen laut einem Liefervertrag für Galmei, S. 392; für das Jahr 1726: 200 Öfen laut einer Brüsseler Denkschrift, S. 400; für das 18. Jh. durchschn.: 130–140 Öfen, 100 Hammerwerke, 40 000 Zentner Messing, S. 400f.), bei L. Mathar/August Voigt, *Über die Entstehung der Metallindustrie im Bereich der Erzvorkommen zwischen Dinant und Stolberg*, Aachen 1956 (für das Jahr 1663: 33 Kupfermeister, 93 Öfen, 28 000 Zentner Messing, S. 103; für das Jahr 1698: 140 Öfen, 100 Hammerwerke, 40 000 Zentner Messing, S. 103), bei Anton Becker, *Die Stolberger Messingindustrie und ihre Entwicklung* (Staats- und sozialwissenschaftliche Forschungen, 168), München/Leipzig 1913 (für das Jahr 1669: 33 Kupfermeister, 93 Öfen, 28 000 Zentner Messing, S. 4), Karl Schleicher, *Stolberger Messingindustrie* [Anm. 1] (für das Jahr 1692: 40 Kupfermeister, je bis zu 6 bis 8 Öfen, S. 24); bei *Denkwürdigkeiten des Fleckens Stolberg und der benachbarten Gegend, in vorzüglicher Hinsicht auf seine Messingfabriken. Geschrieben im Jahr 1816*, von einem Einsiedler, Aachen 1816 (für die Jahre 1783–1788: 130–140 Öfen, 100 Hammerwerke, 40 000 Zentner Messing, S. 73), bei Hermann Ritter, *Stolberg's Vergangenheit*, Stolberg 1881 (für das Jahr 1708: 30 Messinfabriken; für das Jahr 1748: 52 Messingfabriken; für das Jahr 1794: 130–140 Öfen, S. 33); Ad. Schleicher, Denkschrift für die Messingfabriken zu Stolberg bei Aachen, über ihren Verfall, und die Mittel, ihnen wieder aufzuhelfen, *Niederrheinische Blätter*, 3, 1803, S. 370–392 (als Höchstwert: 200 Öfen; für die Jahre 1783–1788: 130–140 Öfen).

[6] Bericht des Hofkammerrats Friedrich Heinrich Jacobi über die Industrie der Herzogtümer Jülich und Berg aus den Jahren 1773 und 1774, hrsg. von W. Gebhard, *Zeitschrift des Bergischen Geschichtsvereins*, 18, 1882, S. 1–148, S. 133.

[7] HStA Düsseldorf, Jülich Unterherren III, Nr. 156, fol. 7.

[8] Philipp Andreas Nemnich, *Tagebuch einer der Kultur und Industrie gewidmeten Reise*, Bd. 1, Tübingen 1809, S. 333f.

[9] Jacobi [Anm. 6], S. 140f.

[10] Heinrich Simon van Alpen, *Geschichte des fränkischen Rheinufers was es war und was es itzt ist*, 1. Theil, Köln 1802, S. 28f.

[11] Fritz Hilgers, *Das alte Stolberg* (Rheinische Kunststätten, 277), Köln 1983, S. 16.

[12] Hermann Kellenbenz, Die Aachener Kupfermeister, *Zeitschrift des Aachener Geschichtsvereins*, 80, 1970, S. 99–125, S. 120.

[13] Franz Willems, *Prym. Geschichte und Genealogie*, Wiesbaden 1968, S. 163.

[14] Friedrich-August Neumann, *Industrielle Gestaltung im Eschweiler-Stolberger Bezirk seit Anfang des 19. Jahrhunderts*, Eschweiler 1933, S. 26.

[15] Ebd.

[16] Siehe hierzu Herbert von Asten, Die religiöse Spaltung in der Reichsstadt Aachen und ihr Einfluß auf die industrielle Entwicklung in der Umgebung, *Zeitschrift des Aachener Geschichtsvereins*, 68, 1956, S. 77–190, sowie Hermann Friedrich Macco, *Die reformatorische Bewegung während des 16. Jahrhunderts in der Reichsstadt Aachen*, Leipzig 1900, und ders., *Zur Reformationsgeschichte Aachens während des 16. Jahrhunderts. Eine kritische Studie*, Aachen 1907.

[17] Peltzer [Anm. 4], S. 376f.

[18] Alfred Müller-Armack, Genealogie der Wirtschaftsstile, in: ders., *Religion und Wirtschaft. Geistesgeschichtliche Hintergründe unserer europäischen Lebensform*, Stuttgart [u. a.] ²1968, S. 46–244, S. 215.

[19] Becker [Anm. 5], S. 11f. und passim; ähnlich, wenn auch moderater und abwägender, argumentiert später Klara von Eyll, *Die Kupfermeister im Stolberger Tal. Zur wirtschaftlichen Aktivität einer religiösen Minderheit* (Kölner Vorträge zur Sozial- und Wirtschaftsgeschichte, 17), Köln 1971; standortbedingte, ursächliche und religiöse, verstärkende Faktoren betont Neumann [Anm. 14], S. 16f.

[20] Andreas Roderburg, Beiträge zur Geschichte des Stolberger Messinggewerbes, in: *Aus Vergangenheit und Gegenwart wirtschaftlichen Geschehens im Bezirk der Industrie- und Handelskammer für die Kreise Aachen-Land, Düren und Jülich zu Stol-

berg. Festschrift der Kammer aus Anlaß ihres 75jährigen Bestehens, Stolberg 1925, S. 202–227, S. 210f., Max Barkhausen, Die sieben bedeutendsten Fabrikanten der Roerdepartements im Jahre 1810, *Rheinische Vierteljahrsblätter*, 25, 1960, S. 100–113, S. 105; Beate Offergeld-Thelen, *Die Entwicklung der Ortsgemeinde Stolberg unter besonderer Berücksichtigung des Verhältnisses zur Unterherrschaft Stolberg*, Bonn 1983, S. 8f.

[21] Abgedruckt in Peltzer [Anm. 4], Anhang 3, S. 414–416, Anhang 6, S. 427–431, und Anhang 10a, S. 446–448.

[22] Peltzer [Anm. 4], Anlage 7, S. 431–434, sowie ebd. S. 313f.

[23] Maria Pfaffen, *Die gewerbliche Verwendung der Wasserkraft in Aachen vom späteren Mittelalter bis zum Anfang des 19. Jahrhunderts*, Aachen 1928, S. 3–15.

[24] Dies änderte sich auch kaum nach dem Niedergang der Aachener Messingindustrie, so daß im 18. Jahrhundert sogar Versuche unternommen wurden, durch Windkraft zusätzliche Energie zu gewinnen, vgl. Hans-Joachim Ramm, Aachener Windmühlen im 18. Jahrhundert – eine Lösung der Energieprobleme der städtischen Wirtschaft? *Zeitschrift des Aachener Geschichtsvereins*, 100, 1995/96, S. 247–287.

[25] Friedrich Schunder, *Geschichte des Aachener Steinkohlenbergbaus*, Essen 1968, S. 101f.

[26] Ludwig van Alpen, *Einige Nachrichten über Stolberg*, Aachen 1845, S. 19.

[27] Georg von Below, *Die landständische Verfassung in Jülich und Berg*, Aalen ²1965, S. 183–198.

[28] Justus Hashagen, *Geschichte der Familie Hoesch. Zweiter Band: Vom Zeitalter der Religionsunruhen bis zur Gegenwart*, Köln 1916, S. 165–172.

[29] Verwiesen sei an dieser Stelle nur an die von Peter Kriedte in diesem Band beschriebenen Bestrebungen zu Errichtung und Bewahrung eines Oligopols in der Krefelder Seidenindustrie.

[30] Peltzer [Anm. 4], Anhang 17, S. 455f.

[31] Abgedruckt in Peltzer [Anm. 4], Anhang 17, S. 455–460.

[32] Willems, Prym [Anm. 13], S. 88.

[33] Ebd., S. 160.

[34] HStA Düsseldorf, Jülich-Berg II, Nr. 4224, vgl. auch Willems, *Prym* [Anm. 13], S. 160–163.

[35] Diese prinzipiell zu verstehende Aussage soll keineswegs andere Einflußfaktoren auf unternehmerisches Handeln wie Prestigedenken, religiöse Präferenz etc. ausschließen.

[36] Clemens Bruckner, *Die wirtschaftsgeschichtlichen und standortstheoretischen Grundlagen der industriellen Tätigkeit innerhalb des Regierungsbezirks Aachen*, Stolberg 1925, S. 8f.

[37] *Die Kunst Messing zu machen, es in Tafeln zu gießen, auszuschmieden und zu Draht zu ziehen*, von Herrn Gallon, Obersten von der Infanterie, Erster Ingenieur zu Havre, und Correspondenten der Königlichen Akademie der Wissenschaften. Nebst der Beschreibung der Kupferhämmer zu Ville-Dieu und zu Eßone, von Herrn Duhamel. In dieser Übersetzung mit Anmerkungen herausgegeben von Daniel Gottfried Schreber, Leipzig [u. a.] 1766, S. 33.

[38] Zur Technologie der klassischen Messingherstellung siehe Friedrich Holtz, *Zink, Blei, Erze des Stolberger Raumes. Entstehung, Förderung, Verhüttung, Verarbeitung. Ein »glänzender« Aspekt Stolberger Heimatgeschichte*, Stolberg 1989, S. 54–59, hier auch die genaue chemische Erklärung des Prozesses, auf welche an dieser Stelle verzichtet wird. Zeitgenössische Beschreibungen des Produktionsablaufes siehe vor allem Gallon [Anm. 37] und Denis Diderot, *Encyclopédie, ou dictionnaire raisonné des sciences, des arts et des métiers, par une société de gens de lettres*. Tome neuvienne, Neufchastel 1765, S. 213–222.

[39] August Voigt, Gressenich und sein Galmei in der Geschichte. Eine historisch-lagerstättenkundliche Untersuchung, *Bonner Jahrbücher*, 155/156, 1955/56, S. 318–335, S. 332f; Heinrich Pennings, Das Galmeibergwerk bei Verlautenheide im 17. Jahrhundert, *Zeitschrift des Aachener Geschichtsvereins*, 35, 1913, S. 191–258.

[40] Bergrecht zu Call und Gressenich, 1492, in: Jakob Grimm/Ernst Dronke/Heinrich Beyer (Hrsg.), *Weisthümer*, Bd. 2, Göttingen 1840, S. 796f.

[41] Jacobi [Anm. 6], S. 134f. Dies widerspricht der Äußerung bei Peltzer [Anm. 4], S. 317, daß die Kupfermeister im 17. und 18. Jahrhundert auch anderen als den Altenberger Galmei verwandt hätten, »aber doch nur als Zusatz zu dem limburgischen; denn dieser war unentbehrlich.«

[42] HStA Düsseldorf, Jülich-Berg III, Hofkammer, Nr. 2352.

[43] Peltzer [Anm. 4], S. 400.

[44] Mathieu Schwann, *Geschichte der Kölner Handelskammer*, 1. Band, Köln 1906, S. 66.

[45] HStA Düsseldorf, Jülich-Berg III, Hofkammer, Nr. 2354 und 2364.

[46] So betrieb Isaac Peltzer in der ersten Hälfte des 18. Jahrhunderts eine Kupfermühle auf dem Territorium der Reichsabtei Burtscheid: HStA Düsseldorf, Bestand Stifts- und Klosterarchive, Burtscheid Kloster, Acte 19, S. 17v, 73v.

[47] HStA Düsseldorf, Jülich-Berg III, Hofkammer, Nr. 2355.

[48] Wilfried Reininghaus, *Die Stadt Iserlohn und ihre Kaufleute (1700 – 1815)* (Untersuchungen zur Wirtschafts-, Sozial- und Technikgeschichte, 13), Dortmund 1995, S. 127, 129.

[49] Kellenbenz [Anm. 12], passim.

[50] Jacobi [Anm. 6], S. 133.

[51] Kellenbenz [Anm. 12], S. 119.

[52] Jacobi [Anm. 6], S. 135–137; eine Karre faßte durchschnittlich ein Gewicht von 20 bis 23 Zentnern, siehe Peter Neu, *Eisenindustrie in der Eifel. Aufstieg, Blüte und Niedergang* (Werken und Wohnen. Volkskundliche Un-

tersuchungen im Rheinland, 6), Köln 1988, S. 38.

[53] Neu [Anm. 52], S. 38; allgemein wird sogar von einem Verhältnis eins zu acht ausgegangen, siehe Ulrich Troitzsch, Technischer Wandel in Staat und Gesellschaft zwischen 1600 und 1750, in: ders./Akos Paulinyi (Hrsg.), *Mechanisierung und Maschinisierung, 1600 bis 1840* (Propyläen Technikgeschichte, 3), Berlin 1991, S. 9–267, S. 87.

[54] Hashagen [Anm. 28], S. 310.

[55] Zu den Einzelheiten des Kohlezirkelstreites siehe Hashagen [Anm. 28], S. 215f., 268f., 292–310, 336–339.

[56] Zu Organisation und Möglichkeiten der Holzversorgung siehe ebd., insb. S. 132, 213, 216, 268.

[57] HStA Düsseldorf, Jülich-Berg III, Hofkammer, Nr. 1247.

[58] Jacobi [Anm. 6], S. 136.

[59] HStA Düsseldorf, Jülich-Berg III, Hofkammer, Nr. 2234 und Nr. 1986.

[60] Grundlegend zum frühneuzeitlichen Steinkohlebergbau in der Region siehe Jörg Wiesemann, *Steinkohlenbergbau in den Territorien um Aachen 1334–1794* (Aachener Studien zur älteren Energiegeschichte, 3), Aachen 1995; Friedrich Schunder [Anm. 25]; Carl Schué, Die geschichtliche Entwicklung des Eschweiler Kohlbergs bis zur französischen Herrschaft. Ein Beitrag zur Geschichte des Steinkohlenbergbaus an der Inde, in: *Beiträge zur Geschichte Eschweilers und seines höheren Schulwesens.* Festschrift zur Feier der Anerkennung des Gymnasiums, Eschweiler 1905, S. 74–110; Bernhard Willms, Der Anteil der Reichsstadt Aachen an der Kohlengewinnung im Wurmrevier, *Zeitschrift des Aachener Geschichtsvereins*, 45, 1923, S. 67–182; Anton Kohlhaas, *Geschichte des Steinkohlenbergbaues im heutigen Stadtgebiete von Stolberg (Rhld.)* (Beiträge zur Stolberger Geschichte und Heimatkunde, 12), Stolberg 1965.

[61] H. S. v. Alpen [Anm. 10], S. 28.

[62] Franz Willems, *Wasser im Stolberger Tal*, Stolberg 1963, S. 12–20.

[63] Ebd., S. 20–22; Hashagen [Anm. 29], S. 219–222.

[64] Ebd., Bild 5.

[65] H. S. v. Alpen [Anm. 10], S. 27; Denkwürdigkeiten [Anm. 5], S. 37.

[66] Jacobi [Anm. 6], S. 136f.

[67] Johannes Noppius, *Aacher Chronik. Das ist eine kurze Beschreibung aller gedenckwürdigen Antiquitäten und Geschichten, sampt zugefügten Privilegien und Statuten deß Königlichen Stuhls und H. Römischen Rich Stadt Aach*, Aachen 1774², S. 97.

[68] Nemnich [Anm. 8], 334.

[69] Denkwürdigkeiten [Anm. 5], S. 78; in einer Denkschrift aus derselben Zeit ist davon die Rede, daß von der Stolberger Messingindustrie in den umliegenden Dörfern mehr als 3000 Menschen leben, A. Schleicher [Anm. 5], S. 383.

[70] Barkhausen [Anm. 20], S. 101.

[71] Nemnich [Anm. 8], S. 337.

[72] Die wichtigsten Listen für die Mairie Stolberg: HStA Düsseldorf, Roer-Departement, Nr. 1678, S. 290r-308r (1801), Nr. 1682/III, S. 125v-164r (1812); zum Quellenwert siehe Dietrich Ebeling/Jürgen G. Nagel, Frühindustrialisierung zwischen Maas und Rhein. Überlegungen zu einer neuen Wirtschaftskarte der nördlichen Rheinlande um 1812, *Rheinische Vierteljahrsblätter*, 61, 1997, S. 175–204, S. 197–201.

[73] HStA Düsseldorf, Jülich-Berg III, Hofkammer, Nr. 2151.

[74] Reininghaus [Anm. 48], S. 127.

[75] Daß die Region die entscheidenden Raumeinheit im Industrialisierungsprozeß darstellt, darf inzwischen weitgehend als unstritig angesehen werden; grundlegend dazu Sidney Pollard, Einleitung, in: ders. (Hrsg.), *Region und Indutrialisierung. Studien zur Rolle der Region in der Wirtschaftsgeschichte der letzten zwei Jahrhunderte* (Kritische Studien zur Geschichtswissenschaft, 42), Göttingen 1980, S. 11–21, Pat Hudson, The regional perspective, in: dies. (Hrsg.), *Regions and industries. A perspective on the industrial revolution in Britain*, Cambridge 1989, S. 5–38; siehe für die nördlichen Rheinlande auch: Ebeling/Nagel [Anm. 72], S. 175–184.

[76] Grundlegend für die Eisenindustrie der Eifel vor allem Neu [Anm. 52]; zum neuesten Stand der Forschung zur Geschichte der Eisenindustrie insgesamt siehe Hans-Walter Herrmann (Hrsg.), *Wandlungen der Eisenindustrie vom 16. Jahrhundert bis 1960* (Colloques Meuse-Moselle, 1), Namur 1997.

[77] Siehe Anm. 60.

[78] Clemens Vogelsang, *Die Aachener Nadelindustrie*, Heidelberg 1913; Joseph Koch, Geschichte der Aachener Nähnadelzunft und Nähnadelindustrie bis zur Aufhebung der Zünfte in der französischen Zeit (1798), *Zeitschrift des Aachener Geschichtsvereins*, 41, 1920, S. 16–122; Herbert Aagaard, *Die deutsche Nähnadelherstellung im 18. Jahrhundert. Darstellung und Analyse ihrer Technologie, Produktionsorganisation und Arbeitskräftestruktur*, Altena 1987; A. Schleicher [Anm. 5], S. 375, betont die hohe Bedeutung des Messingdrahtes für die Nadelindustrie und fordert daher ein Liefermonopol an die Aachener Nadelindustrie zur Unterstützung der Stolberger Kupfermeister.

[79] Nemnich [Anm. 8], S. 334f., H. S. v. Alpen [Anm. 10], S. 29; grundlegend zu diesem Gewerbezweig siehe Peter Schroeder, *Die Stolberger Glasindustrie und ihre Entwicklung*, Köln 1923.

[80] Siehe hierzu den Beitrag von Martin Schmidt in diesem Band; der Gesamtprozeß ist Gegenstand eines Forschungsprojektes an der Universität Trier, dessen Ergebnisse demnächst vorgelegt werden in Dietrich Ebeling/Jürgen G. Nagel/Martin Schmidt, *Die Aachener Textilregion zwischen Ancien Régime und Fabrikzeitalter* (erscheint voraussichtlich 2002).

[81] Nemnich [Anm. 8], S. 335f.

[82] Alle im folgenden nicht

näher belegten Gründungsdaten stammen aus Brecher [Anm. 1].

[83] Kurt Schleicher, *Blankenberg und Krone. Anfang, Mitte und Ende zweier Stolberger Herrenhöfe* (Beiträge zur Stolberger Geschichte und Heimatkunde, 14), Stolberg 1973, S. 13–20.

[84] Ingeborg Schild [u. a.], Stolberg, »Am Neuen Markt«. Darstellung und baugeschichtliche Untersuchung eines Altstadtquartiers, *Heimatblätter des Kreises Aachen*, 33, 1977, S. 1–66, S. 56–62.

[85] Jacobi [Anm. 6], S. 119–121.

[86] Nemnich [Anm. 8], S. 336.

[87] Hanno Ensch, *Migrationsprozesse in der Proto- und Frühindustrialisierung in der Region Aachen (1750–1820). Raumstrukturelle und soziale Bedingungen* (unveröffentlichte Staatsexamensarbeit), Trier 1998, S. 64–68.

[88] Denkwürdigkeiten [Anm. 5], S. 48f; nach dieser Quelle wurde das neue Verfahren bereits in den 1790er Jahren in Lüttich entwickelt und hatte die Stolberger Messingindustrie schon in französischer Zeit beeinträchtigt.

[89] J. A. Schleicher [Anm. 5], S. 379.

[90] Hermann Overbeck, *Das Werden der Aachener Kulturlandschaft* (Aachener Beiträge zur Heimatkunde, 4), Aachen 1928, S. 199; zu den Erzen für die Zinkverhüttung siehe Holtz [Anm. 38].

[91] Bruckner [Anm. 36], S. 42; siehe allgemein auch Alfred Rübmann, *Entwicklung und gegenwärtige Lage der Stolberger Zinkindustrie*, Köln 1925.

[92] Overbeck [Anm. 90], S. 199.

Bildnachweis:

Berlin, Staatsbibliothek zu Berlin – Preußischer Kulturbesitz: 8
Bonn, Rolf Plöger: 7
Düsseldorf, Nordrhein-Westfälisches Hauptstaatsarchiv: 1–3
Köln, Rheinisches Bildarchiv: 9, 11
Pulheim, Rheinisches Amt für Denkmalpflege: 4–6
Repro: 10, 12
Verf.: 13–16

Claus Rech

Eisenindustrie und dörflicher Standort
Das Gewerbedorf Eisenschmitt in der Südeifel zur Zeit des Ancien Régime

Voraussetzungen

Eisenhütten und Hammerwerke prägten im 18. Jahrhundert vielerorts das Landschaftsbild der Eifel. Wie andere Mittelgebirgsregionen bot sie günstige Voraussetzungen für das Eisengewerbe. So verfügte die Eifel über abbauwürdiges Erzgestein, die Wälder lieferten das nötige Holz zur Verhüttung, und die größeren Bachläufe versorgten die Eisenwerke mit Wasserkraft. Durch die bereits seit dem Mittelalter gegründeten Eisenhütten war eine Facharbeiterschaft entstanden[1], die ihr Wissen von Generation zu Generation weitergab. Auch die relative Nähe zu den Absatzgebieten wirkte förderlich auf das Eisengewerbe. Das Eifeler Eisen wurde meist in das nördliche Eifelvorland, ins Bergische Land und in das Tal der Maas verkauft und dort weiter verarbeitet.

Innerhalb der Eifel konzentrierte sich das Gewerbe bis zum 18. Jahrhundert in eisenindustriellen Zentren, die sich entlang kleinerer Flüsse gebildet hatten.[2] Hierzu zählten in der Nordwesteifel die Reviere an Urft, Olef, Rur und Vicht. Unter ihnen nahm das Oleftal bei Schleiden schon früh eine bedeutende Stellung ein (Abb. 2). In der Zentraleifel befanden sich Eisenreviere an der oberen Ahr und der oberen Kyll. In der Südeifel hatte sich seit dem 14. Jahrhundert das Gebiet der Salm zu einem Revier mit dem Zentrum Eisenschmitt entwickelt (Abb. 1).

Bedingt durch die territoriale Zersplitterung, verteilten sich die Montangebiete im 18. Jahrhundert auf zahlreiche Landesherrschaften. Große Gebiete der Nordeifel gehörten zum Kurfürstentum Köln und zum Herzogtum Jülich, weite Teile der Südeifel standen unter luxemburgischer und kurtrierischer Landeshoheit. Daneben existierten innerhalb der Eifel zahlreiche kleine Landesherrschaften, die wie das Herzogtum Arenberg oder die Grafschaft Blankenheim politisch eigenständig waren. Unzählige Enklaven und Exklaven ließen die Landkarte der Eifel als einen Flickenteppich erscheinen.

Wie das Beispiel Eisenschmitt zeigt, verteilten sich selbst einzelne Standorte auf unterschiedliche Herrschaften. Der gesamte Ort stand im 18. Jahrhundert unter luxemburgischer Landeshoheit, wobei der östlich der Salm gelegene Ortskern Teil der Herrschaft Bettenfeld-Meerfeld und die westlich des Flüßchens gelegenen Häuser Teil der Herrschaft Oberkail waren. Die Herrschaft Bettenfeld-Meerfeld befand sich zu zwei Dritteln im Besitz der Herren von Veyder und Malberg und zu einem Drittel im Besitz der Grafen von Manderscheid-Kail. Die Grafen waren zugleich auch die Alleininhaber der Herrschaft Oberkail. Das Kloster Himmerod war in beiden Eisenschmitter Ortsteilen Grundbesitzer,[3] und in unmittelbarer Nachbarschaft des Dorfes verlief die Grenze zu Kurtrier.

Die Entwicklung der Eisenreviere wurde seit Beginn der Neuzeit von den Landesherren durch die Verleihung von Privilegien gefördert. Vor allem den Bergleuten und Hüttenarbeitern wurden Vorrechte gewährt, um diese dadurch an die Hüttenstandorte zu binden. Nachdem das königliche Bergregal seit dem Mittelalter in die Hände der Landesherren übergegangen war, erließen die Territorialherren in der Eifel seit der Zeit um 1500 Bergordnungen, die die Privilegien der Bergknappen festlegten. Einem Bergweistum zufolge besaßen die Schleidener Bergleute ein eigenes Berggericht, das zweimal im Jahr tagte. Der Bergbau im Herzogtum Jülich, zu dem der Monschauer Wald und Gebiete am Vichtbach gehörten, unterstand seit der Bergordnung von 1542 der Aufsicht eines Bergvogtes, eines Bergschreibers und eines Zehenders. Mit diesen Beamten ver-

Eisenindustrie und dörflicher Standort

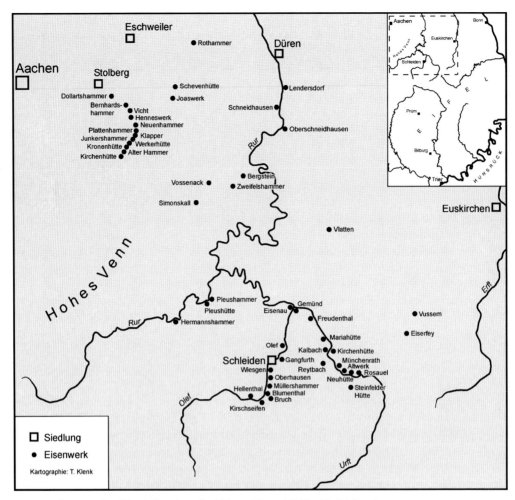

1 Eiseninduistrie in der Eifel. Die Standorte der Süd- und Zentraleifel im 18. Jahrhundert

fügte der Staat über institutionalisierte Kontrollmöglichkeiten für das wichtige Bergwesen. Im Herzogtum Arenberg wurden Bergordnungen im Jahre 1564, in Kurtrier 1510 und in Kurköln 1559 erlassen. Durch die Errichtung von Bergämtern wurde die staatliche Aufsicht über das Bergwesen bis in das 18. Jahrhundert intensiviert.[4]

Das Hüttenrecht und verschiedene Gewohnheitsrechte bezogen sich auf die Hütten und ihr Umfeld. Oft eröffnete die Hüttenfreiheit den Hüttenbetreibern, die in der Eifel auch als Reidemeister bezeichnet wurden, weitreichende wirtschaftliche Handlungsspielräume. Steuerbefreiungen bezogen sich meist nicht nur auf die Betreiber der Hütten, sondern auch auf die Arbeiter. An zahlreichen Hütten war es den Beschäftigten erlaubt, Lebens- und Genußmittel im Hüttenbering[5] frei zu kaufen. Teilweise gewährten die Hüttenbetreiber ihnen zu bestimmten Terminen Sonderzahlungen und spezielle Trinkgelder.[6] Weiter hatten die Territorialherren die grundherrlichen Abgaben und Dienste schon früh umgewandelt, so daß beispielsweise die Arbeiter und Schmiede in den Hüttendörfern des Herzogtums Luxemburg frühere Naturalabgaben nur noch in Eisen oder als Geldrenten entrichteten. Frondienste waren hier kaum mehr verbreitet.[7]

Nach der Krise des 17. Jahrhunderts erlebte die Eifeler Eisenindustrie einen neuerlichen Aufschwung. Im 18. Jahrhundert wurden Standorte wie die unweit von Eisenschmitt gelegene Eichel-

Eisenindustrie und dörflicher Standort

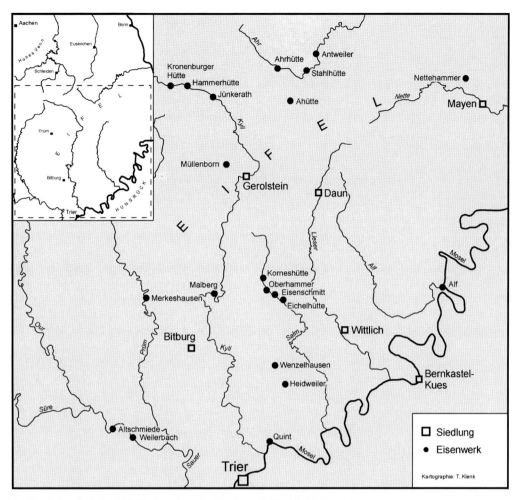

2   Eisenindustrie in der Eifel. Die Standorte der Nordwesteifel im 18. Jahrhundert

hütte neu gegründet und ältere Werke ausgebaut. Die Marktbeziehungen intensivierten sich und das fiskalische Interesse am Eisengewerbe nahm weiter zu. Die Entwicklung der Eisenhütten wurde dabei von Wandlungsprozessen begleitet, die das innere Gefüge der nahen Hüttenorte veränderten. Beide Vorgänge bildeten zwei Seiten ein und derselben Medaille. Vor diesem Hintergrund wird im folgenden Beispiel der Eichelhütte zum einen die gewerbliche Entwicklung einer Eisenhütte beleuchtet. Zum anderen lassen sich am Exempel Eisenschmitt die zahlreichen Veränderungen aufzeigen, die der Aufschwung der Eisenproduktion für ein Eisenhüttendorf mit sich brachte. Der Wandel erfaßte in Eisenschmitt nicht nur die materiellen Lebensverhältnisse, sondern auch die sozialen Strukturen.

Unternehmer und Produktionsmittel

Die Eifeler Eisenwerke des 18. Jahrhunderts befanden sich im Besitz von Unternehmerfamilien, die entweder als genossenschaftliche Anteilseigner, Einzelpächter oder Eigentümer auftraten. Pachtrechte wurden vom Souverän oder einzelnen Grundherren in der Regel langfristig vergeben.

In der nordwestlichen Eifel herrschte der Hüttenbetrieb durch Genossenschaften vor, in der Zentral- und Südeifel die Unternehmensführung durch einzelne Hüttenbesitzer. Da die Mitglieder der Genossenschaften meist auf eigene Rechnung und nur zu bestimmten Zeiten arbeiteten, war die Produktivität dieser Betriebsform gering.[8] Zu den bekanntesten Hüttenbesitzern der Nordeifel gehörten die Familien Günther, Hoesch, Kremer, Münker, Poensgen, Rotscheidt, Schoeller und Virmond. Der wirtschaftliche Schwerpunkt der Familien Coels, de l'Eau, Faymonville, Peuchen und von Pidoll lag in der Zentraleifel und der Südeifel.[9] In Eisenschmitt verlor im 18. Jahrhundert die frühere Genossenschaft ihre ursprüngliche Bedeutung an die Familie von Pidoll als Betreiber der Eichelhütte.

Mit den Hüttenbesitzern aus der Familie von Pidoll[10] hatte am Ende des 17. Jahrhundert ein neuer Unternehmertyp die Bühne des Eifeler Eisengewerbes betreten. Der Stil der Unternehmensführung war in hohem Maße gewinnorientiert. Das gewonnene Kapital wurde rasch in den Erwerb neuer Standorte und Grubenflächen reinvestiert. Im Unterschied zu den alten Eifeler Reidemeistern strafften die Hüttenmeister der Familie auch die Arbeitsabläufe und strebten nach der Kontrolle über sämtliche Produktionsmittel.[11] Indizien wie die Beschäftigung betrieblicher Erzgräber sprechen ebenso hierfür wie die Leitung der Hütten durch Direktoren. Eigene Erzgräber gewährleisteten eine größere Kontinuität bei der Rohstoffversorgung als dies bei nebengewerblich tätigen Bauern möglich war.[12] Die auch als Faktoren (»facteurs«) bezeichneten Hüttendirektoren, die in der zweiten Hälfte des 18. Jahrhunderts in Eichelhütte und Malberg nachweisbar sind, lassen bereits Ähnlichkeiten mit dem modernen Management erkennen.[13] Weiter bedienten sich die Hüttenmeister aus der Familie von Pidoll zunehmend der Kapitalmärkte beim Ausbau des Unternehmens. Sowohl Flexibilität als auch Planung zeigten sich in den unternehmerischen Reaktionen der Familie auf die sich wandelnden Marktlagen des 18. Jahrhunderts.

Der wirtschaftliche Erfolg bildete den Grundstein für den Aufstieg der Familie in die regionale Elite. Er dokumentierte sich bereits 1714 in der Nobilitierung des Franz Pidoll, der 1683 die Quinter Hütte gegründet hatte und seit 1704 die Eichelhütte leitete. Als »Eisenbaron« wurde er zum Repräsentanten einer neuen Gruppe von Unternehmern, die gegenüber Adel und Klerus ein eigenes Selbstbewußtsein entwickelte.[14] Auf den Pionier Franz von Pidoll folgten in der ersten Generation seine Söhne Gottfried[15] und Hubert[16] und in der zweiten die Enkel Ludwig[17] und Johann Franz von Pidoll.[18] Der Aufstieg innerhalb der Region zeigt sich auch daran, daß Gottfried von Pidoll im Jahre 1757 als Besitzer der luxemburgischen Herrschaft Bitburg erscheint.[19]

Das Selbstverständnis der Unternehmerfamilie fand seinen repräsentativen Ausdruck in der Architektur des Quinter Schlosses und des zur Eichelhütte gehörenden Herrenhauses. Bei erfolgreichen Unternehmern war die Errichtung von Wohngebäuden im Stil adliger Herrenhäuser im 18. und 19. Jahrhundert weit verbreitet. Der um 1760 unter Gottfried von Pidoll errichtete Barockbau des Quinter Schlosses ist ein Beispiel hierfür. Das Gebäude diente als Wohn- und Verwaltungsgebäude. Besonders die Plastiken über der Gartenfront verweisen darauf, daß der Erbauer durch gewerbliche Tätigkeit zu Reichtum gelangt war. Prometheus bekrönt das Giebelfeld über dem Mittelteil der Gartenfront. Mit einer Fackel schwebt er auf dem Adler durch die Lüfte, was als architektonischer Hinweis auf die Eisenverhüttung zu verstehen ist. Links und rechts vom Giebelfeld wird er von Allegorien des Landbaus und des städtischen Gewerbefleißes flankiert. Im Giebelfeld selber befindet sich die Figur des Chronos mit der Uhr.[20] Beim Wohn- und Verwaltungsgebäude der Eichelhütte hingegen orientierte sich der Bauherr an städtischen Vorbildern. Das Barockhaus wurde zu Beginn des 18. Jahrhunderts errichtet und im Jahre 1749 von Gottfried von Pidoll erweitert. Auch heute noch wird der Gebäudekomplex als ein »aus der ländlichen Umgebung herausragendes Baudenkmal« bewertet.[21]

Der unternehmerische Erfolg ermöglichte es der Familie von Pidoll, allen Söhnen eine universitäre Ausbildung zukommen zu lassen. Allein fünf aus Eichelhütte stammende Söhne des Gottfried von Pidoll[22] studierten in der Zeit von 1748 bis 1762 an der alten Trierer Universität. Sie erwarben dort den Grad des Baccalaureus. Von ihnen führten vier auch den Titel eines Magisters.[23] Die Ausbildung schuf die Voraussetzungen für die Übernahme hoher Ämter in Verwaltung und Klerus des Trierer Kurstaates. Die Familie gewann dabei Einfluß auf politische Entscheidungen, von denen auch die im Hüttengewerbe verbliebenen Familienmitglieder profitieren konnten.

Hubert, der Bruder Gottfrieds von Pidoll, war von 1725 bis 1756 kaiserlicher Reichspostmeister in Trier und leitete die Quinter Hütte zeitweise zusammen mit seinem Bruder. Im Jahre 1725 war er kurtrierischer Verhandlungspartner des Hauses Thurn und Taxis, als es um den Ausbau der Poststrecken im Kurstaat ging. Er wird als trierischer Geheimrat bezeichnet.[24] Der Sohn Emanuel folgte dem Vater im Amt des Trierer Reichspostmeisters von 1756 bis 1794.[25] Johann Michael Josef von Pidoll, ein weiterer Sohn Huberts, wurde 1793 zum Trierer Weihbischof geweiht und amtierte ab dem Jahre 1802 als Bischof von Le Mans in Frankreich. Als Referent für das Schulwesen hatte er sich seit 1789 um Reformen im kurtrierischen Bildungswesen bemüht.[26] Karl Kasper, ebenfalls ein Sohn Huberts und Bruder des Quinter Hüttenbesitzers Johann Franz von Pidoll, bekleidete um 1784 das Amt des kurtrierischen Kommerz- und Schiffahrtskommissars. Er setzte sich für den Moselausbau und die Abschaffung der Zollstationen im Kurstaat ein.[27] Die Söhne des Hüttenbesitzers Gottfried von Pidoll bekleideten meist Funktionen im klerikalen Bereich. Hubert, einer der Söhne, wurde im Jahre 1783 zum letzten Abt der nahe dem Werk Eichelhütte gelegenen Abtei Himmerod gewählt und nahm den Namen Anselm an.[28] Die skizzierten Lebensläufe zeigen, daß Mitglieder der Familie bis zum Ende des 18. Jahrhunderts Schlüsselstellungen in der Region erlangt hatten. Im Hinblick auf ihren gesellschaftlichen Aufstieg ragte die Familie von Pidoll im 18. Jahrhundert damit unter den Eifeler Hüttenbetreibern heraus.

Hüttentechnik und Arbeitsverhältnisse

Seit dem 15. Jahrhundert hatte die Neuerung des indirekten Verfahrens zu einer Konzentration von Hütten in den Flußtälern geführt. Mit diesem Verfahren wurde die Arbeit am Hochofen vom sogenannten Frischen, d. h. der separaten Herstellung von schmiedbarem Eisen, getrennt. Die Grundlage hierfür bildete die Nutzung von Wasserkraft durch Wasserräder. Anstelle menschlicher Kraft lieferte nun das Wasser die Energie für die Blasebälge in den Hochöfen und Schmiedehämmern. Fünf Wasserräder wurden in der Regel auf diese Weise angetrieben. Eines lieferte die Energie für das Gebläse des Hochofens, mit zwei weiteren betrieb man die Blasebälge des Frisch- und Hammerfeuers. Ein viertes Wasserrad befand sich an der Schlackenpochmühle, und der schwere Hammer im Hammerwerk wurde ebenfalls von der Wasserkraft angetrieben.[29] Die Hüttenbetreiber legten bis zum 18. Jahrhundert häufig große Wasserteiche in der Nähe der Hütten an, um so auch in Zeiten des Wassermangels den Betrieb weiterführen zu können.[30] Da sich durch den Wasserkraftantrieb die Temperatur in den Hochöfen enorm hatte steigern lassen, lieferten diese nun flüssiges und zum Gießen geeignetes Roheisen. Die zweite Schmelzung des Gußeisens beim Frischen führte zur Schmiedbarkeit des Produkts. Das so erhaltene Eisen war reiner und ließ sich in größeren Stücken herstellen. Es diente der Produktion von Schmiedeeisen und Stahl. Dem Produktionsablauf entsprechend bestanden die meisten Eisenwerke in der Eifel und in Luxemburg seit dem 17. Jahrhundert aus einer separaten Hütte mit Hochofen und dem Hammerwerk mit Frisch- und Hammerfeuer.[31]

Der schon hohe Grad an Arbeitsteilung und Spezialisierung an den Werken der ländlichen Hüttenorte läßt sich an der Berufsstruktur des Dorfes Eisenschmitt ablesen. Nach der luxemburgischen Volkszählung von 1766/67 lebten (ohne die Gesellen) 165 erwachsene männliche Erwerbstätige im Ort. Von ihnen arbeiteten 108 Männer (knapp 66%) ausschließlich oder zum Teil im

Eisengewerbe bzw. den lokalen Hilfsgewerben. 57 Personen (rund 34%) übten andere, in der Regel handwerkliche Berufe aus.

Jede im Eisengewerbe tätige Berufsgruppe hatte ihren festen Platz im Arbeitsprozeß. So war es die Aufgabe von Fuhrleuten, im Zuge der Vorbereitungen zum Schmelzprozeß das Erzgestein und die Holzkohle heranzuschaffen. Erzwäscher hatten in den Abbauorten das Erzgestein bereits gesäubert und zerkleinert. An vielen Eifeler Hütten wurden Erze unterschiedlicher Provenienz gemischt, um so ein qualitativ besseres Eisen herzustellen. Die Holzkohle, die man von den Köhlern aus den umliegenden Wäldern bezog, wurde in eigenen Schuppen gelagert. Weiter erforderte der Schmelzvorgang Kalksteine, die man dem Erz beimischte, sowie Salz, um die Säuren des Eisens zu binden. Auch Heu, Stroh, Pferdekot, Sand und Lehm wurden benötigt, um daraus die Sandbetten für den Eisenguß zu formen, sowie Bausteine, die als Basis der Beschickung im unteren Teil des Ofens dienten.[32] Die Materialien konnten in der unmittelbaren Umgebung der Hüttendörfer gewonnen werden. Die Eisenschmitter Hüttenmeister hatten beispielsweise das Vorrecht, »pierres pour bastir, sable et terre forte« (Bausteine, Sand und Lehm) aus der Herrschaft Bettenfeld-Meerfeld zu beziehen, wofür sie dann später eine Entschädigung an die jeweiligen Grundeigentümer zahlten.[33]

Schmelzvorgang und Weiterverarbeitung wurden von spezialisierten Hüttenarbeitern durchgeführt. Nach dem Vorheizen füllte der Aufgeber den Hochofen zu einem Drittel mit Holzkohle und dann mit den Erzen. Nachdem die Schlacke der ersten Gicht niedergesunken war, ließ man sie abfließen, verstärkte den Gebläsewind noch einmal und füllte Erz und Holzkohle nach. Eine Eifeler Besonderheit war das sogenannte Vorfrischen, bei welchem dem Eisen der überflüssige Kohlenstoff dadurch entzogen wurde, daß man die Gebläseluft direkt in den Hochofen einströmen ließ.

Im Verlauf des Schmelzprozesses brachten Tagelöhner immer neue Körbe mit Kohle und Erz herbei. Der Aufgeber rührte die Glut mit Eisenstangen um, damit sich keine Schlacken im Ofeninneren festsetzten. Wenn das flüssige Eisen im Ofen die nötige Gluthitze erreicht hatte, durchstieß der Schmelzer das Abstichloch, und das Eisen floß in die von den Lehmformern vorgefertigten Sandbetten. Dieses Gußeisen hatte die Form von dreikantigen Eisenstangen oder von flachen Platten. Die Schlacke, die das flüssige Metall des Ofens bedeckt hatte, wurde getrennt abgeleitet. Sie kam in das Schlackenpochwerk, wo sie zerkleinert und das Eisen ausgewaschen wurde.[34]

Im Hammerwerk wurde das gewonnene Roheisen von Hammerschmieden durch oxydierendes Schmelzen zu Schmiedeeisen aufbereitet. Zwei Blasebälge mit kupfer-

Tab. 1   Erwachsene männliche Erwerbstätige in Eisenschmitt 1766/67

Beruf	Personenzahl	Anteil
Fuhrmann	28	17,0%
Hammerschmied	9	5,5%
Gastwirt und Fuhrmann	2	1,2%
Gastwirt, Hammerschmied und Händler	2	1,2%
Hammerschmied und Ackerer	1	0,6%
Handarbeiter, Tagelöhner	35	21,2%
Handarbeiter und Lehmformer	1	0,6%
Hüttenherr	1	0,6%
Köhler	3	1,8%
Lehmformer	17	10,3%
Pottaschehändler, Fuhrmann und Wirt	2	1,2%
Schmelzer	2	1,2%
Schmied	5	3,0%
Sonstige	57	34,2%
Gesamt	165	100%

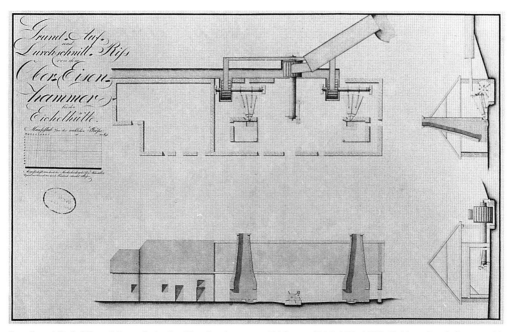

3   Grundriß, Aufriß und Querschnitt des Obereisenhammers. Zeichnung/M 1:100, 1823. Koblenz, Landeshauptarchiv

nen Düsen mündeten dort im Frischofen. Zwischen diesen erhitzte und entkohlte man das Roheisen. Die dabei erhaltene dickflüssige Luppe wurde in der »Schmitten«, die neben dem Frischherd lag, »gereckt«, das heißt sie wurde von neuem erhitzt und durch die Kraft des Hammers in die Form gebracht. Die Hammerwerke wurden entsprechend auch als Reckhämmer bezeichnet.[35]

Die Hüttenarbeiter erhielten ihren Lohn vom Hüttenbesitzer zum Teil in Geld, zum Teil in Naturalien, wozu Kleidung, Lebensmittel oder Eisenbarren zählten. In Schleiden und Eisenschmitt wurden Eisenbarren bei Käufen und Verkäufen im 18. Jahrhundert gelegentlich als Zahlungsmittel verwendet.[36]

Verkehrsverhältnisse und Kommunikation

Gerade die Hüttenbesitzer waren auf gute Verkehrswege angewiesen, doch änderte sich während des 18. Jahrhunderts innerhalb der Südeifel im Verkehrswesen wenig. Lediglich im Postwesen zeigten sich Verbesserungen.

In der Eifel war das vormals gut ausgebaute römische Straßennetz seit dem späten Mittelalter endgültig verschwunden. Wegen der Kriegsverwüstungen des 17. Jahrhunderts, der Finanzschwäche der Territorien und der Nachlässigkeit der vielen kleinen Herren war der Zustand von Straßen und Wegen zu Beginn des 18. Jahrhunderts überall in der Eifel desolat. Über- und innerregionale Verbindungen hatten meist den Charakter von Feldwegen, vorhandene Brücken waren baufällig. Der personelle und technische Austausch zwischen Eifeler und benachbarten Hüttendistrikten fand dennoch statt und nahm im 18. Jahrhundert offenbar weiter zu. Die Nordeifeler Hütten hatten den Vorteil, daß man von dort aus benachbarte Absatzgebiete sowie die städtischen Handelsplätze auf dem Landweg schneller erreichen konnte als aus der Südeifel. Für die südliche Eifel war hingegen die Mosel als Wasserstraße unentbehrlich. Sie wurde um so wichtiger, als alte Verbindungen wie etwa die über Bitburg führenden Straßen Trier-Köln, Trier-Aachen oder

Trier-Lüttich sowie die via Wittlich führenden Trassen Trier-Koblenz (»Moselweg«) und Trier-Köln (über Manderscheid und Daun) zu Beginn des 18. Jahrhunderts je nach Jahreszeit unpassierbar waren. Mit Ausnahme des »Moselweges« führten sie zudem in der Südeifel abwechselnd über luxemburgisches und kurtrierisches Gebiet.

Für die Produkte der Eichelhütte sowie die Holzkohle aus den umliegenden Wäldern waren zwei regionale Strecken zur Mosel von Bedeutung, über die man zu den Zielorten Issel bei Trier und Machern in der Nähe von Bernkastel gelangte.[37] Die zweite Strecke könnte mit der sogenannten Weinstraße identisch sein, die westlich von Eisenschmitt bzw. Eichelhütte, von der Mosel nach Prüm führend, auf einem Höhenrücken verlief.[38] Ansonsten war auch die Nutzung von Bachläufen als Verkehrsweg verbreitet.

Verfügungen wie die Luxemburger Wegeverordnung Karls VI. von 1738[39] oder die kurtrierische Straßenordnung des Kurfürsten Franz-Georg von Schönborn aus dem Jahre 1753 änderten an den Straßenverhältnissen kaum etwas. In Luxemburg waren seit Karl VI. lediglich die Verbindungen zwischen der Hauptstadt und Brüssel bzw. nach Trier ausgebaut worden. In Kurtrier hatte man 1725 die Strecke Trier-Koblenz bei der Einrichtung des Postkutschenkurses zum Teil befestigt. Vorstöße zum Ausbau der Mosel scheiterten im 18. Jahrhundert an den fehlenden Mitteln der zuständigen Territorien. Auf den Straßen und der Mosel wurde der Verkehr ferner von zahlreichen Zollstationen erschwert und verteuert.[40] Verbesserungen zeigten sich jedoch bei der Häufigkeit der Postverbindungen. So war Trier 1714 durch regelmäßige Postkurse mit Brüssel, Lüttich, Koblenz und Speyer verbunden.[41] Nach und nach wurde in Kurtrier und im Herzogtum Luxemburg das Boten- und Nachrichtenwesen engmaschiger organisiert.[42]

Die Rohstoffmärkte für Erzgestein, Holz und Holzkohle

Bei den Eifeler Eisenwerken verstärkte sich im 18. Jahrhundert die Einbindung in überregionale Markt- und Handelsverflechtungen. Die Sicherung und Erschließung neuer Rohstoffquellen, der Ausbau von Absatzmärkten und die Suche nach potenten Kreditgebern waren zentrale Herausforderungen an die Hüttenbesitzer. Weil die Rohstoffversorgung im 18. Jahrhundert zu einem immer größeren Problem wurde, verstärkte sich die Konkurrenz der Hüttenbesitzer um die Versorgung mit Erzgestein und Holz.

Die Eifeler Erzgruben lieferten in erster Linie Brauneisenstein und in geringerem Maße Roteisenstein. Brauneisenstein ließ lediglich die Produktion von ›weichem‹ Eisen zu. »Hartes Eisen«, das z. B. für die Waffenproduktion gebraucht wurde, wurde in der Eifel nur in kleineren Mengen hergestellt. Zwar verteilten sich die Erzvorkommen über die ganze Eifel, die geringe Ausbeute der Felder, primitive Abbaumethoden und die große Zahl von konzessionierten Erzgräbern standen einer systematischen Nutzung jedoch im Wege. Weiter behinderte eindringendes Wasser oft die Arbeit in den Gruben. Für eine wirksame Verbesserung des Erzabbaus fehlte den kleinen Privateigentümern meist das nötige Kapital.[43]

Die mächtigsten Erzlager befanden sich in der Nord- und Nordwesteifel. Sie konzentrierten sich dort um die Orte Gemünd, Sötenich, Eiserfey, Schleiden und Kommern.[44] In der Zentraleifel spielte das Erz aus den arenbergischen Gruben bei Lommersdorf eine wichtige Rolle. Die Südeifeler Hütten bezogen das Erz in der Regel aus Feldern nahe Zemmer und Speicher. Das Erzgestein der Hütte Weilerbach an der Sauer stammte 1806 aus Mersch, Kruchten und Mettendorf.[45] Insgesamt basierte die Erzversorgung der Eifeler Hütten auf den regionalen Ressourcen.

Die Eichelhütte bezog den Brauneisenstein für die Eisenproduktion aus Zemmer. Die Zemmerer Gruben lieferten außerdem Erzgestein an die von der Familie von Pidoll betriebene Quinter Hütte und an das 1749 durch den Herrn von Veyder gegründete Werk Malberg. In der Eichelhütte wurde die Qualität des Eisens dadurch verbessert, daß man das gewonnene Eisen mit Sayner Eisen verschmolz.[46] Beim Transport von Zemmer waren rund 15 km zurückzulegen. Die Strecke vom Neuwieder Becken zur Eichelhütte belief sich dagegen auf mehr als 100 km, was die Produktionskosten stark in die Höhe trieb. Ein Coup gelang der Familie, als Hubert und Gottfried von Pidoll 1748 vom Trierer Erzbischof auf 30 Jahre mit sämtlichen Erzminen im kurtrierischen Amt Bernkastel belehnt wurden. Bis dahin war Remacle Joseph von der Hunsrücker Abentheuerhütte zur Ausbeutung berechtigt gewesen.[47] Die Bestrebungen der Familie von Pidoll, gegen Ende der 1770er Jahre neue Abbauflächen in der Umgebung von Zemmer zu erwerben, führten auch dort zur Gewährung einer umfassenden Konzession. Ludwig von Pidoll verringerte dadurch die Abhängigkeit von partikularen Berechtigungen.

Bei den Hütten in der Zentraleifel wurde die Erzversorgung unter den Vorzeichen einer protektionistischen Wirtschaftspolitik des Herzogs von Arenberg zum Problem, als dieser im Jahre 1783 die Ausfuhr des Lommersdorfer Erzes u. a. nach Kronenburg, Jünkerath und Müllenborn verbot, um so die Produktion der herzoglichen Hütten Antweiler und Ahrhütte sicher zu stellen. Lediglich das Müllenborner Werk erhielt wenig später wieder Erze aus Lommersdorf.[48]

Auch die Holzversorgung gestaltete sich immer schwieriger. Zunächst bezogen die Hüttenbesitzer das Holz noch aus der näheren Umgebung der Werke. Auf Versteigerungen kauften sie es bei adligen, geistlichen und kommunalen Waldbesitzern. Durch die zunehmende Verknappung stieg der Holzpreis nach 1750 stark an. Die Landesherren versuchten dem Raubbau an den Wäldern durch immer neue Waldordnungen zu begegnen. Für den ehemals luxemburgischen Teil der Südeifel bildete die Büschordnung Maria Theresias aus dem Jahre 1754 die detaillierteste Verfügung.[49] Holzknappheit und Konkurrenz unter den Hüttenbesitzern wurden dadurch verschärft, daß die wachsende Bevölkerung in den Dörfern auf die alten Holzberechtigungen pochte und sich bei einzelnen Herren mehr und mehr das Gewinnstreben zeigte. Die Hüttenbesitzer waren gezwungen, den Rohstoff aus immer größerer Entfernung zu beziehen. So stammte das Holz des Jünkerather Hüttenbesitzers Peuchen in den Jahren 1782/83 aus der Herrschaft Oberkail, also aus rund 40 km Entfernung von seiner Hütte.[50]

Nach dem Fällen wurde das Holz an Ort und Stelle verkohlt. Vor dem Verkohlen erhielt der Köhlermeister einen Pauschalbetrag von seinem Abnehmer, mit dem sämtliche anfallende Kosten beglichen sein sollten. Der Köhlermeister warb dann die Fuhrleute für den Transport des Holzes an und handelte mit ihnen den Lohn aus. Er stellte sicher, daß die Waldwege passierbar waren und sorgte für die Zahlung eventuell anfallender Zölle. Im Falle eines Rechtsstreits lag die Verantwortung beim Hüttenbesitzer als dem ursprünglichen Auftraggeber. Gelegentlich wurde die getroffenen Abmachungen in notariellen Verträgen fixiert.

Mit der Holzkohle aus der Umgebung von Eisenschmitt wurde in den 1760er Jahren nicht nur die Eichelhütte beliefert, sondern auch das Werk Malberg des Freiherrn von Veyder, die Hammerhütte bei Kronenburg, die Zentraleifeler Werke der Familien von Coels und de l'Eau sowie die Hütte eines Herrn von der Nüll.[51] Die lokale Köhlerei befand sich in der Hand der Familie Carpentier, die zu Beginn des Jahrhunderts zugewandert war.[52] Verschiedene Zweige der Großfamilie hatten ihre Absatzgebiete offenbar so untereinander aufgeteilt, daß je ein Familienzweig eine oder zwei der genannten Hütten belieferte.[53]

Absatzmärkte und Kreditwesen

Mit dem Roh- und Stabeisen produzierten die Eifeler Eisenwerke überwiegend Vorprodukte und Halbfabrikate. Gußwaren wie Öfen und Takenplatten[54] erweiterten die Produktpalette. Je nach dem, ob es sich bei den Eisenerzeugnissen um Roh- und Stabeisen oder um Gußprodukte handelte, waren die Absatzgebiete verschieden. Die Vorprodukte und Halbfabrikate wurden zum größten Teil an Unternehmerkaufleute im Lütticher Becken verkauft, die das Eifeler Eisen auf heimgewerblicher Basis zu Nägeln und Waffen weiter verarbeiten ließen. Ein kleinerer Teil des Eifeler Eisens gelangte über Mosel und Rhein zur Weiterverarbeitung in Gebiete wie das Bergische Land.

Auch die Gußwaren aus der südlichen Eifel und aus Luxemburg wurden über Mosel und Rhein verschifft, wobei sie aber dort auf die Konkurrenz des Eisens aus dem Saartal und dem Hunsrück trafen. Über den Rhein gelangten die Produkte weiter nach Holland und von dort wiederum in andere europäische Länder oder nach Übersee.[55] Für die Gußeisenprodukte aus der Nord- und der Zentraleifel war dagegen der Landweg nach Köln und Lüttich günstiger. In den Städten wurden sie weiter gehandelt. Neben den überregionalen Absatzmärkten waren für das Gußeisen und die daraus hergestellten Produkte auch die regionalen Absatzmärkte von Bedeutung. Als in der Südeifel im Jahre 1789 ein Rechtsstreit zwischen der Eichelhütte und dem Werk Weilerbach entstand, die beide in der damals luxemburgischen Südeifel lagen, ging es um die Absatzmärkte innerhalb der Region. In Brüssel[56] wurde 1789 schließlich festgelegt, daß Weilerbach seine Produkte entlang der Sauer und der luxemburgischen Mosel verkaufen durfte, während die Eichelhütte die Gebiete östlich davon versorgen sollte.[57]

Die Produktion der Eichelhütte lag nach der luxemburgischen Enquete von 1764 bei 300 000 Pfund (163,8 t) Stabeisen (»fer en barre«) und 100 000 Pfund Haushaltswaren (»poteries«), wozu Töpfe, Tiegel, Kannen und Kessel zählten. Die Produktionsanlagen der Familie von Pidoll umfaßten 1764 eine Hütte mit einem Hochofen.[58] Der Oberhammer und die alte Hütte Eisenschmitt werden in der Statistik nicht erwähnt. Die traditionelle Produktion von Öfen, Brandruten, Eisenhaken und Takenplatten hatte in Eisenschmitt offenbar seit dem zweiten Viertel des 18. Jahrhunderts abgenommen. Indizien sprechen dafür, daß die privaten Schmiede des Ortes schon im 18. Jahrhundert einfaches Ackergerät sowie die später erwähnten Äxte und Beile auf den umliegenden Märkten feilboten.[59] In der Zeit zwischen 1683 und 1722 wurde außerdem ein Teil des Eisenschmitter Eisens vor Ort in der Glockengießerei der Familie Freiwald verarbeitet.[60]

Bei Eisenwerken in der Eifel, Luxemburg und im Hunsrück ist in der zweiten Hälfte des 18. Jahrhunderts verschiedentlich die Konzentration mehrerer Standorte in der Hand eines Betreibers zu beobachten. Am Beispiel der Eichelhütte zeigt sich, wie Eifeler Hüttenbesitzer im 18. Jahrhundert versuchten, die Unternehmen auszubauen, die Produktion zu steigern und das Angebot zu diversifizieren.

Der durchgeführte Ausbau der Eichelhütte ist bereits um 1780 erkennbar, als acht Frischfeuer zum Werk gehörten. Für das Jahr 1786 wird außerdem eine Holzschneidemühle im Hüttenbereich erwähnt, und noch vor dem Ende des 18. Jahrhunderts dürfte das später genannte Eisenschneidwerk (»fenderie«) errichtet worden sein.[61] Die unternehmerische Expansion der Familie von Pidoll zeigte sich im Kauf der Malberger Hütte 1777 und dem projektierten Wiederaufbau des Werkes Wenzelhausen bei Niersbach. Bereits 1764 hatten Ludwig und Johann Franz von Pidoll das Werk Ruwer bei Trier auf 30 Jahre gepachtet. Daneben betrieb die Familie die in der Nähe gelegene Quinter Hütte weiter.

Die Expansion mußte jedoch finanziert werden. Immer wieder war hierfür zusätzliches Kapital erforderlich. So gewährte Theodor Baron de la Febure, kaiserlicher Feldmarschall-Leutnant und Gouverneur von Gent, zusammen mit seiner Ehefrau Elisabeth geborene d'Heuron dem Bitburger Pfarrer Karl Kasper von Pidoll im Jahre 1763 einen Kredit in Höhe von 12 000 Brabanter Gulden.[62] Der Pfarrer war Vormund seines zu dieser Zeit noch unmündigen Bruders Ludwig von Pidoll. Ob der Kredit nach dem Tod Gottfrieds von Pidoll im Jahr 1762 allein zur Auszahlung der Geschwister oder bereits zur Finanzierung der Pachtung des Werkes Ruwer bei Trier aufgenommen wurde, ist nicht bekannt. Nach dem Kauf des Malberger Werkes sah sich jedenfalls Ludwig von Pidoll gezwungen, für die weitere Expansion erneut Kredite aufzunehmen. Als Gläubiger erscheint im

Jahre 1778 der Herr de Donnea, »allodialischer Rath« aus Lüttich, der von Pidoll einen Kredit in Höhe von 30 000 Reichstalern gewährte. Das Darlehen wurde im folgenden Jahr noch einmal auf 40 000 Reichstaler aufgestockt.[63] Zusammen mit den Lütticher Unternehmerkaufleuten de Goer und Ghysels war de Donnea[64] in der Eifel und in Luxemburg kein Unbekannter. Namentlich bei diesen drei Kaufleuten verschuldeten sich die Hüttenbesitzer der Region in der zweiten Jahrhunderthälfte immer mehr. Am Ende des Ancien Régime schließlich kontrollierte Lüttich den Rohstoffmarkt für Roh- und Stabeisen weitgehend.

Der Gefahr einer Übernahme durch de Donnea entzog sich Ludwig von Pidoll zunächst, indem er im Jahre 1781 zusammen mit dem Malberger Baron von Veyder eine Kapitalgesellschaft gründete. Die Schulden von Pidolls wurden von der Gesellschaft übernommen. Dem Baron Veyder verpfändete von Pidoll sein fixes Kapital an Privat- und Hütteneigentum und räumte diesem das Rückkaufrecht an der Malberger Hütte ein.[65] Bei der Gründung einer auf 15 Jahre angelegten Hüttengesellschaft mit weiteren Teilhabern schlossen sich Ludwig von Pidoll und der Freiherr von Veyder dann im Juli 1786 mit den Brüdern Johann Wilhelm und Johann Jacob Peuchen zusammen.

Johann Wilhelm Peuchen war Hüttenbesitzer in Jünkerath. Sein Bruder Johann Jacob lebte als Kaufmann in Köln. Mit der Gesellschaft entstand eine Gruppe, die durch die Anteile auch an anderen Eifeler Eisenwerken die führende Stellung unter den Hütten der Zentral- und der Südeifel einnahm. Der Gesellschaftsvertrag sah vor, daß die Gebrüder Peuchen jährlich ein Kapital von bis zu 30 000 Reichsthaler in die Südeifeler Werke Eichelhütte, Malberg und Wenzelhausen einbringen sollten.[66] Im Gegenzug wurden sie am Gewinn der Werke beteiligt. Allein durch ihre Größe konnte die neue Gesellschaft einer Abhängigkeit von Lüttich besser entgegenwirken. Neben der Verbesserung der Kapitalausstattung hatte der Zusammenschluß offenbar auch das Ziel, den überregionalen Handel über Köln anzukurbeln.[67] Dort wo die Konzentration von Hütten und Hämmern und damit die Vereinigung von Kapital in der Hand eines Unternehmers oder einer Gesellschaft nicht gelang, war der Hüttenbetrieb in weitaus stärkerem Maße den konjunkturellen Entwicklungen und den Gegebenheiten der Nachfrage ausgeliefert. Wenn die kapitalkräftigeren Händler oder Fertigfabrikanten in Notzeiten mit Krediten aushelfen mußten, kontrollierten sie nicht selten bald den Betrieb der Hütte oder wurden am Ende zu ihrem Besitzer.[68]

Staat und Unternehmertum

Die Beziehungen zwischen Hüttenbesitzern und dem Landesherrn bzw. den staatlichen Institutionen waren bereits im 18. Jahrhundert vielschichtiger Natur: Durch die Konzessionsbriefe gab der Souverän über seine Regierungsbürokratie gesetzliche und ökonomische Rahmenbedingungen für den Hüttenbetrieb vor. Des weiteren betraf aber auch die staatliche Steuer- und Zollpolitik die Unternehmen direkt.[69]

In der Südeifel läßt sich der staatliche Einfluß auf die Wirtschaft an den Bedingungen des Herzogtums Luxemburg verdeutlichen, zu dem ein weiter Teil des Gebiets seit dem Mittelalter gehörte. Als mit Karl VI. im Jahre 1714 die österreichischen Habsburger die Regierung im Herzogtum übernahmen, war das Land verarmt und die Wirtschaft geschwächt. Der Dreißigjährige Krieg, die Reunionskriege des 17. Jahrhunderts und der Spanische Erbfolgekrieg am Anfang des 18. Jahrhunderts hatten tiefe Spuren hinterlassen. Unter den Habsburger Landesherren Karl VI. (1714–1740), Maria Theresia (1740–1780) und Joseph II. (1780–1790) erfolgte jedoch eine nachhaltige Erholung von Handel und Gewerbe. Ihre Maßnahmen zur Wirtschaftsförderung wurden von fiskalischen Interessen bestimmt. Als Grundbedingung für ihre Umsetzung erwies sich die Verschonung des Gebiets vor neuerlichen direkten Kriegseinwirkungen.[70]

Eisenindustrie und dörflicher Standort

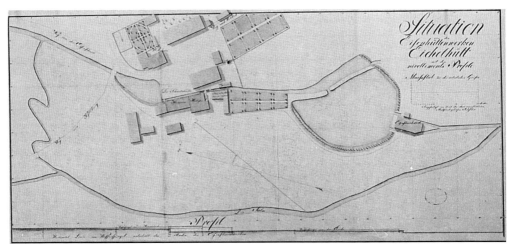

4 Situationsplan von den Eisenhüttenwerken. Zeichnung/M 1:500, 1823. Koblenz, Landeshauptarchiv

In den Beziehungen zwischen Hüttenbetreibern und Landesherren spielten die staatlichen Konzessionsvergaben (»octrois«) zur Errichtung von Eisenwerken die entscheidende Rolle. Konzessionsbriefe regelten die Rechte am Boden, auf dem die Hütte betrieben wurde, und die Nutzung der Wasserläufe. An die jeweiligen Grundherren waren für die Nutzungsrechte jährliche Zahlungen zu entrichten, die während des 18. Jahrhunderts im allgemeinen moderat blieben. Zu Rechtsstreitigkeiten kam es jedoch häufig, wenn die Interessen der Hüttenbetreiber an der Wassernutzung mit denen von Grundherren oder Privatpersonen kollidierten. Konflikte waren z. B. immer dann vorprogrammiert, wenn der Grundherr eine Mühle am selben Wasserlauf betrieb. Anders als die Zahlungen an den Grundherren stiegen die staatlichen Steuern in den ersten drei Jahrzehnten des 18. Jahrhunderts kontinuierlich an. Sie wurden entsprechend der wirtschaftlichen Leistungsfähigkeit der Hütten bemessen.[71]

Weiter wurden Art und Dauer der Waldnutzung in den landesherrlichen Konzessionen geregelt. Die Schläge mußten gekennzeichnet, Mengen vor dem Schlag festgelegt und die Nutzung auf eine bestimmte Anzahl von Jahren begrenzt werden. Auch hierfür erhielt der Staat Geld, und an die Waldeigentümer waren Entschädigungszahlungen zu leisten. Die Konditionen für die Waldnutzung hatten sich seit Ende des 17. Jahrhunderts verbessert, da den Hüttenbesitzern immer längere Nutzungszeiten zugestanden wurden. Das verschärfte allerdings die Holzknappheit und trieb nach 1750 die Preise für das Holz in die Höhe.

Die Hüttenkonzessionen waren im Herzogtum Luxemburg zunächst nur als Adelsprivileg gewährt worden. Die Verordnungen von 1694 und 1735 hatten das Vorrecht um die Möglichkeit der Betriebsführung durch die Adeligen selbst erweitert. Der soziale Aufstieg von Hüttenbetreibern, die oftmals als Pächter oder Hüttendirektoren an adligen oder klösterlichen Hütten begonnen hatten, dokumentierte sich seit dem 17. Jahrhundert vermehrt in Nobilitierungen.

Gesonderte Konzessionen gewährte der Landesherr für die Ausbeutung von Erzfeldern. Gemäß einer Verordnung von 1663 stand den Grundeigentümern in Luxemburg das Nießbrauchrecht an den Gruben zu. Durch die »octrois« wurde jedoch auch hier die Erschließung von Gruben durch die Unternehmer gefördert.[72] Diese Praxis wurde für Ludwig von Pidoll relevant, als er im Jahre 1777 die Kaiserin Maria Theresia um eine Schürfkonzession auf dem Boden der Herrschaft Bruch-Scharfbillig ersuchte, nachdem seine Pläne zunächst am Widerstand privater Eigentümer und des Freiherrn von Kesselstatt als Herr der Herrschaft Bruch gescheitert waren.[73] Kollisionen zwischen den Interessen eines Hüttenbesitzers und denen der Grundherrn waren kein

Einzelfall. Nach der Entscheidung des Luxemburger Provinzialrats von 1777 durfte Pidoll schließlich sämtliche Gruben in der Herrschaft ausbeuten.[74] In anderen Fällen konnten landesherrliche Konzessionen hingegen nicht umgesetzt werden, wenn sie auf den Widerstand vor allem des Ständerates gestoßen waren.

Als ungünstig für das Hüttenwesen erwies sich die Zollpolitik der Nachbarstaaten des Herzogtums Luxemburg. Die hohen Einfuhr- und Transitzölle des Fürstbistums Lüttich stellten eine besondere Belastung für die luxemburgischen Produkte dar. Die zeitweilige Einführung von Ausfuhrzöllen 1766 im Herzogtum Luxemburg selbst erwies sich als kontraproduktiv. Der erhoffte Impuls für eine Weiterverarbeitung von Eisen innerhalb des Herzogtums blieb aus, statt dessen war lediglich der Zugang zum wichtigsten Absatzmarkt erschwert worden.[75]

Insgesamt zeigt sich, daß die Widerstände, gegen welche die Hüttenbesitzer in Luxemburg während des 18. Jahrhunderts zu kämpfen hatten, meist von Seiten des niederen Adels in den Herrschaften und vom Ständerat ausgingen. Die Eingriffe des Landesherrn und seiner Bürokratie wurden für die Unternehmer immer wichtiger. Im Eisengewerbe setzten sich dadurch mitunter gleichzeitig territorialstaatliche Interessen auf Kosten der lokalen Herrschaftsträger durch.[76]

Die Eisenwerke des 18. Jahrhunderts in Eisenschmitt und Umgebung

Im Laufe des 18. Jahrhunderts konzentrierte sich die Eisenproduktion in und um Eisenschmitt an vier Standorten:

Die Hütte Eisenschmitt (»alter Hüttenplatz«) befand sich bis 1670 im Ort nahe der Kirche.[77] Danach wurde eine neue Hütte errichtet, die wahrscheinlich mit dem »Hüttenhaus« am nördlichen Ortsausgang identisch ist, das in einer Himmeroder Karte des 18. Jahrhunderts eingezeichnet ist.[78] Beide Hütten wurden genossenschaftlich betrieben.[79] Die Genossenschaftsmitglieder entrichteten die Katharinenrente als Eisenrente wohl ursprünglich proportional zu ihren Anteilen. Als Leiter der Genossenschaft fungierte ein »Hauptmann«, die anderen Mitglieder waren »Mitschmiedemeister«.[80] Wie die Hebregister und das Kataster von 1766 zeigen, ist die Abgabe der Eisenrente in beiden Eisenschmitter Ortsteilen noch für 1748, 1766 und 1782 nachweisbar. Sie belief sich auf 1275 Pfund Eisen, von denen 600 Pfund an die Herren von Veyder und Malberg, 600 Pfund an die Grafen von Manderscheid und 75 Pfund an das Kloster Himmerod gezahlt wurden.[81] Die Menge entspricht rund 0,7 t Eisen.[82] Offenbar wurde die genossenschaftliche Produktion auch dann noch weitergeführt, als die 1670 errichtete Hütte in der Mitte des 18. Jahrhunderts baufällig geworden war und sich der wirtschaftliche Schwerpunkt zur Eichelhütte verlagert hatte. Auf eine Zusammenarbeit zwischen der Genossenschaft und den Betreibern der Eichelhütte deutet, daß auch die Familie von Pidoll einen Anteil an der Katharinenrente zu zahlen hatte.[83]

Die Eichelhütte wurde um 1701 vom Bettenfeld-Meerfelder Amtmann und Pfandherrn Johann Minden errichtet. Das Hüttengelände »unter dem Zimmerseifen« war ein Erblehen des Klosters Himmerod und umfaßte eine Fläche von etwas mehr als drei kurtrierischen Morgen. Laut Vertrag mit dem Kloster hatte Minden geplant, darauf eine Gießhütte mit Hammer, Pochmühle, Kohlenschuppen, Formenhäuschen und Wohnhaus zu errichten. Oberhalb und unterhalb der Hütte behielt sich das Kloster Rechte an den Wasserläufen vor. Die Hütte durfte nicht ohne die Zustimmung des Klosters veräußert werden. Als Minden sie 1704 dennoch an Franz Pidoll verkaufte, war ein Prozeß in Luxemburg die Folge, bei dem die Rechte Pidolls und des Klosters 1706 erneut fixiert wurden.[84] Später war die Eichelhütte Mittelpunkt der Pidollschen Werke in der luxemburgischen Südeifel, während die Quinter Hütte in der Nähe von Trier den Schwerpunkt der Pidollschen Unternehmungen in der kurtrierischen Südeifel bildete. Nach dem Kataster von 1766

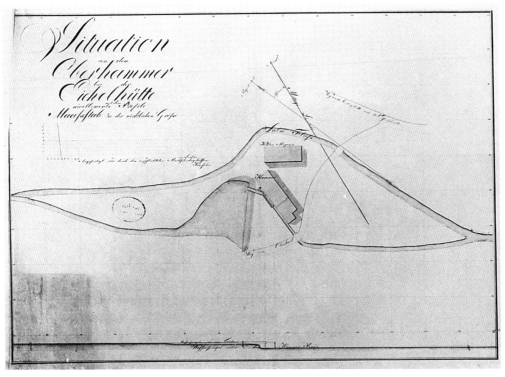

5 Situationsplan vom Oberhammer. Zeichnung/M 1:500, 1823. Koblenz, Landeshauptarchiv

umfaßten die Anlagen der Eichelhütte »ein convenabeleß Wohnhaus mit einem kleinen dahinter gelegenen Suppen Gärtgen, [...] eine Scheuer mit Stallung, Mistenplatz und einer Handschmitt zum Gebrauch des Declaranten und des Hüttenwercks«. Dazu kam das »Hüttenwerck, bestehend in einem Hammer=Schmeltz=Ofen mit seinen dazugehörigen Gebäuden und etlichen kleinen Wohnungen für die Arbeiter« sowie eine »Mahlmühle mit zwey Läuff zur Mahlung des Declaranten und seiner Arbeiter Consomptions Früchten«.[85]

Der Oberhammer (auch: Kleiner Hammer, Hämmerchen) war ein Hammerwerk des Pidollschen Hüttenkomplexes in Eisenschmitt. Er lag oberhalb des Dorfes westlich der Salm auf dem Territorium der Herrschaft Kail. 1743 ist er auf einer Karte des Kloster Himmerod eingezeichnet.[86] Die von Ludwig von Pidoll im Jahre 1782 an den Grafen von Manderscheid-Blankenheim gezahlte Hammerrente in Höhe von 22 Talern und 12 Stübern bezog sich auf den Oberhammer. Seine Gründung liegt im dunkeln, doch handelte es sich bei ihm wohl ursprünglich um das Frischfeuer der alten Hütte Eisenschmitt.[87]

Die Korneshütte (auch Carlshütte oder »welscher Hammer« genannt) war eine Neugründung der Grafen von Manderscheid-Kail am westlichen Ufer der Salm auf herrschaftlich Oberkailer Gebiet. Sie wurde um 1700 errichtet. Als ihre ersten Betreiber werden Heinrich Peuch(en) und Consorten genannt. Um 1708 wurde die Korneshütte von Johann Cornesse betrieben, der 1710 auch als Hüttenschreiber der Eichelhütte bezeichnet wird.[88] Der Betrieb in der Korneshütte wurde schon vor 1750 eingestellt.

Neben den Eisenhütten betrieb die Familie von Pidoll in der ersten Hälfte des 18. Jahrhunderts auch zwei Kupferschmelzen an der Salm. Sie lagen nahe Musweiler und Bergweiler auf kurtrierischem Gebiet. Die Produktion hatten beide Werke schon vor der Mitte des 18. Jahrhunderts eingestellt.[89]

Bevölkerungsentwicklung und Migration in Eisenschmitt

Die vor- bzw. protoindustrielle Entwicklung am Standort Eisenschmitt-Eichelhütte hatte weitreichende Konsequenzen für das Dorf Eisenschmitt. Sie verursachte und beschleunigte dort im 18. Jahrhundert die demographischen, verfassungsrechtlichen und wirtschaftlichen Veränderungen. Die Lebensverhältnisse in Eisenschmitt unterschieden sich bald noch stärker als zuvor schon von denen in den Bauerndörfern der Umgebung.

Die Bevölkerungsentwicklung des Ortes war im 18. Jahrhundert durch das stetige Anwachsen der Einwohnerzahl gekennzeichnet. Zu Beginn des 18. Jahrhundert hatte der Ort schätzungsweise 200–300 Einwohner, im Jahre 1766 waren es 666 und im Jahre 1806 lag die Bevölkerungszahl bei 1008 Personen.[90] Innerhalb eines Jahrhunderts hatte sich die Bevölkerung mindestens verdreifacht. Im Jahr 1779 berichteten Eisenschmitter in Zeugenaussagen, daß »50, 40 und 30 Jahre« zuvor »nur wenige, 12 oder 13 Häuser auf der Eisenschmitt« gestanden hätten. Durch den Zuzug »allerhand fremder Leuten« und »aus Gelegenheit des Eichelhütte Eisenwerkes« sei die Einwohnerzahl auf mehrere Hundert angestiegen.[91] Neben den zuwandernden Hüttenarbeitern ließen sich offenbar auch Personen nieder, die sonst lediglich als Beisassen ohne Erbberechtigung auf den Schaftgütern der Umgebung hätten leben können.

Die Zuwanderung der Hüttenarbeiter und Köhler speiste sich aus mehreren Herkunftsgebieten. Die Facharbeiter der Eichelhütte stammten vielfach aus Lothringen und Wallonien, wobei die Wallonen in der Hauptsache aus der Umgebung von Lüttich stammten.[92] Die Zuwanderung aus dem Lütticher Raum an die Eifeler Hütten war kein neues Phänomen. Bereits am Ende des 17. Jahrhunderts arbeiteten etwa an der Arenberger Stahlhütte ausschließlich Wallonen als Facharbeiter.[93] Die Zuwanderung aus dem Westen ist für Eisenschmitt auch im luxemburgischen Kataster ablesbar, wo man zahlreiche französische Namensträger findet. So werden 1766 die Familien Carpantier, Dethier, Jacques (auch: Schaack), Grabet, Legros, L'Esperance, Poncelet, Thiliez, Werin (auch: Verlain, Werlé) als Grundbesitzer im Ort genannt.[94] Auf einen möglichen italienischen Hintergrund deutet in Notariatsakten ferner der Name Cappallo, der im Kataster bereits zu Cappel verändert worden ist.[95] Andere Hüttenarbeiter kamen über die durch Franz von Pidoll errichtete Quinter Hütte nach Eisenschmitt.

Hinweise sprechen dafür, daß der Ort Quint für einige von ihnen eine Zwischenetappe auf einer längeren Wanderung gewesen war. Der ursprünglich aus Malmedy stammende Peter Dethier arbeitete beispielsweise zunächst in Quint und war dann im Jahre 1704 als Faktor an der Eichelhütte eingestellt. Ähnliches gilt für Johann Joseph Legros, der zunächst in Quint als Sohn eines aus dem lothringischen Boulay stammenden Hüttenarbeiters beschäftigt war.[96] Die in der Köhlerei tätigen Familien kamen meist aus der südlichen Eifel, vereinzelt befanden sich unter den zugezogenen Köhlern Personen aus dem Hunsrück und dem Elsaß.[97] Die ersten Vertreter der Köhlerfamilie Carpentier in Eisenschmitt waren zu Beginn des 18. Jahrhunderts aus der Gegend um Arlon gekommen.[98]

Doch nicht nur Facharbeiter wanderten zu. Wie die Akten zur Bürgeraufnahme in Eisenschmitt zeigen, ließen sich im Ort in der zweiten Hälfte des 18. Jahrhunderts auch zahlreiche Neubürger nieder, die entweder in Handwerksberufen oder als Fuhrleute tätig waren. Sie stammten meist aus der Region, d. h. aus den anderen Teilen des Herzogtums Luxemburg, dem benachbarten Kurtrier und der Grafschaft Blankenheim.[99] Gerade aber die Zuwanderung dieser Personen bildete den Grundstock für die sich vergrößernde Unterschicht im Ort. Die Situation war für diejenigen besonders schwierig, die aus anderen Territorien stammten und das Bürgerrecht nicht über eine Bürgschaft von Einheimischen erwerben konnten. Sie blieben von der Allmendenutzung im Wald und den gemeindlichen Getreidekäufen in Versorgungskrisen ausgeschlossen. Aufgrund der fortschreitenden Realteilung und wechselnder Konjunkturen im Eisengewerbe liefen aber gegen Ende des 18. Jahrhunderts auch alteingesessene Familien Gefahr zu verarmen. In Zeiten steigender Getreidepreise verschärfte sich ihre Situation weiter. Die Betroffenen wurden zu Almosenempfängern. In Himmeroder Klosterrechnungen ist überliefert, daß die Abtei im Jahr 1793 schließlich »100 armen Leuten« allein aus Eisenschmitt Unterstützung in Form von Brotalmosen gewährte.[100] Bis zur Säkularisierung im Jahr 1802 half das Kloster häufig, die schlimmste Not im Nachbarort zu lindern.

Konflikte zwischen Gemeinde und Grundherren

Das Wachsen der Einwohnerzahl verschärfte die Interessengegensätze zwischen der Gemeinde und den Grundherren. Konflikte entzündeten sich an alten Gemeinderechten der Holznutzung und der Viehweide. Hinsichtlich der Waldnutzung zeigte sich bei den adligen und geistlichen Waldbesitzern ihrerseits im 18. Jahrhundert ein immer stärker werdendes Streben nach gewinnbringender Nutzung des Waldes. Zur selben Zeit verlor das Kloster Himmerod als Grundherr zunehmend die Kontrolle über Flächen, deren Besitzer bereits ein relativ günstiges Bodenrecht genossen.

Die Interessengegensätze äußerten sich in der steigenden Zahl von Rechtsstreitigkeiten zwischen der Gemeinde Eisenschmitt und den Grundherren. Da die steigende Bevölkerung auf ihre alten Berechtigungen in hohem Maße angewiesen war, sah sich die Gemeinde immer wieder gezwungen, Prozesse wegen der gemeindlichen Triftrechte im Salmtal und der Holzberechtigungen im Wald Hoscheid zu führen. Fast zwangsläufig wurden das Kloster Himmerod als größter Wiesenbesitzer im Salmtal und die Herren von Veyder, denen der Wald Hoscheid zur Hälfte gehörte, zu ständigen Kontrahenten der Eisenschmitter vor dem Luxemburger Provinzialrat. Es hatte zwar schon in der Frühneuzeit öfter wegen Hüttenangelegenheiten Konflikte gegeben, die Auseinandersetzungen des 18. Jahrhunderts erreichten jedoch eine neue Qualität.

Sie korrespondierten mit der fortschreitenden Lockerung der grundherrschaftlichen Beziehungen. Die Grundherrschaft umfaßte zwei Bereiche, d. h. die Grundherrschaft im engeren Sinn, die sich auf die Besitzverhältnisse gründete, und die Leibherrschaft, die den Grundherren die Herrschaft über die Person gab. Bei der Grundherrschaft im engeren Sinne kam dem grunduntertänigen Hof- oder Güterinhaber lediglich das Nutzeigentum an den von ihm bewirtschafteten Flächen zu. Das Eigentumsrecht lag als Obereigentum beim Grundherrn. Die Leibherrschaft konnte als Herrschaftsrecht zum einen die Freizügigkeit einschränken, zum anderen Frondienste begründen und die Erlaubnis zur Heirat erforderlich machen. Sie war zum Teil mit der Gerichtsherrschaft des Grundherren verbunden. Die Bewohner der Hüttendörfer hatten aufgrund von Privilegien in der Neuzeit vielfach den Status von Freien erworben. Aus der Mehrherrigkeit konnten Gerichtsrechte verschiedener Herren herrühren, die sich die Rechte nicht selten gegenseitig streitig machten. Die Besitzrechte waren in Eisenhüttendörfern meist verhältnismäßig günstig. In Eisenschmitt war die Situation zu Beginn des 18. Jahrhunderts durch die Dominanz der günstigen Erbpachtverhältnisse gekennzeichnet. Daneben existierten mindestens zwei weitere Besitzformen. Je nach dem, ob es sich bei den Gütern um die Schaftgüter westlich der Salm oder um die Erb- und Zeitpachtgüter im Ortskern handelte, verfügten die Einwohner als Besitzer in unterschiedlichem Grad über ihr Hab und Gut. Ungeachtet der Vorschriften der Luxemburger Landesbräuche glich sich der Umgang mit dem Besitz in der Praxis des 18. Jahrhunderts mehr und mehr an. Dies zeigt sich besonders bei den vier Schaftgütern[101] westlich der Salm, wo das Verbot von Kreditaufnahmen ohne grundherrliche Zustimmung immer häufiger mittels juristischer Tricks umgangen wurde.

Durch die besonderen Bedingungen in den Eisenhüttendörfern waren auch in Eisenschmitt schon früh die Voraussetzungen für einen freieren Grundstücksverkehr gegeben. Im 18. Jahrhundert stieg mit dem Bevölkerungswachstum die Zahl von Landkäufen und Landverkäufen rasant an. Besonders deutlich wird dies beim eigenmächtigen Verkauf von Himmeroder Erbpachtflächen, der nach Luxemburger Recht ohne die Mitteilung an den Grundherrn grundsätzlich untersagt war.¹⁰² Hieraus resultierten um 1740 mehrere Prozesse zwischen dem Kloster Himmerod und Eisenschmitter Einwohnern.¹⁰³ Gleichzeitig wurden in zunehmenden Maße Hypothekarkredite aufgenommen. In beiden Entwicklungen zeigten sich schärfer werdende Konturen eines entstehenden Bodenmarktes. Durch den Grad der Mobilisierung von Boden unterschied sich Eisenschmitt besonders von den Schaftbauerndörfern im alten Herzogtum Luxemburg.

6 Die Gegend um Eisenschmitt und Eichelhütte. Ausschnitt aus der Landesaufnahme der Rheinlande durch Tranchot um 1812, Blatt 179. Berlin, Staatsbibliothek zu Berlin – Preußischer Kulturbesitz, Kartenabteilung

Formen der Landwirtschaft und des dörflichen Geldverkehrs

Weitere Veränderungen vollzogen sich während des 18. Jahrhunderts im Bereich der Landwirtschaft. Die Bedingungen für den Ackerbau waren in Eisenschmitt ungünstig. Das Land der knapp 200 ha umfassenden Eisenschmitter Feldmark war von geringer Bodengüte, und die Hanglage der kleinen Stücke machte die Feldarbeit zu einem mühseligen Unterfangen. Obwohl der Ackerbau in Eisenschmitt nur den Charakter eines komplementären Nebenerwerbs¹⁰⁴ trug, war er doch unverzichtbar für die Grundversorgung der Einwohner und als Futterlieferant für die Arbeitstiere. Der Ackerbau wurde in Eisenschmitt vielfach intensiviert betrieben. Die zur Verfügung stehenden Flächen nutzte man in Form einer Einflurwirtschaft, die hier wohl schon früh das System der Dreifelderwirtschaft abgelöst hatte. Lediglich die Fruchtfolgen entsprachen noch dem Rhythmus der Dreifelderwirtschaft. Auf den Ackerflächen wurde im ersten Jahr Roggen und im zweiten Hafer angebaut. Im dritten Jahr ruhten die Flächen. Bei einem Teil der Eisenschmitter Besitzer entfiel das Brachejahr, so daß das Land ohne Unterbrechung bebaut wurde. Die betreffenden Besitzer ernteten im ersten Jahr das Futtergewächs »Speiß«,¹⁰⁵ im zweiten Jahr Roggen oder Hafer, und im dritten Jahr besäten sie die Flächen, die zuvor mit Stallmist gedüngt worden waren, von neuem mit »Speiß«. Diese Form des Anbaus wurde beispielsweise vom Eisenschmitter Schmied Frantz Meyer praktiziert. Im Kataster heißt es zu Umfang und Fruchtfolge seines Ackerlandes: »Ein halben Morgen 12 Schuhe, tragen ein Jahr Speiß, ein Jahr Korn, und werden daß 3te widerum gebessert[106] und mit Speiß besäet, muß all mit der Hau[107] gegraben und die Besserey mit der Hott[108] darzugetragen werden«.[109] In der Gemarkung gab es kaum mehr Ödland oder Schiffelland,[110] statt dessen bestand die Feldmark fast je zur Hälfte aus Wiesen und aus Ackerland. Die Wiesen dienten als Kuh- und Pferdeweide.

Da die Beschäftigung an den Eisenhütten stark von jahreszeitlichen Bedingungen abhing, ruhten die Arbeiten in heißen Sommern bei Wassermangel. Diese Ausfälle erlaubten es den Arbeitern, die Wiesen zu mähen und Getreide zu ernten. Zu anderen Zeiten des Jahres war das die Aufgabe von Frauen und Kindern. Die Ehefrauen arbeiteten ebenfalls in den Landstücken, wenn die Ehemänner als Fuhrleute oder Hüttenarbeiter berufsbedingt außerhalb des Ortes tätig waren. Wie die Teilnehmerzahlen von Gemeindeversammlungen erkennen lassen, waren in der Zeit nach 1750 regelmäßig bis zu 10% der männlichen Haushaltsvorstände abwesend.[111]

Für die meisten Eisenschmitter Familien reichte der geringe Getreideertrag nicht zur Sicherstellung der Ernährung, so daß sie auf zusätzliche Brotgetreidekäufe angewiesen waren. In Zeiten steigender Getreidepreise wie dem letzten Drittel des 18. Jahrhunderts oder in Jahren mit Mißernten sahen sich die Familienvorstände daher oft gezwungen, in den Kirchenfabriken[112] der Umgebung Kredite aufzunehmen. In vielen Fällen war eine beträchtliche Verschuldung die Folge. Im Hungerjahr 1770 mußte gar die Gemeinde aktiv werden. Auf der Gemeindeversammlung beschlossen die Eisenschmitter Bürger, »aus Nothdurft deren Früchten zur täglichen Nahrung« und »umb sich der Hungers Noth zu erwehren«, 39 Malter Mehl aus dem Luxemburger Magazin zu beziehen. In der Umgebung des Dorfes gab es kein Getreide mehr zu kaufen, und man rechnete damit, daß das eigene Getreide aufgrund der schlechten Witterung selbst in einer Zeit von drei oder vier Wochen noch nicht geerntet werden könne.[113] Gegen Ende des 18. Jahrhunderts wurde die Hungergefahr allerdings durch die wachsende Verbreitung der Kartoffel in der südlichen Eifel etwas gemildert. Schon 1766 ist der Stellenwert der Kartoffel an der Tatsache zu erkennen, daß die Grundherrn in der Herrschaft Bettenfeld-Meerfeld den Kartoffelzehnten erhoben.[114]

Die Aufnahme von Krediten[115] war in Eisenschmitt während des 18. Jahrhunderts stärker verbreitet als in den bäuerlichen Nachbarorten. Häufig stellten die Eisenschmitter Einwohner Teile ihres Landbesitzes als Sicherheit bei Darlehensaufnahmen. Die Hypothekarkredite hatten lange Laufzeiten und wurden zu einem Zinssatz von 5% gewährt. Da der Besitz von Ländereien oft erst die Kreditwürdigkeit herstellte, dürfte hierin auch eine Ursache für den ›Landhunger‹ der nichtbäuerlichen Schichten zu sehen sein. Der Besitz von Land war somit nicht nur zentral für die Ernährung der einzelnen Familien, sondern bildete auch eine wesentliche Voraussetzung, um an Geldmittel zu kommen. Als Kreditoren fungierten in Eisenschmitt u. a. Personen aus der Verwandtschaft der Schuldner, wohlhabende Einwohner des Dorfes[116] oder der Umgebung sowie Bruderschaften[117] und vermögende Nachbargemeinden.[118] Die wichtigsten Gläubiger waren jedoch die Kirchengemeinden.[119]

Der sogenannte Momper verwaltete das Kirchenvermögen und den kirchlichen Kapitalstock als Vorsteher der Kirchengemeinde. Er spielte bei der Kreditvergabe die entscheidende Rolle. Als Kreditoren der Eisenschmitter Einwohner erscheinen sämtliche Pfarrkirchen, die in der Umgebung von Eisenschmitt und damit im östlichen Zipfel des alten Herzogtums Luxemburg lagen. Unter ihnen war die Pfarrkirche der Pfarrei Oberkail, zu der Eisenschmitt bis 1793 kirchenrechtlich gehörte, der wichtigste Kreditgeber. Rund 60% aller Kreditnehmer der Pfarrkirche stammten aus Eisenschmitt. Ferner wurden Kredite auch aus dem Vermögen von Kapellen vergeben. Als Gläubiger der Eisenschmitter Einwohnern werden u. a. die Kapellen Eisenschmitt, Frohnert bei Oberkail und Maria Buchholz in der Grafschaft Niedermanderscheid genannt. Von den Kreditnehmern der Frohnertkapelle stammte im 18. Jahrhundert die Hälfte aus Eisenschmitt.[120] Viele Eisenschmitter standen zudem in der Schuld des Klosters Himmerod und des Kyllburger Stiftes, die beide auf kurtrierischem Boden lagen.

Zusammenfassung und Ausblick

An der Entwicklung der Eichelhütte lassen sich im 18. Jahrhundert Dynamik und Wachstumskräfte der vorindustriellen Wirtschaft erkennen. Während die Hütten der Nordwesteifel genossenschaftlich organisiert waren, wurde das Werk Eichelhütte wie die meisten Hütten der Zentral- und Südeifel von nur einem Besitzer betrieben. Die Vorteile eines zentralisierten Betriebes zeigten sich im Bereich der Arbeitsorganisation und der Unternehmensführung. Das am Gewinn orientierte Wirtschaften der Familie von Pidoll schuf die Grundlage für den Kauf weiterer Hütten und den Erwerb zusätzlicher Konzessionen. Für die Sicherung der Rohstoffbasis wurden die vom Landesherrn festgesetzten rechtlichen Rahmenbedingungen immer wichtiger. Sie garantierten den Hüttenbetrieb und sicherten den Zugriff auf Rohstoffe und Ressourcen gegenüber Dritten. Die Formen protektionistischer Zollpolitik in den Nachbarstaaten, der Anstieg der staatlichen Steuern und die nur langsame Verbesserung der Verkehrsverhältnisse wirkten sich hingegen ungünstig auf den Hüttenbetrieb aus. Da die Eifeler Eisenindustrie in starkem Maße von Entwicklungen in den Absatzgebieten abhängig war, gewannen auswärtige Unternehmerkaufleute über die Kreditvergabe in der zweiten Hälfte des 18. Jahrhunderts einen zunehmenden Einfluß. Ludwig von Pidoll wirkte der drohenden Abhängigkeit von Lütticher Finanziers 1781 zunächst durch die Gründung einer Kapitalgesellschaft mit dem Baron von Veyder und 1786 durch die Erweiterung der Gesellschaft um die Gebrüder Peuchen entgegen.

Mit dem Ausbau der Eichelhütte durch die Familie von Pidoll gingen während des 18. Jahrhunderts nachhaltige Veränderungen der Lebensverhältnisse im Dorf Eisenschmitt einher. Der Wandel dokumentierte sich vor allem im starken Anwachsen der Eisenschmitter Bevölkerung und in der Zunahme von Konflikten um Grund und Boden. Geldmittel begannen eine immer größere Rolle für die Sicherstellung des Lebensunterhalts zu spielen. Gleichzeitig wurde es für einen wachsenden Teil der dörflichen Bevölkerung schwierig, das Überleben zu sichern. Die große dörfliche Unterschicht befand sich schließlich am Ende des Ancien Régime auf dem Weg des Abstiegs in die Armut.

Die Zeit der französischen Herrschaft von 1794 bis 1815 beförderte zwar noch einmal die Konjunktur der Eifeler Hütten, wofür die Integration in den französischen Binnenmarkt und die Kontinentalsperre ursächlich waren. Die weitere Entwicklung des 19. Jahrhunderts stand dann aber im Zeichen des Niederganges. Die Eifeler Eisenindustrie konnte in der Industrialisierung nicht mehr Schritt halten. Nach 1830 konkurrierte Eifeler Eisen immer erfolgloser mit Eisen aus England. Die Eifeler Eisenherstellung auf Holzkohlebasis und die nach wie vor schlechten Verkehrsverbindungen verteuerten das Produkt. Dazu kam der Kapitalmangel der Hüttenbesitzer, der Investitionen in neue Techniken verhinderte. Nur am Nordrand der Eifel hielten das Inde-Vicht-Revier und später einzelne Werke an den neuen Eisenbahnlinien für einige Zeit mit der industriellen Entwicklung Schritt. Eine Schließungswelle erfaßte die Eifeler Hütten seit dem Ende der 1850er Jahre. Die Eichelhütte stellte ihren Betrieb 1868 endgültig ein. Langfristig konzentrierte sich die Montanindustrie in den neuen Zentren nahe den Steinkohlelagern von Ruhr und Saar. In der Eifel erfolgte eine weitgehende Deindustrialisierung.

An den betroffenen Standorten kam es zur Abwanderung von Unternehmern und Arbeitern. Eisenschmitt erlangte dadurch nach dem Niedergang des Eisengewerbes literarische Bekanntheit. Als im Jahr 1900 der Roman »Das Weiberdorf« erschien, beschrieb die Schriftstellerin Clara Viebig Eisenschmitt darin als ein Dorf, dessen Männer während des Jahres an Rhein und Ruhr arbeiten mußten. Die Frauen blieben in »Eifelschmitt« zurück. Der kurz nach dem deutsch-französischen Krieg von 1870/71 angesiedelte Roman basierte auf der Tatsache der saisonalen Arbeitsmigration von Männern aus Eisenschmitt. Die Führung zahlreicher Haushalte lag während der Zeit ihrer Abwesenheit in der Hand der Frauen. Im Stil des Naturalismus schilderte die Autorin die dörfliche

Situation als einen Existenzkampf der verbliebenen Einwohner. Trotz aller fiktionalen Elemente warf der Roman damit ein Schlaglicht auf das Leben in den Eifeler Eisenhüttenorten nach der Aufgabe der Eisenindustrie.[121]

[1] Wilhelm Strick, *Die Industrialisierung der Eifel im 19. Jahrhundert*, Köln 1924, S. 21.

[2] Grundlegend zur Geschichte der Eifeler Eisenindustrie: Peter Neu, *Eisenindustrie in der Eifel. Aufstieg, Blüte und Niedergang* (Werken und Wohnen, 16), Köln [u. a.] 1988. Ältere Darstellungen konzentrieren sich vorwiegend auf die Eisenreviere in der Nord- und Nordwesteifel, so z. B. Eugen Virmond, *Geschichte der Eifeler Eisenindustrie von ihren ersten Anfängen an bis zu ihrem Verfall*, Schleiden 1896; Justus Hashagen, Zur Geschichte der Eisenindustrie vornehmlich in der nordwestlichen Eifel, in: Alfred Herrmann (Hrsg.), *Eifel-Festschrift zur 25jährigen Jubelfeier des Eifelvereins*, Bonn 1913, S. 269–294.

[3] Zur Genese der herrschaftlichen Verhältnisse in Eisenschmitt vgl. Neu [Anm. 2], S. 83–88.

[4] Ebd., S. 33–37.

[5] Der Hüttenbering umfaßte die Industrieanlagen und Wohngebäude im Hüttenbereich. Er bildete häufig einen eigenen Rechtsbereich.

[6] Neu [Anm. 2], S. 59–62.

[7] Michel Ungeheuer, *Die Entwicklungsgeschichte der luxemburgischen Eisenindustrie im XIX. Jahrhundert*, Luxembourg 1910, S. 93.

[8] Strick [Anm. 1], S. 28.

[9] Neu [Anm. 2], S. 65–74; zur Familie Coels vgl. ebd., S. 151, S. 233, S. 235; zu den de l'Eau, ebd., S. 233–238; zur Familie Faymonville, ebd., S. 147, S. 234. Zu den Familien Peuchen, Poensgen, Rotscheidt, Schoeller und Virmond vgl. auch Virmond, [Anm. 2], S. 46–50. Die Geschichte der Unternehmerfamilie Hoesch steht im Mittelpunkt bei Hashagen [Anm. 2], S. 269–294.

[10] Zur Genealogie vgl. Walter Petto, Die von Pidoll zu Quintenbach, *Mitteilungen der westdeutschen Gesellschaft für Familienkunde*, 60, 1972, S. 183–187 u. S. 206–208; Ulrich von Pidoll, *Treu dient' ich Kirch' und Staat. Eine Chronik der Familie von Pidoll*, Bad Godesberg 1984².

[11] Vgl. die Beschreibung des neuen Unternehmertypus bei Friedrich Lütge, *Deutsche Sozial- und Wirtschaftsgeschichte* 1 (Enzyklopädie der Rechts- und Staatswissenschaft), Berlin [u. a.] 1966³, S. 371–375.

[12] Neu [Anm. 2], S. 109.

[13] Jacob De Tempel und Nicolas Lesquereux werden als Hüttendirektoren der Eichelhütte 1770 und 1781 genannt, Landeshauptarchiv Koblenz (fortan: LHAK) 15, 646, S. 593 und LHAK 1 C 13439. Philip Kaempfer (Kaempher) leitet die Eichelhütte als Hüttendirektor zwischen 1790 und 1794, LHAK 587, 4, Nr. 215 und 587, 4, Nr. 302. Frantz Zunser ist 1789 Hüttendirektor in Malberg, LHAK 587, 4, Nr. 192.

[14] Der volle Name lautete seither »von Pidoll zu Quintenbach«, vgl. Neu [Anm. 2], S. 109.

[15] Gottfried von Pidoll wurde 1689 geboren. 1725 heiratete er Anne Louise Guichard, die Tochter eines königlichen Notars aus Metz. Er starb 1762 in Eichelhütte. Vgl. Petto [Anm. 10], S. 183–187; v. Pidoll [Anm. 10], S. 54–55.

[16] Hubert von Pidoll lebte von 1691 bis 1757. Er heiratete Josepha Margarethe von Geisen, Tochter eines Speyerer Hofdirektors. Vgl. Petto [Anm.10], S. 183–187; v. Pidoll [Anm. 10], S. 55, S. 149.

[17] Ludwig von Pidoll (1740–1812) war ein Sohn des Gottfried von Pidoll. Seine Ehefrau Maria Franziska, die er im Jahre 1771 heiratete, war die Tochter des kurtrierischen Amtskellners Konrad Jacobi in Ulmen. Vgl. Petto [Anm. 10], S. 206–208; v. Pidoll [Anm. 10], S. 76–80.

[18] Johann Franz von Pidoll (1738–1781) war ein Sohn des Hubert von Pidoll. Nach seinem Tod führte Luise von Pidoll die Werke Quint und Ruwer als hinterlassene Witwe. Luise von Pidoll war die Tochter des Mainzer Freiherrn Karl Anton von Forster. Vgl. v. Pidoll [Anm. 10], S. 162–163.

[19] Neu [Anm. 2], S. 120.

[20] Petto [Anm. 10], S. 187.

[21] Klaus Freckmann, Traditionelle Handwerks- und Gewerbebauten, in: Ulrich Großmann [u. a.], *Hausforschung und Wirtschaftsgeschichte in Rheinland-Pfalz. Bericht über die Tagung des Arbeitskreises für Hausforschung in Sobernheim/Nahe vom 24.–28. September 1990* (Jahrbuch für Hausforschung, 41), Marburg 1993, S. 27–32, S. 30. Vgl. auch: Klaus Freckmann, Eichelhütte – vor dem Verfall gerettet, in: *Kreisjahrbuch Bernkastel-Wittlich 1994*, Wittlich 1994, S. 269–270.

[22] Der Wohnsitz der Familie war um 1728 von Quint nach Eichelhütte verlegt worden.

[23] Die fünf Absolventen führten den Titel eines Baccalaureus, vier von ihnen erwarben auch den Magistertitel als zweiten akademischen Grad, vgl. Günter Hesse [u. a.], *Manderscheid. Geschichte einer Verbandsgemeinde in der südlichen Vulkaneifel*, hrsg. von der Verbandsgemeinde Manderscheid, Manderscheid 1986, S. 199–200.

[24] Petto [Anm. 10], S. 186; Erich Gerten, Trier – Postgeschichte der ältesten Stadt Deutschlands, *Post- und Telekommunikationsgeschichte*, 4, 1998, S. 3–30, S. 11.

[25] Gerten [Anm. 24], S. 9. Nach v. Pidoll [Anm. 10], S. 149–150, gelobte Emanuel von Pidoll 1773 den Fürsten Thurn und

Taxis Treue und Gehorsam als Nachfolger seines Vaters im Postmeisteramt.

[26] August Antz, Bischof Johann Michael Josef von Pidoll. Ein Sohn unserer Heimat, *Ehranger Heimat*, 1931 (Jahrgänge 1929–1932, 1. Sammelband), Püttlingen/Saar 1932, S. 145–153. Dazu weiter v. Pidoll [Anm. 10], S. 150–162.

[27] Vgl. Reinhold Wacker, *Das Land an Mosel und Saar mit Eifel und Hunsrück. Strukturen und Entwicklungen 1815–1990*, Trier 1991, S. 101–104 und S. 119–120. Vgl. auch v. Pidoll [Anm. 10], S. 163.

[28] Vgl. hierzu Pater Edmund Müller, Himmeroder Porträts. Abt Anselm von Pidoll, Teil 1, *Unsere Liebe Frau von Himmerod*, 32, 1962, S. 84–92; Teil 2, *Unsere liebe Frau von Himmerod*, 33, 1963, S. 23–29; Teil 3, *Unsere liebe Frau von Himmerod*, 33, 1963, S. 59–64. Dazu auch v. Pidoll [Anm. 10], S. 69–76.

[29] Peter Neu, Die Eisenindustrie der Eifel im 16–19. Jahrhundert, in: Hans-Walter Herrmann [u. a.] (Hrsgg.), *Wandlungen der Eisenindustrie vom 16. Jahrhundert bis 1960* (frz. Titel: *Mutations de la sidérurgie du XVIe siècle à 1960*), Namur 1997, S. 247–271, S. 249.

[30] Zur Anlage der »retenues d'eau« vgl. Michel Dorban [u. a.], Quatre siècles de sidérurgie luxembourgeoise (1380–1815), in: Hans-Walter Herrmann [u. a.] (Hrsgg.), *Mutations de la sidérurgie du XVIe siècle à 1960*, Namur 1997, S. 113–138, S. 126.

[31] Ungeheuer [Anm. 7], S. 96.

[32] Neu [Anm. 2], S. 49–52.

[33] Archives nationales de Luxemburg / Staatsarchiv Luxemburg (fortan abgekürzt: StAL) A. XIX, 9.

[34] Neu [Anm. 2], S. 52–57.

[35] Ebd., S. 56–57.

[36] Hesse [u. a.] [Anm. 23], S. 221.

[37] Die genannten Umschlagplätze erscheinen in Verträgen mit Fuhrleuten aus Eisenschmitt und Umgebung, vgl. LHAK 15, 546.

[38] Hesse [u. a.] [Anm. 23], S. 273.

[39] Dominik Constantin Münchens's *Versuch einer kurz gefaßten statistisch-bürgerlichen Geschichte des Herzogthums Lützelburg*, Luxemburg 1898, S. 350–353.

[40] Zu den Straßen- und Schiffahrtsverhältnissen in Kurtrier während des 18. Jahrhunderts vgl. Wacker [Anm. 27], S. 101–104 u. S. 119–120; sowie Franz Irsigler, Wirtschaftsgeschichte der Stadt Trier 1580–1794, in: Kurt Düwell [u. a.] (Hrsg.), *Trier in der Neuzeit* (2000 Jahre Trier, 3), Trier 1996², S. 99–201, bes. S. 161–167.

[41] Zur Entwicklung des Postverkehrs in Trier und Umgebung im 18. Jahrhundert vgl. Gerten [Anm. 24], S. 3–30, S. 10.

[42] Zur Organisation des Botenwesens in Luxemburg vgl. München [Anm. 39], S. 354–358.

[43] Strick [Anm. 1], S. 21–24.

[44] Ebd., 25.

[45] Neu [Anm. 2], S. 123.

[46] Ebd., S. 120.

[47] Petto [Anm. 10], S. 186.

[48] Vgl. Neu [Anm. 2], S. 138–140, 146–148, S. 151.

[49] Vgl. Calixte Hudemann-Simon, *La Noblesse luxembourgeoise au XVIIIe siècle* (Publications de la Section Historique de l'Institut Grand-ducal, 100), Luxembourg 1985, S. 367.

[50] Neu [Anm. 2], S. 147.

[51] Vgl. LHAK 15, 646. Beim Werk »Ahl« des Herrn von der Nüll handelt es sich wahrscheinlich um eine Hütte in der Nähe von Alf.

[52] Vgl. Stefan Roos, *Familienbuch Eisenschmitt 1716–1899 mit den Ortschaften Eichelhütte, Korneshütte (< 1800 Karlshütte), Neuhof, Oberkail (1716–1796) und Überscheid*, Welschbillig 1999, Nr. 238.

[53] Vgl. Claus Rech, Nebengewerbliches Fuhrwesen und Eisenindustrie. Beispiele des 18. Jahrhunderts aus dem Bereich der Salm, in: Erich Gerten (Hrsg.), *Die Salm*, Neuerburg 1998, S. 68–72.

[54] Die Erfindung der Takenplatte im Spätmittelalter stellte eine zentrale Neuerung in der Heiztechnik dar. Takenplatten deckten hinter dem Küchenfeuer einen Mauerdurchbruch zum Wohnzimmer ab. Auf diese Weise konnte die Wärme des Feuers in zwei Räumen genutzt werden. Vgl. Sigrid Theisen, *Geheimnisvolle Takenplatten. Eisenkunstguß im Städtischen Museum Simeonstift Trier* (Museumsdidaktische Führungstexte, 6), hrsg. von Dieter Ahrens, Trier 1982, S. 10, S. 13–17.

[55] Strick [Anm. 1], S. 28–30.

[56] Vgl. Neu [Anm. 2], S. 120.

[57] Vgl. ebd., S. 123.

[58] Hudemann-Simon [Anm. 49], S. 374.

[59] L. von Beaury, *Von Manderscheid und seiner Umgebung. Ein Führer durch den schönsten und interessantesten Teil der vulkanischen Eifel*, Trier 1884, S. 36.

[60] Zur Familie Freiwald vgl. Roos [Anm. 52], Nr. 662–665. Zu Produktion und Verbreitung der von Matthias Freiwald gegossenen Glocken siehe Edmund Renard, *Von alten rheinischen Glocken* (Mitteilungen des rheinischen Vereins für Denkmalpflege und Heimatschutz, 12), Bonn 1918, S. 64.

[61] Zum zunächst abgelehnten Antrag zur Errichtung des Schneidwerks vgl. StAL A XIX, 8.

[62] Petto [Anm. 10], S. 207.

[63] LHAK 15, 660, S. 14–16.

[64] Dorban [u. a.][Anm. 30], S. 129.

[65] Vertrag vom 3. November 1781 in LHAK 15, 660, S. 57–62.

[66] LHAK 587, 4, Nr. 85. Die Witwe Luise von Pidoll leitete demnach die kurtrierischen Werke Quint und Ruwer auch weiterhin unabhängig von dieser Gesellschaft.

[67] Vertragstext von Notar Simons in Malberg-Burscheid, vgl. LHAK 587, 4, Nr. 85.

[68] Strick [Anm. 1], S. 29.

[69] Luxemburg war Teil der österreichischen Niederlande. Rechtsfälle zwischen Untertanen und Grundherren wurden vor dem Luxemburger Provinzialrat verhandelt. Seine Kompetenzen erstreckten sich auf Bereiche der

Rechtsprechung und Gesetzgebung. Als Verwaltungsorgan war der Provinzialrat dem Landesherren bzw. seinem Brüsseler Statthalter unterstellt. Die Berufungsgerichtsbarkeit lag bis 1782 beim Hohen Rat in Mecheln. Nachdem der Provinzialrat 1782 zum Souveränen Rat erweitert worden war, konnten Appellationen vor dem Plenum des Rates erfolgen.

[70] Martha Peters, *Untersuchungen zur Agrarverfassung im 18. Jahrhundert bis zum Ende der französischen Revolutionsherrschaft in den heute deutschen Teilen des ehemaligen Herzogtums Luxemburg. Unter besonderer Berücksichtigung des 1766 aufgenommenen Maria-Theresia-Katasters*, Diss. Freiburg 1955, S. 13–17.

[71] Hudemann-Simon [Anm. 49], S. 361–364.

[72] Ebd., S. 361–362.

[73] StAL A. XIX, 8.

[74] Neu [Anm. 2], S. 120.

[75] Dorban [u. a.] [Anm. 30], S. 120.

[76] In amtlichen Dokumenten wird häufig damit argumentiert, daß ja gerade die Eisenindustrie Geld ins Land bringe. Vgl. die Erwähnung der »usines qui […] font rouler l'argent dans le pais« im königlichen Oktroi für die Eichelhütte von 1705, StAL A. XIX, 9.

[77] StAL A. XIX, 9.

[78] Pater Edmund Müller, Himmeroder Porträts. Abt Anselm von Pidoll, *Unsere liebe Frau von Himmerod,* 32, 1962, S. 84–92, S. 88.

[79] Zur Katharinenrente vgl. Veydersche Heberegister der Herrschaft Bettenfeld-Meerfeld aus den Jahren 1748 und 1748, im LHAK, Bestand von Veyder (noch ohne Bestandsnummer).

[80] Vgl. Neu [Anm. 2], S. 103. In StAL A. XIX, 9 erscheint auch die Bezeichnung »petites maîtres« für die Mitschmiedemeister.

[81] Veydersche Heberegister der Jahre 1748 und 1782, in LHAK, Bestand von Veyder, Eisenschmitter Katharinenrente (Herrschaft Bettenfeld-Meerfeld). Für die Zahlung der Rente des Jahres 1748 ist im Landeshauptarchiv Koblenz zu Eisenschmitt-Überscheid (Herrschaft Oberkail) zwar kein Nachweis erhalten, Neu [Anm. 2], S. 103 erwähnt die Zahlung aber noch für das Jahr 1782. Zum Jahr 1766 vgl. LHAK 15, 1070, Katasteraufnahme der Herrschaft Bettenfeld-Meerfeld (für den Eisenschmitter Ortskern östlich der Salm), sowie LHAK 15, 1052, Katasteraufnahme der Herrschaft Oberkail (für Eisenschmitt-Überscheid).

[82] Ein Pfund Eisen (»livre de forge«) entsprach 0,546 kg, vgl. Hudemann-Simon [Anm. 49], S. 375.

[83] Entweder wurde die Hütte Eisenschmitt nach der Mitte des 18. Jahrhunderts wieder instand gesetzt oder die Produktion wurde in eines der Eisenwerke Oberhammer und Eichelhütte verlagert.

[84] Pater Edmund Müller, Quint und Eisenschmitt, Eichelhütte und andere Eisenwerke – Himmeroder Beiträge zur Siedlungsgeschichte, *Neues Trierisches Jahrbuch*, 9, 1969, S. 101–108.

[85] LHAK 15, 1070, fol. 221.

[86] Pater Edmund Müller, Himmeroder Porträts. Abt Anselm von Pidoll (1782–1802); Teil 2, *Unsere liebe Frau von Himmerod*, 33, 1963, S. 23–29, S. 25.

[87] Wahrscheinlich ist er auch mit dem »Alten Hammer« identisch, den Ludwig von Pidoll im Jahre 1769 kurzzeitig als Pfand stellte, LHAK 1 C 13439, S. 1v.

[88] Roos [Anm. 52], Nr. 296.

[89] Müller [Anm. 86], S. 25.

[90] Die Einwohnerzahlen für 1766 basieren auf der in diesem Jahre durchgeführten luxemburgischen Volkszählung, vgl. Archives Royales du Royaume Belgique / Staatsarchiv Brüssel (StAB) I 101, Nr. 62–63; für das Jahr 1806 wurden sie aufgrund von StAL B. 4, 24 sowie StAL B. 384 (für Eisenschmitt-Überscheid) berechnet.

[91] Müller [Anm. 78], S. 84–92, S. 90.

[92] Neu [Anm. 2], S. 120.

[93] Ebd., S. 238–240.

[94] Vgl. Übersichtstabelle in: LHAK 15, 1070.

[95] Vgl. ebd. sowie die Namensform »Capallo« in LHAK 15, 646, S. 147.

[96] Roos [Anm. 52], Nr. 984.

[97] Eine Aufstellung über die Familien in den Kolonien Heeger Wald und Kunowald findet sich bei Hesse [u. a.] [Anm. 28], S. 227–228. Vgl. auch Neu [Anm. 29], S. 251, S. 253.

[98] Roos [Anm. 52], Nr. 238.

[99] Das Gros der Akten zur Bürgeraufnahme ist in den Schöffenbüchern der Herrschaft Mehr- und Bettenfeld unter LHAK 15, 660 und LHAK 15, 661 überliefert.

[100] Pater Edmund Müller, Viele Wege führten nach Himmerod. Unbekanntes aus Klosterrechnungen, *Unsere liebe Frau von Himmerod*, 33, 1963, S. 84–88, S. 88.

[101] Als Schaftgüter oder Vogteigüter bezeichnete man in der Westeifel und im heutigen Luxemburg Güter, in der Regel Höfe, deren wichtigstes Merkmal das Anerbenrecht war. Ohne die Zustimmung des Herren konnten sie nicht rechtskräftig verkauft, belastet und geteilt werden. Die Bindung an den Herren war bei den Schaftgütern enger als bei Erbpachtgütern. Vgl. Peters [Anm. 70], S. 31–34, S. 37–48.

[102] Ebd., S. 35–36.

[103] Enthalten u. a. im Bestand Abtei Himmerod des Koblenzer Landeshauptarchivs: LHAK 96, 3332; LHAK 96, 3333 und LHAK 96, 3334.

[104] Sie ähnelte damit den Formen von Landwirtschaft in Gebieten mit gewerblicher Verdichtung wie etwa dem Bergischen Land, vgl. hierzu Stefan Gorißen, Korporation und Konkurrenz, in: Dietrich Ebeling/Wolfgang Mager (Hrsg.), *Protoindustrie in der Region. Europäische Gewerbelandschaften vom 16. bis zum 19. Jahrhundert*, Bielefeld 1997, S. 381–410, bes. S. 395–396.

[105] Vgl. Peters [Anm. 70], S. 104.

[106] »Bessern« war die Bezeichnung für die Düngung mit Stallmist, Substantiv: »Besserey«.

[107] Dialektale Bezeichnung für die Hacke.

¹⁰⁸ Dialektale Bezeichnung für den am Rücken befestigten Tragekorb.

¹⁰⁹ LHAK 15, 1070, fol. 283.

¹¹⁰ Als Schiffelländereien bezeichnet man die am weitesten vom Ortskern entfernten Anbauflächen. Diese Ödlandflächen wurden nach langjährigen Brachezeiten einer Branddüngung unterzogen und dann zwei oder drei Jahre lang bebaut.

¹¹¹ Das ergibt sich aus den Protokollen der Gemeindeversammlungen, enthalten in LHAK 15, 646.

¹¹² Dieser Begriff wurde nicht nur für das Kirchenvermögen, sondern auch für den Kirchenvorstand verwendet, vgl. Fabrica ecclesiae, in: Eugen Haberkern [u. a.], *Hilfswörterbuch für Historiker. Mittelalter und Neuzeit* (Teil 1), Tübingen 1987⁷, S. 189.

¹¹³ LHAK 15, 646, S. 608–611.

¹¹⁴ Vgl. LHAK 15, 1070, fol. Relevé des dimes.

¹¹⁵ Zu den Kreditverhältnissen des 18. Jahrhunderts in Trier und dem Umland siehe Irsigler [Anm. 40], S. 99–201, S. 178–184.

¹¹⁶ Hierzu zählten in Eisenschmitt beispielsweise der Hochgerichtsschöffe und Köhlermeister Johann Peter Carpentier und das Ehepaar Benedikt Mutterer und Appolonia Freiwald, vgl. u. a. die Darlehensverträge in LHAK 15, 646; LHAK 15, 613; LHAK 15, 659; LHAK 15, 660 u. LHAK 15, 661. Appolonia Freiwald stammte aus der alten Eisenschmitter Glockengießerfamilie Freiwald. Ihr Ehemann Benedikt Mutterer (Mütterer) wird als Schlosser (-meister) bezeichnet und stammte ursprünglich aus Bad Krotzingen im Breisgau, vgl. Roos [Anm. 52], Nr. 1217.

¹¹⁷ Wie z. B. die Bruderschaft des Nachbardorfes Bettenfeld, die mehrfach in den Schöffenakten LHAK 15, 659; LHAK 15, 660 u. LHAK 15, 661 genannt wird.

¹¹⁸ So beispielsweise die Gemeinde Bettenfeld, die vor dem Hintergrund steigender Holzpreise aus dem Gemeindewald gute Einnahmen durch Holzversteigerungen bezog.

¹¹⁹ Vgl. hierzu eine der wenigen Untersuchungen zum kirchlichen Kreditwesen auf dem Lande: Ulrich Seidel, *Und ihme ist dargelichen worden. Die Kirche als Geldgeber der ländlichen Bevölkerung vom 17. bis 20. Jahrhundert, dargestellt am Beispiel der Pfarrei Gottsdorf im unteren bayrischen Wald* (Passauer Studien zur Volkskunde, 11), Passau 1996.

¹²⁰ Die Kreditaufnahmen der Eisenschmitter sind u. a. überliefert in LHAK 15, 613; LHAK 15, 646; LHAK 15, 659; LHAK 15, 660 und LHAK 15, 661.

¹²¹ Clara Viebig, *Das Weiberdorf. Roman aus der Eifel*, Briedel/Mosel 1996³ (Nachdruck der Originalausgabe, Berlin 1900).

Bildnachweis:

Berlin, Staatsbibliothek zu Berlin – Preußischer Kulturbesitz, Kartenabteilung: 6
Koblenz, Landeshauptarchiv: 4–5
Verf.: 1–3

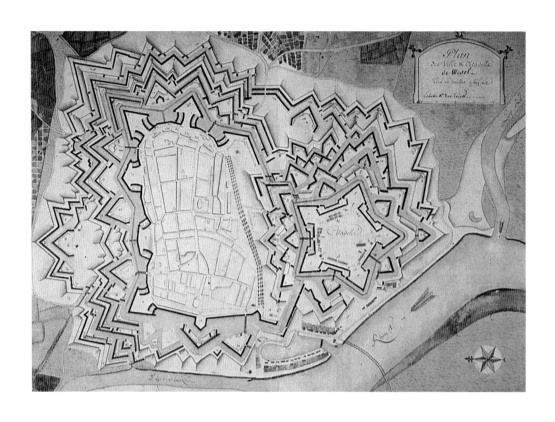

1 »Plan des Ville de Wesel«, Zustand vor der Reduzierung der Außenwerke. Zeichnung, 1764. Wesel, Stadtarchiv

Angela Giebmeyer

Gewerbe und Militär in der Garnison- und Festungsstadt Wesel im 18. Jahrhundert

»Wesel hat eine herrliche Lage, in einer vortrefflichen Fläche fruchtbarer Aekker, hart am Rheinstrom, und dehnt sich mit seiner Zitadelle prächtig in die Ebene hinaus. Ich freute mich auf die schöne Stadt […]. Aber ich hatte vergessen, daß ich in eine Festung kam; und gleich der Eintritt durch die mehrfachen kerkerähnlichen Thore erstickte gewaltsam meinen Frohsinn, und das inquisitionsmäßige Ausfragen am Thor erregte in mir eine Beklemmung, die mich den ganzen Tag überall begleitete.«[1]

Betrachtet man den Plan der Stadt Wesel (Abb. 1), so fallen sofort die ausgedehnten Befestigungsanlagen ins Auge. Es ist daher nicht verwunderlich, daß zeitgenössische Besucher Wesels die bedeutende Festung – teilweise unter militärischer Führung – besichtigten und das Bauwerk in ihren Reiseberichten detailliert beschrieben. Einen nachhaltigen Eindruck hinterließ vor allem das durch Wachen, Paraden und Exerzieren vom Militär geprägte Leben in der Stadt. Ein holländischer Reisender erhielt 1775 sogar eine Demonstration der gerühmten Schnelligkeit der preußischen Soldaten, indem ein Leutnant »einen gut geübten Soldaten in unser Quartier kommen [ließ], um uns zu zeigen, daß ein preußischer Soldat innerhalb von einer Minute fünf- bis sechsmal sein Gewehr laden und abschießen kann, worüber wir sehr verwundert waren. Doch wir sahen gleich, daß dieses eine sehr schwere Übung war. Nachdem dieser starke Soldat drei bis viermal geschossen hatte, schwitzte er sehr, atmete schwer und hatte einen schnellen Pulsschlag.«[2]

Wesel beherbergte im 18. Jahrhundert eine starke preußische Garnison, die nicht nur das äußere Erscheinungsbild der Stadt prägte, sondern auch die städtische Verwaltung, das Wirtschaftsleben und die private Sphäre der Bürger beeinflußte. So gab es zahlreiche Berührungspunkte, die zu Konflikten zwischen Stadt und Festungskommandanten, Bürgern und Soldaten führen konnten. In diesem Zusammenhang sollen im folgenden einige Aspekte der Beziehungen zwischen Gewerbe und Militär näher beleuchtet werden. Nach einer Einführung zur Situation Wesels im 18. Jahrhundert werden zwei Punkte im Mittelpunkt stehen: Zum einen die ständigen Klagen der bürgerlichen Meister über die von Militärpersonen unrechtmäßig ausgeübte »bürgerliche Nahrung« und die Ende des 18. Jahrhunderts dazu eingeleitete Untersuchung. Zum anderen die vom Staat verordnete Gründung einer Spinnschule zur Beschäftigung der bettelnden Soldatenfrauen und Kinder und die in diesem Zusammenhang aufkommenden Befürchtungen über Konkurrenz und Konkurrenzfähigkeit bereits ansässiger und projektierter Woll- und Baumwollspinnereien.

Wesel im 18. Jahrhundert

Nach dem Tod des letzten Herzogs von Kleve-Mark und Jülich-Berg-Ravensberg im Jahre 1609, nach jahrelangen Erbfolgestreitigkeiten und wechselnden spanischen, niederländischen oder französischen Besatzungen, fielen Kleve-Mark und damit auch Wesel 1666 im Klever Hauptvergleich an Preußen.[3] Abgesehen von der französischen Besatzung im Siebenjährigen Krieg blieb Wesel zwischen 1680 und 1806 preußisch. Die isolierte Lage der westlichen preußischen Provinzen und die große Entfernung des Herzogtums Kleve-Mark von Brandenburg-Preußen, machten

2 Jan de Beyer, Ansicht der Stadt Wesel von Südosten um die Mitte des 18. Jh.s. Radierung. Wesel, Stadtarchiv

schnelle Truppenbewegungen zur Verteidigung der neuen Landesteile schwierig. Sofort nach Übergang der Stadt an Preußen begann man daher mit dem Bau von Festung und Zitadelle (1681–1722), die zwischen 1763 und 1768 zwar in Teilen wieder geschleift, aber bereits 1788–1806 erneut ausgebaut wurde. Die Baukosten wurden zum Teil auf die Stadt abgewälzt, die darüber hinaus Einquartierungskosten für durchschnittlich drei in Wesel stationierte Regimenter tragen mußte. Mitte des 18. Jahrhunderts nahmen die Festungsanlagen und das militärische Gelände fünf Mal mehr Platz ein als die eigentliche Stadt. Die taxierten Entschädigungszahlungen für dazu benötigte Grundstücke und abgebrochene Häuser summierten sich zwischen 1690 und 1717 auf insgesamt 154 551 Reichstaler.[4]

Im Gegensatz zur wirtschaftlichen Blüte der Stadt zu Zeiten der Hanse, erlebte Wesel im 17. und 18. Jahrhundert einen zunehmenden Niedergang.[5] Verkehrsgünstig an Rhein und Lippe gelegen, war Wesel bedeutende Rheinhandelsstadt insbesondere im Zwischenhandel, der nach Holland, in die benachbarten Provinzen und bis nach Köln und Frankfurt ging. Negative Auswirkungen hatten daher vor allem die preußische Zoll-, Akzise- und Steuerpolitik, aber auch der Kölner Stapel, dessen Bestimmungen nur ungebrochene Ladungen von den Niederlanden nach Köln zuließen, so daß der klevische Durchgangshandel auf dieser Strecke weitgehend zum Erliegen kam.[6] Auch die kostengünstigeren Speditionen der Stadt Duisburg für westfälische Kaufleute führten im letzten Drittel des 18. Jahrhunderts zu deutlichen Einbrüchen in den wirtschaftlichen Beziehungen zum märkischen und bergischen Gewerbe.[7] Spürbare Steuererhöhungen brachte die Einführung der Akzise. Die zollpolitische Behandlung der Westprovinzen als Ausland, zum Schutz der mit staatlicher Unterstützung aufgebauten Manufakturen in den Zentralprovinzen, bedeutete hohe Einfuhrzölle für die Gewerbeprodukte der westlichen Provinzen. Aus den häufigen Klagen der Weseler Kaufleute und den Berichten der Kriegs- und Domänenkammer in Kleve wird deutlich, wie sich die wirtschaftliche Situation der Stadt in der zweiten Hälfte des 18. Jahrhunderts verschlechtert hatte. Die Deputierten der Weseler Kaufleute beklagten sich am 14. April 1763 beim Magistrat über schwere Akzise, Kriegskontribution, dem Land und der Stadt gestundete Darlehen, über alle Maßen große Einquartierungslasten und häufiges Hausieren. Weitere Ursachen für den Niedergang des Handels seien die zweimalige Blockade und Belagerung der Stadt, das Verbot des Handels während des ganzen Krieges mit dem Märkischen, Kölnischen und Münsterschen und anderen benachbarten Provinzen sowie eine Verschlechterung der Münzen.[8] Gelder zur Bestreitung der Kriegskosten beschaffte sich der preußische Staat auch über Darlehen. 1760 sah sich die Stadt Wesel einer Forderung von 30 000 Reichstalern gegenüber, die nur unter Beteiligung der Kaufleute, je nach Vermögen, aufgebracht werden konnte. Eine Abordnung der Kaufmannschaft versuchte bei einem Besuch in Kleve, die Zahlung zu »einer sogenannten enormen Summe in behuf des Conventionsmäßigen quanti« abzuwenden. Sie fragte sich, ob die Weseler vor allen

3 Jan de Beyer, Ansicht der Stadt Wesel von Süden um die Mitte des 18. Jh.s., Radierung. Wesel, Stadtarchiv

anderen Untertanen zugrunde gerichtet werden sollten, oder ob man nur deren Lage nicht kenne. »Viele von Weseler Kaufmannschaft erweisen, daß ihnen der Credit von auswärtigen Kaufleuten aus Furcht weil man im Krieg lebt und das Schicksal über dasige Festung nicht bestimmt werden mag täglich mer und mer verweigert wird.«[9] Der Handel bestehe in Wesel nur in Wein und Viktualien oder holländischen Waren, die früher auch ins Märkische, Münstersche und Kölnische verschickt worden seien. Sonst gebe es keinen beträchtlichen Handel außer etwas Spedition. Die Kaufleute hätten zu allen Beträgen das meiste, wenn nicht fast alles (tausende) hergeben müssen. »Viele welche man für ansehnliche Kaufleute halten solte, haben sogar, wann sie auch geringe Summen von 30, 20 bis 15 Reichstalern quotificirt wurden, ihre Waren und Effecten zum Juden bringen müssen. So ist es Gotterbarmen mit der Weselschen Kaufmannschaft, mit ihrem Credit und mit dem bey der Garnison angeblich genossenen Vorteil.«[10] Den Kaufleuten solle nicht alleine alles aufgebürdet werden, sonst sei es nicht zum Besten des Landes, sondern zum Ruin der Kaufmannschaft, wovon das Wohl der ganzen Stadt hauptsächlich abhänge. Die wirtschaftliche Situation der Stadt erreichte in der zweiten Hälfte des 18. Jahrhunderts einen Tiefpunkt, worin sich auch der wirtschaftliche Niedergang der Niederlande im Verlauf des 18. Jahrhunderts widerspiegelte.

Aus Sicht des preußischen Staates spielten die westlichen Provinzen eher eine Nebenrolle. Abgesehen von der militärisch-strategischen Bedeutung, wie zum Beispiel der Festung Wesel, standen wohl vor allem fiskalische Interessen im Vordergrund. So bezeichnet der ›Commissarius Loci‹ von Scheele im Dezember 1782 den Rückgang der staatlichen Akziseeinnahmen bereits seit einigen Jahren als beträchtlich.[11] Während des Siebenjährigen Krieges hätten Handel und Nahrung gelitten, Preise[12] von Waren und Nahrungsmitteln seien stark gestiegen und viele Familien seien weggezogen, teilweise nach Holland. Weniger Konsumenten seien auch der Grund für geringere Akziseerträge.

In der Weseler Akzisefixierung für die Jahre 1773–1775 ist die sonst übliche Auflistung der Steuerpflichtigen nach der Folge der Hausnummern durch eine Zuordnung aller Akzisepflichtigen zu 15 Klassen ersetzt worden. Erfaßt wurden dabei die einzelnen Steuerpflichtigen mit ihren Beiträgen zum privaten Verbrauch und zum Gewerbe sowie Plus und Minus zum Vorjahr und auch die nicht mehr veranschlagten, weil verarmten Personen (siehe Tab. 1).

Insgesamt enthält die Liste 668 Einträge und zum Teil Vermerke über die Gründe für Anstieg oder Senkung der Akzise. »Ist unvermögend«, »ist ganz heruntergekommen«, »wegen schlechter Nahrung« oder »ist verarmt« sind die häufigsten Begründungen. Einige sind nach Mühlheim, Rees, Emmerich oder Holland weggezogen. Unter den knapp 12%, die höher veranschlagt wurden (vgl. Tab. 2), sind besonders Kaufleute, Weinhändler und Gastwirte, aber auch einige Professionisten, da sie »guten Absatz feiern«, »sich der Handel gebessert hat« oder sie Meister geworden

Klasse	Branche	Anzahl	Gesamt pro Classe	neue	Abgänge (verarmt)
I. Classe	Königliche Bediente und denen so in Geschäften stehen		56	3	
	A: Magistrats Personen	9			
	B: Land-Gericht	7			
	C: Criminal-Gericht	2		1	
	D: Post-Bediente	5			
	E: Accise-Bediente	11		1	
	F: Zoll-Bediente	5			
	G: Extraordinaire Bediente	17		1	
	H: Geistliche und Schul-Bediente				
II. Classe	Particuliers und Rentenieres	59	59	5	2
III. Classe	Corpore Medicorum	15	15		1
IV. Classe	Gastwirte und Garköche	11	11	1	
V. Classe	Weinhändler	15	15		
VI. Classe	Kaufleute		127	2	4
	A: Fett, Material, Krydenier Waaren, Tobac	32			
	B: Wollen-Waaren	10			
	C: Galanterie, Seiden, Chiz, etc.	16			
	D: Nürenberger Waaren	7			
	E: Holtz	3			
	F: Leeder	6			
	G: Höckerer	53			
VII. Classe	Fabricanten, Oeuvriers und Künstler	3	3		
VIII. Classe	Schiffer	6	6		
IX. Classe	Fischer	3	3		
X. Classe	Professionisten		196	17	7
	A: Uhrmacher	2			
	B: Silber-Schmiede	5			
	C: Grob- und Klein-Schmiede	16		1	2
	D: Zimmerleute und Rademacher	8		1	
	E: Tischler	11		1	
	F: Küper und Faßbinder	5		1	
	G: Stuhlmacher und Drechsler	3			
	H: Schuster	19		5	1
	I: Schneider	18			1
	JJ: Buchbinder	2			
	JJJ: Korbmacher	3		1	
	K: Leineweber	4		1	
	KK: Blaufärber	2		2	
	L: Sattler	4			
	LL: Zinngießer	3			
	M: Kupfer Schmiede und Clevschläger	9			
	N: Mauerer und Lerendecker	8		1	
	O: Knopfmacher	4			
	P: Wollspinner und Strumpf-Weber	2			
	Q: Huthmacher	3		1	
	R: Glasmacher, Färber/ S: Peruquiers	je 7			
	T: Leder Bereiter und Kirschner	7		2	
	U: Schlächter	14		1	1
	V: Seiler/ W: Sompen Macher	je 2			
	Y: Bäcker	19		1	2
	X: Grätzer	6			
	XX: Schornsteinfeger	1			
XI. Classe	Bierbrauer, Brandweinbrenner auch Zäpfer	86	86	1	2
XII. Classe	Fuhrleute	18	18	1	
XIII. Classe	Gärtner und Tagelöhner	56	56	9	6
XIV. Classe	Abdecker	2	2		
XV. Classe	Juden	15	15		
Gesamt		668		61	29

Quelle: StAW A1/8,9.

Tab. 1 Akzisefixierung 1773–1775

sind. Über die Beträge der einzelnen Klassen gibt die Rekapitulation der Akzisefixierung (Tab. 2) Auskunft.

Obwohl die Professionisten mit 196 Personen die größte Gruppe darstellen, beträgt ihr Anteil am gesamten Akziseaufkommen nur 11,79%. Der mit sieben Reichstalern an drittletzter Stelle liegende durchschnittliche Pro-Kopf-Betrag wird nur noch von den Fuhrleuten und Tagelöhnern unterschritten. Demgegenüber zahlten die Weinhändler den Spitzenbetrag von durchschnittlich 94 Reichstalern pro Kopf. 80% von ihnen wurden im Vergleich zum Vorjahr höher veranschlagt. Bei den Professionisten waren es keine 6%.

Im Prinzip hatte Wesel durch seine verkehrsgünstige Lage am Rhein und die Nachbarschaft zu Holland gute Handelsvoraussetzungen. Dennoch klagten die Kaufleute im Zusammenhang mit der Verteilung des Akzisefixums 1774, daß nur noch 600 Haushaltungen in der Stadt seien und die große Abnahme der Einwohner der Stadt Ursache dafür sei, daß das noch immer erhöhte Quantum ohne einen totalen Ruin der noch vorhandenen Steuerzahler nicht aufgebracht werden könne. Sieben beigefügte Namenslisten sollten den Rückgang der steuerpflichtigen Bewohner nachweisen:[13]

Tatsächlich war im Verlauf des 18. Jahrhunderts ein starker Rückgang der Einwohnerzahlen zu verzeichnen. Gab es 1721 noch 7644 Einwohner in Wesel (ohne Militär), so lag ihre Zahl 1785 nur noch bei 4103 Bewohnern, ein Verlust von 3541 oder über 46%.

In den 90er Jahren stieg die Bevölkerung langsam wieder an und erreichte 1806 fast den Stand vom Anfang des vergangenen Jahrhunderts. Nicht erfaßt in den Bevölkerungszählungen ist jedoch die Militärbevölkerung: Soldaten, ihre Familien und ihr Dienstpersonal. Nur vereinzelt lassen sich daher Frauen und Kinder der Soldaten in den Quellen nachweisen. So gab es 1784 in Wesel 2978 Soldaten mit 2910 Militärangehörigen, die zusammen genommen die Zivilbevölkerung um mehr als 40% überstiegen.[14] Eine Statistik von Kleve aus dem Jahr 1788 gibt für 1787 sogar 3001 Angehörige des Militärs (Frauen, Kinder und Gesinde) bei einer Mannschaftsstärke von 5547 Soldaten an.[15] 1794 befanden sich beim Regiment v. Köthen (Nr. 48) 286 Frauen und 438 Kinder sowie beim Regiment v. Kunitzky (Nr. 44) 288 Frauen und 481 Kinder, mit insgesamt 1493 Angehörigen deutlich weniger als noch zehn Jahre zuvor.[16] Zu diesem Zeitpunkt waren aber auch nur zwei der drei Infanterie-Regimenter in Wesel stationiert.[17] Überhaupt gab es Schwankungen in der Zahl der hier anwesenden Soldaten. Jede der zehn Kompanien eines Regiments verfügte zu Kriegszeiten über ungefähr 130 Mann, in Friedenszeiten nur über knapp 100 Mann.[18] Außerdem gab es in Wesel eine Garnisonartilleriekompanie mit über 100 Kanonieren. Die Grenadierkompanien der Infanterie-Regimenter standen jedoch zumeist nicht in Wesel.[19]

1733 führte Friedrich Wilhelm I. das preußische Kantonsystem ein, wobei den verschiedenen Regimentern bestimmte Regionen zugewiesen wurden, aus denen sie die Soldaten rekrutierten, um so die häufig beklagten Werbeexzesse zu verhindern. Die westlichen Provinzen erhielten erst 1735 die Kantonverfassung, nach der die drei Weseler Regimenter insgesamt 23 059 Feuerstellen in Geldern, Kleve, Moers und Teilen der Grafschaft Mark zugewiesen bekamen.[20] Zunächst galt, daß jeder sich bei dem zum Kanton gehörigen Regiment »enrollieren« lassen mußte, wobei das Kantonsystem jedoch keine allgemeine Wehrpflicht darstellte, da es zahlreiche Befreiungen gab. Nach der ein- bis zweijährigen Rekrutenzeit kehrten die Kantonisten oft in ihre Heimat zurück und fanden sich nur während der zwei- bis dreimonatigen Exerzierzeit zwischen April und Juni wieder bei ihrer Truppe ein.

Nach zahlreichen Beschwerden erreichten die Stände 1748 unter anderem für Kleve und Moers eine Aufhebung des Kantonsystems gegen eine Zahlung von 15 000 Reichstalern jährlichem »Werbefreiheit-Geld«.[21] Davon standen den Weseler Regimentern 5200 Reichstaler zur Verfügung.[22] Mit Hilfe dieser Gelder wurden die Weseler Soldaten durch Werbung auch im Ausland rekrutiert, worunter zugleich die nicht preußischen deutschen Territorien verstanden wurden. Es

Klasse	Sind Pro 1773/74 angeschlagen		Sollen pro 1774/75 beitragen				Summa von beidem		pro 1774/75 Plus		Pro 1774/75 Minus	
			zur Consumtion		zum Gewerbe							
	Rthlr.	St.	Rthlr.	St.	Rthlr.	St.	Rthlr.	St.	Rthlr.	St.	Rthlr.	St.
I. Classe	728	45	660	35	79	58	740	33	33	48	22	
II. Classe	961	3	868	47			868	47	26	18	118	34
III. Classe	346	55	167	10	174	45	341	55			5	
IV. Classe	218	54	97		125	42	222	42	14	12	10	24
V. Classe	1391	59	325	20	1083	39	1408	59	56	6	39	6
VI. Classe	4645	29	1314	4	3350	55	4664	59	190	39	171	9
VII. Classe	47	55	25	20	22	35	47	55				
VIII. Classe	73	32	43	48	29	44	73	32				
IX. Classe	39	32	14		25	32	39	32				
X. Classe	1325	4	755	30	570	24	1325	54	111	14	110	24
XI. Classe	1149	49	539	57	545	20	1085	17	32	51	97	23
XII. Classe	65	42	65	48	5		70	48	7	48	2	42
XIII. Classe	117	16	121	55			121	55	18	39	13	
XIV. Classe	46	48	16	48			16	48				
XV. Classe	199	24	98	26	109	40	208	6	8	42		
Summa	**11328**	**7**	**5115**	**28**	**6123**	**14**	**11237**	**42**	**500**	**17**	**589**	**42**
verglichen (mit Vorjahr)							11328	7				
bleibt Ausfall							90	25				
					laut Quelle							

Quelle: StAW A1/8,9.

Tab. 2   Rekapitulation der Akzisefixierung 1773–1775.

konnten sich aber ebenso Freiwillige aus dem Inland und aus den kantonfreien Regionen und Städten anwerben lassen. Ausländischen Soldaten wurde teilweise Unzuverlässigkeit und große Neigung zur Desertion unterstellt – so seien 1756 aus einem Weseler Regiment in einer Nacht 52 Mann desertiert –, da sie bereits in vielen Heeren gedient hätten und das nahe Ausland zur Flucht verleite. Sie konnten meistens nicht nach Hause beurlaubt werden und blieben als »Freiwächter« auch außerhalb der Exerziermonate in der Stadt. Bereits das Werbereglement von 1732 schrieb vor: »Wann auch eine Kompagnie wegen vieler Ausländer nicht eine genugsame Anzahl auf das Land verlauben [sic!] könnte, so soll der Kapitain suchen, in der Stadt die Leute, welche eine Profession haben, bei die Handwerker zur Arbeit unterzubringen, welche aber keine Profession haben, müssen bei Tuchmacher als Wollspinner und sonsten als Handlangers untergebracht werden.«[23] Die Kompaniechefs hatten selbst ein gesteigertes Interesse, die dienstfreien Soldaten anderweitig zu versorgen, da ihnen ein Teil des gesparten Soldes zufloß. Die Konflikte mit den Bürgern, die daraus entstanden, daß die beurlaubten Soldaten notgedrungen gewerblichen Tätigkeiten nachgingen, sollen im folgenden näher untersucht werden.

Branche	Anzahl	Durchschnittsbetrag pro Kopf	Anteil an Summe	Es zahlten mehr als im Vorjahr	
		gerundet in Rthlr.	in % von Rthlr.	Anz.	%
Bediente	56	13	6,59	1	1,82
Renteniers	59	15	7,73		
Medic. Corpo.	15	23	3,04		
Gastwirthe	11	20	1,98	3	27,27
Weinhändler	15	94	12,53	12	80,00
Kauffleute	127	37	41,52	27	21,26
Fabricanten	3	16	0,42		
Schiffer	6	12	0,66		
Fischer	3	13	0,36		
Professionisten	196	7	11,79	11	5,61
Bierbrauer, Zäpfer	86	13	9,66	14	16,28
Fuhrleute	18	4	0,63	5	27,78
Gärtner, Tagelöhner	56	2	1,08	2	3,57
Abdecker	2	8	0,15		
Juden	15	14	1,86	3	20,00
Summa	**668**		**100,00**	**78**	**11,69**

errechnet

Tab. 2a Rekapitulation der Akzisefixierung 1773–1775.

Die Beschwerden über die »bürgerliche Nahrung« der Militärpersonen und die Untersuchung von 1788–89

Über Soldaten als Arbeitskräfte und die aus der Konkurrenzsituation zu den zünftigen Handwerkern der Städte erwachsenden Konflikte, sind bislang kaum Forschungsergebnisse vorgelegt worden. Dies gilt sowohl für die Militärgeschichte[24] als auch für die Wirtschaftsgeschichte,[25] die in der Regel arbeitende Soldaten nur am Rande berücksichtigen. Der Blick richtet sich eher auf die Konsumtion der Truppen in der Stadt und auf die von den Lieferungen an das Militär profitierenden Handwerker und Kaufleute.[26]

Die Tätigkeiten zahlreicher Gewerbetreibender und Handwerker waren auch im 18. Jahrhundert an die Mitgliedschaft in Zünften, Ämtern oder Gilden gebunden. Detaillierte Ordnungen regelten unter anderem die Qualität und Kontrolle der Waren, Löhne und Preise, Zahl der Gesellen und Meister, Aufnahmebedingungen und den Erwerb des Meisterrechts. Sie dienten zur Regulierung der Konkurrenz und zur Sicherung der Wirtschaftssphäre und der »Nahrung«. Zunehmend

Haushaltungen, die seit dem Friedensschluß in Wesel ausgestorben sind	30
Familien, die außer Landes gegangen sind	27
Familien, die hier weggezogen sind	22
Familien, die auf dem Lande wohnen	9
Kaufleute, die wegen zu hohem Fixierungsanschlag ihre Handlung aufgegeben haben	11
Ihre Haushaltung haben gänzlich aufgegeben	16
Sind wegen gänzlichem Verfall der Handlung und Mangel an Nahrung zu Grunde gegangen	16
Gesamt	131

Quelle: StAW A1/8,9 fol. 143-144.

Tab. 3   Rückgang der steuerpflichtigen Bewohner

bestätigte nicht mehr der Rat der Stadt die Ordnungen, sondern sie mußten bei der staatlichen Verwaltung – hier der Kriegs- und Domänenkammer in Kleve – beziehungsweise beim ›Commissarius Loci‹, als dem staatlichen Vertreter in der Stadt, zur Genehmigung vorgelegt werden. Mit der Reichshandwerksordnung von 1731 und der preußischen Handwerksordnung von 1733 schränkte der Staat die Autonomie der Zünfte ein, und versuchte lokales Recht durch einheitliches staatliches Recht zu ersetzten. Dennoch blieben die zünftischen Strukturen in vielen Fällen erhalten.[27]

Um bei geringem Sold ihr Auskommen zu sichern, war für viele Militärpersonen und ihre Angehörigen ein Nebenverdienst unumgänglich, zumal wenn Soldaten verheiratet waren und Kinder hatten. Seit 1740 war der Sold der preußischen Soldaten trotz allgemein gestiegener Preise bis zum Ende des 18. Jahrhunderts unverändert geblieben. So erhielt ein Musketier monatlich 2 Taler und ein Unteroffizier den 1799 um 12 Groschen erhöhten Betrag von $4^1/_2$ Talern.[28] Glaubt man dem Reisebericht eines Zeitgenossen, so betrug der Sold der Soldaten in Wesel drei Stüber pro Tag und jeden vierten Tag ein braunes Brot von vier Pfund (1775).[29] Ein Pfund grobes Brot kostete 1782 in Wesel durchschnittlich einen Stüber. Für seltenes Weizenbrot hingegen bezahlte man mit vier Stübern deutlich mehr. Eine Tonne (etwa 160 Liter) gutes Bier kostete zu gewöhnlichen Zeiten (außerhalb von Kriegs- und Teuerungszeiten) drei Reichstaler und zehn Stüber, was einem Literpreis von etwas mehr als einem Stüber entspricht.[30] Zusätzlich zum Sold erhielt ein einfacher Soldat 1765 im Monat an Servis 30 Stüber, war er verheiratet und lebte in der Kaserne, bekam er fünf Stüber mehr. In der Stadt wohnenden, verheirateten Soldaten standen ein Reichstaler und 50 Stüber zu. Der Kapitän einer Kompanie erhielt im Monat vier Reichstaler.[31]

Die rechtlichen Grundlagen – Gebote und Verbote für gewerbetreibende Soldaten

Unter den Soldaten befanden sich viele ehemalige Gesellen, die im begrenzten Rahmen der Zünfte vielleicht keine ausreichende Existenzgrundlage gefunden hatten und vom Militär gegen Handgeld angeworben worden waren.[32] Es lag daher nahe, diese Fähigkeiten für zusätzliche Einkünfte zu nutzen. Bürgerliche Handwerksmeister, die den Zugang zur Zunft erreicht und das Meisterrecht erworben hatten, bestanden auf ihren Privilegien und führten über die militärische Konkurrenz Beschwerde beim Rat der Stadt. Schon früh gab es Verfügungen des Landesherrn zur beklagten Konkurrenz der Soldaten in Wesel. In den Militärunterkünften, den »Baraquen«, durften die Soldaten nicht Bier oder Wein zapfen. Allgemein galt: »daß alle Militärpersonen keine bürgerliche Nahrung oder Handtierung und insonderheit alsolcher Arbeit, welche zu einem oder anderem ambt oder Zunft gehörig bei nahmhafter straff sich enthalten« sollten.[33] Eine Verordnung vom 5. Januar 1690, die Marketender und das Militär betreffend, wurde ebenfalls ständig übertreten.

1723 beschwerten sich die Fleischhauer zu Wesel, daß die Soldaten trotz des Verbots schlachteten und nicht bei ihnen als geschworene Bürger und Fleischhauer kauften. Dies sei hinderlich und schädlich für ihre »Nahrung«.[34] Sogar für den Kommandanten werde gekocht und das selbst geschlachtete Fleisch auch noch an die Bürger verkauft. Bei ihren Klagen beriefen sich die Zünfte einerseits auf die ihnen gewährten Privilegien und andererseits auf hohe finanzielle Belastungen durch Akzise oder Einquartierung, die Militärpersonen nicht zu tragen hatten. Daher könnten diese ihre Waren preiswerter anbieten. Bereits eine Woche nach der schriftlichen Beschwerde der Fleischhauer erging am 24. November 1723 ein königliches Edikt. Demnach war es den Soldaten zwar erlaubt, für die Garnison zu kochen, Fleisch und Brot sowie alle benötigten »Consumptibilien« mußten sie aber in der Stadt und von den dortigen Bäckern und Fleischern kaufen; eigene Schlachtung wurde verboten.[35] Der Magistrat sollte dieses Edikt umsetzen, indem er die Klagenden über die Entscheidung informierte und die Beschwerden an den Kommandanten weitergab, der die Verstöße abstellen sollte.

In den folgenden Jahren gab es weitere Eingaben verschiedener Zünfte, in denen sich besonders die Handwerker wie Schreiner, Schuhmacher und Schneider über die unliebsame Konkurrenz beschwerten. Am 17. Dezember 1727 erging schließlich ein königliches Patent, das weitergehende Regelungen für die Soldaten vorsah. Demnach durften Soldaten kein Handwerk als Meister ausüben, wenn sie kein eigenes bürgerliches Haus besaßen. Es war ihnen allerdings erlaubt, als Gesellen bei städtischen Meistern, aber nicht für andere Einwohner oder Kompanien zu arbeiten.[36] Diese Bestimmungen wurden 1749 wie folgt spezifiziert:[37]

»Wer ein Bürgerhaus ererbt oder verheyrathet habe, nicht verwehrt werden soll, darinnen als Bürger die Nahrung so vorhin in solchen getrieben worden ferner zu continuiren, dahingegen aber ein solcher nicht allein bürger werden, sondern auch bey Treibung einer oder anderer Profession richtige Lehr Briefe vorzeigen, das Meisterrecht gehörig gewinnen und es mit den Gülden halten, auch alle Publique und Bürgerliche onera, wie sie nur Nahmen haben mit tragen und entrichten.«

Außerdem sollte jetzt keinem Soldaten mehr erlaubt sein zu hökern, es sei denn in einer kleinen Stadt, wo sich sonst kein Hökerer befinde. Da die Soldaten durch ihre gewerblichen Tätigkeiten auch außerhalb der militärischen Rechtssphäre standen, wurde festgelegt, daß in

Tab. 4 Einwohner der Stadt Wesel 1721–1806

Jahr	Einwohner	Jahr	Einwohner
1721	7.644	1756	5.615
1722	8.116	1761	4.111
1723	7.635	1763	4.376
1724	7.451	1763/64	5.216
1725	7.310	1770	4.274
1726	7.360	1775	4.322
1727	6.774	1776	4.417
1728	7.000	1777	4.506
1729	6.381	1781	4.447
1730	6.393	1784	4.156
1731	6.415	1785	4.103
1732	6.335	1786	4.153
1733	6.061	1787	4.428
1734	6.057	1791	4.854
1735	5.958	1792	4.932
1736	6.129	1798	5.705
1737	6.162	1799	5.705
1738	6.009	1800	5.768
1739	5.968	1801	5.818
1740	5.981	1802	5.910
1741	5.513	1803	6.267
1748/49	5.180	1804	6.401
1749/50	5.240	1805	6.694
1750	5.241	1806	7.474

Quellen: HStAD Kleve-Mark, Handschriften C III 15 und E III 4; StAW A1/201,12 und 202,5; Prieur [Anm. 3], 2, S. 242.

4 Offizier und Füsilier des Weseler Infanterie-Regiments No. 44, Chefs v. Brietzke (1764–1779) und von Gaudi (1779–1789). Dargestellt ist die bis 1786 getragene Uniform. Stich, Wesel, Stadtarchiv

Streitfällen, die Immobilien, Akzise, Zoll und sonstige Angelegenheiten betreffen, der Magistrat für die Soldaten zuständig war. Strafrechtliche Vergehen fielen hingegen weiterhin unter die Jurisdiktion des Regiments.[38]

Die Lockerung der bisherigen strikten Verbote eröffnete den Soldaten – wenn auch unter gewissen Bedingungen – die Möglichkeit, neben ihrem Sold ein zusätzliches Einkommen zu erzielen. Erstmals war nicht nur eine qualifizierte Ausbildung und der Erwerb des Meisterrechts, sondern zusätzlich der Hausbesitz Voraussetzung für eine Tätigkeit des Soldaten als selbständiger Handwerksmeister.[39] Daß der Betreffende das Bürgerrecht erwerben und auch alle Abgaben leisten mußte, war selbstverständlich. Man stellte ihn damit auf eine Stufe mit den bürgerlichen Handwerksmeistern. Für viele Soldaten erwiesen sich diese Bedingungen wegen ihres geringen Einkommens als eine zu große Hürde. Die wirklich bedürftigen Militärpersonen profitierten von dieser Neuregelung wohl wenig. Sie konnten höchstens als Gesellen bei anderen Meistern arbeiten oder – verbotenerweise – auf eigene Rechnung. Solange der Soldat seinen Lebensunterhalt durch eigene Arbeit sicherte, fiel er nicht den staatlichen Kassen zur Last, die immer mehr Schwierigkeiten hatten, das ständig wachsende Heer zu versorgen und sogar bei den Uniformen sparten, die immer enger – kostensparender – zugeschnitten wurden.[40] Auf der anderen Seite schützte der Staat durch die vorgeschriebene Einhaltung zünftischer Privilegien aber auch die Gewerbetreibenden in der Stadt.

In den folgenden Jahren finden sich die Bestimmungen von 1749 auch in den Privilegien für die Weseler Schreiner, Drechsler und Glasmacher (1755), Schuhmacher und Lohgerber (1775) sowie für die Schneider (1774) wieder.[41] Hier der Auszug des entsprechenden Artikels 8 aus dem »Privilegium und Innungs=Articul für das Schneider Gewerck zu Wesel, de dato Berlin, den 30. Nov. 1774«, der sich sinngemäß ebenso in den anderen genannten Ordnungen findet:

»Wer nun die Schneider=Innung vorbeschriebenermassen nicht gewonnen und obbemeldete Pflichten und Gebühren nicht geleistet oder erleget hat, demselben soll auch das Schneider=Handwerck, wenn er auch andernwärts Meister wäre, so wenig für sich allein, als noch weniger mit Gesellen und Jungen zu arbeiten erlaubet seyn; […] Denen sämtlichen Soldaten aber, so in würcklichen Diensten stehen, und das Schneider=Handwerck gelernet, aber keine eigene Häuser haben, und die Innung nicht gewonnen, soll so wenig vor die Compagnie oder Regimenter, worunter sie gehören, und die dabei commandirende Officier und deren Familien, als andere, zu arbeiten vergönnet, wohl aber ihnen erlaubt seyn, als Geselle bey denen Gewercks=Meistern zu arbeiten.

Und ob Wir wohl allergnädigst wollen, daß denen abgedanckten, bleßirten, und Invaliden=Soldaten, sich mit ihrer erlernten Profeßion, jedoch ohne Gesellen und Jungen zu halten, ehrlich zu ernähren, nach wie vor frey stehen solle: So wollen Wir doch keinesweges solches auf die Ausrangirte, und noch weniger auf die Beurlaubte oder mit Lauf=Pässen versehene, oder auch zu denen Garnison=Regimentern gehörige Leute verstanden wissen; und soll keinem derselben Schneider=Arbeit zu verfertigen gestattet seyn, als wenn er das Meister=Recht gewonnen, oder für Geselle bey einem zünftigen Meister arbeitet.«[42]

Daß die Soldaten, je nach ihrem Militärstatus, unterschiedliche Rechte hatten, läßt sich aus dem zweiten Absatz des oben zitierten Artikels ablesen. Da sind zunächst die Soldaten, die in »würcklichen Diensten« stehen, für welche die mit Auflagen versehene Erlaubnis der Ausübung des Handwerks galt. Abgedankte, verwundete oder invalide Soldaten durften sich ohne Gesellen und Lehrjungen von ihrem erlernten Beruf ernähren. Für diese Gruppe scheinen die Einschränkungen der im Dienst stehenden Soldaten nicht gegolten zu haben. Dagegen mußten ausrangierte, beurlaubte und mit Laufpässen ausgestattete Soldaten sowie Personen der Garnisonsregimenter sich streng an die Auflagen für gewerbetreibende Soldaten halten.[43]

Der Militäranteil im Weseler Gewerbe

Einen Überblick über den Anteil militärischer Gesellen an den Ämtern in Wesel gibt eine Aufstellung des Weseler Rats von 1787. Alle Amtsmeister waren aufgefordert, beim Sekretär eine Spezifikation abzuliefern, die die bei jeder Zunft vorhandenen Meister, Gesellen und Lehrjungen aufführte, wobei mehrere Ämter einer Gilde oder Zunft getrennt aufgelistet werden mußten. Da bei mehreren Berufsbezeichnungen einer Person die Gewerbetreibenden in jedem Amt aufgenommen wurden, können die Zahlen nicht einfach addiert werden. Von den in der Quelle aufgeführten Ämtern aus Handel und Gewerbe zeigt Tabelle 5, sortiert nach Anzahl der militärischen Gesellen, einen Auszug derjenigen Ämter, die Militärpersonen verzeichneten.

Demnach beschäftigten 19 Weseler Ämter, das sind über 21%, Militärpersonen. An der Spitze standen dabei die Schuhmacher, vor den Wollwebern, Schneidern und Schreinern. Auffällig ist die geringe Zahl der Meister im Wollenamt und das völlige Fehlen bürgerlicher Gesellen bei gleichzeitiger Beschäftigung einer großen Zahl militärischer Gesellen. In fast der Hälfte aller Ämter finden sich deutlich mehr – zum Teil sogar doppelt so viele – Soldaten als Bürger. Befragt, ob sie die Kompanieschneider in Arbeit nehmen wollten, antworteten die Schneidermeister 1791: »Recht gerne, weil solche der Profession nach unsere Gesellen sind, so daß wegen Abgang der Frei-

5 Offizier und Musketier des Weseler Infanterieregiments No. 45, Chefs Landgraf v. Hessen–Kassel (1757–1786), v. Eckartsberg (1786–1792). Dargestellt ist die von 1787 bis 1797 getragene Uniform. Kolorierter Stich. Wesel, Stadtarchiv

Amt	Meister	Gesellen bürgerliche	Gesellen vom Militär	Lehrjungen
Schuhmacher	24	9	28	11
Wollenamt	2		20	2
Schneider	28	8	13	11
Schreiner	18	13	12	13
Schieferdecker	5	2	10	5
Hufschmiede	9	1	10	
Zimmermeister	9	10	10	2
Nagelschmiede	4		8	2
Maurermeister	5	4	8	1
Schlosser	4	1	7	
Hutmacher	6	15	7	13
Kupfermacher	6	2	4	
Drechsler	7	5	3	2
Lohgerber u. Lederfabrik	12	1	3	
Brauer	9	(10*)	(3*)	
Galanterie Händler	2		2	
Faßbinder	9	3	2	1
Glaser und Färber	7	11	1	6
Kupferschmiede	7	3	1	3

Quelle: StAW A1/312,4 fol. 12-13. * = später gestrichen

Tab. 5   Ämter der Stadt Wesel mit Militärpersonen im Jahre 1787

wächter die Herren Companie-Chefs keinen Schaden haben sollen.«[44] Möglicherweise hat es in manchen Fällen eine Zusammenarbeit der Kompaniechefs mit den Handwerksmeistern gegeben, um diesen Soldaten als Gesellen zu vermitteln, wofür sich die bürgerlichen Handwerker dann erkenntlich zeigten. Möglicherweise waren Soldaten gefragtere Gesellen als Bürger, da sie vielleicht einen geringeren Gesellenlohn bekamen. Die Beschwerden richteten sich daher auch fast durchgehend gegen Soldaten, die auf eigene Rechnung und dabei besonders für Bürger arbeiteten und kaum gegen die bei bürgerlichen Meistern beschäftigten Gesellen aus dem Militär.

Das Schneideramt

1774 zeigten die Amtsmeister des Schneideramtes den Soldaten Klein an, für einen Bürger gearbeitet zu haben. Der Soldat stritt beim Rat aber alles ab, so daß die Amtsmeister aufgefordert wurden, innerhalb von 14 Tagen Beweise für ihre Behauptung vorzulegen. In ihrer Antwort unterstellten sie dem Soldaten, »daß derselbe als Soldat sich auf die Hinterbeine setzet und aufs leugnen leget, zumahlen demselben kein Eyd abgenommen wurde.«[45] Angeblich habe ein Zeuge morgens um 5 Uhr den Soldaten Klein in das Haus des Bürgers Deglairck gehen sehen. Am Tag als das Schneideramt bei ihm eine Hausvisitation durchgeführt hatte, habe dieser keinen unqualifizierten Schneider in seinem Haus zur Arbeit gehabt. »Man weiß nicht von wem die gefundenen Beweisstücke sowohl oben als auch unten im Haus, wie Schneidermaaße, Scheren, Kreide und Schneider Lumpen in seines Hauses Kammern gekommen sind.«[46] Der Bürger sollte angeben, welchen Schneidermeister vom Gewerk er seit drei Jahren für sich arbeiten lasse und einen Eid leisten. Vermutlich verlief die Sache im Sande, da keine weiteren Schreiben zu diesem Fall in den Akten vorhanden sind.

Im gleichen Jahr beschuldigten drei Amtsmeister des Schneidergewerks auch Frauen von Ratsmitgliedern, bei Soldaten arbeiten zu lassen: »Erstlich hat der Herr Scheffen Terstegen vor seiner Haußhaltung bey einem Soldaten Schnür Brüste machen laßen. Zweytens hat Madame Scheffen Kempken andere Leute aufgemacht und einen gewißen Soldaten recommandiret die Schnür Brüste bey ihm machen zu lassen. Drittens hat Madame Secretarius Gantesweiler in öffentlicher großer Visite angehalten, und einen Soldaten recommandiret, um Schnür Brüste bei ihm machen zu lassen, und darum bey Madame Vethacke ersuchet weil er sie so wohlfeil machte, welches an Eydes statt hierdurch attestiret wird.«[47] Damit werden die Frauen der drei ranghöchsten Schöffen und die Frau des Zweiten Bürgermeisters und Landgerichtsassessors Vethacke beschuldigt, gegen die Verordnungen zu verstoßen und bei Soldaten arbeiten zu lassen, während ihre Männer als Ratsmitglieder den Beschwerden des Amtes nachgehen und dessen Interessen gegenüber dem Militär durchsetzen sollten. So wird dem Rat von den drei Amtsmeistern vorgeworfen, »daß der Magistratus anstatt die Conservation der zu Grunde gerichteten Gewerke zu besorgen, die Unordnung vielmehr zu unterhalten bemüht sey, wodurch dann auch das gantze Gewerck in den letzten Zügen lieget.«[48] Um die schlechte Lage des Schneiderhandwerks in Wesel zu dokumentieren, fügen sie eine Anlage bei, in der 41 Meister und ihre Erwerbslage beschrieben werden (Abb. 6).

6 »Detaille von dem jetzigen Schneider Gewerk der Stadt Wesel« vom 15. August 1774

1. Meister Tidden sen., alter Meister, bekommt von Stadt und Gewerk Armen Geld, geht ab und zu in Häuser zum Flicken.
2. Eskamp, desgleichen.
3. Schürmann, hält mit seiner Frau Hauß, beide arbeiten jedoch nur Flicken und Bazzen, kein ausreichender Verdienst, für Winterbrand noch ein oder andere Armen Kasse ansprechen.
4. Brand, bei diesem herrscht die größte Armut von der Welt, hat keine Arbeit, flickt ein wenig.
5. Sauer, muß bei Bauern Arbeit suchen, ziehet Armen Gelder.
6. Semmes, gleiche Umständ.
7. Habers, ist wegen Arbeitmangel jetzt Postbote in Geldern.
8. Balckewitz, Bote für Fraterkloster.
9. Speck, wohnt im Kloster Hüttgen, wovon er unterhalten wird.
10. Gras, hat aus Nahrungsmangel eine Bettel Juden Herberge angelegt.
11. Schap, erhält Armen Geld, Nahrung bisweilen außerhalb in Büderich, so daß er keinen Rock aufm Leibe hat.
12. Meister Müller, muß fast seber Hungers umkommen, wenn nicht seine Frau mit Reinigung der Eingeweide des Viehs bei Schlächtern etwas verdiente.
13. Tussin, einzelner Mann, kann kaum leben, geht in Häuser zum Flicken.
14. Friedrich Thien, Kinder suchen ausgebrannten Kohlen Gruß und große Bohnenstangen aus Gärten für Brand.
15. Böting, ist Amtsmeister, hat keine Arbeit, lebt vom Garten und vom Glocken läuten.
16. Ebbelen kann in 2 Tagen die ganze Arbeit der Woche verrichten, hat Klipwinckel angelegt.

Diese arbeiten ohne Gesellen und ohne Jungens, können bei ihrer Profession keine Subsistence finden, sondern müssen solche lediglich in ihren Gärten suchen:
17. Schmink
18. Jüdden
19. Dallemscheid
20. Becker
21. Haick
22. Schilling
23. Wanscheid
24. Klaes Jakobs
25. Ruppins
26. Dufier
27. van Peuk, gehört unter erste Klasse, ist aber verarmt
28. Dietz, desgleichen

Hiernach folgen diejenigen, die noch einigermaßen in Arbeit stehen als:
29. Holthoff, sen. mit seinem
30. Sohn, dem jüngeren, arbeiten zusammen auf einer Werkstatt mit jüngstem Sohn als Lehrling.
31. Holthoff, der mittlere hat einen Lehrjungen mit zwei Ankömmlingen soeben aus der Lehre gekommen.
32. Doms, hält einen Lehrjungen und Knecht, zu wenig Arbeit, seit einigen Jahren Gärten und Ländereien gepachtet wovon er seine Subsistence sichert, dieser ist der einzige so von der Garnison Arbeit hat, nemlich die Offiziers Mondirung vom Regiment von Britzky.
33. Grab, arbeitet mit einem Lehrburschen und Gesellen.
34. Sünn, sen., ein Geselle und zwei Lehrburschen.
35. Sünn, jun., alleine mit einem Lehrjungen.
36. Tidden jun., alleine.
37. Klotz, zwei Lehrburschen.
38. Basmann, zwei Lehrburschen
39. Bachmann sen. und
40. Bachmann jun., zusammen auf einer Werkstatt mit noch einem eigenen Sohn und zwei Burschen.
41. Bergkemper, mit seinem Sohn als Gesellen, einem Lehrburschen.

Inwieweit die Ausführungen der Schneideramtsmeister genau den Tatsachen entsprachen, muß offen bleiben; eine Tendenz läßt sich immerhin ablesen. Zahlreiche Mitglieder der Schneiderzunft konnten von ihrem erlernten Handwerk alleine nicht leben und manche waren darauf angewiesen, ihre Lebenshaltungskosten durch Bewirtschaftung von Gärten zu senken. Zusätzliche Einkünfte erzielten sie mit kleineren Hilfsarbeiten oder sie erhielten Armenunterstützung. Nur 13 der 41 Schneider hatten wohl ausreichend Arbeit und konnten Lehrjungen und manchmal einen Gesellen, meistens den eigenen Sohn, beschäftigen. In früheren Zeiten habe es sogar 50 Meister in Wesel gegeben, die alle gut zu tun hatten, so die Amtsmeister. Die wahrhafte Lage des bürgerlichen Schneiderhandwerks sei schlecht. Zahlreiche Meister seien außer Landes gegangen, gestorben und verdorben. Wie denn unter diesen Umständen die schweren öffentlichen Lasten von den bürgerlichen Schneidern getragen werden sollten? Hingegen gebe es Militärschneider, die fünf bis sechs Gesellen hielten, öffentlich arbeiteten und »bürgerliche Nahrung« trieben. 15 von ihnen bewohnten Häuser, deren Nummern aufgeführt werden könnten. Viele andere Soldaten arbeiteten heimlich, teilweise auch öffentlich in Bürgerhäusern. Da jede Kompanie ihren Schneider habe, so vermuteten die Amtsmeister, gebe es 30 »Militär ordinair Schneider«. Tatsächlich ergab eine Untersuchung der drei in Wesel stationierten Regimenter von 1789, daß 29 Militärschneider für die Kompanien arbeiteten (Tab. 6). Ebenso befand sich bei fast jeder Kompanie ein Militärschuster. Alle Mühe sei vergebens, so klagte der Rat, den Soldaten zu verbieten, als Schuster oder Schneider zu arbeiten, ohne bei zünftigen Meistern zu stehen. Angezeigte Verstöße wurden zwar vom Rat bei den Kompaniechefs vorgebracht, aber es war schwierig, die Beklagten zu belangen, da sie vorgaben, nur für die Kompanien zu arbeiten. Die Chefs versicherten, den Soldaten die unerlaubten Tätigkeiten zu verbieten, eine Wirkung war indessen nicht zu spüren.[49]

Regiment	Kompanie-Schuster	Kompanie-Schneider	Nahrung treibende Soldaten in Kaserne	Nahrung treibende Soldaten in Zitadelle
Pirch (Gaudi)	8	9		2
v. Eckartsberg	8	8		1
v. Eichmann	12	12	1	4

Quelle: A1/180,11 fol. 92-97.

Tab. 6 Ergebnisse der Befragung der Weseler Regimenter von 1789

Im Zusammenhang mit dieser Befragung mußten die Regimenter auch ermitteln, ob Soldaten in der Kaserne oder auf der Zitadelle ihr Gewerbe betrieben. In der Regel scheint die Kaserne oder Zitadelle nicht der Ort gewesen zu sein, an dem die Soldaten ihrem Nebenverdienst nachgingen, da für 1789 hier nur 8 Soldaten aufgeführt sind. Wie glaubwürdig die Angaben des Militärs sind, die nur einen Gewerbetreibenden in den Kasernen verzeichneten, sei dahingestellt. Viele arbeiteten entweder in den eigenen Häusern, gemieteten Unterkünften oder – unerlaubterweise – wohl auch direkt bei den bürgerlichen Auftraggebern, bei denen sie teilweise zugleich einquartiert waren.

Vor Erteilung des oben zitierten Privilegs von 1774 hatten die Weseler Schneider versucht, die Möglichkeiten der selbständigen Arbeit für Soldaten, wie sie in Artikel 8 festgelegt ist, auszuschließen. Ihr Formulierungsvorschlag: »[...] daß der Soldat er mag ein eigen Hauß haben oder nicht, für sich keine Schneider Arbeit verfertigen dürfe, sondern als Gesellen bei einem Meister arbeiten müße. Ferner, daß der Soldat auch keine Mondirungs Stücke für die Compagnien verfertigen dürfe [...]« wurde mit der Begründung abgelehnt, daß die Weseler Soldaten nicht schlechter gestellt werden dürften als die in Berlin.[50] Trotzdem blieb das Recht der Uniformherstellung ein ständiger Streitpunkt zwischen Militär und Bürgern.

Friedrich Wilhelm II. hatte nach seinem Regierungsantritt 1786 eine Kommission eingesetzt, die das Liefergeschäft für die Bekleidung der Armee regulieren sollte. Übermäßige Gewinne einzelner Unternehmer sollten begrenzt und dafür mehr kleinere Handwerker herangezogen werden. Jedes Regiment hatte einen Betrag an Kleidergeldern zur Verfügung. In der Regel wurde die Infanterie bis 1787 jährlich neu eingekleidet; seitdem galt dies jedoch nur noch für die Diensttuenden. In Wesel erhielten die drei Regimenter, wie sonst die Garnisonsregimenter, nur alle zwei Jahre eine neue Uniform.[51]

Die Herstellung der Uniformröcke, Westen und Hosen stellte für die Schneider ein lukratives Geschäft dar. Anscheinend hatte 1774 aber nur der Weseler Schneider Doms einen dieser Aufträge erhalten, der für die Offiziere des Regiments von Britzke (Nr. 44) die »Mondierung« herstellte.[52] Im März 1789 schrieb der Regimentschef von Eckartsberg, daß den Regimentsschneidern die Arbeit nicht weggenommen oder verboten werden dürfe, da den ortsansässigen Schneidern die königlichen Mondierungstuche nicht ohne ausreichende Kaution anvertraut werden könne. Ein Schneider hatte wohl eines der Tuche »versaut«, woraufhin die Garnison Kaution verlangte. Außerdem ließen diese sich nicht täglich kontrollieren und zur Arbeit antreiben wie die Soldaten, die zudem noch für geringere Preise arbeiteten.[53] Beim Schneideramt stieß die Forderung nach einer Kaution auf Widerstand. Als die Alt- und Zunftmeister Bachmann und Holthoff vom Rat befragt wurden, ob sie denn in der Lage seien, die nötige und erforderliche Kaution zu hinterlegen, falls die Kompaniechefs die Mondierungstuche bei ihnen machen lassen sollten, erklärten sie, zuerst das gesamte Amt befragen zu müssen. Ihr Widerstand scheint im Verlauf der Anhörung gesunken zu sein, da sie schließlich einsahen, daß eine hinlängliche Bürgschaft von wenigstens 1000 Reichstalern pro Kompanie erforderlich sei. Aber sie könnten ohne gemeinsame Überlegungen mit den übrigen Meistern nichts entscheiden. Bei der Gelegenheit beklagten sie sich auf dem Rathaus über zahlreiche »Fuschereien«. Ihnen sei sehr daran gelegen diese abzustellen. Der Rat sagte ihnen das zu, sobald er eine Antwort der Schneider auf die offene Frage der Kaution erhalten hätte.[54]

Wenige Tage später traf das Schreiben des Schneideramtes beim Rat ein. Hierin besannen sich die Schneider wieder auf ihre ursprüngliche Ablehnung der Kaution. Gemäß königlichem Privileg müßten sie keine Kaution leisten; Soldaten zahlten schließlich auch keine. Als Meistern stehe es ihnen zu, die Mondierungen zu machen, auch wenn sie lange Zeit keine gehabt hätten. Sie versicherten, daß die Uniformen genau nach Vorschrift gefertigt und nur der Lohn in Rechnung gestellt werde, der auch vom König dafür bezahlt wird. Außerdem sei eine Kaution schon deshalb nicht erforderlich, weil die Tuche nur nach und nach geliefert würden.

Da ein solcher Auftrag einen beträchtlichen Arbeitsaufwand darstellte, der ausreichend Arbeitskräfte erforderte, sollten die Schneider angeben, woher sie die Gesellen dazu nehmen wollten. Schließlich hatte das Schneideramt noch 1774 über die geringe Zahl von Gesellen geklagt. Nun bescheinigte man dem Rat, daß keine Gesellen fehlen werden, »[...] da Soldaten, die bisher die Mondierungen [gefertigt hatten], auch unserer Professions Gesellen sind, und eben so wie sie bei der Compagnie Schneider unter deren Aufsicht gearbeitet, in der Folge unter unserer Aufsicht arbeiten können, und werden, wie gegenwärtig geschieht, auch im Notfall, wenn die Mondierungs Stücke zu spät kommen, die Regiments- und Compagnie Chefs ihre Soldaten von dem Exerzieren verschonen und dieserhalb ein fester Satz gemacht werden.«[55]

Solange die Soldaten als Gesellen bei den bürgerlichen Schneidermeistern arbeiteten, waren sie als Arbeitskräfte willkommen. Sie hatten Erfahrung mit der Herstellung der Uniformen, wurden unter Umständen geringer bezahlt als bürgerliche Gesellen und sicherten damit den Meistern auch die Ausführung des Auftrages. Daß Soldaten zu Exerzierzeiten nicht ständig zur Verfügung standen, versuchten sie anscheinend mit Zahlungen an die Chefs zu verhindern, damit diese die Soldatenschneider freistellten.[56] Warum immerhin 13 Gesellen (vgl. Tab. 5) lieber unter der Aufsicht der bürgerlichen Schneidermeister als unter der der Kompanieschneider arbeiteten, kann nur vermutet werden. Wahrscheinlich standen sie bei den Bürgern weniger unter militärischer Kontrolle und wurden nicht ständig angetrieben, wie es der Regimentschef von Eckartsberg ja als besonderen Vorzug der Militärschneider hervorgehoben hatte.

Noch vor dem Siebenjährigen Krieg hatten die Weseler eilige Aufträge zur Uniformherstellung ohne Soldaten, aber mit Meistern und Gesellen von anderen Städten und vom platten Land ausgeführt. Überhaupt galten in Kriegszeiten andere Regeln, da die Soldaten mit dem Regiment marschieren mußten, was von den eingesessenen Bürgern und Meistern – wie diese betonten – nicht verlangt werden könne, aber auch nie zur Diskussion stand.

1791 war die Kautionsfrage noch immer nicht geklärt. Auf die erneute Rückfrage, ob die Schneidermeister für die Sicherheit des Tuches eine hinlängliche Kaution stellen könnten antworteten sie, daß sie nicht hofften, »daß die Herren Compagnie-Chefs es so genau mit uns nehmen«. Sollte diesen ein Meister nicht so gefallen, hätten sie ja die freie Auswahl; eine Kaution zu stellen, waren sie auch jetzt nicht bereit. Dennoch hatten sich zwanzig Weseler Schneidermeister bereits die Anzahl der Kompanien untereinander aufgeteilt, die jeder beliefern wollte. Jeder dieser Meister werde treu, fleißig und redlich sein.[57]

Verglichen mit der Wirtschaftslage der Schneider von 1774, die sie, wie oben beschrieben, beim Rat ausführlich vorgetragen hatten, scheint es 1791 einen gewissen Aufwärtstrend gegeben zu haben. Zumindest wenn man ihren Aussagen Glauben schenken will. Selbst wenn die Zunft immer wieder gegen die Kautionszahlungen opponierte, mußten sie doch damit rechnen, im Falle eines Auftrages Gelder hinterlegen zu müssen. Die von den Amtsmeistern selbst in den Raum gestellte Summe von 1000 Reichstalern pro Kompanie bedeutete einen sehr erheblichen Betrag, zumal wenn manche sich zutrauten, drei oder vier Kompanien mit Uniformen zu versorgen. Ob die vorgenannten Meister tatsächlich in der Lage waren, solche Summen aufzubringen, bleibt ungewiß. Am ehesten ist dies von den beiden Amtsmeistern Holthoff und Bachmann zu erwarten, die bereits in der Aufstellung von 1774 zu denen zählten, die »noch einigermaßen in Arbeit« standen.

Tab. 7 Anzahl der Kompanien pro Schneidermeister 1791

Name des Schneidermeisters	Anzahl der Kompanien, die er übernehmen will
Matheus Holthoff	1
Wilhelm Köther	2
Schminck	1
Theodor Becker	2
Wessel	2
Strutmann	1
Darmstadt	3
Preuss	2
Gottlob	1
Jütte	1
Töpfer	1
Bachmann jun.	1
Müller	1
Rojermann	1
Fisch	3
Peter Becker jun.	2
M. Kohl	1
Lutjen	3
Böhm	1
Stechan	4

Quelle: StAW A1/180,11 fol. 124.

Das Schuhmacheramt

Zahlreiche Beschwerden, daß Soldaten für die Bürger Schuhe fertigten, sind auch in den Akten des Schuhmacheramtes zu finden. Wie schon bei den Schneidern beschrieben, fungierte der Magistrat als Vertreter der stadtbürgerlichen Handwerker gegenüber der militärischen Führung. Er leitete die Klagen an die Regimentschefs weiter, die immer wieder beteuerten, daß sie den Soldaten alle »Particulier Arbeit« auf das Schärfste verboten hätten. Da ständig neue Verstöße angezeigt wurden, drohten die Chefs dem Soldaten an: »[…] wan wieder die geringste Klage einliefe er ohnausbleiblich mit Spiesruthen bestraft werden würde.«[58] Laut einer Aufstellung in den Akten des Schuhmacheramtes vom 5. Dezember 1767 gab es in Wesel 23 Schuhmacher, von denen einige mal viel, mal wenig oder auch nichts zu tun hätten. Etliche von ihnen arbeiteten für ein, zwei oder sogar drei Kompanien der Garnison. Die Schuhe der Soldaten, darauf bestanden die Offiziere, durften mit keinem anderen als »luyckischen Sohl oder Pfundleder« verarbeitet werden. Ansonsten kämen die Soldaten mit den ihnen jährlich zustehenden zwei Paar Schuhen nicht aus. Die besten Leder kamen aus Malmedy, Stablo und Lüttich. »Schlechtere« Sorten bereiteten die Weseler Schuhmacher selbst.[59] 1787 gab es in Wesel 24 Meister mit neun bürgerlichen und 28 militärischen Gesellen sowie elf Lehrjungen (siehe Tab. 5). Damit stand das Amt an der Spitze der Beschäftigung von Soldaten als Gesellen.

Auch die Amtsmeister der Schuhmacher werden 1789 mit der umstrittenen Frage nach ausreichenden Kautionsleistungen konfrontiert. Sie beriefen sich wie die Schneider auf ihre Zunftprivilegien, die nicht angetastet werden dürften. Außerdem waren sie der Ansicht, daß sie es nicht nötig hätten, die geringste Kaution zu bezahlen, da sie immer erst Bargeld erhielten, wenn sie die bestellten Schuhe ablieferten und ihnen kein Vorschuß gezahlt werde. Das sah der Vertreter des Militärs, Obristwachtmeister von Schack, ganz anders. Kautionszahlungen seien erforderlich, damit die Lieferungen gut, richtig und rechtzeitig erfolgten und so den Kompanien Engpässe erspart blieben. Auch wenn die Weseler Kompaniechefs besonders auf Kautionen bestanden, war dieses Vorgehen doch auch bei anderen Regimentern gängige Praxis. Von Schack schlug eine Zahlung von 200 Reichstalern vor, über die sich die Chefs mit den Schustern einigen sollten. Die Amts- und Zunftmeister lehnten dies jedoch völlig ab.[60] Offen bleibt, ob die bereits für das Militär arbeitenden Schuhmacher auch ohne Kaution Aufträge von den Kompanien erhalten hatten.

Das Schreiner-, Drechsler- und Glasmacheramt

Am 18. Juni 1765 schrieben die Amtsmeister des Schreiner-, Drechsler- und Glasmacheramtes, daß es seit einiger Zeit wieder überhand genommen habe, daß die Soldaten der Garnison ohne einen Meister arbeiteten. Und damit nicht genug, hätten sie sich sogar »als Meister aufgeworffen«, was dem Artikel 8 der königlichen Verordnung widerspreche. Der Rat wurde aufgefordert, beim Kommandanten vorzusprechen, um die »Contravenientes« bestrafen zu lassen. Da der Magistrat es abgelehnt hatte, allgemeinen Anschuldigungen nachzugehen, wurden die Namen der drei Beschuldigten und ihrer Kompanien vom Amt genau aufgeführt und gefordert, bei Verstößen gegen die Ordnung den Betroffenen das Arbeitsgerät wegzunehmen. Kompaniechef von Romberg ermahnte den angezeigten« Füsilier, sich so zu verhalten, daß keine Beschwerde gegen ihn geführt werden könne.[61] Im übrigen habe der Soldat nur bei von Romberg im Haus gestrichen und das Amt solle sich nicht an dem Arbeitsgerät, was er brauche, vergreifen. Auch dem zweiten Soldaten wurde von seinem Vorgesetzten Hauptmann von Hartog bescheinigt, keine bürgerliche Nahrung betrieben zu haben. Als ihm die Beschwerde vorgelesen worden war, beteuerte der Soldat, niemals das Geringste in einem Bürgerhaus gemacht zu haben. Im Frühjahr hatte ihn von Hartog in seinem Haus beschäftigt und beim Hauptmann Graf zu Dohna habe der Soldat Fensterläden gestrichen, was aber keinen Eingriff in die bürgerliche Nahrung bedeute. Überhaupt versuchten die Bürger nur zu verhindern, so von Hartog, daß das Militär den Soldaten Aufträge gebe. Im Artikel 8 des Generalprivilegs des Schreiner-, Drechsler- und Glasmacheramtes von 1755 fehlt allerdings ein Passus, wie ihn die Schneider 1774 erhalten hatten; demnach durften die im Dienst stehenden Soldaten nicht für die eigenen Regimenter oder Kompanien und auch nicht für die

7 Carl Christian Glassbach, »Bürschte wer kauft Bürschte«, Radierung, um 1757. Coburg, Kunstsammlung Veste Coburg

8 Johann Carl Wilhelm Rosenberg, Der Pfannenflicker. Aquatinta in Rotbraun, nach 1797. Coburg, Kunstsammlung Veste Coburg

Offiziere und ihre Familien schneidern. Daß nun auch das Schreineramt dieses Recht für sich reklamierte, verärgerte den Kompaniechef von Hartog, der sich auf die Seite seines Soldaten stellte und dem Schreineramt Engstirnigkeit und unwürdiges Betragen vorwarf. Die Anzeige habe böse Folgen für den Soldaten, da ihm kein Meister mehr Arbeit geben wolle und er außer Glaserarbeit und Anstreichen nichts gelernt habe, um seinen Lebensunterhalt zu finanzieren. »Wer ist nun Schuld wenn er sich Brot zu verdienen sucht wo er Gelegenheit findet?«[62] Mit anderen Worten: erst durch das Verhalten des Amtes wurde der Soldat dazu gezwungen, sich verbotenerweise auch bei den Bürgern Arbeit zu suchen. Während die Arbeit der Soldaten für das Militär wohl vor Entdeckung noch relativ sicher war, konnte diese in und an den Bürgerhäusern eher beobachtet werden, da die militärischen Handwerker durch ihre Uniform schnell zu erkennen waren.[63] Daß dem Amt 1768 bekannt wurde, daß der (erste) Schöffe Kuiper auf seinem einige Kilometer entfernten Gut einen Soldaten zum Färben beschäftigte, spricht für sich. Auch dieser Vorfall wurde natürlich dem Rat zur Anzeige gebracht, damit die Gewerksmeister wegen fehlender Arbeit nicht ruiniert würden. In diesem Jahr war allerdings nicht Kuiper selbst, sondern der (vierte) Schöffe Wurm für die verschiedenen Innungen zuständig.

Nicht nur Offiziere und angesehene Bürger beschäftigten Soldaten, sondern auch dem Kloster der Dominikaner in Wesel wurde vorgeworfen, ihren Altar von »inqualifizierten« Soldaten fertigen zu lassen.[64] Im Dezember 1773 antwortete der entrüstete Prior dem Rat, daß Klöster nicht unter der »Stadt Bottmäßigkeit«, sondern unter der hohen »Land-Obrigkeitlichen Jurisdiktion« stehen und sie daher eigentlich nicht berichten müßten. Der Soldat Schlösser arbeitete bereits seit acht Jahren für das Kloster, ohne daß irgendein Protest eingegangen wäre. Als Hilfe für einen Bruder, der das Schreinerhandwerk verstehe, habe er besonders die Bildhauerarbeiten angefertigt, da für diese Arbeiten nur Wenige im Land zu finden wären. Dem Prior zufolge hatten sogar zwei Schreineramtsmeister dem Soldaten die Arbeit in dessen Haus gebracht. Dennoch entschied der Rat im Januar, daß es dabei bliebe, daß der Soldat bei Strafandrohung nicht mehr beschäftigt werden dürfe. Das Kloster sollte die Arbeiten mit eigenen Leuten ausführen.

Einige Jahre später erhielten die Klagen der Amtsmeister einen neuen Aspekt. Drei namentlich benannten Füsilieren wurde vorgeworfen, ihre Gesellenanstellung bei den Schreinermeistern aufgegeben zu haben und nun selbständig zu arbeiten. Einer von ihnen hatte sogar einen eigenen Laden eröffnet. Selbständiges Arbeiten war nur den Soldaten gestattet, die Bürgerrecht, Hausbesitz, den Meistertitel und die Zunftzugehörigkeit nachweisen konnten. Die unterzeichnenden Amtsmeister, von denen zwei zu den »verlassenen« Meistern gehörten, beklagten nicht nur die ihnen neu erwachsene Konkurrenz, sondern auch, daß sie Gefahr liefen »Mangel an Gesellen zu haben, welche bei der hiesigen Verfassung durchgehends aus dem Militair Stand genommen werden müßen.«[65] Diese Befürchtung scheinen die Zahlen der Auflistung der bürgerlichen und vom Militär stammenden Gesellen aus dem gleichen Jahr 1787 (siehe Tab. 5) zu bestätigen. Im Gegensatz zu Schuhmachern und Schneidern gab es bei den Schreinern kein deutliches Übergewicht der Militärgesellen. Ganz im Gegenteil: hier waren die bürgerlichen Gesellen in der Mehrzahl. Nimmt man alle der Zunft angehörigen Handwerker wie Schreiner, Drechsler, Glaser und Färber zusammen, waren nur gut ein Drittel der Gesellen vom Militär im Gegensatz zu über 75% bei den Schuhmachern. Hierbei ist jedoch zu berücksichtigen, daß mehrfache Berufsbezeichnungen in jedem Amt gezählt wurden und folglich auch Überschneidungen auftraten.

Die Untersuchung von 1788–89[66]

Bei Gelegenheit der Konferenz über die Einquartierungen zwischen dem Kammerpräsidenten und den Deputierten der Bürgerschaft waren die beständigen Klagen über die »bürgerliche Nahrung« von Militärpersonen zur Sprache gekommen. Man beschloß eine Untersuchung durchzuführen, um mehr Einzelheiten über das in Händen der Garnison befindliche Gewerbe zu erhalten. Da den Viertelsleuten die Militärpersonen am besten bekannt waren, wurden diese beauftragt, eine Liste sämtlicher Häuser zu erstellen, in welchen von Militärpersonen ein bürgerliches Gewerbe betrieben wurde. Am 22. Juni 1788 schickte der Rat seinen Bericht mit dieser Aufstellung an den ›Commissarius Loci‹ von Scheele. Die Liste enthält 75 Personen, ausschließlich diejenigen, die in Häusern in der Stadt wohnten, unter anderem mit Angaben zum Dienstgrad, zur Art des Gewerbes und zum Hausbesitz. Zusätzlich vermutete man zwar noch viele in Kasernen in der Stadt und auf der Zitadelle, die Hökerwaren verkauften oder Bier und Branntwein verzapften. Es sei dem Rat allerdings nicht möglich gewesen, darüber eine nähere Spezifikation zu erhalten.[67]

Von den in der Reihenfolge der Hausnummern verzeichneten Personen waren 64 einfache Soldaten, acht Unteroffiziere, zwei Feldwebel und ein Kanonier. Immerhin 37 Personen, also fast 50%, besaßen ein eigenes Haus, wobei unter den einfachen Soldaten nur 28 Hauseigentümer

Tab. 8   Anzahl der gewerbetreibenden Militärpersonen 1788

Regiment	Anzahl Soldaten	Mieter	Eigentümer	25 der Eigentümer haben ihre Häuser			
				erheiratet	aus dem Vermögen der Frau gekauft	durch Sparsamkeit, Fleiß und aus eigenen Mitteln	geerbt
von Gaudi, gest.; Nachfolger von Pirch ab 7.2.1789 (Nr. 44)	16	10	6	3	7		
von Eckartsberg (Nr. 45)	29	15	14	3	2	6	1
von Eichmann (Nr. 48)	28	13	15				3
Artillerie	2		2				

Quelle: StAW A1/180,11 fol. 34-35, 92-97.

waren. Unter welchen Umständen Soldaten zu ihrem Hauseigentum kamen, konnte für 25 der 37 Eigentümer ermittelt werden. 60% erhielten ihre Häuser durch Heirat und nur 24% waren in der Lage, selbst ein Haus zu erwerben. Ererbter Besitz weist ebenfalls auf familiäre Beziehungen in der Stadt hin. So befanden sich unter 46 mit einem Entlassungsschreiben vom Militär ausgestattete Soldaten, die in Wesel zwischen 1784 und 1793 das Bürgerrecht beantragten, zwölf aus Wesel. Seit 1749 konnten Soldaten, die in Wesel ein Haus besaßen, das Bürgerrecht erwerben; Voraussetzung für den Hausbesitz war dies allerdings nicht. Laut Edikt vom 13. März 1733 sollte nach zwölfjähriger (unbeanstandeter) Dienstzeit beim Militär das Bürgerrecht gratis gewährt werden.[68] Alle 37 Häuser der Soldaten finden sich im revidierten Feuer-Societäts-Kataster der Stadt Wesel von 1787 wieder.[69] Ihre Taxierung warf wegen zu hoher oder zu niedriger Einstufung zwar immer wieder Probleme auf, kann hier aber als Anhaltspunkt für die Bewertung der Häuser dienen. Demnach wurden 27 Häuser unter 100 Reichstaler taxiert, 15 davon sogar unter 50 Reichstaler, und nur 4 hatten einen Wert über 200 Reichstaler. Erwartungsgemäß besaßen die einfachen Soldaten in der Mehrzahl preiswerte Häuser, wenn auch zwei von ihnen wegen hoher Taxierungen auffielen. Da ist zunächst der Schneider Heinrich Steckhahn (Haus-Nr. 1266), der als Kompanieschneider mit zwei Knechten vom Militär arbeitete und dessen Haus mit 200 Reichstalern bewertet wurde. Und schließlich der Fuselbrenner Johann Hundt (1397), der erst nachdem ihm das Branntweinbrennen verboten worden war, alle Abgaben vom Haus zahlte. Ein Unteroffizier, der als Schuhflicker und Hökerer arbeitete, hatte sein Eigentum (1239) scheinbar verschwiegen, obwohl er in den Feuerkatastern von 1787 und 1791 mit 171 bzw. 170 Reichstalern verzeichnet ist.

Daß Hausbesitz auch unter den nicht gewerbetreibenden Soldaten in Wesel keine Ausnahme war, zeigen die Eigentümerlisten der verschiedenen Kataster und eine umfangreiche Liste von 1779, die ausschließlich die dem Militär gehörigen Häuser erfaßt. In dieser sind unter anderem Abgaben vom Haus – Servis, Werbe- und Rekrutengelder und Beiträge zu den Packknechte-Kosten – sowie Schätzwerte der Häuser zwischen 25 und 2500 Reichstalern eingetragen. In den teuersten Häusern wohnten beispielsweise General Major v. Gaudi (Haus-Nr. 297) für 2500 Reichstaler oder sein Vorgänger als Regimentschef General Lieutnant a. D. v. Brietzke (Nr. 1) für 1500 Reichstaler.[70] In einer Weseler Häuseraufnahme von 1791 sind von 1481 Privathäusern immerhin 244 (16,5%) im Besitz des »Militärstandes«.[71] Dieses Phänomen des Immobilienbesitzes, besonders bei noch aktiven Soldaten, ist bislang kaum untersucht, da das Militär in der Regel einquartiert war, zur Miete oder in Kasernen wohnte.[72] Vermutlich hat die hohe Zahl der in Wesel über längere Zeit stationierten Soldaten, die als Freiwächter in der Stadt blieben, zu einer gewissen Bodenständigkeit und ersten Integration in die städtische Gesellschaft geführt. »Und doch gab es unter den Ausländern auch viele tüchtige Menschen, die gute Soldaten wurden, durch Heirat in der Garnison festen Fuß faßten, den Betrieb des erlernten Gewerbes fortsetzten und sich ganz nationalisierten. Man kann die Freiwächter schlechthin als seßhaft gewordenen Einwanderer betrachten.«[73] Wahrscheinlich gab es in den Weseler Regimentern aber auch viele aus der Stadt und der umliegenden Region. Immerhin waren von 46 aus dem Militär entlassenen Soldaten, die zwischen 1784 und 1793 das Bürgerrecht erhielten, 12 aus Wesel.[74]

Der Rat bewertete in seinem Bericht den Hausbesitz der Soldaten in vielen Fällen als Vorwand. So hätten viele Unteroffiziere und Soldaten nach dem Siebenjährigen Krieg ruinierte Häuser aufgebaut und würden nun aus den geringen Abgaben, die sie von ihrem Eigentum leisteten, ableiten, daß sie ein bürgerliches Gewerbe treiben dürften. Der Hausbesitz alleine berechtigte allerdings nicht dazu, sondern Meisterrecht und Zugehörigkeit zur Zunft mußten nachgewiesen werden; zumindest wenn auf eigene Rechnung gearbeitet wurde.

Welche Berufe die Soldaten ausübten, die in der oben genannter Liste der Viertelsleute aufgeführt sind, geht aus einer Zusammenstellung des Rates hervor (Tab.9).[75]

Auffallend ist die hohe Zahl der Hökerer und Winkelierer, die fast die Hälfte der Soldaten stellten. Dabei vermutete der Rat, daß noch viele in den Kasernen in der Stadt und besonders auf der Zitadelle Bier und Branntwein zapften und Hökerwaren verkauften, obwohl den Soldaten das Hökern 1749 ausdrücklich verboten worden war. Seiner Einschätzung nach gab es zwei Klassen von bürgerlichem Gewerbe der Militärpersonen: 1. alle, die sich ohne bei einem Meister als Gesellen zu arbeiten mit »allerhand Profession abgeben« und den Ertrag der Zünfte und Gilden schmälerten und 2. diejenigen, die kleine öffentliche Läden und Hökereien hatten, Bier und Branntwein zapften. Der Formulierung nach zu urteilen, sah der Magistrat die Hökerer und Zäpfer unter den Soldaten wohl weniger als bedeutende Konkurrenten für die Bürger im Gegensatz zu den Handwerkern. Es wurde nochmals ausdrücklich betont: »Das sämtlichen in Reihe und Gliedern stehenden Soldaten, solange sie nicht ihren Abschied erhalten und ordnungsgemäß Meisterrecht gewonnen haben, die Treibung jeder Profession aufs Schärfste untersagt ist.« Denn während der Soldat Sold, Kleidung und Quartier bekam und als Freiwächter zumindest einen geringen Teil dieser Leistungen genoß, hatten die Bürger zusätzliche Belastungen wie Servis, Akzise, Beiträge für die Zünfte oder Kosten für das Meisterrecht zu tragen. Aus diesem Grund könnten die Soldaten »wohlfeiler« arbeiten und ihre Waren und Dienstleistungen günstiger anbieten. Über die Beeinträchtigung der stadtbürgerlichen Handwerker hinaus, sah man ebenfalls öffentliche Schäden: einerseits durch verminderte Steuereinnahmen und andererseits dadurch, daß die Gewerbetreibenden aus dem Militär wegen ihrer geringen Preise häufig schlechteres Material verwendeten. Besonders Zimmerer, Schreiner und Drechsler zwangen angeblich so die Bürger, es ihnen gleich zu tun, und ebenfalls minderwertiges Material zu verarbeiten.

Zum Abschluß seiner Bewertung der Situation zeigte der Rat zugleich ein gewisses Verständnis für die Militärbevölkerung, wenn auch die Bemühungen um das Wohlergehen der Bürger an erster Stelle standen:

> Es sei »nicht zu leugnen, daß bei der übermäßig starken und mit der Anzahl der Bürgerschaft in keinem Verhältnis stehenden Garnison es dem Soldaten, der mit seiner Familie von dem Sold allein nicht existieren kann, schwer fällt, ohne sich mit diesem oder jenem bürgerlichen Gewerk abzugeben. [...] Ist es gewiß, daß die Abnahme der Bürgerschaft größtenteils durch die ihr von der Garnison entzogene Nahrung mit bewirkt ist und in der Folge sich noch mehr zeigen wird, wenn dem alle öffentlichen Lasten tragenden Bürger nicht geholfen, das allein für ihn gehörende Gewerb ferner den militair Personen erlaubt wird.«

König Friedrich Wilhelm II., dem der Bericht des Rates über die gewerbetreibenden Militärpersonen von der Kriegs- und Domänenkammer in Kleve zugesandt worden war, zeigte sich in seiner Antwort an die Kammer verwundert, wie die Beeinträchtigung des bürgerlichen Gewerbes in Wesel vom ›Commissarius Loci‹ und dem Magistrat solange nachgesehen werden konnte.

Hökerer und die einen Winkel haben	36
Schuhmacher	15
Schneider	10
Schuhflicker	3
Sattler	3
Schreiner	2
Trödler	2
Kamm Fabrikant	1
Drechsler	1
Gelbgießer	1
Faßbinder	1
Siebmacher	1
Fuselbrenner	1
Schmied und Schlosser	1
Friseur	1

Quelle: StAW A1/180,11 fol. 76-77.

Tab. 9 Soldatenberufe nach der Liste der Viertelsleute

Schließlich gebe es doch verschiedene Edikte, die den Mißbräuchen Schranken setzen sollten. Außerdem hätte man beim Gouvernement in Wesel auf die Einhaltung der Vorschriften dringen müssen. In jedem Fall müßten die Soldaten, die ein Gewerbe betreiben dürften, Abgaben entrichten. Auf diese Weise konnte der Staat nicht nur zusätzliche Einnahmen zum Beispiel aus der Akzise erzielen, sondern entlastete gleichzeitig die militärischen Kassen und entschärfte die Konkurrenzsituation zum stadtbürgerlichen Gewerbe.

Inwieweit dies gelingen konnte, hing nicht zuletzt von den gewerbetreibenden Soldaten ab, deren genaue Lebensumstände, auf Veranlassung des ›Commissarius Loci‹ von Scheele, vom Rat noch näher untersucht werden sollten. Dagegen wehrte sich der Weseler Magistrat und verzögerte eine genaue Befragung der in der Liste erfaßten Militärpersonen. Es wurde befürchtet, daß die Soldaten ihnen »so schlecht wie möglich Angaben machen« und ein Aufruhr in der Garnison hervorgerufen würde. Gut zwei Monate später mahnte von Scheele die Ausführung des »freylich unangenehme[n] Geschäfte[s]« an und fügt hinzu, daß die Vermögensumstände der Personen ja schließlich nicht untersucht werden sollten. Im Januar 1789 erhielt der Regimentschef von Eichmann[76] eine Kopie des eingesandten Ratsberichtes und wurde aufgefordert, einen Stabsoffizier zu benennen, der mit dem Rat und dem ›Commissarius Loci‹ von Scheele eine Kommission bilden und zusammen mit von Scheele die Befragung durchführen sollte. In ihrem Anschreiben erklärte die Kammer ihr Vorgehen gegenüber dem Militär damit, daß die Klagen der Bürger nur zu begründet seien und die Qualifikation jedes Soldaten genau ermittelt werden müsse. Als Richtlinie sollte das Reskript vom 21. Oktober 1749 dienen, das die Grenzen aufzeige »wie weit die Teilnahme der Militärpersonen an dem bürgerlichen Verkehr gehen kann«.

Am 3. Februar 1789 erfolgte schließlich durch den Kriegs- und Steuerrat von Scheele und den Obristwachtmeister von Schack, in Anwesenheit von Hauptmann Busch und Fähnrich Kettler, zunächst die Befragung der Soldaten des Regiments von Eichmann. Hier, wie auch bei den anderen Regimentern, wurden den Betroffenen zwei Fragen gestellt:

1. »Ob er Waren von auswärts kommen lasse oder selbige von hiesigen Kaufleuten, die er nennen soll en gros kaufe?«
2. »Ob jetzige Hausbesitzer schon vor deren Erwerb dort bürgerliche Nahrung betrieben hätten, ob sie zu bürgerlichen oneribus beitragen?«

Die ausführlichen Protokolle der Befragung enthalten zum Teil detaillierte Antworten über die Tätigkeit, den Wareneinkauf und die Abgaben und gewähren einen Einblick in das Alltagsleben der Gewerbetreibenden der Weseler Garnison. Gehandelt wurde mit verschiedenen Waren des täglichen Gebrauchs wie Butter, Kaffee, Wurst oder mit alten Kleidern, Kleinigkeiten und Materialwaren. Einige zapften Bier und Branntwein. Die Waren bezogen sie zum überwiegenden Teil von städtischen Händlern und Kaufleuten oder kauften sie auf dem Markt in Wesel. Nur in einigen Fällen stammten sie aus der näheren oder weiteren Umgebung wie beispielsweise aus Duisburg. Der Soldat Lange gab an, daß er sich als Freiwächter durch den Verkauf von Äpfeln und Birnen ernährte, »die er auf eine saure Weise Stunden Weges herbeiholen und seine Frau hier debitieren muß. Glaubt nicht, daß ein einziger Bürger damit handelt, es müsse wohl Gründe dafür geben«. Er ist der einzige, soweit vermerkt, der auf seine Waren Akzise entrichtete, die von ihm am Stadttor verlangt wurde. Alle anderen zahlten vom Gewerk nichts, trugen aber als Eigentümer die Abgaben vom Hausbesitz. Einige hatten den Beruf gewechselt: so arbeitete ein ehemaliger Schneider im Festungsbau und ein Musikant verdiente sich ein paar Stüber mit Altflicken. Daß sie für Bürger oder Zivilpersonen arbeiteten, wurde allgemein vehement bestritten. Wohingegen der Schmied und Schlosser Reichwein selbstbewußt feststellte, daß die bürgerlichen Meister gelegentlich auf seine Hilfe angewiesen seien: »Arbeite wenig für Bürger oder gar nicht, oder es müsse der

Fall sein, daß andere Meister sich nicht helfen könnten. Wie ihn denn der Meister Tietelhoff Schmidt nachts aus dem Bette geholet und ihn gebeten ihm an den Sprüzen zu helfen, wo er nicht alleine fertig werde.« Mancher bestritt, daß sein Gewerbe überhaupt zünftig sei, wie der Gelbgießer und Musketier Johann Fürstenberg, der Knöpfe für die Uniformen herstellte.

Angesichts der Ergebnisse der Befragung schrieb der Regimentschef von Eckartsberg am 10. Februar 1789, daß es unerhört und gegen alle »gute Policey-Verfaßung« sei, wenn man sich über einen Menschen beschweren will, der den ortsansäßigen sogenannten Meistern aus der Verlegenheit geholfen habe. Viele hätten ihre eigenen Häuser, von denen sie die »onera« bezahlten und ihre Profession zum Teil in Wesel gelernt hätten. Örtliche Kaufleute profitierten schließlich auch von den Soldaten, die ihre Waren bei ihnen kauften. »Es ist ein in anderen Garnisonen unerhörter Fall, daß Soldaten […] so wie hier von Bürgern verfolgt und die Regimenter darüber tag täglich mit Klagen behelligt werden die, wenn man sie in ihr gehöriges Licht stellet, nur lediglich ihren Grund in dem Haß wieder den Militair-Stand haben, der doch hier den größten Teil der Stadt Nahrung und Unterhalt gibt.« Eigentlich, so meint von Eckartsberg, müßte man die Bürger, die den Soldaten Arbeit geben, bestrafen, aber sie wüßten nur zu gut, daß sie »[…] ihre Sachen nicht in der gehörigen bonitaet, und für billige Preise von ihren Mitbürgern erhalten können […].« Außerdem könne zum Beispiel ein gutes Paar Schuhe nur ein Militärschuster fertigen. Sobald ein Soldat Bürger würde und sein Gewerbe ausübte, hätten seine »Mit-Professionisten« wenn auch nicht ganz, so doch beinahe keine Arbeit mehr. »Und dann will man den Grund davon im Militair-Stand sehen, den man in der Unwißenheit finden muß. […] Steht zu gedenken, daß der größte Teil der hiesigen Bürger sich schon etwas zu vergeben glaubt, wenn er einem Soldaten vor der Zahl Bank ein Gläschen einschenken muß.« Daß die Bürger seinerzeit auch von den günstigen Preisen der Soldaten profitiert hatten, bestätigt ein Reisender noch 1808 durch seine Tagebuchaufzeichnungen. Nach Abzug des Militärs mußten demnach viele kleine Artikel jetzt wieder deutlich teurer bezahlt werden als früher.[77]

Vom Standpunkt der Militärs erschienen die gegen sie vorgebrachten Klagen unbillig und unstatthaft. Soldaten zahlten ihre Abgaben, fertigten im Gegensatz zu den Bürgern gute Qualität zu niedrigen Preisen und unterstützten sogar bürgerliche Meister. Stadt und Bürger profitierten zu großen Teilen von der Garnison, die den Kaufleuten Absatz verschafe. Da keine sachlichen Gründe gegen das Militär sprächen – so die Überlegungen von Eckartsberg – müsse der Grund der Klagen in einer tiefen Abneigung der Weseler gegen den gesamten Militärstand zu suchen sein.

Selbst wenn diese Überlegung in einer ständig von Garnison und Festung geprägten Stadt nicht völlig von der Hand zu weisen ist, so entspricht das von ihm gezeichnete Bild des gewerbetreibenden Soldaten wohl doch nicht ganz den Tatsachen. Folglich protestierten dann auch die Deputierten der Bürgerschaft beim Rat, daß viele Aussagen aus den Befragungsprotokollen nicht stimmten und von den Bürgern ins rechte Licht gerückt werden könnten. Man vertraute aber darauf, daß »ihr Wohl und Interesse« bestens beobachtet und verteidigt werde.

Konsequenzen und Beschlüsse

Am 26. Februar 1789 fand im Rathaus eine Konferenz unter Beteiligung des Magistrats, des Obristwachtmeisters von Schack und des ›Commissarius Loci‹ von Scheele statt, um eine Analyse der Befragungsergebnisse vorzunehmen, und entsprechende Beschlüsse zu fassen. Generell war man sich einig, daß nicht allen Soldaten und ihren Familien das Gewerbe mit sofortiger Wirkung verboten werden könne. Ansonsten befürchtete die Kommission Exzesse und Desertion sowie steigende Armut in der Garnison, was die öffentliche Ruhe und Ordnung stören und dem Betteln Vorschub leisten konnte. Es wurde aber auch die Hoffnung geäußert, daß die Weseler Regimenter bald »Einländer erhalten, und folglich sich ganz gewis von dem hiesigen Teil der Nahrungtreibenden Soldaten losmachen würden, die als dann hier bleiben und ihr Gewerbe fortsetzen könnten«.

Diese Aussage bestätigt die Vermutung, daß ein großer Teil der in Wesel stationierten Soldaten sich als Freiwächter in der Stadt aufhielt.

Verschiedene Gewerke in Wesel waren nur schwach besetzt (siehe Tab. 5), so daß die Befürchtung laut wurde, wenn den Soldaten die »Arbeit auf eigene Hand« verboten werde, ob die bürgerlichen Handwerker dann noch im Stande seien, das »Publicum hinlänglich zu versorgen«. Die Ämter sicherten das zu und versprachen, die jetzt selbständig arbeitenden Soldaten auch mit genügend Arbeit zu versorgen, wenn diese in ihre – bürgerlichen – Werkstätten zurückkehrten.

Da die vorliegende Untersuchung Kasernen und Zitadelle unberücksichtigt ließ, veranlaßte die Konferenz nun auch die Zusammenstellung der dort ansässigen gewerbetreibenden Soldaten. Die knappen Ergebnisse sind in Tabelle 6 zusammengefaßt. Inwieweit die von den Regimentern selbst erhobenen Daten exakt den Tatsachen entsprachen, sei dahingestellt. Auch die Konferenzteilnehmer hatten wohl deutlich mehr gewerbetreibende Personen dort vermutet. Ganz ohne Versorgung wollte man die Soldaten in der Zitadelle nicht lassen; denn diese könnten nicht wie sie wollten in die Stadt kommen, um ihre kleinen Bedürfnisse zu decken, die oft den Weg nicht wert seien. Acht Detailleurs durften daher auf der Zitadelle mit kleinen Waren des alltäglichen Bedarfs handeln, die aber von den Kaufleuten der Stadt erworben werden mußten. Sie erhielten die Auflage, über ihre Geschäfte genau Buch zu führen, wobei die Frage auftauchte, wer diese kontrollieren sollte. Ungeklärt blieb auch, ob bei Abschied, Desertion oder Tod eines militärischen Detailleurs ein anderer an seine Stelle treten konnte oder nicht.

Handel und Hökerei in den Kasernen sei nicht beträchtlich – so das Urteil des Rates – und könne den Bürgern nicht schaden, dürfe aber auch nicht weiter ausgedehnt werden. Einer gewissen Anzahl von Hökern, die sich nicht anders mit ihren Kindern ernähren könnten, aber keinem weiteren Soldaten, solle das Gewerbe in Zukunft erlaubt sein, wodurch die Hökerer mit der Zeit aussterben würden. Die Durchsetzung des völligen Hökereiverbots für Soldaten von 1749 sah die Kommission als wenig erfolgversprechend an. Man könne dem Ganzen doch keinen Einhalt gebieten, vielmehr sei bei einem Verbot und den dann erforderlichen Kontrollen, mit ständigen unangemessenen Konflikten mit den Regiments- und Kompaniechefs zu rechnen, ohne daß eine »ernstliche Remedour« zu erwarten sei.[78]

Soldaten, deren Gewerbe in Wesel nicht existierte und die die Bürgerschaft daher nicht benachteiligten, durften weitermachen. Auch dem Schuster Marsfelder wurde das Gewerbe erlaubt, da er sein Meisterrecht bereits 1775, bevor er zum Militär ging, besessen hatte. In dieser und den folgenden Ratssitzungen wurde ebenfalls eingehend das Problem der Kautionsleistungen von Schneidern und Schustern erörtert, das oben schon ausführlich beschrieben wurde. Kompanieschneider und -schuster mußten ihr Gewerbe sofort niederlegen, während anderen Soldaten, denen die Ausübung eines Gewerbes verboten wurde, sich innerhalb einer Frist von zwei Jahren »davon losmachen« mußten.

Hinsichtlich der Soldaten, die im Besitz von ererbten oder »erheirateten« Häusern waren, schlug die Kommission vor, daß sie ihr Gewerbe weiter ausüben könnten; Bedingung sollte der Erwerb des Bürgerrechts sein. Die Ratsmitglieder wollten allerdings keine Ausnahmen von der königlichen Verordnung zulassen und vor allem die Interessen der Bürger wahren. Denn zwei wichtige Punkte, wie das Meisterrecht und die Zugehörigkeit zur Zunft, blieben bei diesem Vorschlag unberücksichtigt. Schließlich wurde im wesentlichen im Sinne des Magistrats entschieden:

> »Ist festgesetzt, daß alle diejenigen Soldaten, welche auf irgend eine erlaubte Art zu dem Eigentum eines Hauses hierselbst gelangen und zugleich Bürger und Meister werden und von ihren Häusern die darauf haftenden bürgerlichen Lasten entrichten, denen anderen Bürgern gleichgestellt, und ihnen also auch der Betrieb eines bürgerlichen Gewerbes unweigerlich und uneingeschränkt gestattet werden soll.«

So klar diese Formulierung auch scheint, gab es noch zwei Jahre nach diesem Beschluß einige offene Fragen. Ein Streitpunkt war, ob die zweijährige Übergangsfrist, die für die mit einem Gewerbeverbot belegten Soldaten galt, ebenso von denjenigen in Anspruch genommen werden konnte, die ihr Gewerbe weiterführen durften und wollten. Einige Hausbesitzer unter den Soldaten bestanden wohl darauf, daß sie es nicht nötig hätten, bereits vor Ablauf dieser zwei Jahre die Auflagen für den Gewerbebetrieb zu erfüllen, Bürger zu werden und die bürgerlichen Lasten zu tragen. Sie waren auch deshalb nicht bereit, das Bürgerrecht zu erwerben, da es nach zwölfjähriger Dienstzugehörigkeit den Soldaten gratis zustehe. Die Stadt zog sich indessen darauf zurück, daß keine aktiven Soldaten, sondern nur die mit Entlassungsbescheinigungen ein Anrecht darauf hätten.

Im wesentlichen setzt der Beschluß zu den Hausbesitzern unter den gewerbetreibenden Soldaten den oben zitierten Artikel 8 aus verschiedenen Amtsprivilegien um und brachte prinzipiell kaum eine Veränderung, bis auf einen Punkt: die Innung mußte nicht gewonnen werden, das heißt, die Mitgliedschaft in einer Gilde oder Zunft war wohl keine Voraussetzung mehr zur Ausübung eines Gewerbes. Dies waren Ende des 18. Jahrhunderts durchaus die ›Zeichen der Zeit‹. Obwohl die Zünfte als wichtiger auch sozialpolitischer Ordnungsfaktor im Allgemeinen Landrecht abgesichert waren, gab es in den obersten staatlichen Behörden und der Öffentlichkeit zunehmend Befürworter der allgemeinen Gewerbefreiheit, zumal der Zunftzwang durch Ausnahmeregelungen für Manufakturen und einzelne Unternehmer bereits immer mehr ausgehöhlt worden war.

9 Martin Ludwig von Eichmann, Regimentschef (1766–1791) des Infanterie-Regiments (Nr. 48) in Wesel. Kupferstich, 1785. Wesel, Stadtarchiv

Überlegungen zur Aufhebung des Zunftzwanges spielten auch bei den Diskussionen der staatlichen Finanzkommission zur Reform der inneren Verwaltung Preußens eine Rolle. Steigende Lebenshaltungskosten bei gleichbleibendem Sold der Soldaten machten eine zusätzliche Einnahmequelle, zum Beispiel im Handwerk, dringend erforderlich. Nur so konnten die öffentlichen Kassen entlastet werden. Der freien Betätigung von Militärpersonen im Gewerbe standen aber oft Zunftrechte entgegen, so daß die völlige Aufhebung der Zünfte in Erwägung gezogen wurde. Da allerdings beträchtliche Widerstände seitens der Gewerbetreibenden erwartet wurden, einigte man sich auf eine liberalere Handhabung des Zunftzwanges. Das alte Handwerkerrecht und die Zünfte blieben daher bis 1806 bestehen.[79]

Die Entscheidungen der Kommission waren in vielen Fällen von Praxisnähe und Realitätssinn geprägt und versuchten, zwischen Bürgern und Soldaten zu vermitteln. Dabei wurde jedoch das Wohl der Stadt und der Bürgerschaft nie außer Acht gelassen. Solange das Einkommen der Bürger durch die Erwerbstätigkeit der Militärbevölkerung nicht geschmälert wurde oder militärische Gewerbetreibende eine Versorgungslücke in der Stadt schließen konnten, sah man kaum Gründe, ein generelles Verbot auszusprechen. Im Gegenteil: Das königliche Verbot des Hökerns von Soldaten wurde ausdrücklich umgangen, da dies den städtischen Interessen zuwiderlief. Durch die zweijährige Übergangsfrist bei Gewerbeverboten und der Erhaltung des Status quo in einigen Bereichen sollten soziale Härten vermieden werden. Für den Staat stellten die zunehmenden Klagen der städtischen Handwerker ein Problem dar. Denn einerseits mußte die – angesichts leerer Staatskassen sich ständig schwieriger gestaltende – Versorgung der königlichen Soldaten gesichert werden, und andererseits durften die städtischen Gewerbetreibenden nicht so benachteiligt wer-

10 Das bettelnde Soldatenweib. Radierung, 1764, aus: Willi Geismeier, Daniel Chodowiecki, Leipzig 1993

den, daß sie kaum noch Beiträge zu den staatlichen Einnahmen leisten konnten. Diese Gratwanderung des Staates zwischen militärischen und wirtschaftlichen Interessen wird auch im folgenden Kapitel deutlich.

Spinnereien, Unternehmer und die Versorgung der armen Soldatenfrauen und Kinder

Die starke Weseler Garnison brachte nicht nur Konflikte mit den arbeitenden Soldaten, sondern auch Spannungen durch die große Zahl der Angehörigen mit sich. Durchschnittlich stellten Frauen und Kinder der Soldaten etwa 40% der gesamten Militärbevölkerung. Noch 1766 kalkulierte man, daß im Kriegsfall bei einem Infanterie-Regiment 600 zurückgelassene Frauen und 1200 Kinder zu versorgen waren. Für ein Regiment mit einer hohen Zahl an Freiwächtern, wie sie in Wesel anzutreffen waren, nahm man 1792 nur zwei Drittel der sonst als bedürftig eingestuften Angehörigen an, da Freiwächter teilweise als für ihre Verhältnisse wohlhabend galten.[80] Heirat und Familiengründung von Soldaten, durch die einerseits eine Bevölkerungsvermehrung erreicht und die Desertion aufgrund familiärer Bindungen verringert werden konnte, brachten auf der anderen Seite aber auch zahlreiche Probleme mit sich. Besonders spürbar wurden diese bei der Einquartierung durch die steigende Zahl der Angehörigen, woraufhin vermehrt Heiratsbeschränkungen in Kraft traten.[81] Zum Beispiel waren 1764/65 von 80 gemeinen Soldaten in der Kompanie von Putkammer des Regiments Hessen-Kassel in Wesel 45 ledig und 35 verheiratet.[82] In der preußischen Armee waren deutlich mehr Inländer als Ausländer verheiratet und die wirtschaftliche Situation der inländischen Kantonisten war in der Regel besser. Sie kehrten nach der Dienstzeit in ihre Heimat und zu ihren Familien zurück. Frauen und Kinder der in der Stadt als Freiwächter verbleibenden Soldaten mußten hingegen ebenfalls dort untergebracht werden, was zu vermehrten Konflikten zwischen der einquartierten Militärbevölkerung und den Bürgern führte.[83]

Im Kriegsfall erhielten zurückbleibende Soldatenfrauen, die sich nicht ganz von Hökerei oder dem Betrieb von Spinnstuben und gemieteten Gasthöfen ernähren konnten, sechs Groschen Servis und vier Groschen Brotgeld für jedes Kind pro Monat. Diejenigen, die nur von Handarbeiten und vom Spinnen lebten, bekamen acht Groschen Brotgeld zusätzlich. Ab 1790 richteten sich die Beträge nach dem Dienstgrad des Soldaten; Unteroffiziersfrauen standen acht Groschen und Frauen der einfachen Soldaten sechs Groschen Servis zu. Zusätzlich gab es acht Groschen Brotgeld und vier Groschen für jedes Kind. Starb der Soldat, erhielt die Familie das Geld noch bis zum Ende des Feldzuges. Bei Desertion wurde die Zahlung umgehend eingestellt.[84] Anspruch auf staatliche Leistungen hatten nur Angehörige der noch im Dienst stehenden Soldaten. Viele Witwen und auch unverheiratete oder verlassene Frauen waren auf sonstige Einkünfte angewiesen.

Der Plan einer Spinnschule für Soldatenfrauen und Kinder

Zahlreiche Soldatenfrauen und Kinder konnten ihren Lebensunterhalt nur notdürftig durch Betteln sichern. Bereits 1723 hatte Friedrich Wilhelm I. die Anweisung gegeben, Soldatenfrauen einen Verdienst durch Wollspinnen zu ermöglichen.[85] »Es wird nehmlich auf dem Lande sehr über das Herum laufen und Betteln der Soldaten Weiber und Kinder geklagt, und bey der letzten Generaldiebes Visitation sind auch würklich ein paar derselben unter ziemlich verdächtigen Umständen aufgefangen und nach Wesel gebracht worden.«[86] Dieser Bericht aus Wesel veranlaßte den König im Januar 1792 den Befehl zu Errichtung einer Spinnschule in der Stadt zu erlassen, für deren Anlage der Rat einen »schicklichen Plan« entwerfen sollte. Scheinbar hatte es bereits mehrere Anläufe gegeben eine »Fabriquen mäßige Spinnerey Anstalt« anzulegen, um Frauen und Kindern, aber auch den Soldaten Arbeit zu verschaffen. Der Magistrat lehnte dies am 15. Februar 1792 aus folgenden Gründen ab:

1. Es seien keine öffentlichen Gebäude mit genügend Raum vorhanden.
2. Alle Weseler Tuch-, Leinen-, Garn-, Serge-, Strumpf- und Sayettefabrikanten hätten bereits ausreichend Arbeiter, zum größten Teil vom Militär.
3. Unkundige und nicht werkverständige Leute könnten die Waren verderben. Außerdem »hat die Erfahrung bestätigt, daß sich Persohnen von schlechter Art darunter befinden, die die ihnen anvertrauten Materialien veruntreut haben.«
4. Es seien kaum Absatzchancen vorhanden, denn auch im Zuchthaus lägen noch einige Posten unverkauften gesponnen Baumwollgarnes und es wurde beklagt, »[...] daß Soldaten, deren Frauen und Kinder von Hauß zu Hauß hierselbst gesponnenes Leinen=Baumwolle= und Schaafwollegarn feil bieten, und öfters unter dem Werth, so daß kein Arbeitslohn verdient wird, losschlagen müßen.«[87]

Das Ganze verursache nach Meinung des Rates nur unnötige Kosten. Die Mittel seien nicht vorhanden. Die einzige Möglichkeit der Realisierung des Projektes sah der Magistrat darin, die Spinnerei mit dem bereits bestehenden Zuchthaus zu kombinieren, das ebenso als freiwilliges Arbeitshaus dienen könnte. Wenn nur ein Institut am Ort vorhanden sei, könnte außerdem der Absatz verbessert werden. In ihrem Antwortschreiben vom 21. Februar 1792 versuchte die Kammer in Kleve, obige Einwände zu entkräften. Es sei klar, daß zunächst ein Ausfall vorhanden sei. Die Kammer sei nicht abgeneigt, diesen zu ersetzen. An der Regierung solle die Sache nicht scheitern, denn Soldaten, Frauen und Kindern müsse einiger Verdienst verschafft werden, um sie vom Betteln abzuhalten.[88] Dem Rat wurde aufgetragen, die Angelegenheit mit »geschickten Fabrikanten« und Kaufleuten zu beraten. Eine Umfrage unter den Weseler Textilfabrikanten im März des Jahres ergab, daß diese insgesamt bereits ungefähr 250–300 Personen militärischen Standes beschäftigten.[89] Einzig der bekannte Tuchfabrikant Lüps[90] gab keine Militärangehörigen als Beschäftigte an. Die hier genannte Fabrik lag in den Händen des ›Weseler Zweiges‹ der Familie Lüps. Der zweite Standort befand sich im nahe gelegenen Orsoy. Lüps ließ besonders spanische Wolle zu feinen Tüchern

Tab. 10 Weseler Fabriken mit Beschäftigten aus dem Militär 1792

Eigentümer	Fabrik	Anzahl der beschäftigten Personen militärischen Standes
Schuirmann	Serge, Sayette und Strümpfe	60–70
Veenflieth	Sayette Garn	30–40
Witwe Kalle	Garn	20–30
Eichholtz	Garn	80–90
Kemper	Bombasinen	50–60
Hartman	Flanell	12–13
Lüps	feine Tuche	--

Quelle: StAW A1/180,15 fol. 9.

verarbeiten, die weithin bekannt und geschätzt waren. In den Randbemerkungen der Weseler Fabrikentabellen finden sich vereinzelt auch Hinweise auf Arbeiter vom Militär. Daß die Tuchfabrik von Peter Jacob Lüps in der entsprechenden Tabelle von 1798 nur drei Arbeiter verzeichnete erklärte er dadurch, daß der überwiegende Anteil der Arbeit außerhalb der Stadt geschehe, da die Spinner in Holten wohnten.[91] In vielen Fällen war die Spinnerei als dezentrale Heimarbeit organisiert und noch 1808 betonte die Familie Lüps in Orsoy, daß sie nicht über die Anschaffung von Spinnmaschinen nachdachte, »[…] da man mit Handgespinst der armen Leute zufrieden sei.«[92] Veenflieth beschäftigte nach den Vermerken zur Fabrikentabelle von 1798 für seine Garnfabrik 40 bis 50 Tagelöhner als Spinner, zum größten Teil vom Militär, wobei es sich wohl ausschließlich um Frauen und Kinder handelte. Auch Engelbert Eichholtz aus Elberfeld ließ 1788 in seiner Zwirn- und Garnfabrik Soldatenfrauen und Gefangene Flachs spinnen. Die Zahlen der in Tabelle 10 genannten Beschäftigen liegen deutlich über der Anzahl der in den Fabrikentabellen angegebenen »Ouvriers«. Vermutlich übten die Militärangehörigen besonders einfache Arbeiten wie das Spinnen aus; diese Beschäftigten wurden in den Tabellen nicht erfaßt und tauchen nur vereinzelt in Randbemerkungen auf.[93]

Nach der Befragung der Fabrikanten fühlte sich der Rat in seiner ablehnenden Haltung gegenüber einer neuen Spinnerei für Militärangehörige bestätigt. Obwohl die Fabrikanten betonten, keine zusätzlichen Militärpersonen anstellen zu können, sah man keinen Handlungsbedarf, neue Beschäftigungsmöglichkeiten zu schaffen. Viele Soldaten und ihre Angehörigen seien nicht nur in den Fabriken, sondern auch in verschiedenen Gewerken zum Nachteil der Bürger in der Stadt tätig. Eine Spinnschule für bettelnde Soldatenfrauen und Kinder sei auch deshalb nicht notwendig, da diese keine Lust zur Arbeit hätten und sich nicht vom Betteln abhalten ließen.[94]

Die Spinnerei im Zucht- und Arbeitshaus

Vor allem in den Städten mit hohem Militäranteil gab es ständige Klagen, da unter den Bettelnden besonders viele abgedankte Soldaten, Invalide, Soldatenfrauen und Kinder waren.[95] Angesichts der hohen Zahl von Armen und Bedürftigen stieg auch in aufgeklärten Kreisen die Kritik an der Bettelei, die zunehmend als strafwürdiges Verhalten empfunden wurde. 1789 beschrieb Friedrich Eberhard von Rochow, wie die Bettelei seiner Meinung nach dem Staat schade: »Wer bettelt, arbeitet nicht, erwirbt nicht, trägt direkte nicht mit gleichen Schultern, die auf alle Mitglieder des Staats zu vertheilende Last. Die Bettelnden sind, in Betracht des Staatskörpers im eigentlichen Verstande dem Ungeziefer zu vergleichen.«[96] Um dem Betteln entgegenzutreten und die Betroffenen zu disziplinieren, erließ der Staat verschärfte Armenordnungen und errichtete Armen-, Spinn- oder Arbeitshäuser, die den Müßiggang beenden und durch Zwang und Strafen zu geregelter Arbeit erziehen sollten. Dabei waren diese Anstalten nicht nur Zeichen der allgemeinen Wohlfahrt und der Fürsorge des Staates, sie dienten auch ökonomischen Interessen und waren Instrumente arbeitspolitischer Bemühungen. In zahlreichen dieser Häuser und ebenso in den Zuchthäusern mußten die Insassen für die Textilgewerbe spinnen und weben. Wie Krüger meint: »boten sich willkommene Möglichkeiten, billigste Arbeitskräfte ohne Disziplinschwierigkeiten grenzenlos auszubeuten.«[97]

Wie in vielen anderen Städten im 18. Jahrhundert, so war 1776 auch in Wesel ein Zucht- und Arbeitshaus von den Landständen in Kleve-Mark gegründet und dazu das ehemalige Jöckern-Haus in Wesel angekauft worden.[98] Im März 1796 schloß der Kaufmann Wieschmann aus Hattingen mit dem Zuchthausdirektorium einen Vertrag zur Einrichtung einer Baumwoll-Maschinen-Spinnerei. Der ›Commissarius Loci‹ Herrmann drängte im April 1796 darauf, daß die zu diesem Zeitpunkt eingestellte Arbeit für die Tuch- und Wollfabrikanten wieder aufgenommen werde. Bis zum Eintritt von Wieschmann hatte das Zuchthaus für Fabrikanten in Duisburg und Holten gearbeitet, die nun einen Stillstand ihrer Tuchfabriken wegen Mangel an bearbeitetem Material befürchteten. Inwieweit die Argumentation des Rates gegen die geplante Spinnschule von 1792 – der Absatz von gesponnenem Garn sei schwierig – angesichts des allgemeinen Mangels an Gespinst den Tatsachen entsprach, sei dahingestellt. Herrmann erkannte die Chance, zusätzliche Beschäftigungsmöglichkeiten zu schaffen, denn er befahl schleunigst dafür zu sorgen, daß den Fabrikanten durch andere Arbeiter geholfen werde.

> »Dies kann am Besten durch die Menge von Bettlern und verdienstlosen Herumläuffern geschehen, welche sich zur größten Last der hiesigen Einwohner besonders des Sonnabends auf den Straßen herumtreiben.«[99]

Der Rat sollte ein Gutachten erstellen, wie der »Endzweck«, diesen Personen durch Arbeit für die Wollfabrikanten Beschäftigung zu verschaffen, am schnellsten und sichersten erreicht werden konnte, »[…] da das Betteln solcher Menschen die arbeiten können und der Müßiggang schlechterdings abgeschafft werden müssen.«[100] In einer Aufstellung über die verdienstlosen und in dürftigen Umständen lebenden Männer, Frauen und Kinder – allerdings ohne diejenigen der noch im Dienst stehenden Soldaten – führte der Rat zehn bürgerliche Straßenbettler, davon vier Frauen, auf. Diese könnten nur unter Aufsicht in einem gemeinschaftlichen Arbeitshaus zur Arbeit angehalten werden, da sie faul seien und kein Fabrikant ihnen Wolle anvertrauen würde. Gleichzeitig schlug der Magistrat vor, die Invaliden und Soldatenweiber, die sich durch den Krieg sehr vermehrt hätten, in das Zucht- und Arbeitshaus aufzunehmen. Eine Versorgung aus städtischen Armenfonds lehnte er ab, da diese nur für die Bürger zuständig seien und die Stadt keine Verpflichtung habe, die Armen der Garnison zu verpflegen, welches eigentlich die Aufgabe des ganzen Landes sei.[101] Angesichts dieser Auffassung scheint es verständlich, wenn die Stadt vorschlug, bettelnde Militärpersonen im Weseler Zuchthaus unterzubringen, das eine Einrichtung der Kleve-Märkischen Landstände war. Warum der Rat sich aber noch vier Jahre zuvor gegen die Einrichtung einer Spinnschule aussprach, die mit staatlicher Unterstützung bettelnden Militärangehörigen Arbeit geben sollte, bleibt im Dunkeln. Trotz der grundsätzlich ablehnenden Haltung des Magistrats trugen die Weseler Bürger durch Kollekten und weitere Beiträge zur Versorgung der Militärpersonen bei.[102]

Die Konkurrenz der Unternehmer um Arbeitskräfte aus der Militärbevölkerung

Nachdem Wieschmann die Spinnerei im Zucht- und Arbeitshaus mit Erfolg übernommen hatte, nutzte er den dortigen Besuch eines »Geheimen Etat Ministers«, um diesem sein neues Projekt einer Wollspinnerei als zusätzliches Arbeitsinstitut vorzustellen. Um der »ärmeren Klasse« der Untertanen Arbeit zu geben, sollten freiwillige unbeschäftigte Arme aus dem Kreis der Bürger und vom Militär hier arbeiten. Diese wohl nicht ganz uneigennützigen Pläne des Kaufmanns fanden die Zustimmung des Ministers, woraufhin Wieschmann die notwendigen Räume in der Johanniterkomturei anmietete und die erforderlichen Arbeitsgeräte anschaffte. Kaum drei Wochen nach Inbetriebnahme der Spinnerei untersagte der ›Commissarius Loci‹ Herrmann und die Kammer im November 1797 die Fortsetzung der Arbeit.

Hinter dieser für die preußische Wirtschaftspolitik eher ungewöhnlichen Maßnahme verbarg sich die Konkurrenz zweier Spinnereien um Arbeitskräfte. Hier tritt nun als zweites, konkurrierendes Institut eine Wollspinnerei auf der Zitadelle hervor, die mit »sehr vielen Mühen und Anstrengungen zu Stande gebracht und mit der so sehr gemeinnützigen und wohltätigen Militär=Armen=Versorgungs=Anstalt in unzertrennlicher Verbindung« stand.[103] Vermutlich ist diese Spinnerei, die von dem Duisburger Fabrikanten Eilertz betrieben wurde, Ende 1796 bis Anfang 1797 an Stelle der zunächst geplanten Spinnschule errichtet worden. Möglicherweise belieferte sie jetzt anstatt des Zuchthauses die Tuchfabrikanten in Duisburg und Holten, die ja bereits die

Fortführung ihrer Produktion wegen Garnmangels gefährdet sahen. Die Kammer hatte Eilertz für drei Jahre das ausschließliche Recht zugestanden, Soldatenfrauen und Kinder zu beschäftigen. Anderen Fabrikanten war für diesen Zeitraum nur die Beschäftigung von wirklichen Soldaten, Bürgern und deren Kindern gestattet. Es sei höchste Zeit gewesen – so die Kammer – die Spinnerei zu schließen, da zahlreiche Arbeiter, die von Eilertz angelernt worden waren, angelockt durch einen höheren Lohn oder von der Aussicht in der Stadt anstatt auf der entlegenen Zitadelle zu arbeiten, bereits für Wieschmann in dessen neuer Spinnerei arbeiteten.

In Schreiben an den König und den »Geheimen Etat Minister« im Generaldirektorium protestierte Wieschmann energisch gegen die Stillegung seines Betriebes. Geschickt argumentierte er, daß er durch die Beschäftigung der bettelnden Untertanen »zum wahren Besten der Stadt« beitrage und die Militär-Armen-Verpflegungs-Anstalt eher unterstützt als ruiniert würde, da Eilertz sicher nicht in der Lage sei, allen armen, unbeschäftigten Bürgern und Militärpersonen Arbeit zu verschaffen. Außerdem sei ihm in Preußen kein Beispiel bekannt, daß auf eine nur von Tagelöhnern verrichtete Arbeit ein ›Privilegium exclusivum‹ erteilt worden wäre. Er hoffte auf einen positiven Bescheid, da er sich als Ausländer in Wesel bereits niedergelassen und viel investiert habe.[104]

In dieser in Wesel entstandenen Situation spiegeln sich die unterschiedlichsten, teils gegenläufigen Interessen des preußischen Staates. Auf der einen Seite stand das Bestreben, zur Stärkung der einheimischen Wirtschaft ausländische Unternehmer ins Land zu holen. So forderte die Kammer den Magistrat wiederholt auf, »fremde entreprenanten mit Benefizien, die ihm das Etablissement hierselbst annehmlich machen« anzuwerben und sagte ihm jegliche Unterstützung zu. Im Duisburger Intelligenzblatt vom 13. April 1767 hatte die Stadt bereits auf Betreiben des Staates eine Anzeige geschaltet, um Fabrikanten von »Bombasin und Diemet« anzuwerben. Versprochen wurden »ansehnliche Wohlthaten und Freyheiten auch unentgeltliche Anweisung einiger für sich zu bebauenden wüsten Hausstellen und davon zu geniessenden Baufreyheits-Gelder«.[105] Man kann wohl annehmen, daß der Staat einmal angeworbene Unternehmer auf jeden Fall im Land halten wollte. Aber gerade dieser Fabrikant geriet in Konflikt um Arbeitskräfte mit dem öffentlich geförderten Arbeitsinstitut zur Unterstützung der Soldatenfrauen und Kinder.

Die Konkurrenz der Unternehmer um Arbeitskräfte war ein weit verbreitetes Problem, und daß sie sich die Arbeiter, teils durch höhere Löhne, gegenseitig abspenstig machten, war an der Tagesordnung.[106] Darüber hinaus herrschte großer Mangel an Gespinst, so daß alle verfügbaren Kräfte zum Spinnen herangezogen wurden. Vor diesem Hintergrund sind auch die Spinnschulen zu sehen, die möglichst in jeder Stadt eingerichtet werden sollten, um viele Personen anzulernen, die dann schon nach kurzer Zeit den Fabrikanten als Arbeitskräfte zur Verfügung standen. Kaum ein preußisches Zucht- oder Arbeitshaus, deren Insassen nicht durch Spinnen oder andere Tätigkeiten direkt oder indirekt für die Manufakturen arbeiteten.[107] Den wirtschaftlichen Interessen stand die Fürsorgepflicht des Staates für arme Soldaten und Militärangehörige gegenüber. Wenn diesem Personenkreis ein Arbeitseinkommen verschafft wurde, konnte das Betteln verringert und die staatlichen Kassen geschont werden. Zusätzlich stellten gerade Soldatenfrauen und Kinder begehrte, weil billige, Arbeitskräfte dar.

In Wesel stand die Kammer nun vor dem Problem, einerseits eine neu angesiedelte Spinnerei nicht zu verlieren, und andererseits, das öffentliche Woll-Spinn-Institut auf der Zitadelle weiter betreiben zu wollen. Es ist daher nicht verwunderlich, daß der König auf das Schreiben Wieschmanns die Kammer um einen genauen Bericht bat, warum denn dem Woll-Spinn-Institut auf der Zitadelle und der damit verbundenen Militär-Armen-Versorgungs-Anstalt der Untergang bevorstehe; denn wenn das nicht der Fall sei, könne man doch beide bestehen lassen, ansonsten nicht.

Zunächst begründete die Kammer ihre Entscheidung für die Spinnerei von Eilertz und gegen die von Wieschmann:

1. Nur durch die Erhaltung des öffentlichen Woll-Spinn-Instituts auf der Zitadelle könne das vom »Publico« so sehr gewünschte Verbot des Straßenbettelns wirklich durchgesetzt werden.
2. Den arbeitsfähigen Militär-Armen, besonders Soldatenfrauen und Kindern, die nach den Gesetzen der Armenanstalt keinen Anspruch auf Unterstützung hatten, könne so ein Verdienst verschafft werden.
3. Als Basis der übrigen gemeinnützigen Anstalten erhielte das Institut staatliche Förderung, ohne die es nicht bestehen könne, und auf die es nicht ganz in dem Umfange Anspruch haben würde, wenn man es als eine reine Fabrikanlage ansehen wollte.[108]

Um die Zielsetzung der Einrichtung zu gewährleisten, hatte die Kammer – scheinbar ohne die Bestätigung des Königs, um die sie nun nachträglich bat – einen Vertrag mit dem Tuchfabrikanten Eilertz auf drei Jahre abgeschlossen. Dieser hatte sich darin eine »Classe von Arbeitern« zusichern lassen, so daß andere Unternehmer nur mit seiner Einwilligung Soldatenfrauen und Kinder beschäftigen konnten. »Nur die Bewilligung eines solchen ausschließlichen Rechts zur Beschäftigung einer gewißen Classe von Arbeitern und die Bestimmung einer nachdrücklichen Strafe für das Debauchiren derselben sind zur Aufrechterhaltung der Eilerzschen Anlage vermögend.« Ohne diese Vergünstigungen wäre der Fabrikant kein Engagement eingegangen, »[…] da nur sie ihn in den Stand setzt auf eine gewisse Zahl Arbeiter mit einiger Zuverlässigkeit rechnen und zur Dirigirung der Arbeit Contracte mit den Weber- und Spinn Meistern abschließen zu können.«[109] Im Gegenzug mußte sich Eilertz aber verpflichten, eine gewisse Anzahl von Militärarmen zu beschäftigen.

Seit der Eröffnung der Spinnerei durch Wieschmann waren bereits mehrere Kinder von der Zitadelle zu ihm abgewandert. Man befürchtete, daß das Beispiel Schule machen könnte; denn die Arbeitsbedingungen in der Stadt scheinen besser und die Löhne höher gewesen zu sein.[110] Um beide Spinnereien bestehen lassen zu können, schlug die Kammer vor, daß die Unternehmer sich untereinander über die Verteilung der Arbeitskräfte einigten. Wieschmann könne ohne weiteres Bürgerkindern, Bürgern oder Soldaten, »die unterm Gewehr stehen«, Arbeit geben, da für sie das Woll-Spinn-Institut nicht angelegt sei. Im ganzen fehle es nicht an Arbeitern, und wenn Eilertz gefragt würde, bewillige er vielleicht sogar dem Wieschmann unter gewissen Bedingungen die Beschäftigung einiger Soldatenfrauen und Kinder. Es sei also durchaus möglich, der Garnison mehr Verdienst zu schaffen, und gleichzeitig das eigentliche militärische Spinninstitut bestehen zu lassen, falls Eilertz einwilligte und Wieschmann sich mit ihm arrangierte.

Das Vermittlungsangebot der Kammer hatte allerdings keinen Erfolg, da Wieschmann sich weigerte, eine Erklärung abzugeben, sich mit Eilertz einigen zu wollen und weiterhin Soldatenkinder beschäftigte. Um den Fortbestand der Spinnerei des Eilertz abzusichern, war Wieschmann daher der weitere Betrieb verboten worden. Am 17. Januar 1798 teilte dieser schließlich der Kammer mit, daß er sich nicht dem Vorwurf aussetzen wolle, der Fabrik von Eilertz Nachteile zuzufügen und sich entschlossen habe, die Baumwollmaschinen an einen Ort ins Ausland transportieren zu lassen, wo er weniger Hindernisse finde und ganz willkommen sei. Auch den Maschinen in den Privathäusern wolle er keine Baumwolle mehr liefern, so daß Eilertz eine ziemliche Anzahl an Arbeitern gewinnen könne. Sein sehnlichster Wunsch sei es gewesen, durch »Industrie und nützliche zum allgemeinen Besten abzielende Anlagen mich als Ausländer in E. K. M. Landen allerhöchst dero Schutz würdig zu machen«.[111]

Der Kammer fiel es sichtlich schwer, diese Entwicklung dem König plausibel zu machen, der nur »ungern erfahren« hatte, daß eine Einigung gescheitert war. Sie hoffte, daß der König dem Verfahren zustimmen und es als angemessene Reaktion ansehen würde. »Wiewohl man die Beibehaltung der Anlage sehr gewünscht hätte, da durch sie Arbeit und Gewinn vermehrt sein würde, so erlaubte die pflichtmäßige Fürsorge für die Erhaltung des öffentlichen Arbeits=Hauses und der von demselben abhängigen übrigen Anstalten doch nicht, dem Wieschmann in der Forderung einer völlig Unbeschränktheit nachzugeben und ihn in die dem Eilerz zugesagten Begünstigungen Eingriffe zu gestatten, welche den vereinten gemeinnützigen Anstalten für die Folge gefährlich werden konnten.«[112]

In den folgenden Jahren stellte sich heraus, daß der so umworbene und geförderte Fabrikant Eilertz seine vertraglichen Verpflichtungen nicht mehr erfüllte. Es fehlten die notwendigen Wollvorräte und die Arbeiter erhielten am Schluß jeder Woche keinen oder zu geringen Lohn, so daß der Referent ihn vorschießen mußte. Auf wiederholte Mahnungen hatte der Unternehmer nicht reagiert, weshalb man annahm, daß dieser an einer Fortsetzung des Vertrages nicht mehr interessiert sei.[113] Sein Vertrag wurde gekündigt und der ›Commissarius Loci‹ Herrmann verhandelte bereits mit Tuchfabrikanten aus Holten wegen der Übernahme des Verlags, als die Kammer ihn anwies, mit dem »sichern und thätigen Handlungs=Hause« der Benedix-Levy Isaac eine Vereinbarung zu treffen. Am 1. Dezember 1803 übernahmen die Schutzjuden Moses Benedix und Meyer Levy die Spinnerei. Sie waren verpflichtet, »100 Subjecte«, Soldatenfrauen und Kinder, die sonst keine Arbeit fanden, zu beschäftigen. Zunächst wurde der Betrieb in der vom Kommandanten abgetretenen und stark renovierungsbedürftigen Zitadellenkaserne weitergeführt. Die neuen Unternehmer beabsichtigten aber, die Spinnerei auszudehnen, und ein eigenes Gebäude in der Stadt zu errichten. Notwendig wurde ein neues Gebäude nicht nur weil das alte zu abgelegen, zu klein oder in schlechtem Zustand war, sondern auch, weil es zu gefährlich war, auf der Zitadelle eine Baumwollspinnerei zu betreiben und dort nur eine Wollspinnerei gestattet war. Da Benedix und Levy aber schon eine Baumwollspinnerei betrieben und mehr Erfahrung damit hatten, planten sie, diese in der Stadt Wesel anzulegen.

Insgesamt scheint der Wechsel der Betreiber für die Spinnerei vorteilhaft gewesen zu sein. So berichtete die Kammer, daß alle sich nur meldenden »Arbeitslustigen« sofort angenommen würden und die Zahl der Beschäftigten (im Juni 1805) bei 40 bis 50 läge und noch weiter steige. Bei Eilertz seien zuletzt kaum zehn Personen tätig gewesen. Wegen des Vermögens der neuen Verleger erhielten alle pünktlich ihren Lohn, der mittlerweile sechs bis fünfzehn Stüber täglich betrug. Auch an Wollvorräten seien die vertraglich geforderten 1500 bis 2000 Pfund vorhanden, während Eilertz nur ungefähr 150 Pfund vorgehalten hatte.[114]

Es ist bezeichnend, daß gerade jüdische Unternehmer den Vorzug vor anderen Fabrikanten erhielten. Bereits Friedrich Wilhelm I. hatte Juden in die gewerbliche Produktion gedrängt und versucht, ihr Kapital für die preußische Manufakturpolitik nutzbar zu machen. Dennoch waren Subventionen und Privilegien erforderlich, um sie zu einem Engagement zu bewegen.[115] Bereits Eilertz hatte einen jährlichen Zuschuß von 300 Reichstalern erhalten, auf den die neuen jüdischen Unternehmer ebenfalls Anspruch erhoben, obwohl sie ihn nicht als hinlängliche Entschädigung für ihre Kosten, auch wegen Fehlen eines geeigneten Gebäudes, ansahen. Diese Zuschüsse, die aus der Kämmereikasse (240 Reichstaler) und dem »Abbonnement Praemien Fonds« (60 Reichstaler) stammten, mußten jährlich neu beantragt und vom König genehmigt werden. Aufgrund der Berichte der Kammer sollte das vorgesetzte Departement dann über die Notwendigkeit weiterer Gelder entscheiden.

Hier zeigt sich, daß die gesamte Militär-Armen-Anstalt, die im Jahre 1805 einen jährlichen Bedarf von 4404 Reichstalern und 44 Stübern hatte, zu einem großen Teil durch freiwillige Beiträge der Weseler Bürgerschaft (2082 Reichstaler, 24 Stüber) finanziert wurde.[116] Der Anteil der Weseler Garnison an der Anstalt betrug 1805 nur 175 Reichstaler und 36 Stüber und die Landstände zahlten aus der Kriegskasse 600 Reichstaler. Die Kammer sah den militärischen Beitrag für eine immerhin für das Militär bestimmte Anstalt als viel zu gering an. Denn die in Hamm liegenden zehn Musketierkompanien erhielten jährlich 240 Reichstaler aus der Regimentskasse; im Vergleich zur wesentlich stärkeren Weseler Garnison ein erheblich höherer Betrag. Im gleichen Jahr beschrieb der ›Commissarius Loci‹ Herrmann der Kammer die Situation in Trier:

> »Mit den Militär Armen hat es hier ein ganz anderes Bewandniß als in anderen Garnisons Städten. Die hiesige Garnison hat äußerst wenig Cantonisten und bestehet mehrenteils aus Ausländern. Die Desertion ist also ungleich häufiger als bei Canton Regimentern. Daher bleiben viele unversorgte Weiber und Kinder zurück, die sich ihren Unterhalt vollständig nicht verschaffen können. Das Regiment Kurfürst Hessen hat seine Invaliden zurückgelassen, und zu denen beiden hier befindlichen 3ten Mousquetier Bataillons, so wie zu denen 3 Invaliden Compagnien kommen nach und nach die zum Dienst in denen Regimentern unfähig gewordenen, deren Weiber und Kinder zwar, solange die Männer noch in Reih und Glied stehen, aus der Militär=Armen=Anstalt nichts erhalten, aber doch nach dem Abgang der Männer und Väter dem Institut zur Last fallen.«[117]

In Abhängigkeit von ihrem sonstigen Verdienst erhielten die Armen Unterstützung in »baarem« Geld. Um zu verhindern, daß der Kreis der Berechtigten zu groß wurde, forderte Herrmann, daß Soldaten nicht eher verabschiedet werden sollten, bis sie vollständig nachweisen konnten, auf welche ehrliche Art sie sich ernährten. Denn im Dienst stehende Soldaten und ihre Familien hatten keinen Anspruch auf Unterstützung aus der Militär-Armen-Anstalt.

Im Vergleich zum Beitrag der Stadt Wesel von fast 2500 Reichstalern zur Versorgung der armen Militärpersonen war der Anteil des Staates mit 60 Reichstalern verschwindend gering. Dennoch mußte dieser Betrag jährlich neu beantragt und genehmigt werden. 1805 bewilligte der König immerhin den Ankauf von 1000 Pfund Baumwolle, um den Stillstand der Spinnereien zu verhindern. Da die Fabrikanten nur 40 Stüber pro Pfund bezahlen konnten, zahlte der Staat aus der Klevischen Hauptakzisekasse sechs Stüber pro Pfund (insgesamt 100 Reichstaler) dazu. Selbst der zur Wahrung staatlicher Interessen eingesetzte ›Commissarius Loci‹ Herrmann war der Meinung, daß der Stadt Wesel nicht alleine eine so große Belastung zugemutet werden könne, wo doch die ganze Provinz gefragt sei. In den letzten Jahren waren die Einnahmen des Instituts aus der Stadt denn auch gesunken. Herrmann betonte aber, daß nicht durch die veränderte Stimmung der Bürgerschaft, sondern durch zufällige Ursachen wie Tod, Verarmung und Abzug deren Beitrag vermindert sei. Die hohen Kosten und das durch den Ankauf eines Hauses zu erwartende Defizit der Militär-Armen-Anstalt förderten schließlich Überlegungen, diese mit der Weseler »Civil-Armen Anstalt« zu verbinden.[118] Ob und wie diese Probleme der Versorgung der bedürftigen Militärpersonen im 19. Jahrhundert gelöst wurden, kann hier nicht weiter verfolgt werden.

Staat und Unternehmer

Daß die staatliche Förderung von Unternehmern, nicht nur im Rahmen der Militär-Armen-Anstalt, durch konkrete finanzielle Unterstützung, in der Praxis teilweise sehr zurückhaltend angewandt wurde, mußte 1794 auch der Spinnereifabrikant Bachoven in Wesel erfahren.[119] Da er wisse, daß der König die Fabriken um so mehr unterstütze, wenn sie »zu einem Wohlthätigen und Nützlichen Wercke« dienen und Armen und Unglücklichen in ihrem Elend Hilfe gewähren, beantragte er einen staatlichen Zuschuß zur Erweiterung seiner Spinnerei. Wie ihm auch der Rat der Stadt Wesel attestierte, hatte er eine »Baumwoll=Spinn=Fabrique auf sogenannten Englischen Maschinen«[120] ganz neu angelegt und bereits sieben Spinn- und zwei Kratzmaschinen in Betrieb. Er beschäftigte 30 arme Kinder beiderlei Geschlechts, deren Eltern im Krieg gestorben oder noch bei der Armee waren. Da er bereits ein großes Haus für 4000 Reichstaler gekauft und in die Maschinen einige tausend Reichstaler gesteckt habe, reiche sein Kapital für eine Erweiterung nicht aus, um der großen Zahl armer Kinder in Wesel Arbeit zu geben. Die Stadt befürwortete daher die geplante Erweiterung der Anlage auf 18 Spinn- und sechs Kratzmaschinen, die einen großen Beitrag zur Abschaffung des Straßenbettelns leisten könne. An den 18 Spinnmaschinen sollten dann 18 Spinner und 36 Vorspinner und an den sechs Kratzmaschinen 18 Arbeiter beschäftigt werden: Drei die Baumwolle zubereiten und wenigsten zehn die Wolle plüseln sowie sechs Haspel für sechs Kinder. Weitere 18 kleine Kinder könnten brechende Fäden anknüpfen. Ob der Nutzen der Spinnerei wirklich so hoch sei, sollte die Kammer auf Anweisung des Königs prüfen und Vorschläge für eine eventuelle Förderung unterbreiten.

Erst aufgrund der Rückfrage nahm der Weseler Magistrat die Spinnerei und deren Inhaber genauer unter die Lupe. In seinem Bericht an den ›Commissarius Loci‹ Herrmann scheint es ihm dann doch fraglich, ob Bachoven angesichts seines Lebenswandels ein so zuverlässiger Mann sei, dem man einen ansehnlichen Vorschuß anvertrauen könne. Er habe viele Projekte im Kopf, fange alles mögliche an, wie Lichtzieher, Seifenfabrikant oder Proviantkommissar, und gebe es später wieder auf. Hinsichtlich der finanziellen Lage und der Sicherheiten des Unternehmers bescheinigte man zwar, daß bisher für den Ankauf von Baumwolle kein Zuschuß erforderlich gewesen sei. Aber das vom pensionierten Major von Radecke gekaufte Haus sei noch nicht bezahlt und sein als Kaution versprochenes Haus in Altschermbeck liege auf Münsterschem Territorium, wo keine Hypothekenbücher vorhanden seien. Außerdem seien die Transportkosten für die Spinnerei nach Wesel zu hoch angesetzt. Pro Spinnmaschine und Zubehör könnten höchstens 100 Reichstaler und pro Kratzmaschine 100 Dukaten veranschlagt werden.

Sowohl Herrmann als auch die Kammer, die den Bericht an den König weiterleitete, kamen zu dem Schluß, daß eine Erweiterung unter der Leitung eines fachkundigen, soliden Mannes sehr zu wünschen sei. Aber gegen Bachoven sprachen seine »Eigenschaften« und die von ihm übertrieben hoch angesetzten Kosten. Für einen Vorschuß oder Zuschuß war es nach Meinung der Kammer noch zu früh, zumal die Vermögensumstände des Unternehmers wenig Sicherheit boten und er sich erst vor wenigen Monaten in Wesel niedergelassen hatte. Man schlug daher vor, abzuwarten, den Fortgang der Anlage zu beobachten, und den König weiterhin zu informieren. Als spätere Förderung der Spinnerei von Bachoven, die ja vielen Soldatenkindern Unterhalt gebe, stellte man 50 bis 100 Reichstaler Prämie und in der Folge für jeden Webstuhl, den der Unternehmer in Arbeit bringe und unterhielte, ein »angemessenes Douceur« in Aussicht.

Staatliche Förderung von Unternehmern, selbst derjenigen, die durch Errichtung von Spinnereien dem ständigen Mangel an gesponnener Baumwolle oder Wolle abhelfen konnten, wurde einer genauen Prüfung unterzogen. Nicht nur der Lebenswandel sollte untadelig sein, auch gewisse Sicherheiten mußte der Fabrikant vorweisen, um an staatliche Zuschüsse zu gelangen. Aber gerade die Fabrikanten, die bereits ein gut gehendes Unternehmen und genügend Sicherheiten besaßen, waren in der Regel wohl weniger auf die Hilfe des Staates angewiesen. Besonders neu aufgebaute Betriebe, die sich am Markt erst noch behaupten mußten, aber auch ein gewisses Risiko für den Investor darstellten, benötigten finanzielle Unterstützung. Daß aber der preußische Staat, ungeachtet seiner Bestrebungen, Neuansiedlungen von Fabriken zu fördern, sein Geld möglichst nur in sichere Unternehmungen stecken wollte, zeigt anschaulich das beschriebene Beispiel. Der Aspekt der Versorgung von Militärangehörigen – Bachoven beschäftigte zahlreiche Soldatenkinder – scheint hier die Entscheidung über staatliche Zuschüsse kaum beeinflußt zu haben, obwohl zu diesem Zeitpunkt die für arme Soldatenfrauen und Kinder einige Jahre später eingerichtete Wollspinnerei auf der Zitadelle noch nicht bestand.

Aus Sicht der Fabrikanten bot die Ansiedlung in Wesel den Vorteil, daß durch die große Garnison zahlreiche Arbeitskräfte vorhanden waren. Dennoch gab es immer wieder starke Konkurrenz der Spinnereien um Arbeitskräfte. Die Verlegung einer Garnison konnte daher die Existenz ganzer Betriebe gefährden.[121] Selbst wenn die Unternehmer immer wieder als Motiv für die Betriebsgründungen vorgaben, nur das Wohl des Staates, der Stadt und die Arbeitsbeschaffung für arme, bettelnde meist Frauen und Kinder im Sinn zu haben, so versuchten sie doch, möglichst viel und vor allem günstig zu produzieren. Ermöglicht wurde ihnen das unter anderem durch Soldatenfrauen und ihre Kinder, die ihren Lebensunterhalt durch Spinnen verdienen mußten und für die Spinnereien zu geringen Löhnen arbeiteten. Die Bemühungen der Unternehmer um staatliche Zuschüsse waren allerdings nicht immer von Erfolg gekrönt. Ebenso wie die Fabrikanten versuchten, den Staat für ihre Zwecke einzuspannen, nutzte dieser seinerseits die Fabrikanten auch zur Versorgung bedürftiger Personen in verschiedenen wohltätigen Anstalten. Um deren Überleben zu sichern, wurden zum Teil weitgehende Zugeständnisse gemacht und – zwar bedauernd – in Kauf genommen, daß konkurrierende Betriebe ins Ausland abwanderten.

Insgesamt vermittelt die hier beschriebene Situation von Gewerbe und Militär in Wesel eine gewisse Zwiespältigkeit in der Politik des preußischen Staates. Die noch Anfang des 18. Jahrhunderts bestehenden weitreichenden Verbote der Ausübung von Gewerbe durch Soldaten wurden zwar zunehmend gelockert. Aber gleichzeitig wurde beispielsweise die Handwerkstätigkeit an zahlreiche Bedingungen geknüpft, die zünftische Privilegien des stadtbürgerlichen Gewerbes weitgehend schützten. Daß trotz der hochgesteckten Voraussetzungen für die Gewerbetätigkeit – wie Hausbesitz – zahlreiche Soldaten diese wenigstens zum Teil erfüllten, ist angesichts der immer wieder beschriebenen schlechten wirtschaftlichen und sozialen Lage der Militärpersonen bemerkenswert. Hier, wie auch bei der Versorgung der Militärangehörigen, schwankte die staatliche Politik zwischen Fürsorgepflicht vor dem Hintergrund militärischer Interessen einerseits und der »rationalen Nutzung« des großen militärischen Arbeitskräftepotentials für die Förderung der Wirtschaft andererseits. Erst durch zunehmende aufgeklärte Kritik an den unerträglichen Zuständen der Kinderarbeit setzten Ende des 18. Jahrhunderts verstärkt Bemühungen um Ausbildung und Erziehung der Kinder ein. Dennoch gab es wohl nicht nur in den Weseler Spinnereien zu diesem Zeitpunkt noch zahlreiche Kinder, die als billige Arbeitskräfte für Unternehmer arbeiteten, die sich nur dann zur Ansiedlung bewegen ließen, wenn ihnen eine »gewisse Classe von Arbeitern« zugesichert wurde.

---

[1] Reisebericht von Justus Gruner aus dem Jahre 1799, zitiert nach: Erich Wolsing, *Wesel in Büchern und Berichten vom 16. bis 19. Jahrhundert*, Wesel 1991, S. 103.

[2] Wolsing [Anm. 1], S. 85. Zu den Reisenden vgl. auch: Angela Giebmeyer, »Die übertriebensten und schändlichsten Forderer«? Wirte und Wirtshäuser in Wesel am Ende des 18. Jahrhunderts, in: dies./Helga Schnabel-Schüle (Hrsg.), »Das Wichtigste ist der Mensch«. Festschrift für Klaus Gerteis zum 60. Geburtstag (Trierer Historische Forschungen, 41), Mainz 2000, S. 563–582.

[3] Zur Geschichte von Wesel vgl. ausführlich: Jutta Prieur (Hrsg.), *Geschichte der Stadt Wesel*, 2 Bde., Wesel 1991.

[4] Stadtarchiv Wesel (StAW) A1/81,1 insb. fol. 437. Zahlreiche Tabellen, mit hunderten Namen von zu entschädigenden Personen und Institutionen, zeugen von dem ungeheuren finanziellen und räumlichen Aufwand der Festung.

[5] Die Wirtschaftsgeschichte Wesels für diesen Zeitraum ist bis heute ein Desiderat der Forschung, wie bereits Wilfried Reininghaus [Amsterdam – Harkorten via Wesel. Briefe des Handelshauses Johann Caspar Harkort an Heinrich Bieben & Gebrüder in Wesel (1750–1754), in: Jutta Prieur (Hrsg.), *Wesel. Beiträge zur Stadtgeschichte* (Studien und Quellen zur Geschichte von Wesel, 7), Wesel 1985, S. 123–142] und auch Clemens von Looz-Corswarem [Wirtschafts- und Sozialgeschichte Wesels in brandenburgisch-preußischer und französischer Zeit (1609–1819), in: Prieur [Anm. 3], 2, S. 230–278] beklagten.

[6] Marie Scholz-Babisch, *Quellen zur Geschichte des klevischen Rheinzollwesens vom 11. bis 18. Jahrhundert* (Deutsche Handelsakten des Mittelalters und der Neuzeit, 12), Wiesbaden 1971, S. XLVII. Vgl. zu den Handelsbeziehungen auch: Dietrich Ebeling, *Der Holländerholzhandel in den Rheinlanden. Zu den Handelsbeziehungen zwischen den Niederlanden und dem westlichen Deutschland im 17. und 18. Jahrhundert* (Vierteljahrschrift für Sozial- und Wirtschaftsgeschichte, Beiheft 101), Stuttgart 1992.

[7] Reininghaus [Anm. 5], S. 128.

[8] StAW A1/312,3 fol. 9.

[9] StAW A1/364,13 fol. 1–2.

[10] Ebd. Bereits im Dezember 1740 betonte der Magistrat, daß die Garnison sich selbst versorge und die Bürger kaum etwas daran verdienen. Im Gegenteil: Soldaten arbeiteten bei Bürgern als Tagelöhner und lägen der Stadt auf der Tasche. (StAW A1/247,5 Lit. D)

[11] StAW A1/312,3 fol. 234.

[12] Vgl. zu den steigenden Kornpreisen 1737–1798: Achim Niermann, Die preußische Garnisonstadt Wesel nach dem Siebenjährigen Krieg. Untersuchungen zur Bevölkerungs- und Wirtschaftsstruktur, in: Jutta Prieur (Hrsg.), Stadt und Festung Wesel. Beiträge zur Stadtgeschichte der frühen Neuzeit (Studien und Quellen zur Geschichte von Wesel, 20), Wesel 1998, S. 125–211, S. 153.

[13] StAW A1/8,9 fol. 143–144.

[14] Niermann [Anm. 12], S. 172f.

[15] Hauptstaatsarchiv Düsseldorf (HStAD) Kleve-Mark, Handschriften E III 4, S. 4. Obwohl die Anzahl der in Wesel stationierten Soldaten im Verhältnis zu den Zivileinwohnern sehr hoch erscheint, konnte die Festung im voll ausgebauten Zustand erst mit 20 000 Mann Besatzung ihrer militärisch-strategischen Funktion wirklich voll gerecht werden. Dies führte vielleicht auch zur Reduzierung der Befestigungen nach dem Siebenjährigen Krieg, zu dessen Beginn die preußischen Truppen Wesel kampflos geräumt hatten. Vgl. Volker Schmidtchen, Wesel – Fester Platz in sieben Jahrhunderten. Befestigte Stadt des Mittelalters und neuzeitliche Festung, in: Prieur [Anm. 3], 2, S. 203–229, S. 218. Für zahlreiche Anregungen, gerade zu den militärischen Aspekten dieses Aufsatzes, danke ich sehr Daniel Hohrath (Esslingen).

[16] StAW A1/181,4. Diese Zahlen entstammen einem Rechenschaftsbericht im Zusammenhang mit einer Kollekte für kranke arme Soldatenfrauen und mutterlose Kinder. Ob hier die gesamte Anzahl der Angehörigen genannt ist, scheint fraglich.

[17] Vgl. Peter Theodor Anton Gantesweiler, Chronik der Stadt Wesel, Wesel 1881, S. 500. Die Soldaten der in der Weseler Garnison stehenden Infanterieregimenter wurden bis 1786 als Füsiliere, danach als Musketiere bezeichnet. Benannt wurden die Regimenter nach ihren (wechselnden) Chefs und erst später nach Nummern, die im 18. Jahrhundert noch nicht gebräuchlich waren. In unserem Zusammenhang sind besonders die in der zweiten Hälfte in Wesel stationierten Regimenter Nr. 44, 45 und 48 von Interesse. Zur besseren Orientierung der im Laufe des Beitrages genannten Namen, hier auszugsweise deren Chefs mit dem Zeitpunkt ihrer Ernennung: Regiment Nr. 44 (gegr. 1742 aufgelöst 1806; bis 1804 in Wesel): v. Britzke (9.12.1764); v. Gaudi (17.6.1779); v. Pirch (7.2.1789); Graf zu Dohna (31.8.1791); v. Kunitzky (9.1.1793); v. Strachwitz (14.2.1799); v. Hagken (3.5.1803).– Nr. 45 (1743–1806; ab 1792 in Bayreuth): Friedrich II., Landgraf von Hessen Kassel (8.1.1757); v. Eckartsberg (1.3.1786).– Nr. 48 (1756–1806; bis 1803 in Wesel): v. Eichmann (28.7.1766); v. Schlieffen (21.1.1791); v. Köthen (4.7.1792); Wilhelm Kurfürst von Hessen Kassel (12.2.1797). Zu allen in Wesel stationierten Regimentern vgl.: Günther Gieraths, Die Kampfhandlungen der Brandenburgisch-Preußischen Armee 1626–1807. Ein Quellenhandbuch (Veröffentlichungen der Historischen Kommission zu Berlin, 8, Quellenwerke, 3), Berlin 1964, sowie Curt Jany, Geschichte der Preußischen Armee vom 15. Jahrhundert bis 1914, 3 Bde., Berlin 1928–33, 2. ergänzte Ausgabe hrsg. von Eberhard Jany, Osnabrück 1967.

[18] In den jährlichen Servitienrechnungen werden die einzelnen Kompanien mit der Anzahl der Personen und gezahlten Beträgen genau aufgeführt. So standen 1764/65 (StAW A10/74) beispielsweise in der Kompanie von Putkammer des Regiments Hessen-Kassel: »1 Capitain, 3 Subalt. Officiers, 10 Unter Officiers, 1 Feldscher, 3 Tambours, 80 Gemeine worunter 25 beweibte in Casernen, 10 beweibte in der Stadt und 45 ledige«.

[19] Jany [Anm. 17], 2, S. 191, 197.

[20] Ebd., 1, S. 692–693; Horst Carl, Okkupation und Regionalismus. Die preußischen Westprovinzen im Siebenjährigen Krieg, Mainz 1993, S. 45. Jürgen Kloosterhuis, Bauern, Bürger und Soldaten. Quellen zur Sozialisation des Militärsystem im preußischen Westfalen 1713–1803. Regesten (Veröffentlichungen der Staatlichen Archive des Landes Nordrhein-Westfalen, C, 29), Münster 1992, S. VIII und XVII.

[21] Auf die 24 Orte des Herzogtums Kleve wurden daher im August 1748 4382 Reichstaler und 5 Stüber umgelegt. Mit Hilfe der Feuerkataster der jeweiligen Orte klassifizierte man nach großen, mittleren, kleinen und ganz kleinen Häusern. Pro großes Haus sollte von den Eigentümern ein Reichstaler 25 Stüber, für mittlere 55 Stüber und für kleine 15 Stüber zu zahlen sein. Die Angabe über ganz kleine Häuser fehlt hier. StAW A1/287,1.

[22] Jany [Anm. 17], 2, S. 238. Vgl. zum Begriff ›Freiwächter‹ auch Wolfgang Hanne, Die Freiwächter in der altpreußischen Armee, Zeitschrift für Heereskunde, 56, 1992, S. 32–35, S. 32.

[23] Jany [Anm. 17], 1, S. 709.

[24] Vgl. den Forschungsbericht von Daniel Hohrath, Spätbarocke Kriegspraxis und aufgeklärte Kriegswissenschaften. Neue Forschungen und Perspektiven zu Krieg und Militär im »Zeitalter der Aufklärung«, in: ders./Klaus Gerteis (Hrsg.), Die Kriegskunst im Lichte der Vernunft – Militär und Aufklärung im 18. Jahrhundert, Teil II (Aufklärung, 12, 1), Hamburg 2000 (im Druck). Ein kurzes Kapitel über die Glückstädter Handwerker und das Militär findet sich bei: Gerhard Köhn, Das Verhältnis von Bürgern und Soldaten in der Festung Glückstadt im 17. und 18. Jahrhundert, in: Volker Schmidtchen (Hrsg.),

Sicherheit und Bedrohung – Schutz und Enge. Gesellschaftliche Entwicklung von Festungsstädten. Beiträge zum 6. Internationalen Kolloquium zur Festungsforschung Stade, 9. bis 11. Oktober 1987 (Schriftenreihe Festungsforschung, 6), Wesel 1987, S. 111–141, S. 116–118. Weitere Erkenntnisse zu diesem Thema bietet: Ralf Pröve, *Stehendes Heer und städtische Gesellschaft. Göttingen und seine Militärbevölkerung 1713–1756* (Beiträge zur Militärgeschichte, 47), München 1995, insb. S. 252–260.

[25] Kurt Hinze, *Die Arbeiterfrage zu Beginn des modernen Kapitalismus in Brandenburg-Preußen 1685–1806*, mit einer Einführung von Otto Büsch (Veröffentlichungen der Historischen Kommission zu Berlin, 9), Berlin 1963²; Karl Heinrich Kaufhold, *Das Gewerbe in Preußen um 1800* (Göttinger Beiträge zur Wirtschafts- und Sozialgeschichte, 2), Göttingen 1978, S. 376–377; Wilfried Reininghaus, *Gewerbe in der frühen Neuzeit* (Enzyklopädie Deutscher Geschichte, 3), München 1990, führt zwar kurz verschiedene Städtetypen und ihre Gewerbesituation auf, die Festungs- und Garnisonsstadt befindet sich jedoch nicht darunter. Nur im Zusammenhang mit der Mechanisierung der Spinnerei und dem Schneidergewerbe gibt er kurze Hinweise auf Soldaten. Ein eigenes Kapitel widmet dagegen Horst Krüger den »Soldaten als Manufakturarbeiter« in seiner bereits 1958 in Berlin erschienen Studie: *Zur Geschichte der Manufakturen und der Manufakturarbeiter in Preußen. Die mittleren Provinzen in der zweiten Hälfte des 18. Jahrhunderts*, S. 278–284.

[26] Klaus Schwieger, *Militär und Bürgertum. Zur gesellschaftlichen Prägekraft des preußischen Militärsystems im 18. Jahrhundert*, in: Dirk Blasius (Hrsg.), *Preußen in der deutschen Geschichte* (Neue Wissenschaftliche Bibliothek, 111), Hanstein 1980, S. 179–199.

[27] Vgl. Gustav Schmoller, *Umrisse und Untersuchungen zur Verfassungs-, Verwaltungs- und Wirtschaftsgeschichte besonders des Preußischen Staates im 17. und 18. Jahrhundert*, Leipzig 1898, insb. S. 356–456. sowie das Kapitel ›Handwerk‹ bei Klaus Gerteis, *Die deutschen Städte in der Frühen Neuzeit. Zur Vorgeschichte der ›bürgerlichen Welt‹*, Darmstadt 1986.

[28] Jany [Anm. 17], 3, S. 447. Die Münzverhältnisse gestalten sich wegen Münzverschlechterungen und unterschiedlicher Münzen kompliziert. In Kleve rechnete man mit dem klevischen Reichstaler zu 60 Stüber, der einen etwas geringeren Wert als der preußische Reichstaler zu 24 Groschen hatte. Vgl. dazu: Carl [Anm. 20], S. 425 und zum Wertverlust des klevischen Stübers nach 1755, S. 47.

[29] Wolsing [Anm. 1], S. 84.

[30] StAW A1/5,14 fol. 3.

[31] StAW A10/74 fol. 13.

[32] Hanne [Anm. 22], S. 33. 1771 betrug der Anteil der Professionisten im Magdeburger Infanterie Regiment von Saldern 33%, wobei die Textilbranchen besonders stark vertreten waren. Vgl. *Rangirrolle, Listen und Extracte [...] von Saldern Infanterie Regiment Anno 1771* mit einer Einführung von Wolfgang Hanne, Osnabrück 1986, S. 21. Martin Winter betont in seinem Aufsatz (Preußisches Kantonsystem und städtische Gesellschaft. Frankfurt an der Oder im ausgehenden 18. Jahrhundert, in: Ralf Pröve/Bernd Kölling (Hrsg.), *Leben und Arbeiten auf märkischem Sand. Wege in die Gesellschaftsgeschichte Brandenburgs 1700–1914*, Bielefeld 1999, S. 243–265), daß der Eintritt in die Armee zu Friedenszeiten für verschiedene unterbürgerliche Schichten durchaus verlockend war, da sie neben einer gesicherten Grundversorgung in der freien Zeit ein erlerntes Gewerbe ausüben konnten (S. 256, 261–262).

[33] StAW A1/180,11 fol. 11: Edikt des Kurfürsten vom 19. September 1691. Auch in Glückstadt war bereits 1651 ein generelles Arbeitsverbot für Soldaten erlassen, aber später nicht wiederholt worden. Dort wurde den Soldaten empfohlen, bei Meistern in der Stadt als Geselle zu arbeiten, wo man ihnen jedoch nicht den gleichen Lohn wie anderen Handwerksgesellen zahlen wollte. Vgl. Köhn [Anm. 24], S. 116–117.

[34] StAW A1/180,11 fol. 5.

[35] StAW A1/180,11 fol. 6–9.

[36] StAW A1/180,11 fol. 16 vom 17. Dezember 1727.

[37] StAW A1/180,11 fol. 17–18.

[38] StAW A1/180,11 fol. 18. Winter [Anm. 32], S. 262 stellt hingegen fest, daß Soldaten ausschließlich der militärischen Gerichtsbarkeit unterstanden.

[39] Hanne [Anm. 22] berichtet, daß Soldaten [in Berlin?] der Hausbesitz verboten war (S. 33–34.).

[40] Carl Hinrichs, *Die Wollindustrie in Preußen unter Friedrich Wilhelm I.*, Berlin 1933, S. 199.

[41] StAW A1/334,1 fol. 14–21 für Tischler und Schreiner; HStAD Kleve Kammer Berlin 858 fol. 59–66 für die Schuhmacher und Lohgerber und HStAD Kleve Kammer Berlin 874 fol. 136–147 für die Schneider.

[42] Ebd. fol. 139–140, Art. 8.

[43] Laufpässe wurden dann ausgestellt, wenn zur Verstärkung angeworbene Soldaten zwar »enrolliert« wurden, aber noch nicht im Dienst waren. Um sie dem Zugriff anderer Truppenteile zu entziehen, und sie für das jeweilige Regiment zu sichern, wurden sie auf unbestimmte Zeit als »überkompletter Zuwachs« beurlaubt und erhielten neben ihrem Laufpaß entweder eine rote Halsbinde, wie sie alle Soldaten trugen, oder ein Hutbüschel in den Regimentsfarben. Jany [Anm. 17], 1, S. 687–688. Welche Gruppe unter »zu denen Garnison=Regimentern gehörige Leute« zu verstehen ist, klärt die Quelle nicht.

[44] StAW A1/180,11 fol. 123.

[45] HStAD Kleve Kammer Berlin 874 fol. 60–61.

[46] Ebd.

[47] Ebd.

[48] Ebd. fol. 53. Anscheinend sprechen die drei Meister in ihrer

Beurteilung des Rats nicht für das ganze Gewerk, da sie von anderen als »Rebellen« bezeichnet werden.

[49] StAW A1/180,11 fol. 31.

[50] HStAD Kleve Kammer Berlin 874 fol. 20 und 46.

[51] Jany [Anm. 17], 2, S. 274, 3, S. 199. Trotz des weiten Transports mußten unter Friedrich Wilhelm I. die in den westlichen Provinzen stehenden Regimenter ihre Uniformen aus dem Osten beziehen. Hinrichs [Anm. 40], S. 206. Vgl. zu den Uniformen der Weseler Regimenter die Abbildungen Nr. 4 und 5.

[52] Vgl. oben Nr. 32 in der Aufstellung der Schneidermeister.

[53] StAW A1/180,11 fol. 94.

[54] Ebd. fol. 102–103.

[55] Ebd. fol. 108.

[56] Manche Kompaniechefs verlangten von den Freiwächtern besondere Abgaben, um die eigenen Einkünfte zu erhöhen. Nachdem 1764 und 1787 die Werbung neu geregelt worden war, floß nun der Sold der Beurlaubten zum großen Teil in die staatlichen Kassen. Vgl. Hanne [Anm. 22], S. 34–35.

[57] StAW A1/180,11 fol. 124.

[58] StAW A1/335,1 fol. 35. Eine anschauliche Quelle für den Alltag der Soldaten sind auch die Parolebücher, in denen alle dem Regiment zugehenden wichtigen Befehle und Verordnungen verzeichnet wurden. Ein Exemplar aus Berlin (A. v. Witzleben, *Aus alten Parolebüchern der Berliner Garnison zur Zeit Friedrichs des Großen*, Berlin 1851, Nachdruck Osnabrück 1971) umfaßt u. a. Einträge, die gewerbetreibende Soldaten betreffen. Demnach durften auch hier die Schuster nicht als Meister arbeiten und sich Gesellen halten. 1780 befahl der Gouverneur, daß nicht Soldaten, sondern Bürger die Schuhe für die Kompanien fertigen sollten (S. 53).

[59] StAW A1/335,1 fol. 42–44.

[60] StAW A1/180,11 fol. 102.

[61] Auch in den Berliner Parolebüchern hieß es: »Die Soldaten, so mit Handschuh handeln, sollen sich nicht so öffentlich auf der langen Brücke hinstellen«. Vgl. v. Witzleben [Anm. 58], S. 53.

[62] StAW A1/334,1 fol. 48.

[63] Vgl. die Abbildungen 6 und 7, die preußische Soldaten als Bürstenverkäufer und Pfannenflicker in Berlin zeigen. In Glückstadt hatten die Handwerker geklagt, daß Soldaten bürgerliche Kleidung trügen und daher als Militärpersonen nicht erkannt werden konnten. Vgl. Köhn [Anm. 24], S. 116. Auch wegen Desertionsgefahr war den Soldaten in Preußen das Tragen bürgerlicher Kleidung strengstens verboten. Zur Tätigkeit der Soldaten für das Militär vgl. auch Pröve [Anm. 24], S. 253–255.

[64] StAW A1/334,1 fol. 101–105.

[65] Ebd. fol. 170.

[66] Soweit nicht anders vermerkt, sind alle Angaben und Zitate in diesem Kapitel über diese Untersuchung der ›Acta wg. bürgerlicher Nahrung der Militair Personen 1690–1792‹ aus dem Stadtarchiv Wesel entnommen: A1/180,11 fol. 24–124, 140–141.

[67] Eine separate Erhebung ergab 1789, daß in den Kasernen angeblich nur ein Soldat und auf der Zitadelle sieben Personen Gewerbe betrieben (vgl. Tab. 6 und den Abschnitt ›Konsequenzen und Beschlüsse‹).

[68] Martin Wilhelm Roelen (Bearb.), *Weseler Neubürger 1678–1808* (Studien und Quellen zur Geschichte von Wesel, 19), Wesel 1996, S. 19 und 21. Alleine in den Jahren 1784–93 kamen von insgesamt 97 Neubürgern 46 (über 47%) vom Militär, wohingegen in den vorangegangenen zwanzig Jahren von 163 Bürgerrechtsanträgen nur elf (knapp 7%) sicher ehemaligen Soldaten zuzuordnen sind.

[69] StAW A1/87,8.

[70] StAW A1/339,5.

[71] StAW A1/202,2.

[72] Auch Pröve [Anm. 24] schreibt in seiner detaillierten Studie über das Göttinger Militär nichts zum Hauseigentum von Soldaten. Ein Befehl in den Berliner Parolebüchern verbot sogar Soldaten, Häuser zu kaufen (v. Witzleben [Anm. 58], S. 51).

[73] Jany [Anm. 17], 3, S. 441. Die bei der Entlassung bescheinigten Dienstzeiten der Weseler Soldaten lagen häufig zwischen 15 und 25 Jahren, in Einzelfällen sogar über 30 oder 40 Jahre. Vgl. Roelen [Anm. 68]. Eine Aufstellung der Militärbewohner des Regiments von Eckartsberg von 1788 zeigt, daß von 23 Haushalten in der Stadt nur zwei Soldaten alleine lebten. Im Durchschnitt lag die Personenzahl mit Familie und Dienstboten bei vier bis fünf Personen (StAW A1/201,4). Bereits in der niederländischen Besatzungszeit (1629–1672) heirateten in 13% der Ehen Garnisonsangehörige Frauen aus Wesel (Prieur [Anm. 3], 1, S. 233).

[74] Roelen [Anm. 68]. Vgl. zum Begriff der »Ausländer« auch Winter [Anm. 32], S. 262–265. So konnten sich beispielsweise Kantonisten freiwillig in den Status von Ausländern versetzen lassen und damit die Möglichkeit erhalten, das ganze Jahr in der Garnisonstadt zu arbeiten.

[75] Da jede von mehreren Berufsangaben der Soldaten einzeln aufgeführt ist, weicht hier die Gesamtzahl mit 79 von den vorgenannten 75 Soldaten leicht ab.

[76] Vgl. Das Portrait von Eichmann (Abb. 8).

[77] Wolsing [Anm. 1], S. 108.

[78] In Münster scheint die Obrigkeit nur bei größeren Konflikten zwischen Militär und städtischem Gewerbe energisch eingegriffen zu haben, vermutlich scheute sie ständige Auseinandersetzungen mit den Offizieren, denen das Wohlergehen der Soldaten wichtiger war als zünftische Rechte. Vgl. Bernhard Sicken, *Münster als Garnisonstadt. Vom städtischen Kriegswesen zum landesherrlichen Militärwesen in der frühen Neuzeit*, in: Franz-Josef Jakobi (Hrsg.), *Geschichte der Stadt Münster*, 1, Münster 1993, S. 735–771, S. 768.

[79] Vgl. Kaufhold [Anm. 25], S. 437–441.

[80] 1779 schrieb der König

über die Freiwächter: »[...] daß selbige nicht so viel gewinnen. Denn wenn so ein Freiwächter des Monats 7 bis 8 Thaler und nach Umständen noch mehr verdient, so wird er dadurch verwöhnt und lebt zu gut, und wenn ein solcher hiernächst ins Feld kommt und soll mit 2 Thalern auskommen, so gefällt ihm das nicht, weil er der guten Tage schon so sehr gewohnt ist. Das macht ihn unzufrieden und verleitet die Leute zur Desertion«. Zitiert nach Jany [Anm. 17], 3, S. 47, Anm. 31.

[81] Vgl. zu diesem Themenbereich und den Beweggründen für Frauen, Soldaten zu heiraten: Jutta Nowosadtko, Soldatenpartnerschaften. Stehendes Heer und weibliche Bevölkerung im 18. Jahrhundert, in: Karen Hagemann/Ralf Pröve (Hrsg.), *Landsknechte, Soldatenfrauen und Nationalkrieger. Militär, Krieg und Geschlechterordnung im historischen Wandel* (Geschichte und Geschlechter, 26), Frankfurt/Main 1998. S. 297–321.

[82] StAW A10/74. In Glückstadt klagte der Rat bereits Ende des 17. Jahrhunderts über die unerträgliche Last, die die große Zahl der Frauen für die Bürger darstellte. Pro Kompanie gebe es bis zu 70 Frauen, deren Kinder schon früh das Betteln lernten. Vgl. Köhn [Anm. 24], S. 125–126.

[83] Jany [Anm. 17], 3, S. 62, 198; Ralf Pröve, Der Soldat in der ›guten Bürgerstube‹. Das frühneuzeitliche Einquartierungssystem und die sozioökonomischen Folgen, in: Bernhard R. Kroener/Ralf Pröve (Hrsg.), *Krieg und Frieden. Militär und Gesellschaft in der Frühen Neuzeit*, Paderborn 1996, S. 191–217. Vgl. zur Situation der Soldatenkinder besonders: Bernhard R. Kroener, Bellona und Caritas. Das Königlich-Potsdamsche Große Militär-Waisenhaus. Lebensbedingungen der Militärbevölkerung in Preußen im 18. Jahrhundert, in: ders. (Hrsg.), *Potsdam. Staat, Armee, Residenz in der preußisch-deutschen Militärgeschichte*, Frankfurt/Main 1993,
S. 232–252.

[84] Jany [Anm. 17], 3, S. 62–63, 183. Vgl. auch Kloosterhuis [Anm. 20], S. 447–467. Zum Weseler Brotgeld für elternlose Soldatenkinder 1793–96: StAW A1/181,5. In detaillierten Aufstellungen werden Namen und Alter der Kinder ebenso aufgeführt wie die gezahlten Brotgelder, unterschieden nach eltern- oder mutterlosen Kindern. Untergebracht waren sie zum Teil auch im bürgerlichen Waisenhaus und bei Privatleuten.

[85] Kroener [Anm. 83], S. 238.

[86] StAW A1/180,15 fol. 4. Vgl. zu den bettelnden Soldatenfrauen die Radierung von Daniel Chodowiecki von 1764 (Abb. 9) und zur sozialen Lage von Soldatenfamilien: Markus Meumann, Soldatenfamilien und uneheliche Kinder. Ein soziales Problem im Gefolge der stehenden Heere, in: Kroener/Pröve (Hrsg.), [Anm. 83], S. 219–236.

[87] StAW A1/180,15 fol. 6. Vgl. zu den Fachbegriffen im Textilgewerbe: Jutta Prieur/Wilfried Reininghaus (Hrsg.), *Wollenlaken, Trippen, Bombasinen. Die Textilzünfte in Wesel zwischen Mittelalter und Neuzeit* (Studien und Quellen zur Geschichte von Wesel, 5), Wesel 1983, S. 167–168, sowie Hinrichs [Anm. 40], S. 479–480.

[88] StAW A1/180,15 fol. 8. Vgl. auch Kloosterhuis [Anm. 20], S. 451.

[89] Ebd. fol. 9. Vgl. zum Begriff der ›Fabrik‹: Wolfgang Ruppert, *Die Fabrik. Geschichte von Arbeit und Industrialisierung in Deutschland*, München 1983, S. 9–10. und Reinhart Koselleck, *Preußen zwischen Reform und Revolution. Allgemeines Landrecht, Verwaltung und soziale Bewegung von 1791 bis 1848* (Industrielle Welt, 7), Stuttgart 1975², S. 117–118, 121.

[90] Vgl. Ilse Barleben, Die Wesel-Orsoyer Tuchmacherfamilie Lüps. Ein Beitrag zur Geschichte des preußischen Merkantilismus am Niederrhein, *Rheinische Vierteljahrsblätter*, 6, 1936, S. 27–54.

[91] StAW A1/79,2. Noch in den 20er Jahren des 18. Jahrhunderts gab es in Wesel laut Aussage von Peter Lüps einen Mangel an guten Arbeitskräften. Er beschäftigte zahlreiche Arbeitskräfte im Bergischen, die er wegen der hohen Steuerlast nicht zum Umzug nach Wesel bewegen konnte. Andererseits war aber das Lohnniveau dort auch 25% niedriger als in Wesel. Vgl. dazu: Barleben [Anm. 90], S. 35.

[92] Joachim Kermann, *Die Manufakturen im Rheinland 1750–1833* (Rheinisches Archiv, 82), Bonn 1972, S. 178.

[93] StAW A1/79,2. Vgl. zu den Problemen und zur Zuverlässigkeit der Zahlen der preußischen Gewerbestatistik: Karl Heinrich Kaufhold, Inhalt und Probleme einer preußischen Gewerbestatistik vor 1860, in: Ingomar Bog u. a. (Hrsg.), *Wirtschaftliche und soziale Strukturen im saekularen Wandel. Festschrift für Wilhelm Abel zum 70. Geburtstag*, 3: Wirtschaft und Gesellschaft in der Zeit der Industrialisierung, Hannover 1974, S. 707–719.

[94] StAW A1/180,15 fol. 9.

[95] Krüger [Anm. 25], S. 372.

[96] Friedrich Eberhard von Rochow, *Versuch über Armen=Anstalten und Abschaffung aller Betteley*, Berlin 1789, S. 5.

[97] Krüger [Anm. 25], S. 139, 372–378; Vgl. auch Kroener [Anm. 83], S. 237–238. 1751 gab es in der Berliner Garnison den königlichen Befehl, daß Frauen, die »Gnaden=Geld« bekamen, Wolle spinnen mußten, ansonsten verloren sie die Unterstützung (v. Witzleben [Anm. 58], S. 58).

[98] Die Geschichte dieser Einrichtung in Wesel ist bislang noch nicht erforscht. Ein kurzes Kapitel findet sich nur bei Gantesweiler [Anm. 17], S. 128–131. Zu dem auffälligen, großen Gebäude eines ehemaligen Ratsmitgliedes vgl.: Christoph Nitrowski, Das Jöckern-Haus – »Zur Zierde der Statt erbauet«. Die wechselvolle Geschichte eines außergewöhnlichen Hauses vor den Toren Wesels, in: Jutta Prieur (Hrsg.), *Wesel. Beiträge zur Stadt-*

geschichte II (Studien und Quellen zur Geschichte von Wesel, 15), Wesel 1993, S. 133–155. 1806 errichteten die Franzosen hier ein Lazarett. Ob das Zucht- und Arbeitshaus zwischenzeitlich auf die Zitadelle verlegt worden war, wie Joachim Kermann [Anm. 92, S. 90] schreibt, scheint fraglich. Die Zitadelle diente vielmehr als Gefängnis für das Militär aber auch für Staatsgefangene. So mußten 1792 500 Soldaten ihre Kaserne in der Zitadelle für vier Staatsgefangene räumen (Erich Wolsing, *Gefangene in der Festung Wesel*, Wesel 1993, S. 25) und 1794 wurden innerhalb von knapp vier Wochen 7100 französische Kriegsgefangene aus Magdeburg, Stettin und anderen Städten auf die Zitadelle in Wesel übernommen, um sie dann über den Rhein abzuschieben. (Gantesweiler [Anm. 17], S. 537). Vgl. allgemein zu Zucht- und Arbeitshäusern: Helga Eichler, *Zucht- und Arbeitshäuser in den mittleren und östlichen Provinzen Brandenburg-Preußens. Ihr Anteil an der Vorbereitung des Kapitalismus. Eine Untersuchung für die Zeit vom Ende des 17. bis zum Ausgang des 18. Jahrhunderts*, Jahrbuch für Wirtschaftsgeschichte 1970, 1, S. 127–147.

[99] StAW A1/180,15 fol. 17.
[100] Ebd.
[101] Ebd. fol. 18. Vgl. auch Meumann [Anm. 86], S. 230–231.
[102] Siehe unten die Finanzierung des Militär-Armen-Instituts.
[103] HStAD Kleve Kammer Berlin 901 fol. 25.
[104] Ebd. fol. 22–26. In den Fabriktabellen der Stadt Wesel (StAW A1/74,2) ist auf die Frage nach erteilten Privilegien immer wieder zu lesen: »sind mit keinem Privilegio privativo versehen«. Nur auf die verarbeiteten Waren oder Rohstoffe wurde Akzisefreiheit gewährt.
[105] StAW A1/312,3 fol. 152, 234.
[106] Hinrichs [Anm. 40], S. 305. Besonders ausführlich zum Arbeitskräftemangel: Hinze [Anm. 25] insb. S. 198–226. Dort findet sich auch (S. 140) eine Berliner Lohntabelle von 1784, in der verschiedene Arbeitskräfte unterschieden werden.
[107] Krüger [Anm. 25], S. 142–143. Fast alle der 34 bei Eichler [Anm. 98], S. 146–147 aufgeführten Zucht- und Arbeitshäuser waren für die Spinnerei tätig.
[108] HStAD Kleve Kammer Berlin 901 fol. 27–30.
[109] Ebd. fol. 31.
[110] Hinrichs [Anm. 40], S. 330 betont, daß der König 1743 im Berliner Lagerhaus sogar 25% mehr Lohn zahlen ließ als die Privatunternehmer, um die Spinner in der staatlichen Anstalt zu halten. Dieses Instrument scheint in Wesel, vielleicht wegen zu hoher Kosten, nicht erwogen worden zu sein.
[111] Ebd. fol. 43. Aus den Akten geht nicht hervor, ob Wieschmann sich völlig aus Wesel zurückgezogen und auch den Betrieb der Spinnerei im Zucht- und Arbeitshaus aufgegeben hat.
[112] Ebd. fol. 40–41.
[113] Kermann [Anm. 92], S. 193 beschreibt, daß in Koblenz 1794 einige Baumwollstühle in einem Spinnhaus vermutlich nur noch zum Schein betrieben worden seien. Vielleicht hatte auch der Unternehmer Eilertz hauptsächlich die Vorteile von Subventionen in Anspruch nehmen wollen.
[114] HStAD Kleve Kammer Berlin 839a fol. 14, 17.
[115] Herbert Kisch, *Die hausindustriellen Textilgewerbe am Niederrhein vor der industriellen Revolution. Von der ursprünglichen zur kapitalistischen Akkumulation* (Veröffentlichungen des Max-Planck-Instituts für Geschichte, 65), Göttingen 1981, S. 80–81. Vgl. zur Sonderstellung der Juden auch Hinrichs [Anm. 40], S. 335.
[116] StAW A1/180,15 fol. 29–30. In den Akten finden sich teilweise abweichende Zahlenangaben, wobei monatliche, halbjährliche und jährliche Beträge den Überblick erschweren. – Bereits vor Bestehen der Anstalt brachte im April 1794 eine Kollekte in den verschiedenen Weseler Stadtvierteln und am Rhein, für kranke, arme Soldatenfrauen und Kinder, einen Betrag von 685 Reichstalern ein, der an die einzelnen Kompanien verteilt wurde (StAW A1/181,4 fol. 1–2.).
[117] HStAD Kleve Kammer Berlin 839a fol. 6.
[118] StAW A1/180,15 fol. 29–30.
[119] Die ›Acta betr. das Gesuch des Fabricanten Johann Christian Bachoven zu Wesel, um Unterstützung seiner Baumwollen-Maschinen-Spinnerey, 1794‹, auf die die folgenden Ausführungen basieren, befindet sich im HStAD unter der Signatur: Kleve Kammer Berlin 900.
[120] Angesichts des ständigen Garnmangels und der zunehmenden Menge zu verspinnender Baumwolle war eine Weiterentwicklung der Spinnerei dringend notwendig geworden. In England konstruierte James Hargrave eine Spinnmaschine, die »Spinning Jeung«, die zu einer deutlichen Produktivitätssteigerung führte. In Deutschland wurden Maschinen nach englischem Vorbild erstmals in der Brügelmann'schen Spinnerei in Ratingen eingesetzt. Um welche Spinnmaschinen es sich handelte, ist nicht vermerkt.
[121] Hinrichs [Anm. 40], S. 304.

Bildnachweis:

Coburg, Kunstsammlung Veste Coburg: 7–8
Düsseldorf, Nordrhein-Westfälisches Hauptstaatsarchiv: 6
Wesel, Stadtarchiv: 1–5, 9
Repro: 10

Rolf Plöger

Der Grundbesitz der Altgrafen zu Salm-Reifferscheidt-Dyck in ihrer Herrschaft Alfter am Ende des 18. Jahrhunderts

Eine historisch-geographische Auswertung eines Altkartenwerkes unter Einsatz eines Geographischen Informationssystems

Im Mittelpunkt des vorliegenden Beitrages steht ein Kartenwerk, das im vergangenen Jahr im nicht erschlossenen Teil des historischen Archivs Schloß Dyck, Jüchen, aufgefunden wurde und hier erstmals publiziert wird.[1] Dieses großmaßstäbliche Kartenwerk umfaßt eine Gesamtaufnahme des Grundbesitzes der Altgrafen zu Salm-Reifferscheidt-Dyck in ihrer Herrschaft Alfter gegen Ende des 18. Jahrhunderts und stellt eine bedeutende Quelle nicht nur für die Kulturlandschaftsforschung dar. Auf dem ersten Blatt werden Auftraggeber und ausgeführter Auftrag genannt:

»Zufolg Gnädigsten Befehl Seiner Excellence des regierenden Herrn, Herrn Reichs-Alt-Graf Joseph von Salm-Dick, Herr zu Dick, Bedbur, Alfter, Hackenbroich und Dollendorf, des Erzstifts Cölln Erb-Marschall, Sind die zum Schloß Alfter gehörige Weingarten, Land, Wiesen, Buschen und allinge Grundstücke unter der Aufsich[t] des Zeitlichen Kellner, Herrn Caspar Fonson, Von Endes unterschriebenen pflichtmäßig abgemeßen worden.«

1 Anonym, Bildnis des Altgrafen Joseph zu Salm-Reifferscheidt-Dyck (1773–1861) aus der Zeit seines Aufenthaltes in Paris (1787–1789). Ölgemälde, Jüchen, Archiv Schloß Dyck

Die Altgrafen zu Salm-Reifferscheidt-Dyck führen ihr Geschlecht auf die edelfreien Herren von Reifferscheidt in der Eifel zurück.[2] Diese waren seit dem 13. Jahrhundert durch Einheirat auch Herren von Bedburg, seit dem 14. Jahrhundert im Besitz der reichsunmittelbaren Herrschaft Dyck durch Einheirat und der Herrschaft Hackenbroich durch Erbschaft sowie seit dem 15. Jahrhundert im Besitz der Grafschaft (Nieder-)Salm durch Erbschaft und der Herrschaft Alfter durch Einheirat. Nach einer im 17. Jahrhundert vorgenommenen Erbteilung kamen die reichsunmittelbare Herrschaft Dyck und das kurkölnische Lehen Hackenbroich sowie später auch das kurkölnische Lehen Alfter an die jüngere Linie des Hauses, deren Sitz die zur Rokoko-Residenz ausgebaute Wasserburg Dyck[3] nördlich von Grevenbroich war. Mit der Herrschaft Alfter bei Bonn war das Erbmarschallamt von Kurköln verbunden, das der ältere Zweig in Bedburg und in Vertretung der jüngere Zweig in Dyck ausübte[4]. Im Jahre 1793 trat Altgraf Joseph (geb. 1773, Fürst seit 1816) die Herrschaft an. In dieses Jahr datiert das hier zu besprechende Kartenwerk.

Der Grundbesitz der Altgrafen zu Salm-Reifferscheidt-Dyck

Beschreibung des Kartenwerkes von Johann Michael Wintzen

Auf dem ersten Blatt dieses zwischen Kartondeckel eingebundenen und sehr gut erhaltenen Kartenwerkes (Blattgröße etwa 36,7 x 52,2 cm) sind unter dem mit Rahmen und Blumenranken eingefaßten gräflichen Wappen der bereits oben genannte Auftraggeber und der Auftrag in handgeschriebener roter und schwarzer Buchschrift mit teils kunstvollen Zierbuchstaben und in schmuckvoller Umrahmung aufgeführt. Es folgen der Hinweis »Der Morgen ist in dieser Karte zu 150 Kur-Köllnische Ruthen gemeßen«, desweiteren eine »Anmerckung auf dieser Karte« mit der Bedeutung der verwendeten Buchstaben a, b, c für unterschiedliche Typen von Grenzsteinen und von d bis n (ohne j) für verschiedene Arten von ›Lagebäumen‹ und abschließend die Datierung »Anno 1793«. Auf dem nachfolgenden Blatt ist eine »Scala Proporcionalis von 100 Ruthen Landmaaß« zusammen mit Zirkel, Anschlagwinkel und Winkelmaß als schmückendes Beiwerk dargestellt. Danach folgt das zufolge des Auftrages abgelieferte Ergebnis auf 17 durchnumerierten Blättern: 15 kolorierte Kartenblätter, auf denen die zum Salm-Reifferscheidt-Dyckschen Grundbesitz der Herrschaft Alfter gehörenden und vermessenen Flächen eingezeichnet sind und ihre Größe in einem jeweiligen Register erfaßt ist. Auf den letzten beiden Blättern 16 und 17 sind alle 124 erfaßten und durchnumerierten Flächen nochmals in einem zusammenfassenden »Vermessungs-Register« tabellarisch aufgelistet und nach Bodennutzungen gruppiert, »Summa Summaium« über 913 Morgen. Zum Abschluß des Gesamtwerkes steht darunter der »Von Endes unterschriebenen« Name: »Joh. Michael Wintzen, Approbierter und Veraydeter Landmesser«, der seine Vermessungs-

2 Johann Michael Wintzen, Karte 1 zum Grundbesitz Salm-Reifferscheidt-Dyck der Herrschaft Alfter, 1793. Jüchen, Archiv Schloß Dyck

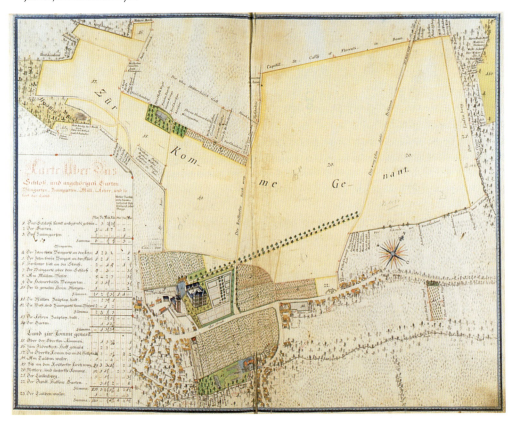

arbeiten unter Aufsicht des im Auftrag genannten, im Dienste des Altgrafen stehenden Kellners Caspar Fonson durchgeführt hat.

Die Karten des Landmessers J.M. Wintzen haben etwa den Maßstab 1:2057 – worauf weiter unten näher eingegangen wird – und sind als Katasterkarten einzustufen, deren hohes Maß an Zuverlässigkeit sich im Verlaufe der Auswertungen immer wieder gezeigt hat.[5] Aus diesem Kartenwerk ist zunächst die auf

3 Johann Michael Wintzen, Ausschnitt aus Karte 1: Umgebung Schloß und Teile von der Ortschaft Alfter, 1793. Jüchen, Archiv Schloß Dyck

ein Doppelblatt gezeichnete erste »Karte über das Schloß und angehörigen Garten, Weingarten, Baumgarten, Müll, Kehrr und so fort das Land« mit von 1 bis 23 durchnumerierten Besitzflächen hervorzuheben (Abb. 2), die hier auch beispielhaft für alle weiteren 14 Karten näher vorgestellt werden soll. Die Karte ist – wie auch alle anderen Karten – in Form eines schmalen blauen Bilderrahmens umrandet und nicht genordet. Die Himmelsrichtungen sind aber durch eine ansprechend gezeichnete farbige Windrose mit Stricheinteilung festgelegt: Die vier Hauptrichtungen sind durch blaue Strahlen unter Hervorhebung von Nord und durch die Buchstaben N, O, S, W bezeichnet, die Quadranten durch eine weitere strahlenförmige Stricheinteilung im Abstand von 11,25 Grad unterteilt. Die Ausrichtung der Karte kann danach, orientiert am rechteckigen Kartenrahmen, als mittlerer Zwischenwert von 331,875 Grad zwischen Nordwest zu Nord (326,25 Grad) und Nordnordwest (337,5 Grad) abgelesen werden. Die gleiche Ausrichtung haben auch die weiteren Karten Nr. 2 bis 13, hingegen sind die beiden Karten Nr. 14 (Waldbesitz) und 15 (verstreuter Waldbesitz) abweichend ausgerichtet.

Die einzelnen Besitzflächen sind in der Legende in einem Register tabellarisch aufgelistet und gruppiert, nach ihrer Funktion bzw. Nutzung oder Lage – i.a. unter Nennung des Flurnamens – bezeichnet und mit ihrer vermessenen Größe in den Maßeinheiten »Mo.« (Morgen), »Vi.« (Viertel), »Pin.« (Pinten) und »Ru.« (Ruten) in der linken Tabellenhälfte erfaßt. »Unter Vorstehende Summa befindet sich Unland oder Weege«, welche – soweit zutreffend – in den Maßeinheiten Morgen, Viertel, Pinten in der rechten Tabellenhälfte erfaßt sind. Die Flächengrößen sind als rationale bzw. gemischte Zahlen angegeben. Aufgenommen sind in dieser ersten Karte die Grund- und Hofflächen des Schlosses Alfter mit anliegenden Gebäuden (Nr. 1), zugehörigem Schloßgarten (Nr. 2) und beim Schloß liegendem »Baumgarten« (Nr. 3). Es folgen die Weingärten (Nr. 4 bis Nr. 10), die größtenteils das Schloß umgeben, dann der südöstlich vom Schloß gelegene Mühlenbesitz (Nr. 11) mit Wiesen, Baumgarten und Teichen (Nr. 12) sowie der östlich gelegene Hausbesitz an der »Kehrrn« (Nr. 13) mit Garten (Nr. 14). Den größten Teil des Grundbesitzes in dieser Karte machen die – bis auf die kleine Fläche Nr. 15 – zusammenhängenden Landflächen (Nr. 16 bis Nr. 22) nördlich des Schlosses aus, an deren nördlichem Rande benachbart zu einem dortigen Weingarten der kleine »Tauben Weyer« in einer mit Bäumen bestandenen Fläche (Nr. 23) liegt.

Die Gebäude des Schloßkomplexes sind wie andere Gebäude im Aufriß gezeichnet, heben sich aber durch ihre Größe und blau eingefärbten Dächer deutlich ab. Den Schloßgarten kennzeichnen regelmäßige Flächenstrukturen und eine Baumreihensignatur. Die Bodennutzung der einzelnen Flächen ist durch Farbgebung und Signaturen gekennzeichnet: Das Ackerland ist leicht gelblich koloriert, die Flächengrenzen durch kräftigeres Gelb betont. Grünflächen sind grünlich koloriert und grün umrandet, verschiedene Baumsignaturen kennzeichnen mit Bäumen bestandene Flächen; die Wiese bei der Mühle ist mit einzelnen, Gras symbolisierenden grünen Strichen gekennzeichnet. Die Weingärten sind leicht violett koloriert und violett umrandet, vor allem aber an der Signatur, die regelmäßige Reihen von Weinstöcken symbolisiert, und einer regelmäßigen Wegestruktur zu erkennen. Hofflächen beim Schloß und an der Mühle sind hellblau, Teichflächen grau-blau koloriert. In der Karte steht quer über die zusammenhängenden Landflächen Nr. 17 bis Nr. 20 »Zur Komme Genan[n]t« und im anschließenden Streifen Nr. 21 die Bezeichnung »Linsenberg«. In den Teichflächen ist die Bezeichnung »Weyer« eingetragen. Die vermessenen zahlreichen Grenzsteine entlang der Besitzgrenzen (in dieser Karte kommen ›Lagebäume‹ als Grenzmarken nicht vor) sind mit roter Signatur in Form eines Kegelstumpfes eingezeichnet und entsprechend ihrer Bedeutung mit roten Buchstaben bezeichnet, »a« für einen »Reichs-Gräflich-Salmischen Stein« mit der Bezeichnung »G.S 1793«, »b« für einen »wilden Stein« und »c« für einen »fremden Stein«. Entlang der Besitzgrenzen sind in ungefährer Lage ohne weitere genauere Abmessung fortlaufend die Namen der Besitzer der Nachbargrundstücke eingetragen. In der linken oberen Kartenecke ragt eine grünlich kolorierte Fläche mit Baumsignaturen und der Bezeichnung »Der Hooffen Busch«, in der rechten obere Ecke eine grünlich kolorierte Fläche mit der Numerierung »110« in die Karte hinein: Diese Besitzflächen sind in anschließenden Karten erfaßt (Karte 11, vgl. Abb. 5 und Karte 14, vgl. Abb. 6), die in diesen Bereichen die Karte 1 überlappen.

Ein besonderer Wert der Wintzen-Karten ist für die Kulturlandschaftsforschung nun darin zu sehen, daß über den engeren Vermessungsauftrag hinaus weitere kulturlandschaftliche Elemente und Strukturen eingezeichnet sind, zwar nicht flächendeckend, aber offenbar dort, wo sie für Lagebeziehungen oder aufgrund ihrer Bedeutung wichtige Merkmale waren. Dazu gehören in erster Linie – wie bereits erwähnt – im Aufriß skizzenhaft gezeichnete Gebäude in den Dörfern sowie Wegestrukturen.[6] Weitere Elemente sind gräfliche Alleen und Wegeverbindungen in Wald und Flur, Bachläufe und Gräben, Standorte von einzelnen Wegekreuzen, Brunnen und jener des Gerichtsplatzes, Maare und »Kullen« (Kuhlen), schließlich von »Busch« (Wald) und Weingärten eingenommene Flächen. Vergleiche mit überkommenen Elementen und Strukturen sowie mit in Karten- und Bildquellen nachweisbaren Gegebenheiten zeigen, daß in der Wiedergabe solcher kulturlandschaftlicher Elemente den Wintzen-Karten ein hohes Maß an Zuverlässigkeit zugesprochen werden kann.

In der Karte 1 sind siedlungsgeographische Elemente der Ortschaft Alfter unterhalb des Schlosses hervorzuheben.[7] Die Wiedergabe des Ortsbildes dürfte im weiten Maße den tatsächlichen Gegebenheiten um 1793 entsprechen, wie die vom Zeichner wiedergegebene Situation des für Alfter siedlungsgeographisch bedeutenden Komplexes mit Schloß, Kirche und Kloster, die bis heute so im Ortsbild ablesbare Wegestruktur und weitere Angaben zeigen (vgl. Ausschnitt Abb. 3). Die eingezeichneten Aufrisse des bereits erwähnten Schloßgebäudes von 1721 mit Vorburg und der südwestlich benachbarten Kirche St. Matthäus von 1791, ebenfalls durch blau kolorierte Dächer besonders gekennzeichnet, entsprechen mit allen gezeichneten Einzelheiten den noch heute vorhandenen Bauten.[8] Die eingezeichnete Kirche – mit von bis heute erkennbaren Mauern umgebenen Friedhof – ist im Gegensatz zum Schloß und anderen Gebäuden leicht rötlich koloriert, was dem Ziegelaußenmauerwerk entspricht, während das Schloß verputzte Fassaden hat. Beim genauen Hinsehen identifiziert man an der westlichen Kirchturmseite eine Treppe, die zu einem alten Zugang führt.[9] Die in der Wintzen-Karte eingezeichneten, nordwestlich außerhalb des Schloßgeviertes um einen Hofplatz gruppierten und zum Schloß gehörenden eingeschossigen Nebengebäude mit gelbbraun kolorierten Dächern existieren heute nicht mehr. Westlich benachbart zur Kirche befand sich das Augustinerinnen-Kloster St. Anna. Die in der Wintzen-Karte eingezeichnete Ummauerung des Klosterbereiches mit dem »Convent St. Anna Garten« ist noch in Teilen erhalten, dazu gehört auch der Torbogen[10] mit Dreiecksgiebel von 1775 am Eingang westlich der Kirche. Hingegen sind die um 1793 bestehenden Klostergebäude bis auf den überformten Fachwerkbau Hertersplatz 17 heute verschwunden.[11] Dieses zweigeschossige Fachwerkgebäude mit steilem Satteldach kann in der Wintzen-Karte aufgrund seiner Lage nördlich hinter der Kirche als das westliche von drei Gebäuden mit blau kolorierten Dächern identifiziert werden.

4 Anonym, Ansicht des Sauerbrunnens in Roisdorf, Anfang 19. Jahrhundert. Ölgemälde (Ausschnitt), Bornheim, Stadtarchiv

Auffallend ist eine unterschiedliche Kolorierung der Dächer: Neben den eben erwähnten Gebäuden weist nur noch ein weiteres, langgestrecktes und offenbar zum Klosterbereich gehörendes eingeschossiges Gebäude, angelehnt an die Klostermauer entlang des Schloßgeländes, ein blau koloriertes Dach auf.[12] Drei weitere Klostergebäude sowie einzelne Gebäude in den Dörfern Alfter und Roisdorf unterscheiden sich durch rötlich kolorierte Dächer von allen sonstigen Gebäuden, die gelbbraun kolorierte Dächer haben. Das legt den Schluß nahe, daß durch die Dachfarbe bewußt Besitzzugehörigkeit, funktionale Zuordnung oder Art der Dachbedeckung unterschieden oder auch nur allgemein eine besondere Bedeutung dieser Gebäude hervorgehoben werden sollte, was noch zu klären ist. Fachwerkbauten hingegen sind in der Wintzen-Karte nicht als solche kenntlich gemacht. Die dem Betrachter zugewandten Seiten der eingezeichneten Gebäude weisen lediglich als Fenster und Türen erkenntliche schwarze Rechtecke vor weißem Hintergrund aus, was Aussagen zur Geschoßzahl ermöglicht.

In der Wintzen-Karte 1 sind die zum Grundbesitz Salm-Reifferscheidt-Dyck gehörenden Mühlengebäude (Fläche Nr. 11) und der »Kehrrn-Bauplatz« (Fläche Nr. 13) in Alfter durch rötlich kolorierte Dächer hervorgehoben. Der heute noch vorhandene, aber teilweise überformte und rückseitig ziegelverblendete zweigeschossige Fachwerkbau der ehemaligen Mühle[13] geht im Kern auf das 18. Jahrhundert zurück. In der Wintzen-Karte ist dieses Gebäude mit abgewalmtem Giebel und giebelseitigem, oberschlägigem Wasserrad am Mühlenbach bzw. Görresbach erkennbar. Die U-förmige Anordnung der Gebäude um den Hofplatz ist auch gegenwärtig noch erhalten.[14] Das heutige Gasthaus »Op de Kier« entspricht nach Lage, Größe und Form dem in der Wintzen-Karte (Fläche Nr. 13) nur mit fensterloser Giebelseite eingezeichneten Gebäude, das als ›Weinhaus‹ diente.[15] Quer zu diesem Hauptgebäude schließt auch heute noch traufständig zur anderen Straße hin ein Fachwerkbau mit Tordurchfahrt an, wie in der Wintzen-Karte in hofseitiger Ansicht und mit gelbbraun koloriertem Dach eingezeichnet.[16]

In der Wintzen-Karte 11 (Abb. 5), Gebiet südöstlich von Roisdorf, sind Gebäude um die bereits römerzeitlich genutzte und seit dem 15. Jahrhundert zum Grundbesitz Salm-Reifferscheidt-Dyck gehörende Mineralquelle in Roisdorf mit rötlich kolorierten Dächern eingezeichnet.[17] Die in der Karte eingezeichnete Situation um den »Saur Brunnen« mit zwei parallel angeordneten niedrigen Satteldachhäusern (Lager- und Betriebsgebäude) und giebelseitigen Einfriedungen des zwischen ihnen liegenden Hofes mit dem Brunnen sowie einem abseits stehenden größeren Haus mit abgewalmtem Mansardendach (Kontor und Wohnung des Brunnenverwalters) findet sich auch in einem vermutlich Anfang des 19. Jahrhunderts gemalten Bild (Abb. 4) eines unbekannten Malers[18] wieder und wird so noch in einem 1826 verfaßten Gutachten[19] beschrieben.

Auf weitere Gebäude mit rötlich kolorierten Dächern in den Wintzen-Karten sei an dieser Stelle aus Platzgründen nur hingewiesen: In Alfter sind es Hofgebäude gegenüber dem Kloster

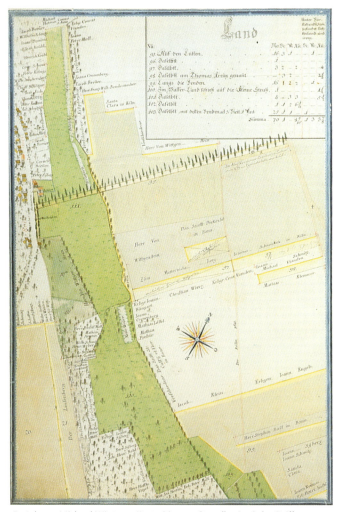

5 Johann Michael Wintzen, Karte 11 zum Grundbesitz Salm-Reifferscheidt-Dyck der Herrschaft Alfter, Roisdorf, südöstlich gelegener Besitz, 1793. Jüchen, Archiv Schloß Dyck

St. Anna, in der heutigen Bahnhofstraße gegenüber der Einmündung Roisdorfer Weg und ein noch heute bestehendes langgestrecktes Gebäude in der Mirbachstraße 3 sowie das damalige »Pastorath« am Ende der Lukasgasse; in Roisdorf ein Gebäude schräg gegenüber dem Mineralbrunnen. Die in Alfter südlich der Kirche gelegene Schulvikarie, ein in der 1. Hälfte des 19. Jahrhunderts abgerissenes Gebäude,[20] ist offenbar nachträglich und von anderer, ungeübter Hand eingezeichnet worden: Das Haus ist flach liegend gezeichnet, das Dach ist in einem dunkleren Rot koloriert, und die Fenster sind durch nicht ausgefüllte Rechtecke bezeichnet. Zudem ist die Bezeichnung »Alfter Schulgarten« von anderer Schrift und Hand. Neben den bisher erwähnten und auch zeichnerisch hervorgehobenen Gebäuden sind auch unter den zahlreichen übrigen Gebäuden mit gelbbraun kolorierten Dächern einzelne identifizierbar, z. B. in Alfter das heute unter Denkmalschutz stehende, inschriftlich 1778 datierte Fachwerkgebäude Hertersplatz 13 und noch vorhandene Fachwerkgebäude in der heutigen Bahnhofstraße.[21]

Unter den weiteren Karten ist die Karte 14 »Uber die Busch, welche wegen weid endlegenheit nit haben können in gehörige weid von einander gelegt werden, sondern der Bequämlichkeit des Papir nach wie folgt« herauszuheben. Bei gleichem Kartenmaßstab wie die übrigen Karten ist diese Karte wegen der Ausdehnung des größten zusammenhängenden gräflichen Waldbesitzes, nämlich dem über 296 Morgen großen »so genan[n]ten Hooffen Busch« westlich des Dorfes Alfter, auf etwa 320,675 Grad zwischen Nordwest und Nordwest zu Nord ausgerichtet und in der Breite auf etwa 4–facher Blattgröße gezeichnet. Sie zeigt aus Platzgründen in zwei Nebenkarten zusätzlich den Waldbesitz »Der Bongart« und »Die Sang«. Das Kartenblatt 14 enthält auf der Rückseite eine handschriftlich eingetragene »Verzeichnung von einigen nach verfertigung der Karte angekauften Büschen« mit Größenangaben in Form des oben beschriebenen Registers. Anfangs sind sechs an ›Die Hoff‹ angrenzende Waldflächen und der nördlicher liegende ›Huisbruch‹ erfaßt, an achter Stelle ist die ›Fuchskaul‹ am Waldhang westlich des Alfterer Schlosses nachgetragen. Diese kurz nach 1793 neu erworbenen Waldflächen sind in die Karte nachträglich lagegerecht eingezeichnet worden, mußten aber teilweise wegen ihrer Lage außerhalb des bisherigen Blattausschnittes als ›Klappen‹ auf eingeklebten und über den Kartenrand hinausragenden Papierstreifen eingefügt werden (vgl. Abb. 8). Die Fläche des ›Huisbruch‹ ist aus diesem Grunde auf der Rückseite des Kartenblattes eingezeichnet. Auch weiterhin sind nachträglich einzelne Änderungen am Grundbesitz verzeichnet sowie handschriftliche Eintragungen und Notizen in den Karten vorgenommen worden, die letzte im Jahre 1873 bezüglich eines Verkaufes von Landflächen in Roisdorf. Daraus ergibt sich ein Gebrauch dieser Karten für Verwaltungsaufgaben über mindestens 80 Jahre.

Als eine Besonderheit des Kartenwerkes von J. M. Wintzen existiert zusätzlich eine gesonderte »Karte Über Die Gräfliche Salmmische Busch, so in dessen Herrschaft Alfter gelegen«, die gegenüber den bisher genannten Karten 1 bis 14 im halben Maßstab, etwa 1:1028, gezeichnet ist und alle Waldflächen aus den einzelnen Karten des gebundenen Kartenwerks enthält (2/3–Ausschnitt: Abb. 6). Diese ›Waldkarte‹ befindet sich heute im Privatbesitz[22] und war für den Verfasser ursprünglicher Anlaß für Nachforschungen, die zum Auffinden des Wintzen-Kartenwerkes im historischen Archiv Schloß Dyck führten. Es ist eine eigenständige, auf Leinen gezogene Karte mit gestalterischen Merkmalen entsprechend dem gebundenen Kartenwerk, mit dem eben genannten Titel, mit einer gleichlautenden Anmerkung zu Grenzsteinen und Lagebäumen, einer dem Maßstab entsprechenden »Scala Proporcionalis von 100 Ruthen Landmaaß« mit Zirkel, Anschlagwinkel, Winkelmaß und der Unterzeichnung »Johann Michael Wintzen Approbi[e]rter und veraydeten Landmesser«. Sie hat aufgrund des Maßstabes, bestimmt durch die Ausdehnung des Waldbesitzes ›Die Hoff‹, eine Blattgröße von etwa 100 cm x 264 cm, enthält die gleichen beiden Nebenkarten wie Karte 14 und ist wie diese ebenfalls auf etwa 320,675 Grad ausgerichtet. Insofern ist diese ›Waldkarte‹ zunächst eine Vergrößerung der Karte 14 im Verhältnis 1:2. Sie enthält aber noch in weiteren Nebenkarten den übrigen Waldbesitz. Diese Besitzflächen sind nun so eingezeichnet worden, wie es der auf der Karte verfügbare Platz zweckmäßigerweise zuließ, wobei die Nebenkarten mit den sechs Flächen aus Karte 15 ihre Ausrichtung beibehalten, und die

6 Johann Michael Wintzen, Ausschnitt aus einer gesonderten Karte zum Waldbesitz Salm-Reifferscheidt-Dyck in der Herrschaft Alfter, 1793. Alfter, Privatarchiv Christian Dreesen

Nebenkarten mit den beiden Flächen aus Karte 13 auf diese Ausrichtung hin gedreht sind. In dieser *Waldkarte* sind keine nachträgliche Eintragungen vergleichbar Karte 14 vorgenommen worden. Es muß einen besonderen Grund für den Altgrafen zu Salm-Reifferscheidt-Dyck gegeben haben, die große *Waldkarte* zusätzlich in Auftrag zu geben und im Gegensatz zu dem gebunden Kartenwerk auf Leinen ziehen zu lassen. Denkbar ist als Grund die Bedeutung des Waldes für die Jagd, bisher liegen aber noch keine nachweisbaren Anhaltspunkte vor.

Auswertung mit Hilfe eines Geographischen Informationssystems (GIS)

Weitere Auswertungen der Wintzen-Karten wurden vom Verfasser auf einem marktgängigen Personalcomputer (PC) mit Hilfe eines Geographischen Informationssystems (GIS) durchgeführt.[23] Verfahrensmäßig werden dabei von Karten digitale Rasterbilder mit Bezug auf die zugrunde liegende Kartenprojektion im Computer gespeichert und auf dem Bildschirm durch sogenannte Zoom-Funktionen in praktisch beliebigen Maßstäben angezeigt. Von Altkarten wie den Wintzen-Karten, die aufgrund ihres Erhaltungszustandes oder aus archivalischen Gründen nicht unmittelbar in ein entsprechendes Lesegerät zum Scannen eingelegt werden können, werden zunächst großformatige Diapositive[24] erstellt und diese in einem weiteren Arbeitsschritt gerastert. Die Dias können dann weiterhin für die Dokumentation, für Reproduktionen und Veröffentlichungen genutzt werden (s. hier Abb. 2–3, 5–6). Beim Rastern von Diapositiven ist auf eine ausreichend hohe Auflösung und große Farbtiefe zu achten, um bei Vergrößerungen des digitalen Rasterbildes die erforderliche Genauigkeit für Auswertungen und Darstellungen von Karteninhalten zu erreichen.[25] Das erfordert in der Regel hohe, erst mit der jüngsten Entwicklung verfügbare PC-Leistungen und zum Scannen spezielle technische Ausstattungen.[26] Im GIS können Rasterkarten (gleicher Kartenprojektion) bei der Darstellung auf dem Bildschirm übereinander gelegt und damit visuell miteinander inhaltlich verglichen werden. Um eine Wintzen-Karte auf diese Weise beispielsweise mit einer modernen Deutschen Grundkarte (DGK) im Maßstab 1:5000 vergleichen zu können, muß sie zunächst auf die Gauß-Krüger-Projektion der DGK hin kalibriert und referenziert werden. Dafür ist eine spezifische Software einzusetzen, die es ermöglicht, Rasterkarten aufgrund ihrer rechtwinkligen Gitterstruktur über identifizierte Referenzpunkte durch geeignete Transformationen zu entzerren und lagegerecht einzupassen, was hier nicht weiter ausgeführt werden kann.[27] Referenzierte Rasterkarten moderner Ausgaben der Deutschen Grundkarte und von Topographischen Karten werden durch Kataster- und Landesvermessungsämter vorgehalten.

Aus dem Kartenwerk von J. M. Wintzen wurden zunächst nur von den Karten 1 und 11 sowie von der ›Waldkarte‹ Rasterkarten hergestellt und diese über geeignete, identifizierte Referenzpunkte kalibriert und referenziert. Als Referenzpunkte kommen generell z. B. Standorte von Einzelelementen, Kreuzungen von Verkehrswegen und Eckpunkte von Flächengrenzen in Frage. Ein Ergebnis einer derartigen Zusammenführung von moderner Karte und Wintzen-Karte im GIS zeigt beispielhaft die Abbildung 7, in welcher zur besseren Veranschaulichung wegen des vorliegenden Buchformates nur ein Ausschnitt der Wintzen-Karte 1 mit der überlagerten DGK dargestellt ist. Festzuhalten ist, daß bei dieser computergestützten Vorgehensweise die Kalibrierung und Referenzierung einer gerasterten Altkarte, hier der Wintzen-Karte, ohne genauere Kenntnis ihrer Orientierung, ihres Maßstabes, der mathematisch-geodätischen Kartengrundlage und ggf. eines Papierverzuges erfolgen kann. Genutzt werden lediglich Referenzpunkte, deren aus der modernen Karte bekannten Koordinaten entsprechenden Punkten in der Altkarte zugeordnet werden. Die Anzahl der Referenzpunkte, die Genauigkeit der ihr zugewiesenen Lage und die Gleichmäßigkeit ihrer Verteilung in der Altkarte bestimmen entscheidend das erreichbare Ergebnis, das nicht als eine in allen Lagepunkten völlige Übereinstimmung, sondern als bestmögliche Optimierung zu verstehen ist.[28] Das Verfahren erfordert vom Anwender einige Erfahrung bei der Auswahl geeigneter Referenzpunkte und sinnvoller, softwareseitig verfügbarer Transformationen; gegebenenfalls ist eine iterative Annäherung an ein befriedigendes Ergebnis zu empfehlen. Ein solches Ergebnis – maßstabs- und lagegerechte Überlagerung von Altkarte und moderner Karte – ist mit traditionellen Verfahren, die Originalkarten, analoge Kartenreproduktionen und Folien nutzen, nur mit größerem Aufwand, hinsichtlich nichtlinearer Transformationsalgorithmen kaum erreichbar. Insofern stellt das skizzierte computergestützte Verfahren einen wesentlichen Fortschritt dar und erleichtert der Forschung wie der interessierten Öffentlichkeit die Nutzung von Altkarten, zumal mit den inzwischen allgemein verfügbaren Mitteln der Informationstechnologie der Zugriff auf digitale Rasterkarten und deren Weitergabe relativ einfach möglich ist.

Desweiteren ist zunächst eine Berechnung des Maßstabes der Wintzen-Karten vorzunehmen. Der Maßstab M wird bestimmt durch das Verhältnis der Länge K_L einer Strecke in der Karte zu ihrer realen Länge K_R in der Natur, angegeben durch den numerischen Wert $M = 1 : K_R/K_L$. Als geeignete Strecken können z. B. Entfernungen zwischen Referenzpunkten, wie sie zur oben beschriebenen Kalibrierung genutzt wurden, herangezogen werden. Die entsprechenden Kartenlängen K_L müssen aus der Originalkarte ausgemessen werden, während die realen Längen im GIS aus der hinterlegten modernen Karte, z. B. DGK, ermittelt werden können. Auf diese Weise wurde – ohne Berücksichtigung eines möglichen Papierverzuges – für den Maßstab der Wintzen-Karte 1 ein mittlerer Wert von rund 1:2056 und für jenen der ›Waldkarte‹ ein mittlerer Wert von rund 1:1026 ermittelt. Eine andere Berechnung geht von der ausgemessenen Länge der in den Karten angegebenen »Scala Proporcionalis« für 100 ›kurkölnische Ruten‹ und dem bekannten Maß von 4,595513 m für eine Rute[29] aus. Aus diesen Werten berechnet sich für die 15 Karten des gebundenen Kartenwerkes von J. M. Wintzen ein Maßstab[30] von 1:2057,0783, gerundet 1:2057, und für die ›Waldkarte‹ ein Maßstab[31] von 1:1028,0790, gerundet 1:1028. Die Werte stimmen jeweils gut überein. Aus praktikablen Gründen ist anzunehmen, daß der Verjüngungsmaßstab in den Wintzen-Karten auf einem ganzzahligen Vielfachen eines Ende des 18. Jahrhunderts gebräuchlichen Maßes beruht. Dieses dürfte dann eine ›Linie‹ gewesen sein, die nach o. a. Rutenmaß im metrischem System eine Länge von 1,994580 mm hat.[32] Berechnungen[33] ergeben, daß dann ein Verjüngungsmaßstab von 112 Linien (gleich 9 1/3 Zoll) in den Wintzen-Karten 1 bis 15 und von 224 Linien (gleich 18 2/3 Zoll) in der ›Waldkarte‹ für jeweils 100 reale Ruten angenommen werden kann. Ebenso ist anzunehmen, daß die Maße der Kartenränder ein ganzzahliges Vielfaches des Linienmaßes sind, was durch Berechnungen gestützt wird.[34]

Die weitere Bearbeitung und Auswertung im GIS geht nun in historisch-geographischer Sicht von dem Ansatz aus, Kulturlandschaftselemente[35] als Punktelemente, verbindende Linienelemente und zusammenfassende sowie zusammengehörige Flächenelemente durch Vektorgeometrien zu erfassen und für diese ›Geoobjekte‹ eine Datenbank mit zugeordneten und durch die Aufgabenstellung begründeten Sachdaten, die ihre Eigenschaften und Merkmale widerspiegeln, aufzubauen. Grundsätzliche Zielsetzung ist es, ganzheitlich und flächendeckend raumzeitliche Zusammenhänge und Prozesse in der Kulturlandschaftsentwicklung zu erkennen, raumrelevante Strukturen der Vergangenheit zu untersuchen und zu inventarisieren und deren Bestandteile oder Überreste in der heutigen Kulturlandschaft zu bewerten.[36] Zunächst wurden die in den Wintzen-Karten dargestellten Besitzflächen der Altgrafen zu Salm-Reifferscheidt-Dyck lagegerecht in Bezug zu modernen Karten als Vektorgeometrien digitalisiert, siehe Abbildungen 8 und 9. Verfahrensmäßig erfolgte die Digitalisierung am Bildschirm mit hinterlegten Rasterkarten aufgrund einer vergleichenden Analyse von Wintzen-Karte und moderner Karte, vorzugsweise DGK 5000. Soweit noch keine Rasterkarten von den Wintzen-Karten vorlagen, wurden die Flächengrenzen vorläufig aufgrund manuell in den Wintzen-Karten ausgemessener Grenzmarken in der modernen Karte identifiziert bzw. festgelegt. Desweiteren wurden die Kartenränder digitalisiert und ihre Ausrichtung in Bezug zur Lage der erfaßten Besitzflächen überprüft, um für die Kalibrierung weiterer Rasterkarten zusätzliche Faktoren nutzen zu können.[37] Dabei ergab sich, daß die nach der eingezeichneten Windrose abgelesene Ausrichtung (siehe oben) der Karten 1 bis 13 um etwa 2 Grad, der Karte 14 um etwa 2,7 Grad nach Westen zu drehen ist. Generell zeigte sich bei der Erfassung der Besitzflächen, daß vielfach Parzellengrenzen bis auf die Gegenwart erhalten geblieben sind, und daher deren Verlauf neben ebenfalls in hohem Maße überkommenen Wegestrukturen in entscheidendem Maße für die Digitalisierung von Grenzen, d. h. der Umrandung von Flächenelementen, herangezogen werden konnte; man betrachte in diesem Zusammenhang Abbildung 6, überkommene Linienstrukturen sind dort deutlich ablesbar. Zusätzliche Hinweise ergaben sich aus den Flächengrößen: Die vom Landmesser Wintzen im Register angegeben Flächengrößen in den Einheiten Morgen, Viertel (4 Viertel = 1 Morgen), Pinten (4 Pinten = 1 Viertel) und Quadratruten (9 3/8 Quadratruten = 1 Pinte) wurden in der Datenbank erfaßt und in Quadratmeter umgerechnet.[38] Die Größen der digitalisierten Flächen wurden im GIS automatisch berechnet und dann aus beiden Werten für jede Fläche die prozentuale Abweichung ermittelt. Deutliche Abweichungen waren Anlaß für Überprüfungen und Korrekturen, insbesondere im Zusammenhang mit Veränderungen von Verkehrswegen: Nach den Wintzen-Karten verliefen z. B. in vielen Fällen Besitzgrenzen in der Mitte einer Straße bzw. eines Weges. Spätere Übernahme der Verkehrswege durch öffentliche Verkehrsträger und der Ausbau von Straßen verkleinerten die ursprünglichen Besitzflächen. Desweiteren wurden auch topographische Karten und Meßtischblätter älterer Zeitstellungen ausgewertet, um Grenzverläufe zu identifizieren. Von besonderem Wert waren in diesem Zusammenhang für Salm-Reifferscheidt-Dyck 1872 ausgestellte Auszüge aus dem amtlichen Kataster, die zusammen mit dem Kartenwerk von J.M. Wintzen im nicht erschlossenem Teil des historischen Archivs Schloß Dyck aufgefunden wurden und den damaligen fürstlichen Grundbesitz in der ehemaligen Herrschaft Alfter auf Inselkarten im Maßstab 1:1250 und 1:2500 darstellen.[39] Diese Katasterauszüge, die ebenfalls zahlreiche handschriftliche Einträge aufweisen, dürften die bis dahin für Verwaltungs- und Betriebsführungsaufgaben in Gebrauch gewesenen Wintzen-Karten (letzter datierter handschriftlicher Eintrag 8.9.73) abgelöst haben. Ein Vergleich zeigt, daß fast der gesamte Grundbesitz von 1793 auch um 1872 noch im Besitz Salm-Reifferscheidt-Dyck war, nur einzelne kleinere Landflächen abgegangen und einige Waldflächen hinzugekommen waren. Joseph Altgraf zu Salm-Reifferscheidt-Dyck (1773–1861) hatte also seinen in der Herrschaft Alfter gelegenen Grundbesitz über die Zeit des Umbruchs durch die Franzosenherrschaft hinweg halten können.

Das Ergebnis der Digitalisierung der in den Wintzen-Karten verzeichneten Besitzflächen[40] Salm-Reifferscheidt-Dyck um 1793 geben die beiden Abbildungen 8 und 9 wieder. Für den vorliegenden Beitrag wurden der Maßstab 1:25 000 und daher zwei Abbildungen mit überlappendem Kartenausschnitt gewählt; hinterlegt sind Ausschnitte einer modernen Topographischen Karte[41] 1:25 000, so daß heutige Bodennutzungen vergleichend mit der Situation um 1793 ablesbar sind. Die Wintzen-Karten sind ersichtlich so ausgerichtet, daß eine möglichst optimale Abdeckung des Grundbesitzes erreicht wird; sie sind nicht blattschnittfrei angeordnet, teilweise bestehen Lücken, teilweise Überlappungen. Weiterhin sind im GIS die Grenzen der Herrlichkeit Alfter um 1789 erfaßt,[42] die beiden Abbildungen zeigen ihren Verlauf innerhalb dieser Kartenausschnitte. Es zeigt sich, daß ein kleinerer Anteil der Besitzflächen Salm-Reifferscheidt-Dyck sich über die Grenze der eigenen Herrschaft hinaus erstreckte bzw. ganz in benachbarten Herrschaftsgebieten lag,[43] wie auch umgekehrt nach Angaben in den Wintzen-Karten z. B. Besitzflächen des in der nördlich angrenzenden Herrlichkeit Bornheim residierenden Freiherrn Waldbott von Bassenheim-Bornheim[44] innerhalb der Herrlichkeit Alfter lagen.

Im »Vermessungs-Register« (Blatt 17) des Wintzen-Kartenwerkes – hier in der Tabelle 1 wiedergegeben – sind abschließend die vermessenen Besitzflächen nach Nutzungskategorien (Tab. 1,

7 Überlagerung zweier Rasterkarten, Ausschnitt um Alfter: Deutsche Grundkarte Blatt 7022 (Ausgabe 1998) und kalibrierte, referenzierte Karte 1 von J.M. Wintzen (1793). GIS-Bearbeitung: R. Plöger

Spalte 1) gruppiert und ihre Größen summiert. Insgesamt umfaßt danach der Grundbesitz Salm-Reifferscheidt-Dyck in der Herrschaft Alfter 913 Morgen, 3 Viertel, 2 Pinten und 3 253/1120 (Quadrat-)Ruten. In der Summe der Ruten (Tab. 1, Spalte 5) findet sich ein Fehler, der vermutlich eher dem Kartenzeichner beim Abschreiben von Daten als dem Landmesser Wintzen selbst zuzuschreiben ist. Ein Schreibfehler ist auch eindeutig in der Ruten-Summe der Zeile für Weingärten zu erkennen: Im Register Karte 1 (Abb. 2) steht korrekt der Wert 3 5/8, im Gesamtregister (Blatt 16)

(1)	(2)	(3)	(4)	(5)	(6)	(7)	(8)	(9)
	Mo.	Vi.	Pi.	Ru.	Mo.	Pi.	Ru.	Summe (2) bis (5) [qm]
Das Schloß samt anliegenden Gebeue, Garten und Baumgarten	6		½	⅛	¾			19.108
Die Weingarten	20	2	½	3	1	2		65.102
Die Müllen Bauplatz, Wieß, Baumgarten und Weyern	2	3	½	3				8.874
Die Kehrrn Bauplatz und Garten		1	3 ½	3⁴/₅				1.565
An Land	430	2	2	8²¹/₃₂	8	1	¹/₈₀	1.364.321
An Wiesen oder Benden	64		3	5¹⁵⁹/₂₈₀	1½	3		203.451
An Busch	389		1	6¾				1.232.619
Summa Summaium	913	3	2	3²⁵³/₁₁₂₀	11½	2	¹/₈₀	2.895.051
Nachberechnung:	*913*	*3*	*2*	*2⁸⁶⁷/₁₁₂₀*				*2.895.040*

Zusammenstellung aus dem »Vermessungs-Register« des Kartenwerkes von J.M. Wintzen, 1793. Kursivschrift: Zusätze vom Verfasser. Spalten (6) bis (8): Anteil von »Unland und Weeg« in Spalten (2) bis (5).-Spalte (9): Umrechnung der Flächengröße in Spalten (2) bis (5) in Quadratmeter, auf ganzzahlige Werte gerundet.

Tab. 1   Grundbesitz Salm-Reifferscheidt-Dyck

ebenso wie in o. a. zusammenfassender Tabelle (Blatt 17) nur ein Wert von 3 (Quadrat-)Ruten.[45] In der letzten Spalte Tabelle 1 stehen die auf Quadratmeter umgerechneten Werte, in der Summe 2 895 051 qm (nach Wintzen) bzw. 2 895 040 qm (Nachberechnung durch Verfasser) für den gesamten Grundbesitz. Die im GIS ermittelte Gesamtgröße des Grundbesitzes als Summe aller erfaßten Besitzflächen ergibt 2 914 140 qm, eine Abweichung[46] von rund 0,66%. Die Größe der Herrlichkeit Alfter innerhalb der Grenzen von 1789 beträgt nach den im GIS erfaßten Grenzverläufen 18 803 338 qm. Somit umfaßt der Grundbesitz Salm-Reifferscheidt-Dyck einschließlich der außerhalb der Herrlichkeit Alfter liegenden kleineren Anteile im Jahre 1793 nur rund 15% des Gesamtgebietes dieser kurkölnischen Unterherrschaft.

Die Kulturlandschaft um Alfter zum Ende des 18. Jahrhunderts

Die großmaßstäblichen Wintzen-Karten tragen als Quelle von hoher Zuverlässigkeit zur Beschreibung und Rekonstruktion der Kulturlandschaft im Raum um Alfter im ausgehenden 18. Jahrhundert bei. Da diese Karten nicht flächendeckend sind und auch keine vollständige Landesaufnahme sein können, bieten sich zur Ergänzung und zum Vergleich Karten aus der ab 1802 durchgeführten Landesaufnahme unter Leitung des französischen Obersten Tranchot an.[47] Der Raum um Alfter wird in zwei Tranchot-Karten erfaßt, die in einer Reproduktion des Landesvermessungsamtes Nordrhein-Westfalen vorliegen. Für die Bearbeitung wurden Rasterkarten erstellt, im GIS eingebunden und ausgewertet. Die abgebildete thematische Karte (Abb. 10) zeigt einen Ausschnitt der Kulturlandschaft im ausgehenden 18. Jahrhundert vor dem Hintergrund der heutigen topographischen Karte 1:25 000.

Der Grundbesitz der Altgrafen zu Salm-Reifferscheidt-Dyck

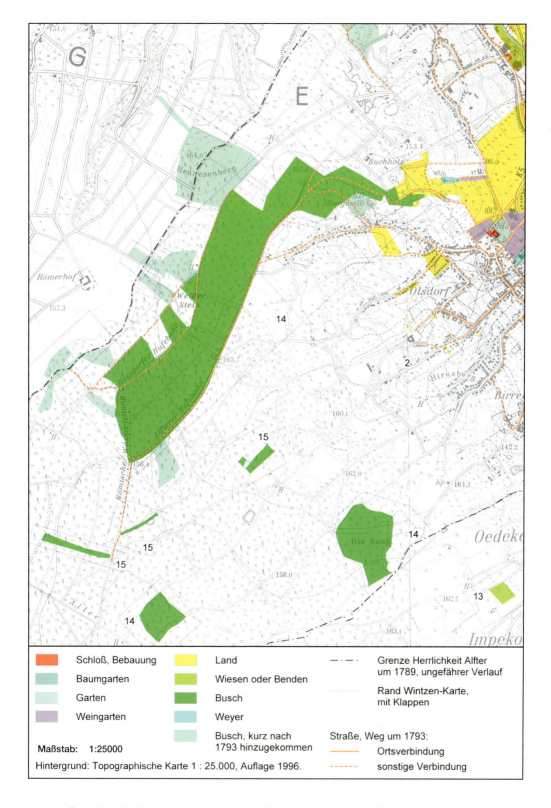

8   Grundbesitz Salm-Reifferscheidt-Dyck der Herrschaft Alfter um 1793 nach J. M. Wintzen. GIS-Bearbeitung: R. Plöger

Schloß und Dorf Alfter liegen im ›Vorgebirge‹, dem Osthang der Ville, in dessen Verlauf nach Norden zu sich ein dörfliches Siedlungsband erstreckt, in welchem das ebenfalls zur Herrschaft Alfter gehörende Roisdorf die auf Alfter folgende Siedlung ist.[48] Im abgebildeten Kartenausschnitt (Abb. 10) ragen am linken Rand Anteile des bewaldeten Höhenrückens der Ville (Hauptterrasse, Höhen etwa ab 130 m) hinein. Von der Mitte des rechten Kartenfeldrandes aus zieht sich die Mittelterrassenkante (etwa zwischen 60 m und 70 m Höhe) in südost-nordwestlicher Richtung durch die Karte (Verlauf: Trasse der späteren Vorgebirgsbahn, Ortsachse von Roisdorf). Sie bildet in der Landschaft deutlich sichtbare Geländekanten, deren Verlauf in der Tranchot-Karte durch Schraffierungen und den Wintzen-Karten streckenweise an der länglichen Ackerflur »Linsenberg« (vgl. Abb. 2) und insbesondere den grau abgesetzten schmalen Geländestreifen »Dransdorfer Gemeinheitsberg« und »Gottschalcksberg« mit den eingezeichneten lokalen Landschaftselementen »unbaubahrer Berg«, »Steinrutsch« (lebt als Flurname weiter) und »Kaul« deutlich wird. Am letzteren Ort besteht heute eine größere stillgelegte und verbuschte Kiesgrube (außerhalb Ausschnitt Karte Abb. 10).

Administrativer Mittelpunkt in der lehenrührigen Herrschaft Alfter war im 18. Jahrhundert der Herrensitz ›Schloß Alfter‹, das in seiner überkommenen, schlichten barocken Ausgestaltung auf einen Umbau von 1721 zurückgeht.[49] Der Altgraf zu Salm-Reifferscheidt-Dyck residierte allerdings im prächtigeren Schloß seiner reichsunmittelbaren Herrschaft Dyck am Niederrhein. Sein Alfterer Grundbesitz bescherte ihm Einnahmequellen durch Bewirtschaftungen und Verpachtungen, in seinem Herrschaftsgebiet Alfter übte er das Jagdrecht aus.[50] Die Wegstrecke zwischen beiden Schlössern war für Frachtfuhrwerke wohl in 2–3 Tagesreisen zu bewältigen.[51] Neben den zum herrschaftlichen Grundbesitz in Alfter gehörenden landwirtschaftlichen Nutzflächen, Weingärten und Wäldern sind in den Wintzen-Karten weitere mit der Grundherrschaft funktional zusammenhängende typische Kulturlandschaftselemente zu finden.[52] Dieses sind zunächst die verpachteten gewerblichen Einrichtungen, nämlich – wie bereits oben angeführt – die im 16. Jahrhundert erstmals erwähnte Mühle[53] am Görresbach und das Weinhaus »Kehrrn« im Dorf Alfter sowie der »Saur Brunnen« am Rande von Roisdorf.

Die Mineralquelle in Roisdorf – in der Nachfolge heute im Besitz der Firma Artus Mineralquellen – dürfte Ende des 18. Jahrhunderts dem Altgrafen guten Gewinn eingebracht haben, war doch mit dem um 1793 bestehenden Pachtvertrag auch eine anteilige Vermietung des Schlosses Alfter verbunden, und der Pächter mit dem Vertrieb sogar an Kunden in England und Rußland erfolgreich.[54] Wegen der vorzüglichen und heilsamen Qualität des Mineralwassers erwägte der letzte Kölner Kurfürst Maximilian Franz (1784–1801), Roisdorf zu einem Kur- und Badeort zu machen, entschied sich dann aber aufgrund des Widerstandes der regierenden Altgräfin zu Salm-Reifferscheidt-Dyck für Godesberg.[55]

Elemente herrschaftlicher Landschaftsgestaltung sind neben dem Schloßpark vor allem die auch in der Tranchot-Karte erkennbaren Alleen. Gemäß Signatur in den Wintzen-Karten ist die auf das Schloß Alfter zuführende Allee (heute Schloßstraße) von Bäumen mit breiten Kronen gesäumt. Hingegen sind an der vom Brunnen in Roisdorf aufs freie Feld führenden Allee (heute Brunnenallee) Baumsignaturen mit schlanken Kronen eingezeichnet. Letztere meinen Pappeln, die auch auf einem kurzem Abschnitt entlang einer Straßenseite vom Brunnen Richtung Alfter eingezeichnet sind.[56] Als Element der Gerichtsbarkeit, die dem Altgrafen zu Salm-Reifferscheidt-Dyck zustand,[57] ist der Alfterer Gerichtsplatz zu nennen. Er lag nördlich von Roisdorf in der Rheinebene auf einer leichten Erhebung beim »Bircken-Busch«, wo die von Roisdorf kommenden »Kölln Weeg« und »Wittiger Weeg« vorbeiführten (Abb. 9). In der Wintzen-Karte ist zwischen die beiden Worte »Alfter Gerichtsplatz« skizzenhaft ein Dreiholz-Galgen gezeichnet. Südlich benachbart lag eine zum gräflichen Besitz gehörende kleine rechteckige Waldfläche, innerhalb des von den Wintzen-Karten abgedeckten Raumes und auch nach der Tranchot-Karte die einzige Waldfläche im Bereich der Mittelterrasse östlich von Roisdorf. Dieser kleine Wald wurde laut handschriftlicher Notiz in der Wintzen-Karte »1847 ausgerodet und verpachtet«.[58]

Ende des 18. Jahrhunderts erstreckt sich das Dorf Alfter mit unregelmäßigen Strukturen beidseitig des Tales des den Villenhang nach Osten folgenden Görresbaches. Die gräfliche Mühle mit Teich, Wiesen und Baumgarten kann lagemäßig als Dorfmittelpunkt angesehen werden. Der sich südlich unterhalb von Schloß, Kirche und Kloster St. Anna bis zum Bach hinunter ausdehnende Dorfteil ist vom Typ eines Haufendorfes. Auf der jenseitigen Talseite und diesseits weiter hangabwärts entlang erstrecken sich die Häuser und Höfe entlang von Straßen bzw. Wegen. Südwestlich von Alfter und weiter hangaufwärts zum Waldrand hin liegt der nur wenige Höfe umfassende Weiler Olsdorf entlang eines abknickenden Weges. Hinter Olsdorf am Waldrand liegt als größeres Einzelgehöft der in der Wintzen-Karte nur signaturhaft eingezeichnete und als »Gans Hoff« bezeichnete ›Johannishof‹, heute Standort eines Teils der Alanus-Hochschule.[59] Roisdorf erstreckt sich am Vorgebirgsrand entlang der weiter nach Bornheim führenden Straße, einzelne Höfe verteilen sich hangaufwärts entlang einer unregelmäßigen Wegestruktur.

Die Wintzen- und Tranchot-Karten vermitteln hinsichtlich der Siedlungsstrukturen ein gleiches Bild. Im GIS wurden die dichter bebauten Flächen aufgrund des für die Abbildung gewählten Maßstabes generalisierend als flächenhafte Vektorgeometrien erfaßt (Abb. 10). Das darf aber nicht darüber hinweg täuschen, daß in den Dörfern im Gegensatz zu heute eine aufgelockerte Bauweise vorhanden war, wie die großmaßstäblicheren Wintzen-Karten mit den im Aufriß gezeichneten einzelnen Häusern deutlich zeigen: Die Straßenfronten sind bis auf Einzelfälle nicht geschlossen, zwischen den Häusern und Höfen bestehen Gartenflächen oder Durchgänge. Auf einzelne Häuser und Höfe und auch überkommene Gebäude ist schon eingangs bei der Besprechung der Wintzen-Karte 1 eingegangen worden. Die Identifizierung weiterer Häuser und Höfe in den Wintzen-Karten anhand überkommener Gebäude oder bekannter Quellen steht noch aus. Zusammenfassend ist an dieser Stelle festzustellen, daß in für Siedlungen im Vorgebirge typischer Weise Einzelhäuser bzw. -höfe und kleinere ›Winkelhöfe‹ und ›Streckhöfe‹, seltener ›Zweiseiter‹ und nur einzelne größere ›Dreiseiter‹ und ›Vierseiter‹ vorkommen.[60] In der Wintzen-Karte 1 ist der Standort eines Brunnens durch eine Punktsignatur und die Bezeichnung »verdeckten Pütz« markiert (vgl. Abb. 3, 7 und 10).[61] Auf eine weitere Wasserstelle verweist die in der Wintzen-Karte zwischen zwei Höfen eingetragene Bezeichnung »Im Tonnen Pütz«.[62]

Die Parzellierung der hinter den Häusern und Höfen liegenden Gartenflächen ist in den Wintzen-Karten signaturhaft angedeutet, ohne daß deutlich wird, ob Zäune oder Busch- und Heckenbegrenzungen bestanden haben. Zahlreich verstreut eingezeichnete Baumsignaturen weisen auf Bäume in den Gärten hin. Auch im Übergangsbereich zu den anschließenden Ackerflächen oder Weingärten finden sich teilweise verstreut eingezeichnete Baumsignaturen in unterschiedlicher Dichte, desweiteren auch entlang von Wegen und Bächen bei den Dörfern. Dies ist ein Hinweis darauf, daß in jener Zeit sich im Landschaftsbild Übergänge zwischen unterschiedlichen Bewirtschaftungsflächen nicht immer so deutlich abzeichneten wie der heutige Betrachter es gewohnt ist, und daß im 18. Jahrhundert in der freien Feldflur noch zahlreich Bäume oder Baumgruppen standen und das Landschaftsbild auflockerten. Ein solches Landschaftsbild vermittelt uns auch ein Gemälde aus der 2. Hälfte des 18. Jahrhunderts. Der Maler blickte von einem Standort am heutigen Bonner Weg auf Schloß und Dorf Alfter (Abb. 11).[63] Die Häuser des Dorfes – von diesem Standort aus gesehen auch teils tiefer im Tal des Görresbaches gelegen – sind weitgehend von Bäumen und Büschen der umgebenden Gärten verdeckt, im Hintergrund das nach Buchholz ansteigende Hanggelände; die Blickachsen sind bestimmt durch das 1754 errichtete Patrozinienkreuz des heiligen Matthäus (am linken Bildrand) und Häusern am rechten Bildrand.

Die vorherrschenden Bodennutzungen auf den fruchtbaren und klimatisch relativ begünstigten Hängen des Vorgebirges sind im Bereich des Raumausschnittes nach der abgebildeten thema-

Der Grundbesitz der Altgrafen zu Salm-Reifferscheidt-Dyck

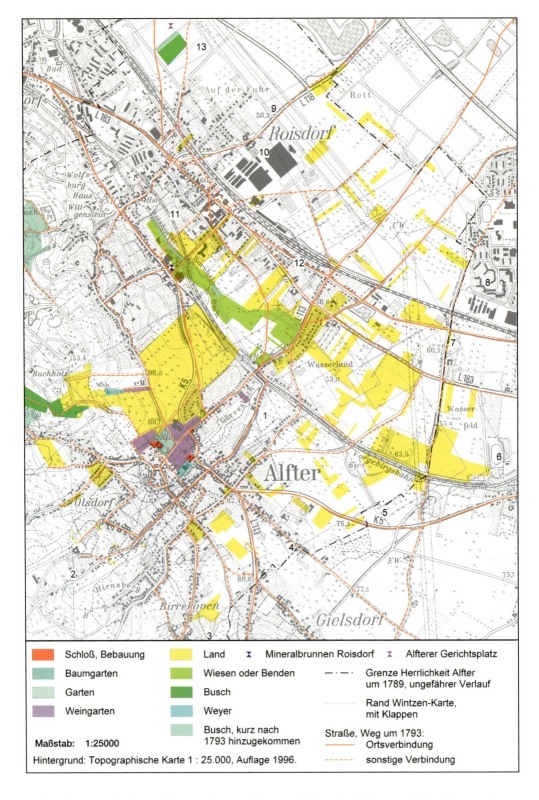

9 Grundbesitz Salm-Reifferscheidt-Dyck der Herrschaft Alfter um 1793 nach J. M. Wintzen. GIS-Bearbeitung: R. Plöger

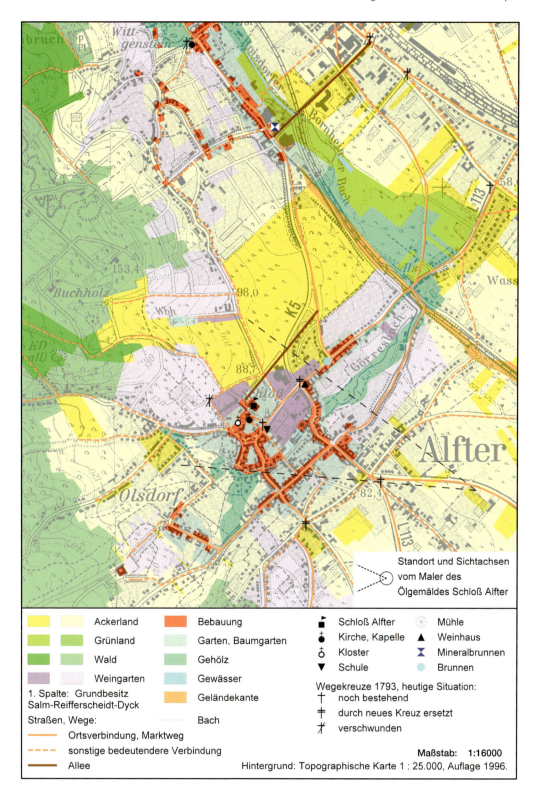

10   Die Kulturlandschaft um Alfter im ausgehenden 18. Jahrhundert. GIS-Bearbeitung: R. Plöger

tischen Karte (Abb. 10) im ausgehenden 18. Jahrhundert Ackerbau und Weinanbau.[64] Die im gräflichen Besitz befindlichen Nutzflächen sind in der Karte in kräftigeren Farbtönen gezeichnet. Die Anbauflächen verteilen sich unregelmäßig über den Villenhang. Die größte zusammenhängende herrschaftliche Ackerfläche ist das »zur Komme« genannte Land nördlich vom Schloß, das sich über die gesamte Breite des Villenhanges ausdehnt (vgl. Abb. 2). Größere Teilflächen der »Komm« sind durch die Merkmale »oberste«, »mittlere« und »unterste« näher benannt. Von der Lage her entsprechen diese Benennungen der Höhenlage am Hang, von der Bedeutung her erinnern sie an den früher üblichen Wechsel von Sommerfeld, Winterfeld und Brache in der Dreifelderwirtschaft.[65] Auf den Ackerflächen im Vorgebirge wurde Getreide, vorherrschend Roggen, und für die Märkte in Köln und Bonn Gemüse aller Art angebaut.[66] Die inzwischen stark parzellierte *Krumm* wird noch heute bis auf die kleine Siedlungsfläche ›Unter dem Klorenrech‹ am Ortsrand von Alfter landwirtschaftlich genutzt.

Von den Weinanbauflächen sind in den Wintzen-Karten nur die herrschaftlichen Weingärten mit ihren vermessenen Parzellengrenzen genau eingezeichnet, hingegen Weingärten anderer Besitzer nur hinsichtlich ihrer Gesamtausdehnung durch regelmäßig und flächig verteilte Signaturen gekennzeichnet, soweit diese Anbauflächen innerhalb des jeweiligen Kartenblattes liegen. Grundsätzlich decken sich diese Anbauflächen mit denen in den Tranchot-Karten, jedoch sind in den älteren Wintzen-Karten (datiert 1793) mehr Weingärten eingezeichnet und in der hier abgebildeten Karte (Abb. 10) wiedergegeben als in den jüngeren Tranchot-Karten (datiert 1807/08). Der Grund für diese Differenz dürfte darin zu sehen sein, daß der Weinbau seit der Jahrhundertwende kontinuierlich zurückgegangen war, und zur Zeit der Landesaufnahme von Tranchot bereits Weingärten aufgegeben waren. Der letzte Weinberg in Alfter wurde 1906 stillgelegt.[67]

Auf der Mittelterrasse zieht sich entlang der Geländekante und an Roisdorf vorbei ein Geländestreifen mit Wiesen und Gehölzen hin, durchzogen von dem von Alfter kommenden und hier Roisdorfer Bach genannten Wasserlauf. Naturräumlich gesehen ist dieser Streifen Teil einer *Gumme* genannten eiszeitlichen Rinne in der Flußterrassenlandschaft der Rheinebene.[68] In den Registern der Wintzen-Karten wird der Flurname »Wasserland« für Flächen in diesem Bereich genannt. Ein großer Anteil der in den Wintzen-Karten als »Benden« bezeichneten Wiesen gehört zum Grundbesitz Salm-Reifferscheidt-Dyck (vgl. Abb. 5). Nach der Wintzen-Karte sind benachbarte Flächen zur Terrassenkante hin mit Bäumen bestanden. Signaturen regelmäßiger Baumreihen entlang von Parzellengrenzen und teilweise innerhalb der Wiesenflächen zeugen von einer planmäßigen Bepflanzung. Auf der ansonsten ackerbaulich genutzten Mittelterrasse verteilen sich in größere Anzahl zum Grundbesitz Salm-Reifferscheidt-Dyck gehörende Ackerparzellen, die abgebildete Karte (Abb. 10) zeigt davon nur einen kleinen Ausschnitt (vgl. Abb. 9). Auffallend ist gegenüber den Strukturen im Vorgebirge die regelmäßige, streifenförmige Einteilung der Flurstücke auf der Mittelterrasse, woraus auf eine zeitlich jüngere Kultivierung geschlossen werden kann. Auf den Ackerflächen der Mittelterrasse wurde im 18. Jahrhundert auch Spargel angebaut.[69]

Der Waldbesitz Salm-Reifferscheidt-Dyck (Abb. 8), in den Wintzen-Karten »Busch« genannt, ist Teil des Waldes auf dem Villenrücken zwischen Alfter und Heimerzheim. Der größte geschlossene gräfliche Waldbesitz ist um 1793 die bereits oben erwähnte, sich westlich von Schloß Alfter länglich nach Südwesten in den Wald der Ville erstreckende »Hoff« von über 296 Morgen (rund 938 860 qm), um die einschließlich der kurz nach 1793 neu erworbenen Waldflächen verstreut weitere kleinere Waldparzellen von unterschiedlicher Größe und in unterschiedlicher Entfernung liegen. Dieser herrschaftliche Waldbesitz ist – abgesehen von geringen Rodungen und heute landwirtschaftlich genutzten Flächen am nördlichen Waldrand – bis in die Gegenwart als Wald erhalten. An anderen Stellen westlich von Alfter und Roisdorf ist der Waldrand heute jedoch weiter zurückgedrängt. Aus Angaben in den Wintzen-Karten zu benachbarten Besitzern geht hervor, daß südlich der »Hoff« Teile der Gemeindewälder (Allmende) gelegen haben.[70] In einer Nebenkarte[71] ist eine kleinere im Wald gelegene rechteckige Besitzfläche nahe Gielsdorf mit der Bezeichnung »Schaafsmaar« als Waldwiese ausgewiesen; sie wird noch heute also solche genutzt. In den Wintzen-Karten sind vielfach ›Gräben‹ eingezeichnet und als solche bezeichnet, meistens im Verlauf einer Besitzgrenze des Waldes.[72] Heute findet man in diesen Bereichen durchaus grabenartige Linienstrukturen, die Relikte dieser Gräben sein könnten, doch zur Bestätigung bedarf es noch weiterer Untersuchungen. Ein weiteres erhaltenes Relikt im Wald ist jedoch identifizierbar, nämlich der in der Wintzen-Karte mit »Othems oder Lütt Graben« bezeichnete Auswurfsgraben der ehemaligen römischen Wasserleitung von der Eifel nach Köln, der »Die Hoff« am Südwestende von Süden kommend in Richtung des späteren »Römerhofes« quert (vgl. Abb. 8: Hintergrund topographische Karte).[73]

Die im ausgehenden 18. Jahrhundert im Vorgebirge und auf der Mittelterrasse vorhandene Wegestruktur ist im Bereich des Untersuchungsgebietes im heutigen Straßennetz noch deutlich ablesbar, das gilt auch für die Hauptwegeverbindungen im Wald auf der Ville (vgl. Abb. 8–10). In den Wintzen-Karten sind an den Wegen gelegene Standorte um 1793 vorhandener Wegekreuze mit einer Kreuz-Signatur bezeichnet (s. Abb. 2–3, 5). Im 18. Jahrhundert ist im Bonner Raum gegenüber vorher- und nachfolgender Zeitepoche eine deutlich höhere Anzahl von Wegekreuzen errichtet worden, dafür ist »[…] letztlich die im Barock herrschende Volksfrömmigkeit der entscheidende Beweggrund […]« gewesen.[74] In der thematischen Karte Abbildung 10 sind alle Standorte der in diesem Ausschnitt zum Ende des 18. Jahrhunderts nachweisbaren Wegekreuze erfaßt,[75] bis auf wenige Ausnahmen zu jener Zeit außerhalb der Dörfer auf freiem Feld liegend. Die heute noch bestehenden Kreuze sind heute zumeist – i.a. aus Verkehrsgründen – etwas versetzt. So stand das an die Stifter der ehemaligen Schulvikarie erinnernde Kreuz von 1686 nach der Wintzen-Karte um 1793 östlich der Schulvikarie am Rande des gräflichen Weingartens, es muß daher später an seinen heutigen Standort auf der gegenüberliegenden Straßenseite im Vorgarten der neuen Vikarie (Hertersplatz 21) versetzt worden sein. Von besonderer Bedeutung für die Alfterer Gemeinde ist das 1754 errichtete Steinkreuz zu Ehren des Pfarrpatrons St. Matthäus (Ecke Bonner/Lessenicher Weg; s. Gemälde Abb. 11).[76] Das um 1968 errichtete schlichte Holzkreuz Ecke Steinergasse/Mirbachstraße hat mehrere Vorgänger gehabt,[77] bereits 1793 stand nach Ausweis der Wintzen-Karte 3 an diesem Standort ein Kreuz.

Auftraggeber und Auftragnehmer

Der Auftraggeber des besprochenen Kartenwerkes ist zufolge des Auftrages auf dem ersten Blatt Joseph Altgraf zu Salm-Reifferscheidt-Dyck, geb. 4.9.1773. Er trat nach einer durch den Kaiser erteilten Venia Aetatis vom 31.5.1793 als 19–jähriger formal die Regentschaft an.[78] In einem Rechnungsband des unerschlossenen Archivgutes Schloß Dyck fand sich der Eintrag »Landmeßer Win[t]zen wegen Vermeßung 30 Rthr.« unter dem Datum 16.5.1793, also zeitlich noch vor der kaiserlichen Einwilligung. Aus den beigefügten, dem Kellner Fonson vorgelegten Quittungen geht hervor, daß der Landmesser die Vermessungen in 15 Tagen vom 15. bis 26. April und vom 13. bis 16. Mai desselben Jahres zusammen mit einem »Ruthenschiester« durchgeführt und dafür pro Tag 2 Reichstaler (Rthr.) berechnet hat.[79] Es ist anzunehmen, daß die Karten erst danach angefertigt wurden, möglicherweise durch einen eigens berufenen Kartenzeichner, der dafür auch eine nicht geringe Anzahl von Tagen aufgewendet haben dürfte. Insofern wäre die Titulierung »… Seiner Excellence des regierenden Herrn, Herrn Reichs-Alt-Graf Joseph von Salm-Dick, … « im Auftrag bei Ablieferung des Kartenwerkes korrekt. Andererseits sollte man dieses nicht zu formal sehen. Der Erbgraf Joseph hatte nach 11 Jahren umfassender Ausbildung mit Aufenthalten in Köln, Brüssel, Paris und Wien im Jahre 1791 seinen Wohnsitz wieder auf Schloß Dyck

11 Anonym, Schloß und Dorf Alfter, 2. Hälfte 18. Jahrhundert. Ölgemälde, Jüchen, Archiv Schloß Dyck

genommen.[80] Mit Blick auf seine bevorstehende Regentschaft und seine sich daraus ergebende Stellung könnte er durchaus, nicht zuletzt auch angeregt durch seine Kenntnisse aus dem Unterricht in Geographie und Kartographie,[81] der Urheber für den Auftrag an den Landmesser J. M. Wintzen gewesen sein, auch wenn wir (bisher) dazu nähere Umstände und den eigentlichen Anlaß nicht kennen. Landesaufnahmen für Aufgaben der Landesverwaltung sind im 18. Jahrhundert vielfach zu beobachten. Für die reichsunmittelbare Herrschaft Dyck war bereits 1776 eine »Geometrische Delination« durch den Artillerieleutnant und »geschworener Geometer des Kurfürsten von Köln« Joseph Otto erstellt worden.[82] So kann es auch ein generelles Anliegen des Hauses Salm-Reifferscheidt-Dyck gewesen sein, entsprechende Kartenunterlagen über ihre Herrschaftsbereiche erstellen zu lassen.

Dagegen liegen bisher über den Auftragnehmer Johann Michael Wintzen keine weiteren Informationen vor, hier muß noch nach Quellenmaterial recherchiert werden. Nach dem o. a. Rechnungsbeleg muß angenommen werden, daß er seine Vermessungsarbeiten mit nur einem Gehilfen ausgeführt hat. Der gräfliche Kellner Caspar Fonson wird den Landmesser im einzelnen beauftragt und als Ortskundiger ihm auch die Grenzpunkte und -linien der zu vermessenden Besitzflächen gewiesen haben. Weiterhin dürfte ein entsprechend befähigter Kartenzeichner mitgewirkt haben, der aus den im Feld gemachten Aufzeichnungen die Karten erstellt hat.[83] Wintzen scheint zu jener Zeit auch nicht der einzige für Salm-Reifferscheidt-Dyck in Alfter tätige Landvermesser gewesen zu sein, denn unter dem Datum 15.4.1793 ist die Rechnung eines Henrich Hennes vermerkt, der im Auftrag des Kellners Fonson einen Hof und abgelegene Stück vermessen und in eine Karte eingetragen hat.[84]

Schlußbetrachtung

Das großmaßstäbliche Kartenwerk von Johann Michael Wintzen gibt nicht nur zuverlässig Auskunft über Umfang und Lage des Grundbesitzes der Altgrafen zu Salm-Reifferscheidt-Dyck um 1793 in der Herrschaft Alfter, sondern ermöglicht für diesen Raum auch einen differenzierteren Einblick in die Ausstattung der Kulturlandschaft in Kurköln im ausgehenden 18. Jahrhundert. Die Erschließung dieses Kartenwerkes und die Erarbeitung abgebildeter thematischer Karten wurden mit Hilfe eines Geographischen Informationssystems auf einem Personalcomputer durchgeführt. Zur Erforschung der Hintergründe und des konkreten Anlasses des gräflichen Auftrages zur Vermessung des Alfterer Grundbesitzes und zur Erstellung des Kartenwerkes, auch in Verbindung zu bereits der Forschung bekannten Karten zu anderen Herrschaftsgebieten des Hauses Salm-Reifferscheidt-Dyck, können hoffentlich noch weitere Quellen im noch nicht erschlossenen Teil des Archivs Schloß Dyck oder anderen Archiven gefunden werden. Das betrifft auch die Person des bisher nicht bekannten Landmessers J. M. Wintzen, seine Arbeiten und seinen Wirkungskreis. Insgesamt zeigt sich auch weiterer Forschungsbedarf zur weiteren Rekonstruktion der Kulturlandschaft dieses Raumes im 18. Jahrhundert, desweiteren z. B. zur baulichen Substanz, zum Grundbesitz der nicht im gräflichen Besitz befindlichen Wald- und landwirtschaftlichen Nutzflächen und zum wirtschaftlichen Ertrag. Es ist zu hoffen, daß sich auch für solche Fragestellungen zukünftig neues Quellenmaterial in bisher nicht erschlossenen Archiven findet.

---

[1] Das in diesem Beitrag erstmals vorgestellte Kartenwerk von J. M. Wintzen, datiert 1793, wurde mit Unterstützung durch das Rheinische Archiv- und Museumsamt in Brauweiler dem Verfasser für seine Forschungsarbeiten zur Verfügung gestellt. Neben den im vorliegenden Beitrag besprochenen Karten wurde bisher außer einem Rechnungsbeleg kein weiteres zuzuordnendes Quellenmaterial aufgefunden.

[2] Zum Folgenden vgl. Jakob Bremer, *Die reichsunmittelbare Herrschaft Dyck der Grafen jetzigen Fürsten zu Salm-Reifferscheidt*, Grevenbroich 1959, S. 56–80. Josef Dietz/Norbert Zerlett, *900 Jahre Alfter 1067–1967. Festschrift*, hrsg. v. d. Gemeinde Alfter. Spich 1967, S. 18–29.

[3] Hans Kisky, *Schloß Dyck* (Rheinische Kunststätten, 1), Neuss 1963.

[4] Bremer [Anm. 2], S. 62f.

[5] Zum Vermessungswesen im 18. Jahrhundert siehe Peter Burggraaf/Klaus-Dieter Kleefeld, Die Kulturlandschaft des 18. Jahrhunderts – Spurensuche zum landschaftlichen Erbe im Brühler Raum, in: Frank Günter Zehnder/Werner Schäfke, *Der Riss im Himmel: Clemens August und seine Epoche*, Band 3, Köln 1999, S. 192f.

[6] Von den zur Herrlichkeit Alfter gehörenden Dörfern sind Gebiete von Alfter, Olsdorf und Roisdorf in den Wintzen-Karten erfaßt, das Dorf Birrekoven hingegen liegt außerhalb des Kartenbereiches. In der Karte Nr. 13 sind bei den dort im Besitz von Salm-Reifferscheidt-Dyck befindlichen »Benden« an der Swist Teile des Dorfes Dünstekoven eingezeichnet, das zur südwestlich benachbarten Herrschaft Heimerzheim gehörte. Zugehörigkeit siehe: Wilhelm Fabricius, *Erläuterungen zum Geschichtlichen Atlas der Rheinprovinz*, Bonn 1898, Nachdruck 1965, S. 58f.

[7] Der zum Dorf Alfter gehörende Bereich mit den Straßen ›Holzgasse‹ und ›Tonnenpütz‹ ist in der Wintzen-Karte 3 erfaßt.

[8] Zur Baugeschichte von Schloß und Kirche s. Angelika Schyma, Zur baugeschichtlichen Entwicklung Alfters, in: Engelbert G. Kalkum (Hrsg.), *Beiträge zur Geschichte von Alfter*, Alfter 1989, S. 49–56. Zur Ansicht s. Luftaufnahme ebd. S. 50. Zur Kirche s.a. Dietz/Zerlett [Anm. 2], S. 67f.

[9] Vgl. Schyma [Anm. 8], S. 55.

[10] Vgl. Foto bei Horst Bursch, *Alfter in alten Ansichten*, Zaltbommel 1994, Nr. 27.

[11] Zum Vorstehenden vgl. Schyma [Anm. 8], S. 56. Dietz/Zerlett [Anm. 2], S. 73.

[12] Dieser Mauerabschnitt mit spitzbogigen Lichtnischen gehört zu den ältesten erhaltenen Teilen der Klostermauer: Schyma [Anm. 8], S. 56.

[13] Kronenstraße 19; Schyma [Anm. 8], S. 61. Foto von 1936 bei Bursch [Anm. 10], Nr. 30.

[14] Vgl. Foto ebd., Nr. 31.

[15] Dietz/Zerlett [Anm. 2], S. 54.

[16] Hauptgebäude Kronenstraße 38, Nebengebäude Bahnhofstraße; vgl. Schyma [Anm. 8], S. 61.

[17] Zur Geschichte des Roisdorfer Brunnens zuletzt: Karlheinz Ossendorf, Seit Domitians Zeiten sprudelt die Roisdorfer Quelle, in: *Jahrbuch des Rhein-Sieg-Kreises 1989*, Siegburg 1988, S. 117–133. In der Wintzen-Karte 11 ist südlich des »Saur Brunnen« und jenseits der Brunnenallee eine zweite Quelle »Stahle Brunnen« signaturhaft eingezeichnet, die aber wegen fauliges Wassers nicht als Trinkquelle genutzt wurde.

[18] Stadtarchiv Stadt Bornheim, Sammlung Norbert Zerlett, Nr. 139/218 und Dia Nr. 1032. Dieses Bild eines unbekannten Malers ist nach Vergleich mit der Wintzen-Karte vermutlich nach 1793, aber noch vor größeren Veränderungen und Erweiterungen ab etwa 1830 entstanden. – Das ehemalige, sogenannte Kontorgebäude von 1774 wurde 1850 abgerissen und in der Siegesstraße 15 neu aufgebaut: Ossendorf [Anm. 17], S. 123; Slg. Zerlett [Anm. 18], Nr. 139/218.

[19] Gutachten von G. Bischof 1826, s. Ossendorf [Anm. 17], S. 122.

[20] Schyma [Anm. 8], S. 57. Dietz/Zerlett [Anm. 2], S. 67.

[21] Bahnhofstraße 23–27 und 31–33, vgl. Darstellung in der Wintzen-Karte 1 mit der heutigen Situation: Übereinstimmung bzgl. des L-förmigen Typs, in Einzelheiten Abweichungen, hinsichtlich der Lage nicht immer eindeutig; hier muß eine weitergehende Hausforschung ansetzen. Vgl. Fotos 1930er bei Bursch [Anm. 10], Nr. 32–34.

[22] Die Karte wurde dem Verfasser für seine Forschungen dan-

kenswerterweise vom Besitzer, Herrn Christian Dreesen in Alfter, zur Verfügung gestellt.

[23] Eingesetzt wurde das Programmsystem ›PolyGIS‹ (Software-Büro L. Bubel, Kirkel; IAC Leipzig; Geospace, Jena) auf PC mit Pentium III 450 MHz, 512 MB RAM unter Windows NT 4.0.

[24] Für den vorliegenden Beitrag wurden vorläufig nur von den Karte 1 und 11 (Archiv Schloß Dyck, Abb. 1 u. 3) je ein Diapositiv 9 cm x 12 cm (Aufnahme: Rheinisches Amt für Denkmalpflege, Abtei Brauweiler) und von der Waldkarte (Privatarchiv Chr. Dreesen, Alfter, Abb. 5) ausschnittsweise zwei überlappende Diapositive 13 cm x 18 cm (Aufnahme: Kunstmuseum Bonn) erstellt.

[25] Wintzen-Karte 1: a) Abschätzung erforderlicher Auflösung: Die Wintzen-Karte ist auf dem Dia 9 cm x 12 cm größenmäßig im Maßstab 1:15000 abgebildet; Scan des Dias mit einer Auflösung von 1200 dpi ergibt bei Vergrößerung auf den Maßstab 1:5000 eine Auflösung von 400 dpi, bei Verkleinerung auf 1:25000 eine Auflösung von 2000 dpi; ein Scan mit 1200 dpi Auflösung ist damit ein akzeptabler Mittelwert. b) Abschätzung Speicherbedarf: Größe zu scannender Bereich vom Dia etwa 7,5 cm x 9,5 cm, das entspricht 11,04 inch^2; Scan mit 21µ ≈ 1200 dpi ergibt eine Bildgröße von 11,04 x 144 x 10^4 = 1590,3032 x 10^4 Pixel und bei 1–bit Farbtiefe (pro Pixel 1 bit, d. h. schwarz-weiß) einen Speicherbedarf von 1590,3032 x 10^4 [bit] / 8 [Byte] = 198,7879 x 10^4 [Byte], abgerundet 2 MB (1 Byte = 8 bit; 1 MB = 10^6 Byte); bei 8–bit Farbtiefe (256 Farben) ergibt sich demnach der 8–fache Betrag, nämlich 16 MB und bei 24–bit Farbtiefe (2^{24} Farben) ein Speicherbedarf von 48 MB; bei einem Scan mit 7µ ≈ 3600 dpi errechnet sich jeweils ein 9-facher Speicherbedarf.

[26] Für den vorliegenden Beitrag wurden Dias dankenswerterweise beim Institut für Photogrammetrie der Universität Bonn mit einem ›Scai-Scanner‹ der Firma Zeiss mit einer Auflösung von 7µ bzw. 21µ und einer Farbtiefe von 24 bit gerastert (gescannt). Für die Bearbeitung in GIS wurden Auflösung und Farbtiefe mit Blick auf verfügbare Rechnerleistungen soweit wieder reduziert, daß für laufende Bearbeitungen eine zufriedenstellende Performance gegeben war.

[27] Unter ›Kalibrieren‹ (Entzerren) wird das Transformieren (Verschiebung, Maßstabsänderung und Drehung in Bezug auf beide Achsen) einer gerasterten (Alt-)Karte auf eine bekannte Kartengeometrie hin verstanden. *Referenzieren* bedeutet, eine (kalibrierte) Rasterkarte lagegetreu und maßstabsgerecht in eine im GIS verwendete Kartenprojektion einzupassen. Eingesetzt wurde das Programmsystem ›SuperEdit‹ (Tessel, Stockholm), das für Rasterkarten in Abhängigkeit von der Anzahl Referenzpunkte wahlweise Transformationen nach dem Helmert-Modell oder affin, bilinear, biquadratisch und bikubisch ermöglicht. Grundsätzliche Überlegungen finden sich bei: Uwe U. Jäschke/Martina Müller, Zur Problematik der Anpassung von historischen Karten an moderne Koordinatensysteme, in: Dietrich Ebeling (Hrsg.), *Historisch-thematische Kartographie. Konzepte – Methoden – Anwendungen*, Bielefeld 1999, S. 150–166.

[28] Beispielsweise ist zu beachten, daß bei unterschiedlichen Drehwinkeln oder Maßstabsänderungen in beiden Achsen Objekte ihre Form (i.a. im sehr geringen Maße) ändern, z. B. Kreise sich zu Ellipsen, Rechtecke zu Trapezen verformen.

[29] Johann Niklas Simon, *Vergleichs-Tafeln der neuen Maase der fränkische Republik […]*, Koblenz 1802, Tabelle II., S. 8.

[30] Wintzen Karten 1–15: Rutenlänge K_R = 4,595513 m, 100 Ruten in der Karte (»Scala Proporcionalis«) ausgemessen zu K_L = 22,34 cm, Maßstab M = 1 : K_R / K_L = 1 : (459,5513 x 10^2 / 22,34) = 1:2057,0783.

[31] Wintzen '*Waldkarte*: Rutenlänge K_R = 4,595513 m, 100 Ruten in der Karte (»Scala Proporcionalis«) ausgemessen zu K_L = 44,70 cm, Maßstab M = 1 : K_R / K_L = 1 : (459,5513 x 10^2 / 44,70) = 1:1028,0790.

[32] 1 Rute = 16 Fuß = 16 x 12 Zoll = 4,595513 m; 1 Zoll = 12 Linien; 1 Linie = 1,994580 mm.

[33] Wintzen Karten 1–15: Anzahl Linien bezogen auf Länge Maßstabskala ist 223,4 mm : 1,994580 mm = 112,00352 Linien; umgekehrt ergibt sich mit einem ganzzahligen Wert für Linien 112 x 1,994580 mm = 223,39296 mm. Mit dem letzten Wert ergibt sich ein Maßstab von M = 1 : (459,5513 x 10^2 / 22,339296) = 1:2057,1431. Für die Waldkarte ergibt sich entsprechend 447 mm : 1,994580 mm = 224,10733 Linien und mit ganzzahligem Wert 224 x 1,994580 mm = 446,78592 mm.

[34] 1 Linie = 1,99458 mm, Berechnungen Maße Kartenrand, Messungen am Original ohne Berücksichtigung Papierverzug: a) Karten 2 bis 13 und 15: Breite 165 Linien x 1,99458 mm = 329,1057 mm (gemessen zwischen 32,8 cm und 32,9 cm); Höhe 250 Linien x 1,99458 mm = 498,645 mm (gemessen zwischen 49,6 cm und 49,9 cm). b) Karte 14: Breite 655 Linien x 1,99458 mm = 1306,4499 mm (wg. Faltung gemessen 130 cm bis 131 cm); Höhe wie a).

[35] Zur historisch-geographischen Terminologie siehe Burggraaff/Kleefeld [Anm. 5], S. 201f.

[36] Vgl. Rolf Plöger, Anwendung Geographischer Informationssysteme (GIS) für historisch-geographische Aufgabenstellungen, in: Ebeling [Anm. 27], S. 9, 12.

[37] Mit den Faktoren Bildgröße (Anzahl Pixel), Auflösung, Maßstab und Ausrichtung (Drehwinkel gegen Nord) sowie einem einzigen Referenzpunkt kann eine kalibrierte Rasterkarte referenziert werden. Da für eine Altkarte Maßstab, Ausrichtung und/oder Koordinaten sowie der Referenzpunkt nicht exakt vorliegen

und i.a. nichtlineare Verzerrungen zu berücksichtigen sind, ergibt sich nur eine mehr oder weniger genaue Einpassung, die dann ggf. durch ergänzende Kalibrierung über weitere Referenzpunkte optimiert werden muß. Solche können dann aber durch visuellen Vergleich mit bereits referenzierten Rasterkarten oder bekannten Vektorgeometrien leichter erkannt werden. Für die hier zu untersuchenden Wintzen-Karten hat diese Vorgehensweise verstärkt Gewicht für Karten, in denen nicht ausreichend Referenzpunkte wegen der nur wenigen eingezeichneten Objekte oder bezüglich Karten späterer Zeitstellung aufgrund starker Veränderungen in der Landschaft gefunden werden können. Die Erfassung der Kartenrahmen (vgl. Abb. 5 und 6) ergab für die Ausrichtung der Karten 1 bis 13, bezogen auf den Mittelmeridian der Gauß-Krüger Zone moderner topographischer Karten, eine Winkeldrehung um etwa -3,7 Grad gegenüber der Ablesung nach der Windrose in den Wintzen-Karten, d. h. 331,875 Grad – 3,7 Grad.

[38] 1 Quadratrute = 21,118740 qm; Umrechnung Größe Wintzen-Fläche: [(Mo.)*150 + (Vi.)*37,5 + (Pi.)*9,375 + (Ru.)]*21,118740.

[39] »Auszug aus den Original Kataster Karten der Gemeinden Alfter, Bonn, Hersel, Roisdorf, Gielsdorf, Oedekoven u. Bornheim-Brenig bestehend in 10 Blättern. Angefertigt durch Oebel. Für die Richtigkeit: Cöln den 12ten April 1872. Der com. Kataster Inspector Gamowsky (Unterschrift)«, Archiv Schloß Dyck.

[40] Zwei kleinere schmale Waldflächen (Wintzen-Karte 15, Flächen Nr. 119, 120), wahrscheinlich südwestlich der *Hoff*, wurden bisher im GIS nicht digitalisiert, da ihre Lage noch nicht eindeutig identifiziert werden konnte. Bei Flächenberechnungen wurden nur die Registerangaben von Wintzen berücksichtigt.

[41] Das Untersuchungsgebiet liegt innerhalb der Topographischen Karten 1:25000, Blätter 5207 und 5208, die – wie die Abbildungen 8 und 9 zeigen – im GIS blattschnittfrei hinterlegt werden können (Blattschnitt westlich von Alfter). In den vorliegenden Abbildungen 8 bis 10 fällt auf, daß der Verlauf von Straßentrassen im hinterlegten Ausschnitt der Topographischen Karte 1:25000 gegenüber dem digitalisierten Trassenverlauf, Zeitstellung 1793, teilweise sichtbar abweicht in Abschnitten, wo aufgrund unveränderter Trassenführung eine Übereinstimmung gegeben sein müßte und Begradigung oder Verlagerung durch Ausbau als Erklärung nicht zutreffen oder ausreichen können (z. B. innerhalb von alten Ortskernen). Das ist darauf zurückzuführen, daß nach der deutschen Grundkarte 1:5000 digitalisiert wurde und zwischen Topographischer Karte (Fortschreibung älterer Meßtischblätter) und Grundkarte (abgeleitet aus jüngeren Flurkarten höherer geometrischer Genauigkeit) Unterschiede in der Lagegenauigkeit von Objekten auftreten können.

[42] Wilhelm Fabricius, *Geschichtlicher Atlas der Rheinprovinz*. Karte der politischen und administrativen Eintheilung der heutigen Rheinprovinz für das Jahr 1789, 1:160000, Köln. Bonn 1898. Umzeichnung der Fabricius-Karte 4, Köln: Stadtarchiv Bonn Ae10. Für die GIS-Erfassung wurde aus Aufwandsgründen auf einen Plan von Norbert Zerlett zurückgegriffen: Stadtarchiv Bornheim [Anm.18], Nr. 209.

[43] Zwei ›Benden‹ bei Dünstekoven (Wintzen-Karte 13, Flächen 112 und 113; vgl. Anm. 6) in der Herrschaft Heimerzheim wurden im GIS nicht digitalisiert, da sie zu abseits des Untersuchungsgebietes liegen. Bei Flächenberechnungen wurden nur die Registerangaben von Wintzen berücksichtigt.

[44] Herrlichkeit Bornheim: Fabricius [Anm. 6], S. 88.

[45] In den Registern finden sich in Summenbildungen noch wenige weitere Fehler. Zur weiteren Klärung bedarf es entsprechender Vermessungsunterlagen und Vorgaben für den Kartenzeichner, solche konnten aber bisher nicht aufgefunden werden.

[46] Diese Abweichung darf nur qualitativ als zusammenfassende Bewertung einer Genauigkeit der vom Landvermesser J. M. Wintzen durchgeführten Vermessung verstanden werden. Der Wert ist bestimmt durch die vom Bearbeiter (Verfasser) durchgeführte Digitalisierung aufgrund visueller Vergleiche und wird daher beeinflußt durch die Güte von Kalibrierung und Referenzierung der Rasterkarten bzw. Ausmessung der Originalkarten.

[47] Topographische Aufnahme rheinischer Gebiete durch französische Ingenieurgeographen unter Oberst Tranchot 1802–1813. Reproduktion der Kartenblätter 92, Sechtem, und 93, Bonn, aufgenommen 1807/08, hrsg. vom Landesvermessungsamt Nordrhein-Westfalen. Siehe hierzu auch die Ausführungen von Burggraaff/Kleefeld [Anm. 5], S. 193f.

[48] Zu den naturräumlichen Voraussetzungen und zur Kulturlandschaftstransformation im Köln-Bonner Raum siehe Burggraaff/Kleefeld [Anm. 5], S. 194f.

[49] Schyma [Anm. 8], S. 53. Dietz/ Zerlett [Anm. 2], S. 32.

[50] Über die Jagd in Alfter siehe Dietz/Zerlett [Anm. 2] S. 125f.

[51] Entfernung zwischen den Schlössern Alfter und Dyck in der Luftlinie etwa 55 km, die Wegstrecke ist jedoch erheblich länger anzusetzen. Die Wege waren im 18. Jahrhundert aufgrund ihres Ausbauzustandes beschwerlich, und für zu passierende Herrschaftsgebiete waren Reisedokumente erforderlich. Zum Verlauf eines Transportes von Alfter nach Dyck vgl. Dietz/Zerlett [Anm. 2], S. 107. Die Tagesleistung für Frachtfuhrwerke betrug etwa 20–30 km, für Pferdeboten 50–60 km: Burggraaff/Kleefeld [Anm. 5], S. 197.

[52] Zu den mit Grundherrschaften verknüpften Elementen im Köln-Bonner-Raum siehe Burg-

[53] Dietz/Zerlett [Anm. 2], S. 41.
[54] Ebd., S. 90f.
[55] Ossendorf [Anm. 17], S. 121.
[56] Dietz/Zerlett [Anm. 2], S. 32f.
[57] Ders., S. 49.
[58] Wintzen-Karte 13, Nebenkarte Fläche Nr. 115, Größe 19134 qm. Ein nördlich angrenzender kleinerer Waldstreifen (5623 qm) wurde gemäß Nachtrag in der Wintzen-Karte nach 1793 hinzu erworben. Die Situation mit Wald, benachbartem Dreiholz-Galgen und vorbeiführenden Wegen ist auch auf einem Plan des Landmessers Jacob Meurer von 1773 eingezeichnet: Archiv Schloß Dyck, Band 283, Blätter 173–175. Zum Standort des Galgens vgl. Dietz/Zerlett [Anm. 2], S. 53, 130.
[59] Dietz/Zerlett [Anm. 2], S. 43.
[60] Vgl. Burggraaff/Kleefeld [Anm. 5], S. 195.
[61] Wintzen-Karte 1, Fläche 22; heute Bahnhofstraße.
[62] Wintzen-Karte 3, an der heutigen Straße ›Tonnenpütz‹. Es hat noch weitere Wasserstellen gegeben, vgl. Dietz; Zerlett [Anm. 2], S. 156f.
[63] Ölgemälde eines unbekannten Malers, Archiv Schloß Dyck, Datierung: Nach 1754 (Errichtung Patrozinienkreuz) und vor 1791 (Abbruch der auf dem Gemälde noch erkennbaren alten Kirche St. Matthäus).
[64] Zur Fruchtbarkeit und zu den Klimaverhältnissen im Vorgebirge siehe Günther Walzik, Die Bedeutung der Bodenfunde für die Vor- und Frühgeschichte des Raumes Alfter, in: Engelbert G. Kalkum (Hrsg.), Beiträge zur Geschichte von Alfter, Alfter 1989, S. 13.
[65] Dietz/Zerlett [Anm. 2], S. 112.
[66] Siehe dazu ebd., S. 112f.
[67] Zum Weinbau in Alfter siehe Dietz/Zerlett [Anm. 2], S. 95f.
[68] Walzik [Anm. 64], S. 12.
[69] Dietz/Zerlett [Anm. 2], S. 117f.
[70] Sieh z. B. Abb. 6 (Ausschnitt Waldkarte), Nebenkarte Fläche Nr. 118 »Die Sang«: parallel zur oberen Grenze Besitzangabe »Die Gemeinheit Alfter«.
[71] Wintzen-Karte 13, Fläche 114.
[72] In der abgebildeten ›Waldkarte‹ (Ausschnitt, Abb. 6) erkennbare Gräben z. B.: a) Grenzverlauf rechts vom Namen »Hooffem«; b) innerhalb der ›Hoff‹ am linken Bildrand; c) Fläche 117 »Bongart«, Grenzverläufe rechts und unten; d) Fläche 118 »Die Sang«, unterer Grenzverlauf unterhalb Weg. Die Gräben könnten als Grenze herrschaftlichen Besitz oder Jagdgründe markiert haben, vgl. Dietz/Zerlett [Anm. 2], S. 125.
[73] Zum Verlauf in diesem Bereich: Klaus Grewe, Atlas der römischen Wasserleitungen nach Köln, Köln 1986, Blätter 43 und 44.
[74] Slg. Zerlett [Anm. 18], Nr. 25 (931–961). Ruth Hacker-de Graaff, Wegekreuze im Bonner Raum, Bonn 1991, S. 33.
[75] Das in der Karte (Abb. 10) als ›verschwunden‹ bezeichnete Wegekreuz nördlich vom ehemaligen Kloster St. Anna, an der südlichen Grenze des heutigen Alfterer Friedhofs, existiert noch, ist aber neuerdings an einen Standort westlich vor der Kirche St. Matthäus versetzt worden.
[76] Hacker [Anm. 74], Nr. 11.006. Der Standort dieses Kreuzes liegt außerhalb der Wintzen-Karten im Raum zwischen zwei Kartenblättern.
[77] Slg. Zerlett [Anm. 18], Nr. 258/965.
[78] Der Vater Johann Franz Wilhelm starb bereits 1775; bis 1793 übernahm die Mutter des minderjährigen Erbgrafen Joseph die Regentschaft und zusammen mit ihrem Bruder die Vormundschaft: Heinke Wunderlich, Studienjahre der Grafen Salm-Reifferscheidt (1780–1791), Heidelberg 1984, S. 17f.
[79] Rechnungsband Alfter Nr. 603: Rechnungen und Belege 1792–95. Archiv Schloß Dyck (nicht erschlossener Teil). Dieser Beleg wurde vom Betreuer des Archivs Schloß Dyck, Dr. Peter Weber, Rheinisches Archiv- und Museumsamt, Abtei Brauweiler, gefunden und übermittelt. Weitere Archivrecherchen stehen noch aus.
[80] Wunderlich [Anm. 78], S. 152.
[81] Ebd., S. 72f.
[82] Ebd., Abb. 7. Bremer [Anm. 2], S. 272. S.a. Rheinisches Amt für Denkmalpflege Abtei Brauweiler, Fotos 1981, Nr. 37946–37949; 37950–37955.
[83] Bildliche Darstellungen über Vermesser bei der Arbeit: Burggraaff/Kleefeld [Anm. 5], Abb. 1, 2.
[84] Mitteilung Weber [Anm. 79].

Bildnachweis:

Alfter, Privatarchiv Christian Dreesen: 6
Bonn, Universität, Seminar für Historische Geographie: 7–10
Bornheim, Stadtarchiv: 4
Jüchen, Archiv Schloß Dyck: 2–3, 5, 11
Veröffentlichung mit Genehmigung der Eigentümer: 1

Autorenverzeichnis:

Bartolosch, Thomas A., Dr. phil., 1976–1983 Studium der Geschichte, Germanistik und Erziehungswissenschaft an der Universität Siegen, 1984–1989 Leiter des Kreisarchivs, Museumsmitarbeiter und Schriftleiter, 1989–1991 Graduiertenstipendiat, 1992 Promotion, 1992–1997 Wiss. Mitarbeiter, 1997/98 Vertreter der Universitätsprofessur für Wirtschafts- und Sozialgeschichte u. Didaktik der Geschichte an der Universität Siegen, seit 1998 Vertreter der Universitätsprofessur für Neueste Geschichte und Didaktik der Geschichte an der Universität Siegen; Forschungsschwerpunkte: Wirtschafts- und Sozialgeschichte des Siegerlandes im 18. und 19. Jahrhundert, zahlreiche regionalgeschichtliche Publikationen, verschiedene Ausstellungen, u. a. zur Amerikaauswanderung.
Adresse: Universität Siegen, Fachbereich 1, Adolf-Reichwein-Str. 2, 57068 Siegen.

Ebeling, Dietrich, Prof. Dr., 1971–1976 Studium der Geschichtswissenschaft und Soziologie an der Universität Bielefeld, 1977–1978 Wissenschaftlicher Referent am Historischen Archiv der Stadt Köln, 1979–1982 Vertretung der Stelle eines wissenschaftlichen Assistenten an der Fakultät für Geschichtswissenschaft der Universität Bielefeld, 1982 Promotion, 1982–1987 Wiss. Angestellter an der Fakultät für Geschichtswissenschaft und Philosophie der Universität Bielefeld, 1990 Habilitation am Fachbereich III der Universität Trier, 1993–1999 Professor für Wirtschafts- und Sozialgeschichte der Neuzeit am Fachbereich III der Universität Trier; Forschungsschwerpunkte: Frühindustrialisierung, Handelsgeschichte, Stadtgeschichte, Geschichte der Zunft, Lohn- und Preisgeschichte.
Adresse: Universität Trier, Fachbereich III, 54286 Trier.

Giebmeyer, Angela, M.A. 1982–1990 Studium der Geschichte und Kunstgeschichte an der Universität Trier, Wissenschaftliche Mitarbeiterin im Sonderforschungsbereich 235 der Universität Trier, zur Zeit Promotion bei Prof. Dr. Klaus Gerteis (Universität Trier) über »Studien zur Sozialgeschichte, besonders der Eliten, der Stadt Wesel in der Frühen Neuzeit«; Forschungsschwerpunkte: Stadtgeschichte vom 17.–19. Jahrhundert; Wirtschafts- und Sozialgeschichte, Alltagsgeschichte.
Adresse: Postfach 13 25, 49166 Hagen a.T.W.

Gorißen, Stefan, Dr. phil., 1980–1987 Studium der Geschichte und Germanistik an den Universitäten Bonn und Bielefeld, seit 1992 wissenschaftlicher Angestellter an der Fakultät für Geschichtswissenschaft und Philosophie der Universität Bielefeld, Mitglied des wissenschaftlichen Beirats des Bergischen Geschichtsvereins; Forschungsschwerpunkte: Protoindustrialisierung in rheinischen und westfälischen Regionen, Haushalts- und Familienforschung, EDV in der Geschichtswissenschaft.
Adresse: Universität Bielefeld, Fakultät für Geschichtswissenschaft und Philosophie, Postfach 10 01 31, 33501 Bielefeld.

Kriedte, Peter, Priv-Doz. Dr. phil., 1960–1961 Studium der Geschichte und Germanistik an der Universität Münster, 1961–1967 Studium der Geschichte, Wirtschaftsgeschichte und Germanistik an der Universität Göttingen, Tätigkeit als wissenschaftlicher Mitarbeiter am Max-Planck-Institut für Geschichte in Göttingen; Forschungsschwerpunkte: Sozial- und Wirtschaftsgeschichte der Frühen Neuzeit und der ersten Hälfte des 19. Jahrhunderts, Geschichte Polens und der deutsch-polnischen Beziehungen.
Adresse: Max-Planck-Institut für Geschichte, Hermann-Föge-Weg 11, 37073 Göttingen

Nagel, Jürgen G., M.A., 1987–1994 Studium der Geschichte, Politikwissenschaft und Ethnologie an der Universität Trier, derzeit Doktorand an der Universität Trier mit einer Arbeit zur frühneuzeitlichen Handelsgeschichte Südost-Asiens, seit 1997 wissenschaftlicher Mitarbeiter in einem Forschungsprojekt zur rheinischen Frühindustrialisierung (im Rahmen des SFB 235) an der Universität Trier, Forschungsschwerpunkte: Frühindustrialisierung, Handelsgeschichte, Geschichte der europäischen Expansion, Stadtgeschichte, Historische Statistik und Kartographie.
Adresse: Universität Trier, Fachbereich III, 54286 Trier.

Rolf Plöger, Dipl.-Phys., Physikstudium (Diplom 1972), nach Berufsleben Zweitstudium Historische Geographie, z. Zt. Doktorand am Seminar für Historische Geographie der Universität Bonn; Forschungsschwerpunkt: Untersuchungen zur Kulturlandschaftsentwicklung unter Einsatz Geographischer Informationssysteme (GIS), dazu verschiedene Veröffentlichungen.
Adresse: Seminar für Historische Geographie der Universität Bonn, Konviktstr. 11, 53113 Bonn.

Rech, Claus, 1990–1996 Studium der Geschichte, Anglistik und Slawistik an der Universität Trier, 1994 Studium der Anglistik an der Universität Stirling/Schottland, derzeit Mitglied im Graduiertenkolleg »Westeuropa in vergleichender historischer Perspektive« an der Universität Trier mit einer Arbeit zum Wandel von Wirtschaft und Gesellschaft in der Südeifel zwischen 1750 und 1870 (vergleichende Dorfstudie).
Adresse: Universität Trier, Fachbereich III, 54286 Trier.

Schmidt, Martin, M.A., 1989–1995 Studium der Kunstgeschichte, Geschichte und Archäologie an der Universität Trier, seit 1997 Tätigkeit als wissenschaftlicher Mitarbeiter im SFB 235, Teilprojekt Gewerbliche Verdich-

tung und Arbeitsmarkt, weitere Arbeitsfelder: Proto- und Früh-Industrialisierung sowie zur Industriearchäologie, historisch-thematische Kartographie, historische Statistik;
Adresse: Universität Trier, SFB 235, C 7, 54286 Trier.

Schnurmann, Claudia, Priv.-Doz. Dr. phil., 1976–1984 Studium der Geschichte, Germanistik und Kunstgeschichte, an der Universität zu Köln, 1984–1988 Studium der Geschichte, Germanistik, Kunstgeschichte an der Georg-August-Universität Göttingen, 1988 Promotion in Göttingen, 1988–1997 Hochschulassistentin, 1997 Habilitation in Göttingen, 1997 – Jan. 2000 Privatdozentin, seit Febr. 2000 Wiss. Mitarbeiterin bei dem DFG-Projekt »Rekonstruktion eines atlantischen Netzwerks: Jakob Leister (1640–1691)«; Forschungsschwerpunkte: deutsche, westeuropäische und atlantische Geschichte der Frühen Neuzeit, Kolonial-, Wirtschafts-, Sozial- und Kulturgeschichte, westdeutsche Regionalgeschichte.
Adresse: Seminar für Mittlere u. Neuere Geschichte, Platz der Göttinger Sieben 5, 37073 Göttingen.

Bitte beachten Sie folgende Veröffentlichungen zu dem großen Ausstellungsereignis

Der Riss im Himmel
Clemens August und seine Epoche

Katalogbuch
Hg. von Frank Günter Zehnder und Werner Schäfke.
256 Seiten mit 206 farbigen und 85 einfarbigen Abbildungen
Der Katalog zu den Ausstellungen und Veranstaltungen dokumentiert in zahlreichen Abbildungen und Kommentaren die Erlebnisbreite dieses multimedialen Projektes, das der Kulturepoche des 18. Jahrhunderts in all ihren Facetten sinnliche Gestalt gibt.

Zu den Ausstellungen und Veranstaltungen geben Frank Günter Zehnder (Direktor des Rheinischen Landesmuseums Bonn) und Werner Schäfke (Direktor des Kölnischen Stadtmuseums) weiterhin eine thematisch breit angelegte, achtbändige Buchreihe heraus, die neueste Forschungen zur Geschichte des Rheinlandes aufbereitet. Namhafte Experten sowie junge Wissenschaftler konnten hierfür als Autorinnen und Autoren gewonnen werden.

Band I: Coellen eyn Croyn
Renaissance und Barock in Köln
Hg. von Werner Schäfke. 448 Seiten mit 30 farbigen und 216 einfarbigen Abbildungen

Band II: Im Wechselspiel der Kräfte
Politische Entwicklungen des 17. und 18. Jahrhunderts in Kurköln
Hg. von Frank Günter Zehnder. 288 Seiten mit 16 farbigen und 130 einfarbigen Abbildungen

Band III: Eine Gesellschaft zwischen Tradition und Wandel
Alltag und Umwelt im Rheinland des 18. Jahrhunderts
Hg. von Frank Günter Zehnder. 336 Seiten mit 18 farbigen und 129 einfarbigen Abbildungen

Band IV: Köln als Kommunikationszentrum
Studien zur frühneuzeitlichen Stadtgeschichte
Hg. von Georg Mölich und Gerd Schwerhoff. 520 Seiten mit 129 einfarbigen Abbildungen

Band V: Hirt und Herde
Religiosität und Frömmigkeit im Rheinland des 18. Jahrhunderts
Hg. von Frank Günter Zehnder. 280 Seiten mit 18 farbigen und 140 einfarbigen Abbildungen

Band VI: Das Ideal der Schönheit
Rheinische Kunst im Barock und Rokoko
Hg. von Frank Günter Zehnder. Etwa 400 Seiten mit etwa 32 farbigen und etwa 250 einfarbigen Abbildungen

Band VII: Die Bühnen des Rokoko
Theater, Musik und Literatur im Rheinland des 18. Jahrhunderts
Hg. von Frank Günter Zehnder. Etwa 250 Seiten mit etwa 16 farbigen und etwa 80 einfarbigen Abbildungen

Band VIII: Aufbruch in eine neue Zeit
Gewerbe, Staat und Unternehmer in den Rheinlanden des 18. Jahrhunderts
Hg. von Dietrich Ebeling. 288 Seiten mit 32 farbigen und 78 einfarbigen Abbildungen